참동계 강의 상

我說參同契

Copyright ⓒ Nan Huai Jin, 2009

All rights reserved.

Korean translation copyright ⓒ Bookie Publishing House Inc., 2019
This Korean edition is published by arrangement with The Lao Ku
Culture Foundation Inc., Taipei, Taiwan, Republic of China.

참동계 강의 상

2019년 12월 31일 초판 1쇄 펴냄 | 2024년 6월 20일 초판 4쇄 펴냄

지은이 남회근 | 옮긴이 최일범 | 펴낸곳 부키(주) | 펴낸이 박윤우 | 등록일 2012년 9월 27일 | 등록번호 제
312-2012-000045호 | 주소 서울시 마포구 양화로 125 경남관광빌딩 7층 | 전화 02. 325. 0846 팩스 02. 325.
0841 | 홈페이지 www. bookie. co. kr | 이메일 webmaster@bookie. co. kr | 제작대행 올인피앤비
bobys1@nate.com

ISBN 978-89-6051-767-7 04150 978-89-6051-039-5 (세트)

잘못된 책은 구입하신 서점에서 바꿔 드립니다. | 책값은 뒤표지에 있습니다.

남회근 저작선 17

참동계 강의 상

남회근 지음 최일범 옮김

부·키

출판 설명

　이 책은 남회근(南懷瑾, 1918-2012) 선생이 1983년 타이페이의 시방서원(十方書院)에서 강해하신 『참동계(參同契)』의 강의 기록이다. 『참동계』는 단경(丹經)의 비조로 알려진 책이다. 범속을 초월하여 신선이 되기 위한 수련의 보전(寶典)으로서 육체 생명을 철저히 전변하여 수명이 하늘과 같은 신선을 이루는 것이다. 현대 언어로 말하자면 진정한 생명 과학이다.

　작자는 동한(東漢) 시기 위백양(魏伯陽) 진인(眞人, 기원 후 약 100년-?)으로 지금으로부터 약 이천여 년 전의 인물이다. 위 진인은 절강성(浙江省) 상우(上虞)의 명문 귀족 관리 집안에서 출생하였는데, 벼슬에 뜻이 없고 수도 공부를 좋아하여 후에 신선의 대열에 들었다. 그의 수련 경험을 책으로 만든 것이 『참동계』로서 당시는 불교가 중국에 전해지기 이전이었다.

　청나라 초기에 도가의 북종 용문파의 도사 주운양(朱雲陽)이 일찍이 이 책으로 입문하여 삼산오악을 편력하면서 여러 선지식을 참방한 후 수련에 성공하였다. 다시 십여 년 각고의 노력 끝에 『참동계』를 주석하고, 강희(康熙) 8년 기유(己酉 1669년)에 출판하였다. 책의 이름은 『참동계천유(參同契闡幽)』이다. 이 책은 천여 년 이래의 『참동계』에 대한 오해와 착오를 일소해 버렸다. 이번 강의 과정에서 채택한 판본은 대만 자유출판사(自

由出版社)에서 출간한 것이다.

『참동계』는 마치 천서(天書)를 읽는 것같이 어렵고, 주운양 조사의『참동계천유』도 역시 삼백여 년 전의 고전 문장이고 게다가 일반인은『역경』과 음양오행에 대한 연구가 없기 때문에『참동계』를 알고자 해도 참으로 쉽지 않았다. 진실로 수양 공부를 한 사람의 설명이 없으면 그 의미를 알기 어렵고 사실은 입문조차 불가능하다.

『참동계』는 모두 세 편으로 되어 있는데, 상편과 중편을 읽어 보면 중복되는 감이 있지만 사실은 그렇지 않다. 상편은 강령이며 원칙이 되고 중편은 다시 세밀히 해설함으로써 왜곡해서 방문(旁門)에 휩쓸리는 위험을 모면하게 한다. 남회근 선생이 당시에『참동계』세 편을 선강(選講)한 뜻은 학인(學人)들이 중요한 고전에 대해 초보적인 연구 토론을 할 수 있도록 인도하는 데 있었다. 그래서 남 선생이 강술한 내용은『참동계』상편과 중편의 중요한 장(18장, 20장, 21장, 22장 및 24장의 1단 포함)이었고, 하편은 총정리이므로 학인들이 스스로 연구하도록 하였다.

남 선생께서 강해한 후에 행자(行者) 중에는 공부를 수지(修持)하는 과정에서 도가의『참동계』같은 저작은 해설이 구체적이고 상세하며 게다가 대치(對治) 방법이 있다는 것을 발견하는 사람이 있었다. 심지어 남 선생의 강해를 자세히 깊이 연구하니 비로소 불법의 수지에 대해 더 명료해졌으며, 더욱이 동진(東晉) 초기에 전래된 불가의 선정(禪定) 수련인 십육특승법문(十六特勝法門)을 진정으로 체득하게 되었다는 사람도 있었다. 또어떤 사람들은『참동계』를 대략이라도 알게 되어 비로소 무엇이 정통 도가이고 무엇이 사설(邪說) 난도(亂道)인지를 이해하게 되었고, 세상에 와전된 것과 왜곡된 것을 태반 수정하게 되었다는 사람도 있었다.

『참동계』는 불법이 중국에 전해지기 전의 저작으로 이후 불경 번역에 도가의 낱말 운용과 글자 사용을 일상적으로 채택하게 되었다. 주운양 진인은 불가의 선종에서 도가로 전향한 분이기 때문에 항상 선법(禪法)으로 해설하였다. 주 진인은 『참동계천유』를 짓고 "이전까지는 깊은 땅 속에 매장되어 있다가 이제 비로소 저 하늘 높이 올라가게 되었다[向來埋藏九地而今始升九天之上]"고 하여 『참동계』가 비로소 밝혀지게 되었다고 찬탄하였다. 또 어떤 사람은 『참동계』는 단경(丹經) 도서(道書)의 범주를 넘어선 중국 고대 철학과 고전 문학의 저작으로서 그 속에는 중국의 최고로 높으면서도 깊은 문화가 포함되어 있다고 말하며, 이는 한 알의 명주(明珠)가 깊은 땅 속에 묻혀 있다가 주운양 진인의 『참동계천유』에 의해서 출토되고, 남 선생의 깊이 있는 강해로 말미암아 그 영롱한 빛을 발하게 된 것과 같다고 하였다.

덧붙일 것은 이 책의 출판이 자못 우연이면서도 흥미로웠다는 점이다. 홍콩 불교도서관의 니사(尼師)께서 남 선생의 『참동계』 강의 녹음을 발견하고 보존이 쉽지 않다고 여겨 도서관의 도반들에게 녹취하도록 하고 다시 석굉(石宏) 군이 문자를 약간 교정하였다. 이 원고를 묘항(廟港)으로 가져온 후 편자가 팔 개월 간 정리하고, 그 과정에서 발견된 여러 가지 문제를 남 선생께 보여 드리고 수정, 보충하여 독자들이 최대한 이해하기 쉽게 하였다.

『참동계』는 두 학기 동안 매주 한 번에 두 시간씩 모두 팔십 차례 강의한 것이다. 그 내용이 광범위하고 예로 들은 것도 많은 데다 남 선생께서 직접 경험한 기이하고 특별한 사건과 인물들이 망라되어 있다. 이를 전부 정리한 후에 보니 팔십여 만 자나 되어 상중하로 나누고 삼 개월 내에 다 출판되도록 기획하였다. 이때 장진용(張振熔)이 자료를 조사하고 증명한 외에 굉인사(宏忍師)께서도 2006년부터 도움을 주기 시작하여 밤낮으로 고생한 인연이 각별하므로 특히 여기에 적는다. 덧붙여 책 속의 소제목은 편자가 더한 것이다.

2009년 1월에 유우홍(劉雨虹)이 쓰다

옮긴이의 말

　이 책은 대만 노고문화사업공사(老古文化事業公司)에서 출판하고 남회근 선생(1918년 3월 18일-2012년 9월 29일)이 강술(講述)한 『아설참동계(我說參同契)』상중하(上中下) 2009년 초판본을 저본으로 국역한 것이다. 남회근 선생은 1983년 타이페이 시방서원(十方書院)에서 『주역참동계(周易參同契)』(이하 『참동계』로 약칭)를 강의했는데 이후 사십여 년 동안 남 선생을 따라 공부한 편자 유우홍(劉雨虹) 등이 정리하여 『아설참동계』라는 제목으로 2009년에 출판하였다.

　저자는 중국 절강성 온주 출신으로 어려서부터 수도와 무술을 좋아하여 청성파 검술 고수 왕청풍을 만나기도 했으나 불교에 몰입하면서 원환선(袁煥仙)과 허운(虛雲) 스님의 제자가 되었다. 28세 때 티베트에서 밀교 수행을 하고, 아미산 대평사(大坪寺)에서 3년간 폐관하였다. 1949년 대만 타이페이에서 시방총림서원(十方叢林書院)을 창립하고, 대만의 여러 대학에서 교수를 역임하였다. 2006년 중국 소주(蘇州)로 이주하여 태호대학당(太湖大學堂)을 설립하고 2012년 향년 95세를 일기로 별세하였다.

　알려진 바와 같이 『참동계』는 철학 사상이라기보다는 단학 수련 공부의 구체적 방법과 원리를 『역경』의 괘상(卦象)과 음양오행, 납갑(納甲), 십이벽괘(十二辟卦), 괘기(卦氣) 등 한대(漢代) 상수(象數) 역학으로 표현한 것이다. 예로부터 『참동계』는 단경(丹經)의 비조로서 도가 내단파의 수도자뿐 아니라 유가와 불가에서도 필독서였다.〔보다 상세한 내용은 성균관대출판부에서 출간된 『내단』(김낙필 등 옮김)을 참조할 것.〕

심지어 도가 비판으로 이름난 주자(朱子)도 『참동계고이(參同契考異)』라는 책을 저술했을 정도이다. 그뿐 아니라 중국 고대 과학사를 연구하는 학자들 역시 화학, 물리, 천문학의 근원으로 인정하고 있다. 『참동계』의 저자는 동한(東漢) 시대 위백양(魏伯陽)으로 도가에서는 진인(眞人)으로 추존하는 인물이다. 『참동계』의 뜻에는 이설이 많지만 남회근 선생은 '참(參)'은 노장(老莊) 사상, 단도(丹道), 『역경』 등 셋〔參〕으로, '동(同)'은 같음, '계(契)'는 합치함으로 해석하며 이 세 가지 사상이 삼위일체로 융합되었다고 설명한다. 또 '참(參)'을 정로(鼎爐), 약물(藥物), 화후(火候) 셋으로 보는 견해도 있다. 『주역』의 괘상으로 비유하면 건괘와 곤괘는 각각 솥〔鼎〕과 화로(火爐)에 해당하고, 감괘와 리괘는 약물이고, 나머지 육십개 괘상은 화후를 나타낸다는 것이다. 이 견해는 우리의 신체 속에 내재하는 수기(水氣=坎)와 화기(火氣=離)를 조화시켜서 금단(金丹)을 결성한다는 내단학의 이론에 따른 것이다.

역자는 이 책을 번역하면서 다음 몇 가지 문제를 눈여겨보았다.

첫째, 『참동계』가 『역경』의 상징으로 표현한 도가의 내단 수도 공부의 원리와 실제를 어떻게 현대의 독자들에게 전달하는가. 둘째, 『참동계』를 설명하면서 남회근 선생의 개인적 수련 체험과 경지가 어떻게 구체적으로 서술되는가. 셋째, 단학의 기맥(氣脈) 공부와 불교의 선정(禪定) 공부 내지는 『역경』 또는 유가의 공부가 어떻게 융합하는가. 넷째, 남회근 선생이 수련 공부를 하면서 평생 만났던 이인(異人) 기사(奇士)에 대한 흥미로운 스토리텔링 등이었다. 독자들이 이런 점에 유의할 때 보다 흥미롭고 유익하게 이 책을 읽을 수 있으리라 생각한다. 실제로 책을 읽어 보면 앞에서 말한 몇 가지 문제가 개별적으로 진술되지는 않는다는 것을 알 수 있다. 예를 들면 납갑이나 오행 등『역경』과 관련된 문제를 거론하면서 동시에 선정 공부와 연관시키고 심지어 유가의 공부와도 융합시키기도 한다.

일반적으로 도가의 내단 공부에 관심이 있는 분들은 연정화기(煉精化氣), 연기화신(煉氣化神), 연신환허(煉神還虛) 또는 대주천(大周天), 소주천(小周天) 또는 하거(河車)의 윤전(輪轉) 등 난해한 개념들에 막히는 경우가 많다. 또 대부분 의념(意念)으로 임맥과 독맥에서 기감(機感) 혹은 기감(氣感)을 느끼는 것이 내단의 기맥 공부라고 알고 있다. 이런 분들이 이 책을 숙독한다면 기맥 공부의 기본 원리를 이해할 수 있을 것으로 확신한다. 남회근 선생은 유가의 공부와 내단 공부 및 신정 공부를 융회 관통하며 설명하는데, 유불도에 대해 특히 역에 대한 공부가 있으면 더 이해하기 쉽지만 기초적 이해만 있더라도 얻는 바가 있을 것이다.

역자가 이 책을 처음 본 것은 2012년 대만에서였다. 1994년부터 대만 화타문(華佗門)의 오금지희(五禽之戲)와 웅식태극권(熊式太極拳)에 몰입해서 타이페이에 자주 갔는데, 그해 화타문의 엽금안(燁金安) 대사형이 이 책을 내게 선물하였다. 엽 대사형은 역자가 남 선생에게 관심이 많다는 것을 익히 알고 있었다. 엽 대사형의 스승인 화타문의 창립자 곽정헌(郭廷獻) 사부는 남회근 선생과 인연으로 남 선생이 창립한 시방서원에서 오금지희를 가르쳤다.(곽 사부가 돌아가신 후에는 엽 대사형이 계승하였다.) 역자는 1994년부터 곽 사부께 오금지희와 태극권을 배우면서 남 선생에 대해 여러 가지를 질문했고, 곽 사부는 남 선생의 선정 공부와 무공의 경지에 대한 일화를 들려주었다. 남 선생에 대한 관심은 삼십여 년 전『靜坐修道與長生不老』라는 선생의 책을 번역하면서 시작되었다. 곽정헌 사부로부터 남 선생에 대해 들은 후 더 깊은 관심을 갖게 된 역자는 몇 차례 홍콩이나 상해로 선생을 예방할 계획을 세웠으나 끝내 실현하지 못한 가운데 2012년 남 선생의 별세 소식을 들었다. 이런 일을 알고 있던 엽 대사형은 시방 서원에서『아설참동계』를 구하여 내게 선물해 주었던 것이다. 이제는 엽 대사형도 세상을 떠났으니 이 번역서를 건네며 감사의 뜻을 전할 길이 없다.

도가의 내단 수련에서『참동계』의 중요성은 재론의 여지가 없지만 한 가지 난점은 문장이 고아(古雅)하고 난해하여 그 핵심을 관통한 인물이 고금에 극히 드물다는 것이다. 그런데 이런 난점을 보완해 주는 주석(註釋)이 17세기 명말 청초에 나타났으니 바로 주운양(朱雲陽) 진인의『참동계천유(參同契闡幽)』(이하『천유』로 약칭)이다. 남 선생은『천유』야말로 가장 탁월한 주해서요, 도가의 가장 뛰어난 정통 이론으로서 유불도 삼교를 융합 일관하였다고 확신한다. 원서『아설참동계』역시『천유』를 중심으로 삼고 있다. 역자는『천유』의『참동계』해석 관점 및『천유』를 해석하는 남 선생의 설명을 눈여겨보는 것이 독자들의 즐거움을 더할 요인 중 하나가 될 것으로 믿는다.

남회근 선생은 유불도 삼교를 융합한 학자요 수행자로 알려져 있다. 특히 도가 내단과 남종의 "선수명(先修命) 후수성(後修性)"으로부터 성명쌍수를 지향하는 수련 이론과 방법에 기초하여 유불도 삼교의 수행 공부를 해석하는 특징이 있다. 그런 의미에서 보면『아설참동계』는 남 선생이 수행 공부를 밝힌 기본적이며 대표적 저술이라고 할 수 있다.

『아설참동계』에서 말하는 수도 공부에 대해 좀 더 구체적으로 살펴보면 저자가 가장 문제 삼는 것은 무엇보다 기맥 공부에 대한 올바른 이해이다.

일반적으로 도가의 내단 공부 또는 기공(氣功) 공부를 하는 사람들은 기맥에 지나치게 집착하는 경향이 있다. 이와 반대로 불가의 선정 공부를 하는 승려들은 기맥 공부를 인정하지 않을 뿐 아니라 사실상 아는 바가 별로 없다. 도가의 기맥 공부에 집착하는 사람들은 삼화취정(三花聚頂)이나 오기조원(五氣朝元) 등 도가 내단 수련의 경지를 대주천 및 소주천과 연결하고, 주천을 임맥과 독맥 등 기맥을 따라 움직이는 기감(氣感)이라고 생각한다. 의념을 집중하고 호흡법을 통해 기감을 느끼려고 애쓰고, 의념을 이용하여 경맥을 따라 기를 돌리는 것이 공부의 전부 또는 핵심이라고 여기는 것이다. 또는 의념을 신체의 어느 한 곳, 예를 들면 미간이나 단전 같은 곳에 집중하는 수규(守竅)를 내단 공부라고 알고 있다. 남 선생은 소위 방문좌도는 말할 것도 없고 이런 공부법에 대해서도 대단히 비판적이다. 물론 수규나 주천이 도가의 공부가 아니라고 부정하는 것은 아니고, 이것만이 공부의 전부인양 집착하는 것에 대한 비판이다. 그것은 남회근 선생의 다음과 같은 말에서 알 수 있다. "평소에 기맥만 말하는 사람들을 잘못됐다고 하는 것은 너무 기맥에만 집착해서 그것이 바로 도(道)라고 여기니 그러는 것입니다. 그런데 어떤 사람은 기맥을 전혀 모르면서도 기맥은 도가 아니라고 비난하는 사람도 있습니다. 그런 경우에는 도리어 기맥이 바로 도라고 강변하기도 합니다."(제26강)

저자가 기맥에 집착하지 말라고 경계하는 데에는 내단에 대한 선생의 관점이 내재해 있다. 남 선생은 내단(＝金丹)을 기(氣)를 초월한 형이상의 정신적 실체로 본다. 선생이 『천유』를 중시하는 이유 또한 이것이다. 『천유』는 『참동계』의 삼대 강령을 어정(禦政), 양성(養性), 복식(伏食)이라 하고, 어정을 "마음으로 온몸의 정기를 조절하는 것〔以心君統御周身精炁乃御政之義也〕"(『참동계천유』 74면)이라고 정의한 데서 잘 알 수 있다. 『천유』는 또한 양성(養性)에 대해 말하기를, "양성을 하면 원정과 원기가 아울러 원신 속에 귀납한다. 이를 알고 기르면 곧 황제와 노자의 허무 자연의 대도에 계합한다〔舉養性 則元精元氣 幷歸元神之中矣 知而養之 方契黃帝老子 虛無自然大道〕"고 하였다. 『천유』는 어정과 양성의 금단 형성 과정과 마침내 금단이 이루어져 복식함으로써 신선을 이루는 것이 기(氣)를 기르는 것이 아니라 심(心)으로 성을 기른 즉 양성(養性)의 결과라는 관점이다. 도의 궁극은 유물(唯物)이 아니라 유심(唯心)이라고 한 것이다. 그것은 다음과 같은 남 선생의 말에서도 잘 드러난다. "동아시아의 유가, 불가, 도가에 대해 저는 늘 이렇게 말합니다. '유가의 품성을 돈독히 하고, 불가의 이성을 참구하고, 도가의 공부를 닦는다〔敦儒家的品性, 參佛家的理性, 修道家的工夫〕.' 형이상의 원리는 부처님을 능가할 수 없습니다. '도가의 공부를 닦는다'는 말은 하거(河車)를 돌리는 기공 수련 같은 것이 아닙니다. 정통 도가인 노자와 장자의 도(道), 신선 단도와 『역경』은 자연의 법칙을 본받는 도입니다. 공자, 노자, 석가 세 분의 성인은 모두 우리의 위대한 스승입니다."(제58강)

여기에서 저자는 불가의 이성이야말로 도의 최고 경지라고 분명히 밝혔다. 도가의 내단은 불가의 이성을 실현하기 위한 공부라는 것이다. 남 선생은 이렇게도 말한다. "제 경험으로 보면 형이상학적으로 본성을 말하는 것은 유가나 도가나 서양 종교나 철학이나 모두 부처님 손바닥을 벗어나지 못합니다. 당연히 불학이 최고입니다. 그러나 평범한 범부로부터 한 걸음 한 걸음 초월적인 성인의 경지로 나아가는 단계의 세밀함은 부처님이 도가에 자리를 양보해야 합니다. 제가 보기에 이 방면에서는 도가가 제일입니다. 더욱이 생리적 물리적 공부에서는 도가가 정말 상세하고도 구체적으로 설명할 수 있지요. 이런 것은 불가에는 없고 밀종 역시 도가에는 미치지 못합니다."(제58강)

남 선생의 관점은 수도 공부의 궁극적 목표는 본성의 실현 즉 깨달음에 있으며 그 과정에서 도가 공부가 필요하다는 것이다. 왜 도가의 공부가 필요한가. 여기에서 남 선생이 『천유』의 기본적 관점에 따르고 있음을 확인할 수 있다. "'앞 단락에서는 형체의 오묘함을 말하였고, 이 단락에서는 정신의 오묘함을 말하였다. 형체와 정신이 함께 오묘해야 바야흐로 도와 진실로 합해진다[前段言形之妙, 此段言神之妙, 形神俱妙, 方能與道合真]'고 하였다. 이것이 바로 신선의 경계요 부처의 경계입니다."(제80강)

이 말은 이 책 마지막에서 부처와 신선의 경지를 서술한 것이다. 여기에서 남 선생은 『천유』를 인용하여 "형체와 정신의 합일의 묘[形神俱妙]"야말로 도와 합일할 수 있는 최상의 방법임을 선언한다.

남 선생이 거듭 강조하는 '기주맥정(氣住脈停)의 경지'에 대해 말할 필요가 있겠다. 남 선생은 기주맥정이야말로 유불도 삼가의 공통적 심법(心法)이자 수도 공부의 핵심이라고 강조한다. 기주맥정이란 말 그대로 '기맥의 정주(停住) 또는 정지(停止)'라는 뜻이다. 남 선생은 기주맥정의 경지는 불교에서는 삼선(三禪), 사선(四禪)의 경지이며 도가에서는 축기(築基)에 성공한 것으로서, 기주맥정 이후 상당한 시간이 지나야 '입정(入定)'에 도달한다(제17강)고 하였다. "우리가 '천심무개이(天心無改移)'에 대해 진정으로 알면 곧 양기가 참으로 발동하는 상황을 알게 됩니다. 코를 골며 자고 있을 때는 사실 깊은 잠을 자는 것이 아니라 뇌에서는 여전히 생각이 남아 있습니다. 진짜 깊이 잠든 때는 푸우 하, 푸우 하 하면서 숨을 들이쉬고 내쉬면서 호흡을 하다가 갑자기 호흡이 끊어진 듯한 상태일 때입니다. 이때는 숨을 들이쉬는 것도 아니고 내쉬는 것도 아닌 마치 호흡이 정지된 것 같은 짧은 시간인데, 이때야말로 참으로 깊이 잠든 상태입니다. 이런 상태가 잠시 지속되다가 다시 숨을 쉬고 몸도 움직입니다. 이로써 불가에

서 선정에 들어 지식(止息) 수행을 하는 것이 바로 숨을 들이쉬는 것도 아
니고 내쉬는 것도 아닌 경지를 닦는 것임을 알 수 있습니다. 불교 유식학
이나 요가에서는 이를 보병기(寶瓶氣)라고 합니다. 이렇게 진정으로 호흡
이 오지도 가지도 않는 시점이 바로 소강절이 말한 '천심무개이'의 경지이
며, 우리 마음에서 보면 어떤 생각이나 관념도 일어나지 않는 공령(空靈)
의 경지입니다."

'천심무개이'는 소강절의 〈동지음(冬至吟)〉에 나오는 시구로서, 동짓날
밤 영시를 하늘의 중심[天心]으로 상징하여 수도 공부의 비결을 드러낸
것이다. 진정한 선정의 경지는 실제로 '숨을 들이쉬는 것도 아니고 내쉬
는 것도 아닌 경지'에 도달해야 한다는 것이다. 바로 기맥이 정지한 상태,
기주맥정의 경지이다. 남 선생의 설명에 따르면 "당송 시대 이후 선종에서
말하는 '영지지성(靈知之性)'이란 망상도 없고 잡념도 없는, 유형과 무형
사이에 존재하는 중궁(中宮)의 내외에 멈추어 있는 일념(一念)이며, 이것
이야말로 내단의 기본적인 첫걸음이기 때문에 『참동계』에서는 '모두 중궁
으로 모이게 하는 것은 무기(戊己)의 작용'이라고 말한다"고 한다.

진정한 선정의 경지에 이르면 실제로 신체에서 호흡과 기맥의 작동이
일시 멈추는, 노자의 말로 하면 "치허극(致虛極), 수정독(守靜篤)"의 경지
가 도래한다. 그런데 이러한 무념(無念) 공(空)의 경지가 지나치면 도리어
공부를 방해할 수 있기 때문에 화후(火候)를 조절하는 문제가 중요하다.
이 화후의 조절에 도가의 특별한 성과가 있기 때문에 남 선생은 수도 공부
에서 도가의 공부법이 중요하다고 강조한다. 이 밖에 남 선생 자신의 수도
과정에 대한 체험을 밝힌 구체적 서술은 흥미롭다. "기경팔맥이 통하면
다리가 저린 느낌 따위는 모두 사라지고 몸이 편안하고 유쾌합니다. 온몸
의 세포 하나하나, 손가락 끝에서 머리끝까지 상쾌하고 마음도 청명하여
밤낮으로 환히 밝습니다. 이때 머리는 점점 더 또렷해지고 더는 자지 않게

됩니다. 금욕이니 뭐니 하는 계율도 모두 필요 없습니다. 욕망 같은 것이 아예 사라지고 없으니까요. 왜 그럴까요? 기경팔맥이 통하면 그 자체의 즐거움이 욕계의 남녀 사이 쾌락보다 더 강렬하기 때문입니다. 남녀의 욕망은 저급하게 보여 돌아보지 않게 되는 것이지요. 이것이 바로 『능엄경』에서 말한 "옆으로 누워 방사할 때도 맛이 밀랍을 씹는 것처럼 느끼는〔於橫陳時, 味同嚼蠟〕" 경지로, 이른바 '낙변화천(樂變化天)'입니다. 사실 불경을 보면 이런 공부에 대해 다 나와 있지만 보통 사람들은 보면서도 알지 못하지요."

남 선생은 또한 유가에 대해서도 "우리는 앞으로 유가의 품성(品性)을 배워야 합니다. 인격적으로 성숙하고 훌륭한 일을 하기 위해서는 반드시 유가의 이치를 공부해야 합니다. 유가는 비유하자면 대승 보살도의 율종(律宗)에 해딩합니다. 그러므로 유가는 실천 행위를 중시"(제12강)한다고 말한다. 또 "인륜의 도리와 국가를 다스리고 세상을 평화롭게 하는 이념을 말하는 것은 불가나 도가 모두 유가에 미치지 못한다"고도 하였다. 이런 유가의 이상을 실현하려면 인간의 품성, 도덕적 인격을 완성해야 하며, 성리학자들이 인욕을 극복하는 방법으로 '기질변화(氣質變化)'를 말했다고 하였다. 남 선생은 기질변화는 불가와 도가에서 온 것이며, 생리적 기질을 변화시킨다는 것은 도가에서 추구하는 '환골탈태(換骨奪胎)'와 같다고 한다. 여기에서 남 선생이 "국가를 다스리고 세상을 평화롭게 하는 이념"이라고 유가를 인정하면서도 그의 관심이 지향하는 곳은 불가의 '형이상적 이성'과 도가의 '기맥 공부'라는 것을 알 수 있다.

마지막으로 역자가 이 책의 아쉬운 부분으로 밝히고 싶은 것이 있다. 바로 주자와 왕양명에 대한 남 선생의 진술이다. "주자가 몰래 불가와 도가를 연구했다는 것은 공공연한 비밀입니다. 누가 오래 살고 싶지 않고, 누가 초능력을 가진 사람이 되고 싶지 않겠습니까?'라는 말이나 '학문과 도덕에 대해서도 송대의 유학자들은 자신들의 독창적 학설은 별로 없다. 모두 불가와 도가를 차용하여 자신들의 학설로 만든 후 얼굴을 바꿔서 불가와 도가는 모두 이단이라고 비난했다' '왕양명도 일찍이 정기신 수련에 관심을 가졌는데 수련 공부를 포기했다. 왕양명은 비상이라는 단약을 먹었는데, 사후에 보니 시체가 온통 푸른색으로 되었다. 바로 중독사이다'라고 하는 부분이다.

이 책 제1강에서 남 선생이 말한 주자와 백옥섬의 고사도 유학자 입장에서는 지나친 면이 있어 보인다. 주자가 말년에 건강이 악화되었을 때 정좌가 약보다 건강에 좋다고 말한 것은 사실이지만 유가의 도학자들이 장수와 초능력을 욕심냈다고 하는 것은 지나친 평가였다. 이런 점은 유학자인 역자에게 유불도 삼가를 융합한 남 선생의 학문과 수도 공부의 성과에 조금의 아쉬움을 느끼게 했다. 독자들의 혜안을 기대한다.

차례

상권

제1 건곤문호장乾坤門戶章 ──────────────

제2 감리이용장坎離二用章

제3 일월함부장日月含符章

제8 명변사정장明辨邪正章 ───────────

제9 양현합체장兩弦合體章 ───────────

제10 금반귀성장金返歸性章 ───────────

제18 감리교구장坎離交媾章 1

제24 성정교회장性情交會章

제21 이기감화장二炁感化章

제22 관건삼보장關鍵三寶章

일러두기

1. 이 책은 대만 노고문화공사에서 나온 『아설참동계(我說參同契)』(상중하, 2009년 초판 1쇄)를 번역 저본으로 하였다. 원서는 상중하 세 권이나 한국어판은 상하 두 권으로 하였다.

2. 원서 『아설참동계』 강의 과정에서 채택한 『참동계(參同契)』 주해서는 청대 주운양이 지은 『참동계천유(參同契闡幽)』로, 판본은 대만 자유출판사(自由出版社)에서 나온 것이다.

3. 한국어판 번역 과정에서 참고한 판본도 대만 자유출판사에서 민국 89년(서기 2000년)에 출판한 도장정화(道藏精華) 제삼집(第三集)의 삼(三)에 속한 『참동계천유』이다. 이 한국어판 각주에는 저본으로 한 『참동계천유』 면수를 표시하여 독자들이 참고할 수 있도록 하였다.

4. 본문의 각주는 옮긴이 주이고, 원서에 있는 편자 주는 해당 주석에 표시하였다.

5. 이 책에는 『참동계』와 『참동계천유』 원문이 실려 있다. 두 원문은 상하 선으로 표시하였는데, 『참동계』 원문은 서체를 달리하였고 『천유』 원문은 따옴표와 괄호를 넣었다.

6. 원서의 약자, 속자, 간체자 등은 대부분 우리나라에서 쓰는 한자로 바꾸었다. 다만 어조사 於의 약자인 于는 바꾸지 않고 원서 표기에 따랐다. 원서에는 於와 于의 쓰임을 명확히 구분하지 않았는데 이 번역서에는 원서를 따라 정정하지 않고 그대로 두었다.

7. 본문에는 氣와 炁의 차이를 언급한 내용이 있으나 원서에는 그 쓰임을 엄격히 구분하지 않았다. 한국어판 번역서는 원서의 표기를 따랐으며 엄격하게 일관성을 유지하지 않았다.

8. 원서의 '修道'는 대부분 '수도 공부'로 번역하였다.

9. 한국어판에는 원서에 없는 찾아보기를 넣었다. 도가 불가 유가의 수도 공부와 관련한 용어의 개념이 다수 등장하고, 수도 관련 인물과 중요 서적에 대한 언급이 많아서 독자들이 참고하도록 하기 위해서이다. 용어 선정 기준은 찾아보기에 밝혀 두었다.

제1강

지금까지 우리 서원[1]에서는 도가의 철학 사상과 관련해서 『노자(老子)』, 『장자(莊子)』로부터 『열자(列子)』에 이르기까지 강좌를 열었습니다. 이제부터 공부할 『참동계(參同契)』는 가장 이해하기 어려운 책입니다. 『참동계』에 대한 저의 해석도 반드시 옳다고는 할 수 없습니다. 겸손하게 말하는 것이 결코 아닙니다. 저는 단지 제가 깨달은 것을 여러분에게 제공하여 참고하도록 할 뿐입니다. 『참동계』는 중국 문화에서 매우 중요한 위치를 차지하는데, 옛사람들은 『참동계』를 단경(丹經)의 비조(鼻祖)라고 했습니다. 예로부터 도를 닦고 단법(丹法)을 수련하여 장생불사(長生不死)를 추구하는 신선(神仙)의 학문에서는 이 책을 꼭 읽어야 하는 비전(秘典)으로 삼았지요. 이뿐 아니라 중국 고대의 철학, 과학 등과 관련된 많은 학문이 모두 이 책에서 유래했습니다. 오늘날 중국의 고대 과학 발전사를 연구하는 서양의 학자들은 『참동계』를 화학, 물리, 천문학의 중요한 근원이라고

---

1 이 책은 1983년 저자가 대만의 시방서원(十方書院)에서 강의한 내용이다. 지금도 대북 시내(台北市中正區信義路二段271號12樓)에 서원이 있다.

합니다. 그러나 동양에서는 오히려 이 책을 소홀히 다루었는데, 그 주된 이유 중 하나는 책이 지나치게 난해하기 때문입니다.

경이로운 학설

책 이름이 왜 『참동계』일까요? '참(參)'은 삼합(參合) 즉 셋을 합했다는 뜻이고, '동(同)'은 상동(相同)으로서 서로 함께한다는 뜻입니다. 즉 세 가지 학문을 하나로 융합했다는 말이지요. 이 세 가지가 바로 노장(老莊) 철학과 도가의 단도(丹道), 『역경(易經)』의 학문입니다.

지금까지 인류는 끊임없이 생명의 근원을 추구해 왔고, 죽은 후 영혼 같은 것이 존재하는지 질문해 왔습니다. 종교부터 과학에 이르기까지 모두 그러했지요. 종교에서는 사람이 죽은 후 영혼이 존재해서 천당이나 극락 같은 다른 세계에 갈 수 있다고 합니다. 사실 이런 이야기는 우리가 알 수 없습니다. 목사님이나 스님들이 그렇게 말하니 신자로서 믿는 것뿐입니다. 그런데 중국 문화만이 이런 것을 말하지 않았습니다.

중국 문화에서는 인간이 죽은 후 영혼이 천당이나 극락에 가는 것이 아니라, 인간의 육체 생명이 이 우주처럼 영원히 존재할 수 있다고 합니다. 인간의 생명이 기독교나 불교와 달리 하느님이나 불보살, 또는 조상이나 귀신에 의지하지 않고도 영원히 존재할 수 있다는 것이지요. 사람은 누구나 그렇게 될 수 있다고 합니다. 자신의 생명 속에서 진실한 어떤 것을 발견함으로써 누구나 성인이나 신선 혹은 부처가 될 수 있다는 것이지요. 그런데도 우리가 영원한 생명을 누리지 못하는 것은 진실한 생명을 찾지 못하기 때문이라고 합니다.

중국 문화에서는 대담하게 인간의 생명은 이 우주의 천지 일월과 같이 영원할 수 있다고 합니다. 종교든 철학이든 과학이든 그 어떤 문화도 이처럼 담대하게 큰소리치지는 못했습니다. 중국 문화야말로 세계에서 가장 크게 허풍을 떨었다고 할 수 있지요. 사실 중국 문화 중에서도 유독 도가 사상이 이런 특징을 갖고 있습니다. 인도의 불교문화가 약간 비슷하긴 합니다. 다만 불가는 이런 방면을 적극적으로 표방하기보다는 약간의 소식만 드러낼 뿐입니다. 석가모니 부처님은 많은 제자들 중에 특별히 네 명에게만 육신을 가지고 세상에 머물기를 분부했다고 합니다. 다음번 빙하기가 지나고 또 다른 겁운(劫運)이 도래해서 세상이 태평해지고 다음 부처님이 세상에 출현한 후에야 이 네 명의 제자는 열반에 들어 육신을 떠날 수 있습니다.

제가 알기로는 이러한 불가의 설법만이 중국 문화의 불로장생 사상에 근접할 뿐, 다른 문화에서는 찾아볼 수 없습니다. 중국인의 입장에서 보면 매우 자랑할 만한 문화라고 할 수 있습니다. 그런데 지금까지 죽지 않은 신선이 존재하기는 할까요? 우리가 어려서 읽거나 들었던 소설이나 전설, 단경, 도서(道書), 신선전(神仙傳) 등에는 모두 죽지 않는 신선 이야기가 있습니다. 요즘도 어떤 이들은 어느 산속 동굴에 신선이 살고 있다고 말하기도 합니다. 그런 사람에게 직접 봤는지 물어보면 자신도 보지는 못했고 다른 사람에게 들었다고 하고, 그 사람은 또 자기 사촌형이 말하는 것을 들었다고 합니다. 그러니 실제로 본 사람은 없지요. 세상에서 신선이니 귀신이니 말하는 사람들은 모두 이런 식입니다.

용이 상징하는 의미

몇 년 전에 한 젊은이가 용의 문화를 제창한 적이 있었습니다. 그 젊은

이는 나름대로 생각이 있었겠지만 그런 아이디어는 별로 적절하지 않은 것 같습니다. 중국의 상고 시대 문헌에는 용의 전인(傳人)에 대해 말한 것이 거의 없기 때문이지요. 『역경』에 조금 나오는 용은 단지 상징일 뿐입니다. 예를 들면 이런 이야기입니다. 춘추 시대에 공자는 노자를 만나고 진심으로 감복했습니다. 제자들이 공자에게 노자를 어떻게 생각하는지 묻자 이렇게 말했다고 합니다. "용은 구름을 타고 하늘을 날 수 있다. 노자는 용과 같은 인물이다."[2]

고대 중국에서 말한 용은 서양 신화에 등장하는 용과는 다르고, 멸종한 공룡은 더더욱 아닙니다. 중국 신화에 등장하는 용은 날기도 하고, 물속을 헤엄치기도 합니다. 땅위를 달릴 수도 있고, 산을 뚫고 동굴에 들어갈 수도 있고, 우주만큼 큰 몸으로 변할 수도 있고, 또 아주 작은 몸으로 바뀔 수도 있습니다. 그래서 용은 "숨거나 나타남이 일정하지 않아 변화를 헤아릴 수 없는(隱現無常, 變化莫測)" 것의 상징입니다. 옛사람은 용을 그릴 때 절대 전체를 그리지 않았습니다. 머리가 보이면 꼬리는 감추었고 꼬리가 드러나면 머리는 감추었지요. 이런 용이 상고 시대에 정말 존재했는지는 알 수 없습니다. 단지 어떤 민족이 사자 등 동물을 상징으로 사용하는 것이나 미국인이 독수리를 국가의 상징으로 삼는 것처럼 용도 민족의 상징일 뿐입니다.

『참동계』에는 노장 사상, 『역경』의 변화 법칙, 단도의 수련 방법이 어우러져 있습니다. 그 원리를 깨달을 수 있다면 곧 생명의 진리를 파악할 수 있습니다. 역사에 전하는 바에 따르면 『참동계』의 저자는 동한(東漢) 시대 위백양(魏伯陽) 선생입니다. 도가에서는 위백양 진인(眞人)이라고 부르지요. 『장자』를 공부할 때 말했던 것처럼 진인이라는 명칭은 장자가 만든 것

---

2 사마천의 『사기(史記)』 권63 「노장신한열전(老莊申韓列傳)」에 따르면 공자가 노자를 만나 예(禮)를 물었는데, 제자들이 노자에 대해 묻자 용과 같은 인물이라고 답했다는 고사가 있다.

입니다. 그래서 후대의 도가는 신선을 모두 진인이라고 했습니다. 그렇다면 진짜 사람이라는 뜻을 가진 진인의 반대는 무엇인가요? 가짜 사람이라는 뜻의 가인(假人)이겠지요. 사람들 중에는 도를 올바로 깨우친 득도한 사람은 하나도 없고 모두 가짜만 있다는 것입니다. 도가에서는 이런 가짜 사람을 행시주육(行尸走肉)이라고 부릅니다. 걸어 다니는 시체, 고깃덩어리라는 말이지요. 실로 참담한 모욕이지만 이 세상에는 득도한 사람은 하나도 없고 헛된 시체만 거리에 가득하다는 것입니다.

역사의 기록에 따르면 위백양은 관직은 높지 않았으나 학술적 지위는 매우 높았습니다. 중국 역사에는 학문이 뛰어나면서 관직도 높았던 사람은 별로 없습니다. 그러나 중국 상고 시대에는 사업(事業), 공명(功名)과 학문이 하나였고, 문(文)과 무(武) 역시 하나였던 것이 후세에 이르러 둘로 나뉘었습니다. 위백양 진인이 후세에 끼친 영향은 지대했습니다. 도가의 신선전에서는 그를 화룡 진인(火龍眞人)이라 불렀습니다. "온몸이 화염으로 둘러싸인 기이한 용의 진인"이라는 말이지요. 우리는 모두 용을 구름과 비를 몰고 오는 신비한 동물로 여깁니다.

송대 유학자가 말한 이단

전통 중국 문화에서 유가(儒家)는 학문의 정통이었기 때문에 불가와 도가 사상에 대해 비판적이었습니다. 그래서 불가와 도가를 이단(異端)이라 불렀지요. 이단은 『논어(論語)』[3]에 나오는 용어로, 오늘날 우리가 방문좌

---

3 『논어』「위정」편. "공자가 말씀하였다. 이단을 전공하는 것은 해로울 뿐이다〔子曰, 攻乎異端, 斯害也已〕."

도(旁門左道)⁴라고 말하는 것과 비슷합니다. 그러나 공자가 불가와 도가를 이단이라고 배척한 것은 절대 아닙니다. 다만 송대 이학자(理學者)들이 공자의 용어를 빌려 잘 알지도 못하면서 비판한 것이었습니다. 이는 "포도를 먹을 수 없게 되자 포도는 시어서 싫다"고 하는 것과 같은 형국입니다.

이단은 편견이라는 뜻으로, 공자는 편견을 갖고 있는 사람을 이단이라고 했습니다. '이(異)'는 다르다는 말이고 '단(端)'은 다른 한쪽에 치우친 것을 말합니다. 공자 당시에는 이것이 불가와 도가를 가리키는 말이 절대 아니었는데, 후세에 송대 이학자들이 불가와 도가를 이단이라 비판했던 것입니다. 그 중 가장 유명한 사람은 주자라고 불리는 주희(朱熹)였습니다. 주희는 수백 년 넘게 중국 문화에 영향을 끼쳤는데 사실 너무 지나친 감이 있습니다! 송대 이후 유학은 주자학으로 바뀌었습니다. 비유하자면 상점의 간판은 공맹노점(孔孟老店)이라고 달았지만 주인은 주자인 것과 같습니다.

송대의 뛰어난 유학자는 주자 외에 다른 대주주인 육상산(陸象山)도 있었는데 나중에 주자에게 쫓겨났습니다. 이 때문에 공가점(孔家店)의 주인이 주자로 바뀌었지요. 주자는 『논어』, 『맹자』, 『대학』, 『중용』 등 사서(四書)를 주석했는데 그것이 송, 원, 명대에 관학으로 지정되었습니다. 그 시대에 과거 급제를 하여 관리가 되기 위해서는 주자가 지은 사서 해석을 학습해야 했다는 말입니다. 제가 수백 년 전에 태어났다면 다른 사람이 『참동계』를 읽었는지 물었을 때 읽었다고 답하면 저는 바로 이단이 되고 과거에 합격하지 못했을 것입니다.

주자는 도가를 이단으로 규정했지만 자신은 『참동계』를 연구해서 공동도인(空同道人) 추혼(鄒訢)이라는 이름으로 『주역참동계고이(周易參同契考

---

4 도가에서는 정통이 아닌 것을 방문좌도라고 한다.

異)』라는 책을 저술했습니다. 사실 주자는 『참동계』를 오랫동안 연구했지만 통달하지 못하고 물러났습니다. 깊이 들어가지 못하는 것은 당연합니다! 정좌 수도(修道)도 하지 않았으니 어떻게 알 수 있었겠습니까.

유학자 주희와 도사 백옥섬

주희는 왜 『참동계』를 연구했을까요? 전설에 의하면 주자가 중국 복건성 무이산(武夷山)에서 제자들을 가르칠 때 마침 도가 남종(南宗)의 조사(祖師)로 불리는 유명한 도사 백옥섬(白玉蟾)[5]도 그곳에서 수련하고 있었다고 합니다. 조사라면 이미 신선에 가까운 경지에 오른 사람입니다. 주자 역시 유학을 대표하는 학자였으므로 두 사람 모두 제자가 많았습니다. 사람의 호기심은 동서고금을 막론하고 같습니다. 주자의 제자들은 종일 "공자 가라사대"를 소리 높여 읽었는데, 종일 읽어 봐야 별 신통한 뜻도 없는 것 같아 젊은 사람들은 싫증나기 일쑤였지요. 그래서 도가 수련을 하는 사람들은 어떻게 공부하는지 몰래 살피러 갔습니다. 가서 보니 그들은 얼굴이 붉었다가 퍼랬다가 검은 빛이 나는 등 온통 기이했습니다. 주자는 평소에 도가는 이단이니 절대 가서 보면 안 된다고 경고했는데, 이 광경을 본 제자들은 놀라지 않을 수 없었습니다. 얼른 돌아가서 주자에게, 도가 수련을 하는 사람들은 신비하고 백옥섬이라는 도사는 선견지명이 있는 도인

---

5 1194-1229. 자(字)는 여회(如晦) 자청(紫清), 호는 해경자(海瓊子) 무이산인(武夷散人)으로 남송(南宋) 시대 사람이다. 조상은 복건(福建) 민청(閩淸)에 살았고, 백옥섬은 경주(瓊州) 경산(瓊山)에서 출생했다. 도가 금단파(金丹派) 남종(南宗)의 오조(五祖)인데 대개는 백옥섬이 실제로 남종을 건립했다고 한다. 금단 이론으로는 성명쌍수(性命雙修)를 주장했다. 도가 내단 사상의 중요 경전인 『오진편(悟眞篇)』의 저자 장백단(張伯端, 987-1082)이 남종의 초조이다.

같다고 했습니다. 그러자 주자는 백옥섬에게 혹 신통한 일이 있다고 해도 그런 일은 소경이 문고리 잡듯이, 소가 뒷걸음질 하다가 쥐를 잡듯이 '우연히' 한 것일 뿐이라고 했습니다.

그런데 백옥섬은 정말 신통력이 있었습니다. 주자가 자신을 비난한 것을 훤히 꿰뚫어 보았습니다. 이튿날 백옥섬은 주자에게 학생들을 데리고 함께 야유회를 가자고 청했습니다. 주자도 매우 좋아하며 동의했지요. 함께 교외로 나갔는데 공교롭게도 때마침 비가 왔습니다. 물론 모두 우산이 없었기 때문에 비에 흠뻑 젖었지요. 그런데 백옥섬이 걸어가는 곳에는 비가 오지 않았고 그는 비에 젖지도 않았습니다. 주자가 참지 못하고 물었습니다. "백 선생, 이게 어떻게 된 일이오?" 그러자 백옥섬이 웃으며 "우연히"라고 답했습니다. 주자는 멋쩍은 표정을 지을 수밖에요. 자신이 어제 학생들에게 백옥섬을 비난하면서 한 말이었기 때문입니다. 주자는 궁금하기 짝이 없었습니다. '어떻게 내가 어제 한 말을 알고 보복이라도 하듯이 오늘 이런 말을 할 수가 있을까?' 이상한 일이었습니다. '혹『참동계』를 공부해서 그런 것일까?' 그래서 주자도『참동계』를 연구하기 시작했다는 전설이 있습니다.

주자가 몰래 불가와 도가를 연구했다는 것은 공공연한 비밀입니다. 누가 오래 살고 싶지 않고, 누가 초능력을 가진 사람이 되고 싶지 않겠습니까. 주자는 단지 겉으로만 그렇지 않은 척 했을 뿐입니다. 제 생각에는 주자뿐 아니라 송대의 유학자라면 누구를 막론하고 다 그랬을 것입니다. 학문과 도덕에 대해서도 송대의 유학자들은 자신들의 독창적 학설은 별로 없습니다. 모두 불가와 도가의 내용을 슬쩍 차용해서 자신들의 학설로 만든 후 얼굴을 바꿔서 불가와 도가는 모두 이단이라고 비난했지요. 이런 송대 유학자들이 무슨 성현의 학문을 했다고 말할 수 있겠습니까.

불가와 도가에 대한 주자의 비판을 보면 전문가인 것 같지만 사실은 문외한이었음을 알 수 있습니다.[6] 주자의 문집을 보면 도가와 불가를 비판한 이론은 매우 그럴듯해 보입니다. 주자는 도가의 수도 공부를 "형체와 정신이 서로 지키는[形神相守]" 것이라고 했는데, 이를 보면 주자의 이해는 보통이 넘는 상당한 수준임을 알 수 있습니다. 이 말은 신선의 도를 수련하면 반로환동(反老還童) 장생불사(長生不死)의 경지에 도달할 수 있다는 뜻입니다. 왜 '형신상수'라고 할까요? 도가는 우리의 몸을 형체라고 여기고 마치 기계와 같다고 합니다. 기계는 전기에너지를 동력으로 하여 움직이는데, 전기가 있어야 전기불이 들어오는 것처럼 우리 몸에도 몸을 움직이는 동력이 필요하다는 것입니다. 도가에서는 그것을 정신이라고 하고, 그 정신의 근원을 '원신(元神)'이라고 합니다. 그러므로 우리의 육체가 존재하는 한 그 원신은 우리에게 있습니다. 몸의 세포와 각 장기 등은 모두 원신과 통합니다. 그런데 사람이 늙어서 형체가 쇠약해지면 마치 기계가 오래되어 망가지듯이 원신도 통하지 못하고 떠나가 버립니다. 도가에서 장생불사하고 반로환동할 수 있다고 하는 근거가 바로 이것입니다. 도가의 수도 공부는 형(形)과 신(神)을 하나로[一塊] 응결(凝結)하는 것이고, 이 공부를 '연단(煉丹)'이라고 합니다. 그러니 장생불사하려면 형(形)과 신(神)을 단련하여 원신(元神)을 붙잡아 두어야 합니다.

도가는 장생불사를 말했지만 불가는 다릅니다. 불가에서는 열반(涅槃)

---

6 저자가 중국 철학사에서 가장 비판하는 학문은 송명 이학(宋明理學)이다. 특히 송대 성리학을 대표하는 주자와 명대 심학을 대표하는 왕양명(王陽明)에 대해 비판의 강도를 높인다. 역자는 남 선생의 비판에 어떤 학문적 근거가 있는지 관심을 갖고 살펴보았으나 아쉽게도 이 문제에 대한 선생의 진지하고 학문적인 논의는 발견할 수 없었다. 하지만 송명 이학에 대한 남 선생의 비판이 유학 전반으로 이어지는 것은 아니다. 『연합보(聯合報)』 기자 뢰금굉(賴錦宏)이 2012년 10월 1일 남 선생의 서거 사실을 보도하면서 쓴 기사에 따르면, 남 선생 스스로 자신의 저술 중 핵심은 『논어별재(論語別裁)』라고 했다. 남 선생은 송명 이학이 『논어』의 정신을 올바르게 계승하지 못했다고 보았는데 그 이유를 위 내용에서도 엿볼 수 있다. 즉 송대 유학자들은 도가와 불가를 차용해서 자신들의 학설로 삼고도 도리어 도가와 불가를 이단이라고 비난했다는 것이다.

을 말했는데, 열반이란 생사가 모두 공(空)하다고 하여 죽을 때가 되면 좌선하다가 미련 없이 떠나 버리는 것입니다. 그래서 주자는 불가를 형체와 원신이 서로 떨어지는 것이라고 하여 '형신상리(形神相離)'라고 했습니다. 불교를 공부하는 사람은 공을 추구하여 육체를 공이라고 보는데, 주자는 이를 정신과 육체를 분리하는 것이라고 비판해서 '형신상리'라고 말했던 것입니다. 이렇게 보면 불가와 도가는 주자를 논박할 수 없는 것처럼 보입니다. 주자는 결코 녹록한 사람이 아니었습니다. 불가와 도가의 수련 공부와 학문에 대해 많이 공부했습니다.

저는 여기에서 주희의 학문에 대해서는 말하지 않겠습니다. 다만 그가 백골관(白骨觀)은 깊이 연구하지 않았고 궁극적 진리가 아니라고 비판했다는 것만 지적합니다. 주자는 말하기를, 불교를 공부하는 사람들은 백골관 수련을 좋아하기 때문에 이 세상이 고통스럽고 재미도 없다고 여겨 더이상 세상에 살기도 싫고 서방정토 극락세계에나 가려고 한다는 것입니다. 그는 불가의 관념에 동의하지 않았으며 백골관은 불가 수련에서 낮은 단계라고 생각했습니다. 물론 주자는 자신이 생각하는 불가의 높은 단계 수련 공부가 무엇인지는 말하지 않았습니다. 사실 그가 말하지 않았다는 것은 인간의 생명이 이 세상에 영원히 존재할 수 있다고 여겼음을 보여 줍니다. 그러나 주자는 다른 평범한 사람들처럼 지금 이 세상에 존재하지 않습니다. 주자는 그의 전기에서 여러 차례 『참동계』와 도가에 대해 연구한 결과를 밝혔는데, 이것으로 보면 주자는 무의식중에 인간이 수련을 해서 불로장생할 수 있음을 인정했습니다.

유가와 불가, 도가의 관계에 대해 저는 늘 이렇게 말합니다. 유학자들은 모두 신선과 부처를 좋아한다고 말입니다. 중국의 옛날 유학자들은 모두 스님과 도사 친구가 있는 것을 좋아했습니다. 마치 현대인이 텔레비전이나 영화에 나오는 유명인을 알면 자기 발이 넓다고 자랑하는 것처럼 말이지요. 당시의 유학자들은 스님이나 도사 친구가 있다는 것이 자신의 학문이 높은 수준에 이르렀음을 은연중에 나타내는 것처럼 여겼습니다. 그래서 그들의 문집이나 시집을 보면 예외 없이 승려나 도사 들과 왕래한 일을 기록했습니다. 그들은 모두 선도와 불도를 좋아했지만 수련을 완성할 수는 없었습니다. 학문을 하면 욕망이 많아지고 번뇌도 커지기 때문이지요. 그들에게 모든 욕망을 버리고 정좌 수도를 하라고 하면, 하고 싶은 생각은 굴뚝같지만 제대로 실천하지는 못하겠다고 했습니다. 역대 신선전이나 『고승전(高僧傳)』을 돌이켜 보면, 도가와 불가의 학문이 역시 훌륭하다는 결론을 내리지 않을 수 없습니다. 그래서 청대의 시인 서위(舒位)는 다음과 같은 시를 지었습니다. "본래 부귀는 꿈과 같으니 독서하지 않은 신선은 없다[由來富貴原如夢, 未有神仙不讀書]." 이것은 참으로 명언입니다. 여러분이 신선을 수련하려면 반드시 책을 많이 읽어야 가능합니다.

저는 일찍이 이 시의 첫 번째 구절을 다음과 같이 바꿔 술을 좋아하는 친구에게 대련을 써서 보냈습니다. 그 친구는 돈도 많고 직위도 높았습니다. 그래서 첫 번째 구절을 "본래 이름난 사람들은 모두 술에 빠졌다[由來名士都耽酒]"라고 바꿨습니다. 그다음 구절은 "독서하지 않은 신선은 없다"는 것입니다. 왜냐하면 신선을 배우기 좋아하는 사람들은 모두 책 읽기를 좋아하기 때문이지요.

참동계의 삼대 강령

역대로 수많은 사람이 『참동계』에 대한 주해(註解)를 저술했는데, 이 책에서 가장 중요한 삼대 강령은 첫째는 어정(禦政), 둘째는 양성(養性), 셋째는 복식(伏食)입니다.

첫째, 어정(禦政)에는 많은 의미가 포함되어 있습니다. 오늘날 말로 한다면 경영이라고 할까요? 제왕으로부터 보통 사람에 이르기까지 심성을 수양하고 사람다운 사람이 되려고 하는 것이 모두 어정입니다. 즉 자신의 마음과 몸을 경영하는 것이지요. 어떻게 해야 그런 사람이 될 수 있을까요? 인생의 정도(正道)를 알고 그 길을 가야 합니다. 물론 몸과 마음뿐 아니라 정치도 여기에 포함됩니다. 그래서 천문 지리는 물론 세상을 살아가는 정당한 원리, 법칙들은 모두 어정의 범위에 속합니다.

둘째는 양성(養性)입니다. 우리 같은 보통 사람이 도를 닦고 불법을 배워서 양성의 단계에 도달하는 것은 쉽지 않습니다. 저는 도를 닦고 불법을 배우는 것은 심신(心身)과 성명(性命)을 연구하는 중국 고대의 과학이며 그 속에는 이론과 원리가 있다고 항상 말합니다. 우리의 몸과 생명은 어떻게 왔을까요? 생각하는 기능은 어떻게 가능한 것일까요? 이 문제에 답을 찾으려면 먼저 그 원리를 분명히 이해해야 하고, 원리를 알아야 도를 닦을 수 있습니다. 수행은 일종의 실험입니다. 자기 몸과 마음에 돌이켜 보아 자신에게 직접 실험하는 반구저기(反求諸己)입니다. 마치 자연과학이 이론을 세우고 나서 사물을 이용해 실험하는 것과 같습니다.

어정의 원리를 이해한 후에 비로소 수양(修養)하는 것을 양성이라고 합니다. 불가나 도가의 수련 방법, 예를 들어 염불, 기도, 주문, 정좌 등은 모두 양성 수련의 가장 초보적 방법입니다. 그러나 이런 기초적 방법만으로는 성(性)을 잘 기를 수가 없습니다. 성(性)을 기르는〔養〕 양성 수련은 먼저 성이 무엇인지 명료하게 인식한 후에 할 수 있습니다. 다시 말해 불가에서 마음을 밝혀서 성을 본다는 명심견성(明心見性)이라고 하는 것입니다.

사람들이 흔히 누구는 성품이 좋고 누구는 좋지 않다고 말합니다. 그럴 때 성(性)은 무엇을 의미할까요? 중국에서는 남녀 관계도 성(性)이라고 하고, 명심견성 같은 최고의 진리에도 성(性)이라는 말을 사용합니다. 이 성은 도대체 무엇인가요? 이것은 중국 문화의 중심과 관련 있습니다. 사서 오경 중 하나인 『예기(禮記)』에서는 사람에게 성(性)과 정(情) 양면 즉 성정(性情)이 있다고 합니다. 노인들은 늘 '요즘 젊은이들은 성정이 별로 좋지 않다'고 말합니다. 여기에서 말하는 성은 무엇이고 또 정은 무엇일까요? 이른바 양성이라고 할 때는 어떤 의미의 성을 기른다는 것일까요? 이것은 매우 중요한 문제입니다.

셋째는 복식(伏食)으로서 신선 수련을 완성하는 단계입니다. 복식은 어정과 양성을 마친 후에 하는 최후의 공부입니다. 이 단계는 밖에서 오는 것이 아니라 자신의 생명 내면에서 나타납니다. 다만 자신의 육체적 생명에서만 오는 것이 아니라 우주와도 관련이 있습니다. 우주로부터 우리 신체의 어느 한 곳을 통해서 들어오는 것입니다.

저는 도(道)는 천하의 공도(公道)라고 생각합니다. 기왕 모든 사람에게 열려 있는 공공(公共)의 도라면 무슨 비밀이 있겠습니까? 내 것만도 아니고 네 것만도 아니며, 하느님의 것만도 아닙니다. 그런데 옛사람들은 왜 이것을 비밀에 부쳐 숨기려고 했을까요? 바로 사람들이 이 도를 배워서 나쁜 짓을 할까 봐 그랬던 것입니다. 칼을 악인이 사용하면 살인도 할 수 있지만, 의사가 수술할 때 사용하면 생명을 구할 수 있는 것과 같습니다. 저는 원래 뭘 감추는 성격이 아니라서 모든 것을 다 밝힙니다. 제가 이 자리에서 여러분에게 거의 반나절이나 이런저런 말을 많이도 하는데, 사실 비밀은 그 속에 다 밝혔습니다. 그런데도 어떤 사람은 또 찾아와서 비밀이 뭐냐고 묻습니다. 이때는 너무 귀찮아서 아무 말도 안 하고 입을 닫습니다. 제가 뭘 감춘다면 이럴 때뿐입니다.

우주에서 생명 에너지가 인체로 진입하는 곳은 바로 정수리입니다. 갓난애들을 보면 모두 그곳이 열려 있습니다. 여러분이 만약 수련을 잘해서 높은 경지에 이른다면 그곳이 다시 열립니다. 밀종(密宗)에서는 정수리가 열리는 것을 개정(開頂)이라고 하는데, 여러분은 본 적이 있는지 모르겠습니다만 저는 직접 목격했습니다. 책에서 본 것이 아니라 그런 사람을 실제 만났습니다. 이전에 제가 사천에 있을 때 일흔 정도 되는 분을 만났는데 학발동안(鶴髮童顔)이었습니다. 학발은 두 가지 해석이 가능합니다. 학은 깃털이 희니까 은백색의 머리카락을 형용하는 것입니다. 그리고 동안은 얼굴이 어린아이같이 보인다는 것이지요. 그런데 또 다른 해석도 가능합니다. 학 중에는 검은 깃털을 가진 학도 있기 때문입니다. 그러니 어느 쪽인지는 잠시 덮어둡시다.

이 노인에게는 네 가지 특징이 있었습니다. 첫 번째는 연세가 일흔이 넘고 자손이 많았는데, 가족과 같이 살지 않고 혼자 작은 방에 거주하면서 도를 닦았습니다. 지붕에 기와가 깨져 수리를 하는데, 이 노인은 사다리를 사용하지 않고 펄쩍 뛰어 올라갔습니다. 두 번째는 이 노인은 잠을 자지 않았습니다. 당시 젊은 우리는 호기심이 많아서 이 노인이 정말 잠을 안 자는지 보려고 일부러 돌아가면서 이분과 대화를 했는데, 정말 한번 말을 시작하면 밤을 샜습니다. 그런데 한 가지 특별한 건, 이 노인은 밤 열두 시가 되면 의자에 기대어 말도 안 하고 움직이지도 않았다는 것입니다. 우리가 말을 걸어도 일체 대답하지 않았습니다. 그렇게 삼십 분쯤 지나면 눈을 뜨고 우리가 물었던 말에 대답을 했습니다. 매일 밤 이렇게 했는데 언제나 똑같았습니다. 세 번째는 이 일흔 넘은 노인이 가슴에서 젖을 짜면 여자처럼 흰 젖이 나왔습니다. 다시 말하면 그의 수련은 이미 붉은 피가 희게 변한 경지에 도달했던 것입니다. 네 번째는 이 노인의 정수리를 더듬어 보면 어린아이처럼 탄력이 있었습니다. 이른바 복식(伏食)은 정수리와 관련 있어서, 일단 이 경지에 이르면 정수리가 변합니다.

송대 도가 남종(南宗)의 장자양(張紫陽)[7] 진인은 『오진편(悟眞篇)』이라는 단경을 지었는데, 이 경은 『참동계』만큼이나 유명합니다. 장자양 진인은 본래 불교 선종(禪宗)의 선사(禪師)이면서 도교의 신선이었습니다. 『오진편』은 복식의 도리에 대해 밝힌 것입니다. 장자양 진인은 이렇게 말했습니다. "한 알의 금단을 복용하니 비로소 나의 수명이 하늘에 달려 있지 않았음을 알았네〔一粒金丹吞入腹, 始知我命不由天〕."

매우 과장되기는 했지만 이 시가 나타내는 것은 금단(金丹)을 복용한 복식의 경지입니다. 누구나 단전(丹田)을 수련해서 복식의 경지에 도달하면 자신의 수명을 하늘에 맡기지 않고 자기 스스로 주재할 수 있다는 뜻입니다.

도가의 삼종단

이제 도가에서 말하는 금단을 복용해서 단을 수련하는 복식 연단(伏食煉丹)의 방법을 자세히 소개하겠습니다. 중국의 가장 오래된 문자인 갑골문을 보면 '단(丹)'이라는 글자는 태양을 뜻하는 일(日) 자와 같이 쓰였습니다. 동그라미 안에 점이 찍힌, 텅 빈 공간에 무언가 들어 있는 모양이지요. 후대에 점 대신 일(一) 자처럼 가로 긋기를 했지만, 어쨌든 텅 빈 공간에 무언가가 들어 있음을 나타낸다는 점에서는 같습니다.

도가에는 천원단(天元丹), 지원단(地元丹), 인원단(人元丹)이라는 세 종류의 단이 있습니다. 이 중에서 보통 정좌를 해서 임맥(任脈)과 독맥(督脈)을 비롯한 기경팔맥(奇經八脈)을 통하고, 정을 단련하여 기로 변화시키는

---

7 987-1082. 중국 북송 시대 도사(道士)로 이름은 백단(伯端), 자는 평숙(平叔). 전설에 따르면 신종(神宗) 희녕(熙寧) 2년 도사 유해섬(劉海蟾)을 만나 금액환단(金液還丹)의 비결을 전수받고 용성(用成) 혹은 용성(用誠)으로 개명하고 호를 자양산인(紫陽山人)이라고 하였다. 희녕 8년에 『오진편』을 지었다. 도가에서는 장자양을 도가 남종(南宗)의 오조(五祖) 중 첫 번째 조사로 받들고 자양(紫陽) 진인이라고 부른다.

연정화기(煉精化氣), 기를 단련하여 신으로 변화시키는 연기화신(煉氣化神), 신을 단련하여 허로 전환시키는 연신환허(煉神還虛)의 세 단계를 거치는 수련 공부는 모두 자신의 신체를 단련해서 인원단을 완성하는 것입니다. 오늘날 일반적으로 기공 수련을 하는 사람들은 거의 이루지 못하는 경지이지만, 진정으로 수련에 성공했다면 그것은 인원단을 이룬 것입니다.

인원단은 도가의 『고상옥황태식경(高上玉皇胎息經)』[8]에 근거한 것입니다. 이 경에서는 불로장생을 이룰 수 있는 세 가지 최고의 약인 상약삼품(上藥三品)을 말했는데, 그것이 바로 인체에 있는 정기신(精氣神)을 가리킵니다. 지금까지 정좌해서 수련한 모든 사람이 의지하는 것이 바로 정기신입니다. 주자처럼 중국 문화에 큰 영향을 미친 명대의 유명한 유학자 왕양명(王陽明)[9]도 일찍이 정기신 수련에 관심을 가졌던 적이 있다고 합니다. 그의 전기를 보면 왕양명은 선견지명이 있었고, 도가와 불가 수련에 깊이 몰입하였음을 알 수 있습니다. 그는 결국 수련 공부를 포기했습니다. 왕양명이 도가 공부를 포기한 것은 그가 학자이자 관리여서 수도 공부를 하기 어려웠기 때문이 아닌가 생각합니다. 그러나 그는 도가 수련을 포기하면서도 큰소리를 쳤습니다. 제가 볼 때는 그렇게 큰소리를 쳐서 수련을 포기한 자신을 정당화하고 싶었던 것 같습니다. 그는 어떤 큰소리를 쳤을까요. 도가 수련을 해서 임독맥을 통하고 대주천(大周天), 소주천(小周天)을 해서 위아래로 통한다고 해도 그것은 결국 정신을 희롱하는 시간 낭비에 불과하다고 대담하게 선언했습니다.

여기에서 우리는 왕양명이 도가 수련을 부정했지만 적어도 사람의 생명

---

8 도가 경전 중 태식(胎息) 수련에 관한 기본 경전이다. 도장(道藏)에 실려 있으며 갈홍(葛洪)의 『포박자(抱朴子)』「하람편(遐覽篇)」에 최초로 등장한다.

9 1472-1529. 자는 백안(伯安), 호는 양명(陽明). 명대의 유학자로서 송대 주자의 성리학에 비견되는 명대 심학(心學)의 창시자이다.

가운데 정신이 존재한다는 것은 인정했음을 알 수 있습니다. 우리는 인간의 정신은 절대 죽지 않는다고 말하는 사람을 보기도 합니다. 그렇다면 정신이란 과연 무엇일까요? 참으로 존재하는 것일까요? 이것이 문제입니다. 참으로 존재하는 것이라고 한다면 장악할 수 있을 텐데, 이렇게 정신을 장악하는 것을 인원단이라고 부릅니다. 왕양명은 후에 자신은 정신을 장악할 수 있다고 했는데 왜 안 했을까요? 좀 쉬고 나서 다시 이야기하겠습니다.

제2강

신선을 추구했던 위대한 인물들

앞에서 말했던 것처럼 왕양명은 불학과 도가 공부를 했고 정좌도 매우 잘했던 유학자였습니다. 불교 천태종의 지관(止觀) 공부를 했던 것으로 알려져 있는데, 도가는 어느 파의 단법을 공부했는지는 자료가 없습니다. 다만 그의 전기에 따르면 당시 왕양명은 도력이 매우 높은 채봉두(蔡蓬頭)라는 도사를 찾아간 일이 있었다고 합니다. 그때 채봉두는 도관(道觀)의 산문 밖에 서 있었는데, 왕양명은 멀리서 그를 보자마자 얼른 무릎을 꿇고 절을 했습니다. 그런데 채봉두가 몹시 화난 사람처럼 절도 받지 않고 휙 돌아서서 도관으로 들어가 버리자 왕양명은 재빨리 일어나서 도관의 대전(大殿)으로 그를 따라 들어갔습니다.

도가의 대전에는 삼청(三淸)을 모시고 있습니다. 태상노군(太上老君)의 "일기화삼청(一氣化三淸)"이라는 말에 나오는 그 삼청입니다. 전설에 따르면 태상노군은 노자(老子)의 화신이라고 합니다. 이런 종교적 전설이 생긴 데에는 이유가 있겠지만 실증할 근거는 없습니다. 여기서 삼청은 상청(上

淸), 태청(太淸), 옥청(玉淸)을 말합니다. 비교종교학적 관점에서 보면 삼청은 불교에서 유래한 것이라고 할 수 있습니다. 불가의 대웅전에 모신 삼존불(三尊佛)은 법신(法身) 보신(報身) 화신(化身) 등 삼신(三身)을 대표하는데, 도가의 관점에서 보면 불가의 삼신은 도가의 정기신(精氣神)에 해당합니다. 정은 화신으로서 끊임없이 인간의 몸으로 태어나는 것이고, 신은 법신이며, 기는 보신이라는 것이지요.[10]

채봉두는 대전으로 들어가더니 삼청 앞에 우뚝 서 있기만 할 뿐 왕양명은 거들떠보지 않았습니다. 왕양명은 얼른 따라 들어가서 다시 무릎을 꿇고 절을 올렸지요. 그러나 채봉두는 다시 자리를 박차고 나가더니 이번에는 대전 뒤에 있는 정자로 올라갔습니다. 왕양명은 또 그를 따라 정자에 올라가서 머리를 조아렸습니다. 그제야 그는 고개를 돌려 왕양명을 쳐다보며 말했습니다. "그대는 오늘 내게 세 차례나 절을 했으니 그만하면 예의는 제법 차린 셈이오. 그러나 끝내 벼슬아치를 못 벗어날 것이네. 앞으로 벼슬도 더 오르고 일도 많이 하게 될 것이오." 관직 때문에 도를 닦지 못할 것이라는 뜻이었지요.

사람은 습기(習氣)를 바꾸기가 참 어렵습니다. 수도인에게는 자연히 수도인으로서 습기가 있습니다. 이제 시 두 구절을 소개할 테니 여러분은 듣고 너무 실망하지 말기 바랍니다. 옛날에 이런 말이 있습니다. "몸이 신선될 만한 골격이 아니라면 어쩌다 신선을 만나도 억지로 구하지 말라〔此身未有神仙骨, 縱遇神仙莫浪求〕." 신선이 될 만한 천부적 소질이 없는 사람은

---

10 불교의 삼신인 법신, 보신, 화신과 도가 양생의 삼보(三寶)인 정기신을 대응한 저자의 관점은 흥미롭다. 단, 삼신과 삼보가 반드시 일치하는 개념은 아니다. 불교의 법신은 원리, 법으로서의 부처인 비로자나불을 가리키며, 보신은 보살이 수행을 거쳐 도달한 부처의 경지인 아미타불이나 노사나불을 가리키며, 화신은 실제로 인간이 부처로 변화한 석가모니불을 지칭한다. 양생의 삼보인 정은 인체의 혈액이나 내분비 등을 가리키고, 기는 무형의 에너지를 가리키며, 신은 지각이나 사유 기능의 주체를 가리킨다.

신선을 만나도 제자가 될 필요가 없다는 것입니다. 이 시에서 '막랑구(莫浪求)'라는 말은 함부로 구하지 말라는 뜻입니다. 구해도 소용이 없기 때문이지요. 왕양명은 세 번 절을 하고 채봉두를 바짝 따랐으나 그는 왕양명을 외면하고 그대로 가 버렸고, 다시 왕양명이 그 뒤를 바짝 쫓았으나 결국은 만날 수 없게 되었습니다.

이런 역사상 위대한 인물이나 영웅들, 특히 중국의 제왕과 명사들은 모두 신선을 공부하기를 바랐습니다. 그러나 사실 이런 바람은 마음의 욕망을 더 확대하려는 데에서 생깁니다. 누구나 사업적으로 큰 성공을 거두고 최고의 지위에 올라 세속적 욕망을 만족한 후에 마지막으로 추구하는 것은 어떻게 죽지 않고 오래 살 수 있을까 하는 것입니다. 그래서 진시황과 한무제 모두 신선의 술법을 구했습니다. 한무제는 중국 역사에서 탁월한 지략을 갖춘 영웅이라는 칭호에 손색이 없는 인물입니다. 이십여 세의 젊은 나이에 천하가 혼란한 상황에서 수십 년 후 마침내 황제 자리에 올라서 제국의 성세를 이룬다는 것은 결코 쉬운 일이 아니었습니다. 그러나 한무제도 만년에 이르러서는 신선이 되기를 바랐습니다. 신선이 되기 위해 엄청난 돈을 허비했고, 심지어 공주를 일개 사기꾼 도사에게 시집보내는 황당한 일도 했지만 자신은 결코 잘못했다고 인정하지 않았습니다.

한무제 주변에는 두 명의 대신이 있었는데, 한 사람은 급암(汲黯)이고 또한 사람은 동방삭(東方朔)입니다. 한무제는 참으로 모시기 어려운 제왕이었지요. 좌우 신하들은 말하기도 어려웠고 아무리 고명한 의견이라도 선뜻 내놓기 쉽지 않았습니다. 한무제 자신이 워낙 총명한 인물이었기 때문입니다. 역사를 보면 한무제는 어떤 큰 잘못을 범한 사람을 몇 차례 죽이려고 했는데, 이때마다 동방삭이 나서서 일을 잘 처리했다고 합니다. 동방삭은 우스갯소리를 잘해서 한무제가 뭔가 잘못된 일을 하려고 하면 한바탕 우스운 이야기로 그를 웃긴 후, 일의 방향을 적당한 쪽으로 돌리는 재주가 있었다고 합니다. 노자가 『도덕경』에서 "구부러지면 온전하다〔曲則 全〕"(제22장)고 했는데, 이는 어떤 일은 곧이곧대로만 하면 좋지 않을 수 있다는 뜻입니다. 제왕이 결정한 일에 잘못이 있음을 분명히 알았을 때 그 잘못을 대놓고 지적하는 것은 문제가 있습니다. 그렇게 하면 일을 그르칩니다! 사람의 심리는 묘해서 누가 자기 잘못을 바로 지적하면 더 우기게 되지요. 그래서 노자는 "구부러지면 온전하다"고 말한 것입니다. 남의 잘못이나 실수를 바로 지적하기보다는 돌려서 말하는 것이 원만하다는 뜻이지요. 동방삭은 이렇게 빙 돌려 말해서 한무제가 잘못된 결정을 내렸을 때 아무 걸림 없이 다시 돌려놓을 수 있었습니다.

한무제 주변에 있던 두 번째 중요 인물은 직선적이었던 급암이었습니다. 아마도 이 사람은 얼굴이 네모반듯하고, 하루 종일 한 번도 웃지 않고 인의도덕만 말해서 한무제마저 그를 두려워했을 것입니다. 한무제는 대장군이나 총사령 등 대신을 만날 때 너무 제멋대로 했습니다. 조부인 한고조처럼 궁녀가 발을 씻어 주는 자리에 불러서 보고하게 했을 정도로 신하에 대한 예의가 없었지요. 그러나 급암이 온다는 말을 들으면 재빨리 일어나서 의관을 정제하고 자세를 고친 후에 그를 만났습니다. 이 자리에 있는 여러분은, 특히 젊은 사람들은 잘 알아야 합니다. 인격 수양을 잘해서 진정으로 인품이 훌륭하면 누구나 존중합니다. 한무제처럼 신하를 죽이고 싶으면 바로 죽여 버리는 군주도 부하인 급암은 대단히 존중해서 의관이 바르지 않으면 감히 만나지 못했지요. 그래서 급암은 감히 한무제를 비판할 수 있는 사람으로 이름이 높았습니다. 다른 사람이라면 한무제가 벌써 죽였을 것입니다. 사마천 같은 사람도 이릉(李陵)을 변호했다가 즉각 궁형(宮刑)에 처해졌으니까요.

급암이 한무제를 비판할 때는 거리낌이 없었습니다. 급암은 이렇게 말했습니다. "폐하께서는 속으로는 욕심이 가득하면서 겉으로만 인의를 베푸는 척하시니 어떻게 요순의 정치를 본받을 수 있겠습니까?" 이 말은 한무제의 정치를 비판하는 말이지만 간접적으로는 한무제가 선도(仙道)를 배우려 해도 성공할 수 없음을 나타냅니다. 사람들은 자신이 착한 사람도 되지 못하면서 신선이 되기를 바랍니다. "속으로는 욕심이 가득하다"는 말은 마음속은 욕심으로 가득 차서 무엇이든 가지려고 하는 것이지요. 돈도 갖고 싶고, 수명도 영원하고 싶고, 명리(名利)도 갖고 싶고, 자녀도 많이 갖고 싶고, 어쨌든 좋은 것은 다 갖고 싶은 것입니다. 사실 사람들은 다 이렇습니다. 속으로는 욕심이 가득하면서도 겉으로는 도덕군자인 척하지요. 그러니 신선을 구한들 될 수 있겠습니까?

급암의 이런 말은 친구 사이라 해도 거슬릴 텐데 황제에게 했다면 정말 심한 것이지요. 역사 기록에 따르면 한무제는 이 말을 듣고 기분이 무척 상해서 대답을 안 했지만 급암에게 예의를 잃지는 않았다고 합니다. 그러나 급암의 관운(官運)은 여기까지였습니다. 흥미로운 것은 한무제가 임종할 때 급암에게 자손의 안전을 부탁했다는 것입니다.

인용한 왕양명과 한무제의 고사는 신선의 도에 관심을 갖고 배우는 것까지는 가능하지만, 신선이 되는 것은 참으로 어렵다는 것을 알려 줍니다. 신선이 되기는 정말 쉽지 않습니다. 모든 것을 버려야 합니다. 너무 많은 것을 버려야 하니 쉽게 버리지 못하지요. 우리는 모두 마음속 욕심이 많은 데다 인의를 베푸는 척하지도 못하니 어떻게 부처가 되고 신선이 될 수 있겠습니까? 스스로 깊이 반성해야 합니다.

도가 북종 용문파와 칭기즈칸

자, 잡담은 그만하고 본론으로 들어갑시다. 지금 우리가 공부하는 『참동계』는 청대 주운양(朱雲陽)[11] 도사가 주해한 『참동계천유(參同契闡幽)』[12] 판본이니 그분을 존중하는 의미에서 진인(眞人)이라고 부릅시다. 저는 『참동계』 주해 중에서 주운양 진인의 주해야말로 가장 정통이라고 생각합니다. 그는 도가 북종(北宗) 용문파(龍門派)의 계승자입니다. 용문파는 원대(元代) 이후에 생겨난 도가의 일파인데, 창시자는 칭기즈칸이 매우 존숭했던 도사 구처기(丘處機)로서 도호는 장춘(長春) 진인[13]이라고 합니다. 장춘 진인은, 손오공이 나오는 『서유기』가 아닌 또 다른 『서유기(西遊記)』라는 책을 지었는데, 이와 관련된 고사는 중국 역사상 매우 특별합니다.

중국 문화 역사에는 두 가지 특별한 사건이 있었습니다. 하나는 남북조 시대에 외국 승려인 구마라집을 중국에 데려오려고 수십 만 대군을 출동시켜 서역의 두 나라를 멸망시킨 사건입니다. 이런 일은 아마 외국에는 없는 일일 것입니다. 다른 하나는 원나라 때 칭기즈칸이 서역을 정벌하러 군대를 이끌고 인도에 도착했을 때, 중국 산동성에 유명한 도사 구처기가 있다는 소문을 듣고 신하를 보내서 그를 인도 국경 부근까지 오게 하여 만난 사건입니다. 구처기는 산동에서 북경으로 갔다가, 다시 북경에서 신강(新疆)을 경유하여 천산남로까지 가서 칭기즈칸을 만났습니다. 칭기즈칸은 구처기의 제자가 되어 도를 구하려고 했고, 구처기는 칭기즈칸에게 사람을 죽이지 않으면 미래에 저절로 천하를 통일하게 될 것이라고 말했습니다. 구처기는 당시 중국이 큰 재난을 면하지 못할 것임을 알았기 때문에

---

11 청대 사람으로 본명은 주원육(朱元育) 호는 운양도인(雲陽道人)이다. 강서성(江西省) 임천(臨川) 출신으로 생몰연대는 미상이다. 주요 저작으로 『주역참동계천유(周易參同契闡幽)』 『오진편천유(悟眞篇闡幽)』가 있다. 사승(師承)은 장벽허(張碧虛)로서 청대 내단가이다. 저자는 『참동계』 해석을 거의 주운양의 『참동계천유』에 의거하고 있을 만큼 이 주해서를 중시하는데, 주운양의 『참동계천유』를 백여 차례나 읽었다고 술회한 바 있다.

12 이 번역서에서는 대만 자유출판사(自由出版社)에서 민국 89년(서기 2000년)에 출판한 도장정화(道藏精華) 제삼집(第三集)의 삼(三)에 속한 『참동계천유』를 저본으로 한다.

칭기즈칸이 중국에 오게 되면 사람을 죽이지 말 것을 미리 약속받았던 것이지요. 칭기즈칸은 그 징표로 동부철권(銅符鐵券)을 주고 그 위에 도장을 찍었습니다. 후에 몽고군이 중국 북방으로 진군했을 때 대문에 구처기의 부적을 부친 집에는 들어가지 않아 수많은 사람의 생명과 재산을 지킬 수 있었다고 하니 역사상 일대 기적이 아닐 수 없습니다.

오늘날 북경의 백운관(白雲觀)[14]은 유명한 도가 총림(叢林)으로 북종 용문파에 속합니다. 용문파는 청수파(清修派)로 이름이 났지요. 남종의 수도인들은 대부분 결혼하여 가정이 있었지만 북종은 그렇지 않습니다. 그래서 후대의 도사들은 북종의 구장춘 계통이 많았고, 그들은 모두 주운양 조사가 주해한 『참동계천유』를 공부했습니다. 주운양 조사는 북종의 대가였지만 남종의 각종 수련법에도 통달했습니다. 주운양의 주해는 참으로 내용이 좋습니다. 정통 도가 수련법으로서 꼭 읽기를 권합니다.

이제 『참동계』 원문을 보기로 합시다. 제1장은 "건곤문호장(乾坤門戶章)"입니다.

---

13 1148-1227. 산동(山東) 등주(登州) 서하(棲霞)에서 출생. 자는 통밀(通密), 도호(道號)는 장춘자(長春子) 일명 장춘진인이다. 1167년 전진도(全眞道) 조사 왕중양(王重陽)의 제자가 되어 전진칠자(全眞七子) 중 일인이 되었고, 후에 도교 용문파(龍門派)의 조사가 되었다. 금(金)나라 말기 황제들의 존경을 받았고, 특히 원(元)제국 초기에 태조 칭기즈칸은 구처기를 신선으로 공경하여 서역 정벌 중 구처기를 초빙해 양생과 정치에 대해 물었다. 당시 구처기는 73세의 고령으로 수 개월간 여행하여 마침내 인도 북부에서 칭기즈칸을 만나 "욕심을 줄여 마음을 맑게 하고, 살생을 줄이고, 하늘을 공경하여 백성을 사랑하는 정치를 할 것을 권고하였다. 후에 칭기즈칸은 재상 야율초재(耶律楚材)에게 구처기와의 대화를 『현풍경회록(玄風慶會錄)』이라는 책으로 만들게 하였다. 구처기의 서역 여행은 『장춘진인서유기(長春眞人西遊記)』라는 책으로 남았는데 이는 중요한 사료적 가치를 지닌 것으로 평가된다. 현대 중국의 유명한 소설가 김용(金庸)의 무협 소설 『사조영웅전(射雕英雄傳)』과 『신조협려(神雕俠侶)』에서 구처기는 고강한 무예를 지닌 도사로서 금나라의 침입에 저항한 중국 민족의 영웅으로 그려졌다.

14 북경 서성구(西城區)에 있으며 당나라 때 건립되었다. 지금의 건물은 청의 강희제 때 중건한 것이다. 백운관에는 도가의 보물이 수장되어 있는데 대표적인 것은 삼보로서 명나라 판(版) 정통도장(正統道藏), 당나라 때의 석조 노자(老子) 좌상 및 원대의 서예가 조맹부(趙孟頫)의 송설도덕경(松雪道德經) 석각과 음부경(陰符經) 부각(附刻)이다.

제1 乾坤門戶章건곤문호장

乾坤者건곤자, 易之門戶역지문호, 衆卦之父母중괘지부모. 坎離匡郭감리광곽, 運轂正軸운곡정축.

牝牡四卦빈모사괘, 以爲橐籥이위탁약. 覆冒陰陽之道부모음양지도, 猶工御者유공어자, 準繩墨준승묵, 執銜轡집함비, 正規矩정규구, 隨軌轍수궤철. 處中以制外처중이제외, 數在律曆紀수재률력기.

月節有五六월절유오륙, 經緯奉日使경위봉일사. 兼立爲六十겸병위육십, 剛柔有表裏강유유표리. 朔旦屯直事삭단준직사, 至暮蒙當受지모몽당수. 晝夜各一卦주야각일괘, 用之依次序용지의차서. 旣未至晦爽기미지회상, 終則復更始종즉부갱시.

日月爲期度일월위기도, 動靜有早晩동정유조만. 春夏據內體춘하거내체, 從子到辰巳종자도진사. 秋冬當外用추동당외용, 自午訖戌亥자오흘술해. 賞罰應春秋상벌응춘추, 昏明順寒暑혼명순한서. 爻辭有仁義효사유인의, 隨時發喜怒수시발희로. 如是應四時여시응사시, 五行得其理오행득기리.

건괘와 곤괘는 역의 문이요 모든 괘의 부모이다. 감괘와 리괘는 들러싼 성곽과 같고 수레바퀴를 움직이는 정축과 같다.

암수 사괘로써 풀무질을 한다. 음양의 도를 이끌어 가는 것은 기술자가 먹줄을 따르고 마부가 말고삐를 잡으며 규구를 바루고 궤철을 따르는 것과 같다. 중에 처함으로써 밖을 제재하니 수는 율력의 벼리에 있다.

월과 절에는 오와 육을 곱한 삼십 수가 있고, 경과 위는 태양을 따른다. 합하면 모두 육십이 되고 강과 유는 겉과 속이 된다. 초하루 아침은 준괘가 일을 맡고 저녁이 되면 몽괘가 일을 맡는다. 낮과 밤 각각 한 괘씩 차례에 따라 사용한다. 기제괘와 미제괘는 그믐 새벽이니 마치면 다시 시작한다.

> 태양과 달의 운행에는 기일과 절도가 있고, 움직임과 고요함에는 이름과 늦음이 있다. 봄과 여름은 내부의 체에 자리하니 자로부터 진과 사에 이른다. 가을과 겨울은 외부의 용에 해당하니 오에서 술과 해에 이른다. 상과 벌은 봄과 가을에 상응하고 어둠과 밝음은 차고 더움에 따른다. 효사에 인의가 있어 때에 따라 기쁨과 노여움을 발동한다. 이렇게 사시에 응하여 오행이 그 이치를 얻는다.

십이벽괘

『참동계』는 한대(漢代)의 문장으로 보통 네댓 글자가 한 구(句)로 이루어져 있습니다. 중국 문학사를 보면 동한(東漢)의 문체가 이삼백 년간 변해서 남북조 시대의 문학을 이루었는데, 대구(對句)가 아주 잘 짜인 문장이었습니다. 후세에는 그것을 사륙변려체(四六騈儷體)라고 부르지요. 제1장은 "건곤자(乾坤者), 역지문호(易之門戶)"라는 말로 시작하는데, 이것이 『역경』의 핵심입니다. 건괘와 곤괘는 역의 문이라는 뜻이지요. 『역경』을 연구하든 단도를 수련하든 건괘(乾卦)와 곤괘(坤卦)는 『역경』 육십사괘의 부모로서, 근본이 되는 괘이기 때문입니다. "중괘지부모(衆卦之父母)"가 바로 그 말입니다. 건괘와 곤괘 외에 감괘(坎卦)와 리괘(離卦)가 있는데, 오늘날 대한민국의 태극기에는 건곤감리(乾坤坎離) 네 괘가 그려져 있습니다.

건괘와 곤괘는 하늘과 땅을 상징합니다. 우주에는 건(乾)과 곤(坤) 두 가지 현상이 존재한다는 것입니다. 괘란 무엇일까요? 고문 자전에서는 "괘란 걸려 있는 것이다[卦者掛也]"라고 해석합니다. 우주의 현상은 마치 한 폭의 그림처럼 밖에 걸려 있어서 볼 수 있다는 뜻으로 괘(卦)라고 한 것입니다. 『역경』의 팔괘는 자연현상을 나타내는 기호입니다. 하늘과 땅을 제외하고 해〔日〕, 달〔月〕, 바람〔風〕, 우레〔雷〕, 산(山), 연못〔澤〕 등의 괘가 우주에 걸려 있다는 것입니다. 이것이 바로 괘의 이치입니다.

"감리광곽(坎離匡廓)"의 감리(坎離)는 우주에 걸려 있는 태양과 달을 상징합니다. 태양과 달은 우주 공간을 운행하는데, "운곡정축(運轂正軸)" 즉 수레가 두 개의 바퀴를 축으로 연결해서 돌아가는 것처럼 천체는 태양과 달이라는 두 개의 바퀴를 축으로 해서 돌아간다는 뜻입니다. 이것은 무슨 의미일까요? 바퀴가 우리와 무슨 관계가 있을까요? 『참동계』는 왜 오랜 세월 동안 단경의 비조였을까요? 이 속에는 어떤 원리가 숨어 있을까요?

『참동계』를 연구하려면 제일 먼저 『역경』의 팔괘를 반드시 이해해야 합니다. 또 팔괘를 이해하려면 일 년 열두 달 육음 육양의 현상〔一歲十二月六陰六陽之象〕이라는 도표를 잘 알아야 합니다. 이 도표 이름에 보이는 일세(一歲)는 일 년 열두 달로, 육음(六陰) 육양(六陽)으로 나누어집니다. 이는 천체의 현상을 설명하는 것으로 많은 내용을 포함하고 있습니다.

이 도표에는 여섯 층의 칸이 있고 한가운데는 비어 있습니다. 빈 공간 다음 첫 번째 층에 열두 개의 괘가 있지요. 이것을 십이벽괘(十二辟卦)라고 하는데, 벽괘(辟卦)는 후괘(侯卦)라고도 합니다. 중국 고대의 정치 구조는 중앙에 황제인 천자가 하나 있고 그 주변의 지방에는 제후(諸侯)라고 하는 왕이 있어서 각기 나라를 다스렸습니다. 후괘는 신괘(臣卦)라고도 합니다. 제후는 천자의 신하이기 때문이지요. 이렇게 일 년 열두 달을 괘로 표현한 것을 십이 '벽괘(辟卦)'라고 합니다.

그다음 두 번째 층 칸에는 괘상(卦象)이 있습니다. 이것은 뒤에서 천천히 설명하기로 하고 바로 세 번째 칸으로 가 볼까요? 세 번째 칸은 음력 열두 달을 자(子) 축(丑) 인(寅) 묘(卯) 진(辰) 사(巳) 오(午) 미(未) 신(申) 유(酉) 술(戌) 해(亥)로 표현한 것입니다. 이것은 십이지(十二支)라고 하는데

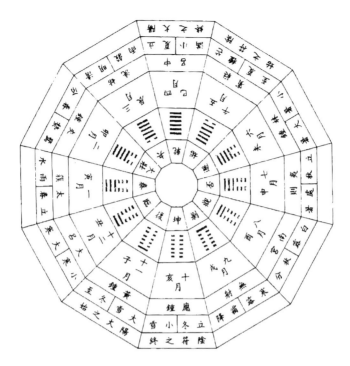

일 년 열두 달의 육음 육양의 현상

각 지(支)는 동물로 나타냈습니다. 예를 들어 자(子)는 쥐, 축(丑)은 소, 인(寅)은 호랑이, 묘(卯)는 토끼… 술(戌)은 개, 해(亥)는 돼지 등입니다. 이십이생초(十二生肖)[15]는 동한 이후 인도 문화의 전래와 함께 들어온 천문 관념입니다. 지금도 인도 북부에서 티베트에 이르는 지역에서는 지금 몇 월이냐고 물으면 '개의 달'이라고 합니다. 말하자면 음력 구월이지요. '양의 달'이라고 하면 음력 유월을 뜻합니다.

어째서 이런 동물을 가지고 육음 육양을 표현할까요? 예를 들면 자월(子月)은 쥐로 표현하는데, 자와 쥐는 무슨 관련이 있을까요? 쥐는 발가락이

---

15 생초(生肖)는 동물로 표시하는 띠를 말한다. 우리말로 토끼띠, 말띠라고 하는 것과 같다.

다섯 개인데, 오는 홀수로서 양(陽)에 속합니다. 짝수는 음(陰)에 속하지요. 중국인은 담(膽)이 작은 사람을 '수서양단(首鼠兩端)'이라고 합니다. 쥐의 머리 양쪽이라는 뜻으로, 쥐구멍에서 머리만 내밀고 나가지도 들어가지도 못한 채 우물쭈물 하는 것을 묘사한 말입니다. 태도가 분명하지 않고 결단하지 못하는 우유부단한 사람을 상징하지요. 축월(丑月)은 소입니다. 소는 발가락이 두 개로 음(陰)에 속합니다. 자는 양, 축은 음, 이렇게 해서 일양일음(一陽一陰)으로 나뉩니다. 다른 동물들도 모두 음 또는 양에 속합니다. 자세한 이야기는 뒤에서 다시 하지요.

천문, 역률, 절기

네 번째 칸은 복잡합니다. 이것은 중국 음악의 악률(樂律)로서 고대 천문학과도 관련 있습니다. 중국에는 하늘의 별자리로 인사(人事)를 판단하는 문화가 있는데 매우 정확합니다. 여러분 중 특히 대학원에서 공부하는 학생이 주의해서 들어야 합니다만, 이런 문제를 공부하려면 모두 『사기(史記)』의 「천관서(天官書)」를 먼저 읽고 나서 『한서(漢書)』의 「오행지(五行志)」를 읽어야 합니다. 요즘은 대개 통사(通史)를 읽는데, 사실 이것은 별로 좋은 현상이 아닙니다. 통사에서는 역사에서 가장 중요한 부분인 진정한 역사 철학을 배울 수 없기 때문입니다. 예를 들어 『사기』에서 중요한 것은 예(禮), 악(樂), 율(律), 역(曆), 천관(天官), 봉선(封禪), 하거(河渠), 평준(平準) 등 팔서(八書)입니다. 역대의 사서(史書)에는 모두 천문지(天文志)가 있는데, 「천관서」는 사마천의 『사기』에만 있습니다. 중국의 한 시대의 역사서에는 모두 악률지(樂律志)가 있습니다. 당사(唐史), 송사(宋史)로부터 명사(明史), 최근의 청사고(淸史稿)에 이르기까지 모두 악률지가 있습니다. 중국은 어떤 민족보다 일찍 과학이 발달했는데 특히 천문학과 수학이 발달했습니다. 그러나 정말 죄송하게도 조상들의 문화만 그렇습니다. 여러분이 고궁박물원에 가 보면 모두 선조들 것만 있지요. 여러분의 것은 어디 있습니까? 없습니다. 유감스럽게도 내놓을 만한 것이 하나도 없습니다. 오늘날 우리는 천문(天文), 율력(律曆)마저도 제대로 아는 것이 없으니 한심스럽지요.

자, 다시 그림으로 돌아가 볼까요? 다섯 번째 칸은 이십사절기(二十四節氣)입니다. 일 년에는 열두 달이 있고, 한 달에는 삼십 일이 있는데, 오 일을 일 후(侯), 삼 후를 일 기(氣), 육 후를 일 절(節)이라고 합니다. 일 년은 칠십이 후요, 한 달마다 일 기와 일 절이 있어서 일 년은 열두 개의 기와 열두 개의 절이며 이를 합해서 이십사절기가 됩니다. 문제는 민국(民國 1911년) 이래 양력을 사용하는데, 국민은 대개 양력과 음력을 병용하는 관습이 있어서 이를 고치기가 쉽지 않습니다. 지금도 많은 사람이 음력설을 쇠기 원합니다. 민국 초년 호남 지역 명사 엽덕휘(葉德輝) 선생이 이런 현상을 풍자하는 한 수의 대구(對句)를 지었습니다.

남녀는 평등합니다	男女平權
남편이 말하면 남편 말이 일리가 있고	公說公有理
부인이 말하면 부인 말이 일리가 있습니다	婆說婆有理
음력과 양력이 합해졌으니	陰陽合曆
당신은 당신의 설을 쇠세요	你過你的年
나는 내 설을 쇠겠습니다	我過我的年

저는 늘 지난 구십여 년 동안 이런 현상이 바뀌지 않는 것을 탄식합니다. 그런데 여러분은 양력이 좋습니까, 아니면 음력이 좋습니까? 이것은

사실 과학의 문제입니다. 중국은 실제로 지난 수천 년 동안 이미 음력과 양력을 합해서 써왔습니다. 팔자(八字)를 계산할 때는 이십사절기를 기준으로 하는데, 이십사절기는 태양을 기준으로 합니다. 우리가 쓰는 음력은 달의 출몰에 따라 조수 간만의 차가 나는 것을 기준으로 합니다. 그래서 광동에서부터 동북 해안에 이르기까지 바닷가에 사는 사람들은 어려서부터 "인신창(寅申漲), 묘유평(卯酉平)"이라는 말의 의미를 압니다. 언제 조수 간만이 이루어지는지 모두 머릿속에 들어 있지요. 우리 조상들은 초하루와 보름날에만 배를 탈 수 있다고 했습니다. 그래서 "애들아, 아직 배가 출발하지 않았느냐? 서둘러라, 아직 늦지 않았다"라며 재촉했습니다. 바닷물이 아직 빠지지 않았으니 서둘러 배를 띄우면 된다는 것이지요. 이런 과학은 당시 이미 민간의 습속이 되었던 것입니다. 이십사절기는 태양계 내에서 해와 달의 상관관계에서 이루어지는 현상에 대한 통계입니다. 이십사절기를 나타낸 도표 속에는 여러 현상이 담겨 있지요. 중국인의 생활 문화와 습속이 모두 그 도표 속에 나타나 있습니다. 앞에서도 말했지만 괘(卦)는 '걸려 있다(掛)'는 뜻입니다. 이십사절기도 우리가 볼 수 있도록 우주에 걸려 있는 현상이라는 것이지요.

역경의 팔괘와 문자

『역경』의 건괘와 곤괘를 이해하려면 먼저 팔괘가 무엇인지, 육십사괘는 무엇인지를 알아야 합니다. 여러분은 괘를 생명이 없는 기호로만 보지 마세요. 괘는 살아 있는 것입니다. 『역경』을 연구한 후에야 모두 이런 생각을 하게 되었습니다. '우리 조상은 어떻게 이런 수준 높은 문화 사상과 과학 철학을 오랜 옛날에 이룰 수 있었을까?' 하고 말입니다. 제가 보기에는 바로 직전 빙하기에 인류 문화는 이미 최고 수준에 올랐던 것 같습니다. 학문은 처음에는 복잡하지만 수준이 높아질수록 더욱 단순 명료해집니다. 복잡한 것은 진정한 학문이 아닙니다. 옛사람들은 모든 법칙을 귀납해서 획으로 그리고 팔괘라는 단순하지만 알기 쉬운 기호를 창안했습니다. 빙하시대에 전 인류가 소멸했습니다만 운 좋게도 팔괘가 남아 우리에게 우주의 법칙을 알려 주게 된 것입니다. 이 기호가 상징하는 바는 대단히 많습니다. 이 점을 먼저 잘 알아야 합니다.

두 번째로 『역경』의 팔괘는 중국 문자의 기원이기도 합니다. 인류 문명에는 본래 문자가 없었습니다. 문자는 인위적으로 만든 것이지요. 중국 문자는 상형(象形) 문자로부터 시작했는데, 상형이란 그림을 말하는 것으로 팔괘는 그림에서 시작되었습니다. "복희씨가 팔괘를 그렸다〔伏羲劃八卦〕"라는 말이 있는데, 옛사람들은 어떻게 괘를 그렸을까요? 오늘날 우리가 긋듯이 그었을까요? 팔괘는 중국 고문자의 출발이 아니었을까요? 지난 수십 년간 고고학자들은 대부분 괘를 문자의 시작으로 보지 않았습니다. 우리는 『역경』이야말로 중국 문화의 근원의 근원이며, 철학의 철학이며, 경전의 경전이며, 문화 중심의 중심이라고 생각합니다. 고고문헌에는 팔괘와 관련된 것이 없는 것처럼 보입니다.

제가 유명한 갑골학자인 동작빈(董作賓)[16] 선생에게 이렇게 말했습니다. 자세히 보면 갑골에는 한 줄로 된 선, 여러 줄로 된 선, 여러 개의 점이 있는데 그것이 바로 괘라고 말입니다. 옛사람들은 괘를 그을 때 옆으로 긋기도 하고, 곧바로 내려 긋기도 하고, 혹은 점 하나를 찍기도 했는데 어쨌든

---

16 1895-1963. 중국의 갑골학자로 안양(安陽) 소둔촌(小屯村) 유적과 은허(殷墟) 유적 발굴을 주도했다. 은나라의 역법을 복원한 『은력보(殷曆譜)』 등 갑골학의 중요한 연구 성과를 저술했다. 중국이 공산화하자 대만으로 옮겨 중앙연구원에 재직했는데, 지금도 대북의 중앙연구원 박물관에서 동작빈의 연구 성과를 볼 수 있다.

이것은 모두 기호입니다. 직선 세 개는 건괘인데, 점을 세 개 찍어도 건괘입니다. 그래서 『역위(易緯)』[17]라는 책에서는 괘를 옆으로 긋지 않고 직선으로 내려 그었습니다. 이런 기호들을 갑골에서 찾아보면 중국의 문자가 매우 오래전에 시작되었음을 알 수 있습니다.

『역경』은 왜 역(易)이라고 할까요? 역이라는 글자는 왜 이렇게 썼을까요? 위의 동그라미 안에 점이 찍힌 형상은 태양을 상징하고, 아래 동그라미가 아래로 터진 모양은 달을 형상합니다. 갑골문에 역(易) 자가 있을까요? 있습니다. 역이란 태양과 달의 운행 법칙을 나타낸 것으로서, 옛사람들은 "해와 달을 역이라고 한다〔日月之謂易〕"라고 했습니다.

팔괘는 건괘와 곤괘로 시작합니다. 그런데 아직 여러분에게 소개할 『역경』에 관한 몇 가지 기본 상식이 더 남았습니다. 오늘날 우리가 『주역(周易)』이라고 말하는 『역경』은 복희씨(伏羲氏)가 팔괘를 긋고, 주 문왕(周文王)이 육십사괘로 늘리고, 공자가 전(傳)을 짓는 과정을 거쳐 완성되었습니다. 이를 "역경삼성(易更三聖)" 즉 역은 세 분의 성인을 거쳐 이루어졌다고 하는 것입니다. 역학(易學)은 세 종류가 있어서 삼역(三易)이라고 하는데 『연산역(連山易)』, 『귀장역(歸藏易)』[18], 『주역(周易)』이 그것입니다. 『주역』은 건곤(乾坤)으로 시작하는데, 『참동계』도 『주역』의 원리를 사용해서 건곤으로 시작합니다.

---

17 유가(儒家)의 육경(六經)에 대응하는 『시위(詩緯)』, 『역위(易緯)』, 『서위(書緯)』, 『예위(禮緯)』, 『악위(樂緯)』, 『춘추위(春秋緯)』, 『효경위(孝經緯)』 등 일곱 가지 위서(緯書). 전한(前漢) 말기에서 후한(後漢)에 이르기까지 성행하였고 공자의 저서라고 하지만 당시 유행하던 음양오행 사상에 의해 만들어진 예언서이다.

18 중국 고대의 하(夏) 은(殷) 주(周) 삼대에 각각 역(易)이 있었는데 하의 역은 연산역(連山易), 은의 역은 귀장역(歸藏易), 주의 역은 주역(周易)이라고 한다. 당대의 경학사 공영달(孔穎達)은 연산을 신농(神農), 귀장을 황제(黃帝)의 역이라고도 했다. 제3강에서 남회근 선생은 공영달의 설을 채용해서 삼역을 설명한다.

제3강

도가와 선종의 역학

저는 『역경』의 학문 자체는 도가의 것이라고 생각합니다. 이런 생각은 주자(朱子)나 정자(程子) 같은 송대 이학자(理學者)의 역에 대한 이해와는 상당한 차이가 있지요. 도가의 역학은 실용적인 응용의 측면이 많습니다. 앞에서 삼역을 말했는데, 현전(現傳)하는 『주역』 외에 신농씨(神農氏)의 『연산역』과 황제(黃帝)의 『귀장역』이 있다는 것입니다.

『연산역』은 간괘(艮卦)로 시작합니다. 간괘가 상징하는 것은 산(山)으로서, 『연산역』은 "산에서 구름이 나오는 것과 같다〔如山之出雲〕"는 뜻입니다. 『귀장역』은 황제 시대에 사용하던 역으로 곤괘에서 시작하는데, 곤은 순음(純陰)으로 모든 양을 순음 속으로 '거두어 감출〔歸藏〕' 수 있습니다. 주나라 시대에 이르러 문왕이 팔괘를 육십사괘로 정리했는데, 이것이 오늘날의 『주역』입니다. 일반적으로 『주역』은 경전 중의 경전이요 철학 중의 철학이며 중국 문자 문화의 기원이라고 일컫습니다. 『연산역』이나 『귀장역』과는 달리 『주역』은 건괘로부터 시작합니다. 일반적인 견해로 『연산역』

과 『귀장역』은 이름만 있지 실체는 없습니다. 오늘날 우리가 보는 『주역』에는 수많은 도안(圖案)이 있습니다. 육십사괘를 포함해서 무슨 선천도(先天圖)니 후천도(後天圖)니 하는 것은 수천 년을 유행하며 내려오면서 각기 다른 법칙을 나타내고 있습니다. 더욱이 음양가(陰陽家)의 술사들이 점복(占卜)에 사용하는 육십사괘는 순서가 다릅니다. 『주역』은 건(乾), 곤(坤), 준(屯), 몽(蒙)의 순서인데, 음양가의 술사들이 사용하는 괘는 건(乾), 구(姤), 둔(遯)의 순서로 되어 있습니다.

　우리가 아는 바로는 점복에 사용하는 육십사괘의 순서와 하도(河圖)니 낙서(洛書)니 하는 그림들은 송대 이후에 출현한 것입니다. 송대 소강절(邵康節)이라는 학자는 『주역』의 괘도(卦圖)에 관해서 최고의 달인이었습니다. 전하는 바에 따르면 소강절의 괘도는 학림사(鶴林寺)라는 사찰의 수애(壽涯)라는 법명의 승려로부터 전수받은 것이라고 합니다만 학계에서는 아직 의문을 제기합니다. 소강절은 미래를 예언했다고 하는데 중국의 미래뿐 아니라 세계의 운명도 추산했습니다. 그는 『황극경세서(皇極經世書)』라는 난해한 책을 지었는데, 이 책은 『역경』의 수리(數理)로써 과거와 미래의 천만 년의 일을 추산할 수 있는 법칙을 밝힌 것입니다. 여러분, 우리는 모두 제갈량(諸葛亮)의 아우 제갈암(諸葛暗)[19]이기 때문에 일이 벌어진 후에야 비로소 깨닫습니다. 일이 벌어진 후에 『황극경세서』를 살펴보면 하나도 틀린 곳이 없는데, 다만 일이 일어나기 전에는 미처 알지 못한다는 것이 문제이지요. 그렇다면 도가 역학의 근원은 어디일까요? 제가 알기로는 『연산역』과 『귀장역』이 도가 역학의 근원입니다. 산명(算命), 관상(觀相), 풍수(風水) 등 진귀한 것은 모두 여기에서 왔습니다.

---

19 제갈암은 실제 인물이 아니다. 제갈량의 량(亮)이 밝고 명석하다는 뜻이므로 그와 반대로 암(暗)이라고 하여 머리가 둔한 사람을 지칭한 것이다.

그런데 이런 도가의 역학은 후대에 누구에게 전해졌을까요? 바로 불교의 대선사(大禪師)들에게 전해졌습니다. 선종에는 오종(五宗)[20]이 있는데 조동종(曹洞宗)은 그중에서도 큰 종파입니다. 조동종이라는 명칭은 사제 간의 법명으로 인해 만들어졌습니다. 스승은 동산(洞山) 선사이고 제자는 조산(曹山) 선사여서, 두 선사의 법명 첫 글자를 합쳐서 조동(曹洞)이 된 것이지요. 그런데 왜 동조(洞曹)가 아닌 조동(曹洞)이 되었을까요? 그것은 중국인이 음운(音韻)을 좋아하기 때문입니다. 조동이라고 해야 운이 아름답게 이루어지지요.

조동종의 선종 공부는 엄격히 말하면 도가의 단도(丹道)와 관련이 있습니다. 단도는 조동종에 의해 명맥이 보존되었지요. 그러므로 조동종의 선종 공부를 이해하려면 먼저 『역경』을 알아야만 합니다. 조동종은 감괘와 리괘를 써서 공부를 설명했는데, 이는 당대 이후 도가의 공부가 "감괘를 취해서 리괘를 메우는[取坎填離]" 것으로 상징한 것과 관련 있습니다. 제가 연구한 바에 따르면 조동종은 송대에 이르러 쇠락했고 그 수행 방법과 학설은 오직 수애 선사에 의해서만 보존되었습니다. 그 후에 다시 진단(陳搏)[21]이라는 도사에 이르러 도가 쪽으로 전해졌지요. 여기서 제가 말하는 도가는 도교의 출가한 도사가 아니라 재가(在家) 수도인으로서 이들의 사상과 공부법은 유가, 도가, 불가를 융합한 특징이 있습니다.[22]

---

20 선종의 다섯 종파로 임제종(臨濟宗), 운문종(雲門宗), 조동종(曹洞宗), 위앙종(潙仰宗), 법안종(法眼宗)을 말한다. 선종의 분파는 오종 외에 오가칠종(五家七宗)이 있다. 육조 혜능계의 남종 선 법맥으로서 임제, 위앙, 조동, 운문, 법안 등 오종을 오가(五家)라 하고 임제종으로부터 파생된 양기파(楊岐派), 황룡파(黃龍派) 이종을 더하여 오가칠종이라고 한다.

21 872-989. 자는 도남(圖南), 호는 희이(希夷). 지금의 중경시(重慶市) 동남현(潼南縣) 숭감진(崇龕鎭) 사람으로 알려지는데, 일설에는 섬서(陝西) 화음 사람이라고도 한다. 무극도(無極圖) 혹은 태극도(太極圖)를 주돈이(周敦頤)에게 전하여 송명 이학의 연원이 되었다고도 한다.

22 일반적으로 도가는 노자와 장자를 중심으로 하는 선진 시대의 제자백가 중 도가학파를 지칭

오대십국 시대의 인물들

남송 시대 이후의 도가에 대해서는 말하기가 매우 어렵습니다. 그들은 불가의 도법에도 매우 뛰어나서 불법을 배우는 사람보다 더 불법에 밝았습니다. 어느 시대 도가인보다 더 도가에 달통한 것은 물론이고 유가에 대해서도 조예가 깊었지요. 다만 이들은 모두 선도(仙道)로 나아갔습니다. 중국의 역사를 살펴보면 오대(五代)[23] 칠팔십 년 동안은 매우 혼란했습니다. 이 때문에 북송의 유명 학자요 문인인 구양수(歐陽脩)가 황제의 명에 따라 오대의 역사를 서술하면서 탄식하기를, 위대한 인물이 배출되지 않았고 대업을 이룬 제왕이나 훌륭한 장상(將相)이 하나도 없다고 했습니다. 오대의 가장 유명한 인물은 재상(宰相)인 풍도(馮道)였습니다. 놀랍게도 오대의 다섯 황제, 그것도 각기 다른 왕조의 황제들이 모두 그에게 재상이 되어 줄 것을 청했습니다. 게다가 아흔 가까이 장수하는 행운을 누렸던 인물입니다. 그러나 구양수는 그가 오대의 황제들을 두루 섬겼다는 사실 때문에 수치심 없는 중국 문인의 대표적 인물로 비난했지요.

하지만 구양수와 동시대의 소동파(蘇東坡)와 왕안석(王安石)은 오대에 훌륭한 인물이 많았다고 평했습니다. 왕안석은 오대에 인물이 대단히 많았는데 모두 출가해서 승려 아니면 도사가 되었다고 했습니다. 사실 오대

하고, 도교는 한대 이후에 형성된 황로도와 불교의 영향으로 형성된 일종의 종교를 가리킨다. 그런데 남회근 선생이 말하는 도가의 개념은 선진 제자백가의 도가가 아니라 역학(주역이 아닌 연산역과 귀장역) 혹은 음양학의 원류에서 비롯된 술사들의 사상과 공부법을 지칭한다. 이어지는 내용에서 보는 바와 같이 남 선생은 이들의 공통적 특징이 선도를 지향하는 데 있다고 한다.

[23] 오대(五代) 또는 오대십국 시대(五代十國時代, 907-960)로 불린다. 중국 역사에서 당(唐)이 멸망한 907년부터 송(宋)이 건립된 960년까지 황하 유역을 중심으로 화북을 통치했던 후량, 후당, 후진, 후한, 후주의 오대 다섯 왕조와 화중·화남과 화북 일부를 지배했던 오월, 민, 형남, 초, 오, 남당, 남한, 북한, 전촉, 후촉 등 지방정권 십국이 흥망을 거듭한 혼란기를 가리킨다.

의 인물들이 모두 출가한 것은 그 시대에 대한 일종의 반항이었습니다.

따라서 선종의 진정한 융성은 당말 오대에 이루어졌으며 도가의 신선 역시 오대에 가장 많았습니다. 구양수는 풍도를 가장 형편없는 인물이라고 비난했습니다. 하지만 왕안석은 풍도를 중생을 제도한 대보살이라고 했으며, 소동파는 그를 살아 있는 부처인 활불이라고 칭송했습니다. 왜냐하면 오대는 칠팔십 년간 변란이 그치지 않았고, 모두 중국 변경의 이민족이 중원을 점령해서 황제가 된 시대였기 때문입니다. 소동파는, 구양수가 풍도를 불충한 사람이라고 비난한 데 대해 그렇다면 풍도가 누구에게 충성했어야 하느냐고 물었습니다. 이민족의 통치 아래에서 중국 문화를 보존하기는 매우 어려운 일이었으며, 이는 풍도가 아니라면 불가능했다는 말입니다. 풍도는 역사상 위대한 업적도 없었고, 뛰어난 학문도 없었던 평범한 향원(鄉愿)[24]으로 모든 일을 황제의 명에 따라 그대로 했지요. 그러나 법도 정의도 없었던 변란의 시대에 모든 황제로부터 재상이 되어 달라는 청을 받는 것은 결코 쉬운 일이 아닙니다. 적어도 그 자신에게는 공적으로나 사적으로나 적에게 약점 잡힐 만한 일이 하나도 없어야 가능했습니다. 그러지 않았다면 재상은 고사하고 자기 목숨도 보존하기 어려웠을 것입니다.

중국 속담에 "재상은 뱃속에서 상앗대질을 한다〔宰相肚裏好撑船〕"는 말이 있습니다. 재상은 싫든 좋든 다른 사람의 의견을 모두 포용하는 큰 국량을 가져야 한다는 뜻입니다. 풍도는 평생 한 편의 문장도 남기지 않았고 편지 한 장도 없었습니다. 시는 억지로 찾아봐야 겨우 몇 수 있을 정도였지요. 그 중 한 수를 보면 마지막에 "이리와 호랑이 같은 무리들 중에서 입신할 수 있었다〔狼虎叢中可立身〕"라는 구절이 있습니다. 이것이 그의 수양

---

[24] 『논어』「양화」편에 나오는 사이비 학자를 가리키는 말이다. 공자는 향원을 "덕(德)의 적(敵)"이라고 표현할 만큼 비난하였다.

의 깊이를 보여 줍니다. 오대에 여러 황제를 거치면서 풍도는 그들을 맹수로 보았지 황제라고 여긴 적이 없었다는 뜻입니다.

도가와 불가는 변란의 시대였던 오대에 도리어 융성했습니다. 우리가 지금 볼 수 있는 도가의 단경 대다수가 오대 이후의 저작입니다. 예컨대 여순양(呂純陽)[25]도 당말 오대의 인물입니다. 우리는 여순양을 불가의 육조 혜능처럼 여기며 도가의 혁명적 인물이라고 말하지요.

도가와 밀종의 관계

이제 다시 십이벽괘로 돌아가 봅시다. 십이벽괘는 도가의 법칙이며 연산역, 귀장역 계통에 속하는 것으로 그 쓰임새가 대단히 많습니다. 크게는 중국의 문화, 생활 습속, 사상, 풍속 등 어느 분야에나 십이벽괘의 법칙이 사용됩니다. 작게는 전통 의약이나 침구(鍼灸)를 알려고 하거나 정좌 수도를 해서 신선이 되려고 한다면, 실제로 되고 못 되고는 다음 문제이고 십이벽괘의 법칙은 반드시 알아야 합니다. 이 법칙은 밀종이나 요가를 배우는 사람들에게 삼맥칠륜(三脈七輪)[26]의 법칙보다 더 정확합니다. 이 법칙을 모른다면 여러분이 수련하는 기맥이니 삼맥칠륜이니 하는 것도 모두 소용이 없습니다.

---

25 산서성(山西省) 운성시(運城市) 예성현(芮城縣) 사람으로 여동빈(呂洞賓)이라고도 불린다. 자가 동빈(洞賓), 호가 순양자(純陽子)이다. 당나라 때 도사(道士)로 도가 전진도(全眞道)의 오대 조사이다. 본명은 여암(呂巖) 또는 여암(呂嵒)으로 철괴리(鐵拐李), 한종리(漢鍾離), 남채화(藍采和), 장과로(張果老), 하선고(何仙姑), 한상자(韓湘子), 조국구(曹國舅)와 더불어 '팔동신선(八洞神仙)' 또는 '팔선(八仙)'으로 일컬어진다.

26 티베트 밀교의 기맥 이론. 중국 의학에 기경팔맥, 십이경맥 이론이 있는 것과 같이 티베트 밀교에는 삼맥칠륜 이론이 있다. 삼맥은 중맥(中脈) 좌맥(左脈) 우맥(右脈)이고, 칠륜은 정륜(頂輪) 미간륜(眉間輪) 후륜(喉輪) 심륜(心輪) 제륜(臍輪) 해저륜(海底輪) 범혈륜(梵穴輪)이다.

밀종을 수련한 사람들은 중국의 도가가 티베트의 밀종만 못 하다는 편견이 있습니다. 이 문제는 저도 수십 년간 연구했지만 결국 해결하지 못했습니다. 도가가 인도로 전해지고 그것이 티베트로 전해져서 밀종이 되었는지, 아니면 인도의 수행법이 주(周)와 진(秦) 사이에 중국에 들어와 중국 문화와 융합한 후 변해서 도가가 되었는지 하는 문제와 관련이 있습니다만 현재는 정설이 없습니다. 또 확실한 근거가 없어서 고증하기도 어렵습니다. 일설에 따르면 진시황 시대에 인도의 뛰어난 수행자가 중국에 왔습니다. 서역의 이인(異人) 두 명이 왔는데 키가 매우 컸다고 합니다. 진시황이 그들을 체포해서 감옥에 가두게 했는데, 어떻게 했는지는 모르지만 그들이 밖으로 나와 자유롭게 돌아다녀서 가둘 수가 없었답니다. 문헌에는 이 사람들이 승려인지 아닌지 명확한 기록이 없습니다만 바라문 아니면 승려였을 것입니다. 이 일은 당시 중국과 인도가 빈번히 교류하고 있었고, 더욱이 수련 방면에서는 매우 이른 시기에 문화적 교류가 있었음을 알려 줍니다. 아무튼 중국의 도가 수련과 인도의 불교나 바라문 수행에서 어느 쪽이 먼저인지는 알 수 없습니다. 학술적으로 공정한 자세가 중요합니다. 주관적인 태도는 버려야 하지요.

그런데 티베트 밀종에는 기괴한 곳이 있습니다. 티베트에는 중국 신(神)을 모신 곳이 거의 없는데, 그곳에는 관공묘(關公廟)가 있고 팔괘(八卦)도 있습니다. 그곳은 분명히 송대 이후에 생겨난 곳입니다. 오늘 한 친구가 제게 물었습니다. "라마와 활불(活佛)은 어떤 관계인가요?" 라마는 칭호로서 우리가 불가의 출가자를 화상(和尙)이라고 부르는 것과 같습니다. 그렇다면 활불은 어떤 의미일까요? 당나라 시대부터 중국 황제들이 봉했던 후투그투(xutugtu, 몽골어로 라마교 활불에 대한 존칭)입니다. 후투그투는 번역하면 법사(法師), 대사(大師)로서 살아 있는 부처라는 뜻도 됩니다. 라마라고 해서 누구나 후투그투라고 하는 것은 아닙니다. 황제가 인정한 라마여야 후투그투가 되는데 이는 송, 원, 명, 청을 거치면서 계속 이어졌습니다. 민국 정부가 수립된 1911년 이후에는 봉해진 경우가 거의 없지요. 민국 이후에 봉해진 장가(章嘉) 활불은 몽골 인입니다. 티베트에도 활불은 많지 않습니다. 티베트의 라마들이나 활불은 염주로 괘를 뽑을 줄 알지요. 저도 나중에 알게 되었는데 그들은 『역경』의 천간 지지를 활용하고 있었습니다. 그래서 보면 볼수록 이상하다는 것입니다.

다시 살펴봅시다. 당태종이 문성공주(文成公主)[27]를 티베트 왕에게 시집보낼 때 공주를 따라갔던 사람들 중에는 도사(道士)도 있었고 심지어 유생(儒生)도 있었는데, 그들은 전국에서 선발된 영재들이었습니다. 목공 등 장인들도 많은 것을 가지고 따라갔습니다. 이렇게 해서 문화 교류가 시작되었지요. 중국의 도사들이 티베트에 도착해서 뿌리를 내리자 당연히 도가 문화가 전파되었는데 시간이 흐름에 따라 점차 티베트 방식으로 변형되어 갔습니다. 그러므로 티베트 밀종의 수행법을 연구하는 데 있어서 적어도 기맥에 관한 것은 중국 도가의 십이벽괘 법칙을 잘 알아야 합니다. 이것은 학술적 관점에서 하는 말입니다. 밀종을 종교로 신앙하는 사람들은 이런 말을 듣기 좋아하지 않습니다. 종교적 신앙에 영향을 받기 때문이지요. 이런 것은 어쩔 수 없습니다. 제가 지금 하는 말은 십이벽괘 도표와 관계가 없는 것 같지만, 사실은 매우 밀접한 관련이 있습니다.

---

27 당나라 초기 티베트 왕 송첸감포(松贊干布, 617-650)에게 시집간 공주이다. 당나라 때는 티베트를 토번(吐蕃)이라고 불렀는데, 토번을 통일한 송첸감포가 당태종에게 공주와 혼인을 청하였으나 몇 차례 거절당하자 강성해진 국력을 바탕으로 당나라 변방을 침략했다. 결국 양측의 화의(和議)가 이루어져 641년 송첸감포와 문성공주가 혼인했다. 문성공주 토번으로 시집가면서 상당한 혼수품과 시녀들이 함께 이주했는데 이때 티베트에 중국 문화가 유입되었다.

양화의 시작

이제 십이벽괘 도표에 대해 초보적인 설명을 하겠습니다. 먼저 제일 바깥 칸을 보면 "음부지종(陰符之終), 양화지시(陽火之始)"라는 여덟 개 글자가 있습니다. 그 칸에서 가장 안쪽의 칸을 보면 곤(坤)이라는 괘명이 있고 바로 옆에는 복(復)이 있습니다. 이 복괘의 괘상은 지뢰복(地雷復 ䷗)입니다. 괘는 제일 아래부터 그어서 위로 올라가는데, 아래의 세 개 효를 내괘(內卦)라고 합니다. 따라서 복괘의 내괘는 진괘(震卦 ☳)가 됩니다. 진(震)은 우레(雷)를 대표하며, 우레는 바로 전기(電氣)를 의미합니다. 즉 진괘는 전기를 발생하는 진동(震動) 작용을 뜻하지요. 복괘의 위 세 효는 외괘(外卦)라고 하는데, 이 외괘는 세 효 모두 가운데가 끊어진 형상으로서 곤괘(坤卦 ☷) 즉 순음이며 땅을 상징합니다. 따라서 복괘는 진괘와 곤괘 즉 우레와 땅의 결합으로 이루어졌습니다.

여기에서 여러 번 말한 적이 있습니다만 고사 하나를 다시 말하겠습니다. 전에 미국인 교수 한 분이 와서 저와 과학에 대해 대화를 나눈 적이 있습니다. 저는 그에게 최근 뉴스에서 미국이 우레를 연구한다는 정보를 들었는데 정말 대단하다고 말했습니다. 과학자들이 인위적으로 우레를 일으키는 장치를 연구한다는데 어떤 장비인지는 모릅니다. 그들은 왜 우레를 일으키려고 할까요? 한 번 우레를 일으키면 땅 위에 수십 톤의 비료가 생산됩니다. 제가 알기로 중국 조상들은 이미 이런 것을 연구했습니다. 이 말을 하자 그 미국인이 깜짝 놀라며 "중국인이 이미 연구했다고요?"라고 물었습니다. 그래서 제가 말했습니다. "우레는 한 종류가 아니라 여덟 종류가 있습니다. 게다가 그것이 또 변화해서 수십 종이 되기도 하지요." 제 말을 들은 그 미국인은 놀라서 멍해졌습니다. 이런 기이한 일이 있나 하는 표정이었지요. 제가 말했습니다. "수뢰준(水雷屯), 택뢰수(澤雷水), 풍뢰익

(風雷益), 천뢰무망(天雷无妄), 화뢰서합(火雷噬嗑), 산뢰이(山雷頤), 지뢰복
(地雷復)…." 우레마다 종류가 다르지 않은가요? 여름에는 공중에서 큰비
와 함께 울리는데, 이런 우레는 화뢰서합(火雷噬嗑)으로 표현합니다. 매년
봄에 처음 울리는 우레는 지뢰복(地雷復)으로 지하로부터 위로 올라오는
것입니다. 또 바다 속에서 울리는 우레는 수뢰준(水雷屯) 혹은 화뢰서합으
로 표현하는데, 이 경우는 비료와는 큰 관계가 없다고 해야 되겠지요. 여
기에서 가장 중요한 것이 지뢰복입니다.

역(易)의 복잡한 학문적 특성을 표현하기에는 착종복잡(錯綜複雜)이라
는 용어가 가장 적합합니다. 여러 가지가 복잡하게 뒤엉켜 있다는 뜻이지
요. 지뢰복(䷗)은 정면으로 보면 이런 형상이지만 아래위를 서로 바꾸어
보면 산지박(山地剝 ䷖)괘가 됩니다. 앞에 나온 진괘(震卦)를 거꾸로 하면
간괘(艮卦 ☶)가 되는데, 이것은 산(山)을 형상합니다. 아래의 곤괘는 뒤집
어도 그대로 곤괘이지요. 이런 괘를 종괘(綜卦)라고 합니다. 어떤 괘라도
모두 사방팔면에서 볼 수 있으며 그때마다 현상이 달라집니다. 그야말로
착종복잡한 것이라고 아니할 수 없습니다.

복괘는 무엇을 의미하는가

지뢰복(䷗), 왜 이 괘의 명칭을 복괘라고 할까요? 여러분, 복괘의 모양
을 잘 보세요. 이 괘는 이효부터 위로는 모두 음효(陰爻)이고 제일 아래에
있는 초효(初爻)만 양효(陽爻)입니다. 즉 양효가 아래에서 발동하는 초효
는 땅 속에서 울리는 우레를 표현한 것입니다. 그런데 이 지뢰복괘가 상징
하는 바는 도가의 수련과 깊은 관계가 있습니다. 현대인의 관념으로 보면
우주 만물은 모두 에너지를 방사하고 있습니다. 여기 있는 탁자도 에너지

를 방사하고, 시계도 방사하고, 우리 생명도 방사하고, 여러분도 방사하고 있습니다. 태양도 방사합니다. 태양이 방사한 것이 지구에 천천히 흡수되어 복괘가 시작되면 양기(陽氣)가 점점 많아지기 때문에 지구의 중심이 따뜻해집니다. 겨울에는 지표면은 비록 차지만 속은 따뜻하고, 여름에는 날씨는 덥지만 샘물을 만져보면 차게 느껴지는 것이 바로 지구의 물리 작용입니다. 그래서 시월은 곤괘(坤卦☷)로서 음이 극성한 상태가 됩니다. 십일월은 대설(大雪)이 절(節)이고 동지(冬至)는 기(氣)가 됩니다.

달마다 하나의 기와 하나의 절이 있는데, 절(節)은 지구가 우주 공간에서 회전 운동을 함으로써 발생하는 것입니다. 그렇다면 기(氣)는 무엇일까요? 지구에 내재한 방사 기능으로서 태양과 달과 자연계의 방사가 합쳐진 것이 바로 기입니다. 십일월 동지에 이르면 '일양(一陽)'이 발생합니다. 시월의 곤괘는 모두 음효인데, 이 중에서 제일 아래에 있는 초효가 양으로 변하는 것이지요. 이것은 양 하나가 생장을 시작했음을 상징하므로, 양이 돌아와서 회복했다는 뜻에서 회복할 복(復) 자를 써서 복괘(復卦)라고 하는 것입니다. 우리가 동지에 양기를 보하는 음식을 먹는 이유가 여기에 있습니다.

명리(命理)의 근거가 되는 이십사절기는 음력이 아니라 양력입니다. 양력이 매우 정확하기 때문입니다. 음력은 한 달이 삼십 일이고, 매달 십오일에는 보름달이 됩니다. 그래서 우리는 음력과 양력을 합해서 썼습니다. 동지에 일양이 발생한다고 하는데 실제는 일양이 발생하는 것이 아니라, 지구가 태양 에너지를 지구 중심으로 흡수하는데 동지 직전에 극한 상태에 도달하는 것을 말합니다.

중국의 율력(律曆)에는 중요한 것이 하나 있는데 말이 나온 김에 여러분에게 알려드리지요. 중국 문화에서 보면 역사서마다 중요한 율력이 한 편씩 있습니다. 여기서 율(律)이란 무엇일까요? 율은 십이벽괘 도표에 나오는 '황종(黃鐘), 대려(大呂), 태주(太簇), 협종(夾鐘)' 등으로 모두 음율(音律)[28]입니다. 이것은 우주의 소리, 우주의 법칙과 관련 있고 또 음악의 원리이기도 하지요. 이것이 바로 율입니다. 그리고 일 년 삼백육십오와 사분의 일이 바로 력(曆)입니다. 역사를 보면 왕조마다 규정한 력(曆)이 다릅니다. 중국의 력(曆)은 매년 음력 십일월을 자월(子月)로 삼았습니다. 주나라에서는 동지 때 일양이 발생하는 달을 세수(歲首)로 삼았고, 은상(殷商) 때는 십이월을 세수로 했으며, 하(夏)나라 때는 정월이 세수였는데, 그것이 바로 오늘날 우리가 정월이라고 하는 것입니다.

지금 제가 하는 말은 젊은 사람들이 특히 잘 들어야 합니다. 옛날에는 나라에 정치적으로 큰 변동이 있어서 왕조가 바뀌거나 정권에 변화가 왔을 때 투항하지 않는 사람을 '불봉정삭(不奉正朔)'이라고 했습니다. 정삭(正朔)을 받들지 않는 자라는 뜻으로 여기에는 상당한 이치가 있습니다. 새 왕조의 율력을 따르지 않고 이전 왕조의 율력을 고수함으로써 정권이나 왕조에 불복함을 표현한 것입니다. 삭(朔)은 매월 초하루를 말합니다. 하(夏), 상(商), 주(周)가 각각 율력이 달랐는데 오늘날 우리가 사용하는 음력은 수천 년 이래의 관습대로 정월에 설을 쉽니다. 명리학에서 사용하는 음양오행의 율력도 하력(夏曆)입니다.

다시 십이벽괘 도표를 볼까요? 일 년에는 열두 개 절(節)과 열두 개 기(氣)가 있는데, 이를 합쳐서 이십사절기라고 부릅니다. 예를 들면 십이월은 소한(小寒)이 절이고 대한(大寒)이 기입니다. 괘상으로 보면 십일월은 지뢰복이고, 십이월은 지택림(地澤臨 ䷒)입니다. 초효가 양으로 변한 지뢰복괘에 이어 이효(二爻)도 양으로 변했습니다. 이것은 지구의 양기가 지구

---

28 십이율(十二律)은 황종(黃鍾) 대려(大呂) 태주(太簇) 협종(夾鍾) 고선(姑洗) 중려(仲呂) 유빈(蕤賓) 임종(林鍾) 이칙(夷則) 남려(南呂) 무사(無射) 응종(應鍾)이다.

중심에서 한 층 더 상승한 것을 표현합니다. 그래서 거의 왔다는 뜻의 림(臨)을 씁니다. 지지(地支)로 보면 자월은 십일월, 축월(丑月)은 십이월에 해당하지요.

일월과 이월의 절기

이제 일월을 봅시다. 지지로는 인월(寅月)입니다. 일월은 입춘(立春)이 절이고, 우수(雨水)가 기입니다. 입춘이 지나면 우수가 오는데 대륙 중원의 기후로 이때 비가 많이 옵니다. 이때가 되면 괘상(卦象)이 다시 변하지요. 세 번째 효도 양으로 변해서 지천태(地天泰☰)가 되는데 이를 '삼양개태(三陽開泰)'라고 합니다. 세 개의 양이 태(泰)를 열었다는 뜻이지요. 어떤 사람은 삼양개태를 설을 쇨 때 세 마리 양을 잡아먹는 것이라고 풀이하는데 이 말은 근거가 없습니다. 태괘(泰卦)는 지구의 양기가 상승해서 지표면에 도달한 것을 나타냅니다. 땅은 위에 있고 하늘은 아래에 있어서 지천태(地天泰)가 되지요. 새해를 맞으며 집 대문에 삼양개태(三陽開泰)라고 써서 붙이는데, 어떤 사람은 양(陽)을 양(羊)이라고도 씁니다. 양이 고대에는 길상(吉祥)의 상을 나타내기도 했기 때문이지요. 그래서 정월을 삼양개태(三羊開泰)라고도 부릅니다.

이제 이월로 넘어갑시다. 괘명은 뇌천대장(雷天大壯☰)으로, 외괘는 뇌(雷)이고 내괘는 건(乾)입니다. 또 경칩(驚蟄)이 절이요, 춘분(春分)이 기입니다. 경칩절이란 무슨 뜻일까요? 이월은 아래 네 개의 효가 모두 양이고 위의 두 개 효만 음입니다. 이미 지구의 양기가 지표면에서 더 상승해서 위로 올라갔습니다. 그래서 이때는 연을 날리는 풍습이 있지요. 저도 어렸을 때 연을 날려 봤지만 경칩이 지나지 않으면 연이 하늘 높이 날지 않습니다. 그러나 남방은 꼭 그렇지는 않습니다. 겨울에도 연을 날릴 수 있지요. 예를 들어 대륙의 중원에서는 단오절이 되어야 계란을 세울 수 있는데 남방에서는 언제든지 세울 수 있는 것과 같습니다.

제4강

앞 강의에서 경칩에 대해 얘기했는데, 칩(蟄)이란 무슨 뜻일까요? 칩이라는 글자는 위에 '잡을 집(執)' 자가 있고 아래에 '벌레 충(虫)' 자가 있어서 동물들이 겨울잠을 자는 것을 상징합니다. 예를 들면 뱀이나 개구리는 겨울에 진흙을 한 입 물고 땅 속에서 동면에 들어갑니다. 그래서 서양 사람들은 정좌해서 입정(入定)하는 것을 동물들의 동면에 비유하기도 하지요.

동면에 들어간 동물은 이삼 개월 동안 먹지도 않고 배설도 하지 않다가 경칩이 되어야 잠에서 깨어 밖으로 나옵니다. 지구의 양기가 상당히 위로 상승해서 기온이 따뜻하게 변했기 때문입니다. 이때가 되면 "경칩에 한 차례 우레가 운다〔驚蟄一聲雷〕"고 합니다. 즉 경칩이 되었음을 알리는 우레이지요. 앞에서 중국에 여덟 종류의 우레가 있다고 했는데, 사실은 십여 종이 넘습니다. 이 이월의 괘상은 '뇌상천하(雷上天下)'입니다. 우레가 위에 있고 하늘이 아래에 있는 뇌천대장(雷天大壯)괘입니다. 양기가 밖에 있으니 동면하던 동물이 잠에서 깨어 물고 있던 흙덩이를 뱉고 새로운 활동을 시작하는 시점이 바로 경칩입니다.

농촌에 가면 맨발로 파종하는 농부들이 밭에서 나오면 다리에 울긋불긋

한 알 수 없는 종기가 생긴 것을 볼 수 있습니다. 동면에서 깬 동물들이 토해 낸 흙에 독이 있기 때문입니다. 이럴 때는 흙을 한줌 주워서 침을 섞은 후 종기에 문지르면 곧 없어집니다.

경칩 후 처음 울린 우레는 뇌천대장(雷天大壯)으로 이때부터 농사짓기 적합한 날씨가 시작됩니다. 중국의 중원 지역을 중심으로 보면 경칩 이전의 날씨는 농사짓기에 적합하지 않습니다.

일기 변화와 춘추의 의미

우리는 주변에서 기상 예보는 믿을 수 없다는 말을 많이 듣습니다. 사실 대만뿐 아니라 일본, 미국도 마찬가지입니다. 어떤 사람이 기상대의 일기 예보를 풍자한 시 몇 구절이 생각납니다. "바람이 분다고 하면 불지 않고, 비가 안 온다고 하면 온다네. 신경통 앓는 사람 말이 차라리 낫구나" 하는 내용입니다. 신경통이 있는 사람은 몸이 쑤시면 비가 온다고 하는데, 이것이 기상대 예보보다 정확하다는 풍자이지요. 사실 기상대를 탓할 것도 없습니다. 기상대는 대기 중의 현상을 자료로 삼아 예보할 뿐 지구 자체의 변화를 추산하지는 못합니다.

지구의 물리는 대기와 밀접한 관계가 있는데 이해하기는 매우 어렵습니다. 『역경』을 이해하면 그것이 왜 어려운지 알게 됩니다. 하나의 성(省)에 비유하자면 성마다 동서남북이 각기 다른 것과 같지요. 예를 들어 중국 대륙의 산동성에서 서쪽이라고 하는 도시가 산서성(山西省)에서 보면 동쪽이 됩니다. 이렇게 성마다 각각 동서남북이 있는 것은, 비유하자면 모든 사물마다 태극(太極)이 있는 것과 같습니다. 온 우주를 음양의 기(氣)라고 할 때 기에는 리(理), 즉 태극이 있다는 것이 『역경』의 세계관입니다. 지구 자체의 방사 에너지를 다시 대기와 배합하는 것은 또 다른 학문입니다.

때로는 손가락을 꼽아 계산하는 것이 차라리 낫습니다. 장님 문고리 잡듯이 육십갑자와 시진(時辰)을 계산해서 영감에 의지해 예보하는 것이 오히려 잘 맞을 때도 있다는 말입니다. 이런 기상 예보는 사실 신통도 아니고 영감도 아닙니다. 『역경』의 법칙에 근거해서 계산한 것입니다. 그런데 이 법칙이 어떻게 그리 신통할까요? 그 속은 매우 오묘합니다. 『역경』을 배웠으면 공자가 「계사전(繫辭傳)」 하편에서 "끊임없이 변동하여 육허를 두루 흐른다[變動不居 周流六虛]"고 한 말을 기억해야 합니다. "주류육허(周流六虛)"의 육허는 동서남북 상하를 가리키는데, 『역경』의 법칙은 끊임없이 변동하여 고정되지 않는다는 것이지요. 이 법칙을 잘 활용할 줄 알아야 합니다.

일 년 중에서 가장 편한 계절은 봄과 가을입니다. 어릴 때 할아버지는 저에게 "이팔난천의(二八亂穿衣)"라고 알려 주셨습니다. '이팔'은 이월과 팔월입니다. '난천의'는 막 입는다, 아무 옷이나 입는다는 뜻입니다. 이월과 팔월에는 마음대로 옷을 입어도 괜찮으니 아무 옷이나 입으라는 말이지요. 몸이 약하면 좀 더 입고 괜찮으면 덜 입어도 됩니다.

제가 늘 여러분에게 물어보는 말입니다. 공자가 편찬한 육경 중에 『춘추(春秋)』가 있는데, 왜 동하(冬夏)라고 하지 않고 춘추(春秋)라고 했을까요? 봄은 겨울의 냉기가 서서히 열기로 변하는 시기입니다. 가을은 반대로 열기가 서서히 냉기로 변하지요. 두 계절 모두 차지도 뜨겁지도 않습니다. 봄과 가을은 공평함을 유지합니다. 기온뿐 아니라 낮과 밤의 길이도 그렇습니다. 여름에는 낮이 길고 겨울에는 밤이 길지만 봄과 가을에는 밤낮이 비슷합니다. 그래서 우리는 "춘추지평야(春秋持平也)"라고 합니다. "봄과 가을은 공평하다"는 뜻으로 저울과 같다는 말입니다. 공자는 『춘추』를 통해 역사의 정(正)과 사(邪)를 판정했습니다. 그러므로 춘추는 공정한 논평이라는 뜻입니다.

양이 여섯 개가 되면 반년이 지나간다

삼월의 절 청명(淸明)에는 양기가 상승해서 다섯 개 효(爻)가 모두 양이고 제일 위에 있는 한 효만 음입니다. 이 괘명은 택천쾌(澤天夬 ䷪)입니다. 이 쾌(夬)라는 글자는 다리가 불편해서 절름거리는 형상입니다. 실제로 쾌괘(夬卦)에는 약간의 결점이 있는데 양이 지나치게 많고 음은 겨우 하나입니다. 삼월의 기(氣)는 곡우(穀雨)입니다.

이제 사월로 넘어갑시다. 사월의 절은 입하(立夏), 기는 소만(小滿)입니다. 지구가 사월에 이른 것을 대표하는 괘는 순양(純陽)인 건괘(乾卦)입니다. 그런데 양기가 최고로 상승했기 때문에 주의해야 합니다. 음력 사월, 양력으로 오뉴월에는 지구가 방사하는 양기가 최고점에 도달합니다. 낮도 가장 길지요. 학교 다닐 때 가장 좋아하는 것은 여름방학입니다. 공부하기 싫어하는 학생의 일 년을 풍자한 시가 있습니다. "봄은 독서의 계절이 아니요, 여름은 너무 더우니 잠자기에 맞고, 가을 기다리니 어느새 겨울, 책상을 정리해야 설 쇠기 편하지〔春天不是讀書天, 夏日炎炎正好眠, 等到秋來冬又到, 收拾書箱好過年〕." 그러니까 일 년 내내 공부는 하나도 안 한 셈이지요.

이렇게 해서 반년이 끝났는데 이것을 육양상반년(六陽上半年)이라고 합니다. 양이 여섯 개 생기면 반년이 지나갔다는 뜻이지요. 이렇게 양의 에너지가 한 번 내놓으면 음의 에너지가 다시 한 번 거두어들이는 음양의 변화 과정이 일년의 기후입니다. 일 년을 나누면 열두 달이 되고, 한 달은 삼십 일인데, 지구가 태양 둘레를 한 바퀴 돌려면 여기에 다시 한 달을 더해야 합니다. 일 년에 태양은 몇 도를 이동하나요? 지구에서 볼 때 태양이 우주에서 이동하는 것을 행도(行度)라고 하는데, 중국의 천문학에서는 전도(躔度)라고 합니다. 일 년 열두 달은 모두 삼백육십오와 사분의 일 도입니다. 남는 사분의 일은 윤월(閏月), 윤년(閏年), 윤일(閏日)로 처리하는데 이 계산법은 복잡합니다.

중국 역사서에는 「율력지(律曆志)」라는 것이 있다고 했습니다. 당조(唐朝)부터 최근의 청사고(淸史稿)에까지 모두 「율력지」가 들어 있습니다. 청조(淸朝)에서는 강희 황제가 직접 편제(編制)에 참여하면서 더욱 개량되었지요. 특히 강희제는 학문을 좋아하여 라틴어, 범어, 몽고어, 만주어까지 능통했고 술수(術數)도 배웠으며 수학, 천문, 역법에도 조예가 깊었습니다. 그래서 당시의 「율력지」는 강희제가 직접 명해서 학자들이 정리한 것입니다. 오늘날에도 풍수가들 중에 강희제가 정리했던 것을 표준으로 삼는 사람이 있습니다. 당연히 최근 일이백 년간은 정리가 안 되어 있으니 앞으로 정리해야 합니다. 정리하지 않으면 앞으로 천체 운행을 계산하는 데 착오가 생길 수 있습니다.

일 년은 십이 개월, 일 개월은 삼십 일, 오 일은 일 후(候), 삼 후는 일 기(氣), 육 후는 일 절(節)입니다. 그래서 일 개월에는 일 기, 일 절이 있고 일 년에는 칠십이 후, 이십사절기가 있습니다. 이렇게 일 년 이십사절기는 고정되어 있습니다. 이제 하루에 대해 다시 말해 볼까요. 하루는 십이시진(十二時辰)이 있으니, 이것은 십이벽괘 도표의 가운데 빈 곳에서 바깥으로 세 번째 칸에 있습니다. 사월은 사월(巳月), 오월은 오월(午月)입니다. 이렇게 해서 '자축인묘진사오미신유술해(子丑寅卯辰巳午未申酉戌亥)'라는 십이지지의 순서대로 열두 달이 진행합니다. 그런데 하루 십이시진 역시 이와 같습니다. 일 년에 자월(子月), 축월(丑月)이 있는 것처럼 하루에도 자시(子時), 축시(丑時) 등이 있는 것이지요. 일 년의 우주 변화 현상은 하루의 음양 변화 현상과 같은 법칙이 적용됩니다.

여러분은 『참동계』에 나오는 "주(簇)"라는 글자를 잘 알아야 합니다. 이 글자는 일 년의 변화 법칙이 한 달에 적용되고, 한 달의 법칙이 하루에 적용되고, 하루의 법칙이 한 시진에 적용되는 것을 의미합니다. 여기서 중요한 사실은, 법칙은 일정한데 적용에는 변화가 있다는 것입니다. 이 변화는 모두 태양과 달이 지구의 기후 변화에 영향을 주기 때문에 발생합니다. 하루의 낮과 밤은 일 년의 봄, 여름과 가을, 겨울과 같습니다. 태양과 달에 의한 빛과 어두움은 지구의 물리적 생명 법칙은 물론 우리의 생명 작용에도 깊은 영향을 줍니다.

중의학의 법칙

인간은 스스로 대단한 존재라고 여기지만 지구 입장에서 보면 우리는 지표면의 세균 같은 존재일 뿐입니다. 인간의 생명은 자연히 지구의 운행 법칙의 영향을 받을 수밖에 없으므로 수도자들은 지구의 운행과 시진의 결합을 연구해야 합니다. 중의학에서 침구학을 배우는 사람들은 인체의 기혈 흐름에 더욱 주의를 기울여야 합니다. 기혈의 흐름을 십이경맥과 결합하면 하루 십이시진의 변화와 같기 때문입니다. 침구학 전문 자료인 자오류주도(子午流注圖)[29]를 보면 십이시진의 혈맥 유통에 특별히 주의하여, 천지의 법칙을 인체 내부의 십이경맥의 운행에 결합해서 진단합니다.

---

29 자오류주도는 십이시진에 대응하는 십이경락을 도표화한 것을 가리킨다. 중의학 이론에 따르면 하루 십이시진은 인체의 십이경락과 대응한다. 따라서 십이시진에 대응하는 경락의 기혈 운행이 그 시간에 특히 왕성할 수 있고 또 그 경락을 주관하는 장부(臟腑)가 더 활발하게 운동할 수 있으므로 시간에 맞추어 침구를 시술하고 양생법도 실천한다. 침구법에서 자오류주는 침구를 실행할 때 시간의 변화에 따라 취혈(取穴)하는 방법을 말한다. 인체의 기혈은 정해진 시간에 돌고 출입하며, 기혈에 따라 일정 시간이 되면 성하기도 하고 쇠하기도 한다는 것이

침구와 중의는 서로 연관되어 떨어질 수 없습니다. 사실 저는 중의학은 잘 모르지만 학문의 이치를 몇 마디 할 뿐입니다. 고대 중의학에는 "일폄(一砭) 이침(二針) 삼구(三灸) 사탕약(四湯藥)"이라는 말이 있습니다. 첫째는 돌침, 둘째는 침, 셋째는 뜸, 넷째는 탕약이라는 말로, 이 네 가지는 대표적인 중의학 치료법입니다. 그리고 진단법에는 "망(望), 문(聞), 문(問), 절(切)"이 있습니다.

'망(望)'은 환자의 걷는 자세를 보는 것입니다. 그의 몸을 보고 체질을 판단하고 나서 얼굴의 기색을 관찰하면 어디에 병이 있는지 알 수 있습니다. '문(聞)'은 환자의 음성을 듣는 것입니다. 예를 들어 감기에 걸리면 목소리가 변하고 콧소리가 납니다. 몸에 병이 있으면 음성이 반응하는 것이지요. 감정이 격렬하고 성질이 급하여 화기(火氣)가 많은 사람은 간 기능에 주의해야 합니다. 망(望), 문(聞) 이후에야 '문(問)'을 씁니다. 즉 환자에게 묻는 것입니다. 환자가 감기에 걸렸는데 그가 운동선수이거나 권법을 단련한 사람이라면 약 성분이 가벼워서는 안 됩니다. 만약 사무실에 앉아서 일만 하느라 등이 구부정하고 바람 불면 쓰러질 것 같은 약한 사람이라면 약 처방을 가볍게 해야 합니다. 그러지 않으면 약을 견디지 못할 테니까요. 마지막에 맥(脈)을 보는 것을 '절(切)'이라고 하는데, 이 과정을 거쳐야 비로소 환자의 병인(病因)과 병소(病巢)와 병상(病狀)을 찾아냅니다.

일폄(一砭)은 오늘날 우리가 사용하는 괄사(刮痧)[30] 같은 것으로, 병이 피부에 있어서 치료하기 쉬울 때 사용하는 방법입니다. 만약 병이 이미 깊

다. 따라서 기혈이 열리고 닫히는 시간에 따라 보사(補瀉)를 하는 침구법을 자오류주법이라고 하며, 시간에 따라 기혈이 열리고 닫히는 것을 도표화한 것을 자오류주도라고 한다. 예를 들어 자시에는 담경(膽經)이 가장 왕성하게 열리고 축시에는 간경(肝經)이 가장 왕성하게 열리므로 자시에 잠을 자지 않으면 담경이 상하고 축시에 잠을 자지 않으면 간경이 해롭다는 것이다.

30 숟가락이나 이와 유사한 것으로 피부를 긁어 그 반응을 보고 병증을 판단하고 치료하는 것이다.

어졌다고 판단하면 침을 놓고, 침으로도 부족하면 뜸을 뜹니다. 옛날에는 생강편 위에 쑥을 놓고 태웠습니다. 쑥이 타면서 발생하는 열이 신체 경맥 안으로 들어가서 병을 밖으로 나오게 하는 것이지요. 뜸으로도 안 되고 병이 이미 오장육부에 이르렀다고 보이면 탕약을 씁니다. 이것이 일폄, 이침, 삼구, 사탕약의 치료 순서입니다.

저는 어렸을 때 약해서 병이란 병은 모두 앓았습니다. 여섯 살부터 열두 살까지는 약으로 컸기 때문에 질병에 대한 경험이 아주 많지요. 당시 저를 치료해 준 의사는 매우 고명한 분이었습니다. 몇 살인지, 몇 날 몇 시에 병이 났는지를 물었습니다. 이는 십이경맥과 관련 있습니다. 그는 머리가 아픈지 안 아픈지 같은 증세에는 관심이 없고 병의 원인을 찾으려고 했기 때문에 하루에 몇 사람밖에 보지 못했습니다.

어느 날 약을 지어 주고는 아직 제가 집에 도착하지도 않았는데 연이어 두 번째 약을 짓고 나서 약 두 봉을 모두 달여야 한다고 말했습니다. 첫 번째 약을 달여 먹으면 한 시간 후에는 몹시 괴로워서 데굴데굴 구를 정도가 될 수도 있고 토할 수도 있다고 알려 주었습니다. 집에 돌아와서 약을 달여 먹고 시간이 지나자 과연 괴로워서 죽을 지경이 되었고, 집안사람들은 놀라서 감히 아무 말도 못 하는 상황이 벌어졌습니다. 의사는 제 앞에 앉아서 눈을 크게 뜨고 저를 살폈습니다. 제가 아무리 죽겠다고 굴러도 그는 아랑곳하지 않았습니다. 나중에야 알게 된 사실이지만 그때 의사는 저보다 더 긴장하고 있었다고 합니다. 그러다가 제가 욱 하고 토하자 그는 비로소 담뱃대를 내려놓고 약을 제대로 썼다는 것을 확인한 후 두 번째 약으로 바꾸었습니다. 그리고 나서 이제야 마음이 놓인다는 듯 얼굴을 씻고 집으로 돌아갔습니다.

옛날에 한약방은 일요일도 없었습니다. 설날에도 환자가 문을 두드리는데 열지 않으면 사람들에게 비난을 받았지요. 지금은 다릅니다. 병원에 토요일도 있고 일요일도 있습니다. 그러니 아프려면 월요일까지 기다렸다가 아파야 병원에 가서 치료 받을 수 있지요. 요즘 사람들은 옛날에는 토요일, 일요일 없이 언제든 환자에게 문을 열어주었다는 사실을 모르지만 저는 직접 경험했습니다.

중의학을 공부하려면 십이벽괘에 대해 잘 알아야 합니다. 앞에서 말했지만 주(簇)라는 글자는 일 년의 법칙을 한 달에 적용시키고, 한 달의 법칙을 한 시진에 적용시킨 것입니다. 그런데 이 법칙을 인체에 응용하려면 변화가 있습니다. 예를 들어 양기가 돌아오는 시간이 자시라는 것은 불변의 법칙인데, 사람마다 신체 상태가 다르기 때문에 생명의 열에너지를 발동하는 자시도 사람마다 각기 다릅니다. 다시 말하면 법칙은 일정하지만 시간은 일정하지 않다는 것이지요.

음이 여섯 개가 되면 나머지 반년이 지나간다

앞에서 육양상반년(六陽上半年)까지 말하다가 다른 이야기를 했는데, 이어서 말하면 건괘 이후 오월은 천풍구(天風姤 ䷫)괘입니다. 오월은 망종(亡種)이 절이고 하지(夏至)가 기입니다. "하지일음생(夏至一陰生)"이라고 하듯이 음이 등장합니다. 일음(一陰)이 초효에 나타나는 까닭은 무엇일까요? 오늘날 관념으로 말하면 지구의 방사열이 이때에 이르러 최고점에 달한 것입니다. 하지 이후에는 태양이 남쪽을 향하기 시작해서 태양열의 방사가 북반구에는 점차 감소합니다. 이 때문에 음이 발생하는 것이지요.

하지는 장지(長至)라고도 합니다. 우리는 옛사람들 글에서 "장지에 모모형을 위해 시 한 수 짓는다[長至爲某某兄寫了一首詩]" 같은 내용을 볼 수 있습니다. 하지는 일 년 중 낮이 가장 긴 날이라는 뜻으로 장지(長至)라고도 하는 것입니다. 오월의 지지는 오(午)에 배열됩니다. 우리가 단오종자(端午粽子)를 먹는 오월(午月)입니다.[31] 단오(端午), 중추(中秋) 등은 이십사절기에는 안 들어가지만 민간 풍습에는 수천 년 계승된 절일(節日)입니다.

이십사절기는 중국의 문화이자 동아시아의 문화유산이기도 합니다. 하지에는 민간의 생활에서 주의할 것이 있습니다. 하지에는 일음이 발생하기 때문에 습기가 생겨서 눅눅해집니다. 더군다나 남방에 살면 오월에는 매우(梅雨)[32]가 시작되어 오래된 방에는 곰팡이가 생기고 심지어 버섯이 피기도 합니다. 표고버섯이나 목이버섯은 모두 썩은 나무에서 잘 자랍니다. 표고나 목이는 음 속의 양이기 때문입니다. 특히 백목이(白木耳)는 폐를 보하는 약성이 있습니다. 하지가 지나면 곧 유월이 됩니다. 절기로는 소서(小暑)와 대서(大暑)가 있지요. 유월은 미월(未月)이고 이음(二陰)이 발생합니다. 괘는 천산돈(天山遯 ䷠)으로 외괘는 천(天)이요 순양이고, 내괘는 산(山)으로 아래에 이음이 있습니다. 돈괘(遯卦)는 내재한 음기가 서서히 왕성해 가는 형상입니다. 돈(遯)은 달아난다는 뜻으로, 음기가 아래로부터 점차 왕성해져 양기가 속에서 물러나기 때문에 돈이라고 합니다. 칠월은 신월(申月)로, 입추(立秋)가 절이고 처서(處暑)가 기이며, 괘는 천지비(天地否 ䷋)입니다. 비(否)의 반대는 태(泰)로서, 정월인 지천태(地天泰)는 좋은 운기(運氣)이고 칠월인 천지비는 나쁜 운기입니다.

여기에서 옛날이야기를 하나 하고 가겠습니다. 당시 『역경』을 강의하고 있었는데 한 학생이 물었습니다. "선생님, 이 두 괘는 이름이 이상합니다. 하늘이 위에 있고 땅이 밑에 있는 천지비(天地否)가 태평한 것 아닌가요?

---

31 대나무 잎에 찹쌀을 싸서 찐 음식으로 중국의 단오 풍속이다. 우리나라에서는 예부터 단옷날에는 창포물로 머리를 감았다.

32 매실이 익을 무렵 내리는 비라는 뜻으로, 해마다 초여름인 유월 상순부터 칠월 상순에 걸쳐 계속되는 장마를 이르는 말이다.

어떻게 하늘과 땅이 뒤집어진 지천태(地天泰)가 태평할 수 있나요?' 그래서 제가 이렇게 답했습니다. "그것이 바로 철학이라네. '만약 하늘과 땅이 뒤집히는 엄청난 변화가 없었다면 천하가 태평할 테지. 그러면 너도 없고 나도 없을 테고. 이렇게 서로 얘기할 것도 없고, 와서 강의를 들을 것도 없어서 여러분이 모두 큰 잠을 자는 것 같은 상태가 바로 태(泰)라네. 천지비(天地否)는 천지가 개벽한 후를 나타내는 괘일세. 천지가 개벽한 후에는 인생에 이렇게 일이 많은 것이네."[33] 여러분이 듣기에는 이 말이 농담으로 들리나요? 결코 농담이 아니라 일정한 이치가 있는 이야기입니다. 음이 안에 있고 양이 밖에 있으면 겉보기는 좋지만 속은 안 좋고 나쁜 것입니다. 그래서 천지비는 입추 후에 곳곳에 음기가 있는 것을 가리킵니다.

팔월이 되면 절은 백로(白露), 기는 추분(秋分)입니다. 내재한 음기가 더욱 위로 올라가서 아래로부터 네 효가 모두 음이고 양은 두 효만 남았습니다. 이를 풍지관(風地觀 ☶)이라고 합니다. 외괘는 손괘(巽卦)로 바람[風]이고 내괘는 곤괘(坤卦)로 땅[地]입니다. 철학이나 종교를 공부한다면 이 괘에 주목해야 합니다. 공자는 관괘(觀卦)에서 "성인이 신도로써 가르침을 시설했다[聖人以神道設教]"고 종교의 정의를 내렸습니다. 이 말을 깊이 연구하면 종교철학을 이해할 수 있습니다. 종교는 사람이 만든 것입니다. 따라서 성인(聖人)이 신도(神道)로써 가르침을 시설했다는 것은 바로 종교가 교육의 일환이라는 것을 의미합니다. 종교를 믿는 분들은 풍지관의 이런 의미에 주의하기 바랍니다.

---

33 일반적으로 양기는 위로 올라가고 음기는 아래로 내려오므로, 천지비는 양기가 위에 음기가 아래에 있어서 음양의 교류가 이루어지지 않기 때문에 나쁘다고 해석한다. 반대로 지천태는 위의 음기는 내려오고 아래의 양기는 올라가서 서로 만나기 때문에 좋은 운기라고 한다.

동지와 하지, 음양 순역의 원리

불가와 도가에서는 정좌해서 수련하는 것을 폐관(閉關)이라고도 하는데, 이것은 『역경』의 "선왕이지일폐관(先王以至日閉關)"에서 나온 말입니다. 즉 "선왕이 본받아 지일에 폐관한다"는 뜻입니다. 잘 들으세요! '지(至)'는 동지와 하지를 가리킵니다. "지일폐관(至日閉關)"의 의미는 만약 옛날 선생님들이 전해 주지 않았다면 누구도 알 수 없었을 것입니다. 저도 이 의미를 알기까지 너무 고생해서 여러분이 수고하는 것은 원치 않습니다. 그래서 제가 아는 것은 바로 여러분에게 가르쳐 드리는 것이지요.

여러분은 모두 기문둔갑(奇門遁甲)을 배우고 싶지요? 기문둔갑을 배워서 바람과 비를 부르고 콩을 뿌려서 병사를 만들 수 있다면 제갈량은 못 되어도 제갈암은 될 수 있을 텐데 말입니다. 이 학문은 매우 심오하여 간단하지가 않습니다. 그러나 기문둔갑도 팔괘를 잘 모르면 무슨 양둔(陽遁)이고 음둔(陰遁)이고 다 쓸모없습니다. 우리는 대부분 수학을 좋아하지 않습니다. 공부하기는 힘든데 이해하고 나면 다 잊어버리지요. 학교 다닐 때는 모르는 것을 알고 싶어서 열심히 하기는 하는데 알고 나면 그뿐입니다. 기문둔갑에는 이런 네 구절의 구결(口訣)[34]이 있습니다.

음양의 순역은 오묘해서 궁리하기 어렵네	陰陽順逆妙難窮
동지 하지는 고향인 일구궁으로 돌아오네	二至還鄉一九宮
만약 음양의 원리를 능히 통달한다면	若能了達陰陽理
천지가 모두 손바닥 안에 잡힐 것을	天地都來一掌中

---

34 우리말로 구결은 한문에 토를 넣어 읽는 한문 독법을 일컫는다. 하지만 중국어로는 도법(道法)이나 비술(祕術)을 전수하는 핵심이 되는 말이라는 뜻이다. 여기서는 도가 용어로 보고 우리말로 따로 옮기지 않았다.

"음양순역묘난궁(陰陽順逆妙難窮)", 음양이 순역(順逆)으로 변화하는 가운데 예측할 수 없는 오묘한 법칙이 있으니, 우주의 법칙은 참으로 궁구하기 어렵다는 말입니다. 이런 변화의 원리는 한두 개의 문제만으로도 우리의 말문을 막히게 합니다. 늘 책을 읽어서 매우 똑똑하다고 생각했던 우리 자신을 뜻밖에 꼼짝도 못 하게 만드는 것입니다.

"이지환향일구궁(二至還鄕一九宮)", 어쨌든 대단합니다. 저는 방 한 칸도 없는데 일구궁(一九宮)이라니요! "이지환향"이란 무엇일까요? 점치는 술수가들이나 풍수가들에게 물어보면 아는 사람이 하나도 없습니다. 혹 아는 사람이 있다고 해도 웃기만 할 뿐 대답은 안 할 것입니다. 왜냐하면 이 구결을 배우려면 스승을 찾아 절하고 그 문파에 입문해야 하기 때문입니다. 그런데 어떤 사람은 절하기 전 스승이라는 사람의 외양을 살펴볼 것입니다. 그가 방문외도라면 어쨌든 자신의 체면이 깎이는 일이니 절을 안 하겠지요. 그러나 절도 안 하고 책만 봐서는 무슨 말인지 알 수가 없습니다. 사실 "이지환향"은 동지와 하지가 한 번 음하면 다음 한 번은 양하고, 한 번 순(順)하면 다음 한 번은 역(逆)하지만, 결국은 제자리로 돌아온다는 뜻입니다.

"이지환향일구궁"이란 동지와 하지인 이지(二至)가 고향인 일구궁(一九宮)으로 돌아온다는 뜻입니다. 여기에서 "일구궁"의 일은 양수(陽數)의 시작이고 구는 양수의 끝입니다. 한 번 시작하면 한 번 끝나고[一始一終], 또다시 시작하는 것입니다. 하나에서 출발해 구까지 도달하면 다시 하나로 돌아가서 새로 시작하여 끝없이 순환하는 것이지요. 따라서 그 변화를 추산하는 것은 결코 단순한 문제가 아닙니다. 이 네 구절의 구결은 아주 매력적입니다. 제가 이렇게 구결에 나타난 원리를 말하면 가령 여러분이 다 안다고 해도, 여러분이 천지를 손에 넣을 수 없으니 그렇게 간단한 것이 아닙니다. 저는 단지 여러분에게 법칙을 알려 주는 것뿐이니, 음양 순역의 원리를 제대로 안다는 것은 참으로 어렵습니다. 여러분은 정말 알 수 있겠습니까? 그래서 우리는 먼저 동지와 하지가 한 번 순하면 한 번 역하는 일순일역(一順一逆)의 법칙이라는 것만 이해하기로 하지요.

『역경』관괘 상전(象傳)에 "선왕이 본받아 지일에 폐관한다[先王以至日閉關]"는 말이 있습니다. 이렇게 폐관하는 것은 중국의 전통적 문화입니다. 사람도 폐관할 수 있습니다. 여기에서 폐관이란 문을 걸어 잠그는 것만이 아니라, 마음을 청정하게 하여 욕심을 적게 하고 목욕재계(沐浴齋戒)하고 정좌 수행을 하는 것입니다. 불법으로 말하면 육근(六根)[35]과 육진(六塵)[36]을 모두 닫아 버리는 것[37]이지요. 지(至)는 일양이 돌아와서 회복되는 시점을 말합니다. 혹은 일음이 처음 발생하는 시간을 가리키기도 하지요. 이때 천지의 법칙을 파악해서 여러분이 한 시진 정좌를 한다면 삼 개월 동안 정좌하는 것과 같은 효과를 볼 수 있습니다. 당연히 이 말에는 약간의 허풍이 들어 있습니다. 사실 여러분에게 공부를 열심히 하라고 격려하는 의미가 더 큽니다. 그러나 시간을 잘 알아서 정좌 공부를 하면 그냥 아무 때나 하는 것보다 훨씬 효과가 있는 것은 사실입니다.

그러므로 "음양순역(陰陽順逆)"의 이러한 측면의 작용 역시 잘 알아야 합니다. 어떤 사람이 물었습니다. "매일 자(子) 오(午) 묘(卯) 유(酉)에 어떤 사람은 정좌해야 한다고 하고, 어떤 사람은 정좌를 하면 안 된다고 하는데 어떻게 해야 하나요?" 저는 이렇게 답했습니다. "당연히 됩니다." 그 이유는 관괘를 설명할 때 보충하겠습니다.

---

35 여섯 개 인식기관인 안이비설신의(眼耳鼻舌身意)를 말한다.

36 여섯 가지 인식 대상인 색성향미촉법(色聲香味觸法)을 말한다.

37 육근은 안이비설신의의 감각과 사유를 말하고, 육진은 육근의 감각과 사유 대상인 색성향미촉법을 가리킨다. 따라서 육근과 육진을 폐관한다는 것은 마음이 감각 대상이나 인식 대상으로부터 벗어나 내면으로 돌아와서 내관(內觀)하는 것을 말한다.

제갈량의 동남풍

구월은 한로(寒露)가 절이고 상강(霜降)이 기이며, 괘는 산지박(山地剝 ☷)입니다. 이 괘는 음기가 다 갉아 먹어서 양기는 맨 위 상효(上爻) 하나만 남아 있는 형상입니다. 『역경』에서 이 괘를 보면 이릉이 소무에게 답한 편지인 〈이릉답소무서(李陵答蘇武書)〉가 생각납니다. "서늘한 구월이 되니 변방에 풀이 모두 쇠했다[涼秋九月, 塞外草衰]"는 내용으로, 산지박의 상황을 잘 표현하고 있습니다.

이제 시월로 넘어가지요. 순음(純陰)인 곤괘(坤卦)입니다. 절기는 입동(立冬)과 소설(小雪)입니다. 날씨는 춥지만 시월이 가장 추운 것은 아닙니다. 정말 추운 것은 십일월이지요. 시월은 음력으로 말하면 입동이지만 소양춘(小陽春)이라고도 합니다. 그래서 북방의 시월 한 달 동안은 며칠간 몹시 춥다가 사흘쯤 따뜻해집니다. 그렇다고 봄처럼 따뜻한 것은 물론 아니지요. 언제쯤일까요? 시월 일 일부터 삼 일까지? 이십 일부터 이십삼 일까지? 해마다 다릅니다. 겨울에는 북서풍이 불지만 소양춘 사흘 동안은 동남풍이 불어서 따뜻해지는 것입니다.

제갈량이 동남풍을 빌린 것은 바로 이 소양춘 때입니다. 주유(周瑜)는 제갈량에게 속았습니다. 제갈량은 주유에게 동남풍을 빌릴 수 있다고 속였지만 사실은 『역경』의 십이벽괘를 통달해서 천문을 알았던 것뿐입니다. 여러분도 걱정하지 마세요. 며칠만 기다리면 제가 여러분에게 동남풍을 빌려 드리지요. 제갈량은 며칠 후면 동남풍이 부는 소양춘이 되리라고 확신하고 있었습니다.

삼국지를 읽어 보면 조조가 적벽대전에서 패배한 후 돌아가서 두문불출하고 책을 보다가 갑자기 펄쩍 뛰면서 크게 웃는 장면이 나옵니다. 부하들이 깜짝 놀라 물었지요. "승상, 오십만 대군을 잃고 뭐가 그리 좋아서 웃으

십니까?" 그러자 조조가 답했습니다. "지금 역경의 선갑삼일(先甲三日) 후
갑삼일(後甲三日), 선경삼일(先庚三日) 후경삼일(後庚三日)[38]에 대해 깨달
았다." 아마도 소양춘에 동남풍이 분 것에 대해 생각했던 것 같습니다. 십
일월에는 동남풍이 안 불고 북서풍만 불 테니 이제는 제갈량을 두려워할
필요가 없다고 생각했겠지요. 그러나 조조가 석사급이라면 제갈량은 박사
급이었습니다.

---

38 여기에서 조조가 깨달았다고 하는 "선갑삼일 후갑삼일" "선경삼일 후경삼일"은 각각 『역경』
산풍고(山風蠱) 괘사 고(蠱)는 "원형하니 이섭대천하다. 선갑삼일이며 후갑삼일이니라[元亨,
利涉大川. 先甲三日, 後甲三日]"와 중풍손(重風巽) 구오의 효사 "정이면 길하다. 회망하니 무불리
이다. 무초유종이며 선경삼일하며 후경삼일이면 길하리라[貞吉. 悔亡, 無不利. 無初有終, 先庚三
日, 後庚三日, 吉]"에 나온다.

제5강

점복과 신통

여기 계신 어떤 분이 두 가지 문제를 제기했습니다. 하나는 불가에 목륜점법(木輪占法)이 있어 선악을 점복(占卜)으로 알 수 있다는 것입니다. 사실 불가에는 목륜점법 외에 다른 점법들이 많이 있습니다. 지금 이분이 물은 것은 불가의 목륜점법이 지난주에 강의했던 『역경』의 삼역의 법칙과 어떤 관계가 있는가 없는가 하는 것입니다. 두 번째 문제는 목륜점법이 영험하다면 지난번에 말했던 『역경』의 법칙이 영험한 것과 같은 원리인가 하는 문제입니다.

제가 보기에 이 문제는 질문하신 분이 이미 스스로 대답했다고 생각합니다. 이른바 점복에서 점(占)과 복(卜)은 다릅니다. 점은 점이고 복은 복이지요. 점괘(占卦)는 또 다른 방법입니다. 중국 고대문화에는 복법(卜法)이 매우 많았습니다. 이를테면 소뼈, 물고기 뼈, 닭 뼈 등 각양각색의 뼈로 복(卜)을 하는 방법입니다. 점(占)은 수리(數理)로 추산하는 것입니다. 후대에 점점 발전해서 시초(蓍草)를 사용하여 수리로 점을 치는 서법(筮法)

으로까지 발전했습니다. 그래서 점과 복이 다르다는 말이지요.

복은 비교적 종류가 많습니다. 오늘날 고고학자들이 꽤 많은 증거를 찾아냈지요. 방금 어떤 분이 보여 준 책에도 중국 소수 민족인 요족(瑤族)과 묘족(苗族)의 전통 점복이 들어 있는데, 요족은 닭의 뼈로 복(卜)을 했다고 합니다. 어쨌든 모든 복법과 점법은 인간이 만들어 낸 인위적인 것입니다.

『역경』의 원리는 천지인(天地人) 삼재(三才)로 이루어져 있습니다. 위는 천(天), 아래는 지(地), 중간은 인간(人間)이 존재한다는 것입니다. 우리 인생의 가치는 어디에 있을까요? 인생의 목적은 무엇인가요? 중국의 전통 관념으로 보면 인생의 가치는 『중용(中庸)』에서 말한 "참천지찬화육(參天地贊化育)"입니다. "천지에 참여해서 만물의 화육을 돕는다"는 것입니다. 이 문장 첫머리에 사람 인(人)이라는 글자는 없지만, 인간이 아니라면 누가 천지에 참여해서 만물의 화육을 도울 수 있겠습니까? 천지는 결함이 있을까요, 없을까요? 결함이 있습니다. 인간의 지혜는 천지의 결함을 보완할 수 있습니다. 그러므로 "천지에 참여해서 만물의 화육을 돕는" 것이 바로 인간의 가치입니다. 인간의 지혜의 가치, 인간의 능력의 가치는 천지에 참여해서 천지와 하나 되는 것입니다. 그러므로 인위적인 것이라고 경시해서는 안 됩니다.

저는 종종 친한 친구 몇몇과 우스갯소리를 하는데, 하루는 한 친구에게 이렇게 말했습니다. "자네가 사찰을 짓는다고 했으니 책임지고 참시(籤詩) 일백 수를 써 주겠네." 참시란 중국의 사찰이나 도관에서 먼저 사람들이 정성을 들인 후에 여러 개의 참시 중에서 하나를 뽑아 앞날의 길흉을 점치는 데 사용하는 시구(詩句)입니다.[39] 참시를 짓기는 쉽기도 하고 어렵기도

---

39 대만이나 중국의 사찰 또는 도관에서는 입구에서 점을 치고 그 점의 결과는 참시로 알려 준다. 마치 미국의 중국 음식점에서 흔히 볼 수 있는 '포춘(fortune) 쿠키'의 내용과 같은 것이다.

합니다. 참시의 내용은 모두 사실적이지 않고 어떻게 보면 허황된 것이기 때문입니다. 그런데 지나고 보면 참 영검합니다. 나쁜 일은 딱 맞고 좋은 일도 맞고, 좋지도 나쁘지도 않은 일도 그런대로 괜찮습니다.

이런 복괘(卜卦)의 원리는 모두 인위적인 것인데, 이것이 인간의 지혜입니다. 그래서 수양이 높은 경지에 도달한 사람에게는 신통력이 생깁니다. 이러한 복괘나 산명(算命) 등을 술(術)이라고 하는데, 일종의 기술 방법이라는 뜻이지요. 중국 전통 문화에서는 이것을 술수(術數)라고 불렀습니다. 보통 불가에서 말하는 신통에는 모두 다섯 종류가 있습니다. 첫째는 의통(依通)입니다. 복괘 등에 의한 술수 혹은 어떤 법칙이나 수학적 통계에 의거해 모든 일을 아는 것입니다. 예를 들어 관상을 보는 것도 때로는 매우 영검한데 이것도 의통입니다. 둘째는 귀통(鬼通)입니다. 쉽게 말하면 귀신이 들려 일종의 예지력이 생긴 경우입니다. 셋째는 요통(妖通)으로 요괴(妖怪)에 의지하는 것입니다. 넷째는 보통(報通)으로, 이것은 타고난 것입니다. 전생에 수행을 많이 한 사람은 귀신을 보거나 미래를 예언하는 능력을 갖고 태어납니다.

과거에 제 친구 중에도 보통(報通)의 능력을 갖고 태어난 사람이 있었습니다. 일본과 전쟁 중일 때 그 친구는 유명화가이자 대학 교수였는데, 우리는 중경(重慶)과 성도(成都)에서 늘 함께 있었습니다. 일본군 비행기가 와서 폭을 할 때면 우리는 공습경보를 듣고 재빨리 대피해서 숨을 곳을 찾았는데, 그때마다 그 친구는 "에이, 그쪽은 안 돼. 손 잘리고 목 잘린 귀신이 너무 많아. 여기로 오게. 여기가 좀 나아"라고 했습니다. 그 친구는 늘 여기가 좀 낫다고 했지 귀신이 없다고는 안 했습니다. 그가 보기에 거리는 귀신 천지였습니다. 귀신은 시끄러운 곳일수록 많고 조용한 곳은 적다고 했습니다. 귀신도 사람처럼 시끄러운 곳을 좋아한다는 것이지요. 그는 종교를 믿지 않았지만 보면 금방 알았습니다. 그를 초대할 때면 친한 친구들은 먼저 부탁을 합니다. 집에 와서 절대 이상한 표정을 짓지 말라고요. 그가 거실에 앉아 갑자기 괴이한 표정을 하면 모두 무서워했습니다. 다섯 번째는 수통(修通)으로, 정좌해서 선정을 닦거나 불법을 배우거나 수도해서 도통한 후에 얻는 신통입니다.

사실 신통이란 인간의 생명과 정신이 본래 가지고 있는 기능으로서 바로 지혜의 성취입니다. 그러나 반드시 득도한 지혜는 아닙니다. 신통과 득도는 차이가 있습니다. 득도한 지혜는 신통이라 할 것이 없습니다. 득도한 경지는 신통도 쓸 일이 없으니 신통이 없는 것이나 마찬가지이지요. 그래서 저는 여러분에게 항상 『역경』을 공부하되 미래를 알려고 점복을 하지는 말라고 합니다. 정말 미래를 안다면 얼마나 재미없는 인생이 되겠습니까.

가장 좋은 것은 미래를 모르는 채 살아가는 것입니다. 내일 무슨 일이 벌어질지 안다면 이런 사람이 어떤 일을 할 수 있겠습니까? 내일 내 차가 길에서 추돌사고가 날 것을 오늘 미리 안다면 겁이 나서 밖에 나가지 못할 것입니다. 미래를 안다는 것은 결코 좋은 일이 아닙니다. 옛사람이 말하기를 "역에 능한 자는 점을 치지 않는다(善於易者不卜)"[40]고 했습니다. 참으로 역에 통달한 사람은 복괘도 산명도 하지 않고 풍수도 보지 않습니다. 또 "연못 속 물고기를 볼 수 있는 사람은 길상하지 않다(察見淵魚者不祥)"는 말도 했습니다. 연못 속의 물고기도 환히 관찰할 수 있는 사람처럼 무슨 일이든 분명히 잘 아는 사람은 도리어 상서롭지 못하다는 말입니다. 머리를 이렇게 쓰면 잘못될 수 있습니다. 그러니 차라리 잘 모르는 채 대충 살아가는

---

40 『순자(荀子)』「대략(大略)」편에 나오는 "선위역자부점(善爲易者不占)"이라는 말과 같은 뜻이다. 이는 『논어』 제13 「자로(子路)」편의 다음과 같은 공자의 말을 계승한 것으로 보인다. "공자가 말씀하셨다. 남방 사람들이 말하기를 '사람이 항심이 없으면 무의도 할 수 없다' 하니 좋은 말이다. (또 주역 항괘恒卦 구삼 효사에서) '그 덕을 항상 되게 하지 않으면 혹 수치스러움에 이른다' 고 하니 공자가 말씀하셨다. '점을 치지 않을 뿐이다(子曰 南人有言 曰 人而無恒 不可以作巫醫 善夫 不恒其德 或承之羞 子曰 不占而已矣)."

것이 낫지요. 여러분, 이른바 바람을 부르고 비를 부르는 술법을 쓸 줄 아는 술사를 보세요. 그 사람의 일생을 보면 무슨 일을 성취했나요? 과거와 미래를 훤히 안다고 하지만 그 자신에 대해서는 어떤가요? 그의 일생은 그저 남의 운명을 점쳐 줄 뿐이니 무슨 쓸모가 있겠습니까? 이런 도리를 여러분은 알아야 합니다.

음양, 소식, 생멸의 작용

지난 시간에 이미 자월(子月)부터 이야기했습니다. 일 년 십이 개월을 열두 개 부호로 표현한 자(子) 축(丑) 인(寅) 묘(卯) 진(辰) 사(巳) 오(午) 미(未) 신(申) 유(酉) 술(戌) 해(亥)로 십이지지라고 합니다. 천간(天干)에는 갑(甲) 을(乙) 병(丙) 정(丁) 무(戊) 기(己) 경(庚) 신(辛) 임(壬) 계(癸) 열 개가 있습니다. 이 간지(干支)는 산명, 관상, 풍수에 모두 사용됩니다. 옛사람들은 간(干)을 줄기(幹)라고 했는데, 저는 이 해석에 별로 동의하지 않습니다. 고서(古書)를 잘 살펴보면 간지라는 두 글자는 상당히 일리가 있습니다. 천간은 금목수화토 오행에서 변화해 나온 것입니다. 옛사람들은 태양계의 금목수화토 오대 행성에 일과 월을 더해서 칠정(七政)이라고 했습니다.

자월(子月)은 음력 십일월로 절은 대설(大雪), 기는 동지입니다. "동지에 일양이 발생한다[冬至一陽生]"는 말이 있는데, 동지는 십일월 중순이니 일양이 발생한다는 것은 중기(中氣)가 시작된다는 것이지요. 이 중(中)이라는 글자의 의미에 주의해야 합니다. 중(中)이란 궁극적으로 어떤 뜻인가요? 하늘의 중심인가요, 아니면 지구의 중심인가요? 우리 몸은 어느 부분에서 일양이 발생할까요? 밀종에서는 중맥(中脈)을 말하는데, 도가에서는 충맥(衝脈)을 중맥이라고 합니다. 그런데 밀종에서는 이런 도가의 견해에 찬동하지 않습니다. 종파적 입장을 떠나서 학술적으로 말한다면 사실 중맥과 충맥은 같은 것이라 할 수 있습니다. 지역도 다르고 문화도 다르기 때문에 이런 문제가 발생했지만, 중의학에서 말하는 충맥(衝脈) 또는 충맥(沖脈)이 곧 중맥(中脈)입니다.

충맥은 중기(中氣)와 깊은 관계가 있는데, 중기에 대해 말하려면 괘상(卦象)에 주의해야 합니다. 괘의 양효(陽爻)는 가로획이나 한 점으로 표시하는데, 생명의 양능(陽能)인 양적 에너지 혹은 열에너지를 표현합니다. 이 에너지가 밖으로 발전하는 것을 상승(上升)이라 하고, 수축해서 돌아오는 것을 하강(下降)이라고 합니다. 물리 현상에서는 일승일강(一升一降), 일수일방(一收一放)이라 하고, 생명에서는 일생일사(一生一死)라 하고, 학술적 관념으로는 일소일식(一消一息)이라고 합니다. '소식(消息)'이라는 두 글자는 『역경』에서 나오는데 무엇을 소식이라고 할까요? 왜 소식에 대해 거듭 말하는 것일까요? 이것은 도가의 수련 공부와 관련이 있기 때문입니다. 예를 들어 십일월 동지에 일양이 발생하는 것은 생명 에너지인 양기가 막 성장하는 것입니다. 십이월에 이양이 올라와서 지택림(地澤臨)괘가 되고 정월에 삼양이 올라와서 지천태(地天泰)괘에 도달하는 것에서 양기가 성장하여 상승하는 것을 볼 수 있지요.

아이가 탄생하면 우리는 매우 기뻐합니다. 하지만 『역경』의 이치로는 이것을 소(消)라고 합니다. 천천히 소모하다가 다 사용하면 끝나는 것이지요. 장자(莊子)의 이치로 본다면 태어난다는 것은 곧 죽음의 시작입니다. 그러므로 산다는 것은 곧 죽어가는 것과 같습니다. 백 년을 살거나 천 년을 살아도 그 과정은 마지막 그날을 기다리는 것일 뿐입니다. 그래서 생명의 과정이 곧 소(消)입니다. 그렇다면 죽은 후에는 정말 아무것도 없는 것인가요? 그렇지 않습니다. 그래서 그것을 식(息)이라고 합니다. 충전을 위한 휴식과 같은 개념이지요. 따라서 휴식할 때도 생명이 없는 것이 아닙니다. 우리는 에너지를 소모하고 활동하는 시간만 살아 있다고 생각하는데, 이것은 식(息)을 알지 못해서입니다. 겉으로는 사망한 것이지만 실은 충전하고 있습니다. 새로운 생명의 싹을 틔울 준비를 하는 것이지요. 그러므로 일소일식은 바꿔 말하면 일동일정(一動一靜), 일선일불선(一善一不善), 일시일비(一是一非) 등입니다.

자, 이런 원리를 이해하고 십이벽괘를 보겠습니다. 십이벽괘는 자월부터 시작해서 한 바퀴 돌면 음력 시월이 되어 순음인 곤괘가 됩니다. 이 과정은 일소일식(一消一息)하는 우주 자연의 변화와 생명 기능의 순환을 표현합니다. 십이벽괘의 작용 또는 십이벽괘 도표는 음과 양으로 구성되어 있습니다. 하나는 양능(陽能) 즉 양의 에너지로서 가로획으로 표현하며 생명을 발생하는 에너지, 역량을 의미합니다. 『역경』에서는 가로획을 효(爻)라고 합니다. 이 효의 중간이 끊어진 것을 음효(陰爻), 이어진 것을 양효(陽爻)라고 하지요. 이 음과 양은 우주의 상대성 즉 상대적 에너지를 나타냅니다. 이것은 아인슈타인의 상대성 원리가 아닙니다! 『역경』의 상대적 원리로서 우주 만유 생명의 상대적 작용을 말합니다.

우주에는 한쪽이 음이면 다른 한쪽은 양인 두 가지 상대적 에너지가 있습니다. 우리의 동작이나 말하는 것이나 어떤 생명에도 상대적 작용이 있다는 것이지요. 이 두 가지 작용은 생멸(生滅), 소식(消息)입니다. 그래서 『역경』에서 소식이라고 한 것을 불가에서는 생멸법이라고 했습니다. 성장이 있으면 곧 쇠약이 있고 쇠약이 있으면 곧 성장이 있어서, 한쪽이 높으면 다른 한쪽은 낮게 되는 것입니다. 그렇다면 여러분은 이렇게 한쪽은 높고 다른 한쪽이 낮다면 균형을 이룰 수 없다고 말할 테니 이 우주는 균형이 없는 것이 아닌가요? 이 우주에 균형이 있다고 한다면 그것은 가정이고 형이상적인 것이니 또한 여러분이 균형을 어떻게 정의하는지 보아야 합니다. 형이상은 이런 의미가 아닌가요? 모르겠습니다. 이 문제는 그냥 두기로 하지요.

건곤은 천지

일음일양하는 우주의 작용은 두 개의 기호 즉 건괘와 곤괘로 나타냅니다. 『역경』에서 건(乾)은 천(天)을, 곤(坤)은 지(地)를 상징합니다. 천(天)자는 중국 문화에서 여러 가지 뜻이 있어서 고서를 읽을 때 이 천 자를 만나면 매우 번거롭습니다. 때때로 한 구절에 두 번 나오기도 하는데 첫 번째 천은 형이상의, 이념 세계의 천을 말합니다. 두 번째 천은 물리 세계의천으로 바로 천체의 천을 말합니다. 때로 이 천은 서양 철학의 본체론적개념이기도 합니다. 또 성리(性理)에서의 천이 있는데, 이는 이성(理性)의두 글자를 거꾸로 쓴 것으로 우리가 천리(天理), 양심(良心)이라고 말하는천입니다. 이것은 태양과 달이 있는 천도 아니고, 상제가 사는 곳도 아닙니다. 이 천은 자기 마음속에 있는 것입니다. 그러므로 천은 같은 곳에 있어도 그 용법이 다릅니다. 『역경』에서 말하는 천은 우선 자연계의 천체를나타냅니다. 그러나 어떤 때는 성리의 의미로, 어떤 때는 형이상의 본체의의미로 사용합니다.

지금 우리가 보는 건곤 두 괘는 세 개의 효(爻)만 있는 삼획괘(三劃卦)입니다. 이것을 당송 이후에는 '선천괘(先天卦)'라고도 했지요. 세 개의 효로이루어진 괘에 삼효를 더하면 '육효괘'라고 하는데 이는 '후천'의 용법입니다. 왜 선천괘는 삼효만 그릴까요? 노자가 『도덕경』에서 말한 것과 같은이치입니다. "도는 하나를 낳고 하나는 둘을 낳고 둘은 셋을 낳고 셋은 만물을 낳는다[道生一, 一生二, 二生三, 三生萬物]"(제42장)는 것이지요. 노자는 셋 이후는 말하지 않았습니다. 이미 알 수 없을 정도로 많은 수로 확대

되었기 때문입니다. 그래서 선천괘는 삼효만 그었습니다.

육효괘는 후천의 작용입니다. 후천의 작용을 말하자면 여기에 기묘한 점이 있습니다. 『역경』은 우주의 일체 법칙을 말하면서 단지 육효만 그었을 뿐 칠효는 없습니다. 그런데 옛사람들은 일곱 번째 효를 유혼괘(遊魂卦)라고 불렀고 여덟 번째 효는 귀혼괘(歸魂卦)라고 했습니다. 이것은 매우 의미가 있습니다. 인류의 문명은 지금까지 종교, 철학, 과학을 막론하고 어느 것도 일곱 번째 자리를 넘은 것이 없고 단지 여섯 개 자리만 있습니다. 여러분이 보는 바와 같이 화학 공식도 여섯 자리로서 일곱 번째 자리는 그것이 죽는 자리입니다. 조상들은 당시에 이런 것을 이미 알고 있었습니다. 우주의 모든 응용 법칙은 여섯 개 자리만 있을 뿐 일곱 번째 자리에 이르면 변하게 됩니다. 그리고 여덟 번째 자리에 이르면 귀혼(歸魂)으로서 반본환원(返本還原) 즉 근원으로 돌아가는 자리라는 것입니다. 비록 돌아간다고는 하지만 원래 자리와는 다르게 이미 변한 것이기 때문에 귀혼괘라고 했습니다.

감리는 일월

건곤을 말했으니 이제 감괘(坎卦)와 리괘(離卦)를 보겠습니다. 감괘와 리괘 또한 삼효괘입니다. 감괘와 리괘는 무엇을 상징할까요? 리괘는 태양과 불을 대표하고 열에너지를 나타냅니다. 인체에서는 눈을 나타내는데 상징하는 것이 매우 많습니다. 감괘는 자연계에서는 달과 물을 상징하고 인체에서는 귀와 신장(腎臟)을 상징합니다.

건곤은 각각 하늘과 땅을 상징하고, 감리는 달과 해를 대표합니다. 대한민국의 태극기는 건곤감리(乾坤坎離) 네 괘로 이루어져 있는데 깊은 의미가 있습니다. 옛날에 주무왕이 혁명을 일으켜 포학한 은나라 주왕(紂王)을 몰아내고 주나라를 건국한 일을 알고 있을 것입니다. 이때 주왕의 친척이자 은나라 귀족인 기자가 고조선으로 피신해서 은나라 문화가 전해졌고 일부 그곳에 남았을 수도 있지요.

지금 우리가 보는 감괘(☵)와 리괘(☲)는 건괘(☰)와 곤괘(☷)의 가운데 효가 변화한 모양입니다. 앞에서 중기(中氣)에 대해 말했는데, 우리는 어떤 일이 변화하려면 자기 마음속 생각이 먼저 동한다고 합니다. 가운데 중효(中爻)가 한 번 동하는 것이지요. 건괘 중효가 동하면 양효가 음효로 변해 리괘(☰→☲)가 되는데, 이것을 '리중허(離中虛)'라고 합니다. "리괘는 중간이 비어 있다"는 말이지요. 리중허는 양 속에 지음(至陰)이 들어 있는 형상을 설명합니다. 빛나는 태양 속에 흑점이 들어 있는 것을 상징적으로 표현한 말로, "지양 속에 지음의 기가 들어 있는〔至陽當中有至陰之氣〕" 것입니다. 여기서 지음이 바로 중기입니다. 따라서 태양은 하늘〔天〕인 건괘 기운이 변해서 이루어진 것임을 알 수 있습니다.

감괘는 곤괘가 변해서 이루어진 것입니다. 곤괘의 중효가 양효로 변해서 감괘(☷→☵)가 된 것이라는 말입니다. 감(坎)은 달을 상징합니다. 옛사람들은 일찍이 달 자체는 빛을 발할 수 없고 태양의 빛을 흡수해서 반사한다는 것을 알고 있었습니다. 그 태양의 빛이 바로 감괘 중간에 있는 양효(陽爻)입니다. 감과 리는 음중유양(陰中有陽), 양중유음(陽中有陰)입니다. 음 속에 양이 있고, 양 속에 음이 있다는 상대적 원리를 나타내지요.

이 때문에 『참동계』 첫머리에서 다음과 같이 말했습니다.

건괘와 곤괘는 역의 문이요 모든 괘의 부모이다. 감괘와 리괘는 둘러싼 성곽과 같고 수레바퀴를 움직이는 정축과 같다.

乾坤者, 易之門戶, 衆卦之父母. 坎離匡廓, 運轂正軸.

"건곤자(乾坤者), 역지문호(易之門戶), 중괘지부모(衆卦之父母)"는 『역경』의 핵심이자 출발점입니다. 다음 구절인 "감리광곽(坎離匡廓)"은 태양과 달이 우주 공간을 운행하여 만물의 생명과 변화를 추동한다는 뜻입니다. 중국 문학에서는 태양과 달을 때로 쌍환(雙丸)이라고 합니다. 태양과 달이 마치 두 개의 탄환처럼 돌고 있다는 뜻이지요. 사실 지구의 공전과 자전은 태양과 달의 추동력에 의지해서 이루어집니다. "운곡정축(運轂正軸)"은 수레의 두 바퀴가 축에 의지해서 일정하게 움직이는 것처럼 태양과 달이 운행한다는 것입니다. 태양과 달도 중정(中正)한 중심이 있기 때문에 일정한 운행이 가능하다는 뜻이지요.

십이벽괘의 열두 달 중 반년은 양괘(陽卦)에 속합니다. 동지에 일양이 발생해서 양기가 상승하는 것은 앞에서도 말한 소(消)라는 현상이지요. 나머지 반년은 음괘(陰卦)에 속합니다. 하지에 일음이 발생하여 양이 사라지고 음이 성장하는 현상은 식(息)이라고 합니다. 양의 에너지인 양기(陽氣)를 천천히 지구 중심으로 회수하여 휴식하는 것이지요. 이렇게 일소일식(一消一息)하는 것을 보면 소와 식은 두 가지 현상인 것 같지만 실은 하나입니다. 바로 생명 에너지의 양면적 운동입니다. 이 생명 에너지를 알 수 있으면 신선도 되고 부처도 될 수 있습니다. 지금은 감리 두 괘만 예로 들어 태양과 달의 운행 법칙, 우주의 생명 에너지를 설명할 뿐입니다. 이렇게 일소일식 회전하여 일 년 열두 달과 춘하추동 사계절을 구성합니다. 우리는 보통 일 년을 사계절이라고 하지만 실제로는 더운 계절과 추운 계절이 존재할 뿐입니다. 봄에 더워지기 시작해서 여름에 더위가 극에 달하면 서늘한 기운이 발생하여 겨울에 추위가 극에 달하는 것이지요. 이것이 바로 우주 생명 에너지의 일음일양, 오고가는 소식(消息) 현상입니다.

기혈 운행과 시간의 관계

이 십이벽괘는 십이지지로 표현됩니다. 이른바 천간은 하늘의 작용이고, 지지는 지구 자체가 태양열을 방사함으로써 자기 생명 에너지의 활동을 유지하는 것으로서 천간과 지지라는 이중의 활동 변화가 진행됩니다. 옛 사람이 말하기를 "천도는 오른쪽으로 돌고 지도는 왼쪽으로 돈다(天道左旋, 地道右旋)"고 했습니다. 하나가 정방향으로 돌면 하나는 반대 방향으로 돌기 때문에 우리는 해가 동쪽에서 떠서 서쪽으로 넘어가는 것을 보는데, 마치 태양이 지구를 감싸고 도는 것 같지만 실제로 지구는 영원히 한 방향으로만 돌아갑니다. "천도좌선(天道左旋), 지도우선(地道右旋)"에서 두 방향은 서로 다릅니다. 이것을 시간으로 축소하면 십이벽괘는 하루 십이시진에 상응합니다.

시진(時辰)은 중국 고대의 시간 단위로서 한 시진은 지금의 두 시간에 해당합니다. 십이벽괘에서 자시(子時)는 밤 열한 시에서 새벽 한 시까지를 가리키고, 오시(午時)는 오전 열한 시부터 오후 한 시까지를 가리키는데, 이것이 십이벽괘의 음과 양입니다. 십이벽괘의 시간은 하루 십이시진으로서 태양과 달의 운행은 인체와 밀접한 관련이 있습니다. 비유하자면 여러분이 읽는 무협소설에 점혈(點穴)이라는 무공이 나오지요. 손가락으로 어느 혈을 누르면 서서 꼼짝도 못하는 것으로 묘사됩니다.

점혈은 반드시 손가락 끝으로만 하는 것은 아닙니다. 손가락 끝으로만 점혈을 해야 한다면 손가락을 철봉처럼 단련해야 할 텐데, 그렇게 하면 손가락 골절이 모두 상합니다. 무술을 하는 사람은 상대방이 이런 손가락이면 '야, 조심해야겠다. 점혈을 할 줄 아는 사람이구나' 하고 생각하겠지요. 그러나 보통은 주먹으로 점혈을 하고 발끝으로도 합니다. 점혈을 하는 사람이라면 십이시진을 반드시 알아야 합니다. 우리 인체의 혈도(穴道)에서 어느 시진에 기혈이 통과하는지를 알아서 그 혈을 눌러야 기혈이 지나가는 길을 막을 수 있기 때문입니다. 전에 한 친구가 갑자기 죽었다는 소식을 들었습니다. 그래서 왜 죽었느냐고 물으니, 별일도 아닌 것이 그가 몸의 한 부분을 잠깐 비틀었을 뿐이라고 합니다. 제 생각에는 마침 기혈이 통과하는 혈도를 그가 가볍게 막았던 것 같습니다. 나이 든 사람은 기혈이 쇠하여 비록 가볍게 막혀도 생명을 잃을 수 있지요.

그래서 인체의 기혈 운행과 시간의 관계는 반드시 알아야 합니다. 도가에서는 정좌해서 수도 공부를 할 때 자(子), 오(午), 묘(卯), 유(酉) 네 시진은 매우 중요하다고 합니다. 자시와 오시는 방금 얘기했지요? 묘시와 유시는 오전과 오후 5시에서 7시까지입니다. 어떤 사람들은 자시와 오시에 정좌를 하면 주화입마(走火入魔)[41]에 빠질 수 있으니 절대 해서는 안 된다고 합니다. 그러나 또 어떤 사람들은 오로지 자시와 오시에 정좌를 권합니다. 정좌를 하려고 점심도 안 먹고 한밤중에 잠도 자지 않는다고 합니다. 자시와 오시에 정좌를 하는 것은 일리가 있을까요? 매우 일리가 있습니다. 이는 선조들이 자연법칙에 따라 일상생활을 안배한 것입니다. 해가 지면 잠자리에 들어 대여섯 시간 자고나서 자시에 깨면 한밤중에는 정말 정좌하기에 좋은 시간이 됩니다. 자연법칙에 따라 해가 뜨면 일어나서 일하고, 해가 지면 들어가 쉬는 것과 같은 이치입니다.

그러나 현대인은 낮과 밤이 바뀌었습니다. 자시에도 오시처럼 활동하는

---

41 기공이나 무공을 연마할 때 기혈의 운행이 적절하지 못해 당하는 피해를 말하는데 심하면 피를 토하거나 불구가 될 수 있다. 물론 이런 상태에 이르려면 수련 역시 높은 경지에 올라야 한다. 보통은 준비운동이 부족한 상태에서 갑자기 심하게 운동하면 근육이 손상되거나 신경이 놀라서 해를 입을 수가 있는데 이런 것도 일종의 주화입마다. 가장 심각한 것은 깊은 정(定)의 경지에 들어갔을 때 갑자기 욕망이 치솟거나 마음을 다스리지 못하여 격정적인 상태가 되는 것이다. 주화(走火)는 화기(火氣)가 솟구치는 것이다. 화기가 솟구쳐 뇌신경의 장애를 입는 경우도 일종의 주화입마이므로 마음을 올바르게 다스리는 것이 가장 중요하다.

데, 이런 상황에서는 원리를 응용해서 활용해야지 융통성 없이 적용해서는 안 됩니다. 법칙을 그대로 적용하는 것이 틀리지는 않지만 효과는 다릅니다. 도가에는 '자오추첨(子午抽添)'이라는 말이 있습니다. 자시와 오시에 공부하는 것은 추첨(抽添)이라고 하고, 묘시와 유시에 하는 정좌 공부는 목욕(沐浴)이라고 하는데, 이 둘은 의미가 조금 다릅니다.

제6강

목욕하는 사람

　지난 강의에서 십이벽괘로 하루 십이시진, 즉 이십사 시간을 나타내는 것에 대해 말했습니다. 일 분 일 초마다 천지 우주 만물은 모두 변합니다. 우리가 『역경』을 공부하는 이유도 우주, 천지, 만물, 인사(人事) 어느 것 하나 변하지 않는 것이 없다는 이치를 깨닫기 위해서입니다. 불학에서는 이를 영원하지 않다고 하여 무상(無常)이라고 합니다.

　『역경』이 말하는 법칙은 변화입니다. 모든 것이 다 변하며 변하지 않는 것은 없습니다. 『역경』은 우리에게 모든 변화는 점진적으로 이루어지지 돌변하는 것은 없음을 알려 줍니다. 그러나 우리가 분명히 보지 못하기 때문에 우주에는 돌변하는 일이 있다고 여깁니다. 일의 원인과 결과를 잘 모르기 때문에 돌변하는 것처럼 느끼지만 실제로는 모두 점차적으로 변화해 왔습니다.

　우주, 천지, 만물은 반드시 변화합니다. 그러므로 사람, 사건, 물리(物理) 등 모든 것이 변화 속에 존재합니다. 여러분이 정좌할 때도 어떤 순간에는 경지가 매우 좋아서 빛을 내기도 하고 땅이 흔들리는 것처럼 느낄 수도 있지만, 곧 방광(放光)도 사라지고 진동(震動)하는 느낌도 어느 틈에 없어지고 맙니다. 그것은 반드시 변화해야 합니다. 변화는 나쁜 것이 아니라 하나의 현상일 뿐입니다. 이 이치를 깨달으면 수행 공부를 잘할 수 있지요. 정좌하는 과정에서 어떤 때는 마음이 매우 청정하다고 느끼다가 별안간 불안정하고 조급해지는 것도 변화의 현상 중 하나입니다. 우리가 분초마다 변하는 것은 모두 우주의 변화 법칙입니다.

도가에서는 자(子) 오(午) 묘(卯) 유(酉) 네 시진을 파악해야 한다고 알려 줍니다. 이 네 시진은 사정(四正) 즉 네 가지 바른 시간이라고도 하지요. 우리가 열 십(十) 자를 그렸을 때 상하좌우 네 방향을 사정(四正)이라 하고, 사각(斜角)은 네 모퉁이인 사우(四隅)라고 합니다. 이것을 합하면 팔방(八方) 즉 팔괘가 됩니다.

이 사정(四正) 시간은 용도가 다릅니다. 자시와 오시는 추첨에 활용되는데 이것을 자오추첨(子午抽添)이라고 합니다. 추첨의 추(抽)는 어떤 것을 감소시키거나 뽑아내는 것을 의미하고, 첨(添)은 반대로 첨가하거나 증가시키는 것을 말합니다. 묘시와 유시는 목욕 즉 씻는 데 활용하는데 이것을 묘유목욕(卯酉沐浴)이라고 합니다. 여기서 옛날이야기를 하나 해 볼까요?

당시 젊은이들은 사방으로 도인을 찾아다니곤 했습니다. 저도 기인 한두 사람을 만난 적이 있어서 여러분께 참고삼아 말씀드리려고 합니다.

그 당시 호남(湖南)에 도가의 수도 공부를 하는 사람이 있었는데 하루에 네 차례나 몸을 씻었습니다. 그때만 해도 가정집의 위생시설이 오늘날과 같지 않았지요. 매번 더운 물을 준비하는 것은 결코 쉽지 않았습니다. 다행히 그 사람은 부자여서 아침저녁으로 반드시 한 시간씩 씻었습니다. 즉 그 사람의 수도 공부는 묘시와 유시에 목욕하는 것이었습니다. 그는 당시 육칠십 세 정도였는데 서른 후반으로 보일 만큼 용모가 훌륭하고 깨끗했습니다. 뒤에 생각해 보니 매일 목욕을 열심히 해서 그랬던 것 같습니다. (청중 웃음) 이 사람의 공부는 옳은 것일까요, 틀린 것일까요? 사실 이 사람의 묘유목욕은 겉모양만 흉내 낸 것에 불과합니다.

또 제가 아미산의 한 사찰에서 폐관하고 있을 때 수도자 한 사람이 왔습니다. 이 사람은 도관에 있는 도사와 언쟁을 심하게 했습니다. 원래 아미산의 일부 사찰에서는 물이 부족해서 비나 눈이 오면 그것을 연못에 모아 사용했습니다. 물을 저장한 연못이 지금 우리 강당보다 두 배 이상 크고 매우 깊어서 가득 저장하면 반년은 쓸 수 있었습니다. 그런데 문제는 이 수도자가 매일 묘시와 유시에 목욕을 하는 것이었습니다. 당시 대륙의 화장실은 큰 구덩이를 파서 만든 재래식 변소였습니다. 그는 그곳에 뛰어 들어가서 몸을 닦았으니 입은 밖으로 내놨는지 모르겠습니다. (청중 웃음) 그 사람은 먼저 변소에서 몸을 씻고 난 후 바로 깨끗한 물이 저장된 연못으로 뛰어가서 다시 한바탕 목욕을 했습니다. 스님들이 그렇게 하지 못하게 한사코 말렸기 때문에 목욕할 때마다 말싸움이 벌어졌습니다. 한번은 말다툼을 하다가 제가 폐관하고 있는 곳까지 오게 되었습니다.

저는 짚이는 데가 있어서 그에게 물었습니다. "당신은 수녕(遂寧) 사람이지요?" 사천(四川)의 수녕이라는 곳에는 당시 풍사야(瘋師爺)라는 유명한 법사가 있었습니다. 그는 제전(濟顚) 스님처럼 제정신이 아닌 것 같았지만 신통력이 있는 득도한 법사였습니다. 그때 젊은이들 중에는 풍사야를 존경하는 사람이 많아서 제자가 되려고 했지만 스승으로 모시기는커녕 행방조차 알기 어려웠습니다. 그런데 그는 늘 변소 옆에 앉아 있었습니다. 변소가 그의 선방(禪房)이었지요.

당시의 화장실은 오늘날과 달라서 구덩이를 파서 배설물을 저장하기에 더럽고 악취가 진동했습니다. 풍사야는 바로 그 변소 옆에서 늘 정좌를 해서 여러분이 그를 스승으로 모시고 제자가 되려면, 그 지독한 악취와 더러움을 두려워하지 않고 사흘 밤낮을 그분 옆에 무릎 꿇고 앉아 있어야 했습니다. 저는 풍사야가 득도한 분이라고 생각했기 때문에 그분이 있는 변소 옆이 바로 극락세계라고 생각했습니다.

저는 풍사야를 찾아가서 그 앞에 무릎을 꿇고 앉았습니다. 그러자 두 시간도 채 지나지 않아 제게 "일어나라, 일어나"라고 했습니다. 그분은 미치광이가 아니었습니다. 그분은 저를 제자로 받지 않았고, 저도 그분을 스승으로 모시지는 않았습니다만 매우 존경하게 되었지요. 그래서 제가 그 수도자에게 물었던 것입니다. "당신은 풍사야의 제자이지요?"라고 말입니다. 그러자 그가 말했습니다. "그렇습니다. 그분은 저의 스승입니다." 풍사야의 스승은 전사야(顚師爺)입니다. 한 사람은 전(顚, 미치광이)이고 한 사람은 풍(瘋, 돌아이)이었지요. (청중 웃음)

제가 말했습니다. "그래? 자네 스승은 내 친구일세." 제가 그렇게 신분을 높여서 말한 것은 거짓이 아니었습니다. 제가 그분에게 무릎을 꿇었지만 제자가 된 것은 아니었기 때문이지요. 저는 그 수도자에게 풍사야의 가르침은 결코 그런 것이 아니라고 말했습니다. 제가 이해하기로 풍사야는 불법(佛法)의 정도(正道)를 실천한 분입니다. 다만 너무 많은 사람이 제자가 되려고 몰려왔기에 귀찮아서 일부러 변소 옆에서 정좌를 했고, 사람들은 더러운 것을 싫어하니 감히 그를 찾아가 제자가 되겠다고 귀찮게 하지 못했던 것입니다.

저는 말했습니다. "자네가 굳이 변소에 가서 몸을 씻을 필요가 있는가?" 그가 그러더군요. "장자가 말하기를 똥오줌에도 도(道)가 있다고 하지 않았습니까?" 저는 그와 한나절을 이야기했고 마침내 그를 설복시켰습니다. 묘유목욕에 대해 제가 경험했던 재미있는 일을 풀어놓으면 아마 소설책 한두 권은 될 것입니다.

자오묘유의 작용

사실 자오추첨(子午抽添), 묘유목욕(卯酉沐浴)은 꼭 그 시간에 그렇게 추첨을 하거나 목욕을 하라는 것은 아닙니다. 다만 우주의 운행 법칙에 맞추어 정좌하는 것이 원리적으로 타당하다는 것뿐입니다. 자시와 오시에는 참으로 작용이 있습니다. 저는 일찍이 과학적으로 실험을 한 적이 있는데, 여기 계신 과학자 주문광 박사님은 피라미드의 치수를 재서 금종이로 피라미드 모형을 하나 만들었습니다. 크기는 원래 피라미드의 비례대로 제작했기 때문에 정확했지요. 그런데 그것을 머리 위에 놓고 정좌를 하면 특별히 심신이 안정되었습니다.

주 박사님의 말씀에 따르면 외국에서도 여러 가지 실험을 했다고 합니다. 더운 여름에 종이로 만든 작은 피라미드 안에 돼지고기를 한 덩이 넣어두면 일주일이 지나도 변질되지 않는다고 합니다. 이것은 어떤 작용인지 참 말하기 쉽지 않습니다. 날이 무뎌진 면도칼을 피라미드 모형 안에 두고 일주일만 있으면 다시 면도할 수 있을 정도로 날이 선다고도 합니다. 저는 주 박사님께 피라미드 모형을 만들어서 정좌하는 사람들에게 팔라고 했습니다. (청중 웃음) 한 번만 정좌해도 곧바로 득도할 수 있지 않겠습니까? 그런데 주 박사님은 알았다고 말만 하고 아직 실천하지 않고 있습니다. 어쨌든 이것은 우주의 자연법칙이 인체에 직접적이고 심대한 영향을 미치고 있음을 알려 주는 좋은 예입니다.

이른바 자오추첨의 자(子)는 더해 주는 작용인 첨(添)을 뜻하지만 여러분이 무언가를 더해 줄 필요는 없습니다. 자시는 복괘(復卦)로 나타냅니다. 여러분이 밤 열한 시부터 정좌를 시작하면 자연법칙에 따라 자연히 양기가 상승합니다. 옛사람들은 저녁 여섯 시에는 잠을 자서 양기가 상승하기 시작하는 자시에 눈을 떴습니다. 이것은 태양과 지구가 특별히 여러분

인체에 영향을 미치는 것이 아닙니다! 인체 내의 자연법칙입니다. 우리 인체의 생명 운행 법칙은 우주의 자연법칙과 같기 때문에 자연의 법칙에 따라 생활하면 자시에 인체에서도 양기가 상승하게 됩니다. 다시 말하면 양기가 상승하는 자시가 바로 첨(添)하는 때가 되는 것입니다. 자시에 정좌를 하면 양기가 자연히 상승하는 것을 느끼기만 할 뿐, 인위적으로 조절하거나 관여할 필요가 없습니다. 다만 신체를 주의 깊게 관찰하다가 기맥이 발동하는 현상이 감지되면 그것이 바로 첨의 작용이라고 알면 됩니다. 기맥의 발동에도 단계가 있어서 일보(一步)에는 일보의 공부가 있고, 일보에는 일보의 경계가 있습니다. 『반야심경(般若心經)』에는 "조견오온개공(照見五蘊皆空)"이라는 말이 있습니다. "오온이 모두 공함을 비추어 본다"고 하였는데, 이 말씀처럼 단지 지켜보기만 하면 자연히 첨장(添長) 즉 더해지고 성장할 것입니다.

우리는 보통 오시에 점심을 먹은 후 약간 나른하고 자고 싶어집니다. 왜냐하면 음기가 발생해서 자연히 추(抽) 즉 뽑아내고 덜어 내는 작용이 발동하기 때문이지요. 이렇게 덜어 내는 작용이 발동할 때 억지로 회복하려고 애쓸 필요가 없습니다. 단지 그 작용을 지켜보면서 마음을 청정하게 하면 그뿐입니다. 그것은 자는 것 같지만 자는 것이 아닙니다. 단지 자연에 순응하는 것이지요. 즉 "하늘을 따르는 자는 번창하고, 하늘을 거스르는 자는 망한다(順天者昌, 逆天者亡)"는 순리를 실행하는 것입니다.

여기서 하늘은 종교적 의미의 하늘이 아니라, 천지자연의 법칙을 가리킵니다. 생명 활동을 우주 자연의 법칙에 맞게 결합하는 것이야말로 곧 "하늘을 따르는 자는 번창하는" 것입니다. 그것을 어기면 번거로워지고 단명하여 곧 "하늘을 거스르는 자는 망하는" 것입니다. 그런데 현대인의 생활은 모두 밤낮이 바뀌었으니 "하늘을 거스르는 것"이 아니겠습니까? 어쨌든 이것은 자시와 오시에 반드시 정좌해야 한다는 것입니다. 지금 우리는 하루의 자시와 오시를 말했을 뿐, 아직 일생의 자시와 오시는 말하지 않았는데 그것은 나중에 다시 언급하겠습니다.

그럼 묘유목욕이란 무슨 의미일까요? 몸을 씻으라는 뜻이 아닙니다. 불법의 가르침과 같이 마음에서 일체 집착을 내려놓고 청정하게 하여 몸과 마음을 지극히 편안하고 고요하게 하는 것이 바로 목욕의 의미입니다. 그러므로 묘시와 유시의 정좌는 자연히 청정합니다. 의지를 일으키거나 의도적으로 청정하게 하려는 인위적 노력을 더해서는 안 됩니다. 청정하게 하려는 의지가 있다면 그것은 이미 청정하지 않은 것이지요. 이상 이야기한 것이 도가 서적에 나오는 '자오추첨(子午抽添), 묘유목욕(卯酉沐浴)'의 원리입니다. 그러나 주의하세요. 제가 말하는 것은 어디까지나 저의 견해로서 여러분께 참고삼아 드리는 것일 뿐, 저 자신은 결코 도를 깨달은 사람이 아닙니다. 저는 교과서 같은 말을 할 뿐이니 옳고 그른 것은 여러분이 직접 연구하고 체득해서 실증해야 합니다.

채보의 원리와 탈사법

도가 서적에 나오는 자오추첨에 대해 많은 사람이 방문좌도라고 오인해서 이를 '채보(採補)'라고 알고 있습니다. 채보는 도가의 전문용어로서 결코 두려워하거나 기피할 것이 아닙니다. 채음보양(採陰補陽)이니 채양보음(採陽補陰)이니 하는 것은 터무니없는 허황된 소리에 불과합니다.[42]

---

42 채음보양이니 채양보음이니 하는 용어는 사문(邪門), 방문좌도에서 남녀의 성행위를 통해 음양의 기운을 보충한다는 의미로 사용한다. 예를 들면 중국 방중술의 경전인 『소녀경』에 보이는 것처럼 남성이 여성을 통해서 정기를 보충하는 것이 채음보양이고, 그 반대의 경우는 채양보음이다.

도가에서 채보라는 개념은 바로 일월(日月)의 정화(精華)를 채집한다는 뜻입니다. 이 방법은 사문(邪門)이나 방문좌도가 아니라 매우 좋은 방법으로서 정도(正道)에 속합니다. 일월의 정화를 채보하는 수련 방법은 매우 많고, 또 각 방법에는 세밀한 갈래가 있기 때문에 수련 자체가 매우 어렵고 힘듭니다. 태양의 정화를 채보하는 것은 매월 음력 초하루부터 초사흘까지만 적합하고 사 일이나 오 일만 되어도 억지로 할 수는 있지만 그 이후는 할 수 없습니다. 만약 초하루부터 초닷새까지 비가 왔다면 그달은 수련할 수 없습니다.

달의 정화를 채보하는 것은 매월 십사 일에서 십육 일까지 할 수 있고 십칠, 십팔 일만 되어도 할 수 없습니다. 달의 정화를 채보하는 것은 태양의 정화를 채보하는 것보다 더 어렵습니다. 중국의 괴기 소설에는 선도(仙道)를 닦은 요괴들이 등장하는데, 이 요괴들이 모두 일월의 정화를 채보하는 수련을 합니다. 그런데 사람이 살면서 일생 동안 몇 번이나 보름달을 만나겠습니까? 기껏해야 일 년에 열두 번인데 절반은 추워서 안 되고, 또 어떤 때는 비가 오고 어떤 때는 운무에 가려 달을 볼 수 없어서 안 됩니다. 그래서 달의 정화를 채보하기는 어렵습니다. 아주 높은 산이라서 구름이 가리지 않는 곳이라면 예외가 될 수 있겠지만요.

우리는 제1강에서 도가의 천원단(天元丹)에 대해 언급했습니다. 천원단은 불교의 밀종 수련에서는 동방의 약사여래불을 수련하는 관정법(灌頂法)으로서 이 수련법을 통해 여러분은 장수할 수 있습니다. 밀종의 수련법에는 장수할 수 있는 비법이 있습니다. 물론 불사법(不死法)은 밀종의 다른 수련법입니다. 밀종의 장수법을 닦으려면 반드시 불사법과 함께 닦아야 합니다. 또 장수법과 불사법은 반드시 왕생(往生) '파와법(頗哇法)'과 함께 수련해야 합니다. 지금 여기 앉아 계신 분들 중에도 이미 많은 분이 이 수련법을 경험했을 것입니다. '파와법'은 티베트 말로서 왕생법(往生法)

이라는 뜻입니다. 또는 전식성취법(轉識成就法)이라고 하여 인간의 인식을 전환시켜서 도를 성취하는 법입니다. 이 수련을 완성하면 정수리에 구멍이 생겨 풀을 꽂을 수 있게 됩니다. 정수리에 풀을 꽂는 것은 마치 보험을 드는 것처럼 죽은 후 서방정토에 태어날 수 있음을 상징하지요.

일반적으로 불교 수행자들 중에 아미타불을 염불하여 서방정토 왕생법을 수행하는 것은, 현생에서 불법을 완성하기 어렵기 때문에 내세에는 아미타불이 계신 서방정토에 태어나서 불법을 이루려고 염원하는 것입니다. 그러나 이 정토 수련법도 성취하는 사람이 매우 드뭅니다. 왕생법 중 밀종에서는 이미 사라진 법이 오히려 도가에 남아 있습니다.

밀종을 수련할 당시 저는 스승이신 공갈 활불(活佛)께 물었습니다. "서장 밀교에 이런 법이 있었나요?"라고 말이지요. 그분이 대답하기를 밀종에서는 이미 실전되었다고 하셨습니다. 제가 말한 왕생법은 도가의 '탈사법(奪舍法)'이라는 것입니다. 이 법이 중국 도가에 속하는 것인지, 혹은 밀종에서 온 것인지, 아니면 인도에서 유래한 것인지는 학설이 분분하기 때문에 저는 아직 결론을 내리지 못했습니다. 도가 수행자 중에는 금생에 수련을 완성할 가망이 없고 내세에도 인간의 몸을 받을지 확신할 수 없으면 재빨리 이신법(離神法)을 닦습니다. 이 법은 이합신광법(離合神光法)이라고도 하는데 육신을 빨리 버리는 수법이지요. 저는 이 법문이 부처님이 말씀하신 백골관(白骨觀)의 비밀 속에 매우 은밀하게 감추어져 있다는 것을 나중에야 알았습니다.

이신법을 완전히 닦은 후에는 음신(陰神)으로 변하게 됩니다. 영혼이 육체를 이탈하여 스스로 독립적으로 존재하는 것이지요. 탈사(奪舍)란 다른 사람의 육체를 차지하는 것인데, 태어나서 한 달여 만에 요절한 갓난아이의 육신이 들어가기 적당합니다. 아기의 영혼이 막 떠난 다음에 곧 그 신체에 들어가는 것이 탈사입니다. 사실 이런 행위는 이미 계율을 어긴 것입니다. 도가에서는 이를 죄범천조(罪犯天條)라고 합니다. 하늘의 법을 범한 죄라는 말이지요. 그러므로 탈사는 매우 많은 공덕을 쌓은 사람이 아니면 할 수 없습니다. 남의 몸을 빼앗아 내 마음대로 사용한다는 것은 용서받을 수 없는 죄악이기 때문이지요.

그래서 우리는 이런 도리를 알아야 합니다. 불가에서나 도가에서는 절대 자살을 허용하지 않습니다. 또 마음대로 남의 몸을 빌려 태어나는 투생(投生)도 허용하지 않습니다. 만약 그렇게 한다면 반드시 업보를 받습니다. 여러분이 전생에 지은 선업과 악업은 반드시 그 과보를 다 받아야 합니다. 법원에서 형을 판결하는 것과 같지요. 형기를 다 마치지 않고 탈출하려고 하면 그것 또한 범법 행위입니다. 탈사도 이와 같습니다. 자신의 수명이 다하기 전 스스로 생명을 버리는 것은, 형기를 마치지 않고 탈옥하는 범죄자처럼 천리를 거스르는 죄악입니다.

그러나 이런 방법이 있는 것은 사실입니다. 신선을 닦고 부처를 닦는 것도 모두 하나의 원리이니 여러분은 쉽게 닦을 생각을 해서는 안 됩니다. 이 탈사법을 닦기 전에 "삼천 공덕을 쌓아야 하고 팔백 행이 원만해야 합니다〔三千功滿, 八百行圓〕." 삼천 가지 선한 공덕을 쌓으려면, 한 사람의 목숨을 구하는 것을 하나의 공덕이라고 할 때, 부처가 되는 것은 얼마나 많은 사람을 구해야 하는 것일까요? 어쩌면 우리의 생명도 다른 사람이 여러 번 구제해 주었을 것이니 모두 빚인 셈입니다. 그러므로 부처나 신선이 된다는 것은 정말 어렵습니다.

일월의 정화와 일륜관

채보의 원리를 말하면서 여기까지 왔는데, 탈사 역시 채보의 곁가지에 속하며 천원단의 작은 유파에 속하기도 합니다. 일월의 정화를 채련(採鍊)하는 것은 일부는 도가의 이론입니다. 『장자』「천하」편의 "천지의 정신과 서로 왕래한다〔與天地精神相往來〕"는 말이 바로 그것을 의미하지요. 일월의 정화를 채집하고 단련하는 법에 대해 저는 기꺼이 여러분에게 말해 드릴 수 있습니다. 저의 스승들이 제게 전수해 주셨기 때문이지요. 저는 일생 동안 이 문제를 즐겨 연구했는데, 배우기만 하는 것은 소용이 없습니다. 저 자신도 제가 할 수 없다는 것을 잘 알고 있었습니다. 말하자면 제가 부처가 되거나 신선이 될 수 없음을 잘 알고 있었다는 것입니다. 저는 지옥에 떨어지지 않은 것만으로도 행복합니다. 사실 이렇게 하루 종일 강의한답시고 함부로 말하는 것도 모두 계를 범하는 일입니다.

진정으로 일월의 정화를 채집하는 것은 결코 쉽지 않습니다. 반드시 정력(定力)이 깊어야 합니다. 또 태양이나 달을 보는 것도 아닙니다. 스승의 지도가 없다면 여러분은 함부로 이런 책을 보지 말아야 합니다. 태양과 달의 정화가 어떻게 여러분에게 흡수되겠습니까? 태양과 달이 우주에 방사한 에너지를 여러분의 기(氣)와 결합하는 것입니다. 그렇다면 이 기(氣)는 어떤 기일까요? 보통 호흡하는 것을 기(氣)라고 하지만 진정한 기는 그런 것이 아닙니다. 바로 의(意)입니다. 이른바 의기(意氣)라는 것이지요. 밀종에서 말하는 이치는 관상(觀想)인데, 관상이 바로 의기입니다. 관상은 또 제육식 묘관찰지(妙觀察智)[43]입니다.

우주의 정화는 본래 인체와 서로 소통하는 것이고, 따라서 의기(意氣)도 자연히 작용하게 됩니다. 불가로 말하면 석가모니 부처님도 이 방법을 말

---

43 제육식이란 유식학파의 인식론 중에서 의식(意識)을 가리킨다. 안식(眼識), 이식(耳識), 비식(鼻識), 설식(舌識), 신식(身識)과 함께 의식이 전육식(前六識)을 이룬다. 제칠식과 제팔식은 각각 말라식과 아뢰야식이라고 한다. 묘관찰지는 번뇌에 물든 제육식을 유가(瑜珈) 행법을 통해 전식(轉識)하여 이룬 지혜를 말한다.

씀하셨습니다. 그러나 일반인들은 불경을 보면서도 그것을 잘 알지 못합니다. 불법에서 일월의 정화를 채련하는 방법은 밖에 나가서 태양과 달을 보는 것이 아닙니다. 방안에 앉아 있든 지하실에 앉아 있든 상관없이 태양과 우주의 정화와 왕래할 수 있습니다. 태양의 방사 에너지는 장벽 같은 것이 막을 수 없기 때문입니다.

여러분이 의식을 통해 태양의 방사 에너지와 서로 통할 수 있다면 그것이 곧 장자가 말한 천지의 정신과 서로 왕래하는 "여천지정신상왕래(與天地精神相往來)"입니다. 불가에는 이와 같은 수행법으로 일륜관(日輪觀)이 있습니다. 『관무량수경(觀無量壽經)』에는 정토에 태어나기 위해서는 일륜관을 닦아야 한다고 했습니다. 그리고 계율 규정을 보면 출가 제자들은 모두 잠잘 때 마음속으로 일륜을 관하고 자야 한다고 합니다. 이것은 어떤 원리일까요?

제가 석가모니 부처님은 한 점의 비밀도 없이 모두 밝히셨다고 하는 이유가 여기에 있습니다. 그러나 경전을 연구하는 일반인들은 이런 사실을 잘 모릅니다. 이것은 현교(顯敎)이지 밀법(密法)이 아닙니다. 어떤 사람은 목숨을 바쳐서 밀종을 닦는다고 하는데, 사실 밀종의 수행법은 현교에도 모두 있습니다. 단지 여러분이 보고도 잘 모를 뿐입니다. 이렇게 보고도 잘 모르는 것이야말로 진짜 밀종입니다.

제가 말하는 것은 모두 근거가 있습니다. 불경을 보면 다 알 수 있지요. 사실 경전에서는 명명백백하게 여러분에게 알려 주고 있으며 결코 감춰 놓은 비밀 따위는 없습니다. 그래서 저는 거듭 강조합니다. 도(道)는 천하 사람이 모두 공유하는 공도(公道)로서 유불도(儒佛道) 삼교의 성인에게는 숨겨 놓은 비밀이 없다고 말입니다. 그분들은 모든 중생이 다 성불하고 도를 이루기를 바라기 때문에 여러분에게 분명히 말해 주었건만, 여러분이 보고 들으면서도 알아차리지 못하는 것뿐입니다.

도가에는 이런 말이 있습니다. "구결을 얻어서 돌아오니 책 보기가 좋구나〔得訣歸來好看書〕." 즉 스승의 지도를 받아 구결을 깨달은 후 자기가 직접 체험해야 비로소 책의 내용을 알 수 있다는 말입니다. 이렇게 책의 내용을 알게 된 후에야 책을 덮으며 다음과 같이 찬탄하게 됩니다. "아! 옛사람들이 나를 속이지 않았구나" 하고 말이지요. 옛사람들은 우리를 속이지 않았는데 다만 우리가 옛사람들의 기대를 저버리는 것입니다. 옛사람들은 정말 좋은 것을 우리에게 남겨주었는데, 우리는 그것을 보고도 몰라 여기저기 찾아 돌아다니는 것입니다. 그래서 저는 늘 이렇게 말합니다. 불법을 배우는 여러분! 여러분은 스승을 찾지 못하겠다고 탄식하지 마세요. 스승은 정말 많습니다. 선지식(善知識)은 불경 속에 있습니다. 부처님의 가르침은 말법 시대에도 여전히 존재합니다. 여러분이 직접 닦아서 깨달아 알고 난 후 불경을 펼쳐 보면 얼굴이 붉게 달아오르고 땀이 날 것입니다. 원래 부처님께서 모두 말씀하신 것인데 우리 자신이 그런 경지에 이르지 못해서 보고도 몰랐다는 사실을 깨닫기 때문입니다.

꽃을 볼 줄 아는가

앞에서 '자오추첨, 묘유목욕'을 말했는데, 추첨이란 채보의 일종으로 일월의 정화를 채보하는 것이라고 말했습니다. 수도 공부에 대해 제가 어려서 경험했던 일을 말씀드리겠습니다. 아마 열 몇 살 먹어서 아직 항주에서 공부하고 있을 때였습니다. 사람들에게 들으니 항주 성황산(城隍山) 위에 도사가 한 분 있는데 그분이 검선(劍仙)이라는 것입니다. 그때 저는 부처가 된다거나 신선이 된다는 것은 꿈에도 생각하지 못하고, 오직 엄지와 검지 손가락을 나란히 모아 검결(劍訣)을 지어 뻗으면 한줄기 흰 빛을 손끝에서 방사할 수 있는 검선이 되고 싶었습니다. 그런 검선이 있다는 말을 듣고는 바로 찾아가고 싶은 생각이 굴뚝같았습니다. 듣자하니 그 신선은 청나라 황실 출신으로 성황산의 도관에서 수도하고 있다는 것이었습니다. 여러분 중에 항주 출신은 기억할 것입니다. 성황묘는 매우 큰 도가의 총림(叢林)인데 그 검선은 바로 그 도관의 방장으로 만나기가 쉽지 않았습니다. 저는 여덟 차례나 찾아갔지만 그림자도 보지 못했습니다.

그러던 중 한 스님을 만났는데, 이 스님이 검선과 교분이 있어서 그를 통해서야 비로소 만날 수 있었으니 참으로 쉽지 않은 일이었습니다. 저는 그분이 나타났을 때의 풍모를 지금도 기억합니다. 당시 저는 그림도 그릴 줄 모르고 사진기도 없는 것이 애석했습니다. 그 도사가 신은 것은 흰색 버선에 구름 수를 놓은 검은 신이었습니다. 그분이 나올 때 넓은 소매 자락이 흩날리는 모습은 정말 신선 같았지요.

저는 한 번 보자마자 취해 버렸습니다. 이런 분이 바로 신선이구나, 하는 생각이 들었지요. 정말 보기 좋았고 기상도 훌륭했습니다. 게다가 매우 겸손한 태도로 제게 물었습니다.

"왜 나를 꼭 만나려고 하는가?"

저는 재빨리 무릎을 꿇고 말했습니다.

"도를 구하려고 뵈려 했습니다, 사부님."

그러자 그분은 "사부라고 말할 것은 없네. 자, 일어나게. 너무 예의 차리지 말게" 하고는 바로 저를 부축해서 일으켰습니다.

제가 검술에 대해서 물었습니다. 그러자 "나는 검술은 모른다네" 하고 한마디로 부정하고는 두 가지 일을 제게 알려 주었는데 그 말씀을 평생 기억하고 있습니다. 그는 이렇게 말했습니다.

"우리의 마음은 단지 주먹만 한 크기에 지나지 않지만 이런 일도 담고 있고 저런 일도 담고 있으니 얼마나 많은 일을 담고 있는가. 그러나 마음은 그렇게 담고 있는 것을 모두 뿜어 낼 수도 있지. 자네 같은 젊은이는 무슨 검술이니 뭐니 하는 것을 모두 마음에 담지 말아야 하네. 어떤 일이든 한 번 지나가면 바로 마음속에서 영원히 던져 버려야 일생 동안 마음이 편안할 걸세."

사실 이것이 진실한 도(道)입니다. 마음속에 어떤 일도 담지 않는 것이야말로 도라는 것이지요. 그 도사는 또 제게 이렇게 말했습니다.

"자네는 어떤 것도 얻으려 하지 말게. 나에게는 도도 없고 검술도 할 줄 모르네. 자네는 눈빛을 그렇게 밖으로 드러내지 말게. 젊은이는 눈빛을 안으로 수렴해야 하네. 자네 꽃을 볼 줄 아는가?"

제가 대답했습니다. "어찌 꽃을 볼 줄 모르겠습니까? 당연히 볼 줄 압니다." 그러자 그가 말했습니다. "아, 자네는 꽃을 볼 줄 모르네."

제가 물었습니다. "그렇다면 어떻게 봐야 합니까?"

그는 말했습니다. "보통 사람은 꽃을 보거나 어떤 사물을 볼 때 눈빛을 사물에 쏘아서 보네. 그렇게 보는 것은 틀렸어. 꽃이 와서 자네를 봐야 한다네."

"어떻게 꽃이 저를 볼 수 있겠습니까?"

도사가 말했습니다. 눈빛은 사진기와 같아서 꽃의 모습을 찍는 한편 꽃의 정기를 마음으로 흡수한다고 했습니다. 당시 그는 뇌에 대해서는 말하지 않았습니다. 눈빛이 꽃, 풀, 산수, 천지의 정신을 흡수하는 것이지, 우리의 정신이 가서 꽃을 보는 것이 아니라는 뜻입니다. 눈빛으로 대상의 정신을 흡수해 와야 한다는 것이었지요.

저는 그 도사를 만나기 위해 이리저리 뛰어다녔지만 그로부터 그 두 마디 말만 들었습니다. 그러나 그 말은 일생 동안 제 마음을 평안하게 했고, 저는 지금도 그분에게 매우 감사하고 있습니다. 그 도사의 정신 수련 방법 역시 "천지의 정신과 서로 왕래하는" 원리였습니다. 당시 저는 그 도사의 말씀에 매우 감복했지만 그것이 정신 수련의 방법이라는 것은 미처 깨닫지 못했습니다.

저는 다시 무릎을 꿇고 말씀을 드렸습니다. "사부님, 무슨 일이 있어도 제게 비결을 전해 주십시오." 저는 단호하게 떠나기를 거부했지요. 그러자 그 도사 옆에 있던 사찰의 사미승과 같은 도동(道童)이 그 도사에게 여러 차례 어디론가 가야 한다고 재촉했습니다. 정말 일이 있었던 것인지는 모릅니다. 어쨌든 저는 떠나지 않았습니다. 문밖에서 삼 일 밤낮을 무릎 꿇고 있으라고 해도 그렇게 하려고 했습니다.

그 도사는 할 수 없다는 듯 말했습니다.

"내게 자네가 수련한 검법을 보여 주게."

도사는 도동에게 검을 가져오라고 했습니다. 저는 사양하지 않고 그때까지 수련한 검법을 모두 보여 드렸습니다. 도사는 저의 시연을 보면서 웃을 뿐이었습니다. 마치 겉은 그럴듯하지만 아무짝에도 쓸모없다는 표정이었지요. 강호에서 약장수나 하면 되겠다는 말을 차마 못하는 듯 보였습니다.

도사가 말했습니다.

"이런 것은 하지 말게. 이미 검술이 필요 없는 시대가 되었네. 자네의 검술이 더 높아져도 총 한 방이면 끝나지."

또 말했습니다.

"검술을 수련한다는 것은 쉽지 않네. 똑바로 서서 한 손은 허리에 대고 한 손으로 검을 들어야 하지. 강철을 두드려 만든 정말 무거운 진짜 검을 말일세. 자네는 손목 힘을 길러서 그 힘이 검 끝에 도달할 수 있어야 하네."

도사가 계속 말을 이어나갔습니다.

"저녁에 방안에 향을 하나 피우고 한 칼로 내리쳐 향을 반으로 가르되, 갈라진 양쪽 향에 모두 불이 살아 있어야 하네. 이것이 첫 번째 단계일세.

두 번째 단계는 콩 한 알을 공중에 던져 한 칼에 두 쪽으로 가르는 것일세. 다음에는 콩보다 작은 녹두를 던져서 갈라 보게. 그렇게 할 수 있게 되면 다시 오게. 내가 다른 것을 가르쳐 주겠네."

이번에는 저도 다시 무릎을 꿇을 생각이 없어졌습니다. 다시 오겠다는 생각도 없어졌지요. 그런 검법을 익힐 시간이 없었습니다. 사실 영원히 익힐 수 없는 검법이었으니까요.

제가 이런 옛날이야기를 여러분에게 하는 것은, 수련하는 방법은 도가니 밀교니 모두 수없이 많지만 기본 원리는 똑같다는 것을 말하기 위해서입니다. 그러므로 『참동계』를 연구하는 첫 번째 단계는 먼저 이 그림을 일 년에 배합해 보고, 하루에 배합해 보고, 내 몸에 배합해 보고, 내 심리에 배합해 보는 것입니다. 이 원리를 모두 알 수 있다면 다른 사람에게 방법을 배울 필요가 없게 됩니다. 여러분 스스로 방법을 깨달아 수련할 수 있습니다.

이번 강의는 미안하게도 제가 소설같이 황당한 이야기를 섞어서 수련법의 원리를 설명했습니다. 그러느라 시간도 많이 허비했지요. 그렇지만 제가 오늘 말한 옛이야기는 함부로 한 것이 아닙니다. 모두 수련의 이치에 맞는 이야기입니다.

제7강

건곤감리의 작용

지금까지 많은 시간을 할애해서 십이벽괘와 『참동계』의 관계에 대해 여러분에게 소개했습니다. 그런데 이 자리에 참석하신 한 분이 『참동계』 원문이 너무 어려워서 어떻게 공부해야 좋을지 모르겠다고 하셨습니다. 제가 소개한 내용은 모두 『참동계』와 관련 있습니다. 예를 들어 『참동계』 원문은 "건곤자(乾坤者), 역지문호(易之門戶), 중괘지부모(衆卦之父母)"로 시작합니다. 이 말은 건곤감리(乾坤坎離) 사괘의 변화 원리를 연구하는 것이 『역경』에 입문하는 기본이며, 건괘와 곤괘는 다른 모든 괘의 부모와 같다는 말입니다.

『역경』의 육십사괘는 모두 건괘와 곤괘로부터 나왔습니다. 건괘와 곤괘로부터 나머지 괘가 나오는 것에 대해서는 이미 앞에서 말했지요. 십이벽괘를 설명하면서 괘의 변화는 모두 초효로부터 시작해 위로 올라간다고 했습니다만 사실 모든 변화는 중효(中爻)가 중심이 됩니다. 사람도 마음속 중심 사상이 변화하기 시작하면 그것이 점차 외면의 변화로 발전하는 것과 같습니다.

예를 들어 건괘(乾卦 ☰)는 순양인데 중효가 변해서 음이 되면 리괘(離卦 ☲)로 변화하여 태양을 나타냅니다. 곤괘(坤卦 ☷)는 순음인데 중효가 변하면 감괘(坎卦 ☵)가 되어 달을 상징합니다. 이 원리를 사람에게 적용해 보면 리괘와 건괘는 남성을 대표하고 감괘와 곤괘는 여성을 나타내지만 이를 인사(人事)에 응용하면 또 달라집니다. 이 원리는 매우 복잡할 뿐 아니라 지금 많은 이야기를 할 만한 시간도 부족하니 나중에 다시 말하겠습니다. 그래서 모든 괘는 감괘와 리괘가 그 광곽(匡廓)[44] 즉 천지의 범위를 움직이게 됩니다. 하늘과 땅, 태양과 달의 작용에 의해 우주 변화가 성립된다는 것이지요. 이것을 건곤감리 네 개의 괘가 우주의 변화 작용을 일으키는 근본이 된다고 상징적으로 표현한 것입니다. 이어서 『참동계』 제1장 두 번째 단락을 보겠습니다.

암수 사괘로써 풀무질을 한다.

牝牡四卦, 以爲槖籥.

"빈모사괘(牝牡四卦), 이위탁약(以爲槖籥)", 암수 네 개의 괘로써 풀무질을 한다는 말입니다. 천지라는 우주 공간에 태양과 달이 작용하여 변화를 일으키는데, 이는 두 바퀴가 수레의 중심이 되어 움직이듯이 팽이가 중심

---

44 요즘 말로 프레임(frame), 틀이라는 뜻이다. 건곤이 우주의 틀이라면 감리는 그 틀 안에서 작용하여 변화를 일으킨다. 『참동계천유』의 저자 주운양 조사는 이렇게 설명한다. "건괘와 곤괘가 밖에서 둘러싸서 천지의 성벽이 되어 의연히 움직이지 않으면, 감괘와 리괘는 태양과 달이 되어 자연히 천지의 가운데를 운행한다. 이것은 수레가 본래 스스로 움직일 수 없고 오직 바퀴 양쪽 끝의 굴대(軸)에 의지하고, 양쪽 끝의 굴대는 또한 바퀴 중심의 바퀴통(轂)에 의지하여 수레를 움직이는 것과 같다(乾坤包羅在外, 天地之匡廓, 依然不動, 而坎離之一日一月, 自然運旋其中…車本不能自運, 惟賴兩頭之軸, 兩頭之軸 又賴中心之轂而運之)." 『참동계천유』 14-15면 참조.

으로 인해 도는 것과 같다는 뜻입니다.

　"빈모사괘"의 "빈모(牝牡)"는 노자의 『도덕경』에 나오는 단어입니다. 빈(牝)은 모성을 대표하고 모(牡)는 남성을 상징합니다. 그래서 옛사람들은 소의 수컷을 모우(牡牛)라고 했고 암소는 빈우(牝牛)라고 했는데, 양과 음을 상징합니다. 건곤감리 사괘에서 건(乾)은 양성(陽性), 남성, 정면을 대표하고 곤(坤)은 음성(陰性), 모성, 반면을 나타냅니다. 리(離)는 남성, 정면, 광명을 대표하고 감(坎)은 음성, 모성, 암흑을 나타냅니다.

　"이위탁약" 역시 『도덕경』 제5장에 나오는 말입니다. 노자는 "천지 사이는 가히 풀무와 같다[天地之間, 其猶橐籥乎]"라고 했습니다. 우주의 생성과 소멸의 반복 작용은 풀무의 왕복처럼 어떤 주재자에 의해 조정되거나 운용되는 것이 아니라, 그 자체로 자연스러운 생명 에너지의 운동이라는 것입니다. "탁약(橐籥)"은 탁과 약 두 가지 사물이 합쳐진 단어입니다. 탁(橐)은 제가 어렸을 때는 흔히 볼 수 있었던 포대(布袋)를 가리킵니다. 장사하는 사람들은 아침에 집에서 나갈 때 늘 포대를 둘러멨습니다. 포대에는 옷이나 돈을 넣었지요. 약(籥)은 구멍이 일곱 개 혹은 아홉 개 되는 대나무로 만든 피리입니다. 탁과 약을 합하면 풍상(風箱)이라는 바람상자를 의미합니다. 전에는 화로에 불을 피우거나 대장간에서 쇠를 불릴 때 나무로 만든 바람상자를 썼습니다. 손으로 눌렀다 올리면 푹 푹 소리를 내면서 화로에 바람을 불어 넣었지요. 탁약은 움직이고 정지하고, 열리고 닫히고, 오고 가는 운동 에너지를 상징합니다.

　이것이 중국 도가 철학을 포함한 유불도의 최고의 철학 원리로서, 서양 문화처럼 우주는 주재자가 창조했다는 것과는 전혀 다른 사상입니다. 동양 사상은 과학적이면서 철학적입니다. 그래서 우주 사이는 가히 탁약의 작용과 같을 뿐이라고 했습니다.

　"빈모사괘, 이위탁약"은 우주 사이에 있는 거대한 생명 현상으로 『역경』

에서는 그것을 대상(大象)이라고 합니다. 작고 상세한 현상이 아니라 거대하고 큰 현상으로 불변의 원칙 같은 것입니다. 우주의 거대한 현상이 바로 건곤감리입니다. 건곤은 우주 천지를 가리키고, 감리는 태양과 달을 상징합니다. "빈모사괘"란 음과 양의 네 개 괘인 건곤감리를 가리킵니다. "이위탁약"은 풀무가 전진 후퇴의 운동을 통해서 바람을 일으키는 것처럼 태양과 달이 번갈아 운행해서 낮과 밤, 동과 정의 운동 변화를 일으킨다는 것입니다.

중국 도가에서는 이것을 한마디로 기(氣)라고 표현합니다. 그래서 옛사람들은 우주 만유의 생명을 다음과 같은 시로 표현했습니다. "천지의 왕래를 깨달으니 오직 일기일세. 오나라와 월나라가 나란히 한 무덤에 누운들 어떠리[悟到往來唯一氣, 不妨吳越與同丘]." 깨닫고 보면 천지 만물의 서로 반대되는 작용과 운동, 심지어 삶과 죽음마저도 모두 일기(一氣)의 양면성에 불과하다는 것입니다. 우리가 남과 더불어 살면서 서로 원수지간이었던 오나라와 월나라처럼, 죽기를 각오하고 싸우고 경쟁하는 것은 이 한 호흡 숨이 붙어 있기 때문입니다. 그러나 죽으면 이 한 호흡의 숨마저 돌아오지 않습니다. 그러니 한 무덤에 나란히 누운들 무슨 문제가 있겠습니까. 아무 관계가 없지요.

기와 물과 체

여러분은 옛사람들이 말하는 기(氣), 도가에서 말하는 기를 절대 공기(空氣)나 대기 중의 기로 오해해서는 안 됩니다. 그러므로 중국의 도가 철학을 연구하려면 기에 대해 명료하게 이해해야 합니다. 저는 늘 기에는 세 종류가 있다고 말했습니다. 오늘날 우리가 쓰는 기(氣)라는 글자는 기(气)

가운데 쌀 미(米) 자가 있어서 미곡(米穀)의 기, 즉 음식물의 영양을 흡수해서 이루어진 에너지를 의미합니다. 공기 또는 대기는 그냥 기(气)로 이루어집니다. 그리고 도가에서는 기(氣)가 아닌 기(炁) 자를 썼습니다. 기(炁)는 없을 무(无) 자와 불 화(火 =灬) 자가 결합한 글자로, 불이 없다[无火]는 말입니다. 현대적 관념을 빌려서 억지로 말한다면 생명 에너지가 바로 기(炁)라는 말에 해당합니다. 단, 오늘날 우리는 이 기를 조금도 발휘하지 못하고 있지요.

이 기(炁) 자를 발휘하는 방법은 매우 많습니다. 여러분이 정좌해서 공부할 때는 모두 코로 하는 호흡으로 시작합니다. 어떤 사람이 기공(氣功)에는 몇 종류가 있느냐고 물었습니다. 제가 아는 바로는 이백팔십여 종이 있습니다. 이 많은 기공이 모두 콧구멍 두 개로 하는 것이니 사람은 참으로 대단하지요. 그러나 코로 하는 호흡의 기(氣)로 신체를 수련하는 것은 가장 초보적 공부입니다. 진실로 기가 충만한 단계에 이르면 신(神)이 응집되고 기(氣)가 모여 정신이 전일(專一)한 단계에 도달합니다. 이 경지에 이르면 기(氣)는 이미 호흡의 기가 아닙니다. 호흡과는 별 관계도 없지요. 이 공부에 대해서는 나중에 다시 말하겠습니다.

『참동계』의 "빈모사괘, 이위탁약"의 실제 의미는 생명의 기능입니다. 이것을 종교에서는 보살이라고 할 수도 있고 하느님이라고 할 수도 있지만 도가 문화에는 그런 관념이 없습니다. 왜냐하면 생명의 기능은 언어로 표현할 수 없기 때문입니다. 노자는 그것을 도(道)라고 하고 가명(假名)이라고 했습니다. 그래서 『도덕경』 제1장에서 다음과 같이 말했습니다. "말로 할 수 있는 도는 영원한 도가 아니고 이름 붙일 수 있는 이름은 영원한 이름이 아니다[道可道, 非常道, 名可名, 非常名]." 사실 도는 뭐라고 불러도 상관없습니다. 그것은 유물(唯物)도 아니고 유심(唯心)도 아니지만 심(心)과 물(物) 모두 도에서 변화한 것입니다.

노자와 장자의 도가 철학은 우주의 이러한 생명 기능을 물화(物化)라고 합니다. 그런데 여기에서 말하는 물(物)은 오늘날 유물 사상의 물(物)이라고 생각해서는 안 됩니다. 춘추 전국 시대에는 유물이니 유심이니 하는 구별이 없었지요. 그래서 당시의 고서를 보면 물(物)이라는 글자가 어떤 때는 실제 사물을 나타내고 어떤 때는 기호로 쓰이기도 합니다. 마치 우리가 누구를 욕할 때 "너는 어떤 물건이냐?" 하는 것이나 '나는 철학을 공부하는 사람인데 내가 어떤 존재인지 정말 모르겠다'고 할 때의 '물건' '존재'와 같은 뜻입니다. 동(東)은 동, 서(西)는 서인데 이것이 합쳐져 하나의 통용된 관념을 이룹니다.[45] 따라서 이것이 기호임을 알 수 있지요.

그러므로 춘추 전국 시대 저작인 『도덕경』을 연구할 때 물(物) 자가 나오는 것을 보고 노자는 유물론자로구나 하고 생각해서는 안 됩니다. 그것은 오늘날의 심과 물 개념이 아닙니다. 가령 『도덕경』에는 "그 가운데 물이 있다[其中有物]"고 말하는데, 이 물(物) 자 역시 물질이 아니라 '어떤 것'을 의미합니다. 이 '어떤 것'을 옛사람들이 억지로 하나의 명사로 표현하여 도(道)니 천(天)이니 건(乾)이니 한 것이지요.[46] 이것은 우주 가운데 생명의 본질 즉 본체가 있는데 그것은 동(動)과 정(靜), 생(生)과 사(死) 사이에서 볼 수 있음을 나타냅니다.

이 형이상의 체(體)[47]는 어디에 존재할까요? 서양의 철학과 종교는 이 체를 전문적으로 연구하고 토론했는데, 우주 만유의 살아 있는 체(體)는

---

45 중국어에서 동서(東西)는 동쪽과 서쪽이라는 뜻 외에 물건, 것, 놈이라는 뜻이 있다.

46 "기중유물"은 『도덕경』 제21장의 "도지위물(道之爲物), 유황위물(惟恍爲物), 홀혜황혜(惚兮恍兮), 기중유상(其中有象), 황혜홀혜(恍兮惚兮), 기중유물(其中有物)"의 일부이다. 이 문장은 "도라는 것은 황홀한 가운데 상이 있고 어떤 것이 있는 것이다"라고 해석한다. 즉 '도(道)'의 정체성을 규정하는 것이다. 여기에서 '황홀(恍惚)'은 도를 일정한 개념이나 명칭으로 규정하기 난해함을 표현한다. 그러므로 이 문장을 보다 구체적으로 해석하면 "도라는 것은 말로 설명할 수 없는 가운데 어떤 것이 있는 것이다"라고 할 수 있다. 이 '어떤 것'을 구체적 언어로 표현하기 위해 도(道), 천(天), 또는 건(乾)이라고 이름 붙였다는 것이다.

죽으면 보이지 않는다고 했습니다.[48] 그러나 동양 철학에서는 체는 비록 보이지 않지만 여전히 존재한다고 했습니다. 그렇다면 만물의 체는 어디에서 볼 수 있을까요? 용(用)에서도 볼 수 있고 상(相)에서도 볼 수 있습니다. 작용이 있으면 현상이 있는데, 체의 기능은 그 가운데 있다는 것입니다.[49]

사람이 말을 하는 작용으로 예를 들어 보겠습니다. 이렇게 말을 하는 작용을 가능하게 하는 것은 무엇일까요? 그것은 말 자체도 아니고 입이 그렇게 하는 것도 아닙니다. 바로 인간의 생명이 말하는 작용을 가능하게 합니다. 그렇다면 생명의 본체로서 말하는 작용을 가능하게 한다는 것은 어디에서 볼 수 있을까요? 말을 하는 작용에서 볼 수 있습니다. 현상이란 본체의 작용이기 때문입니다. 생명이 본체이고, 본체의 작용이 말을 하는 현상으로 나타난다는 것이지요. 따라서 현상과 작용을 떠나면 비록 본체가 있다고 해도 볼 수도 없고 알 수도 없으며 말할 수도 없는 무형(無形), 무상(無相)입니다. 그래서 동서양의 철학 중에는 우리를 헷갈리게 하는 경우가 있습니다. 어떤 사람은 체(體)를 말한다고 하는데 사실은 상(相)을 말하고 있거나 용(用)을 말하는 경우가 많습니다. 반대로 용을 말한다고 하는데 체와 관련되는 것이기도 합니다. 사실 체(體)와 상(相)과 용(用)은 하나입니다.

또 많은 사람이 정좌가 곧 도를 닦는 수도(修道)라고 생각합니다. 정좌

---

47 '형이상의 체'는 도를 형이상의 것으로 규정한다는 말이다. 동과 정, 생과 사는 변화하는 현상인 형이하의 것으로, 형이상의 본체인 도는 그 속에 내재한다는 말이다.

48 이 문장의 원문은 "西方哲學和宗敎, 專門討論硏究這個體, 宇宙萬有生存之體, 死了也就看不見了" 이다. 여기에서 남회근 선생이 "죽으면 보이지 않는다[死了也就看不見了]"고 말한 것은 서양 철학의 무엇을 가리키는 것인지 역자는 이해할 수 없다.

49 이렇게 체(體)와 용(用)을 말하는 것을 동양 철학에서 체용론(體用論)이라고 한다. 우주 만유의 현상은 본체의 작용이며, 작용을 떠나서 본체가 별도로 존재하지 않는다는 것이다.

는 단지 공부일 뿐 도가 아닙니다. 정좌는 수도의 한 방법이요 작용일 뿐, 정좌가 바로 도라고 해서는 안 됩니다. 도는 정좌에 있는 것도 아니고 공부에 있는 것도 아닙니다. 정좌는 수도(修道)가 아닙니다. 당연히 수퇴(修腿) 즉 넓적다리를 닦는 것이라고 해야 합니다. 정좌는 두 넓적다리로 결가부좌를 하는 것이기 때문이지요.

코를 통해 탁한 공기를 몸에서 내보내고 새로운 공기를 폐로 흡입하는 토고납신(吐故納新)도 그 자체로는 도를 닦는 것이라고 할 수 없습니다. 굳이 말한다면 그냥 수기(修氣) 즉 기를 닦는 것이라고 할 수 있지요. 도는 호흡하는 기에 있는 것이 아닙니다. 기는 도의 현상이요 작용[用]일 뿐입니다. 사람들은 '단전을 지킨다[守丹田]'[50]거나 또는 신체 어느 부분을 지키는 것을 수도라고 생각합니다. 그러나 이런 것도 수도라 할 수 없습니다. 도는 단전이나 몸 어느 곳에 있는 것이 아니기 때문입니다.

사괘와 수도 공부

그러므로 우리는 이런 원리를 명료하게 이해해야 합니다. "빈모사괘" 즉 하늘, 땅, 태양, 달을 상징하는 건곤감리 사괘는 생명의 성쇠와 왕래 작용의 현상을 대표한다는 것입니다.

음양의 도를 이끌어 가는 것은 기술자가 먹줄을 따르고 마부가 말고삐를 잡으며 규구를 바루고 궤철을 따르는 것과 같다.

覆冒陰陽之道, 猶工禦者, 準繩墨, 執銜轡, 正規矩, 隨軌轍.

---

50 여기에서 '지킨다[守]'는 것은 마음을 그곳에 집중한다는 뜻이다.

"부모음양지도(覆冒陰陽之道)"에서 "부(覆)"는 덮는다, 포괄한다는 뜻입니다. 『역경』의 건곤감리 사괘의 진실한 작용을 명백히 안다면 온 우주의 생명 기능 또한 이해할 수 있습니다. "모(冒)"는 머리 위에 씌운다, 덮는다는 뜻입니다. 따라서 "부모음양지도"는 건곤감리 사괘의 작용, 십이벽괘의 현상 등을 분명히 이해해서 우주의 음양, 생사, 동정의 작용에 대해 전반적으로 파악하고, 그런 후에야 수도(修道)에 대해 알 수 있다는 뜻입니다.[51]

『참동계』는 한대(漢代)의 고문(古文)으로서 포함된 내용이 많지만 일단 간단히 소개해 보겠습니다. 건곤감리 사괘 즉 우주 만유의 중심 법칙에 대해 알아야 수도 공부의 방법을 알 수 있다는 것은 이미 말했습니다. 그다음 "유공어자(猶工禦者)"에서 "어자(禦者)"는 마차를 모는 사람이고 "공(工)"은 기술자를 의미합니다. "유(猶)"는 '~와 같다'는 뜻이지요. 따라서 "유공어자"는 "마치 마차를 모는 사람이나 공구를 다루는 기술자처럼"으로 해석합니다. "준승묵(準繩墨)"에서 "승묵(繩墨)"은 묵두(墨斗)라고 합니다. 옛사람들이 줄을 똑바로 긋기 위해 사용했던 기구로서 먹줄이라고도 하지요. 먹줄에 먹물을 먹이고 손으로 퉁기면 줄에 묻은 먹이 나무에 입혀 선이 분명히 드러나게 되는 것입니다.

"집함비(執銜轡)"에서 "함(銜)"은 말에게 물리는 재갈이고, "비(轡)"는 말을 잡는 고삐입니다. 즉 "집함비"는 말을 모는 기수가 말 입에 재갈을 물리고 고삐를 당겨서 말을 조정하는 것을 말합니다. "정규구(正規矩)"에서 "규구(規矩)"는 기술자가 직선, 곡선, 각(角)을 표시하기 위해 사용하는 오늘날의 컴퍼스나 삼각자와 같은 기구입니다. 따라서 "정규구"는 규구를 정

---

51 "부모음양지도"는 "빈모사괘, 이위탁약"에 이어지는 문장이다. 이것을 연결해서 해석하면 "건곤감리 등 빈모 사괘가 우주 사이에서 풀무가 탁약하듯이 운행하는 것은 음양의 도를 전부 포괄한다"라는 뜻이다. 즉 우주 공간에서 하늘, 땅, 태양, 달의 운행으로 인한 변화가 바로 음양의 변화 전체를 대표한다는 말이다.

확히 사용하는 것을 뜻하지요. "수궤철(隨軌轍)"에서 "궤철(軌轍)"은 마차
가 다니는 길의 바퀴 자국 또는 궤도를 의미합니다. 그러므로 "수궤철"은
마차가 다닐 때 일정한 궤도를 다니는 것을 의미하며 일정한 법칙이나 원
리를 상징하는 표현입니다.

우주 자연은 결코 무질서한 것이 아닙니다. 주의해야 합니다. 이 점은
여러분에게 늘 말하는 것입니다. 우리는 중국의 산수화나 정원 예술의 건
축에 깃든 자연미를 모두 좋아합니다. 그런데 자연미가 언뜻 보기에는 아
무런 규칙도 없는 것 같지만 불규칙함 속에 절대적 규칙이 내재해 있습니
다. 동서양 예술의 차이점이 바로 이것입니다. 자연이라는 것은 자연스럽
지만 규칙이 있습니다. 제대로 연구하지 않고 무질서함이 자연이라고 생
각하는 것은 잘못된 관념입니다.

우주 자연의 법칙은 지극히 엄중해서 착오가 있을 수 없습니다. 예를 들
어 해마다 변화하는 기상 현상에도 분명히 어길 수 없는 법칙이 있습니다.
여러분이 중국의 전통 천문학을 공부하면 잘 알 수 있지요.

중에 처함으로써 밖을 제재하니 수는 율력의 벼리에 있다.

處中以制外, 數在律曆紀

"처중이제외(處中以制外)"라는 말은 특히 중요합니다. 수도 공부를 할
때 모든 것은 여러분의 생각에 달렸습니다. 생각이 움직이면 신체의 느낌
이나 생리 작용도 모두 변하지요. 그래서 수도에서는 "처중(處中)" 즉 마음
이 고요하고 균형을 잃지 않는 것이 중요합니다. 이것을 도가에서는 중궁
(中宮)이라고 합니다. 궁(宮)이라는 글자는 상하 두 개의 원으로 이루어졌
는데, 이것은 우리 신체를 나타냅니다. 위의 원 하나, 배꼽 아래 원 하나,
중(中)은 그 중간에 있습니다. 그래서 중궁을 지킨다고 하여 '수중궁(守中

宮)'이라고 합니다. 몸의 중앙을 지키는 것은 유형의 방법으로 공부법의 하나입니다.

"처중이제외"와 도가의 '수중궁'은 서로 관련이 있습니다. 도(道)가 일단 움직이면 외면의 형상 역시 변화합니다. 형상은 곧 현상인데, 현상이 변한다는 것은 작용이 변한다는 것입니다. 건괘와 곤괘의 중효(中爻)가 변하면 감괘와 리괘가 되는 것은 앞에서 이미 말한 바 있습니다. 그래서 우리는 수도의 관건이 중심에 있음을 알고 있습니다. 중(中)이란 무엇인가요? 이것은 큰 문제입니다. 예컨대 유가에는 『중용(中庸)』이 있고 불경에는 용수보살의 『중론(中論)』이 있습니다. 도가 역시 중을 매우 중시하기 때문에 "처중이제외"라고 합니다.

수란 무엇인가

다음은 "수재율력기(數在律曆紀)"입니다. 앞에서 『역경』에는 이(理), 상(象), 수(數) 세 가지 중점이 있다고 했습니다. 여기에다 통(通)과 변(變)을 합하면 실제로는 중점이 다섯 가지가 되지요. 변(變)이란 용(用)을 의미하는데, 통해야 비로소 응용할 수 있습니다. 이(理)는 철학적 의미의 원리(原理)를 뜻하는데, 이 이(理)라는 글자야말로 『역경』에서 말하는 우주 만물의 본체를 나타냅니다. 상(象)은 현상을 뜻하고, 용(用)은 작용을 말합니다. 그러므로 『역경』의 각 괘를 연구할 때는 각 효마다 그 본체와 작용이 있어서 그 현상이 각각 다를 수밖에 없습니다.

더 나아가 우주의 어떤 사물에도 현상과 작용이 있고 또 수(數)가 있습니다. 예를 들어 제가 지금 손을 1초 혹은 0.5초 동안 흔들었다고 할 때 그것이 수(數)입니다. 중국인은 습관적으로 수를 운(運)이라고도 합니다. 그래서 사주를 보고 운명을 점치는 산명(算命)을 운기(運氣)를 묻는다고 합니다. 운(運)이란 동(動)입니다. 하나의 움직임에는 정해진 수가 있고, 따라서 수의 원리[理]도 있습니다. 즉 만물에는 모두 수가 있는 것이지요. 서양의 수리 철학 역시 궁극에 이르면 도를 알 수 있습니다. 다 같은 원리입니다.

좀 전에 말했다시피 세상 어떤 것도 별안간 이루어지는 것은 없습니다. 갑자기 이루어진 것처럼 보여도 거기에는 수(數)가 있습니다. 이 한순간에 수가 얼마나 있을까요? 수도 공부를 하는 사람이라면 반드시 이 원리를 알아야 합니다. 여러분 중에는 이렇게 말하는 사람이 있습니다. "저는 삼 년, 오 년을 공부했는데 왜 발전이 없을까요?" 겨우 삼 년, 오 년 공부하고 그렇게 바라는 것은, 불가 식으로 말하면 단 사흘 소식(素食)을 하고 서방 정토에 왕생하려는 것과 같습니다. 이런 일은 없습니다! 하물며 여러분이 일생을 공부했다고 합시다. 그런데 이 법칙에 맞게 공부했나요? 참으로 법칙을 알고 있나요? 모르고 했다면 모두 헛일입니다. 그러므로 일 년의 기후, 태양과 달의 우주 지구와의 관계, 매달 매일의 시간은 모두 정해져 있습니다. 가령 지금은 저녁 해질 무렵인데 바로 다음 순간에 새벽이 오기를 바라는 것은 이루어질 수 없습니다.

하나의 현상에는 그 수가 있습니다. 이 수가 바로 "율(律)"에 나타납니다. 다시 십이벽괘 도표를 보면서 설명하겠습니다. 바깥에서부터 세 번째 층에 황종(黃鐘), 대려(大呂), 태주(太簇), 협종(夾鐘) 등이 바로 율입니다. 중국 음악에서는 이것을 십이율(十二律)이라고 하여 최고의 원리로 삼고 있지요. 또 중국 역사서에는 모두 『율력지(律曆志)』가 있어서 중국 문화에서 매우 중요한 의미를 차지하고 있습니다. 먼저 "율"에 대해 설명해 보겠습니다. 율이란 역법(曆法)입니다. 이 십이벽괘 도표를 보면 중심에서 세 번째 층에 십일월은 자월, 십이월은 축월이라고 해서 음력과 양력을 합쳐 놓은 것입니다.

'십이율려(十二律呂)'는 태양의 행도(行度)와 지구의 관계를 나타내는데, 이 여(呂) 자는 달을 의미합니다. 달은 지구와 일정한 관계가 있는데 이것이 바로 역법이지요. 중국은 수천 년 동안 음력과 양력을 합쳐서 사용해 왔습니다. 단, 지금처럼 마구잡이로 쓰지는 않았지요. 중국은 고대로부터 농사를 주로 했는데, 지금처럼 기상대가 없어서 민간에서는 십이율려에만 의지해 날씨 변화를 파악했습니다. 가령 며칠 후면 청명인데 그다음에는 입추가 됩니다. 이렇게 기후를 추측하는 십이율은 양력의 작용이고 매월 초하루부터 십오 일까지 기간을 잡은 것은 음력입니다. 그래서 음력과 양력이 합쳐져 있다고 한 것입니다.

"율력기(律曆紀)"의 "기(紀)"는 무엇일까요? 열두 달은 일 년이 되고, 십이 년은 일 기(紀)가 됩니다. 삼십 년은 일 세(世)라고 하지요. 오늘날에는 이런 것도 잘 모릅니다. 입으로는 중국 문화를 말하면서 이런 것도 모른다면 문제가 있지요. 이것이 모두 중국 문화의 핵심입니다. 그래서 외국인이 중국 과학사를 연구해서 책을 내는 것을 보면 감복하지 않을 수 없습니다.

자연이란 무엇인가

다시 말하면 이 우주의 운행 법칙에는 일보(一步)에는 일보의 현상과 일보의 작용이 있어서 모든 현상이 일정합니다. 그래서 도를 닦으려면 이런 것을 잘 알아야 합니다. "처중이제외" 즉 중심을 잡아서 외부를 조절해야 합니다. 우리는 왜 늙을까요? 늙는 현상은 피할 수 없습니다. 태어난 자에게는 반드시 죽음이 도래하기 때문입니다. 생로병사(生老病死)의 과정은 건곤감리와 같이 일정불변한 것이어서 누구도 피할 수 없지요. 그런데 도가 문화에서는 이것을 피할 수 있다고 하는데, 그러려면 반드시 이 법칙을 알아야 합니다. 『도덕경』에서 노자가 말했습니다. "사람은 땅을 본받고, 땅은 하늘을 본받고, 하늘은 도를 본받고, 도는 자연을 본받는다〔人法地, 地法天, 天法道, 道法自然〕"(제25장). 법(法)은 본받는다는 뜻으로, "인법지(人法地)"는 인간은 반드시 지구 운행의 법칙을 본받아야 한다는 것입니다. 인간은 지구에 의존해서 살아가며, 지구는 우리를 낳아 주고 길러 주지만 우리의 생명을 거두어 가기도 합니다. "인법지"는 바로 이런 뜻을 담고 있습니다.

지구는 무엇에 의지하나요? "지법천(地法天)" 즉 땅은 하늘에 의지합니다. 여기서 천(天)은 태양계를 가리킵니다. 그렇다면 천은 어디에서 온 것일까요? 이것은 철학적 문제입니다. 생명은 어디에서 오는 것일까요? 하느님이 우리 생명을 창조했다고 한다면 하느님은 누가 창조했을까요? 하느님의 조상은 누구인가요? "천법도(天法道)" 즉 하늘은 도를 본받는다는 이 말은 앞의 질문에 대한 답입니다. 종교적으로 천이라고 하든, 상제(上帝)라고 하든, 주(主)라고 하든, 신(神)이라고 하든 모두 도(道)를 어길 수는 없다는 것이 중국 도가의 사상적 특성입니다. 그렇다면 도는 무엇을 본받는 것일까요? 노자는 이 질문에 대해 "도법자연(道法自然)"이라고 했습니다. 즉 도는 자연을 본받는다는 것입니다.

오늘날 사람들은 『노자』를 읽으면서 자연(自然)이라는 말을 '자연과학'의 자연이라고 생각하지만 자연의 본래 의미는 그렇지 않습니다. 자연과학이 노자의 '자연'이라는 용어를 빌렸을 뿐입니다. 자연이라는 두 글자는 원래 하나의 명사로 읽을 필요는 없습니다. 그렇다면 도법'자' '연'이라고 읽을 수 있겠지요. 이렇게 보면 자(自)와 연(然)은 '그 자체로 당연하다'는 의미로 해석됩니다. 즉 자연은 '그 자신, 그 자체가 본래 그러하다, 당연하다'는 뜻이 됩니다. 더 물을 것도 물을 수도 없는 것이지요. "신은 누가 창조했습니까?"라는 질문에 대해 종교에서 "신은 생각해서 알 수 있는 것이 아니니 오직 믿어야 하는 것"이라고 답하는 것과 비슷합니다.

그러므로 도(道)가 본받는 것은 자(自), 연(然) 즉 그 자체로 당연하다는 의미의 자연입니다. 오늘날 『노자』를 읽는 사람들은 노자의 자연 개념을 빌려 자연과학이라는 명사로 번역한 일본인의 영향을 받아, 자연을 풍경이나 경치로 이해합니다.[52] 이런 자연 개념은 노자의 본뜻과는 무관합니다. 그렇다면 도가 자연을 본받는다는 "도법자연"은 무엇을 의미할까요? 도 자체에는 일정불변의 법칙이 있습니다. 도는 자신의 법칙에 따를 뿐입니다.

이른바 자연은 맹목적인 것이 아닙니다. 재삼 강조하지만 자연은 매우 규칙적이어서 조금도 어길 수 없습니다. 그래서 위백양 진인은 『참동계』를 통해 도가의 신선 수련은 조금도 법칙을 어겨서는 안 된다고 우리에게 알려 줍니다. 법률이나 과학의 법칙을 어겨서는 안 되는 것과 같지요. 오늘날 젊은 사람들이 수련 공부를 하는 것을 보면, 여기에서 움직이고 저기에서 마비되는데도 임맥과 독맥 두 맥이 한꺼번에 통한다고 말합니다. 그것은 자연을 초월하는 것이요 불가능한 것입니다. 다시 말하면 가짜로 통한 것입니다. 기맥을 가짜로 통하기는 매우 쉽습니다. 통하는 감각만 있을 뿐 진실로 통하는 것이 아니기 때문입니다. 진정으로 통하는 것은 한 걸음 한 걸음마다 현상이 있고 작용이 있습니다. 체(體), 상(相), 용(用)은 위반할 수 없는 율법과 같습니다. 갓난아기가 말도 하고 걷기도 하는 것은 불가능합니다. 이제 강의가 여기에 이르면 인체의 생리와 생명의 관계를 말할 때가 되었습니다. 그러나 오늘은 일단 여기까지 하고 마칩니다.

---

52 근대 서구 문명의 중요한 용어는 주로 일본에서 번역되었다. 'natural science'를 '자연과학'으로 번역한 것도 그 한 예이다.

제8강

제가 이 강의에서 말하는 도가는 진한(秦漢) 시대 이전인 주진(周秦) 시대의 도가로, 아직 유가와 제자백가가 분가하기 이전의 것입니다. 다시 말하면 유가나 타 학파와 분리되기 이전으로, 중국 문화 사상의 원류요 근원으로서의 도가입니다.[53] 도가 입장에서 보면 유가의 공맹 사상 역시 도(道)의 일부분입니다. 기타 명가(名家), 법가(法家), 병가(兵家) 등도 모두 도가에서 나왔지요. 그뿐 아니라 의가(醫家), 농가(農家) 역시 도가에 근원합니다. 그래서 청나라 때 기효람(紀曉嵐)[54]이 『사고전서(四庫全書)』를 편찬하

---

[53] 학술적으로 도가(道家)와 도교(道教)는 구별된다. 도가는 노자와 장자를 중심으로 하는 제자백가의 일파이며, 도교는 불교가 중국에 수용된 한대(漢代) 이후 불교의 영향으로 장도릉에 의해 설립된 민간 종교를 가리킨다. 그러나 이 강의에서 저자는 제자백가의 하나인 노장의 도가가 아니라, 그 이전 중국 문화의 근원으로서의 도가라는 개념을 제시한다.

[54] 1724-1805. 이름이 기윤(紀昀), 자가 효람(曉嵐), 춘범(春帆)이고 호는 석운(石云), 관혁도인(觀奕道人)이다. 하간부(河間府) 사람으로 청나라 건륭 연간의 대신이자 학자, 문학가이다. 11세에 북경에 왔고 21세에 수재(秀才)가 되었으며 31세에 진사(進士)에 올랐다. 예부상서(禮部尚書), 협판대학사(協辦大學士)를 역임했는데, 『사고전서』의 총찬수관(總纂修官)으로 『사고전서총목제요(四庫全書總目提要)』를 지었다. 청의 가경(嘉慶) 황제가 내린 비문(碑文)에는 "민첩하게 호학(好學)하여 문장에 탁월하고, 정치를 맡아서는 통달하지 않음이 없었다"라고 했다. 죽은 후 시호를 문달(文達)이라고 했다.

고 도가에 대해 "종라백대(綜羅百代) 광박정미(廣博精微)"라는 여덟 글자로 말했습니다. "백대의 문화를 두루 포괄하여 넓으면서 정밀하다"는 뜻이지요. "종라백대"는 중국 문화 전체를 포괄한다는 말이고, "광박정미"는 광범위하면서도 극히 정밀하다는 의미입니다. 도가란 바로 이런 것입니다.

생명의 괘변

앞에서 의학 분야는 반드시 십이벽괘와 건곤감리의 응용을 잘 알아야 한다고 말했습니다. 다른 수업에서도 누누이 이야기했지만 대단히 중요하므로 거듭 말씀드립니다. 인간의 생명은 어머니의 뱃속에서 잉태되어 출생할 때까지가 건괘에 속합니다. 건괘는 생명의 완전성을 상징하며 남녀의 구분이 없습니다. 우리가 『역경』의 육효괘를 말할 때 아래 세 효는 내괘(內卦), 위의 세 효는 외괘(外卦)라고 하는데 이 육효괘의 응용은 매우 기묘합니다. 옛사람들은 우주의 응용 법칙이 오직 여섯 자리 내에서만 이루어지고, 일곱 번째 자리로 넘어가면 곧 변한다는 것을 알았습니다.

생명의 시작은 건괘로 나타내는데 여기에는 수(數)의 문제가 따릅니다. 남성은 팔(八), 여성은 칠(七)이라는 수를 기준으로 합니다. 짝수는 우수(偶數) 혹은 음수라고 하고, 홀수는 기수(奇數) 또는 양수라고 하지요. 『역경』에서 수의 변화는 1에서 10 사이에서 이루어집니다. 1, 3, 5, 7, 9는 양수로서 5가 가운데에 있고 2, 4, 6, 8, 10은 음수로서 6이 중간에 있습니다. 『역경』의 수리(數理)에는 매우 많은 것이 있는데, 지금은 이것만 전문으로 하는 것이 아니니 다음에 얘기하기로 합시다. 그러면 남성은 왜 팔이 기준이 될까요? 남성은 양에 속한다고 했는데 어째서 음수로 변화할까요? 여성도 마찬가지입니다. 여성은 음인데 어째서 양수인 칠로 변화할까요?

이는 바로 "음 속에 양이 있고 양 속에 음이 있다〔陰中有陽, 陽中有陰〕"는 『역경』의 원리와 깊은 관련이 있습니다. 어떤 사물이든 극점에 도달하면 변화하게 되므로 음이 극하면 양이 발생하고 양이 극하면 음이 발생합니다. 우주 만물의 현상은 서로 상대적이며 상호 작용을 하는데, 이 원리를 『역경』에서는 호변(互變)이라고 합니다. 그런데 모든 것이 변화하는 가운데 불변의 그 무엇이 존재하는데 그것이 바로 도(道)입니다. 현상하는 만물은 모두 상호 작용의 법칙에 존재합니다. 그래서 남성은 겉으로는 양이지만 속에는 지음(至陰)의 정(精)이 들어 있고, 여성은 음이지만 속에는 지양(至陽)의 정(精)이 있는 것이지요.

『역경』의 음양 감리의 법칙은 불변적으로 고정되어 있는 것이 아닙니다. 제가 늘 소개하듯이 공자는 「계사전」 하편에서 "변동하여 고정되지 않고 육허를 두루 흐른다〔變動不居, 周流六虛〕"라고 말했습니다. 그러니 『역경』을 공부하면서 어떤 법칙을 하나 알게 되었다고 해서 그것을 불변의 법칙이라고 생각해서는 안 됩니다. 변화의 법칙은 무궁무진합니다. 음 속에 양이 있고 양 속에 음이 있으니 중중무진(重重無盡)하지요. 즉 겹겹으로 겹쳐져서 무한히 응용된다는 것입니다.

인간의 생명이 출생하기 전은 내괘에 속하고 선천이라고 합니다. 태어난 후에는 여성은 칠을, 남성은 팔을 기준으로 계산하는데 이를 후천이라고 합니다. 중국 의학의 근원은 『황제내경(黃帝內經)』인데, 여기에 "여자는 십사 세에 천계가 이른다〔女子二七而天癸至〕"라는 말이 있습니다. '천계(天癸)'란 무엇일까요? 계(癸)는 천간의 하나로서 오행으로는 수(水)에 속합니다. 예를 들면 금년(1983년)은 계해(癸亥)년인데 해(亥)는 지지의 하나로서 역시 수에 속합니다. 그래서 어떤 사람들은 금년이 계해년이라서 수가 겹쳐 비가 많이 온다고 말합니다. 이 말이 꼭 맞지는 않지만 전혀 무관하다고는 할 수 없지요.

"여자는 십사 세에 천계가 이른다"는 말은, 여자는 열서너 살에 초경을 경험하며 이후로는 더 이상 아이가 아니라는 뜻입니다. 월경을 하기 전에는 남녀를 구분하지 않습니다. 남자는 이 곱하기 팔이 되어 열대여섯 살 정도면 성년이 됩니다. 이때쯤 남자 아이는 이삼 일 동안 양쪽 젖꼭지가 부어오르는 현상이 있지만 여성처럼 그렇게 분명하지는 않지요. 여성의 월경은 왜 한 달을 기준으로 할까요? 달의 주기가 사 곱하기 칠 이십팔 일이기 때문입니다.

　여성은 나이가 이 곱하기 칠 십사 세가 되면 "천계가 이르러" 건괘가 깨짐으로써 선천 생명이 변화하고 후천 생명이 시작됩니다. 당연히 육효의 괘상도 변화하는데, 외괘 삼효는 아직 건괘이지만 내괘 삼효 중 가장 아래에 있는 초효는 양효에서 음효로 변화하여 손괘(巽卦 ☴)가 됩니다. 이렇게 변화한 상을 전체로 보면 천풍구괘(天風姤卦 ䷫)가 되지요. 순양 괘의 첫 번째 변화가 시작된 것입니다. 이어서 삼 곱하기 칠 이십일 세에 두 번째 변화가 일어납니다. 내괘의 이효가 변해서 천산돈괘(天山遯卦 ䷠)가 되는 것입니다. 세 번째 변화는 사 곱하기 칠 이십팔 세 때 일어나서 천지비괘(天地否卦 ䷋)가 되고, 네 번째 변화는 오 곱하기 칠 삼십오 세에 풍지관괘(風地觀卦 ䷓)로 일어납니다. 이때가 되면 외형이 이미 변하고 중년의 나이에 이릅니다. 중국 문학에는 "인도중년만사휴(人到中年萬事休)"라는 구절이 있습니다. "중년의 나이에 이르면 만사가 끝난다"는 뜻입니다. 중년이 지나면 누구나 내리막길을 걷게 된다는 것이지요. 그러니 노년에 이르면 다른 일은 다 그만두고 빨리 수도 공부를 해야 합니다. 많이 늦었기 때문이지요. 육 곱하기 칠 사십이 세는 산지박괘(山地剝卦 ䷖)가 되어 부모에게 받은 몸속의 양기(陽氣)가 거의 바닥나서 조금밖에 남아 있지 않습니다. 마치 은행의 예금 잔고가 바닥나듯이 말이지요. 괘상을 보면 양기가 겨우 맨 위 한 효밖에 남지 않았습니다. 남성의 경우는 육 곱하기 팔 사십

수도의 승화 (천지의 조화를 훔쳐 현상계의 제한을 돌파함)

괘명	건	택천쾌	뇌천대장	지천태	지택림	지뢰복	곤
괘상	☰	☰	☰	☰	☰	☰	☰
방법	1. 생리로부터 착수하여 토납과 약물 등의 방법에 의지해 연정화기(煉精化氣), 연기화신(煉氣化神)의 단계를 수련함. 2. 심리로부터 착수하여 "치허극(致虛極), 수정독(守靜篤)"을 수련하거나 혹은 이와 비슷하거나 아래 단계의 수규(守竅)를 수련함.						

보통의 변화 (물리 현상의 영향으로 생명이 점차 소모됨)

괘명	건	천풍구	천산돈	천지비	풍지관	산지박	곤
괘상	☰	☰	☰	☰	☰	☰	☰
연령	16	17→24	25→32	33→40	41→48	49→56	남
	14	15→21	22→28	29→35	36→42	43→49	여

• 생명의 두 가지 변화(장생하는 것과 당장 죽지는 않고 죽음을 기다리는 것[1]). 건(乾 ☰)은 생명 속에 내재하는 쉼 없는 생명의 기능을 나타내고, 곤(坤 ☷)은 생명이 이미 손상된 것을 표시함.

1) 『장자』 제물론에 나오는 말.

팔 세와 같습니다. 인생이 중년에 이르면 고통과 비애를 적지 않게 경험했을 나이입니다. 더 이상 고민할 시간도 없고 기뻐할 시간도 없습니다. 장자의 말을 빌리면 "희로애락불입어흉차(喜怒哀樂不入於胸次)"[55]입니다. "희로애락의 감정이 마음속에 들어가지 않는" 경지이지요. 왜냐고요? 겨우 일양(一陽)만 남아 있으니 세속의 감정에 흔들리지 말고 서둘러 수도 공부에 몰입하지 않으면 안 된다는 뜻입니다.

55 『장자(莊子)』 「전자방(田子方)」 편에 나오는 말이다.

인간의 삶은 뿌리 없는 나무

칠 곱하기 칠 사십구 세가 되면 월경이 끊어집니다. 오늘날 의학에서는 갱년기라고 하지요. 남성에게도 칠 곱하기 팔 오십육 세에 갱년기가 있습니다. 이제는 세상을 뜨셨지만 알고 지내던 장군이 계셨는데 여러 해 전에 만난 적이 있었습니다. 당시 그분에게 "몸이 아주 건강하십니다"라고 말했습니다. 그러자 이렇게 말했습니다. "선생님, 의사가 저를 어떻게 치료하는지 아세요? 제게 양성(兩性) 호르몬 주사를 놓았습니다." 의사가 호르몬 주사를 놓겠다고 하자 처음엔 무슨 쓸데없는 짓이냐고 화를 냈다고 합니다. 나이가 칠십이 훌쩍 넘었는데 호르몬이 무슨 소용이냐는 것이었지요. 그러자 의사는 주사를 한 번만 맞아 보고 결정하라고 설득했답니다. 그런데 한 번 맞자 편안한 느낌이 들고 훨씬 기운이 났다고 했습니다.

남성과 여성은 타고난 체질이 다릅니다. 그래서 도가에서는 여성은 괘기(卦氣)가 다하기 전인 칠 곱하기 칠 사십구 세 이전에 도를 닦는 데 착수해야 합니다.[56] 도를 닦는 데 착수한다는 것은 내일 당장 정좌하는 수업에 등록하여 정좌를 하거나 염불을 하면 괘기를 당장 되돌릴 수 있다는 뜻이 아닙니다. 그런 일은 없고 그렇게 간단한 일도 아닙니다! 이른바 천원단이란 이러한 법을 알아내려는 것이고, 지원단이란 모든 의약(醫藥)을 이해해야 한다는 것이고, 인원단(人元丹)이란 자기 자신에게 있다는 것입니다.

도가에 장삼봉(張三丰)이라는 조사가 있습니다. 중국 사천성 성도(成都)에 청양궁(靑羊宮)이라는 도관에서 그분의 친필을 직접 봤는데, 그곳에는 친필을 새긴 비석이 예닐곱 개 있습니다. 장삼봉 진인의 필체는 참으로 신

---

56 남성과 여성이 다르다는 것은 남성은 칠십 세가 넘어도 호르몬 주사가 영향을 미치는 데 비해 여성의 경우는 그렇지 않으니 월경이 끊어지기 전에 시작해야 한다는 뜻이다.

선의 글씨 같습니다. 저는 보자마자 감탄을 금할 수 없었지요. 한 글자 한 획이 모두 부드럽고 원형이어서 마치 태극권을 시연한 것 같으면서도 글씨가 분명해서 잘 알아볼 수 있었습니다. 글씨뿐 아니라 장삼봉 진인의 문학 작품 역시 훌륭합니다. 〈무근수(無根樹)〉라는 사(詞)를 지었는데, 우리의 생명이 마치 뿌리 없는 나무와 같다고 비유한 내용입니다. 인간은 아침까지 건강했던 사람이 저녁에 죽기도 할 만큼 허망한 삶입니다. 이러한 인간의 삶을 마치 뿌리가 없는 나무와 같다고 비유한 것입니다.

그래서 장삼봉 진인은 생명의 뿌리를 북돋는 공부인 수도 공부를 하라고 합니다. 그 내용 중에 이런 글귀가 있습니다. "조속히 수도 공부를 시작한다고 해도 오히려 많이 늦은 것이다〔下手速修猶太遲〕." 수도 공부를 시작하려면 가능한 한 젊은 나이에 일찍 시작하라고 권하는 내용이지요. 젊은 사람이라도 훌륭한 스승을 찾아 빨리 수도를 시작해야지 그러지 않으면 늦을 수 있습니다. 늙어서 패기(卦氣)가 끊어진 후에 수련하려고 하면 더 늦는다는 뜻이지요. 도를 닦는 것은 패기가 끊어지기 전에 해야 합니다. 물론 패기가 끊어졌다고 해서 수도 공부가 불가능하지는 않습니다. 숨 끊어지기 전에는 누구나 수도 공부를 할 수 있습니다. 그러나 패기가 끊어지기 전에 시작한 사람에 비하면 몇 배 힘이 듭니다. 따라서 패기가 끊어지기 전에, 아직 갱년기가 도래하기 전에 수도를 시작해야 합니다. 단순히 정좌하고 염불하는 것은 수도라고 할 수 없습니다. 이 점은 이미 앞에서 분명히 말씀드렸습니다.

도가의 수행법은 매우 어렵기 때문에 도가를 공부하는 사람들에게는 "득결귀래호간서(得訣歸來好看書)"라는 말이 있습니다. "구결을 얻은 후에는 책을 이해하기가 훨씬 쉽다"는 뜻입니다. 사실 단경(丹經)이나 도서(道書)에는 이미 도를 닦는 공부법이 남김없이 나와 있습니다. 저는 불법을 공부하는 분들에게 늘 말합니다. 부처님께서는 수행법을 대장경에 남김없이 다 알려 주셨다고요. 다만 우리가 대장경을 보고도 그 속에 수행법이 들어 있음을 모를 뿐이지, 이미 현교 속에 밀교가 모두 드러나 있습니다. 그러니 여러분은 우선 도가 서적을 읽어야 합니다. 그런데 근 일백 년 이래의 도서들, 특히 요즘 사람이 쓴 책은 문제가 많습니다. 여러분에게는 죄송하지만 제가 젊을 때는 오만하게도 진한(秦漢) 시기 이전의 책이 아니면 보지도 않았습니다. 그 후에도 한동안은 더 오만해져서 주진(周秦) 시대 이전의 책이 아니면 보지 않았습니다. 특히 불가와 도가의 책은 더욱 그랬습니다.

사실 옛날 책을 보는 것은 쉬운 일이 아닙니다. 그렇게 힘들여 공부했는데 잘못된 책이라면 정말 맥 빠지고 고통스러운 일이 아닐 수 없지요. 요즘에는 출판 기술이 발달해서 누구나 책을 낼 수 있습니다. 그런데 그것이 문제입니다. 저처럼 평생 글을 쓴 사람도 감히 한 글자도 함부로 쓰지 못하는 것이 전통 문화의 정신입니다. 스승과 사형제들 모두 우리에게 엄격히 일러 주셨지요. 문자로 사람을 죽이는 것은 비록 직접 피를 보지는 않지만 수십 명의 인명을 해치는 것보다 더 위험한 것이라고 말입니다. 그리고 혜명(慧命)을 끊는 것은 목숨을 해치는 것보다 더 나쁘다고 했습니다.

저희 집안의 어른들은 자손들에게 절대 관리가 되지 말라고 가르치셨습니다. "일대장관구대우(一代贓官九代牛)"라는 말이 있습니다. 만약 어느 한 대(代)에서 한 사람이라도 탐관오리가 나오면 그 집안의 구대(九代)가 모두 소로 환생해서 그 빚을 갚아야 한다는 것입니다. 그러니 감히 관리가 되려는 생각을 못 하지요. 어려서 읽은 주자의 〈치가격언(治家格言)〉에 "독서지재성현(讀書志在聖賢)"이라는 말이 있습니다. "독서하는 뜻은 성현이 되는 데 있다"는 말입니다. 또 공부는 결코 관리가 되려고 하는 것이 아니라는 의미이기도 합니다. 그런데 어쩔 수 없이 관리가 되었다면 "위관심존군국(爲官心存君國)" 즉 "관리가 되어서는 마음을 오로지 국가와 군주에 두라"고 했습니다. 여러분도 이 글을 외워야 합니다. 그러면 평생 쓸모가 있을 것입니다.

마지막 두 구절은 "위인약차(爲人若此), 서호근언(庶乎近焉)"입니다. "사람됨이 이와 같다면 거의 가까울 것이다"라는 뜻입니다. 지식인이 이런 의지를 지니고 살아간다면 그 인격이 거의 잘못되지 않으리라는 말입니다. 이것이 전통 문화의 교육 목표입니다. 위로는 황제부터 아래로는 거지에 이르기까지 서로의 직업이 다를 뿐 하는 일은 관계가 없습니다. 이것이 어렵습니다!

인욕은 극복할 수 있는가

사람다운 사람이 되는 것은 참으로 어렵습니다. 지금 사람이 되는 것도 쉽지 않지만 이렇게 인간으로 태어나는 것 역시 어렵습니다. 그래서 "빨리 수도를 시작해도 오히려 늦다"고 말하는 것입니다. 그런데 노년에 접어든 후 도를 닦는 것은 이미 괘기(卦氣)를 넘어섰으니 어떻게 해야 할까요? 몇 배 더 노력하는 수밖에 없습니다. 그렇기 때문에 도가에는 의약을 잘 모르는 사람이 거의 없고 군사(軍事)를 모르는 사람도 없습니다.

도를 닦는 것은 장자의 관념으로는 심병(心兵) 즉 마음의 군대라고 합니다.[57] 천리(天理)와 인욕(人欲)의 다툼을 승리로 이끌 군대라는 말이지요. 사람의 욕망은 매우 큽니다. 이 욕망을 깨끗이 정화할 수 있어야 비로소 도를 닦을 수 있습니다. 그래서 불경에도 "염연이취(染緣易就)"라는 말이

---

57 『장자』에는 심병(心兵)이라는 말이 보이지 않고 『여씨춘추(呂氏春秋)』「탕병(蕩兵)」에 "재심이 미발(在心而未發), 병야(兵也)"라는 말이 나오는데 그 후로 심병이라는 용어가 쓰였다고 한다. 일설에는 "살벌한 마음"을 심병이라고 한다.

있습니다. "세속 인연에 물들어 따르기는 쉽다"는 뜻이지요. 사람은 욕망에 빠지기 쉽습니다. 육체적 욕망은 한번 물들면 점점 빠져들어서 헤어나기 어렵고, 따라서 도업(道業)은 점점 이루기 힘들게 됩니다. 그러므로 도를 닦는 공부를 한다는 것은 마음에서 천리와 인욕의 다툼이 벌어질 때 정신을 각성해서 인욕을 평정하는 일입니다. 마음에서 인욕을 평정하면 그것이 천리이니 곧 도의 경지가 출현하게 되지요.

저는 젊은이들과 이야기할 때마다 심리와 정서에 문제가 생기는 것은 심리의 문제만이 아니라 생리의 문제도 있다고 말합니다. 그래서 도가의 방법은 불가와 다릅니다. 도가에서는 먼저 생리적으로 즉 물리적으로 변화를 일으키게 합니다. 불교의 밀종 일파에서 기맥을 말하는 이유도 여기에 있습니다. 먼저 생리적 기질을 변화한 후에 정좌하는 것이 상대적으로 쉬운 방법입니다. 자기 마음속에서 더 이상 자기와 다툼이 사라질 때, 불교에서는 그것을 망념이 사라졌다고 합니다. 유가의 이학(理學) 즉 송대 성리학에서도 이 문제에 대해서 말합니다. 다만 제가 늘 말하듯이 이학자들의 말은 듣기에는 좋지만 실천하기는 결코 쉽지 않습니다.

성리학자들의 도는 무엇일까요? 유가 공자와 맹자의 도는 한마디로 말하면 "인욕정진(人欲淨盡), 천리유행(天理流行)"입니다. 인간의 생리적 욕망과 탐욕을 깨끗하게 없애고 마음에 하늘의 도리만 유행하는 경지로서, 망상과 잡념을 정화함으로써 도달하는 경지입니다. 인욕이 정화되면 천리가 널리 퍼져 천인합일(天人合一)의 경지에 이르는 것이지요. 성리학자들도 불가와 도가의 방법으로 정좌했습니다. 단, 불가나 도가처럼 결가부좌를 하지는 않았고, 무릎을 꿇고 앉는 위좌(危坐)의 방법을 활용했지요.[58]

---

58 성리학에는 본래 정좌가 없었고 불가와 도가의 영향을 받았다는 말은 사실이다. 명대 유학자이자 거사였던 원요범(袁了凡, 1533-1606)이 지은 『정좌요결(靜坐要訣)』에는 "정좌의 요결은

제가 어렸을 때는 집집마다 선생님을 모셔놓고 공부를 했습니다. 공부하러 선생님 처소에 갔다가 선생님이 정좌하고 계신 것을 보면 감히 움직이지 못하고 조용히 있었지요. 선생님은 승려의 입정(入定)과 같지는 않았지만 매일 일정한 시간에 늘 정좌를 했습니다. 그런데 유가의 인욕정진(人欲淨盡)의 경지에는 어떻게 도달할 수 있을까요? 성리학자들은 인욕을 극복하는 방법으로 '기질변화(氣質變化)'[59]를 말했는데, 이 이론은 불가와 도

원래 선문에서 나왔고 우리 유학에는 없었다. 정자(程子)가 승려들이 정좌하는 것을 보고 좋은 공부라고 찬탄한 이래 주자 역시 정좌로써 소학(小學)의 수방심(收放心) 공부를 보조하고자 함으로써 유학자들이 비로소 정좌를 하게 되었다〔靜坐之訣, 原出於禪門, 吾儒無有也, 自程子見人靜坐, 卽嘆其善學, 朱子又欲以靜坐補小學收放心一段工夫, 而儒者始知所從事矣〕." 그런데 유가에 정좌가 없었다는 말은 가부좌나 반가부좌 같은 선정을 닦는 정형화된 방법이 없었다는 것이지, 넓은 범위에서 마음을 고요하게 하는 정(靜) 공부가 없었다는 말은 아님을 주의해야 한다. 특히 정좌 공부의 실질적 의미가 좌법이나 형식보다는 마음을 다스리는 공부에 있다고 한다면, 성리학은 물론 선진 유가에도 정좌 공부가 일찍부터 있었음을 인정해야 한다. 가령 전국 시대의 유학자 순자(荀子)는 올바른 인식을 이루기 위해서 마음을 허일정(虛一靜)의 상태로 이끌어야 한다고 주장했다. 『대학(大學)』에서는 "그칠 곳을 인지한 후에 마음이 안정되고, 마음이 안정된 후에 고요해진다〔知止而后有定, 定而后能靜〕"라고 했다. 또 『악기(樂記)』에서는 "인간이 태어나서 고요한 것은 하늘의 본성이요, 사물을 느껴서 움직이는 것은 본성의 욕구이다〔人生而靜, 天之性也, 感於物而動, 性之欲也〕"라고 했다. 특히 「계사전」에서는 "역은 생각이 없고 함이 없어 고요하여 움직임이 없다가 감응하여 마침내 천하의 연고를 통한다〔易, 无思也, 无爲也, 寂然不動, 感而遂通天下之故〕"라고 한 것을 보면 일종의 정좌 공부가 있었음을 짐작할 수 있다.

59 송명 이학의 중요한 공부 이론의 하나이다. 송명 이학은 이(理)와 기(氣)를 통해 세계와 인간을 설명한다. 기는 만물을 구성하는 질료이며, 이는 만물의 존재와 운동의 초월적, 보편적 근거이다. 따라서 만물의 차별은 오직 기, 질료에 의해서 이루어진다. 맑고 빼어난 기질을 타고나면 영명한 인간이 되고, 탁하고 복잡한 기질을 타고 나면 저열한 존재가 된다는 것이다. 따라서 수양 공부를 통해 기질을 변화하는 것이 차별을 극복하는 유일한 방법이라는 것이 성리학의 기질변론론이다. 저자는 성리학의 기질변화론이 근본적으로 불가와 도가에서 모방했음을 주장한다. 그러나 불가에는 기질변화라는 개념은 없는 것으로 보인다. 도가에는 기질변화를 말할 수 있지만 『논어』에도 극기복례(克己復禮)와 혈기(血氣)를 경계하는 공부가 있었다는 사실에 주의할 필요가 있다. 공자가 말하였다. "군자에게는 세 가지 경계할 일이 있다. 젊을 때는 혈기가 아직 안정되지 않았으니 경계할 것이 여색에 있고, 장성하여서는 혈기가 한창 왕성하니 경계할 것이 싸움에 있고, 늙어서는 혈기가 이미 쇠잔하였으니 경계할 것이 이득 즉 물욕에 있다〔孔子曰: "君子有三戒: 少之時, 血氣未定, 戒之在色; 及其壯也, 血氣方剛, 戒之在鬪; 及其老也, 血氣旣衰, 戒之在得〕."

가에서 온 것입니다. 기질변화라는 것은 육체적 생명의 생리적 기질을 변화시킨다는 것으로, 도가에서 수도 공부를 통해 자신의 육체를 변화시켜 '환골탈태(換骨奪胎)'하는 것과 같습니다.

도가에서는 칠 세를 한 단위로 하는데, 여기에서 우리는 중국 전통 의학의 아동 보건학을 알 필요가 있습니다. 어린이의 신체를 건강하게 양육하려면 칠 세 팔 세를 하나의 단위로 보아야 합니다. 이칠 십사 세, 혹은 이팔 십육 세는 소위 사춘기에 해당합니다. 이 시기에는 신체 변화에 매우 조심해야 합니다. 앞에서도 말했지만 여성은 칠 수, 남성은 팔 수로 변화가 일어납니다. 속담에 "난칠팔조(亂七八糟), 불삼불사(不三不四)"라는 말이 있습니다. 『역경』의 수리 개념이지요. 불삼불사는 삼효와 사효에 주의하고, 난칠팔조는 칠과 팔에 주의하라는 뜻입니다. 매우 의미심장한 말입니다.

여성의 경우 칠 년의 수를 축소해서 칠 일을 하나의 단위로 할 수도 있고, 또 더 축소해서 일곱 시진 즉 열네 시간을 하나의 단위로 할 수도 있습니다. 심지어 칠 초를 하나의 단위로 하는 것도 가능합니다. 현대 의학에서는 칠 년이면 인체의 세포가 대부분 변화한다고 말합니다. 십이 년을 일기(一紀)로 해서는 몸 전체가 완전히 변화한다고 하지요. 우리가 십이 년 후에 다시 만난다면 오늘의 우리와 같을까요, 아니면 다를까요? 이런 생리 변화에는 자체의 법칙이 있습니다. 저는 도를 닦고 불법을 배우는 것은 일종의 과학이라고 말합니다. 먼저 그 이론을 명백히 알아야 도를 닦을 수 있습니다.

사람들 중에는 도를 닦는 데 그냥 정좌를 하면 되지 굳이 이론까지 알 필요가 있느냐고 하는 분도 있을 수 있습니다. 그러나 이론을 모르고 수도하는 것은 맹목적 수련입니다. 이런 수련이 쓸모가 있을까요? 있기는 합니다. 기계를 사용하고 잘 보관하는 것처럼 조금 쓰고 나면 항상 기름칠을 하고 잘 감싸 주어야 합니다. 그런데 이렇게 하면 조금 더 오래 쓸 수는 있겠지만 결국은 망가지고 맙니다. 이런 것은 수도라 할 수 없습니다.

자연의 순리를 역행하다

도를 닦는 공부를 한다는 것은 천지의 조화, 상제, 옥황대제, 염라대왕 등과 운명을 걸고 싸우는 일입니다. 나는 당신들의 주재를 받지 않고 스스로의 길을 결정한다는 것이지요. 이것이 도가의 공부입니다. 장자양 진인은 『오진편(悟眞篇)』에서 이렇게 말했습니다. "한 알의 금단을 복용하니 비로소 나의 수명이 하늘에 달려 있지 않았음을 알았네[一粒金丹吞入腹, 始知我命不由天]." 금단 수련을 통해 자신의 수명을 스스로 연장할 수 있다는 말입니다. 적어도 이 정도에는 도달해야 수도의 기초가 잡혔다고 할 수 있지요.

저는 여러분에게 한 가정을 보라고 말합니다. 부부가 젊어서는 서로 죽도록 사랑한다고 믿어 의심치 않습니다. 그러나 몇 년 못 가서 변하게 됩니다. 효(爻)가 변하고 괘(卦)도 변하며 부부 사이도 변화가 시작됩니다. 중년쯤에 이르면 더 심하게 변합니다. 노년에도 변할 수 있습니다만 그리 심하지는 않습니다. 서로 마음에 드는 텔레비전 채널을 보려고 말싸움하는 정도겠지요. 그렇기 때문에 운명이 변하는 숫자에 주의해야 합니다. 왜 그럴까요? 생명을 자신이 주재할 수 없다면 외물이나 환경의 영향을 받고 생리의 영향을 받기 때문입니다. 그러므로 도를 닦는 데에도 이 원리를 알지 못하면 모두 헛공부가 됩니다. 수도의 관건은 바로 "순응하면 범인이 되고 역행하면 신선이 된다[順爲凡, 逆爲仙]"는 말에 있습니다. 천지의 조화를 단지 순응해서 따르기만 하면 태어나서 일정한 시간을 살다가 결국은 죽는 평범한 삶에 그칩니다. 그러나 자연의 법칙을 알아서 그것을 역행

하면 평범한 삶을 초월해서 신선이 될 수 있다는 뜻입니다.[60]

십이벽괘의 법칙을 알면 하루 십이시진의 생리 변화를 알 수 있습니다. 생리 변화를 제대로 파악하면 그것을 활용하여 변화할 수 있는데, 이것이 바로 "역행하면 신선이 된다"는 말이 뜻하는 바입니다.

도를 닦으려면 시간과의 배합 및 지역의 환경을 잘 알아야 합니다. 예를 들어 남중국에 거주하는 사람과 황하 이북에 거주하는 사람이 사용하는 방법이 같을 수 없습니다. 그래서 저는 젊은 의학도들에게 이곳처럼 습도가 높은 지역에서는 『상한론(傷寒論)』의 처방이 전혀 문제가 없지만, 황하 이북에서는 일부 문제가 생기고 서북방이나 북방에서는 큰 문제를 일으킬 수 있다고 말합니다. 장중경(張仲景)[61]은 호남 지역 사람으로 그 지역의 치료 경험을 통해 『상한론』을 지었기 때문입니다.

만물에는 각각 하나의 태극(太極)이 존재합니다. 따라서 각 지역에는 그 지역마다 태극이 하나 있는 것입니다. 이를 무시하고 함부로 하면 심각한 오류에 빠질 수 있습니다. 더욱이 개개인마다 체질도 서로 다르지 않습니까? 도를 닦는 것도 이와 같은 원리입니다. 사람마다 체질과 성격이 다릅니다. 어떤 사람은 약한 체질인데 어떤 사람은 강한 체질을 지녔고, 어떤 사람은 간장이 약한데 어떤 사람은 신장이 안 좋습니다. 이런 원리를 잘 알아야 신선을 닦는 공부를 할 수 있습니다. 당연히 어려울 수밖에 없지요.

신선이나 부처는 모르는 것이 없고 못하는 일이 없습니다. 여러분 모두

---

60 이 말은 불교의 십이연기의 유전문(流轉門)과 환멸문(還滅門)의 개념과 같다. 유전문이란 무명(無明)으로부터 시작되는 십이연기의 과정을 순서대로 밟으면 결국 "늙고 죽음에 이르는" 윤회를 면할 수 없다. 그러나 십이연기를 거슬러 무명을 타파하는 환멸문의 과정을 밟으면 윤회로부터 해탈할 수 있다. 이와 같은 방식은 내단(內丹) 도가에서도 그대로 적용된다. 세속의 욕망을 따라 정(精)을 누설하면 결국 죽음에 이르고, 거꾸로 정(精)을 단련하여 기로 변화하고[煉精化氣], 기를 단련하여 신으로 변화하면[煉氣化神] 신선이 될 수 있다고 한다. 이것이 "순위범(順爲凡)" "역위선(逆爲仙)"의 개념이다.

매일 그 자리에 앉아서 '방귀도 모르면서'[62] 신선이나 부처가 되려는 꿈만 꾼다면 절대 불가능합니다. 여러분, 생명이 오고 가는 것은 바로 기(氣)의 작용입니다. 정말입니다. 제가 방귀도 모른다는 말을 하면 젊은 사람들은 웃기도 하고, 어떤 사람들은 "선생님은 늘 방귀도 모른다는 말씀을 하신다"고 합니다.

그런데 이것은 정말입니다. 수도를 하는 사람들 중에는 방귀도 시원하게 뀌지 못하고 잘 쌌지도 못하는 사람들이 있습니다. 원기(元氣)가 누설될까 봐 걱정하는 것이지요. 하루 종일 방귀를 참느라 항문에 힘을 주고 있어서 얼굴에는 시커먼 기운이 가득합니다. 대변 중독이지요. 왜냐하면 그 방귀는 가스일 뿐이고 탁한 기운(濁氣)이기 때문에 시원하게 방출해야 하는데 억지로 참아서입니다. 맑은 기운이라면 몸에 머물게 해야겠지만요. 몸속의 어떤 기운이 맑은 기운이고 어떤 기운이 더러운 기운일까요? 똑같은 방귀인데도 차이가 많습니다. 또 똑같은 트림인데도 몸속에 여러 가지 질병의 반응이 들어 있습니다. 다 같은 호흡인데도 호흡에는 차이가 많지요.

이런 문제를 잘 이해하고 그 법칙을 파악해야만 비로소 수련 공부를 말할 수 있습니다. 몇 번 가부좌를 하고 며칠 공부했다고 해서 도를 닦는다고 할 수는 없습니다. 저는 수십 년 동안 각 지역에서 신선이네 부처네 하는 사람들을 만나봤지만 심장병 아니면 고혈압을 앓거나 노쇠한 사람들이

---

61 150~219. 장기(張機). 동한(東漢) 시대의 저명한 의학자이다. 지금의 하남성(河南省) 남양(南陽)인 남군(南郡) 열양(涅陽) 사람이다. 『내경(內經)』을 근거로 하여 그 당시 의사들의 전염병 치료의 진료 방법을 널리 받아들이는 한편 자신이 깨달은 바를 결합하여 『상한잡병론(傷寒雜病論)』을 지었다. 이 책을 후대의 의사들이 다시 정리하여 『상한론(傷寒論)』과 『금궤요략(金匱要略)』으로 만들었다.

62 방귀도 모른다는 말의 원문은 "비도부동(屁都不懂)"으로 보통은 "아무것도 모른다"는 말의 속된 표현이다. 여기에서 이 말을 방귀도 모른다고 직역한 것은 다음 내용을 보면 알 수 있다.

었습니다. 저는 아직 심리적, 생리적으로 절대적 건강 상태에 도달한 사람은 만나지 못했습니다. 만약 그런 사람이 있다면 진짜 신선이라고 할 수는 없어도 지상선(地上仙), 즉 절반의 신선이 되었다고 할 수는 있지요.

제9강

남종과 북종의 차이

　지금까지 강의에서 가장 많은 시간을 할애한 것은 『역경』과 관련된 부분입니다. 다만 상세히 이야기할 시간이 없어서 개요만 말했습니다. 이 부분을 도가 용어로 말씀드리면 내금단(內金丹)입니다. 자신의 성명(性命)을 수련하는 방법이지요. 이 원리는 매우 중요하므로 확실히 알아야 공부할 수 있습니다. 도가는 이 방면에서는 수증(修證)의 과정에 편중되어 있고, 불가는 사선팔정(四禪八定)의 대원칙만 말했을 뿐입니다. 그런데 불가에서는 초선(初禪)으로부터 어떻게 증입(證入)해 가는지, 초선의 경지와 생리 및 심리의 관계는 어떤 것인지는 전혀 설명이 없습니다. 단지 철저히 공(空)의 경계에 도달하면 자연히 깨달아 얻을 수 있다고만 말할 뿐입니다. 사실 신체의 반응을 공으로 돌리기에는 수련하는 곳곳에서 장애가 있습니다. 그래서 노자도 신체가 있기 때문에 문제가 발생한다고 했습니다.

　『역경』의 십이벽괘는 천지 운행의 법칙으로서 수도(修道)와 절대적 관계가 있습니다. 그러니 지금 시간을 좀 들여서라도 자세히 말해야 나중에 이해하기가 편합니다. 처음에 설명이 부실하면 뒤에 가서 이해하기가 어렵지요. 이 점이 우선 여러분에게 당부할 말입니다. 두 번째로 우리가 지금 보고 있는『참동계』는 청대 주운양 진인이 주해한 것으로, 이분은 북파(北派)에 속합니다. 제가 아는 바에 따르면『참동계』는 수십 종의 주해가 있지만 주운양의 주해가 가장 뛰어납니다. 그 밖에 남종(南宗)에 속하는 주해가 있습니다.

남종은 쌍수파(雙修派)로서 출가하지 않고 부부가 함께 신선이 될 수 있다고 합니다. 이 파는 도가에서 남종 혹은 남파(南派)라고 하는데 그 안에서도 허다하게 많은 파가 나뉘어 있습니다. 남파에 속하는 대륙의 도관 중에는 일본 불교처럼 수도인이 가족을 거느린 곳도 있습니다. 이런 수도인을 화공도인(火工道人)이라고 하지요. 자기 자신이 불 속에서 수련하고 있다는 뜻입니다. 불가로 말하면 불속에서 연꽃이 피어난다는 것입니다. 이런 수련은 참으로 쉽지 않습니다. 가족을 거느린 채 수련하는 것보다는 출가해서 혼자 수련하거나 오로지 수련만 하는 것이 상대적으로 쉽다고 할 수 있습니다.

어떤『참동계』 주해는 완전히 남종의 관점에서 이루어졌는데 말하는 바가 매우 일리 있습니다. 이론 체계도 엄밀해 완성도가 상당히 높지요. 중국 도가 역사에서 남파는 얼마나 되었을까요? 춘추 전국 시대에 이미 존재했으니 아마 삼천 년 이상일 것입니다. 양진(兩晉) 시대에 허정양(許旌陽)[63]이라는 위대한 진인을 배출했는데, 강서성(江西省)에서 오신 분들은 아마 다 아실 것입니다. 강서성 남창(南昌)에 만수궁(萬壽宮)이라는 도관

---

63 239-374. 이름은 허손(許遜), 자는 경지(敬之)이고 강서성 남창현 사람이다. 진대(晉代)의 저명한 도사인 그는 도가 정명파(淨明派)의 조사로 후대에 허천사(許天師), 허진군(許眞君)으로 일컬어진다. 도가에서는 장도릉(張道陵), 갈현(葛玄), 살수견(薩守堅)과 함께 사대천사(四大天師)로 불린다.

이 있는데, 여기가 바로 허정양 진인의 도장입니다. 이 일파의 사상 이론은 회남자(淮南子)에 속합니다. 도가 역사에서 황제(黃帝)와 허정양 진인을 제외하면 누구도 이들처럼 온 가족이 신선이 되어 백일승천한 예가 없지요. 문학적으로 표현하면 견폐운중(犬吠雲中)이라고 합니다. 가족뿐 아니라 기르던 개도 하늘로 올라가면서 구름 속에서 짖었다는 말입니다. 오매촌(吳梅村)이라는 문학가는 다음과 같이 노래했습니다. "나는 본래 옛날에 회왕[64]의 닭과 개였는데, 그를 따라 가서 신선이 되지 않고 인간세계에 남았다[我本淮王舊雞犬, 不隨仙去落人間]." 이 노래에는 정좌 공부는 하기 싫으니 차라리 신선이 기르는 개라도 되어 그 덕에 신선이 되고 싶다는 소망이 들어 있습니다.

남파가 행했던 쌍수(雙修)는 동한과 위진 사이에서 영향이 컸는데 그 후에는 모두 도가에 흡수되었다고 전해집니다. 그런데 실제로 '정명충효교(淨明忠孝教)'라는 교과로 남았습니다. 중국 문화에서는 부처나 신선이 되려면 먼저 사람 도리를 다해야 합니다. 도가에서는 세상에 불충하고 불효한 신선은 없다고 하지요. 충효의 도리를 다하는 인격자라야 신선도 될 수 있습니다. 여러분이 도가의 신선들의 역사를 살펴보면 모두 이런 사람들이라는 것을 알게 됩니다.

『참동계』주해 가운데는 괴상한 것도 많습니다. 여러분에게 다시 말하지만 근래 백오십여 년 이내의 불가와 도가의 저술은 읽지 말아야 합니다. 다만 고증학에 관한 책은 약간 참고할 만하지요. 현대에 나온 책은 말하지 않겠습니다.

---

64 회왕(淮王)은 회남왕(淮南王) 유안(劉安, ?-BC 122)을 가리킨다. 한나라 고조인 유방의 손자로 한 무제 시대 회남왕으로 봉해졌다. 어릴 때부터 독서를 좋아해 유학을 비롯해 여러 학문에 두루 능했으며, 뛰어난 재능을 지닌 학자나 방사(方士) 등 수천 명의 식객을 두고 학문을 논했다. 저서로는 유명한 『회남자(淮南子)』가 있어서 도가 사상의 근원이 되었다.

제가 아는 한 주운양의『참동계천유』는 가장 탁월한 주해입니다. 문장도 좋고 원리도 확실해서 정말 좋습니다. 도가의 최고 정통 이론이 그 속에 들어 있습니다. 저도 지금까지 백 번 이상 읽은 것 같습니다. 생각해 보면 한 번 읽을 때마다 새로운 깨달음이 있었습니다. 그래서 이미 읽었으니 더는 읽지 않겠다고 할 수가 없지요. 많은 사람이 학문에 대해 그다지 주의하지 않아서 자신이 하는 공부가 어떤 방향으로 가야 하는지 분명히 알지 못합니다. 공부가 어느 단계에 도달하면 어떻게 해야 더 진보하고 발전할 수 있는지 갈피를 잡지 못하지요. 유일한 길은 옛사람에게 방법을 구하는 것뿐입니다. 옛사람들은 모두 우리의 스승입니다. 정파(正派)뿐 아니라 심지어 사파(邪派)도 마찬가지입니다. 때로는 사파에서도 올바른 생각을 계발할 수 있습니다. 이 점을 여러분은 특히 주의해야 합니다. 자,『참동계』원문으로 돌아가서 제1 건곤문호장 세 번째 단락을 보겠습니다.

절기와 강유

월과 절에는 오와 육을 곱한 삼십 수가 있고, 경과 위는 태양을 따른다.

月節有五六, 經緯奉日使,

"월절유오륙(月節有五六)", 오 곱하기 육은 삼십 일입니다. 십이벽괘 도표를 보면 한 달에 절(節)과 기(氣) 두 개가 있어서 일 년이면 이십사절기인데, 이것은 태양력과 태양의 행도(行度)를 활용합니다. 중국은 수천 년 동안 태양력과 태음력을 합해서 쓰고 있습니다. 예컨대 일 년은 열두 달이고 한 달은 삼십 일입니다. 이것은 이미 말했던 것처럼 달이 차고 이지러지는 데 따른 조수 간만의 차를 표현한 음력으로 여성의 생리 주기와 관련

있습니다. 그래서 여성의 생리 주기를 월경이라고 하지요. 이십사절기에 대해 다시 말하자면 닷새는 일 후(侯), 삼 후는 일 기(氣), 육 후는 일 절(節)입니다. 한 달마다 일기 일절(一氣一節)이 있습니다. 그렇다면 기(氣)와 절(節)은 무엇인가요? 여러분들 모두 도표를 기억하고 있지요? 기는 중기(中氣)라고 하고 절은 과절(過節) 즉 과정을 뜻합니다. 수련 공부를 하는데 중기가 발동할 때가 있습니다. 중기의 발동은 주의해야 합니다. 잠시후 우리는 정좌 공부에 대해 토론할 것입니다. 지금은 밀종을 수련하는 분들이 많습니다. 다들 중맥(中脈)을 통하려고 하지요? 어떤 분은 해저(海底)에서 통하려고 하고, 어떤 분은 두정(頭頂)에서 통하려고 해서 모두 열심히 합니다만 중기는 도대체 어디에 있을까요? 어떤 것일까요? 이런 것을 잘 알아야 수련을 잘할 수 있습니다.

"경위봉일사(經緯奉日使)", "경(經)"은 직선이고 "위(緯)"는 횡선입니다. "경위봉일사"는 태양이 천체를 도는 행도(行度)를 가리키는데, "봉일사(奉日使)"는 태양력을 사용하는 것을 말합니다. 그래서 여러분에게 중국은 상고 시대에 이미 태양력을 썼다고 하는 것이지요.

합하면 모두 육십이 되고 강과 유는 겉과 속이 된다.

兼竝爲六十, 剛柔有表裏.

"겸병위육십(兼竝爲六十)", 한 달 삼십 일 동안 낮과 밤을 합하면 육십이 됩니다. 이런 천문학 지식을 『역경』과 연결해서 말하는 것은 쉽지 않은데, 『역경』을 제대로 공부하려면 먼저 중국의 고대 천문학을 알아야 합니다. 오늘날 그렇게 하기는 결코 쉽지 않지요.

제 친구 중에 고병재(高炳梓) 선생이라는 분이 있었습니다. 천문학을 잘 아는 분이었지요. 그분이 돌아가시기 전에 제가 이렇게 말했습니다. "당신이 학생 세 명만 잘 가르치면 중국 천문학이 계승될 수 있지만 그렇게 하지 못하면 당신이 죽은 후 이 전통은 단절되고 말 것이오." 이런 상황을 아는 학생들이 대답했습니다. "좋습니다. 선생님, 저희가 가서 배우겠습니다." 그러나 결국 지지부진하다가 못 배우고 말았습니다. 이제 고병재 선생은 고인이 되었습니다. 어떤 학생들은 저에게 천문학을 가르쳐 달라고 하지만 저는 고병재 선생에 비하면 천문학 지식도 많이 부족하고, 더욱이 천문학에 대해 강의하는 것을 별로 좋아하지 않습니다. 너무 복잡한 데다 현대 천문학 지식도 아울러 이야기해야 비로소 그 원리를 좀 이해할 수 있기 때문입니다.

『역경』에는 육십사괘가 있습니다. 여기에서 건곤감리 사괘가 의미하는 것은 무엇일까요? 건괘와 곤괘는 천지를 상징하고 감괘와 리괘는 태양과 달을 나타냅니다. 천지의 작용은 바로 태양과 달에 의해 이루어지지요. 태양과 달의 작용으로 한 달 삼십 일이 생기고, 삼십 일 밤낮을 합하면 "겸병위육십"의 육십 수가 발생한다는 것입니다. "강유유표리(剛柔有表裏)"는 괘마다 그 속에 음양(陰陽), 강유(剛柔)의 작용이 내재한다는 뜻입니다.

좀 다른 이야기를 해 볼까요? 이십여 년 전 한 친구 집에서 점심을 먹는데, 그 집 거실에 "유일독사(柔日讀史), 강일독경(剛日讀經)"이라는 글귀가 걸려 있었습니다. 유일(柔日)은 음일(陰日)입니다. 이것은 흐린 날을 뜻하는 것이 아니고, 간지의 음양 중 음(陰)을 가리키는 것도 아닙니다. 소위 유일(柔日)이란 상황이 복잡하고 마음도 우울해 걱정이 있는 날을 가리킵니다. 이렇게 음유(陰柔)한 기운이 마음에 있을 때는 역사서를 읽는 것이 좋습니다. 역사서를 읽으면 기백과 용기가 생겨 음유한 기운을 이길 수 있지요. 이와 반대로 강일(剛日)은 정신이 또렷하고 충만한 날을 가리킵니다. 이런 때는 사서오경이나 불경, 성경을 읽는 것이 좋습니다. 여러분의 정신이 충만하지 않을 때라면 『홍루몽(紅樓夢)』[65] 같은 소설을 읽는 것도 좋습니다. 이럴 때 『참동계』 같은 책을 보면 졸리기나 할 테니 수면제로 사용하면 좋겠지요. 강유는 음양을 대표합니다. 『역경』의 대표적 기호인 음양의 관념은 정말 올바르게 이해해야 합니다.

"강유유표리(剛柔有表裏)"는 강과 유가 표리가 된다는 뜻으로, "표(表)"는 외부를 가리키고 "리(裏)"는 내부를 말합니다. 밤 열한 시에서 다음 날 오전 열한 시까지는 양기(陽氣)에 속하고 오후부터 밤 열한 시까지는 음기(陰氣)에 속한다는 뜻이기도 합니다. 오늘날 도시에서 생활하는 젊은이들은 모두 양기가 부족합니다. 오전에 일어날 때는 정신이 하나도 없다가 오후에 낮잠을 좀 자고 나서야 정신이 들기 시작해 밤이 깊어질수록 초롱초롱해집니다. 이런 사람들은 음기만 왕성합니다. 의사로서 환자를 볼 때 당연히 알아야 하는 것이지요.

기침을 예로 들어 봅시다. 어떤 사람은 한밤 자시만 되면 자명종보다 정확하게 기침을 합니다. 폐에 가래가 꽉 차 있어서 자시에 양기가 올라오면 가래를 위로 밀어내서 그 시간에 기침을 할 수밖에 없지요. 원리가 이렇다는 것을 알고 병의 원인을 찾아야 정확히 약을 쓸 수 있습니다. 여러분은 한성(寒性)의 약은 당연히 음에 속하고, 열약(熱藥)이나 보약은 양에 속한다고 생각하지요? 하지만 반드시 그런 것은 아닙니다. 한성의 약에도 음양이 있습니다. 한성의 약을 오래 볶으면, 즉 궁극에 도달하면 반대로 변하는 '극즉반(極則反)'이 발생합니다. 다시 말해 극점에 이르면 반전한다

<hr>

65 『홍루몽』은 중국 문학의 최고봉이자 중국 문화의 백과사전이라고 일컬어진다. 『홍루몽』에 대한 중국인들의 사랑은 참으로 대단해서 일단 『홍루몽』이 화제에 오르면 누구나 한마디씩 거든다. 『홍루몽』을 연구하는 장르를 홍학(紅學)이라고 하여 갑골학, 돈황학과 더불어 중국 근대의 삼대 현학(顯學)이라고 한다. 등장인물도 위로는 황실과 명문대가, 고관대작에서 아래로는 궁중의 환관에서 궁녀, 관리까지, 더 천한 인물로는 창극 배우와 봉사 여자 이야기꾼, 정원 관리와 화훼 전문인, 그리고 무당과 도사와 승려, 신선과 선녀에 이르기까지 온갖 인물이 다 등장한다. 이와 같은 인물을 통해 전통적인 유불선(儒佛仙) 사상이 드러난다. (고려대 중문과 최용철 교수 해설 참조)

는 원리에 따라 음 속에서 양이 생깁니다. 설사하는 약을 복용하면 바로 배를 움켜쥐고 화장실로 가게 되지요? 그렇지만 그 약을 서른 근 사서 사흘 밤낮을 볶은 후에 복용하면 설사를 하기는커녕 바로 변비에 걸립니다. 왜 그럴까요? '극즉반'이 바로 『역경』의 원리이기 때문입니다.

서양 의학에서는 이런 원리를 잘 모릅니다. 이 자리에도 서양 의학을 전공한 의사 선생님이 있는데 이렇게 말해서 미안합니다. 그런데 이 선생님은 지금 중국 의학을 공부하고 있지요. 중국 의학에는 특히 극즉반의 상황이 많습니다. 예를 들어 보약을 지나치게 먹으면 도리어 문제가 생깁니다. 어떤 열약은 아주 조심해야 합니다. 열약을 지나치게 찌면 화학 작용이 일어나 한성의 약으로 변하기 때문입니다. 제가 왜 이런 말을 할까요? 수련 공부도 이와 마찬가지 원리이기 때문입니다. 여러분이 이 원리를 모르면 정좌 공부도 제대로 못 할 텐데 어떻게 하겠습니까? 이런 원리를 담고 있는 것이 "강유유표리"라는 말입니다. 오전은 양괘에 속하고 오후는 음괘에 속한다는 것이지요.

육십괘를 한 달에 배치한다

초하루 아침은 준괘가 일을 맡고 저녁이 되면 몽괘가 일을 맡는다.

朔旦屯直事, 至暮蒙當受.

"삭단준직사(朔旦屯直事)"는 삭단(朔旦)에는 준괘가 직사(直事)를 한다는 말입니다. 여러분, 『참동계』는 이해하기가 아주 어렵지요? "삭(朔)"은 매월 초하루를 가리키고, "단(旦)"은 새벽입니다. "삭단"이란 매월 초하루 새벽, 오전을 가리키는 말입니다. 십오 일은 망(望) 즉 보름날이라고 하지요. 칠십 년 전만 해도 초등학교에 다니는 학생도 이 말의 뜻을 다 알았습니다. 옛 관리들에게는 삭망(朔望)이 큰일이었습니다. 현장(縣長)은 삭망이 되면 예복을 입고 성황묘(城隍廟)에 가서 의례를 거행하며 이렇게 말했습니다. "제가 잘못해서 백성들에게 억울한 일이 있다면 조상들께서 도와주십시오." 황제도 초하루와 보름에 천지에 고하는 제사를 올렸습니다. 중국 고대 정치의 신비하고 종교적인 일종의 제도였지요.

초하루 아침에 준괘가 "직사(直事)"한다는 말은 무슨 뜻일까요? 『주역』은 상경(上經)과 하경(下經)으로 되어 있는데 반드시 모두 외워야 합니다. 우리가 지금 공부하는 『역경』은 문왕(文王)이 지은 것으로 연산역이나 귀장역과는 다른 역(易)입니다. 『역경』은 건괘와 곤괘로 시작하여 세 번째는 준괘(屯卦), 네 번째는 몽괘(蒙卦), 다섯 번째는 수괘(需卦)입니다. 이렇게 건(乾) 곤(坤) 준(屯) 몽(蒙) 수(需) 송(訟) 사(師) 등의 차례로 육십사괘가 전개되지요. 지금 이런 이야기를 왜 할까요? 우리가 읽고 있는 "삭단준직사"를 설명하기 위해서입니다.

한 달은 삼십 일이고 그 속에는 육십 개의 밤낮이 들어 있습니다. 이 숫자는 『역경』 육십사괘에서 건곤감리 네 개의 괘를 뺀 나머지 괘의 숫자와 같습니다. 건곤감리는 천지일월을 상징하니 천지에서 일월에 의해 한 달에 육십 개 밤낮의 작용이 발생한다는 뜻입니다. 그렇다면 매달 초하루 오전은 세 번째 준괘가 담당하고, 오후에는 네 번째 몽괘가 담당합니다. "직사(直事)"는 일을 담당한다는 뜻입니다. 여기까지 말하고 보니 감개무량함을 느낍니다. 지금 여러분은 제가 한마디만 하면 바로 알아듣습니다. 그런데 제가 어렸을 때는 그렇지 못했지요. 이 선생님 저 선생님 찾아다니면서 가르침을 청해 설명을 들어도 뜻을 잘 알 수 없었습니다. 선생님을 찾아가서 설명을 들었을 때 알 수 있었던 것은 단지 저 선생님도 잘 모르고 있다는 사실뿐이었습니다. 그러면 바로 일어나서 절하고 나왔습니다. 그러다가 십여 년이 지나서야 비로소 어떤 의미인지 알게 되었습니다.

수뢰준(水雷屯 ䷂)은 물 아래 우레가 있는 형상입니다. 이 준괘를 뒤집으면 곧 산수몽(山水蒙 ䷃)이 됩니다. 그러므로 『역경』은 괘 하나를 볼 때 여러 각도에서 유기적으로 봐야 합니다. 어떤 사람들은 『역경』의 원리가 헤겔의 변증법과 같다고 하지만 저는 말도 안 된다고 생각합니다. 헤겔이 언제 사람입니까? 『역경』을 만든 우리 선조는 어느 시대 사람입니까? 수천 년 전 상고 시대 조상의 사상을 억지로 최근의 서양 사상과 대비하는 것은 문제가 많습니다. 게다가 『역경』은 삼단 논리도 아니고 팔단 논리, 십단 논리라고 할 수 있습니다. 하나의 괘를 열 가지의 관점에서 볼 수 있다는 것이지요. 이렇게 하면 사태를 객관적 관점에서 볼 수 있습니다. 수뢰준을 뒤집어 산수몽으로 보는 것을 종괘(綜卦)라고 합니다. 종(綜)은 상반(相反)을 뜻합니다.

이렇게 보면 한 달 초이틀 오전은 수천수(水天需 ䷄)괘이고 오후는 천수송(天水訟 ䷅)괘가 됩니다. 이런 원리와 수도 공부가 무슨 관계가 있을까요? 관계가 아주 많습니다. 여러분이 이런 원리를 잘 모르면 공부가 어느 단계에 이른 후 그다음 나아갈 방향을 잡지 못합니다. 가령 수련이 방광(放光)을 하는 경지에 도달해서 그 빛 속에 한동안 머물러 있다고 해도 별로 재미있는 것도 없고, 결국은 다시 어둠 속으로 떨어지고 맙니다. 마침내 다음 단계는 어느 길로 가야 할지 아무것도 모르게 되지요. 『역경』은 우리에게 이 원리를 대상(大象)을 통해 알려 주고 있습니다. 대상이란 천상(天象) 즉 천문을 말합니다. 다시 원문을 보겠습니다.

낮과 밤 각각 한 괘씩 차례에 따라 사용한다.

晝夜各一卦, 用之依次序.

초하루 오후가 되면 몽괘(蒙卦)에 해당합니다. 그래서 "주야각일괘(晝夜 各一卦)"라고 합니다. 낮과 밤에 각각 하나의 괘가 적용된다는 말입니다. 하나의 괘가 낮에 해당하고, 그다음 또 하나의 괘가 밤에 해당한다는 것이 지요.

"삭단준직사(朔旦屯直事), 지모몽당수(至暮蒙當受)"는 이미 설명했지요? 초하루 오전과 오후는 각각 준괘와 몽괘에 해당한다는 것이었습니다. 그 러면 "주야각일괘, 용지의차서"는 무슨 뜻일까요? "주야(晝夜)" 즉 낮과 밤에 각각 하나의 괘가 육십사괘의 "차서(次序)" 즉 순서에 따라 적용된다 는 뜻입니다. 육십사괘에서 건곤감리 사괘(四卦)를 제외하면 나머지 육십 괘가 바로 한 달 낮과 밤에 해당하지요. 건곤감리 사괘는 왜 제외하나요? 하늘(건), 땅(곤), 태양(리), 달(감)은 변화를 일으키는 주체이므로 당연히 제외해야 합니다. 그래서 나머지 육십 개 괘가 건곤감리 네 괘에 의해 나 타나는 한 달 동안의 낮과 밤의 현상에 해당됩니다.

기제괘와 미제괘는 그믐 새벽이니 마치면 다시 시작한다.

旣未至晦爽, 終則復更始.

"기미지회상(旣未至晦爽)"에서 "기미(旣未)"는 『역경』의 마지막 두 괘인 수화기제(水火旣濟 ䷾)와 화수미제(火水未濟 ䷿)를 가리킵니다. 한 달을 셋 으로 나누면 초하루는 삭(朔), 보름은 망(望), 그믐은 회(晦)라고 합니다. 따라서 "회상(晦爽)"이란 삼십 일 새벽이 밝아오는 광경을 의미합니다.

"종즉부갱시(終則復更始)"는 "마치면 다시 시작한다"는 뜻입니다. 한 달 동안 육십 개의 괘가 전개되어 한 달이 끝나면 그다음 달은 다시 수뢰준 (水雷屯)괘부터 시작한다는 것이지요.

지금 여러분이 보고 있는 책에 방원도(方圓圖)가 있지요? 바깥 그림은

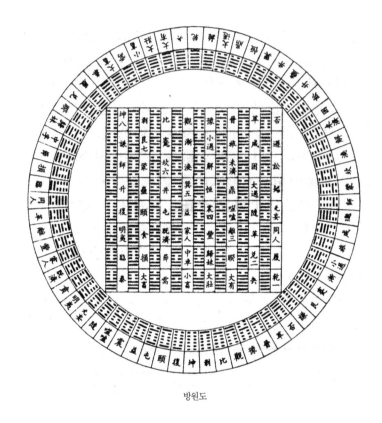

방원도

둥글게 육십사괘가 표시되어 있고, 그 안에는 네모난 육십사괘 그림이 들어 있습니다. 둘 다 육십사괘 그림이지만 각각 작용이 다릅니다. 둥근 그림은 육십사괘를 일 년에 배열한 것인데, 배열 방법이 또 다릅니다. 저는 중국 문화가 대단하다고 감탄하는데, 하나는 중국인의 요리이고 또 하나는 마작입니다. 마작은『역경』의 원리를 활용해서 만들었기 때문에『역경』 괘를 완미하는 것처럼 패마다 다른 의미를 하나씩 완미할 수 있습니다. 저는『역경』을 연구하는 분을 격려할 때 육십사괘를 마작의 패처럼 보면 점차 뭔가 깨달을 수 있을 것이라고 말해 줍니다. 마작의 패를 연구하듯이 괘를 하나하나 연구해 가면 아인슈타인 같은 놀라운 발명까지는 몰라도 그 속에서 깊은 원리를 발견할 수 있으리라는 말입니다.

공자는 어떤 책도 다 읽도록 했지만 『역경』만은 그렇지 않았습니다. 왜 그랬을까요? 『역경』은 단순히 읽음으로써 공부가 되는 것이 아니라 스스로 육십사괘를 깊이 사유하고 완미하고 깨달아야 하기 때문입니다. 제가 『역경』 공부를 할 때는 예순네 개의 바둑돌에 각각 괘의 이름을 붙여 놓고 그 의미를 깊이 탐구했습니다. 그러자 처음에는 복잡했지만 차차 그 속에서 각 괘의 원리를 깨닫게 되었습니다. 지금 여러분이 보고 있는 둥근 그림은 일 년 삼백육십오 일을 『역경』의 육십사괘에 배열한 것입니다. 각 괘마다 일 후(候) 즉 오 일과 몇 시간씩 배열하면 육십사괘로 일 년 삼백육십오 일을 표시할 수 있습니다. 이것이 둥근 그림의 의미입니다. 네모난 그림을 보면 그 속에는 중국이 모두 들어가 있기도 하고 세계 지도가 들어가 있기도 해서 괘 하나하나에서 원리를 발견할 수 있습니다.

예를 들어 여러분이 프랑스에 가서 컴퓨터를 쓰지 말고 『주역』의 방도(方圖)를 이렇게 벌려 놓은 후 태양이 떠오르는 이 방향을 동방으로 표시하고 나면 그 반대 방향은 서방, 그리고 위아래를 각각 남방과 북방으로 표시할 수 있습니다. 그런 후 육십사괘를 벌려 놓으면 이 방을 얻어야 할지 얻지 말아야 할지를 바로 알 수 있습니다. 운이 좋은 방이 방향이 맞으면 바로 구하고, 그러지 않더라도 좋은지 안 좋은지를 대략적으로 알 수 있지요. 이렇게 간단합니다. 그래서 『역경』 「계사전」 상에서는 "쉽고 간단하므로 천하의 이치를 깨닫는다(易簡而天下之理得矣)"고 했습니다.

『역경』의 원리에 참으로 통달하면 이 원리가 매우 높고 깊으면서도 단순하다는 것을 알게 됩니다. 그래서 쉽고 간단하다(易簡)고 한 것이지요. 『역경』의 법칙은 매우 단순하기 때문에 깨닫기만 하면 여러분 손이 바로 컴퓨터가 됩니다. 손가락 한 마디 한 마디에 정보가 담겨 있으니 우리가 손가락을 꼽으며 계산하면 우주가 손바닥에 있는 것처럼 느껴집니다. 세상 일이 모두 손바닥 안에 있다는 말은 바로 이것을 가리킵니다. 옛날에는 불경을 읽는 것을 소문(消文)이라고 했습니다. 소화할 소(消)에 글월 문(文) 즉 문장을 먼저 소화해야 한다는 말입니다. 문자를 소화해야 그 속의 의미를 잘 알 수 있습니다.

제10강

태양과 달의 운행의 영향

계속해서 『참동계』 원문 제1장 네 번째 단락을 보겠습니다.

태양과 달의 운행에는 기일과 절도가 있고, 움직임과 고요함에는 이름과 늦음
이 있다. 봄과 여름은 내부의 체에 자리하니 자로부터 진과 사에 이른다.

日月爲期度, 動靜有早晚. 春夏據內體, 從子到辰巳.

"일월위기도(日月爲期度)"에서 "일월(日月)"은 당연히 태양과 달을 가리
킵니다. "위기도(爲期度)"는 일 년 열두 달 삼백육십오 일 태양과 달의 운
행이 주기적 법칙을 갖고 있다는 뜻입니다. 중국의 역법에서는 열흘을 일
순(一旬)이라고 하는데, 지금도 민간에서 사용하는 용어입니다. "동정유조
만(動靜有早晚)"의 "동정(動靜)"은 낮과 밤을 의미합니다. 밤에는 잠자면서
쉬므로 정(靜)이고 낮에는 활동하므로 동(動)입니다. "조만(早晚)"도 역시
아침과 저녁을 가리키는 말로서 동정과 같은 뜻이지요.

다음은 "춘하거내체(春夏據內體)"입니다. 우리는 보통 일 년을 춘하추동 사계절로 말하지만, 크게 보면 일랭일열(一冷一熱) 즉 한 번은 춥고 한 번은 더운 두 가지 현상뿐입니다. 추위는 가을에 시작해서 겨울에 극점에 이르니 가을과 겨울은 같은 현상이지요. 더위는 봄에 시작해서 여름에 극점에 도달하니 봄과 여름 역시 같은 현상입니다. 사계절이란 일 년 십이 개월을 삼 개월씩 나누어 각각 계절을 배속시킨 것입니다. 봄은 정월, 이월, 삼월인데 정월은 맹춘(孟春)이라고 합니다. 맹(孟)은 가장 크다는 뜻입니다. 옛날에 왕맹상(王孟湘)이라는 사람이 있었습니다. 우리는 이름만 보아도 이 사람이 장남이라는 것을 알 수 있지요. 이월은 중춘(仲春)이라고 하는데 중(仲)은 둘째라는 뜻입니다. 삼월은 계춘(季春)이라고 합니다. 여름도 맹하(孟夏), 중하(仲夏), 계하(季夏)로 나눕니다. 일 년 중에 봄과 가을은 이미 십이벽괘를 말할 때 이야기한 것처럼 지평(持平) 즉 평온을 유지하는 계절입니다. 온화하고 춥지도 덥지도 않아서 아주 좋습니다.

여기에서 말한 "춘하거내체"는 우리의 공부와도 관련 있습니다. 정좌할 때 어떤 사람은 손이 따뜻해지기도 하고, 심지어 땀이 나면서 몹시 더워 옷을 벗기도 합니다. 혹은 잠을 못 자고 이불도 덮지 못합니다. 중의학을 공부하는 사람은 이런 원리를 알아야 합니다. 몸에 열이 나는 것은 어떤 때는 병증이지만, 중의학이나 서양 의학이나 모두 발열을 반드시 나쁜 증세로만 보지는 않습니다. 그래서 열이 나면 일단은 그대로 두었다가 다시 치료합니다. 발열하는 것은 백혈구의 작용이니, 발열로 인해 몸 안의 세균을 죽이고 나서 다시 병을 치료하는 것입니다.

그다음 "종자도진사(從子到辰巳)"는 자시에서 시작해 진시, 사시에 이른다는 뜻입니다. 하루로 말하면 한밤중인 자시부터 양기가 발동해서 자(子) 축(丑) 인(寅) 묘(卯) 진(辰) 사(巳) 여섯 단계를 거쳐 오전 열한 시가 됩니다. 일 년으로 말하면 봄에서 여름까지 반년에 해당하지요.

가을과 겨울은 외부의 용에 해당하니 오에서 술과 해에 이른다. 상과 벌은 봄과 가을에 상응하고 어둠과 밝음은 차고 더움에 따른다.

秋冬當外用, 自午訖戌亥. 賞罰應春秋, 昏明順寒暑.

"추동당외용(秋冬當外用)", 가을과 겨울에는 외면을 사용합니다. "자오흘술해(自午訖戌亥)", 십이지 중에서 자(子)에서 진(辰) 사(巳)까지를 제외한 나머지 절반인 오(午) 미(未) 신(申) 유(酉) 술(戌) 해(亥)입니다. 하루로 말하면 오시부터 시작해서 술시, 해시까지 오후 반나절이고, 일 년으로 보면 가을부터 겨울까지 반년 동안이지요.

"상벌응춘추(賞罰應春秋)", 중국 고대 제도의 형법 원리로 요즘 말로는 법리학이고 법철학의 근거라 할 수 있습니다. 고대 중국의 제왕들은 가을이 되지 않으면 살인범을 처형하지 않았습니다. 봄에는 절대 사형 집행을 하지 않았지요. 봄은 생명의 계절이어서 감옥에 가둔 후 가을이 되기를 기다렸습니다. 그래서 가을에 결단한다는 뜻으로 추결(秋決)이라고 했지요. 추결은 가을에는 거두고 겨울에는 감춘다는 뜻으로 추수동장(秋收冬藏)이라는 의미가 있습니다.

다음은 "혼명순한서(昏明順寒暑)"입니다. 제 고향 사투리로 저녁을 황혼(黃昏)이라고 불렀는데 막 어둑어둑해지는 찰나를 말합니다. 당송 시대의 시사(詩詞)에는 황혼을 노래한 것이 많은데 아주 감흥이 있습니다.

문학으로 말하자면 이후주(李後主)[66]의 다음과 같은 시가 좋습니다. "말없이 홀로 서루에 오르니 달은 이지러져 갈고리 모양 같고, 오동나무 적막

---

[66] 오대십국 시기 남당(南唐)의 군주 이욱(李煜)을 가리킨다. 그는 정치적으로는 무능했지만 서예와 그림, 음악, 시사와 산문까지 상당한 조예가 있었다. 특히 사(詞) 창작에서 뛰어난 재능을 보였다.

한데 뜰 깊숙이 가을이 와 있네〔無言獨上西樓, 月如鉤, 寂寞梧桐, 深院鎖清秋〕."

"무언독상서루(無言獨上西樓), 월여구(月如鉤)"에서 "월여구"는 달이 갈고리처럼 굽어 있는 형상을 말합니다. "적막오동(寂寞梧桐), 심원쇄청추(深院鎖清秋)"라는 구절은 정말 잘 썼습니다. 만약 그가 "무언독상서루, 월여구"를 달이 쟁반처럼 둥글다는 뜻에서 "월여반(月如盤)"이라고 썼다면 재미가 없었겠지요. 또 "고소성외한산사(姑蘇城外寒山寺), 야반종성도객선(夜半鐘聲到客船)"이라는 시에서 밤중에 종소리 객선에 들린다는 뜻의 "야반종성도객선"을 만약 밤중에 종소리 주가에 들린다는 의미로 "야반종성도주가(夜半鐘聲到酒家)"라고 했다면 역시 맛이 없고 무의미해집니다.

다음 원문은 "혼명순한서(昏明順寒暑)"입니다. 밤과 낮 하루의 변화가 추위와 더위의 변화에 순응한다는 뜻입니다. 여기에서 추위와 더위는 일년의 변화를 나타내기도 합니다. 하루 밤낮의 변화와 일 년 열두 달의 변화 원리가 같다는 말이지요.

우리가 이렇게 반나절이나 수업을 했는데 이런 이야기가 정좌 공부와 무슨 관계가 있을까요? 지금까지는 일단 문장의 의미를 해석했습니다. 이 『참동계』라는 책은 중국 문화의 밀종(密宗)으로서 여러분에게 모든 것을 다 알려 줍니다. 여러분이 그 의미를 모르면 소용없지만 알기만 하면 모두가 다 수도의 법칙입니다. 공부를 하는 것은 불가, 도가, 밀종, 현교 어느 것을 막론하고 이 법칙을 위반할 수 없습니다. 이는 마치 우주와 같지요. 여러분의 공부 수준이 더 높아지고 도(道) 역시 높아져도 아침 태양을 끌어다가 저녁에 쓸 수는 없습니다. 여러분만 못 하는 것이 아니라 하느님도 할 수 없습니다. 그래서 노자가 말한 "도법자연"은 절대적 법칙입니다. 여러분의 공부가 완성되어 자연을 초월하는 것은 별개의 일입니다. 그것은 이미 이 육체적 생명의 일이 아닙니다. 그러나 육체적 생명은 이 우주의 법칙을 어길 도리가 없습니다. 계속해서 원문을 보겠습니다.

효사에 인의가 있어 때에 따라 기쁨과 노여움을 발동한다.

爻辭有仁義, 隨時發喜怒.

"효사유인의(爻辭有仁義), 수시발희로(隨時發喜怒)", 효사에는 인의가 있어서 때에 따라 희로애락의 감정을 일으킨다는 뜻입니다. 후천괘는 한 괘마다 육효 즉 여섯 개 단계로 이루어져 있는데, 한 획을 일효(一爻)라고 하고 효는 교(交)를 뜻합니다. 교통(交通)이라고 할 때 교(交)는 효(爻) 자가 변한 것이지요. 따라서 효는 서로 사귀고 교환한다는 뜻입니다. 『역경』은 괘마다 괘사(卦辭)가 있고 효에는 효사(爻辭)가 있는데, 이는 괘와 효를 설명한 말씀입니다. 저는 "역에 능한 자는 점을 치지 않는다〔善於易者不卜〕"라는 말을 자주 했습니다. 역에 달통한 사람은 관상도 보지 않고, 명리도 보지 않고, 풍수를 보거나 점을 치지도 않는다는 말입니다. 그렇게 하지 않고도 무엇이 좋고 나쁜지 다 알 수 있기 때문이지요.

『역경』 육십사괘에는 완전히 좋은 괘도 없고 완전히 나쁜 괘도 없습니다. 나쁜 일 중에도 좋은 일이 있고, 좋은 일 중에도 나쁜 일이 있습니다. 예컨대 위태롭지만 허물은 없다는 "여무구(厲无咎)"라는 말이 있습니다. 보기에는 좋은 말 같지만 사실은 조심해야 잘못이 없고, 조심하지 않으면 당연히 나쁘다는 뜻입니다. 그런데 『역경』 육십사괘 중에서 여섯 개 효가 모두 좋은 괘가 하나 있습니다. 바로 열다섯 번째 괘인 겸괘(謙卦)입니다. 왜 그럴까요? 겸손하니 좋습니다. 겸손한 사람은 무엇이든 좋을 수밖에 없다는 말입니다.

이 밖에 다른 괘는 모두 좋고 나쁜 것이 중첩되어 있습니다. 위에 한 효가 좋으면 밑에 한 효가 나쁘고, 어제가 좋으면 오늘이 나쁩니다. 우리 인간들처럼 어제는 정신이 아주 왕성하고 좋았는데 오늘은 갑자기 고민이 생깁니다. 어제는 위장이 편했는데 오늘은 소화가 안 돼서 약을 먹습니다. 인간의 신체와 날씨도 괘와 같습니다. 수시로 변하니까요. 변하지 않게 할 수 있습니까? 다니고 머물고 앉고 눕는 행주좌와(行住坐臥)의 일상생활에서 아무런 변화도 없는 경지에 도달할 수 있습니까? 그렇게 할 수 있다면 대단합니다. 그래서 "효사유인의, 수시발희로"라고 하여, 우리의 감정이 수시로 변하는 것처럼 변하지 않고 고정된 것은 존재하지 않는다고 했습니다.

사계, 오행 및 인체

계속해서 네 번째 단락 마지막 구절을 보겠습니다.

이와 같이 사시에 응하여 오행이 그 이치를 얻는다.

如是應四時, 五行得其理.

"여시응사시(如是應四時)", 이렇게 일 년 춘하추동 사계절에 대응합니다. "오행득기리(五行得其理)", 오행이 잘 다스려진다는 뜻으로, 오행은 바로 금목수화토입니다. 오행은 오장(五臟)에 배합되는데, 인체의 오장을 오행에 배합하는 원리는 알아야 합니다. 특히 중의학을 공부하는 분들은 그렇지요. 폐장은 금(金)에 속하고, 간장은 목(木)에 속하고, 심장은 화(火)에 속하고, 신장은 수(水)에 속하고, 비장은 토(土)에 속합니다. 신장에 대해 특히 주의할 것은, 중의학에서 말하는 신장은 서양 의학의 콩팥 두 개만 가리키는 것이 아니라 갑상선과 부신 호르몬을 포함해 생명의 원기(元氣)로

서 전체 생명 시스템의 동력을 일으키는 것을 말합니다.

신장은 수에 속하고 감괘(坎卦)로 나타냅니다. 한마디로 말해 신장 기능이 약화된다는 것은 호르몬의 생장 분포가 불균형함을 의미합니다. 토는 비위(脾胃)인데, 비위에 대해서는 매우 신중하게 말해야 합니다. 제가 의사도 아니면서 함부로 말한다면 무책임한 일이겠지요. 중의학에서는 비위의 소화 기능을 매우 중시합니다. 어떤 사람은 소화가 잘 안 되면 자신에게 위장병(胃腸病)이 있다고 하는데, 사실 장(腸)은 장이고 위(胃)는 위로서 구분해야 합니다. 위에서 음식물이 소화되면 장으로 이동하는데, 만약 장의 연동 운동이 떨어지면 창자가 막혀 대변도 정체됩니다.

도가 공부를 하는 사람들은 왜 의학을 공부하고 반드시 올바르게 이해해야 할까요? 공부가 한걸음씩 나아감에 따라 오행의 변화가 뚜렷한데, 공부하는 과정에서 나타나는 현상이 책에서 본 의학 지식과 다른 경우가 있기 때문입니다.

예를 들어 이런 경우이지요. 어떤 분이 제게 와서 말했습니다. "선생님, 저는 심장병이 있습니다." 그래서 제가 물었지요. "병원에 가서 검사를 받았나요? 어디가 아픕니까?" 그가 자신의 가슴 가운데를 가리켜서 제가 물었습니다. "심장이 어디 있는지 알고 있나요?" 심장이 가슴 한가운데 있는 사람은 없습니다. 심장은 모두 한쪽으로 치우쳐 있지요. 가슴 한가운데에서 통증을 느낀다면 심장의 문제가 아니라, 식도와 위의 소화 불량의 문제일 가능성이 높습니다.

식도관은 보기에는 매우 간단한데, 보통 사람은 식도관을 깨끗하게 통하기가 아주 어렵습니다. 식도관의 기맥이 완전히 통하면 잡념이나 망상이 일어나지 않고 항상 마음이 안정되고 청정합니다. 이것은 유리잔으로 우유를 마신 후에 우유가 잔에 묻어 있는 것과 같습니다. 우리가 평소에 먹은 돼지고기, 소고기, 채소, 무 등 음식물은 식도관을 통해 내려가지만 그 찌꺼기는 그대로 남아 있습니다. 그러나 보통 사람들은 그것을 느끼지 못하지요. 식도관이 깨끗해지면 망념도 사라지고 생각도 깨끗해진다는 것은 확실히 일리 있습니다.

이 때문에 중국의 도가나 인도의 요가에서는 위장을 세척하는 각종 수련법이 있습니다. 그 중 하나는 안을 씻는 내세법(內洗法)으로, 매일 혀끝을 목 안쪽으로 말아 넣어 안쪽을 핥는 연습을 하는 것입니다. 혀끝으로 목젖을 핥으면 구토를 하게 되어 식도관을 씻는 효과가 있습니다. 요가에는 또 다른 세척법이 있습니다. 혀를 입 바깥으로 내밀어 코끝을 핥는 것인데 이 수련법은 몹시 힘듭니다. 일설에 의하면 부처님은 혀가 머리카락에 닿았다고 하지만 보통 사람들의 혀는 짧은 편이지요. 왜 이런 수련이 필요한지 궁금하시지요? 나이가 들수록 혀가 짧아지고 굳어갑니다. 그래서 노인들은 혀 짧은 소리를 하게 됩니다. 죽음에 임박하면 혀가 말려서 입안을 막습니다. 그래서 제대로 말을 하지 못하게 되지요. 그러므로 혀를 단련하는 것은 건강하게 오래 사는 것과 관련이 깊습니다.

혀가 왜 굳어질까요? 여러분이 돼지를 도살하는 것을 보면 금방 알 수 있습니다. 어렸을 때 시골에서 돼지 잡는 것을 보면, 돼지 멱을 따고 배를 벌려서 식도관을 꺼내면 혀와 오장육부가 함께 줄줄이 따라 나옵니다. 그때 혀가 굳어 있으면 그 돼지는 문제가 있습니다. 누구나 자신의 몸 상태는 스스로 알 수 있어야 합니다. 간혹 혀가 아프거나 맛을 느끼지 못할 때가 있는데, 아침에 일어나서 거울에 혀를 비춰봤을 때 설태가 하얗거나 누렇게 혹은 붉게 끼어 있다면 몸 어딘가에 병증이 있음을 알아야 합니다.

그러므로 중의학에서는 혀의 상태를 보고 병증을 짐작하는데 이것을 설진(舌診)이라고 합니다. 혀가 누룽지처럼 쩍쩍 갈라지고 굳어 있는 사람은 병이 심각한 상태로 속에 염증이 있는 것입니다. 혀뿐 아니라 눈동자, 귀 등도 오장육부의 건강 상태를 반영합니다. "오행득기리(五行得其理)"는 인체의 오장육부가 이상 없이 온전한 상태를 말합니다.

요가에는 또 다른 위장 세척법이 있습니다. 면으로 된 긴 거즈를 조금씩 삼켜서 다 넘겼으면 다시 꺼내는 것인데, 그 냄새가 여간 지독하지 않습니다. 이것은 요즘 위장 내시경을 하는 것과 같습니다. 내시경으로 보면 사람 어디에 예쁜 구석이 있습니까? 겉으로 보기에만 예쁜 것 같지요. 요가를 하는 사람은 일주일에 적어도 한 번은 이렇게 위장을 세척합니다. 이런 요가를 배우기 싫으면 선(禪)에서 하는 방법대로 일주일에 한 번 정도 종일 굶고 물만 마셔서 위장을 세척할 수도 있습니다. 이런 방법은 매우 위생적이어서 여러분이 시험해 볼 만합니다. 그런데 여러분은 모두 삼시 세끼 먹는 것이 습관이 돼서 반 끼니만 안 먹어도 참지를 못합니다. 아마 스물네 시간 먹지 않고 여기 앉아 있으면 난리가 나겠지요. 저처럼 단식이 습관이 된 사람은 적게 먹을수록 편안해집니다. 많이 먹으면 잠이 오고 정신이 몽롱해지지요. 적게 먹거나 단식하면 두뇌가 깨끗해지고 건강에 매우 좋습니다.

여러분에게 요가에 대해 말씀드렸는데, 저는 본래 반골기질이 좀 있습니다. 다른 사람들이 외국 것이 좋고 외국 달이 둥글다고 하면 바로 꾸짖습니다. 중국의 달은 크지도 않고 둥글지도 않느냐고요. 아무것도 모르면서 외국 것이라면 다 좋다고 하느냐고요. 중국의 위장 세척 방법은 갈근(葛根, 칡뿌리)으로 식도를 씻는 것입니다. 갈근이라는 약초는 사천성에서 많이 납니다. 갈근의 껍질을 벗기면 하얀 속살이 나오는데, 이것은 무르지도 않고 딱딱하지도 않습니다. 이 갈근의 속살을 일정한 길이로 잘라서 서서히 삼키는 것입니다. 입으로 넣어 목구멍을 거쳐 마치 내시경을 넣듯이 천천히 넣습니다. 갈근의 길이가 얼마쯤 되어야 좋은지 지금은 잊었습니다. 갈근은 매우 부드러워서 식도를 상하지 않습니다. 약간 풀냄새가 나기도 하는데 문제는 없지요. 이 방법은 제가 직접 실험해 봤습니다. 저는 배운 것을 체험하지 않으면 믿지 않았고, 위험할 수도 있지만 전혀 두려워하지 않았습니다. 갈근을 천천히 삼키면 느낌이 좋지는 않은데, 참고 집어넣으니 위에 도달했다는 느낌이 옵니다. 그러고 나서 다시 천천히 꺼내면 식도가 세척이 되는 것입니다. 혹 갈근을 빼내지 않아도 문제는 없습니다. 바로 소화되어 버리니까요.

가슴 한가운데 뭔가 있는 듯하지만 삼켜도 내려가지 않고 올라오지도 않는 느낌이 있고, 열이 났다가 오한이 났다가 하면 치료법이 간단합니다. 바로 갈근을 삼키면 됩니다. 갈근을 서서히 삼키면서 뱃속에서 어떤 것이 위 안으로 툭 떨어지는 느낌이 있다고 상상해 보세요. 그러면 곧 편안해집니다. 갈근을 목에서 뽑아낸 후에는 열도 안 나고 오한도 생기지 않은 채 몸에 약간 땀이 나면서 바로 시원해집니다. 정좌 공부를 해도 때로 이런 효과를 볼 수 있습니다. 왜냐하면 우리 몸에는 본래 이런 생명의 기능이 있기 때문입니다.

세계의 모든 문화가 다 이렇습니다. 모두 인류의 조상들이 수천 년 동안 경험을 통해서 전래한 것입니다. 오늘날 젊은이들은 조상들이 우리에게 남긴 문화가 얼마나 오랜 세월 동안 많은 사람이 생명을 희생하면서 경험을 전수한 것인지 잘 알지 못합니다. 여러분도 아무 생각 없이 조상으로부터 전래된 문화를 포기한다면 큰 잘못입니다. 저는 어려서부터 일부러 옛것을 수집해 왔는데, 옛것에는 그것대로 가치와 일리가 있다고 생각되어 함부로 경시하지 않고 연구해 왔습니다. 또 어릴 적부터 새로운 것을 반대해 왔는데, 늙어서는 도리어 새로운 것을 받아들이게 되었습니다. 이제는 옛것에 대해 거의 큰 오류 없이 이해하고 있다고 생각하기 때문이지요.

여러분은 보양식을 좋아합니까

지금까지 『참동계』 원문을 읽고 설명했습니다. 원문 아래 주해는 현담(玄談)이라고 하는데, 현담은 원문의 의미를 설명한 것입니다. 자, 이제 십이벽괘로 다시 돌아가 볼까요? 십이벽괘 도표를 잘 이해한다면 장차 크게 활용할 수 있습니다. 예를 들어 복괘는 동지를 상징하고 일양이 발생하는데, 절기로 보면 동지는 기(氣)이고 대설은 절(節)입니다. 동지는 일양이 처음 발생하는 시기로 민간에서는 탕원(湯圓)[67]을 먹는데, 사실 탕원을 먹으려는 것이 아니라 그 안에 배합하는 보약제가 중요하지요. 단, 감기 몸살이 있을 경우 보약을 먹어서는 안 되고, 다른 병증에도 함부로 보약을 먹어서는 안 됩니다. 몸이 안팎으로 조금이라도 불편하면 보약을 먹어서는 안 된다는 말입니다. 보약을 먹으면 도리어 병증을 몸에 머물게 해서 병세가 호전되는 것을 방해할 수 있기 때문입니다.

그러므로 특히 청보(淸補)의 원리를 잘 알아야 합니다. 몸을 가볍고 청정하게 하는 것이 오히려 몸을 보양하는 것이라는 이치입니다. 어떤 사람이 말하기를, "선생님, 청보로 보신이 되겠습니까?"라고 하는데, 이는 청보의 의미를 잘 모르는 것입니다. 청보란 보약을 조금 쓰는 것이 아닙니다. 비유하자면 방을 보수할 때 벽면만 수리하면 겉보기에는 괜찮지만, 사실 벽 안쪽은 여전히 문제가 남아 있어서 차라리 허물어진 벽을 깨끗하게 청소하는 것만 못합니다. 그러므로 진정한 보약은 내재된 병을 깨끗하게 정리하는 것입니다. 우리 몸에는 자연적 치유 능력이 있기 때문이지요. 생명력이 자신을 보호하도록 하는 것이야말로 진정한 보약입니다. 이것이

---

67 중국인들이 동지와 정월대보름에 즐겨 먹는 것으로 찹쌀로 만든 우리의 새알심과 같은 둥근 떡과 국물이다.

청보입니다.

과거에 아주 유명한 서양 의사 한분이 계셨습니다. 이미 수년 전에 세상을 뜨셨는데, 오십여 년 전 독일에서 유학을 했고 장개석 총통의 의료 고문이기도 했습니다. 그분은 중의학도 알았고 정좌도 할 줄 알았습니다. 그는 아무리 바빠도 틈만 나면 정좌를 했지요. 당시는 택시가 없었고 보통 삼륜차를 탔는데 이분은 거기에서도 정좌를 했습니다. 한번은 제가 약간 두통이 있어서 그분에게 전화를 했더니 바로 약을 처방해 주었습니다. 사실 그분은 의사가 아니라 의학 이론을 전공한 분으로 의사들의 고문 역할이었는데 대만에 돌아와서 환자를 진료하는 의사로 활동했지요. 그가 처방해 준 약을 복용하고 나서 저는 이렇게 말했습니다. "당신은 역시 의학 이론을 전공한 사람이어서 그런지 약이 잘 듣는 것 같지 않네요." 그러자 그가 말했습니다. "저는 본래 의술이 뛰어나지 않은데 왜 하필 나를 믿습니까?" 저는 다른 의사에게 처방을 받아 또 약을 먹었는데 그것도 별로였습니다. 그래서 다시 처음 처방해 준 의사에게 약을 지어 먹었는데 이번에는 바로 좋아졌습니다. 저는 전화를 해서 이렇게 말했습니다. "여보세요. 이번에는 당신 약이 잘 맞는 것 같네요." 그러자 그가 대답했습니다. "본래 잘 맞았습니다." 그는 이렇게 귀여운 데가 있는 사람이었습니다.

또 한번은 우리 가족이 병이 났습니다. 저는 그 의사에게 말했습니다. "환자에게 보혈제를 좀 주세요." 그러자 말했습니다. "무슨 말씀이세요? 다른 사람이면 몰라도 선생이 어떻게 그런 말을 하십니까? 보혈하는 약이 어디 있어요?" 제가 말했습니다. "왜요? 중의학에서 당귀는 보혈제로 쓰이는데요. 여자들이 피가 부족하면 당귀를 처방합니다." 그가 말하더군요. "당신이 만약 당귀에서 한 방울이라도 피를 짜낼 수 있다면 내가 당신에게 머리를 바치겠소. 진짜 보혈은 혈장 주사를 맞는 것입니다. 십 밀리리터의 피를 주사해서 이 밀리리터만 흡수해도 대단합니다. 그 나머지는 전부 배설되고 말지요. 피를 흡수하는 것은 그렇게 어렵습니다." 이어서 말했습니다. "보혈하는 약을 먹으려거든 고기 석 점만 먹어도 충분합니다. 한약이든 양약이든 보혈하는 약은 없어요. 보혈제라는 것은 모두 간을 자극해서 스스로 피를 만들어 내게 하는 것입니다."

생명의 기능은 아직 숨 쉴 기력이 있는 한 몸속을 깨끗이 하는 것이 바로 보약입니다. 절대 무슨 약이니 보양식 같은 것을 먹을 필요가 없습니다. 이것저것 함부로 먹다가 도리어 몸을 해치는 경우를 많이 봤습니다. 그러니 무슨 보양식이니 보약 같은 것은 아무렇게나 먹어서는 안 됩니다. 전에 제 친구 한 사람이 어느 병원에 입원해 있었는데 병세가 위중했습니다. 그 부인이 남편에게 먹일 음식을 가져왔는데 보니까 제비집이었습니다. 제가 말했습니다. "그 음식은 치우세요. 맞지 않습니다. 이런 상태에서 먹을 수나 있겠습니까?" 그러자 부인이 말했습니다. "안 됩니다. 제 남편은 오랫동안 몸을 보하지 못했잖아요." 제가 말했습니다. "안 됩니다. 탕도 먹일 수 없습니다. 몸을 보해서는 안 됩니다." 그러자 그 부인이 그러더군요. "제비집이 무슨 보양식이라고 할 게 있나요? 가벼운 음식인데요." 그래서 말했지요. "이 사람은 곧 운명할 텐데 차라리 조금이라도 기운을 남겨서 말을 하게 하는 것이 좋지 않겠습니까? 아직 못다 한 말도 있을 텐데요."

사실 목숨이 붙어 있는 한 몸속을 깨끗이 하는 것이 보양입니다. 수도(修道)를 잘 아는 사람은 수명이 다해서 마지막 순간이 되어도 두려움이 없습니다. 기껏해야 죽기밖에 더하겠습니까. 죽는 것 외에 달리 뭐가 두렵겠습니까. 그렇지 않습니까. 사람은 결국 죽기 마련인데, 죽을 때가 되어서 죽는 것이 겁나고 두려우면 얼마나 불쌍합니까. 수도하는 사람은 먼저 이런 이치를 잘 알아서 늘 죽음을 준비해야 합니다. 비록 아직 죽을 때가 되지 않았더라도 말입니다.

지난 일요일 밤에 산에 올라갔는데 비도 오고 산사태도 나서 위험했습니다. 그래도 기왕 온 것이니 산사태 상관 말고 차를 출발하자고 생각했습니다. 저는 스스로에게 말했지요. "출발하자. 내 생명은 수호신이 보호해 주고 있는데 무슨 일이 있겠어?" 결국 아무 일도 없었습니다. 정말 수호신이 보호했는지는 알 수 없지만 말입니다. 한 번 왔다 가는 게 우리 인생인데 만약 차가 굴러 떨어지면 그것으로 그만입니다. 일찍 죽으나 늦게 죽으나 마찬가지인데 겁날 일이 뭐가 있겠습니까. 갈까 말까 망설일 때는 두려움도 있겠지만 이왕에 가기로 했다면 왜 앞일에 대해 이런저런 생각을 합니까. 과거를 바꿀 수 없다면 미래인들 마음대로 할 수 있겠습니까. 이런 용기가 있어야 비로소 도를 닦을 수 있습니다.

일양래복에 관해서

이런 원리를 알았으면 자기 마음을 가라앉히고 자연스럽게 생각을 비워야 합니다. 진정으로 생각을 비우면 일양이 돌아와서 회복됩니다. 기(氣)가 돌아와서 회복되는 것이지요. 생각(念)이 곧 기(氣)이고, 기가 곧 생각입니다. 우리는 평소에 어린애처럼 감정적으로 일을 처리해서는 안 된다고 훈계하곤 합니다. 감정적으로 일을 처리하는 것을 '의기용사(意氣用事)'라고 하는데, 도가의 수도 공부는 바로 의기(意氣)를 쓰지 않는 것입니다. 의(意)가 곧 기(氣)이고, 기가 바로 의이지요. 그래서 도가에서는 기(氣) 자 대신 기(炁) 자를 씁니다. 기(炁)는 불 화(火＝灬)와 없을 무(无)를 결합한 것으로 불이 없다는 뜻이지요. 기(炁)는 호흡의 기(氣)가 아닙니다.

불학에서도 기(氣)라고 하지 않고 식(息)이라고 부릅니다. 식(息)이라는 글자는 휴식한다는 뜻이 있는데, 글자를 분석해 보면 자(自)와 심(心)으로 이루어져 있습니다. 무엇을 식(息)이라고 할까요. 바로 자신의 마음(自心)

을 뜻합니다. 따라서 자신의 마음을 비우고 쉬는 것이 바로 식(息)입니다. 그런데 우리는 마음을 비우고 쉬지 못합니다. 그 결과 여러분 모두 목숨을 걸고 정좌 공부를 하는데, 여전히 기(氣)를 쓰고 있습니다. 호흡하는 숫자를 세고 그것을 기억하는 것입니다. '나는 오늘 정좌를 하면서 삼천 번을 세었다' 하는 식입니다. 여러분이 삼천이 아니라 삼만을 세어 보세요. 그만큼 마음은 쉬지 못합니다. 여러분이 진실로 마음을 쉴 수 있어야 신(神)이 응결되고 기(氣)가 모입니다.

　신이 응결되고 기가 모이는 것이 바로 '일양래복(一陽來復)'입니다. 일양이 회복해서 돌아온다면 무슨 질병을 걱정하겠습니까? 그러나 주의할 것이 있습니다. 남녀노소 관계없이 누구든 일양이 회복해서 양기가 발생할 때는 어려움을 겪습니다. 환자의 경우는 겉보기에는 증세가 더 악화되는 듯이 보입니다. 이 원리를 아는 사람은 증세가 더 악화된다고 해도 전혀 걱정하지 않습니다. 오히려 좋은 일이기 때문이지요. 저는 늘 이런 말을 합니다. 어린아이가 길을 가다가 넘어졌을 때 엄마는 얼른 일으키려고 하는데 절대 그래서는 안 된다고요. 아이가 넘어졌을 때 일으키려고 얼른 안았다가는 잘못하면 기가 막혀 죽을 수도 있습니다. 꼭 그런 것은 아니지만요. 그래서 할머니들은 아이가 넘어졌을 때 옆 사람에게 꼼짝 말라고 합니다. 그러다가 아이가 앙 하고 울음을 터뜨리면 그제야 가서 일으킵니다. 울음을 터뜨리는 것은 일양이 회복되어 기가 통한 것입니다. 이렇게 기가 통한 후에 일으켜야 문제가 없습니다. 갑자기 넘어지면 순간 정신이 나가서 몸의 기맥이 순조롭지 못하게 됩니다. 그럴 때 누군가 가서 건드리면 기의 흐름이 끊겨져 위험할 수 있지요. 이런 현상은 어른도 마찬가지입니다. 갑자기 넘어지거나 다치면 얼른 가서 건드리지 말고 먼저 호흡이 돌아왔는지 주의 깊게 살펴보고, 호흡을 확인한 후에 일으켜야 합니다. 노인들은 특히 더 그렇습니다. 갑자기 넘어지거나 몸을 크게 부딪쳐 다치면 처음에는 통증도 느끼지 못합니다. 숨이 돌아오고 기가 통한 후에야 비로소 천천히 통증을 느끼게 되지요.

이것이 일양래복의 이치입니다. 양기가 회복되어 돌아오는 달은 자월입니다. 생리적으로 회복되는 상태는 어떤 것일까요? 사내아이는 특히 분명합니다. 갓난아이들은 잠을 자다가 한밤중이 되면, 사실 한밤중이 되어야 그런 것은 아니지만, 아이들은 생식기가 발기하고 소변이 보고 싶어집니다. 이럴 때 아기는 절대 남녀 간의 욕념이 있어서 그렇게 되는 것이 아닙니다. 그래서 노자도 『도덕경』에서, "아직 남녀의 교합을 모르는데도 생식기가 발기한다〔未知牝牡之合而朘作〕"(제55장)고 했습니다. 생식기가 발기한다고 하면 여러분들은 민망하다고 하는데, 제가 듣기에는 아주 점잖은 표현입니다. 아기의 고추가 뻣뻣해지면 부모는 '애가 쉬가 마렵구나' 하고 알게 됩니다.

노자가 말하고자 한 것은 아기는 남녀 성에 대해 몰라도 때가 되면 자연히 발기한다는 것입니다. 때로는 오줌이 마렵지 않아도 그럴 수 있지요. 어쨌든 이것은 동지에 일양이 돌아와서 회복되는 것과 같은 현상입니다. 생리의 변화는 남성에게 분명히 나타나는데, 사실 여성도 같은 현상이 일어나지만 미처 분명히 인식하지 못할 뿐입니다. 예를 들어 가슴이 답답하거나 팽창하는 등 마치 생리할 때와 같은 느낌이 있습니다. 이렇게 양기가 발동할 때는 그것을 알 수 있어야 하는데, 어떻게 하면 파악할 수 있을까요? 어떤 수행자들은 양기가 발동하면 재빨리 그것을 잡으려고 하지만, 그렇게 하면 일을 그르칩니다. 불가에서는 양기가 발동할 때 마음을 공(空)의 경지에 두고 일념으로 그것을 관조하라고 합니다. 양기가 발동하면 질병이 있는 사람은 그 증세가 더 악화될 수도 있습니다만, 사실 매우 좋은 소식입니다. 가령 기침이 심한 경우 양기가 돌아올 때는 오히려 더 심해질 수 있습니다.

자시에 일양이 돌아와서 회복할 때의 현상은 축시가 되면 좀 평온한 상태로 변합니다. 그런데 양기가 올라온다면 인체의 어디에서 올라오는 것일까요? 이른바 해저(海底)라는 혈이 그곳입니다. 오늘날에는 해저가 배꼽 아래에 있다고도 하고 고환과 항문 사이에 있다고도 합니다. 해저를 글자 그대로 보면 바다가 깊어 보이지 않는 바닥이라는 뜻이지요. 인체의 해저가 몸의 하부에 있다는 것은 맞습니다만 이것은 또 정자시(正子時), 활자시(活子時)의 이치이기도 합니다.

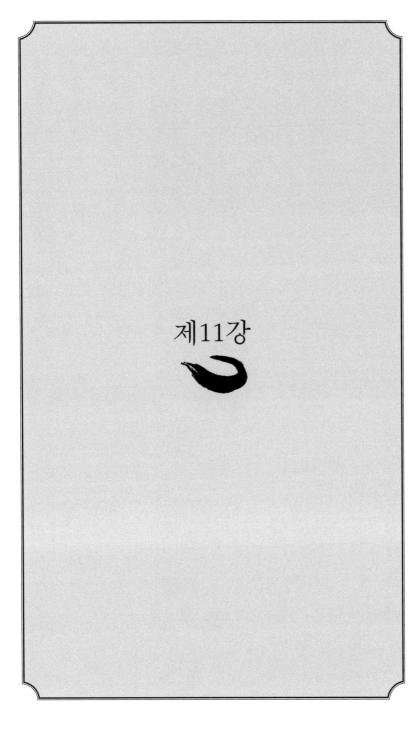

제11강

본 편의 제목은 어정(禦政)입니다.[68] 수도 공부를 하려면 먼저 우주와 우리의 생명 법칙을 파악해야 합니다. 우주와 생명의 원리를 잘 이해하면 수행하기가 훨씬 쉽기 때문입니다. 이 법칙이 바로 『역경』의 법칙이고 여기에 도가의 노장 사상이 배합되어 있습니다.

다음은 『참동계』 제2 "감리이용장(坎離二用章)" 원문입니다.

제2 坎離二用章감리이용장

天地設位천지설위, 而易行乎其中矣이역행호기중의. 天地者천지자, 乾坤之象건곤지상. 設位者설위자, 列陰陽配合之位열음양배합지위. 易謂坎離역위감리. 坎離者감리자, 乾坤二用건곤이용. 二用無爻位이용무효위, 周流行六

---

68 『참동계』는 상편, 중편, 하편으로 구분되고 각 편은 다시 상권, 중권, 하권으로 나누어진다. 각 편의 상권은 어정(禦政), 중권은 양성(養性), 하권은 복식(伏食)에 대해 서술하고 있다.

虛주류행육허. 往來旣不定왕래기부정, 上下亦無常상하역무상. 幽潛淪匿유잠윤닉, 變化于中변화우중. 包囊萬物포낭만물, 爲道紀綱위도기강.

以無制有이무제유, 器用者空기용자공. 故推消息고추소식, 坎離沒亡감리몰망. 言不苟造언불구조, 論不虛生논불허생. 引驗見效인험견효, 校度神明교도신명. 推類結字추류결자, 原理爲徵원리위징.

坎戊月精감무월정, 離己日光리기일광. 日月爲易일월위역, 剛柔相當강유상당. 土王四季토왕사계, 羅絡始終나락시종. 靑赤黑白청적흑백, 各居一方각거일방. 皆秉中宮개병중궁, 戊己之功무기지공.

하늘과 땅이 자리 잡으니 역이 그 가운데를 운행한다. 하늘과 땅은 건괘와 곤괘의 현상이요 자리를 잡았다는 것은 음양이 배합된 자리를 늘어놓은 것이다. 역은 감괘와 리괘를 말하니 감괘와 리괘는 건괘와 곤괘의 두 작용이다. 감괘와 리괘의 두 작용은 일정한 효의 위치가 없이 육허를 두루 운행한다. 오고 감이 일정하지 않으니 위아래 또한 일정하지 않다. 깊숙하고 어두컴컴한 속에서 변화가 일어나니 만물을 감싸고 도의 기강이 된다.

없음으로써 있음을 제어하니 그릇에 쓰임은 공간이다. 그러므로 일소일식의 운동 작용으로 감괘와 리괘는 몰망한다.

말은 억지로 만드는 것이 아니요 논의도 헛되게 생기는 것이 아니다. 증험을 인용하여 효험을 보이고 신명으로 척도를 교열하니 결자를 유추해서 원리로 증명한다.

감무는 달의 정화이고 리기는 태양의 빛이다. 일월이 역이 되니 강유가 상당하고 토는 사계에 왕성하니 시작과 마침을 주도한다. 청색, 적색, 흑색, 백색이 각각 동서남북 중 하나의 방향에 거처하니 모두 중궁으로 모이게 하는 것은 무기의 작용이다.

수도에 앞서 먼저 알아야 할 일

하늘과 땅이 자리 잡으니 역이 그 가운데를 운행한다.

天地設位, 而易行乎其中矣.

"천지설위(天地設位)", 이 우주에서 하늘은 위에 있고 땅은 아래에 있으며 인간은 그 가운데 있다는 말로, 『역경』의 세계관을 나타냅니다. 건괘는 "하늘[天]"을 곤괘는 "땅[地]"을 상징하는 기호로, 하늘은 위에 땅은 아래에 있습니다. "설(設)"은 임의로 설치한다[假設]는 뜻으로, 처음 그 위치를 정하니 "역이 그 가운데를 운행한다[易行乎其中矣]"는 말입니다. 그렇다면 "역(易)"이란 무엇일까요? 위는 해[日] 아래는 달[月]이 합쳐진 글자로, 해와 달을 역이라고 합니다. 즉 해와 달의 운행을 통해 나타나는 현상을 역(易)이라고 하지요. 중국 문화에서 『역경』을 가장 명확하게 해석한 것이 바로 『참동계』입니다. 앞에서 이미 『역경』의 이치에 대해 말한 바 있습니다. 『역경』의 삼대 원리라고 하는데 간이(簡易), 변역(變易), 교역(交易)이 그것입니다.

첫째 간이입니다. 『역경』의 원리가 보기에는 매우 복잡하지만 알고 나면 극히 간단하고 쉽다는 뜻입니다. 둘째 변역입니다. 우주 만물은 우리에게 한순간도 쉼이 없이 언제 어디서나 변화하고 있다는 것을 알려 줍니다. 셋째 교역입니다. 어떤 변화도 서로 반대되는 상호간의 인과, 전후, 좌우, 내외, 피차의 관계를 통해서 이루어진다는 것을 의미합니다.

중국 송대에 이르러 일군의 학자들이 또 하나의 원리를 추가했는데, 바로 불역(不易)이라는 원리입니다. 교역과 변역은 현상이고 그 현상의 배후에 불역이라고 하는 움직이지 않는 본체가 존재한다는 것입니다. 즉 이 우주는 불변하는 본체에 근거해서 변역하고 교역하는 현상이 있다는 것이지요. 어째서 불변하는 본체가 변역하는 현상을 일으킨다고 하는 것일까요? 비유하자면 우리가 지금 공부하고 있는 이 공간을 본체라고 한다면, 이 본체인 공간을 우리는 지금 『참동계』를 공부하는 데 사용하고 있습니다. 그런데 내일은 어떤 회의를 열기 위해 쓸 수도 있고, 모레는 또 다른 용도로 이 공간을 사용할 수도 있습니다. 이와 같이 이 공간은 불변하지만 그 속에서는 여러 가지 다른 현상이 일어날 수 있지요. 이러한 논리로 우주의 다양한 변역과 교역의 현상 역시 어떤 불역의 본체가 있기에 일어날 수 있다고 생각하는 것입니다.[69]

"천지설위(天地設位), 이역행호기중의(而易行乎其中矣)"는 태양과 달이 우리 인간 세계와 지구 위에 존재하는 각종 생물의 생명 법칙을 구성한다는 말입니다. 다음에 이어지는 본문에서 그것을 볼 수 있습니다.

하늘과 땅은 건괘와 곤괘의 현상이요 자리를 잡았다는 것은 음양이 배합된 자리를 늘어놓은 것이다.

天地者, 乾坤之象. 設位者, 列陰陽配合之位.

"천지자(天地者), 건곤지상(乾坤之象)"에서 "상(象)"이란 현상입니다. 즉 "천지(天地)"는 건괘와 곤괘에 의해 일어나는 현상이라는 말이지요. "설위자(設位者), 열음양배합지위(列陰陽配合之位)"에서 "설위(設位)"는 변화라는 뜻으로, 우주에 존재하는 만사 만물은 모두 상대적이라는 말입니다. 한 번 고요하면 한 번 움직이는 것도 상대성이고, 음이 있으면 반드시 양이 있고 양이 있으면 반드시 음이 있는 것도 상대성입니다. 다시 말하면 양이

---

69 송대 역학에서는 불역(不易), 불변(不變)의 본체를 무극(無極), 태극(太極)이라는 개념으로 나타낸다. 주돈이의 태극도설(太極圖說)을 송대 성리학의 비조로 일컫는 이유가 여기에 있다.

극에 도달하면 음이 발생하고, 음이 극에 도달하면 양이 발생한다는 뜻이지요. 그래서 음양을 태양과 달의 운행 법칙에 결합해서 말했습니다.

이런 원리를 우리 신체에 비추어 말하면 생명 에너지가 기혈(氣血)로 변화하면 반드시 기혈의 부위에 배합되는 것과 같습니다. 그래서 중의학의 침구(鍼灸)에서 어떤 학파의 학자들은 자오류주(子午流注)를 매우 중시합니다. 그것이 "음양이 배합된 자리를 늘어놓기[列陰陽配合之位]" 때문입니다.[70] 만약 참으로 이런 원리에 통달하면 침구의 효과 역시 탁월해집니다.

역은 감괘와 리괘를 말하니 감괘와 리괘는 건괘와 곤괘의 두 작용이다.

易謂坎離. 坎離者, 乾坤二用.

"역위감리(易謂坎離)", 『역경』의 역(易) 자가 말하는 바는 감리(坎離) 두 괘가 대표합니다. 다시 말하면 역(易)을 감괘와 리괘로 해석한 것이지요. 이것은 역을 일월(日月)로 해석한 것과 같습니다. 감(坎)과 리(離)는 각각 해와 달을 상징하는 괘이기 때문입니다.

그다음 "감리자(坎離者), 건곤이용(乾坤二用)"입니다. 앞에서도 말했지

---

70 제4강 주29 참조. 자오류주에 대한 또 다른 설명을 보면 다음과 같다. "침구를 시술할 때 혈을 취하는 방법의 하나이다. 침구를 시술할 때 취혈(取穴)의 방법은 다양한데, 자오류주를 비롯하여 영구팔법(靈龜八法), 비등팔법(飛騰八法) 등은 시간을 근거로 하여 취혈하는 방법이다. 자오류주 침법(鍼法)은 치료 시간에 따라 그에 상응하는 오수혈(五輸穴)과 원혈(原穴)을 선택하여 치료하는 방법이다. 자오류주의 사상적 원류는 『황제내경』과 『역경』인데, 그 구체적 방법은 금원(金元) 시기에 형성되었다. 금대(金代) 하약우(何若愚)의 『유주지미침부(流注指微鍼賦)』와 염명광(閻明廣)의 『자오류주침경(子午流注鍼經)』에 자세히 실려 있다. '자오(子午)'는 자시(子時)와 오시(午時)를 뜻하며 '유주(流注)'는 십이경맥 기혈의 운행 과정 및 십이경맥의 정(井), 형(滎), 수(兪), 경(經), 합(合) 등 특정 혈에 표현되는 기혈의 성쇠를 뜻한다. 다시 말하면 십이경맥의 기혈은 시간의 변화에 따라 성쇠의 변화를 나타내는데, 자오류주란 이런 원리를 근거로 시간에 따라 상응하는 혈의 위치를 선택하여 치료하는 방법이다."(『한의학의 원류를 찾다』. 262면. 장기성 지음. 정창현 등 역. 청홍. 2008년. 서울.)

만 건괘는 하늘, 곤괘는 땅을 상징하는데, 건괘(乾卦 ☰)의 중효가 변화하면 리괘(離卦 ☲)가 되고, 곤괘(坤卦 ☷)의 중효가 변화하면 감괘(坎卦 ☵)가 됩니다. 그것은 각각 태양과 달을 상징하지요. 따라서 태양과 달 즉 리괘와 감괘가 바로 건괘와 곤괘 즉 하늘과 땅의 두 가지 작용이 됩니다. 하늘과 땅의 작용은 태양과 달에 의해 이루어지고, 또 이 작용에 의해 지구에서는 차고 더운 기후의 변화가 일어난다는 것입니다.

다음에 이어지는 원문 몇 구절은 반드시 기억해야 하는데, 특히 선도(仙道) 수행자는 잘 알아야 합니다.

감괘와 리괘의 두 작용은 일정한 효의 위치가 없이 육허를 두루 운행한다.
二用無爻位, 周流行六虛.

"이용무효위(二用無爻位)", 감리 두 괘는 태양과 달을 가리키는데 이 둘의 작용에는 "무효위(無爻位)" 즉 정해진 위치가 없습니다. 태양과 달이 정해진 위치가 없다는 말은 태양과 달이 일 분 일 초도 정지함이 없이 우주 공간을 돌고 운행한다는 뜻이지요. 그러므로 감괘와 리괘 즉 태양과 달을 어느 방향이나 위치에 고정된 것으로 여긴다면 그것은 인간의 주관적 관념일 뿐입니다.

우주의 생명은 영원히 움직이고 변화하는 가운데 존재합니다. 고정되어 정지해 있는 것은 아무것도 없지요. 우리가 고요하다고 하는 것은 실은 엄청나게 빨라서 움직이지 않는 것처럼 느낄 뿐입니다. 비유하자면 비행기 안에 있을 때 비행기의 속도는 매우 빠르지만 그 안에 있는 우리는 움직이지 않는 것처럼 느끼는 것과 같습니다. 혹은 고속버스를 타고 빨리 달리면 나는 가만히 있는데 바깥 풍경이 나를 스쳐 지나가는 것처럼 착각하는 것과 같습니다. 사실은 내가 움직이고 있는데 그 반대로 느끼는 것이지요.

이 우주의 움직임은 태양과 달의 운행입니다. "주류행육허(周流行六虛)", 태양과 달이 우주의 상하 사방 팔면 어디나 도달하지 않는 곳이 없이 원만하다는 뜻입니다. "육허(六虛)"는 중국 문화에서 말하는 육방(六方)입니다. 장자는 육합(六合)이라고 했지요. 동서남북 사방에 상하(上下)를 더한 개념입니다. 이른바 육합지내(六合之內)라는 말은 이 우주 공간을 의미합니다. 땅에서는 팔방(八方)을 말할 수 있습니다. 동서남북에 네 모퉁이를 더하는 것이지요. 불교가 중국에 들어온 후 팔방에 상하를 더해서 십방(十方, 우리말로는 '시방'으로 읽음)이 되었습니다. 이렇듯 시방이라는 개념은 불교가 들어온 이후 형성되었으므로 그 이전인 고대 중국에서는 육합, 육허라는 말을 썼습니다. 그러므로 고대에 태양과 달이 "주류행육허" 한다는 것은 그 빛과 정신(精神)이 우주에 미치지 않는 곳 없이 두루 운행한다는 말입니다.

가고 옴이 일정하지 않으니 위아래 또한 일정하지 않다.

往來旣不定, 上下亦無常.

"왕래기부정(往來旣不定), 상하역무상(上下亦無常)", 가고 오는 것도 일정하지 않고 오르고 내리는 것도 정해진 궤도가 없습니다. 거듭 말하지만 태양과 달의 운행은 고정된 것이 아닙니다. 천체의 법칙은 태양과 달이 영원히 운행한다는 것이지요. 지구의 동서남북 어디에나 운행합니다. 지금 우리가 있는 곳이 저녁이 되면 지구 반대편에서는 막 태양이 떠오릅니다. 어느 곳이나 달이 작용하지 않으면 태양이 작용하지요. 지구의 어느 곳이나 그렇지 않은 곳이 없습니다. 그래서 "위아래 또한 일정하지 않다"고 하는 것입니다.

깊숙하고 어두컴컴한 속에서 변화가 일어나니 만물을 감싸고 도의 기강이 된다.

幽潛淪匿, 變化于中, 包囊萬物, 爲道紀綱.

"유잠윤닉(幽潛淪匿)"이라는 말은 매우 중요합니다. 수도 공부를 하는 사람들에게는 특히 중요하지요. 우리가 불가 수련을 하든 도가 수련을 하든, 혹은 현교를 배우든 밀교를 배우든 관계없이 누구나 "유잠윤닉"의 법칙에서 벗어날 수 없기 때문입니다. 여러분, 우리는 왜 정좌를 합니까? 바로 생명과 정신을 최초의 상태로 회복하기 위해서입니다. 그 최초의 상태 혹은 경계가 바로 "유잠윤닉"입니다.

"유(幽)"는 밝지도 어둡지도 않은 침침한 상태로서 매우 심원한 것입니다. "잠(潛)"은 물고기가 해저의 저 깊은 곳으로 한없이 헤엄쳐 들어가듯이 더 깊이 들어가는 것을 말합니다. "윤닉(淪匿)"은 빛이 보이지 않는 것과 같습니다. 정좌 수도하는 사람들이 마치 보이지도 않고 들리지도 않는 곳에 앉아, 감각이 완전히 탈각되어 자신의 신체도 지각하지 못하고 자기 자신도 잊은 망아(忘我)에 이른 것이 바로 "유잠윤닉"의 경지입니다.

"유잠윤닉"은 또 수도 공부의 기본적인 경지이기도 합니다. 비유하자면 지금 해가 져서 캄캄해진 상태, 다시 말하면 음(陰)의 경계가 바로 "유잠윤닉"입니다. 수도 공부의 초보는 먼저 음(陰)을 쓰는 것입니다. 그래서 노자는 음유(陰柔)를 도의 기본으로 삼았습니다. 수도 공부에서 음은 결코 나쁜 것이 아닙니다. 음이 극해야 비로소 양이 발생할 수 있기 때문이지요. 그래서 "유잠윤닉"을 기본적인 경지라고 하는 것입니다.

"변화우중(變化于中)", 수도 공부가 "유잠윤닉"의 경지에 도달하면 생명 기능이 발동해서 마음과 몸에 큰 변화가 일어나는데, 이것이 "유잠윤닉"의 이치입니다. 이 지구상의 생명은 동물이든 식물이든 모두 고요한 상태에서 생명이 출발하는데, 고요한 상태가 극점에 도달하는 것이 바로 "유잠윤닉"으로서 생명 기능의 출발점이 됩니다.

이 방면에 대해서는 나중에 더 자세히 토론하기로 하고 지금은 먼저 개념부터 풀어 봅시다. "유잠윤닉, 변화우중"이라는 말은 고요함이 극에 도달한 시점에서 변화가 일어난다는 뜻입니다. 일체 만물은 일동일정(一動一靜)의 법칙 속에 존재합니다. "포낭만물(包囊萬物)"이 바로 그것을 의미합니다. 만물이 음양의 법칙에 포함되어 있다는 것이지요. 모든 사물은 동물이든 식물이든 광물이든 또는 정신세계든 물리세계든 이 법칙에서 떠날 수 없고 위반할 수도 없습니다. "포낭(包囊)"은 포괄하고 감싼다는 뜻으로, 이 법칙 속에 만물이 모두 속해 있다는 것입니다. "위도기강(爲道紀綱)"의 "기강"은 강요(綱要) 즉 요점입니다. 수도하는 사람이 반드시 알아야 할 요점이라는 말입니다.

단전을 지키는 문제

우리는 이미 앞에서 강조한 감괘와 리괘 즉 태양과 달의 작용이 중요하다는 것을 알게 되었습니다. 또 태양과 달의 운행 법칙을 우리 신체에 배합하는 것에 대해서도 언급했습니다. 그래서 도가에서는 인체를 소우주라고 했습니다. 바꾸어 말하면 전체 천지 우주는 하나의 대생명이고, 우리는 대생명에서 분화된 소생명이라는 것입니다. 서양의 종교 철학으로 말한다면 인간은 하느님이 자신의 모습을 본떠서 만들었다는 뜻입니다. 그런데 도가에서는 우주는 대생명이고 우리 인체는 소생명이므로, 인체인 소우주에서 수도 공부를 하면 대우주의 법칙을 알 수 있다고 합니다.

감괘와 리괘에 대한 도가의 해석과 응용은 매우 다양합니다. 예를 들어 인체에서 눈은 리괘에 속하고 귀는 감괘에 속한다고 합니다. 그래서 도가의 어느 문파에서는 정좌 공부를 할 때 눈동자를 움직이지 않습니다. 안신(眼神)을 거두고 눈동자를 닫아 자신의 단전을 응시합니다. 이런 수련법을 눈빛을 안으로 비춘다는 뜻에서 '신광내조(神光內照)'라고 하지요. 리괘를 거두어 단전을 비추는 것입니다.

이른바 단전에 대해 말하면 도가에서는 인체에 세 개의 단전이 있다고 합니다. 상단전, 중단전, 하단전이 존재한다고 하지요. 상단전(上丹田)은 양미간에서 후뇌에 도달하는 직선입니다. 그 직선을 기준으로 뇌의 좌측은 태양, 우측은 태음입니다. 그 좌우 양측을 직선으로 연결할 때 양미간에서 후뇌로 연결되는 직선과 만나는 지점이 상단전입니다. 이것을 굳이 현대 의학 용어로 말하자면 전뇌와 후뇌 중간에 위치한 간뇌(間腦)에 해당합니다. 중단전(中丹田)은 양 가슴 사이에 들어간 부분이고, 하단전(下丹田)은 배꼽 아래 일촌삼푼(一寸三分)에 위치합니다. 중지(中指)의 두 번째 마디를 일촌으로 계산한 것이지요. 인체의 혈(穴) 자리도 이렇게 각자 자신의 손가락 마디 길이로 계산해서 재는 것이 좋습니다.

여성들이 특히 주의할 것이 있습니다. 안신(眼神)으로 비추든 아니면 의념으로 하단전을 지키든 이런 방법을 오래 행하면 자칫 병이 생길 수도 있습니다. 심하면 혈붕(血崩)에 이르기도 합니다. 이런 증세는 당연히 남성도 주의해야 합니다. 이런 방법은 낮은 수준의 수행법으로 잘못된 것은 아니지만 사람에 따라 문제를 일으킬 수도 있습니다. 예컨대 고혈압이 있는 남성이라면 단전을 지키는 방법은 효과가 있을 뿐 아니라 매우 좋습니다. 그런데 혈압이 낮다면 단전을 지키는 방법은 쓰면 안 됩니다. 그래서 도가 수련을 하는 사람은 반드시 의학에도 통해야 합니다. 『황제내경』과 『난경(難經)』의 의학 원리를 수련에 참고해야 합니다.

상단전을 지키는 수련법은 지금 매우 유행하고 있습니다. 밀종이다 도법(道法)이다 해서 종류가 많은데, 그들의 공통점은 모두 비밀리에 전수한다는 것입니다. 이 법을 전수 받으려면 무릎을 꿇고 머리를 조아리고 향을 피우고 주문을 외우는 의식을 갖추어야 합니다. 절대 다른 사람에게 발설하지 않고 비밀을 지켜야 하며, 이를 어기면 벼락을 맞아 죽는다는 맹세를 합니다. 그렇게 맹세한 후에야 단 둘이 있을 때 혹시라도 누가 들을까 무서워서 귀에다 대고 소곤소곤 구결을 전해 줍니다.

이런 도파(道派)는 매우 많은데, 대부분 지키는[守] 법을 전해 주고 때로는 정좌할 때의 손 모양을 가르쳐 주기도 합니다. 밀종에서는 이를 수인(手印)이라 하고 도가에서는 날결(捏訣)이라고 하지요. 어떤 사람들은 정좌할 때 상단전을 지킨답시고 눈을 감고 눈살을 찌푸리고 있는데, 마치 두통이 있거나 고민이 많아 보입니다. 이런 것은 특히 고혈압이 있는 노인은 절대 해서는 안 됩니다. 이런 식으로 하면 얼마 못 가서 안면이 붉게 물들게 되는데, 좋은 현상이 아니라 혈압이 올라간 것입니다. 물론 얼굴에 복숭아 빛이 도는 것은 다른 현상으로 좋은 일입니다. 얼굴이 뻘겋게 달아오르고 피부가 빛나는 듯하면 갑자기 병 없이 죽는 수도 있습니다. 이런 것을 득도했다고 하면 그럴 수도 있겠지만, 사실은 고혈압으로 뇌출혈이 일어난 것입니다.

그런데 상단전은 지켜도 될까요? 물론 됩니다. 단, 자기 신체에 적합한 경우에만 해당됩니다. 예를 들어 신경이 특히 쇠약한 사람은 상단전을 지켜도 됩니다. 단, 자신의 기혈 유통이 문제가 없는지를 살펴보아야 합니다. 그렇지 않다면 이 경우에도 병이 생길 수 있습니다.

제가 아는 바로는 중단전을 지키라고 가르치는 사람은 별로 없는 듯합니다. 그런데 중단전을 지키는 것이 도리어 상단전이나 하단전을 지키는 경우보다 폐단이 적습니다. 다만 문제가 아주 없지는 않습니다. 오랫동안 중단전을 지키는 사람 중에는 심장통이 아니라 심와통(心窩痛)이 생길 수도 있습니다. 명치에 생기는 통증은 식도와 위의 소화 불량 때문입니다. 또는 기관지나 폐의 문제일 수도 있지요. 이런 삼단전 문제는 수도 공부에는 반드시 알아야 할 상식입니다.

눈과 귀를 내면으로 돌리는 수행

앞에서 감괘와 리괘에 대해 말했는데, 이것은 도가 정통파의 관념입니다. 진한(秦漢) 이전의 고서를 보면 신광(神光)을 반조(返照)하는 법을 존신(存神) 혹은 존상(存想)이라고 합니다. 밀종에서는 관상(觀想)이라고 하는 수련법이 있는데, 이 두 가지는 이름이 다른 만큼 방법도 차이가 있습니다. 단, 생각을 운용하는 방법이라는 점에서는 같습니다. 옛사람들은 존상을 오래하면 하늘로 날아오를 수 있다고 했는데 진정 몇 사람이나 이 경지에 도달할 수 있었을까요? 아마 이런 사람은 없었을 것입니다. 어쨌든 존상(存想)을 하든지 신조(神照)를 하든지 신체에 정신을 집중하기 위해서는 반드시 "유잠윤닉"의 경지에 이르러 몸과 마음이 깊은 상태에 도달해야 비로소 변화가 일어납니다. 변화가 일어날 때에는 앞에서 말했던 그런 원리를 잘 알아야 하는데 상세한 것은 나중에 다시 이야기하지요.

정좌할 때 눈을 내면으로 돌리거나 어느 곳을 비추어 보아도 될까요? 결론은 그렇게 해서는 안 된다는 것입니다. 여러분이 리괘 즉 눈을 내면으로 비추어도 완전한 "유잠윤닉"의 경지에는 들어가지 못하기 때문입니다. 왜냐하면 우리의 감괘 즉 귀가 여전히 밖의 소리를 듣고자 하기 때문입니다. 그러므로 눈과 귀를 모두 내면으로 깊이 수렴해야 합니다. 말하자면 눈과 귀를 내면으로 돌려서 보고 듣는 '수시반청(收視返聽)'이 되어야 하지요. 불교에서는 반청(返聽)을 관음법문(觀音法門)이라고 하는데, 도가에서 보면 관음법문은 감괘인 귀를 이용해서 수행하는 것입니다.

관음법문의 장점은 어디에 있을까요? 우리의 귀는 기해혈(氣海穴) 즉 신장과 기운이 통해 있습니다. 그래서 나이가 들면 신경(腎經)의 원기가 쇠약해져 귀가 어두워집니다. 눈도 자꾸 침침해지는데, 그것은 간경(肝經)이 막혀 탈이 난 것입니다. 그래서 도가 일파의 수련법은 눈과 귀를 외면으로 열어놓지 않고 내면으로 수렴해서, 눈으로는 배꼽 부위를 비추고 귀도 안으로 수렴해 밖의 소리를 듣지 않아서 천천히 원기(元氣)를 회복하는 것입니다. 이런 경지에 도달해야 비로소 진정한 "유잠윤닉"이 됩니다.

이런 원리는 팔괘를 인체에 적용한 것입니다. 건괘는 머리, 곤괘는 배가 됩니다. 간괘(艮卦)는 등, 리괘(離卦)는 눈, 감괘(坎卦)는 귀, 태괘(兌卦)는 입, 손괘(巽卦)는 코, 진괘(震卦)는 몸통이 됩니다. 이것은 유형의 신체에 적용한 것이고, 도가에는 이보다 더 상세한 분류가 있습니다. 도서(道書)를 이해하기 어려운 것은 이처럼 통일성이 없기 때문입니다. 천고 이래 독서하는 사람들이 가장 읽기 싫어하는 책이 도가의 책입니다.

눈에 대해서만 말하자면 또 다른 적용법이 있습니다. 왼쪽 눈은 리괘에 속하고 오른쪽 눈은 감괘에 속한다는 것입니다. 같은 원리로 다른 괘들도 다시 상세하게 구분되니 어찌 복잡하다고 하지 않겠습니까? 그러나 여기에도 원리가 있습니다. 우주 만물에는 각각 하나의 태극이 있고, 각각 모두 천지가 있습니다. 그러므로 우리 신체 전체는 하나의 생명이지만, 이것을 나누어 보아도 여전히 각각 하나의 독립적인 생명입니다. 이러한 것을 일일이 나누어 이것은 어느 파에 속하고 저것은 어느 파에 속한다고 규정하려면 너무 경직되고 복잡합니다. 그러니 더 이상 상세한 분류는 하지 않겠습니다.

혼백이 변화해서 정신이 된다

정통 도가의 감리 두 괘와 태양과 달의 원리에 대한 해석은 정확합니다. "일출몰비정신지쇠왕(日出沒比精神之衰旺), 월영휴비기혈지성쇠(月盈虧比氣血之盛衰)"라는 말이 있습니다. "해가 뜨고 지는 것은 정신의 쇠약함과 왕성함에 비유하고, 달의 차고 이지러지는 것은 기혈의 성함과 쇠함에 비유한다"는 뜻입니다. 이 말은 감괘와 리괘가 담고 있는 내재적 의미를 우리에게 알려 줍니다. 도가 철학의 중요한 문제 하나를 지금 해결해 볼까요? 도가는 곳곳에서 정신(精神)에 대해 언급하는데, 이 정신이라는 것은 도대체 무엇일까요? 참으로 정의하기 어렵습니다. 정신은 말 그대로 그냥 정신입니다. 제가 전에 이런 우스갯소리를 한 적이 있지요? 학교에서 학생들에게 정신 강화를 하고 있는데, 저는 이 말이 불합리하다고 생각합니다. 강화에는 본래 정신이 들어 있어서 강화가 곧 정신이기 때문입니다. 만약 정신 강화 외에 다른 강화가 있다고 한다면 행여나 신경 강화라고 하지는 말라고 했습니다.

먼저 정신이 도대체 무엇을 의미하는지, 무엇을 상징하는지 정의를 내려 봅시다. 여러분 중에는 정신은 추상적인 것이어서 언어로 정의 내릴 수 없다고 생각하는 분도 있을 것입니다. 그러나 중국 문화에서 정신은 확실히 정체성이 있습니다. 이른바 정신은 혼백(魂魄)입니다. 혼과 백이 변화해서 정신이 된다는 것이지요. 바꾸어 말하면 혼백은 정신의 변화라고도 할 수 있습니다. 그렇다면 혼백이란 무엇일까요? 마음의 상태는 혼(魂)이며 신(神)에 속하고, 생명 에너지는 백(魄)이며 정(精)에 속합니다. 우리가 보통 '저 사람은 기백이 있다'고 할 때의 이 기백(氣魄)은 신체의 생리적 에너지가 폭발하는 것입니다. 폐질환이 심각하거나 말기 암 환자는 기백이 사라지고 없습니다.

백(魄) 자는 백(白) 자 옆에 귀(鬼)가 있습니다. 귀는 무엇을 의미합니까? 이것을 알려면 먼저 중국의 문자를 알아야 하고 부수를 이해해야 합니다. 이 귀(鬼)라는 글자는 전(田) 자를 중심으로 이루어졌습니다. 왜 그럴까요? 인간은 모두 지구에, 땅에 발을 딛고 살고 있습니다. 전(田) 자는 본래 십(十) 자가 네모가 아닌 동그라미 속에 들어 있는 형상입니다. 전(田) 자 위에 점 하나가 머리를 내밀면 유(由) 자가 됩니다. 유(由)는 본래 땅 위로 초목의 싹이 터 올라온 형상입니다. 전(田) 자의 위아래가 모두 트이면 신(申)이 되고, 이것은 전(電) 즉 번개를 나타냅니다. 그런데 귀(鬼)는 위로는 올라가지 않고 오로지 아래로만 내려갔습니다. 이와 달리 위와 아래로 다 통하면 신(神) 자가 됩니다.

백(魄)은 흰 백(白) 자와 귀신 귀(鬼) 자가 결합된 형상으로, 백색의 귀(鬼)를 의미합니다. 백색은 양기(陽氣)를 상징하므로, 백은 정신 중에서 양기를 나타냅니다. 이와 반대로 혼(魂)은 사람이 죽은 후에 육체가 사라진 상태로서, 귀(鬼) 자 옆에 구름 운(云) 자가 붙어 있습니다. 혼이란 바로 죽은 사람의 영혼이 하늘로 흩어지는 것을 나타냅니다. 다시 말하면 혼과 백이란 생명의 죽음과 삶의 양면을 가리킵니다.

그렇다면 정신은 어디에서 오는 것일까요? 도가 이론의 핵심을 요약해 보면 두 부분으로 나누어지는데 신(神)은 성(性) 즉 본성(本性)에 속하고, 정(精)과 기(氣)는 명(命)에 속합니다. 도가는 일찍이 신체를 두 개의 우주로 나누었는데 우리의 신체는 명(命)에 속합니다. 따라서 신체는 명입니다. 그렇다면 성(性)은 어떤가요. 성(性)이 바로 신(神)입니다. 성은 신체에 속하지 않습니다. 단, 신체에는 성(性)에 속하는 부분도 있습니다. 전기에 비유하면 전기는 전구를 통해야 빛을 내는 작용이 가능합니다. 전구가 망가지면 전기가 통할 수 없지요. 그러므로 도가의 이론은 불가나 다른 종파와는 달리 수행자에게 반드시 성과 명을 함께 닦는 '성명쌍수(性命雙

修)'를 요구합니다. 성명(性命)은 음양으로서 감괘와 리괘로 나타내는데, 성명쌍수는 음과 양을 나란히 닦아 나아가야 한다는 뜻입니다.

송(宋) 원(元) 명(明) 이후의 도가, 즉 정통 도가는 실제로 불가도 비판하고 유가도 비판합니다. 불가와 유가는 성(性)만 닦고 명(命)을 닦지 않기 때문에 올바른 수도를 할 수 없다고 하지요. 단지 심리적 측면의 수도만 하고 신체적 측면의 수도가 없으니 여전히 생로병사의 고통에서 실질적으로 벗어날 수 없다는 것입니다. 송 원 명 이후의 도가는 일반적인 도가에 대해서도 비판의 날을 세웁니다. 일반적인 도가는 단지 명(命)만을 닦아서 기공만 수련하고 신체만 단련할 뿐이라는 것입니다. 왕양명도 도가의 이런 일반적 수련 이론을 비판한 바 있습니다. 단지 명(命)을 닦는 것만 알고 불가의 명심견성(明心見性)과 유가의 수심양성(修心養性)의 원리를 몰라서는 안 된다는 것이지요.

정통 도가에는 다음과 같은 유명한 구절이 있습니다. "단지 명만 닦고 성을 닦지 않는 것은 수행의 제일 병통이다[只修命不修性, 此是修行第一病]." 신체를 수련하는 것만 알아서 하거(河車)를 돌릴 뿐 일체유심조(一切唯心造)의 원리도 이해하지 못하고 심성(心性)의 도리도 알지 못하는 것이야말로 일반적인 도가 수도자의 제일 병통이라는 것입니다. 또 도가에는 이런 유명한 구절도 있습니다. "단지 성만 닦고 단을 닦지 않는다면, 만겁이 지나도 음령이 될 뿐 성인의 경지에 들어갈 수 없다[但修祖性不修丹, 萬劫陰靈難入聖]." 심성 방면에서만 들어가고 명심견성(明心見性)의 학리만 알아서 일체가 공(空)하다고만 한다면 몸의 기질변화(氣質變化)를 성취하지 못한다는 것입니다. 도가에서는 몸과 마음, 음과 양의 조화를 이루지 못하면 영원히 부처나 신선의 경지에는 도달할 수 없다고 여겼습니다.

그래서 정통 도가에서는 성명쌍수를 주장하고, 불법에 대해서도 매우 존중하고 부처 역시 수도에 성공한 분으로 공경합니다. 단, 일반적으로 불법을 공부하거나 도를 닦는 이들은 성(性)의 수련에 치우치거나 명(命)의 수련에만 치우쳤다고 해서 비판하는 것이지요. 이런 주장은 불학의 관점에서 볼 때 합리적이라고 할 수 있나요? 매우 합리적입니다. 불교의 유식(唯識)과 반야(般若)의 공(空) 사상을 공부하면 곧 알 수 있습니다. 유식학에서 이 신체는 아뢰야식의 일부로서 몸과 마음은 각각 절반이라고 합니다. 그러므로 수도 공부에서도 몸과 마음은 나란히 닦아야 합니다. 즉 성(性)과 명(命)을 쌍수(雙修)해야 한다는 것입니다. 그렇게 하면 마침내 신체는 노쇠한 상태에서 건강한 상태로 변화하고, 건강한 상태에서 기질을 변화하는 경지에 도달하고, 기질이 변화함으로써 환골탈태의 경지에 도달하게 됩니다. 이렇게 명공(命功)의 과정을 마친 후에 다시 심성 수련 즉 성공(性功)의 수련에 들어가야 비로소 도의 수련을 완성할 수 있습니다.

이처럼 성명쌍수의 수련 공부에 성공한 이후의 경지를 도가에서는 무봉탑(無縫塔)이라고 합니다. 이음새가 없는 완벽한 탑을 이루었다는 일종의 비유이지요. 불학에서는 무루과(無漏果) 혹은 누진통(漏盡通)을 증득했다고 합니다. 결점이 없는 완전한 생명을 이루었다는 뜻입니다.

제12강

일양이 처음 동하는 곳에는 음양이 없다

앞에서 정통 도가는 성명쌍수를 주장하며 이는 송원 시대 이후라고 말했습니다. 성명쌍수를 이해하려면 먼저 알아야 할 것이 있습니다. 바로 '일양래복(一陽來復)'입니다. 성명쌍수란 성과 명 즉 심리와 생리를 하나로 합쳐서 일체(一體)로 이해하는 관점입니다. 서양 철학자 플라톤은 정신세계와 물질세계를 이원화하는 세계관을 주장했지만, 정통 도가의 관점에서 보면 정신과 물질은 일체의 양면과 같습니다. 하나의 기능이 분화되어 이루어진 두 가지 즉 일음과 일양이기 때문입니다. 이 중에서 정신세계와 관련된 것이 바로 심성(心性) 수양입니다. 먼저 동지에 일양이 발생하는 '동지일양생(冬至一陽生)' 법칙을 살펴보겠습니다. 이 십이벽괘 중에서 일양이 처음 동하는 곳이 가장 중요합니다.

송대의 오대(五大) 유학자 중 한 사람인 소강절은 『역경』을 깊이 연구했는데, 그 학문적 성취는 시대를 초월한 놀라운 것이었습니다. 소강절은 역학을 연구해서 하나의 법칙을 정리해 냈습니다. 이는 전무후무한 놀라운 것으로 지금까지도 진정으로 소강절을 넘어선 학자는 나오지 않았습니다. 그는 동지일양생 법칙에 대해 다음과 같은 시를 지었습니다. 여기에 나타난 법칙은 후대의 수도자들에게 귀감이 되었지요. 그의 시는 다음과 같습니다.

동지의 정자시는	冬至子之半
천심이 움직이지 않으니	天心無改移
일양이 처음 동하는 곳이며	一陽初動處
만물이 아직 발생하지 않은 때이다	萬物未生時

이 시는 동지에 일양이 발생하는 원리로, 이것은 『역경』의 가장 기초적이면서 최고의 원리이기도 합니다. 동지는 자월(子月)인 음력 십일월의 하반(下半)의 기(氣)입니다. 자월은 복괘(復卦)로 나타내는데, 이 달에 "일양이 와서 회복된다(一陽來復)"는 뜻입니다. 이때는 천지에 음기가 궁극에 도달하여 일양이 발생하는 시점입니다. 하루로 보면 밤 열한 시에서 새벽 한 시까지로 자시(子時)에 속하지요. 이른바 정자시(正子時)란 밤 열두 시 정각으로 자시의 중간입니다. 소강절이 시에서 말한 "동지자지반(冬至子之半)"은 바로 동지의 정자시를 가리킵니다. 정자시의 전반은 오늘 밤에 속하고, 후반은 다음 날 새벽에 해당하겠지요.

소강절이 말한 "동지자지반"에서 동지는 자월의 반일 때, 우주 만물이 동태(動態)와 정태(靜態) 어느 편에도 속하지 않은 시점입니다. 이때는 "천심무개이(天心無改移)" 즉 하늘의 중심인 천심이 지극히 평온하며 동과 정을 초월한 일종의 진공(眞空) 상태입니다. 이 진공 상태가 바로 일양의 기가 처음 움직이기 직전으로, 바로 만물이 발생하기 직전인 "만물미생시(萬物未生時)"입니다. 그러므로 불가에서 말하는 공(空), 무념(無念)은 양기가 회복하는 직전의 경계이지요.

이쯤에서 이야기를 하나 하겠습니다. 이십 세기 후반에 중국 문화, 특히 송명 이학가의 사상에 대해 순수하게 학술적 입장에서 보면 장(蔣) 선생[71] 이야말로 진정 통달한 송명 이학자입니다. 백 년 후에 유학과 관련된 이분의 학술적 성취를 평가해 보면 그의 공업(功業)보다 높은 평가를 받을 수도 있습니다. 장 선생이 아직 살아계셨다면 이런 말을 하지 않았겠지만요. 현재 말할 수 있는 것은, 장 선생은 생전에 매일 한 차례 두 시간씩, 세 차례나 정좌를 했다는 사실입니다. 그런데 그는 결가부좌를 하지 않고 보통 책상다리를 해서 앉았습니다. 이분이 유명한 구절을 남겼는데, 바로 "궁리어사물시생지제(窮理於事物始生之際), 연기어심의초동지시(硏幾於心意初動之時)"라는 글귀입니다. "사물이 발생하기 전에 궁리하고 심의가 처음 발동하기 전에 기미를 살핀다"는 뜻입니다.

이 시구는 송명 이학에 대한 장 선생의 경지를 보여 줍니다. 구체적으로 말하면 송명 이학의 심성 수양, 나아가서 소강절의 역학에 대한 자신의 깨달음의 경지입니다. 장 선생은 자신의 전기(傳記)에서 이렇게 말했습니다. 스물 몇 살에 모친을 위해서『능엄경(楞嚴經)』과『유마힐경(維摩詰經)』을 필사한 적이 있고 다른 불경도 많이 보았다고 했습니다. 이렇게 모친의 독촉 때문에 불교를 어느 정도 이해하게 되었다는 것입니다. 위에 인용한 글귀는 앞의 소강절의 시에 대한 자신의 깨달음을 노래한 것으로, 다른 송명 이학자들이 이런저런 말을 장황하게 늘어놓은 것에 비해 훨씬 분명합니다.

다시 "동지자지반, 천심무개이"라는 소강절의 시구로 돌아오겠습니다. 도가에서 말하는 천심(天心)은 불가에서 말하는 무념(無念) 진여(眞如)의 경계에 해당합니다. 이러한 천심의 경지를 "천심정운(天心正運)"이라고 합

---

[71] 장개석(蔣介石, 1887-1975)을 가리킨다.

니다. "천심이 올바로 운행하는" 경지라는 뜻이지요. 운(運)은 운동이라는 뜻으로, 아주 짧은 찰나의 순간입니다. 바로 나침반이 남북극을 향해 똑바로 가리키는 때이지요. 그러므로 명리를 보거나 풍수지리를 보는 사람들은 천심이 올바로 운행하는 순간을 분명히 알기가 매우 어렵습니다. 극히 미세한 찰나의 순간이기 때문입니다. 천심이란 바로 불교에서 말하는 명심견성의 경지이기도 합니다. 모든 인연, 집착을 마음에서 방하(放下)하여 일념도 일어나지 않는 시점이지요. "천심무개이"란 바로 이런 경지입니다. 도가에서는 음도 양도 아닌 무음양(無陰陽)의 경지라고 하는데, 불가에서는 '비공비유(非空非有)', '즉공즉유(卽空卽有)'의 경지라고 합니다. 공도 아니고 유도 아니며, 공이면서 곧 유인 '그침[止]'의 경지입니다.

유가의 품성, 불가의 이성, 도가의 수도

이번 강의 내용은 젊은 사람이 특히 주의하시기 바랍니다. 중국 문화는 주진(周秦) 시대 이전에는 유가(儒家), 묵가(墨家), 도가(道家)라는 삼가가 중심이었습니다. 유가는 공자가 대표하고 묵가는 묵자가 대표하지요. 그런데 당송 시대 이후 삼가는 유가, 불가, 도가입니다. 이 삼가를 대표하는 공자, 석가, 노자야말로 우리의 위대한 스승이지요. 단, 삼가의 사상에는 각각 편중한 면이 있습니다.

불가는 심리 측면으로부터 출발하여 형이상(形而上)의 도(道)에 도달합니다. 저의 지식 범위 내에서는 세계의 어떤 종교나 철학도 부처님 손바닥을 벗어나는 것은 없습니다. 물론 제 지식에는 당연히 한계가 있고 반드시 옳다고 할 수는 없지요. 도가 사상은 물리 및 생리 측면에서 출발하여 형이상의 도에 도달합니다. 그렇다면 우리는 이렇게 말할 수 있겠습니다. 생리와 물리 측면에서 출발하는 수행법은 어떤 종교도 도가의 범위를 뛰어넘는 것은 없고, 태상노군(太上老君)의 팔괘로(八卦鑪)를 벗어날 수 없다고요. 그래서 『서유기』를 보면 태상노군의 팔괘로에 들어간 손오공은 전신에 털이 다 타 버려서 화로 구석에서 꼼짝도 못하고 숨어 있을 수밖에 없었고, 두 눈은 빨갛고 눈동자는 금색으로 변하여 화안금정(火眼金晴)이 되고 말았습니다. 유가는 윤리도덕에 편중되어 인문, 도덕에서 출발하여 형이상의 도에 이릅니다.

그래서 저는 늘 젊은이들에게 말합니다. 인류의 위대한 스승 세 분과 여기에 예수와 마호메트를 더해 다섯 분 모두 우리에게 올바른 가르침을 주었고, 각각 특색 있는 우리의 스승이라고 말입니다. 이 다섯 분이 한자리에 만난다면 서로 양보하고 존중할 것입니다. 그러나 이분들의 제자는 그렇게 하지 않고 서로 싸웁니다. 물론 우리는 오관도(五貫道)도 아니고 삼관도(三貫道)는 더욱 아닙니다. 그냥 순수하고 공평한 학술적 입장에 서 있을 뿐입니다.

우리는 앞으로 유가의 품성(品性)을 배워야 합니다. 인격적으로 성숙하고 훌륭한 일을 하기 위해서는 반드시 유가의 이치를 공부해야 합니다. 유가는 비유하자면 대승 보살도의 율종(律宗)에 해당합니다. 그러므로 유가는 실천 행위를 중시하지요.

유가의 품성을 공부하는 것 외에 우리는 불가의 이성(理性)도 배워야 합니다. 여러분이 명심견성을 하려면 직접 불가의 길을 걸어서 도를 깨닫지 않으면 안 됩니다. 그렇게 하지 않으면 높은 경지에 도달할 수 없고 성공할 수도 없습니다. 동시에 도가의 공부 원리도 배합해야 합니다. 밀종이든 현교든 이 범위에서 벗어날 수 없지요. 그러나 도가의 학문은 수도 방면에만 그치는 것이 아닙니다. 중국 역사에서 심오하고 비밀스러운 부분이 있는데, 바로 세상이 어지러울 때마다 이 세상에 나와서 어지러운 현실을 바로잡으려는 사람은 늘 도가의 인물이었습니다. 그러다가 천하가 태평해지면 그들 대부분은 노자의 길을 걸으며 공수신퇴(功遂身退)하는데 이것이 하늘의 도입니다. 공을 이룬 후에는 세속을 떠나 자신의 이름을 숨긴 채 아무것도 바라지 않고 산중에 은둔하는 것이지요. 어지러운 세상이 지나 태평성세가 도래하면 비로소 유가의 인물이 세상에 출현합니다.

우리가 "천심무개이"에 대해 진정으로 알면 곧 양기가 참으로 발동하는 상황을 알게 됩니다. 코를 골며 자고 있을 때는 사실 깊은 잠을 자는 것이 아니라 뇌에서는 여전히 생각이 남아 있습니다. 진짜 깊이 잠든 때는 푸우 하, 푸우 하 하면서 숨을 들이쉬고 내쉬면서 호흡을 하다가 갑자기 호흡이 끊어진 듯한 상태일 때입니다. 이때는 숨을 들이쉬는 것도 아니고 내쉬는 것도 아닌, 마치 호흡이 정지된 것 같은 짧은 시간인데, 이때야말로 참으로 깊이 잠든 상태입니다. 이런 상태가 잠시 지속되다가 다시 숨을 쉬고 몸도 움직입니다. 이로써 불가에서 선정에 들어 지식(止息) 수행을 하는 것이 바로 숨을 들이쉬는 것도 아니고 내쉬는 것도 아닌 경지를 닦는 것임을 알 수 있습니다. 불교 유식학이나 요가에서는 이를 보병기(寶瓶氣)라고 합니다. 이렇게 진정으로 호흡이 오지도 가지도 않는 시점이 바로 소강절이 말한 "천심무개이"의 경지이며, 우리 마음에서 보면 어떤 생각이나 관념도 일어나지 않는 공령(空靈)의 경지입니다.

성을 닦는 수성(修性)은 마음이 무념의 경지에 이르러 잡념과 망상이 조금도 일어나지 않는 상태입니다. 이것이 바로 완전한 공령의 경지이지요. 공령이란 공(空)이라는 의식마저도 존재하지 않는 진정한 공의 경지입니다. 이러한 청정한 경지가 곧 마음에서 자시에 해당하며, 일양이 돌아와 회복하여 새로운 운행이 시작되는 시점에 해당합니다. 좀 전에 숨을 들이쉬지도 않고 내쉬지도 않는 찰나야말로 참으로 잠이 든 상태이며, 이때가 바로 일양이 발동하는 시점이라고 했지요. 이 두 가지 즉 마음이 공의 경지와 생리적으로 호흡이 멈추는 순간은 반드시 절반씩 합쳐져야 합니다. 이것은 한 근의 무게로 비유되기도 하는데, 반 근 여덟 냥(兩) 둘을 합치면 열여섯 냥이 되는데 이것이 중국 도량형으로 한 근(斤)입니다. 만약 누가 당신의 수도 공부가 요즘 어떻습니까 하고 물으면 도가의 술어로는 열두 냥이라고 답합니다. 열두 냥은 한 근인 열여섯 냥보다 조금 부족하므로 공부가 아직 완전하지 못하다는 표현이지요.

이런 이치는 연구하면 매우 재미있습니다. 『법화경(法華經)』에 나오는 대통지승불(大通智勝佛)은 왕자가 열여섯 명이었다고 하고,[72] 이 밖에도 팔방불(八方佛)과 같은 수많은 숫자가 나오는데, 이런 숫자의 이치는 모두 수도와 관계있으니 첫 번째로 알아야 할 것입니다.

일양의 발생을 경험한 적 있는가

두 번째는 수도하는 사람은 자시에 회복되는 양기에 대해 이해해야 합니다. 제가 수십 년 동안 수도하는 사람들을 보아 온 바에 따르면, 자시의 양기를 포착하는 데 있어 모두 신체적인 것만 중시하지 심리적인 면은 별로 주의하지 않는 것 같습니다.

수도에서 양기란 무엇일까요? 일양래복은 무엇을 의미할까요? 남성의 생리로 말한다면 생식기가 발기할 때가 바로 일양래복이라고 할 수 있습

---

[72] 『법화경』 제7 화성유품(化城喩品)에 일화가 전한다. 출가하기 전에는 열여섯 명의 왕자를 둔 전륜성왕(轉輪聖王)이었고, 수명은 오백사십만 억 나유타 겁이었으며, 십 소겁 동안 결가부좌를 하고 몸과 마음을 움직이지 않았으나 불법을 이루지 못했다. 이를 안타깝게 여긴 도리천 사람들이 그를 위해 보리수 아래에 사자좌를 마련하였고 이 자리에서 다시 십 소겁을 선정에 들어 최상의 깨달음을 얻었다. 이때 시방의 각 오백만 억 부처 세계가 여섯 가지로 진동하고, 해와 달이 없는 캄캄한 곳까지 모두 밝아졌다고 한다.

니다. 그래서 아침에 잠을 깼을 때 발기하는 것은 엄중한 문제입니다. 불가와 도가를 공부하는 많은 사람들이 이럴 때 어떻게 해야 하느냐고 묻곤 합니다. 그러면 저는 늘 불가의 계율에 대해 말합니다만 사실 도가에서도 마찬가지입니다. 모든 사찰에서는, 특히 산속에 있는 사찰에서는 날이 저물면 바로 저녁 종을 쳐서 잠을 자는데, 지금 시간으로는 아마 저녁 일고여덟 시경이 됩니다. 새벽에는 이르면 세 시 늦어도 네 시에는 기상해서 법당으로 갑니다.

왜 이렇게 일찍 일어날까요? 이때가 바로 자연법칙에서 양기가 발동하는 시점이기 때문에 거기에 맞춰 공부시키는 것입니다. 경을 읽을 사람은 경을 읽고 정좌할 사람은 정좌를 합니다. 공부를 하면 유정(遺精)을 하지 않기 때문이지요. 젊은 사람이 주로 유정을 하는 때는 언제일까요? 저녁 여덟아홉 시경에 잠든다면 새벽 네다섯 시 무렵 동이 틀 때입니다. 일단 잠을 깼다가 다시 잠들면 뇌는 다시 잠들지 않기 때문에 회복된 양기가 욕념과 결합해서 유정을 하게 되는 것입니다. 여성의 경우는 남성처럼 분명하지는 않지만 이런 현상이 있는 것은 사실입니다. 여성은 이때 생리와 정신이 모두 변합니다.

도가에서는 이런 생리 변화를 정기(精氣)의 발동으로 이해하는데 이는 잘못된 생각입니다. 생리적인 정자를 정(精)이라고 여기는 것은 완전히 틀렸습니다. 그래서 어떤 사람들은 사정하려고 할 때 일부러 혈도를 눌러서 사정이 안 되도록 하지만 이는 대단히 위험합니다. 이런 사람은 보면 바로 알 수 있습니다. 얼굴이 돼지 간처럼 검어서 여기저기 얼룩덜룩하고 기름기가 번들거리며 두 눈은 멍합니다. 이는 모두 억지로 사정을 참아서 생기는 현상입니다. 심하면 최후에는 피를 토하거나 대소변 중독 현상도 일어납니다. 이미 유형의 정액으로 변한 것은 본래 신체의 신진대사 작용입니다. 정액이 배출되려고 할 때 막아 버리면 전립선에 심각한 병이 생길 수 있습니다. 심하면 뇌신경에도 문제가 발생할 수 있지요.

진정한 정(精)은 이런 정이 아닙니다. 그래서 정이 몸속에서 회전하는 것은 남성의 경우는 고환을 지나기 전에는 여전히 기(氣)이고, 기라야 회수할 수 있습니다. 그러면 기를 어떻게 회수할 수 있을까요? 일반인들은 정좌를 해서 기를 위로 올린다고 하는데 이를 '운전하거(運轉河車)'라고 합니다. 하거를 돌린다는 뜻이지요. 하거(河車)란 무엇인가요? 뒤에서 기맥(氣脈)을 다룰 때 상세히 말하겠습니다.

이런 사람들은 하거를 운반해서 뇌로 올렸다가 다시 돌려서 내리는 것을 반복하면서 이것이 기맥을 통하게 하는 것이라고 생각합니다. 저는 그런 사람들에게 언제까지 돌리느냐고 묻습니다. 하거를 돌리는 데에도 정도가 있을 텐데 언제까지 돌려야 하는지, 얼마나 돌려야 하는지 모두 문제이기 때문입니다.

일반적으로 자시에 양기가 발동한다고 보고 이때부터 돌리면 기맥이 통하게 된다고 합니다. 그런데 여러분이 하거를 돌리기 전에는 반드시 유전적 질병이 없는지 병원에 가서 검사해 봐야 합니다. 예컨대 선천성 매독이 있다면 심각한 문제가 생길 수 있지요. 이 경우 하거를 돌려서 뇌까지 올라가면 자칫 정신 이상이 발생할 수도 있습니다. 그러므로 몸에 있는 질병을 치료하지 않고 함부로 하거를 돌린다고 해서는 안 됩니다. 저는 이론적으로만 이렇게 말할 뿐입니다. 신선도 아니고 감히 신선을 바라지도 못합니다. 과거에 저는 신선을 공부하는 사람들을 많이 보았지만 성공한 사람은 본 적이 없고, 수련의 결과로 고통을 겪는 사람은 숱하게 보았습니다. 그들은 수련의 원리를 잘 몰랐기 때문에 활자시(活子時)가 되면 하거를 돌리는 공부를 시작했습니다. 사실 신체에서 기맥의 하거는 법칙대로 저절로 돌아갑니다. "천지가 자리를 잡으니〔天地設位〕", "감괘와 리괘가 작용하는〔坎離二用〕" 것과 같은 이치입니다. 그러니 인위적으로 돌리지 않아도 누구나 기경팔맥(奇經八脈)을 통하고 있습니다. 만약 통하지 않으면 곧 죽게 되겠지요. 혈액은 계속 순환하고 유통합니다. 이것은 정해진 법칙입니다. 여러분이 인위적으로 조장할 필요가 없습니다. 조장한다면 도리어 방해가 되지요.

수도하는 사람은 활자시에 대해 잘 알아야 합니다. 좀 전에 말했습니다만 우리 신체는 소천지입니다. 정신과 기혈이 유행하는 법칙은 우주에서 태양과 달이 운행하는 원리와 같습니다. 그러나 사람마다 타고난 것이 달라서 살찐 사람 마른 사람, 남자 여자, 늙은이 젊은이 등 각기 다 다릅니다. 이 외에도 사람의 마음은 각기 수많은 차이가 있습니다. 세계에는 얼굴이 다른 만큼 마음도 서로 달라서 같은 생각을 가진 사람은 하나도 없습니다.

한마디로 말해 관상의 달인은 얼굴만 보고도 그 사람의 성격을 알 수 있고, 일생의 성공과 실패에 대해서도 알 수 있습니다. 이것이 바로 괘상(卦象)입니다. 얼굴에 걸린 상이라는 말이지요. 기분이 안 좋을 때도 얼굴에 나타나고 기분이 좋을 때도 얼굴에 나타납니다. 그 사람의 심리는 모두 얼굴에 나타납니다. 일양래복 하는 시간과 상황도 사람에 따라 다 다릅니다. 그래서 활자시라고 하는 것이니 이를 활용할 줄 알아야 합니다. 앞에서 말한 "유잠윤닉(幽潛淪匿), 변화우중(變化于中)", "이용무효위(二用無爻位), 주류행육허(周流行六虛)"야말로 진정으로 양기가 발동하는 것입니다.

생명의 근원, 원두활수

도가의 원리에 비추어 보면 양기는 인체의 하부에서 발동합니다. 괘상으로 보면 곤괘가 극점에 도달했을 때 양기가 아래(초효)에서 발생하여 복괘가 됩니다. 밀종에서는 해저(海底)라고 하고 중의학에서는 회음혈(會陰

穴)이라고 하지요. 비유하자면 남성이 발기하는 것이나 여성의 생리 변화나 모두 양기의 발동에 속합니다. 도를 닦거나 불법을 배우는 많은 사람들이 이런 원리를 잘 모르기 때문에 발기를 하면 마치 음계를 범하고 죄를 지은 것처럼 느낍니다. 이런 태도는 매우 잘못입니다. 발기 현상은 단지 생리적 변화일 뿐입니다. 남녀 간의 성적 욕망 없이 발기했다면 그 자체는 선도 악도 아닌 생명력의 현상일 뿐입니다. 계를 범하고 범하지 않고는 심리에 근거해서 결정할 일입니다. 이런 생리적 변화가 바로 활자시로서 생명의 근원입니다. 이는 없어서는 안 되는 것이지요. 도가 역시 이것을 원두활수(源頭活水)요 생명력이라고 인식했습니다. 여러분 성리학자인 주희의 시를 읽어 보았나요?

반 이랑 네모난 연못이 거울이 열린 듯	半畝方塘一鑑開
하늘빛과 구름 그림자 모두 거울 속에 노니네	天光雲影共徘徊
연못에게 묻노니 어찌 그리 맑을 수 있는가	問渠那得淸如許
근원에서 샘물이 쉼 없이 흐르기 때문이네	爲有源頭活水來

그런데 주희의 원두활수와 도가의 원두활수는 다릅니다. 진정한 원두활수는 생명의 근원인데, 양기의 발동은 자시에만 일어나는 것이 아니고 신체의 하부에서만 발생하는 것도 아닙니다. 사람마다 체질이 다르기 때문에 그렇습니다. 그러므로 어떤 젊은이는 정좌할 때 홀연히 족심(足心)이나 수심(手心)에서 열이 발생하기도 하는데, 이는 일종의 징조입니다. 이것은 어떤 원리일까요? 바로 "이용무효위(二用無爻位), 주류행육허(周流行六虛)"가 그 원리입니다.

예를 들어 어떤 사람이 꼭 신선이 되려는 것이 아니라 몸이 허약하고 병이 있어서 치유를 위해 정좌를 한다면, 이런 정좌 수양법은 적어도 현대

의학의 동면 요법보다는 효과가 뛰어납니다. 정좌를 통해 고요해지는 것은 자가 치료 요법의 일종이지요. 정좌는 신체의 건강이나 질병의 치료에 도움이 되며 해로울 것이 없습니다. 정좌를 잘못해서 어떤 신경 계통이 잘못되었다면 그것은 함부로 해서 그런 것입니다. 정좌를 해서 신선이 되려고 하거나 천안통이나 타심통을 얻으려는 것 자체가 이미 정신적으로 문제가 있습니다. 정좌 자체가 병을 일으킬 수 있다고 하면 잠만 자도 병이 나겠지요.

정좌는 일종의 휴식입니다. 휴식이 어떻게 병을 일으키겠습니까? 단지 심리적으로 문제가 생긴 것일 뿐입니다. 그러므로 정좌를 해서 고요해졌을 때 홀연히 왼쪽 손에서 열이 나거나 어느 근육에서 경련이 일거나 배 속에서 뭔가 움직임이 발동했다면, 어떤 사람은 병이 난 게 아닐까 걱정을 합니다. 뭔가 꿈틀거린다고 해서 그렇게 놀랄 일이 있겠습니까? 많은 사람이 제게 와서 이런 일에 대해 묻습니다. 그때마다 저는 화를 냅니다. 무슨 지렁이라도 들어갔을까 봐 걱정하는가, 아니면 감전이라도 됐을까 봐 걱정하는가? 이런 현상은 활자시가 도래한 것은 아니지만 일종의 기가 발동한 것입니다. 신경 쓰지 말고 가만히 있으면 천천히 기맥이 발동합니다. 어째서 이런 현상이 생기느냐고 묻는다면 그 이유는 적지 않습니다. 비유하자면 왼쪽은 양이고 오른쪽은 음입니다. 다섯 손가락도 각각 다릅니다. 어느 것은 심장에 속하고 어느 것은 폐에 속합니다. 진정으로 중의학을 잘 알려고 하면 배워야 할 것이 많습니다.

과거에 대륙에는 소아과 의사가 따로 없었습니다. 그런데 제 고향에는 조상 대대로 의사인 할머니 한 분이 계셨는데, 시어머니로부터 전수를 받고 또 며느리에게 전수했습니다. 당시 시골에는 양의사가 없어서 아이가 병이 나면 그 할머니가 꼭 왔습니다. 할머니의 의술은 신통했습니다. 다행히 제가 본 적이 있어서 지금 여러분에게 말해 줄 수 있지요. 그 할머니가 오면 어린애의 손을 잡고 펴보면서 "음, 간기(肝氣)가… 약을 좀 먹으면 괜찮겠네" 하거나 바로 약을 먹이거나 했습니다. 혹은 손가락 세 개로 아이 몸을 여기저기 만지면 바로 열이 내리곤 했습니다. 당시에는 그런 일이 불가사의하게 보였는데 나중에 그 원리를 알게 되었지요. 어른들도 마찬가지였습니다. 몸에 병이 나면 손가락 빛깔이 변하는 것을 볼 수 있었습니다. 얼굴색이 변하기도 했습니다.

저는 지금 생각나는 대로 말하고 있습니다만, 만약 그 사람에게 부탁해서 손가락이 질병과 어떤 관계가 있는지 여러분에게 알려 준다고 하면 여러분은 적어도 오만 원[73]은 준비해야 합니다. 게다가 돈을 준다고 해서 그 사람이 알려 줄지도 의문입니다. 조상 대대로 전해 오는 비법이니까요.

옛날 중국인에게는 이렇게 비법을 숨기는 관념이 있었습니다. 제가 여기에서 밀종의 어떤 법도 모두 공개하는 것과는 달랐습니다. 저는 이 문화를 숨겨서는 안 된다고 생각하기 때문에 모두 공개합니다. 그러지 않으면 아예 전해지지 않을 테니까요. 침구를 배우는 것과 수도 공부는 모두 관련이 있습니다. 다시 말하지만 여러분 모두 오만 원씩 준비하세요. (청중 웃음) 발가락도 마찬가지입니다. 좌측은 양이고 우측은 음입니다. 중년 이상의 사람은 어느 발가락이 불편하면 그 발가락이 속하는 내장에 문제가 있는 것입니다.

그래서 중의학 공부는 매우 어렵습니다. 손가락을 보는 것 외에 손바닥의 푸른 힘줄도 보고, 손바닥의 맥도 봐야 합니다. 손바닥을 팔괘로 구분하고 오장육부로 구분해서 그 빛깔만 보면 바로 알 수 있습니다. 귀의 빛깔을 보고도 진찰할 수 있습니다. 오늘날 병원에서 엑스레이를 찍어 보는

---

[73] 현재 대만 달러 오만 원은 한국 원화로 이백만 원이다. 이 강의가 진행된 1980년대라면 그보다 몇 배가 될 것이다.

것과 같습니다. 눈의 빛깔을 보고도 알 수 있습니다. 이를 안진(眼診)이라고 하는데 중국에는 이런 진찰법이 다 있습니다. 어떤 노인은 손목에서 맥을 짚지 않고도 눈을 보면 어디에 병이 생겼는지 바로 알았습니다. 수진(手診)도 있습니다. 저는 아이들 몸을 만져서 치료하는 책을 본 적이 있는데, 이 세 개 손가락을 단련해야 할 수 있습니다.

이상은 모두 일양이 돌아와서 회복하는 활자시에 기맥이 신체의 어느 부위에서 발동하는지는 일정하지 않다는 뜻입니다. 이런 원리를 잘 알아야만 참으로 양기를 잘 기를 수 있습니다. 양기가 이렇게 발동하는 것이 성명쌍수의 첫걸음입니다.

제13강

중국의 문자와 문화

 동한(東漢) 시대부터 위진 남북조 시대에 이르기까지 문장은 대체로 네 자 혹은 다섯 자 여섯 자로 이루어진 단구(短句)였고, 일부러 대구(對句)를 중시하지는 않았습니다. 양무제의 소명태자는 한대부터 위진 남북조 사이의 대문호들의 문집을 모아 유명한 『소명문선(昭明文選)』을 편찬했습니다. 그 후 수당 시대에 이르러 변체문(騈體文)으로 변했으니 이른바 사륙체(四六體)라는 것입니다. 이 사륙체는 네 자나 여섯 자로 이루어진 문장이 반드시 대구를 이루어야 했습니다. 요즘 우리가 읽는 〈등왕각서(滕王閣序)〉는 당나라 때 왕발(王勃)이라는 문학가의 작품인데, "남창고군(南昌故郡), 홍도신부(洪都新府)"로 시작하는 첫 번째 문장 역시 대구로 이루어진 사륙변체문(四六騈體文)입니다. "남창은 고군이요 홍도는 신부라"는 뜻이지요. 한 글자 한 구절이 서로 대를 이루어야 하고 의미도 잘 표현되도록 해야 합니다.

 그런데 한 가지 유감스러운 문제가 있으니 수당 시대에 이르러 공문서가 매우 복잡해졌다는 것입니다. 오늘날의 공무원들이야 문서를 대충 써도 되지만 당시에는 사륙체로 공문서를 작성해야 했기에 문장 수준이 낮은 사람은 아예 공무원이 될 수 없었습니다. 저는 요즘 공무원들이 작성한 공문을 볼 때면 늘 머리가 터질 것 같아 그저 두 손 들고 그 사람을 따라가서 제자가 될 수밖에 없다고 생각합니다. 도대체 무슨 말을 하는지 알아볼 수가 없으니까요.

옛날 공문은 대단했습니다. 백성은 포고문 한 장도 알아볼 수 없었습니다. 당태종 이세민은 재주가 있었고 문무를 겸비해서 중국을 통일해 안정시킬 수 있었습니다. 이세민은 이런 문제를 알고 공문을 오늘날 말로 하면 구어체로 바꾸라고 했습니다. 그래서 당나라 시대 구어체 문장이 생겨나게 되었지요. 그런데 삼사백 년이나 내려온 미려한 변려체 문장이 한꺼번에 모두 바뀔 수는 없었습니다. 게다가 중국인은 문학을 특히 좋아했습니다. 당대(唐代)의 문학가로는 모두 한유(韓愈)를 꼽습니다. 그는 당나라 중기 인물로 고문(古文)을 적극 주장했지요. 고문이란 중국 상고 시대 문장으로 문장의 길이는 들쑥날쑥 일정하지 않았지만 뜻은 분명했습니다. 이런 고문을 주장한 사람이 한유 한 사람만은 아니었지만, 그는 명성이 매우 높아 후인들은 그를 "문장이 팔대를 쇠퇴하게 하였다〔文起八代之衰〕"[74]고 숭배했습니다. 사실 한유가 제창한 고문은, 오늘날 우리가 보기에도 정말 고문입니다만, 점점 더 고문이 되어 갔습니다. 현대 중국인이 쓰는 백화문(白話文)은 더 문제가 있습니다. 백화문은 도대체 무슨 뜻인지 이해하기가 어렵습니다. 백 년 이후에는 고문보다도 더 고문이 되어서 아마 많은 고증학자가 고증해야 할 것입니다.

---

[74] "문기팔대지쇠(文起八代之衰)"는 소식(蘇軾)이 「조주한문공묘비(潮州韓文公廟碑)」에서 한유가 고문 운동을 통해 동한(東漢) 위(魏) 진(晉) 송(宋) 제(齊) 양(梁) 진(陳) 수(隋) 팔대의 문풍(文風)을 쇠퇴시켰다고 칭송한 것을 의미한다.

지금 문학 문제를 논의하자고 이 자리에 모인 것은 아니니 본론으로 돌아갑시다. 위백양 진인이 쓴 『참동계』의 문자는 한대의 문체로서 매우 분명하게 네 자가 한 구를 이룹니다. 중국 문화 역사상 위대한 문장 혹은 정권을 대표하는 최고의 공문이나 포고문은 모두 이런 유의 문장이었습니다. 이런 문장은 간단명료해서 겨우 몇 글자로 한 구절을 만들었지만 결코 쓰기가 쉽지 않았습니다. 글자 수는 적으면서 뜻은 더 분명해야 했기 때문입니다. 이것이 바로 공부였지요. 전보를 보낼 때 한 글자라도 많으면 돈이 더 들기 때문에 적은 글자로 뜻을 분명하게 나타내려 한 것과 같습니다.

수도 공부는 생명 과학

이제 연구의 편의를 위해 한 단락 건너뛰고[75] 세 번째 단락을 보겠습니다.

말은 억지로 만드는 것이 아니요 논의도 헛되게 생기는 것이 아니다. 증험을 인용하여 효험을 보이고 신명으로 척도를 교열한다.

言不苟造, 論不虛生, 引驗見效, 校度神明.

위백양 진인이 여기에서 말하고자 하는 바는, 『참동계』는 제멋대로 아무렇게나 쓴 것이 아니라 사실에 근거한다는 것입니다. 『참동계』의 이론을 분명히 알고 공부하면 신체적으로나 심리적으로 분명히 효험이 있다는 말입니다. 그래서 "인험견효(引驗見效), 교도신명(校度神明)"이라고 했습니다.

---

75 한 단락을 건너뛴다는 것은 『참동계천유』 32면 "以無制有, 器用者空. 故推消息, 坎離沒亡"을 읽지 않고 넘어간다는 뜻이다.

"교(校)"는 책 내용이 사실과 부합하는지 비교하여 교열하는 것입니다.

여러분은 '나는 이런 이론을 잘 알고 있고 『참동계』도 연구했다'고 말합니다. 하지만 실제 수도 공부를 하는 과정에서 어떤 경계를 만나거나 혹은 몸에서 기기(氣機)가 약동하는데 그것이 어떤 신호인지 잘 모른다면 쓸데없는 공부를 한 것입니다. 걸핏하면 선생에게 가서 묻지 마세요. 선생님은 여러분과 함께할 수 없습니다. 신선은 여러분이 해야 하는 것이지 선생님이 하는 것이 아닙니다. 그러므로 자기 자신이 분명히 알아야 합니다. "교도(校度)"의 도(度)는 도량형(度量衡)의 도입니다. 한 걸음에는 한 걸음의 공부 척도가 있고, 한 걸음에는 한 걸음의 상징이 있습니다. "신명(神明)"은 여러분의 진정한 지혜와 진정한 정신으로 원리를 분명히 알아야 효험을 볼 수 있다는 말입니다.

오늘날 수많은 사람이 수도 공부를 합니다. 모두들 선생에게 특별한 방법을 알려 주든지 아니면 손가락으로 한 번 건드려서 기경팔맥을 다 통하게 해 달라고 합니다. 그런데 기경팔맥을 통하면 어쩌자는 건가요? 기맥이 통한다는 것이 무엇인지 모르고, 그 효과가 어떤 것인지도 모르고, 그다음 단계는 어떻게 해야 하는지도 모릅니다. 게다가 진정 기맥이 통했는지 아닌지도 모르니 죄다 맹목적 미신일 뿐입니다. 수도 공부는 오늘날 사용하는 언어로 그럴듯하게 말하면 생명과학이라고 할 수 있습니다. 인류가 자신의 생명을 연구하는 과학이라는 것이지요. 보통의 과학은 인간의 지식에 의지하고 물질의 실험이나 물리 이론에서 증명합니다. 하지만 이 생명과학은 신선 단도(丹道)를 수련하는 방법으로서 일반적인 과학과는 다릅니다. 자신이 직접 온 생명으로, 몸과 마음 전체로 증명해야 하는 것입니다.

그래서 『참동계』에서는 "증험을 인용하여 효험을 보인다〔引驗見效〕"고 했습니다. 한 걸음에 한 걸음만큼 효과가 있습니다. 그러나 증험에는 순서가 있습니다. 결코 무질서하고 혼란스러운 것이 아닙니다. 그 법칙을 잘못 알면 안 됩니다. 다시 한 번 말하지만 이 『참동계』는 『역경』과 노장(老莊), 신선 단법이 융합해서 이루어진 것이지 허황되고 근거 없는 이론이 아닙니다. 어디까지나 실제적이고 실증적인 이론입니다.

결자를 유추해서 원리로 증명한다.

推類結字, 原理爲徵.

다음은 "추류결자(推類結字), 원리위징(原理爲徵)"입니다. 인류가 문자를 발명해서 사용하기 전에는 대체로 끈을 맺어[結繩] 사건을 기록했는데, 그것을 "결자(結字)"라고 합니다. 이전에는 고산이나 낙후된 지역 부락에서 볼 수 있었지요. "결자"를 만들 때는 일정한 질서와 원칙이 있는데 여기에서 원시 문명 시대 인류의 지혜를 볼 수 있습니다. 그 후에 더 진보해서 복희씨가 나와 팔괘를 처음 그렸는데, 팔괘는 문자의 시작으로 일종의 그림입니다. 결승문자에 비하면 진일보 발전한 것이지요. 그리고 역사와 문화의 발전을 따라 서서히 오늘날 문자로 정착하게 되었습니다. 현대는 이미 컴퓨터로 문자를 타자하는 단계로서, 서법(書法)마저 훈련할 필요가 없는 시대입니다. "결자"의 뜻은 이런 문자 저작을 구성하여 신선 단도의 원리를 알려 주니, 우리는 그 원리를 증험해야 한다는 것입니다.

위백양 진인이 진공묘유를 말하다

이제 앞에서 건너뛰었던 두 번째 단락으로 돌아가겠습니다.

없음으로써 있음을 제어하니 그릇의 쓰임은 공간이다.

以無制有, 器用者空.

중국 문학을 말할 때 주의할 것은 천고의 훌륭한 문장은 크게 도둑질한 것이지 베껴 쓴 것이 아니라는 점입니다. 그러나 도둑질을 잘 해야 합니다. 국내외에서 저에게 심사해 달라고 보내는 글을 늘 받는데, 젊은이들이 쓴 문장을 읽는 것은 실로 큰 고통입니다. 게다가 보아도 잘 통하지 않는 문장은 더욱 그렇습니다. 물론 그런 요청을 받는 것이 영광스럽기는 하지만, 이런 사정 때문에 영광을 사양하고 싶은 때가 종종 있습니다. 그러나 사양할 수 없는 경우에는 어떻게 해야 할까요? 제 학생들에게 봐 달라고 부탁합니다. 다 읽은 후 의견을 내놓게 하는 것이지요.

언젠가 미국에서 온 논문 한 편이 있어서 한 학생에게 봐 달라고 부탁했습니다. 다 읽은 후 그 학생이 말하더군요. "선생님, 이 논문은 매우 좋습니다. 점수를 잘 주셔도 되겠습니다." 저도 말했습니다. "좋아. 몇 년 동안 좋은 문장을 보지 못했는데 매우 좋네, 좋아." 그랬더니 이렇게 말했습니다. "그러나 논문을 보시고 저를 꾸짖지는 마십시오." 제가 무슨 뜻인지 묻자 학생이 말했습니다. "논문 전체가 선생님 글을 그대로 베꼈습니다. 글자 하나 빠뜨리지 않고 잘 베꼈습니다." 제가 말했지요. "그건 문제가 심각하군. 천고의 좋은 문장이라도 창작은 없네. 모두 훔친 것이지. 그러나 얼마나 잘 훔쳤느냐가 중요하지. 오묘하게 훔쳤다면 맞는 것일세."

"이무제유(以無制有), 기용자공(器用者空)"이라는 여덟 글자는 위백양이 노자의 글을 훔친 것입니다. 얼마나 잘 훔쳤는지 이 여덟 자로 노자의 핵심을 완전히 훔쳤습니다. 노자의 『도덕경』원문은 다음과 같습니다. "삼십 개의 바퀴살이 하나의 바퀴통을 공유하니 그 없음에 당해서 수레의 작용이 있다. 진흙을 빚어 그릇을 만드니 그 없음에 당해서 그릇의 쓰임이 있다. 창문을 뚫어서 방을 만드니 그 없음에 당해서 방의 쓰임이 있다. 그러므로 있음의 이로움은 없음을 작용으로 하기 때문이다[三十輻, 共一轂, 當其無, 有車之用. 埏埴以爲器, 當其無, 有器之用. 鑿戶牖以爲室, 當其無, 有室之用. 故有之以爲利, 無之以爲用]."(제11장)

노자가 말한 것은 어떤 원리인가요? 이 원리는 중국 문화뿐 아니라 인도 문화의 불가도 모두 포함합니다. 바로 공(空)이 유(有)를 낳는 원리라는 것입니다. 불학에서는 "진공묘유(眞空妙有), 묘유진공(妙有眞空)"을 말했습니다. 일체 존재는 모두 공(空)으로 귀결되는데, 공은 단지 '없음'을 의미하는 것은 아닙니다. 불학에서는 한자 공(空)으로 번역했는데, 도가에서는 무(無)나 허(虛)라고 하지 공이라고 하지는 않습니다. 이 둘은 쓰임이 다르지만 원리는 완전히 일치합니다. 단지 표현 방식에서 차이가 있을 뿐이지요.

노자는 천지 사이에서 힘이 가장 큰 것이 무엇인지 묻습니다. 바로 공(空)이고 무(無)입니다. "삼십 개의 바퀴살이 하나의 바퀴통을 공유하니 그 없음에 당해서 수레의 작용이 있다[三十輻, 共一轂, 當其無, 有車之用]"는 것은 수레의 바퀴에 대한 말입니다. 중국은 춘추 전국 시대에 이미 수레를 사용했습니다. 수레 한 대에는 열 명의 전사가 긴 창을 들고 탔습니다. 전면에는 다섯 필의 말이 수레 하나를 끕니다. 수레가 매우 커서 다섯 대가 나란히 나아간다면 길이 매우 넓어야 했습니다. 당시는 아무 제재도 없이 길을 넓힐 수 있었겠지요.

진시황의 아방궁에서는 열 장(丈) 높이의 깃발이 성문을 지나갈 수 있었다고 합니다. 당연히 말과 수레도 지나갈 수 있었지요. 그러니 건물의 높이가 얼마나 높았겠습니까? 지금은 볼 수 없다는 사실이 애석할 뿐입니다. 당시 수레는 나무로 만들었습니다. 두 바퀴는 지렛대 같은 나무로 연결되고 바퀴 한가운데가 비었는데, 그곳에 삼십 개의 바퀴살이 방사형으로 연결되어 있습니다. 바퀴살이 하나라도 빠지면 바퀴가 힘을 지탱할 수 없지요. 이 바퀴살을 지탱하는 중심점은 텅 비어 있습니다. 가운데가 텅 비었기에 삼십 개 바퀴살의 중심이 되어 힘을 지탱할 수 있었습니다. 그래서 "그 없음에 당해서 수레의 작용이 있다"고 했습니다.

"진흙을 빚어서 그릇을 만드니 그 없음에 당해서 그릇의 쓰임이 있다〔埏埴以爲器, 當其無, 有器之用〕." 도기는 원래 진흙으로 만든 것으로 둥글거나 네모난 모양이 없습니다. 그런 진흙을 빚어 둥글거나 네모난 모형을 만들고 그것을 불에 구우면 여러 가지 형태나 쓰임의 그릇이 됩니다. 이것이 바로 없음에서 있음이 생기는 무중생유(無中生有)입니다.

"창문을 뚫어서 방을 만드니 그 없음에 당해서 방의 쓰임이 있다〔鑿戶牖以爲室, 當其無, 有室之用〕." 우리가 일상적으로 사용하는 방은 창문이 있어야 공기가 통하고 사람이 살 수 있습니다. 물론 방 역시 공간을 사용하는 것이지요. 그래서 노자는 결론을 내립니다. "있음의 이로움은 없음의 작용 때문이다〔故有之以爲利, 無之以爲用〕." 그러므로 있음과 없음의 의미를 잘 알아야 합니다. 우리는 습관적으로 모든 것을 있음의 관점에서만 봅니다. 생명도 있음이고, 모든 것이 존재한다는 것도 있음이라고 생각해서 있음을 좋아합니다. 불학의 가르침에 따르면 우리 신체를 비롯해 모든 것은 자기 소유가 아닙니다. 단지 사용권만 있지요. 오늘은 살아 있기 때문에 신체가 자기 소유인 것처럼 보일 뿐입니다. 시간이 지나면 우리 신체가 파업을 합니다. 움직이고 노동하기 싫다고 하지요. 그러면 우리는 더 이상 신체를 지휘할 수 없습니다. 그것은 결국 내 소유가 아니므로 죽어도 가져갈 수 없습니다. 살아 있을 때는 나는 나, 육신은 육신, 서로 각자입니다. 우리가 현재 존재한다는 것은 단지 생명의 '있음〔有〕'의 작용에 불과합니다. 생명이 없다고 해서 불쌍하다고 울지 말기 바랍니다.

사실 '없음(無)'처럼 이로운 것은 없습니다. 공하면 공할수록 더 이롭습니다. 참으로 공의 경지에 도달한다면 전혀 새로운 세계를 만나게 됩니다. 그래서 노자가 장황하게 원리를 말했는데 위백양 진인은 단 여덟 글자로 노자의 사상을 완전히 훔쳤습니다. 바로 "이무제유(以無制有), 기용자공(器用者空)"입니다. 여러분들은, 특히 젊은이들은 백화(白話)[76]도 잘하고 문언(文言)[77]도 잘하지만 문장은 위백양 진인처럼 좋은 구절을 잘 훔칠 줄 알아야 합니다. 다른 사람의 좋은 문장을 옮기지 못하는 것은 매우 수치스러운 일입니다.

제가 어렸을 때 고문을 훔쳐 문장을 쓰면 선생님이 보고 바로 혼을 냈습니다. "이리와! 양심도 없구나" 하고 말이지요. 그런 후 머리에 꿀밤 한 대를 맞았습니다. 가벼운 처벌인 셈이지요. 그러나 젊은이가 옛사람의 문구를 쓰는 것은 좋은 일입니다. 단, 반드시 출처를 밝혀야 합니다. 만약 누구의 문구인지 잊었다고 해도 쓸 수는 있었습니다. 문구를 빌린다는 뜻에서 차구(借句)라고 했지요. 이것이 당시의 교육이었고 도덕적 기준이었습니다.

그러나 지금은 이런 기준도 없이 함부로 합니다. 머리도 쓸 줄 모르고요. 사실 여러분이 남의 문장을 한두 글자만 바꾸면 완전히 달라집니다. 중국의 옛사람들은 모두 시인이었습니다. 글공부를 한 사람은 모두 시를 지을 수 있었지요. 그러지 않으면 왜시(歪詩)[78]나 타유시(打油詩)[79]는 지을 줄 알았습니다. 시를 보세요. 모두 바람이니 꽃이니 물이니 달이니 하는 소재만으로도 수천 년 동안 그렇게 많은 시가 나왔습니다. 얼마나 많은 문구가

---

76 당송 이래 구어(口語)의 기초 위에 형성되어 처음에는 통속 문학에만 쓰이다가 오사운동 이후 보편적으로 쓰인 현대 중국어를 가리킨다.

77 오사운동 이전에 통용되던 고대 한어(漢語)를 기초로 한 것이 문언이다.

78 형식에 맞지 않는 시.

79 평측과 운을 지키지 않는 통속적인 시.

같았겠습니까?

　여러분에게 문장을 훔치는 법을 알려 드리겠습니다. 위백양 진인의 "이무제유(以無制有)"를 보세요. 무(無)와 유(有) 사이에 제(制)를 끼워 넣었습니다. 제가 어렸을 때 이렇게 할 수 있었다면 선생님한테 "야, 어린애가 대단하구나!" 하고 칭찬받았을 것입니다. 그런 후 빨간색으로 글자 옆에 동그라미 세 개를 그리시며 "좋아! 좋아! 이 글자 참 잘 썼어" 하고 외치셨겠지요.

　제(制)는 복(伏)으로 억제한다는 뜻입니다. 공(空)은 유(有)를 억제할 수 있으나 유는 공을 그렇게 할 수 없는 관계라는 것이지요. 따라서 수도 공부를 한다는 것은 유의 범주이므로 공이 안 될 것을 걱정해야 합니다. 불법 공부도 마찬가지입니다. 도가에서는 수도 공부를 청허(淸虛)라고 합니다. 그러나 일반인은 수도 공부를 한다고 하면 정좌를 해서 여기에서 기맥을 돌리고 저기에서 돌리고, 여기에서 지키고 저기에서 지킵니다. 그러고는 기맥을 통하려고 합니다. 이런 공부는 모두 유(有)의 공부입니다. 여러분이 열심히 수도 공부를 해도 효과가 없다면 그것은 마음이 공에 이르지 못하기 때문입니다. 마음이 공의 경지에 이른다는 것은 신체 감각을 전혀 의식하지 않아야 비로소 효과가 있다는 뜻입니다. 그러므로 "제(制)"라는 글자는 참으로 의미심장합니다. 위백양 진인은 이 한 글자로 노자가 말하는 원리를 남김없이 드러냈습니다.

　"이무제유(以無制有), 기용자공(器用者空)"에서 "기(器)"는 그릇입니다. 모든 그릇이 큰 역할을 할 수 있는 것은 그릇 속의 공간이 있어서입니다. 현대 물리학자들은 물질을 원자와 전자로 나누지만 최후에는 공(空)이라고 합니다. 절대의 공은 여러분이 결코 찾을 수 없습니다. 공이기 때문에 비할 수 없는 위력, 비할 수 없는 기능이 있습니다. 그래서 "없음으로 있음을 제어하니 그릇의 쓰임은 공간이다"라고 합니다.

해와 달의 작용과 결단

그러므로 일소일식의 운동 작용으로 감괘와 리괘는 몰망한다.

故推消息, 坎離沒亡.

"고추소식(故推消息), 감리몰망(坎離沒亡)"에서 "소식(消息)"이라는 두 글자는 『역경』[80]에 나옵니다. "소(消)"는 없다는 뜻이 아니라 성장한다는 말입니다. 예를 들어 한 사람이 태어나서 삶을 살아가는 것을 소(消)라고 합니다. 이렇게 살아가는 작용은 생명을 사라지게 하는 것이므로 소(消)는 유(有)의 단계를 나타냅니다. 반면에 "식(息)"은 무(無)의 단계입니다. 사람이 죽는다는 것은 없어지는 것이 아니라 크게 휴식하는 것입니다. 크게 휴식한 후에 다시 태어나는 것이지요. 소식은 이런 원리를 말합니다.

사람들은 소식이라는 말이 『역경』에서 나왔다는 사실을 잘 모르고, 또 그 의미도 잘 이해하지 못한 채 단지 통신을 통해 소식을 주고받는다는 뜻으로만 알고 있습니다. 소(消)는 소모하고 방사한다는 뜻이고, 식(息)은 귀납하고 배양해서 돌아온다는 뜻입니다. 태양이 아침에 떠서 저녁에 질 때까지 열두 시간을 소(消)라 하고, 저녁부터 다음날 아침까지 열두 시간은 식(息)이 됩니다. 식(息)은 새로운 생명으로 충만해서 다시 나오는 것이고 그 후에 새 생명이 성장하면서 소모됩니다. 그래서 이 과정을 일소일식(一消一息)이라고 하지요. 『역경』 이후에는 이 명칭을 쓰지 않고 '소장(消長)'으로 변했습니다. 소(消)는 소모, 장(長)은 성장입니다.

"감리(坎離)"는, 후천은 감괘와 리괘 두 개 작용이 주도한다는 뜻입니다. 그래서 "일소일식의 운동 작용으로 감괘와 리괘는 몰망한다[故推消息, 坎

---

80 『역경』 풍괘(豊卦) "日中則昃, 月盈則食, 天地盈虛, 與時消息, 而況於人乎? 況於鬼神乎?"에서 나온다.

離沒亡〕"고 했습니다. 여러분은 한 번 소하면 한 번 식하고〔一消一息〕, 한 번 유하면 한 번 공하여〔一有一空〕 서로 성장하는 것이 바로 우주 생명의 법칙임을 깨달아야 합니다. 감리(坎離)는 몸과 마음의 작용, 해와 달의 작용을 대표하는 것으로서 "몰망(沒亡)"합니다. 즉 유(有)에 대한 무(無)처럼 자신을 드러내지 않고 은폐한다는 뜻이지요.

그렇다면 도가에서는 언제라야 결단(結丹) 즉 단을 맺을 수 있다고 할까요? 뒤에서 말하겠지만 참으로 신선의 단약을 얻는 때는 "일월합벽(日月合璧), 선기정륜(璇璣停輪)"이라고 합니다. "일월합벽"은 해와 달이 마주 해서 서로 비춰 주고 있는 것입니다. 여러분은 이런 것을 본 적이 있습니까? 저는 서강(西康), 서장(西藏), 운남(雲南)에서 여러 번 봤습니다. 한번은 저녁에 태양이 아직 지지 않았는데 달이 올라와서 이쪽에는 태양이 저쪽에는 달이 서로 마주해서 비추고 있었습니다. 이것은 우주의 또 다른 경계입니다. 모두들 평생에 한 번 보기도 힘들다고 하는데, 저는 곤명에 가기만 하면 볼 수 있었습니다. 운이 좋았지요.

"선기정륜"의 "선기(璇璣)"는 북두칠성이 우주의 정중앙에서 모든 별의 움직임을 지휘하는 것이고, "정륜(停輪)"은 별의 운행이 정지한 것을 말합니다. 그러므로 기맥을 통하는 것은 최후에 '기주맥정(氣住脈停)'에 이르기 위함입니다. 호흡이 정지하여 신체에 감각이 없고 몸에서 기맥이 흐르지 않고 심장마저 움직이지 않는 경지이지요. 불가에서는 "선기정륜"을 정(定)이라고 합니다. 고요해서 움직임이 없다는 뜻이지요.

수도 공부가 이 경지에는 도달해야 비로소 결단(結丹)을 말할 수 있습니다. 공부가 이 경지에 이르러야 다음 여덟 글자인 "인험견효(引驗見效), 교도신명(校度神明)"에 부합한다고 할 수 있지요. 이것은 참으로 어려운 경지입니다. 정좌해서 여기에서 통증이 느껴지고 저기에서 기혈이 움직이는 것을 공부한다고 해서는 안 됩니다. 그것은 공부라 할 수 없습니다. 믿을 수 없는 것이기 때문입니다.

앞에서 상단전, 중단전, 하단전 등 삼단전에 대해 말한 적이 있습니다. 일부 도가에서는 여러분에게 니환궁(泥丸宮)이라고 하는 곳의 공부를 전합니다. 과거의 도가에는 니환궁이라는 명칭이 없었습니다. 이 명사는 한대(漢代)에 번역된 것이지요. 니환궁이란 사람의 머리 한가운데 가마가 있는 곳으로, 사실 가마가 머리 정중앙에 있는 사람은 없습니다. 대략 말하자면 어떤 사람의 명리(命理)를 볼 때 출생 시간을 모르면 머리카락이 어느 위치에서 가마가 생겼나를 보고 판단합니다. 자오묘유(子午卯酉)는 정사방이고, 다른 시간은 각각 치우친 방향입니다. 경락(經絡)을 공부한 분들은 정수리가 백회혈(百會穴)이라는 것을 알지요. 이 혈에는 침도 놓을 수 있습니다.

재미있는 이야기를 하나 하겠습니다. 당시에 저는 서강(西康)[81]에 있었는데, 그곳에서 어떤 사람들이 파와법(頗哇法)을 수련하는 것을 목격했습니다. 그들은 일주일간 주문을 외우고, 모두 얼굴과 귀가 벌겋게 달아오를 때가 된 후에 정좌하고 머리에 매우 깊이 풀을 하나씩 꽂았습니다. 삽입이 되면 죽을 때 서방정토 극락세계에 왕생한다는 표시입니다. 저는 파와법을 보자마자 친구에게 말했습니다. "마침 잘 됐네. 우리도 가서 배워 보세." 그들의 수련은 매우 고통스러운 것이었습니다. 어떤 사람은 수련에 실패해서 풀을 삽입하지 못했습니다. 제가 말했지요. "여러분, 저는 여러분 모두 반드시 풀을 삽입해서 서방정토에 왕생하도록 보증할 수 있습니다. 혈도의 원리와 수법만 깨달으면 반드시 풀을 꽂을 수 있습니다." 그런데 서장 사람은 머리를 감지 않아 두피가 두꺼워서 풀을 꽂기 쉽지 않았습니다.

---

81 중국 남서부의 구성(舊省). 티베트 고원의 남동부에 자리 잡고 있으며 1928년에 성을 신설했다. 성도(省都)는 강정(康定)이었는데 1955년 10월에 성을 폐지(廢止)했다.

서장 사람은 세면을 하지 않습니다. 그 대신 늘 소기름을 머리카락과 피부에 발라서 보호하지요. 그러지 않으면 히말라야 산의 바람이 피부를 다 갈라놓기 때문입니다. 머리에 기름이 잔뜩 발라져 있는데 풀이 어떻게 삽입되겠습니까? 저는 이런 문제를 얘기하고 말했습니다. "알았으면 먼저 기름과 두피의 먼지를 닦아 내고 나서 풀을 삽입해 봅시다."

니환궁이란 결국 무엇을 의미하는 것일까요? 불경에서는 니환을 열반(涅槃)으로 번역했습니다. 정수리에 있는 혈은 백회혈이고, 아래에 있는 혈은 회음혈이라고 합니다. 밀종에서는 회음혈을 해저라고 부르지요. 유가학파에서는 해저라고 하지 않고 영사(靈蛇)라고 하거나 영열(靈熱) 혹은 영능(靈能)이라고 합니다. 때로는 이곳에서 열이 납니다.

전하는 바에 따르면 이 생명 에너지는 몸 아래에 깊이 감춰져 있는데 누구도 진정으로 발동시키지는 못했다고 합니다. 하늘은 우리에게 신체를 주셨는데, 우리는 신체 기능을 제대로 발휘하지 못해 사람 노릇을 한 지 수십 년이 지났는데도 가짜로 된 껍데기만 쓰고 있습니다. 신체의 생명 기능인 회음과 백회는 위아래로 일소일식(一消一息), 일승일강(一升一降)하는 가운데 비할 데 없는 기능이 내재되어 있습니다. 이것 역시 "소식을 추동하니 감리는 몰망한다"는 것입니다. 사람은 한평생을 살아도 이것이 발동하지 않습니다. 참으로 발동한다면 이것을 양기(陽氣)가 발동한다고 하는데 반드시 파악해야 합니다. 무엇을 파악한다는 것일까요? 바로 "교도신명(校度神明)"입니다. 한 걸음에는 한 걸음의 효험, 효과가 있습니다. 이 생명의 위력과 기능은 매우 커서 장생불사의 경지에 도달하려면 영능(靈能), 영열(靈熱)의 기능에 의지해야 합니다.

제14강

전삼관과 후삼관

노자가 말하기를 "도라는 것은 도둑질이다(道者盜也)"라고 했습니다. 마치 도둑질을 못 하면 도를 닦을 수 없다는 듯이 말입니다. 사실상 도를 닦는다는 것은 무엇일까요? 바로 천지의 정화(精華)를 훔치는 것입니다. 천지의 정신을 자신의 몸과 마음에 가져와서 영원불변의 경지에 도달하게 하는 것이지요. 그러므로 수도는 온 세상에서 가장 큰 도둑질을 하는 것입니다. 이른바 소주천이라는 것이 그것을 의미합니다.

우리 몸은 앞면이 좋습니다. 눈도 있고 코도 있고, 숨 쉬고 밥 먹는 기능도 모두 몸의 앞에 있어서 빈틈이 없는데 뒤에는 아무것도 없습니다. 그러나 실제로는 뒷면이 양이고 앞면이 음입니다. 인체는 매우 신비해서 도를 닦는 사람은 다 알아야 합니다. 중국의 고대 과학이나 물리학 등도 잘 알아야 합니다. 중국 고대에는 자연과학을 박물(博物)이라고 했습니다. 오늘날에도 일부 학교에서는 박물이라는 학과가 있지요. 칠팔십 년 전에는 물리학을 격치학(格致學)이라고 했는데 이 말은 『대학』의 격물치지(格物致

知)에서 나왔습니다. 지금이야 중국이나 일본에서도 그냥 물리학이라고 번역합니다.

옛날에는 여성이 임신하면 할머니가 보고 남아인지 여아인지 바로 알았습니다. 남자아이를 임신하면 배가 뾰족하고 여자아이는 둥글다고 합니다. 양은 엎드리고 음은 눕는 '양부음앙(陽仆陰仰)'의 원리이지요. 남자아이는 엄마를 보는 자세여서 아이의 척추가 엄마의 배 바깥쪽을 향해 있고 여자아이는 그 반대입니다. 물에 빠져 죽었을 때도 남자와 여자는 다릅니다. 남자의 시신은 엎드린 상태이고 여자는 반대이지요. 이 역시 양부음앙의 원리로서 도가 수련과도 관련이 있습니다.

도가에서는 몸의 앞면에 삼관(三關)이 있고 후면에도 삼관이 있다고 합니다. 전삼관(前三關)은 얼굴 미간의 인당(印堂), 가슴 중간의 단중(膻中), 배꼽 아래의 하단전(下丹田)입니다. 후삼관은 미려(尾閭), 협척(夾脊), 옥침(玉枕)입니다. 항문에서 꼬리뼈로 올라와 마치 주판알처럼 골절이 연결되어 있는데, 그중에서 일곱 번째 골절이 허리 통증과 관련 있는 곳입니다. 여성에게는 더욱 그렇습니다.

삼관에 대한 이야기를 잠시 멈추고 선종의 공안으로 화제를 돌려볼까요? 당대에 문희(文喜) 선사라는 분이 있었는데, 이분은 삼보일배를 하면서 산서성 오대산(五台山)으로 문수보살을 친견하러 갔습니다. 중국의 사대 명산 중에 사천성의 아미산(峨嵋山)은 보현보살의 도량이고, 절강성의 보타산(普陀山)은 관세음보살의 성지이고, 안휘성의 구화산(九華山)은 지장보살의 도량입니다.

옛날에 대륙에 신앙심이 매우 깊은 사람이 있었습니다. 그는 철사로 두 뺨을 가로질러 꿰뚫고, 그 양쪽에 향로를 매달고 삼보일배를 하면서 산으로 올라갔다고 합니다. 그런데 산에 다 오르고 나서 철사를 뽑았는데 뺨에 전혀 흉터가 없었다고 합니다. 이런 것이 보살의 영험이지요. 그러나 저는 그가 약을 사용했다는 것을 압니다. 어떤 여성은 손바닥에 구멍을 뚫고 노끈을 꿴 후에 향로를 걸고 염불했다고 합니다. 며칠 동안 향로를 달고 있었는데 잠을 잘 때도 그렇게 했다는 것입니다. 인간의 신앙심은 참으로 신비하고 강력하지요.

문희 선사가 오대산에 올랐다가 내려오는 길에 동자를 데리고 있는 한 노인을 만났습니다. 그 노인이 물었지요. "스님은 남방에서 오셨는데 그곳의 불교는 어떻습니까?" 이 질문에 대한 문희 선사의 답이 매우 좋았다고 알려져 있는데, "남방의 불교는 용과 뱀이 섞여 있고 범부와 성인이 같이 있습니다[龍蛇混雜, 凡聖同居]" 하고 대답했답니다. 말하자면 제대로 수행하는 사람도 있고 엉터리도 있다는 뜻이지요.

이번에는 문희 선사가 노인에게 물었습니다. "여기 오대산 스님들은 어떻습니까?" 노인이 말했습니다. "오대산은 문수보살 도량으로 현교와 밀교 사찰이 모두 있습니다. 우리는 그것을 '전삼삼(前三三), 후삼삼(後三三)'이라고 부릅니다." 이렇게 대답하고 나서 노인은 문희 선사를 데리고 어느 초가집으로 가서 차를 대접했습니다. 차를 마신 후 노인은 "선사, 어서 산에 올라가 보시오" 하며 재촉했습니다. 서둘러 산에 오른 문희 선사는 급히 초가집을 떠나면서 뒤를 돌아보니 노인은 간 곳이 없었습니다. 그 노인은 문수보살의 화신이었고 동자는 문수보살 옆에 있는 사자였습니다. 문희 선사는 수년 간 문수보살을 친견하려고 삼보일배를 하면서 오대산까지 왔는데, 막상 문수보살을 만나서는 몰라봤던 것이지요.

몇 년이 지난 후 문희 선사는 드디어 도를 깨치고는 어느 사찰 공양간에서 밥을 짓고 있었습니다. 그때 문수보살이 사자를 타고 큰 솥 위에 나타났습니다. 문희 선사는 본래 문수보살을 친견하기를 무엇보다 고대하고 있었으나 이번에는 도리어 밥주걱을 들어 문수보살을 내려치면서 말했습니다. "문수는 문수고 문희는 문희다. 너는 왜 여기 와서 소란을 피우고 있느냐." 그러자 문수보살이 공중으로 올라가며 말했습니다. "맛이 쓴 참외는 뿌리도 쓰고, 맛이 단 참외는 꼭지부터 달다. 삼대겁을 수행했는데 여기에서 도리어 늙은 중에게 홀대를 당하는구나〔苦瓜連根苦甜瓜徹蒂甜修行三大劫反被老僧嫌〕." 문수보살은 과거불이 재림하신 보살로서 칠불의 스승이며 삼대(三大) 아승기겁(阿僧祇劫)을 수행하셨다고 합니다. 오늘 문희 선사에게 나타났는데 도리어 홀대를 당하고, 게다가 밥주걱으로 얻어맞기까지 한 후에 사자를 타고 도망가게 되었습니다.

후세에 수행자들은 '전삼삼, 후삼삼'에 대해 문수보살이 문희 선사에게 수행 공부에 있어서 '전삼관(前三關), 후삼관(後三關)'에 주의해야 한다고 알려 준 것으로 해석합니다. 이런 해석은 도가의 관점에서 선종을 해석한 것으로 반드시 맞는 견해라고 볼 수는 없습니다. 그러나 문수보살이 말한 전삼관, 후삼관은 너무 크게 말한 것입니다. 실제로 침구에서 쓰는 혈도(穴道)로 말하면 관구(關口, 혈자리)가 너무 많습니다. 도가 책에서 "옥액경장이 십이중루를 타고 내려가서 곧바로 강궁(중단전)에 도달한다〔玉液瓊漿, 下十二重樓, 直達絳宮〕"고 말한 것을 볼 수 있습니다. 정좌 공부가 잘 되고 있을 때는 입안에서 맑고 달콤한 타액이 끊임없이 흘러나오는데 도가에서는 이것을 '옥액경장(玉液瓊漿)'이라고 합니다. 목구멍 속 인후의 뼈로부터 아래로 내려가면 모두 열두 개의 연골이 있는데, 이것을 십이중루(十二重樓)라고 하고 곧바로 심장 근처에 있는 중단전인 강궁(絳宮)에 도달한다고 합니다. 흘러들어 온 옥액경장은 밥이나 설탕을 먹는 것처럼 삼키는 것이 아니라 혀를 살짝 들어 올려 입천장인 상악(上顎)에 대면 침이 자연히 계속 내려옵니다. 이렇게 점점 더 침이 많아질수록 몸이 더 건강해져 소화를 도울 수 있고 위 기능도 더 좋아집니다. 사람이 늙으면 입이 마르고 심지어 쓴맛이 나는 것은 바로 이 기능이 약해졌기 때문입니다.

후삼관인 미려관, 협척관, 옥침관

어떤 방법으로 수행하는가에 상관없이 가장 중요한 것은 첫 번째 관문인 미려관(尾閭關)을 통하는 것입니다. 하지만 미려관은 통하기가 어렵습니다. 그러니 정을 단련해서 기로 변한다는 연정화기(煉精化氣)나 기경팔맥을 통하기는 더 말할 것도 없지요. 솔직히 말해서 저는 아직 삼관(三關)을 다 통한 사람을 보지 못했습니다. 이런 것을 『참동계』에서는 "증험을 인용하여 효험을 보이고, 신명으로 척도를 교열한다[引驗見效, 校度神明]"고 합니다. 제가 함부로 말하는 것이 아니라, 전문가가 보면 정말 관을 통했는지 아닌지 바로 알 수 있습니다. 물론 전문가를 찾기는 매우 어려운 일이기는 합니다.

미려관을 통하는 것은 무척 고통스럽습니다. 정좌 수련을 하는 것은 신체를 건강하게 하려는 것인데, 도리어 허리도 아프고 등에도 통증이 생기는 등 각종 어려움이 나타날 수 있습니다. 이것이 바로 도가에서 말하는 "약자도지반야(弱者道之反也)"의 원리입니다. 건강이 회복되기 전에 일시적으로 더 쇠약해져 수도 공부를 하기 전보다 못하다고 느낄 수 있습니다. "약자도지반(弱者道之反)"은 『노자』의 "약자도지용(弱者道之用)"(제40장)과 같습니다. 약함은 도의 작용이라는 뜻이지요. 서양의 속담에 "해 뜨기 직전이 더 어둡다"고 한 것과 같지요. 그러므로 관문을 통할 때마다 몸에 여러 가지 통증을 느낄 수 있습니다. 이것은 결코 정좌 수도를 해서 생긴 것이 아니라, 정좌를 해서 몸이 회복될 때 몸에 있었던 문제가 드러나는 것입니다. 이런 과정을 겪어야 참으로 건강을 회복할 수 있습니다. 그런데 이런 통증이 나타나면 놀라서 수도를 포기하고 신선이 되는 길을 다시는 가지 않으려는 경우가 종종 생깁니다. 어려움을 겪어도 흔들리지 않고 견디낼 수 있는 타고난 바탕이 없는 사람은 신선이 직접 나타나 길을 가르쳐 줘도 성공하지 못하지요.

대충 훑어 봐도 요추와 척추에는 많은 골절이 한 층 한 층 쌓여 있습니다. 양기가 요추로부터 상승할 때는 마치 태양이 바다 밑에서 솟아오르는 것처럼 불쑥 힘차게 올라와야 합니다. 양기가 요추를 뚫고 통하는 것은 매우 어렵습니다. 더욱이 나이가 많고 쇠약한 사람은 이미 정력을 많이 소모했고 미려관도 막혀 있습니다. 또 연정화기(煉精化氣)도 하지 못하여 유형의 정력(精力)이 이 관문에 도달하기도 전 색욕에 빠져 누설되고 맙니다. 물론 젊은 사람이라도 색욕의 관문을 견뎌내지 못하면 영원히 미려관을 통할 수 없습니다. 설혹 이 관문을 한 번은 견뎌냈더라도 다시 실패하고 또 실패하여 영원히 이 고비를 넘지 못하게 됩니다. 그래도 이런 것은 유형의 것에 지나지 않습니다. 이것은 정통 도가 수련이라고 할 수도 없는 경지입니다. 겨우 신체 방면에서 "증험을 인용하여 효험을 보이고, 신명으로 척도를 교열하는" 것에 불과합니다.

두 번째, 협척관(夾脊關)은 위장과 관련 있습니다. 등 양쪽 견갑골 중간에 있는 협척관은 미려관보다 더 통하기 어렵습니다. 젊었을 때 칠팔십 세쯤 된 노인을 봤는데 얼굴은 홍안으로 불그레하고 두 눈은 신광이 빛났습니다. 그런데 등이 낙타처럼 굽어서 그림에서 본 신선과는 달랐습니다. 나중에야 비로소 신선 그림을 그린 화가가 진짜 신선을 본 적이 없었음을 알게 되었지요. 이 노인은 수도 공부를 많이 해서 몸도 건강하고 정신도 맑고 불교에 대한 조예도 깊었습니다. 그런데 앉은 모습은 오리와 같았습니다. 젊은 사람들은 그분을 스승님이라고 불렀는데, 제자들은 모두 도둑놈 같았습니다. 스승님이라고 받들어 모시고 당신이 좋아하는 것은 뭐든 다 할 터이니 신선이 될 수 있는 도를 빨리 전해 달라는 생각만 가득해 보였습니다.

나중에 그분과 좀 친해지고 나서 제가 물었습니다. "스승님의 등은 어려서부터 굽었습니까, 아니면 도를 닦아서 이렇게 된 겁니까?" 그러자 수도를 해서 굽었다고 했습니다. 제가 다시 물었지요. "여기서 하는 수행은 이렇게 등이 굽는 공부를 먼저 해야 합니까?" 그분은 그렇다고 하고는 저를 데리고 가서 정좌하는 자세를 보여 주었는데, 처음 앉은 자세에서 등을 점점 구부려 몸이 공처럼 둥글게 되더니 놀랍게도 코가 항문에 닿을 정도가 되었습니다. 그 자세로 한참 있다가 천천히 몸을 펴서 단정히 앉았는데 얼굴이 붉은빛으로 빛났습니다.

이것을 본 저는 감탄했습니다. '야, 마치 촉산검협전(蜀山劍俠傳)에 나오는 신선들처럼 각기 특수한 기공을 가지고 있구나!' 하고 말이지요. 그런데 한편으로는 이런 회의도 일었습니다. '도(道)라는 것이 이런 것인가? 도가 정말 이런 것에 불과하다면 나는 배우고 싶은 생각이 별로 들지 않는군.' 어쨌든 그분은 그 공부의 원리를 얘기해 주었습니다. 학과 거북이는 장수하는 동물인데, 학의 경우를 보면 목이 길어서 잠을 잘 때는 목을 말아 코를 엉덩이 사이에 삽입하고 잡니다. 이때 내부에서만 호흡이 이루어져서 장수할 수 있다는 것이지요. 물론 거북이도 호흡이 길고 깊습니다. 전에 직접 거북이를 잡아서 관찰한 적이 있습니다. 큰 거북이는 호흡하는 횟수가 적고 작은 거북이는 약간 많습니다. 거북이가 천천히 머리와 다리를 펼칠 때 자세히 들어보면 숨을 들이마시는 소리를 들을 수 있습니다. 물론 주위가 조용해야지요. 이렇게 숨을 들이쉰 후에 다시 몸을 움츠리고 두 시간 정도 전혀 움직이지 않습니다. 흡입한 공기를 몸속에 유지하고 있는 것입니다. 이런 것을 복기(服氣)라고 합니다. 요가나 도가의 기공에는 모두 이런 수련법이 있습니다.

공자도 일찍이 "기를 먹는 자는 장수한다〔食氣者壽〕"라고 말한 적이 있습니다. 그러나 공자는 또 "먹지 않는 자는 신이 밝아서 죽지 않는다〔不食者神明而不死〕"라고 말하기도 했지요. 이것은 『공자가어(孔子家語)』를 보면 알 수 있습니다.[82] 이렇게 기를 먹는 것을 도가에서는 '복기(服氣)' 혹은 '복기(伏氣)'라고 합니다. 이렇게 괴상한 자세로 복기(服氣)하는 사람들이 세상에 얼마나 있는지는 몰라도 저는 직접 경험했습니다. 이후에 시간이 있으면 제가 경험했던 일을 기록으로 남기려고 합니다. 그분이 말한 이론은 언뜻 보기에는 맞는 것 같지만 제 생각은 그렇지 않습니다. 인간은 동물과 달리 직립해 있는데 왜 학처럼 몸을 구부려 코를 엉덩이 사이에 넣고 호흡해야 하는 것일까요? 그분 가족도 모두 이런 호흡 수련을 했습니다. 방에는 의자가 없었고 부인과 아이 대여섯 명이 모두 방바닥에 앉아 천천히 몸을 굽혀서 코를 사타구니에 깊이 박은 채 오 분쯤 호흡을 하다가 서서히 상체를 일으켰습니다. 이분의 이론은 자신의 원기(元氣)를 써서 자기 몸을 양생(養生)함으로써 장생불사한다는 것입니다.

나중에 제가 연구한 바에 따르면 그분은 협척관을 통하지 못했습니다. 사천에서는 이런 사람을 곱사등이라고 합니다. 등이 굽고 기가 그 속에 정체되어 위나 간 모두 심각한 영향을 받지요. 그러나 그들 또한 나름대로 독특한 공부가 있기에 간단히 평가할 수는 없습니다. 제자가 되어 배우고 싶은 분 중에는 이런 분도 있었습니다. 그분은 제자로 받아들이지 않으셨습니다만. 그분은 늘 머리를 흔들었는데, 그것은 옥침관의 기가 통하지 않았기 때문입니다. 가령 우리의 생명은 '정기신(精氣神)'으로 이루어져 있는데, 이것을 통하는 것은 매우 어렵습니다. 그 중에서도 특히 옥침관의 기는 통하기 어렵습니다.

여러분 중에는 이렇게 말하는 분도 있는 줄 압니다. "저는 불법을 공부하는데, 불교에서는 사대가 다 공하다는데 협척관이니 옥침관이니 하는 것이

---

82 저자는 "不食者神明而不死"가 『공자가어』에 나온다고 했는데, 『대대예기(大戴禮記)』 역본명(易本命) 편에 "食氣者神明而壽, 不食者不死而神"라는 말이 나올 뿐이다. 원서에도 "어떤 자료는 다르다"고 편집자 주가 붙어 있다.

무슨 문제가 됩니까?" 하고 말이지요. 여러분, 사실 모든 것은 다 공합니다. 그러나 이 생명, 이 육체의 법칙은 그대로 존재합니다. 그것은 태양이 일정한 궤도를 운행하는 것과 같습니다. 여러분이 불법을 공부한다면 이런 기공 공부는 상관하지 않아도 좋습니다. 그러나 기맥의 영향을 받는 그 자체는 결코 공하지 않습니다.

그래서 도가와 밀종에서는 신체를 절대적인 건강의 상태로 하지 않으면 안 된다고 합니다. 절대적 건강이란 바로 "일월합벽(日月合璧), 선기정륜(璇璣停輪)"의 경지로서, 신체의 느낌에 아무런 장애가 없어야 비로소 도를 닦는 수도 공부에 대해 말할 수 있습니다.

그러나 기맥을 통하는 공부만 하더라도 결코 이루기가 쉽지 않습니다. 법도대로 착실하게 닦아도 수십 년은 걸립니다. 그런데 여러분은 돈도 벌어야 하고 직장에서 승진도 하고 싶은데, 게다가 도를 통해 신선이 되고 부처가 된다면 세상에서 좋은 것은 다 갖게 되겠지요. 어디 그런 일이 쉽게 되겠습니까? 여러분이 제게 와서 머리를 조아리며, "스승님, 제게 전수해 주십시오. 사흘 동안만 공부하면 극락까지도 날아갈 것 같습니다"라고 말합니다. 그리고 나서 다시 와서는, "스승님, 효과가 없어요"라고 말합니다. "그만두세요! 여러분은 좋은 일은 하나도 하지 않으면서 부처가 되고 도를 얻으려 하지 않습니까?" 저는 어려서부터 지금까지 수십 년 동안 그냥 논 것도 아닌데 도를 얻지 못했습니다. 도를 얻는 것이 그렇게 쉽다면 제가 얼마나 억울하겠습니까! 참으로 간단하지가 않습니다. 여러분에게 말하는 것은 모두 직접 경험한 일입니다. 여러분이 잘 기억하면 써먹을 데가 있을 것입니다.

내려가기 어려운 전삼관

지금 수도 공부를 하는 사람 중에는 진정한 도가 수도자가 없습니다. 불법을 공부하는 사람들도 공부의 중요성을 잘 모르고 있지요. 여러분, 용수보살을 아시지요? 용수보살은 중국 불교의 팔종(八宗)의 조사(祖師)입니다. 현교든 밀종이든 막론하고 모두 용수보살이 조사이지요. 용수보살은 의약을 잘 알았을 뿐 아니라 자신의 어떤 경맥과 혈도의 기가 통하지 않는지도 훤히 알았습니다. 비록 경맥이나 혈도를 통하는 것이 수도 공부와 큰 관련은 없지만 경맥이 통할 때 몸이 요동하지 않아야 비로소 참된 입정(入定)이라고 할 수 있습니다.

여러분이 진정으로 제대로 된 불상이나 보살상을 본다면 매우 단정하다는 것을 알 수 있습니다. 수당 시대 이전에 티베트에서 만들어진 불상과 보살상은 모두 제대로 만들었지요. 참으로 공부한 사람의 몸은 허리에 이르기까지는 점점 가늘어져 배는 들어가고 아랫배는 갈수록 충실해집니다. 여러분들이 요즘 흔히 보는 배가 불룩 나온 모습과는 다릅니다. 그것은 살덩어리이지 단전이 아닙니다. 여러분 중에 배가 불룩 나온 사람들은 그 배를 눌러보면 쑥쑥 들어가서 탄력이 없습니다. 수도 공부를 제대로 한 사람의 배는 충실합니다. 배에 힘을 주어서 그런 것이 아니라 원기(元氣)가 충실하기 때문입니다. 물론 이런 분들은 별로 마르지도 않았습니다. 저처럼 담배를 많이 피우는 사람과는 다릅니다. 여러분은 저를 기준으로 삼지 마세요. 여러분, 저 불상을 한번 보세요. 몸이 매우 원만하지요? 저렇게 만든 것은 이치에 합당합니다. 수련한 사람의 몸은 저렇게 생겨야 한다는 것입니다.

우리가 지금 말하고 있는 전삼관(前三關)과 후삼관(後三關)의 원리를 인체에 배합해 볼까요? "동지에 일양이 발생"하면 해저, 미려로부터 시작해서 등을 거쳐 곧장 위로 올라갑니다. 그것은 자월, 축월로부터 올라가 꼭

대기에서 건괘에 도달하는 것과 같습니다. 이렇게 아래에서 위로 올라가는 것을 '독맥(督脈)'이라고 부르는데, 의학을 공부하는 사람들은 이런 것을 잘 알아야 합니다. 어째서 독맥이라고 하는 것일까요? 독(督)은 잡아주고 이끌어 준다는 뜻이 있습니다. 우리 인체의 오장육부는 모두 이 독맥에 연결되어 있습니다. 오장육부는 폐장, 간장, 심장, 위장에서 대장에 이르기까지 모두 척추골에 연결되어 있지요.

인간은 축생과 다릅니다. 인간의 몸은 직립하고 있지만 축생의 몸은 옆으로 되어 있습니다. 그래서 불경에서는 축생을 방생(旁生)이라고 하는데, 이는 옆으로 되어 있는 횡생(橫生)이라는 말입니다. 인간의 오장육부는 모두 척추골에 연결되어 있어서 사실은 삼관에 그치는 것이 아닙니다만 어쨌든 후삼관에 기가 통하기 전에는 신체가 완전히 건강해지기는 어렵습니다. 기가 정수리 건괘까지 통하면 대체로 얼굴에 붉은빛이 도는데 이를 "양화가 나아간다[進陽火]"고 합니다. 그런데 양화(=양기)를 상승시켰지만 아직 "음부가 후퇴하지는[退陰符]" 않았습니다. 양화가 상승한 후에는 반드시 내려와야 합니다. 수도 공부가 이 경지에 이르면 잠을 자고 싶지 않습니다. 정신이 충만하여 잠이 오지 않지요. 이런 이치를 모르고 수도 공부를 잘못한다면 정신 이상이 생길 수도 있습니다.

이 양기가 오장육부에 도달하면 오장육부에 병이 생길 수 있습니다. 양기가 눈에 이르면 눈에 병이 생길 수도 있지요. 이렇게 몸에 병이 생길 수 있다는 것은 제가 체험한 사실입니다. 어떤 때는 이 이치가 맞는지 시험해 보려고 목숨을 걸고 일부러 몸을 망가뜨렸다가 다시 회복하기도 했습니다. 공부가 어떤 경지에 이르면 몸도 그런지 직접 시험해 보고 확실히 그런 현상이 있다고 확인되어야 그만두었습니다. 늘 눈이 멀고 귀가 먹을 것을 대비했습니다. 한번은 시험 삼아 기를 어느 곳에 통과시켰는데 그만 귀가 들리지 않았습니다. 저는 그 상태로 『맹자』를 강의하러 갔지요. 그날 제가 했던 강의는 제 귀에는 한마디도 들리지 않았습니다.

제 몸이 몹시 아프다고 느낀다면 당연히 수업을 그만두고 병원에 가서 진찰을 받아야겠지요. 그런데 저는 그렇게 하지 않고 수업하러 갔습니다. '기껏해야 죽기밖에 더 하겠어' 하는 객기가 발동한 것이었습니다. 제가 죽었다면 여러분은 저를 애도하겠지요. 신문에는 제가 학문을 위해 노력하다가 죽었다고 기사가 실릴 것입니다. 그러고는 다 같이 탄식한 후 저를 화장하고 나면 끝이겠지요. 한번은 『맹자』를 강의하는데 또 소리가 안 들렸습니다. 그런데 그때는 기가 그곳을 통해서 그랬던 것이 아니라 귓밥이 꽉 차서 막은 것이었지요. 또 한번은 여러분과 이곳에서 좌선을 하고 있는데 몸이 이곳저곳 옮겨가며 가려웠습니다. 그래서 기맥이 통하려는가 하고 있었는데 나중에 보니 바퀴벌레가 몸 이곳저곳을 기어 다녔던 것이었지요. 방금 전삼관은 통하기가 아주 어렵다고 했는데 통하고 나면 어떻게 될까요?

여러분이 이 관문을 통했다면 안경을 다시 맞추어야 합니다. 본래 사백 도였다면 이백이나 삼백으로 낮추어야 할 것입니다. 삼관을 통하면 생명의 기능이 매우 강화된다는 것을 알 수 있습니다. 기가 코를 통하면 코에 질병이 발생할 수 있다고 했지요? 이것은 막혀 있는 곳에 기가 통과하면서 나타나는 현상일 뿐 본래 건강한 코가 나빠지는 것은 절대 아닙니다. 공부가 어느 정도 경지에 이르면 몸에 단(丹)이 생깁니다. 이것은 강력한 생명의 기운으로서, 암 치료에 사용하는 코발트 60(방사능)처럼 암세포를 강력하게 쏘아서 다 소멸시켜 버립니다. 물론 몸에 막힌 곳을 다 통하게 할 수도 있습니다. 이렇게 기가 전삼관을 통해 내려와서 다시 몸을 도는 것을 '소주천(小周天)'이라고 합니다.

제15강

혈도와 침구

앞에서 십이벽괘의 주천(周天) 법칙에 대해 말했는데, 일반적으로 도가에서는 두 개의 주천을 말합니다. 즉 대주천(大周天)과 소주천(小周天)입니다. 원대와 명대 이후 도가의 수련법은 인체의 후면에 있는 독맥과 전면에 있는 임맥을 강조하는 소주천으로 변화했습니다. 이는 중국 의학에서 말하는 인체의 기경팔맥과 관련이 있습니다.

앞에서도 말했지만 중국 고대 의학의 일련의 치료 순서는 "일폄(一砭), 이침(二針), 삼구(三灸), 사탕약(四湯藥)"이었습니다. 첫째는 돌침(砭), 둘째는 침, 셋째는 뜸, 넷째는 탕약이라는 말이지요. 탕약이 네 번째인 이유는 약을 끓이는 것이 매우 번거로웠기 때문입니다. 탕약을 고약(膏藥)이나 단약(丹藥), 환약(丸藥) 또는 가루약(散藥)으로 만들어 먹을 수도 있지만 이런 것은 모두 후대에 발전했습니다. 이전에 한약방에서 약사를 고용할 때는 첫 번째 조건이 고약, 단약, 환약, 가루약을 조제할 줄 아는 것이었습니다. 외상에 바르는 고약 같은 것은 끓여서 고(膏)의 형태로 변형시키는 것이고, 단(丹)이나 환(丸)은 한 편씩 혹은 동그란 형태의 알로 만드는 것입니다. 산(散)은 가루 형태이지요. 이런 기술이야말로 중국 고대 의약의 수공(手工) 제약 기술이라고 할 수 있습니다.

침구(鍼灸)는 침을 혈도(穴道)에 찔러 넣는 것으로, 인체 내의 혈도는 중국의 오래된 독특한 전통입니다. 아주 오랜 옛날에 이미 인체에 삼백육십 개 혈도가 있음을 알았는데 이는 도가와 『역경』이 결합된 사상이지요. 태양은 하루에 일 도씩 천체를 운행하는데 일 년이면 삼백육십오 도가 됩니다. 사실 우리가 발견한 혈도는 사백 개가 넘고 지금도 계속 발견되고 있습니다. 이렇게 철학적 의미에서 태양의 운행 도수와 인체의 혈도를 배합해서 삼백육십여 개의 혈도를 말하는 것 외에도, 중국 고대에는 실제로 인체를 해부한 경험이 있었습니다. 제가 중의학에 대해 강의할 때 늘 하는 농담이 있습니다. 서양 의학은 생리학(生理學)이 아니라 사리학(死理學)이라고요. 중의학의 혈도나 경락은 생체의 구조를 말하는데, 서양 의학에서는 사체를 해부해서 말하기 때문이지요.

고대에 인체를 해부해서 혈도를 발견한 것은 매우 잔인한 일이었습니다. 사형수를 산 채로 해부해서 혈도를 찾았으니까요. 역사 기록에 따르면 은(殷) 왕조의 주왕(紂王)은 호기심이 많아 의사들에게 사형수를 해부해서 혈도를 찾게 했다고 합니다. 왕망 시대에도 이런 일이 있었는데, 태의원(太醫院)의 의사가 사형이 집행되는 형장에서 사형수를 해부해 이런 혈도가 있는지, 그 위치가 정확한지 확인했다고 합니다. 원대에 이르러 칭기즈 칸의 재상 야율초재가 비교적 정확한 혈도가 그려진 동인도(銅人圖)를 그렸습니다. 원나라 재상 야율초재는 사실 금나라 사람으로 만몽족의 대단한 인물이었지요. 천문, 지리, 정치, 군사 등 모르는 분야가 없었고 특히 의학에 뛰어났는데, 이는 전장에서 병사를 치료하면서 얻은 기술입니다.

이 침구학에 나오는 혈도는 십이경맥에 배합해야 합니다. 요즘 침구학을 배우는 젊은이들이 많은데, 진정으로 십이경맥의 철학 원리를 알려면 『역경』의 십이벽괘를 이해해야 합니다. 앞에서 '자오류주'를 배웠는데, 이 것은 기혈이 흐르는 원리입니다. 무술에서는 점혈(點穴)을 자오류주와 배합하기도 합니다. 제 경험으로 보면 점혈을 침구 원리와 배합하면 침구를 쓰지 않고 손가락만 단련해도 병을 치료할 수 있습니다. 애석하게도 이 방면의 공부는 거의 전해지지 않습니다. 그 일부가 민간에 흘러 들어가거나 해외로 전해졌지요. 특히 한국에는 유명한 『동의보감(東醫寶鑑)』이라는 책이 있는데, 이 책에는 중국 의학 지식이 많이 실려 있습니다. 일본에도 볼 만한 책이 있지요.

경맥과 의학

이전에 고대의 소아과 진찰과 치료의 예를 들어 이야기했지요? 당시에는 맥을 짚는 것이 아니라 손가락 끝과 손바닥 색을 보고 병을 진단했습니다. 예를 들면 오늘날에도 하는 괄사(刮痧)를 보면 알 수 있습니다. 괄사도 하나의 전문적 치료법인데, 괄사를 하는 도구로 피부를 긁으면 간혹 피부에서 피가 나오는데 그러면 바로 병이 좋아집니다. 한 친구가 고혈압이었는데 침으로 머리 한가운데 백회혈을 찔렀습니다. 겨우 침 한 번 찔렀을 뿐인데 매우 편안해지더니 혈압이 많이 내려갔다고 합니다. 이런 말을 했다고 여러분도 바로 시험하려 들지는 마세요. 그 친구는 의학도 몰랐고 혼자서 이리저리 찌르다가 성공했을 뿐입니다. 나중에 이런 말을 듣고 그 친구에게 충고를 했습니다. 머리에 피를 내면 위험해질 수 있고, 고혈압은 발과 다리에서 사혈하는 것이 더 효과가 있다고요.

어렸을 때 시골에는 오랜 전통이 있는 민간요법으로 '도법(挑法)' 혹은

'도양모정(挑羊毛疔)'이라는 사혈법이 있었습니다. 지금 생각하면 미신이라고 여겨서 당시에 안 배운 것이 무척 후회됩니다. 어떤 할머니가 이 요법을 할 수 있었는데, 그 할머니는 의학 지식은커녕 글자도 몰랐습니다. 단지 환자의 척추를 하나하나 짚어가다가 "아, 여기구나!" 하면서 침을 찔렀습니다. 그 자리에서 하얀 털 같은 것이 뽑혀 나왔고 그러면 바로 환자가 편해졌다고 말합니다. 이것을 어떤 곳에서는 '양모사(羊毛痧)'라고 하고, 종기가 난 경우에는 '양모정(羊毛疔)'이라고 불렀는데, 한 번 뽑아내면 곧 좋아졌습니다. 보기에는 매우 기괴하고 속된 것 같지만 사실 인류 문화 수천 년의 경험이 누적된 결정입니다. 비록 원리는 알 수 없어도 실용적 치료법이었지요.

십이경맥 외에 '기경팔맥(奇經八脈)'이 있습니다. 여기서 기(奇)는 이상하다는 뜻이 아닙니다. 『역경』에서는 짝수를 우(偶)라 하고 홀수를 기(奇)라고 합니다. 기경팔맥은 홀수로서 십이경맥에 속하지 않습니다. 십이경맥은 육음육양의 상대적 구조로서, 침구 원리로는 "병재상자(病在上者), 기치재하(其治在下)"라고 합니다. 병을 치료할 때, 예를 들어 머리가 아프면 반드시 머리를 치료하는 것이 아니고, 발이 아프다고 반드시 발을 치료하는 것이 아니라는 말입니다. "병이 아래에 있으면 치료는 위를 하고, 병이 우측에 있으면 치료는 좌측을 한다(病在下者, 其治在上, 病在右者, 其治在左)"는 것입니다. 왜 그럴까요? 인체의 신경은 척추를 중심으로 상하 좌우로 교차해 있기 때문입니다.

이런 원리를 『역경』에서는 "만물을 곡성하여 남김이 없다(曲成萬物而不遺)"[83]라고 했습니다. 노자 역시 이런 원리를 "구부러지면 온전하다(曲則

---

[83] 『역경』 「계사전」 상. '곡성(曲成)'에 대해 한강백(韓康伯)은 "曲成者, 乘變以應物, 不系一方者也"라고 설명했다. "곡성이라는 것은 변화를 타고 만물에 응하는 것이요, 일방적인 것이 아니다"라는 말이다. 만물은 변화하는 상대적 존재라는 의미이다.

全」(『도덕경』 제22장)라고 표현했습니다. 인체의 신경은 이처럼 좌우로 교차해 있을 뿐 아니라, 상하로도 교차해 있어서 인체가 온전하게 기능할 수 있습니다. 그래서 중의학에서는 "병이 위에 있으면 아래를 치료하고, 병이 아래에 있으면 위를 치료한다"고 했습니다. 왜 노인은 두 다리에 힘이 없어서 제대로 걷지 못하게 되었을까요? 이 경우 단지 다리만 치료해서는 안 됩니다. 내장 기관이 건강하지 않거나 호르몬 분비가 불균형하거나 혹은 자율신경이나 어떤 부분의 시스템에 문제가 생겼을 수 있습니다. 그러므로 중의학의 원리는 도가, 『역경』, 노장 철학, 수도 공부와 밀접한 관계가 있습니다. 따라서 『황제내경』은 반드시 읽어야 하는데, 여기에는 영추(靈樞) 소문(素問) 두 부분이 있습니다. 이 밖에 『난경(難經)』이라는 책도 읽으면 좋은데, 난(難)이란 말 그대로 어려운 문제를 뜻합니다. 이 책에서는 여든한 가지 어려운 질병을 일일이 제기해 놓고 가장 치료하기 어려운 병은 어디에서 발병했는지를 논의했습니다. 그것은 모두 의학의 이치에 관한 것이어서 『난경』을 읽었다고 해서 반드시 병을 고칠 수 있는 것은 아닙니다.

이것은 모두 기경팔맥[84]과 관련 있는데, 이른바 기경팔맥이란 십이경맥 이외의 독립된 경맥 체계입니다. 기경팔맥에 속하는 맥 가운데 독맥은 꼬리뼈로부터 척추를 타고 후뇌로 오르는 직선으로 알고 있지만 실은 머리 위로 올라가 정수리에 도달할 뿐 아니라 목뒤로 돌아서 두뇌 안으로도 갑니다. 그래서 동선사(同善社)라는 종교 단체에서 변해 오늘날의 일관도(一

---

[84] 기경팔맥은 독맥(督脈) 임맥(任脈) 충맥(衝脈) 대맥(帶脈) 음유맥(陰維脈) 양유맥(陽維脈) 음교맥(陰蹻脈) 양교맥(陽蹻脈)을 말한다. 기경팔맥은 십이경맥의 작용을 보충해 주고 몸의 영위기혈(營衛氣血)을 조절하는 작용을 한다. 기(奇)는 단독이라는 뜻으로, 기경팔맥 사이에는 음양(陰陽) 표리(表裏)의 배우(配偶) 관계가 없으므로 기경이라 하며, 십이경맥 사이에서 종합적 조절 작용을 한다. 이 둘의 관계는 십이경맥은 강하(江河), 기경팔맥은 호택(湖澤)으로 비유된다.

貫道)[85]에서 행하는 양 눈 사이 미간에 점을 찍는 점규(點竅)라고 하는 의식과 또 여러 방문좌도(旁門左道)에서 수규(守竅)하는 수련법의 기본 원리는 독맥의 정점이 미간에 있다는 것입니다. 실제로 그런지는 아직 의학적으로는 문제가 있고, 의학 지식에 기초하지 않은 기맥만 주장하는 것도 문제입니다. 소위 임맥(任脈)이라는 것은 아랫배로부터 시작해서 아래로는 생식기 부분에 속하는 회음혈에 이르고, 위로 올라가면 목의 인후에 도달합니다. 또 그 중간에 허리를 두르는 대맥(帶脈)이 있는데 여성은 이 대맥을 특히 주의해야 합니다.

이 자리에 참석한 분들 중에 중의사 자격시험을 보려는 분들이 많은데, 저는 반대합니다. 물론 여러분이 아주 훌륭하기 때문에 현행 자격시험 방식에 따르면 모두 합격하고도 남을 것입니다. 그러나 제 기준으로 보면 여러분은 『황제내경』을 읽지도 않았을 뿐 아니라 이해도 못 하는데 이런 상태로 중의사가 되는 것은 옳지 않습니다. 이 중에 몇 분은 중의사 면허가 있지만 제 말을 듣고 환자를 직접 진료하기보다는 한약방을 차리기로 했습니다. 여러 차례 진료를 하고 약을 처방했는데 환자가 약을 먹고도 별 차도가 없었다는 것이지요. 그 처방을 제게 가져왔기에 살펴보니 처방 자체는 틀리지 않았습니다. 다만 환자의 나이와 성별, 기타의 것을 감안해 처방해야 하는데 이런 문제를 제대로 활용하지 못했습니다.

방금 제가 대맥은 여성에게 중요하다고 했는데 왜 그럴까요. 여성의 생명력은 상반신에 있기 때문입니다. 남성과는 음양이 다르지요. 여성이 외

---

85 유교를 교리의 중심으로 하는 종교로 청나라 말에 세워져 대만과 홍콩에서 유행하고 있다. 일관도라는 명칭은 『논어』의 "오도일이관지(吾道一以貫之)"에서 나왔다. 청나라 광서(光緒) 초년, 선천도(先天道)의 신도 왕각일(王覺一)이 선천무생교(先天無生教)라는 교파를 만들었고 후에 말후일착교(末後一著教)라고 명칭을 바꾸었는데 이 사람이 일관도의 실제 창시자이다. 지금의 일관도는 1886년 그 제자 유청허(劉淸虛)가 개명한 것이다.

출하기 전에 머리를 가다듬는 것을 보세요. 화장대 앞에 앉아 양손을 들고 긴 머리를 만지고 빗느라 적지 않은 시간을 보내는데도 상반신은 전혀 힘들지 않습니다. 남성에게 이런 일을 시키면 절대 참지 못합니다. 여성은 두 팔을 쭉 뻗고 한동안 신문을 들고 있을 수 있는데 남성은 여성만큼 견디지 못합니다.

여성과 반대로 남성의 생명력은 하반신에 있습니다. 남성은 차렷 자세로 한두 시간 버티는 것은 어렵지 않지만 여성은 그렇지 않습니다. 여성은 그렇게 서 있는 것을 참지 못합니다. 남자가 걷는 모습을 잘 보세요. 무릎을 굽히면서 다리를 크게 움직여서 걷습니다. 그런데 노년기에 접어든 남성은 무릎이 잘 굽혀지지 않아서 제대로 걷기 힘듭니다. 남성과 달리 여성은 무릎을 움직이기보다는 허리와 엉덩이를 좌우로 흔들면서 걷습니다. 중의학은 "보고[望], 듣고[聞], 묻고[問], 맥을 짚는[切]" 네 가지 진찰 방법을 사용합니다. 환자가 걸어 들어오는 모습을 보면 어느 정도 병증을 파악하지요. 언젠가 친구가 걷는 모습을 뒤에서 보는데 그 친구가 양팔을 제대로 흔들지 못하지 뭡니까? 그래서 "자네 심장에 문제가 있는 것 같네. 얼른 병원에 가서 검사해 보게" 하고 충고한 적이 있습니다. 심장에 문제가 있으면 팔을 잘 움직이지 못합니다. 여러분도 모두 한번 시험해 보세요. 걸을 때 양팔이 똑같은 높이로 잘 움직이는지 말입니다.

생활습관은 기맥에 영향을 미친다

실제로 신체 외형의 문제는 내부에서 옵니다. 당연히 얼굴에도 나타나지요. 예를 들어 코나 입이 삐뚤어져 있으면 잠을 한쪽으로만 자기 때문이니 반대로 자는 습관을 들이면 코가 똑바로 돌아옵니다. 사소한 말 같지만 반드시 주의해야 합니다. 작은 습관이 때로 큰 병을 일으킬 수도 있으니까요. 사실 자신의 건강은 자기가 다 알고 있습니다. 중년 이후는 더욱 그렇습니다. 중년 이후 흔히 생기는 질병으로 오십견(五十肩)이 있는데, 어깨 주위의 근육과 신경이 굳어서 나타나는 증세입니다. 이런 증세가 있는 사람은 걷는 것도 원활하지 않습니다. 걸을 때 양팔이 잘 움직이지 않고 어깨와 머리도 굳어 억지로 움직이면 통증이 생깁니다. 그러니 이런 증세가 나타나면 바로 운동을 습관화해서 잘 조절해야 합니다.

이제 여성이 주의해야 할 것을 말해 볼까요? 여성은 대맥에 주의해야 합니다. 제가 종종 여성들에게 허리를 강화하는 운동을 해야 한다고 충고합니다. 허리가 좋지 않으면 생명력이 잘 응집되지 않기 때문이지요. 또 젊은 사람들은 기공 수련을 한다면서도 맥주 같은 것을 좋아해 배가 불룩 나와 있는데, 이런 것은 매우 좋지 않습니다. 배에 지방이 끼면 기(氣)가 응집되지 않기 때문입니다. 참된 수련은 일단 신응기취(神凝氣聚) 즉 정신과 기운이 응집되어야 합니다.

의학을 공부하는 분은 동서 의학을 융합하려는 의지를 갖고 노력해야 합니다. 의학은 인간의 생명을 다루는 귀한 학문인데 어떤 사람은 돈벌이를 위해 의사가 되려 하니 이런 것은 말할 가치도 없습니다. 불경에도 나오지 않습니까? "원인이 올바르지 않으면 결과도 잘못된다[因地不眞, 果遭紆曲]"고요. 그래서 제가 이 점을 재삼 강조하는 것입니다.

독맥은 중추신경 계통에 속합니다. 척추야말로 인체의 중심으로서 오장육부가 모두 여기에 의지해 있습니다. 임맥은 자율신경 계통입니다. 간혹 노인 중에 근육이 비틀리고 말을 떠는 분이 있는데 이것은 의학적으로 자율신경이 기능을 잃은 것입니다. 임맥과 독맥은 인체의 양대 신경 계통입니다. 현대 의학에서는 인체에 일곱 계통이 있다고 합니다. 골격 계통, 신경 계통, 뇌하수체-갑상선-부신의 호르몬 내분비 계통이 있고 여기에다 소화기 계통, 호흡기 계통도 있습니다. 과학과 의학의 발달은 이전의 지식을 새롭게 이해하는 데 도움을 주고, 또 도가의 수련법과 생명 원리를 이해하는 데도 도움이 됩니다.

하지만 지금까지는 세계에 진정으로 동서양 고금의 의학을 관통할 수 있는 사람이 없습니다. 그 이유는 오늘날 의학 교육의 체계가 동양이나 서양 어느 한편에 치우쳐 있고, 동서 의학의 소통이 얼마나 중요한지 이해하지 못해서입니다. 저는 도가와 중국 전통 의학이 서양 의학과 융합되면 인류의 보건과 질병 치료에 크게 공헌할 것이라고 믿습니다. 이런 경우를 종종 봅니다. 병증은 매우 심각하지만 그 질병이 발생한 원리만 이해하면 돈을 얼마 들이지 않거나 혹은 거의 들이지 않고도 고칠 수 있거나, 또 몇 동작을 반복하는 것만으로도 치료될 수 있는 경우가 있었습니다. 그래서 늘 이렇게 말합니다. 서양 의학은 목숨을 구하고 중국 의학은 질병을 치료한다고요. 가령 위출혈 같은 긴급한 병은 바로 서양 의학으로 치료해야지 고집을 피우고 중의학에 매달리는 것은 매우 위험합니다.

여러분은 중의학에서 세 손가락으로 진맥하는 것이 매우 정확하다고 생각하지요? 저는 꼭 그렇게 생각하지는 않습니다. 중의학에서는 손가락으로 진맥하는 것을 삼지선(三指禪)이라고 부르는데, 이 선(禪)은 불교 선종(禪宗)의 선이 아닙니다. 오해하지 마세요. 세 손가락으로 인체 내부의 문제를 전부 살피는 것이 가능할까요? 매우 어렵습니다. 참선 공부가 적어도 이선(二禪) 이상이거나 혹은 마음과 사물이 하나가 된 심물일원(心物一元), 나와 네가 둘이 아닌 자타불이(自他不二)의 경지에 도달해야만 제대로 진맥을 할 수 있기 때문입니다. 의사와 환자가 하나로 합일된 경지에서야 병증을 올바르게 이해할 수 있다는 말입니다. 세 손가락으로 감지할 수 있는 맥상(脈象)은 수십 종 있습니다. 부맥(浮脈), 침맥(沈脈), 장맥(長脈), 단맥(短脈), 지맥(遲脈), 속맥(速脈) 등 어떤 맥상은 감지하기 어렵지 않지만 어떤 것은 정말 쉽지 않습니다.

중의원에 갔을 때 의사가 세 손가락으로 진맥하면서 입으로는 "안녕하세요? 오늘 날씨가 참 좋지요" 하고 말한다면, 저라면 바로 손을 빼고 돌아와서 차라리 직접 약을 지어 먹겠습니다. 옛날에 진맥을 잘하는 의사도 맥을 짚을 때는 어떤 일에도 신경 쓰지 않고 눈을 지그시 감은 채 오로지 맥에만 집중했습니다. 요즘에는 너무 쉽게 진맥하고 약을 처방하니 참으로 문제입니다.

이제 다시 임맥과 독맥 이야기로 돌아갑시다. 하루는 생면부지의 사람이 저를 찾아와서 말했습니다. "선생님 제게 문제가 있는데 가르쳐 주십시오. 저는 임맥과 독맥이 통했고요, 기경팔맥도 전부 통했습니다. 이다음 단계에서는 무엇을 해야 하나요?"라고 물었습니다. 저는 웃으면서 말했지요. "미안합니다. 저는 제 임맥과 독맥이 어디에 있는지조차 아직 찾지 못하고 있답니다. 그러니 당신의 질문에는 답할 수가 없네요. 기경팔맥도 저는 겨우 이름만 들어봤을 뿐입니다. 당신은 기경팔맥도 다 통했다고 하니 더더욱 제가 도와드릴 것이 없네요." 많은 사람이 임맥과 독맥, 기경팔맥이 다 통했다고 생각합니다만 그것은 '범기통(凡氣通)'일 뿐입니다. 평범한 기를 느끼는 상태에 불과하며 참으로 임맥과 독맥이 통한 것이 아닙니다. 왜냐고요? 그 이유를 연구해 볼까요?

우리 등에 있는 척추골을 독맥이라고 부르는데, 이 척추의 마디마디를 따라 올라가면서 사면팔방으로 신경 계통이 연결되어 있습니다. 그래서 위장이 아플 때는 척추에서 위장에 해당하는 마디에 침을 놓고 뜸을 떠서 막힌 것을 풀면 바로 좋아집니다. 위장의 미세한 신경 계통이 그 척추 마디에 연결되어 있어서 그곳을 풀면 바로 좋아집니다. 이것은 간단한 경우이고 복잡한 것은 훨씬 어렵습니다. 이 척추골에 매달린 신경 계통은 이렇게 꼬인 모양으로 있습니다. 그런데 이 독맥이 통한다고 할 때 뼈마디 외부의 신경도 통하는 것일까요? 그리고 뼈마디 내부는요? (앞에 앉은 한 사람을 가리키며) 여기 계신 주(周) 원장님은 서양 의학을 공부하시고 골절(骨節) 계통에 권위 있는 의사 선생님입니다. 제가 거짓말을 하거나 잘못된 말을 하면 바로 지적하실 것입니다. 골절 속에는 골수(骨髓)가 있고 골절의 중심은 비어 있습니다. 만약 골절 외부에 기가 통해서 가는 것을 기통(氣通)이라고 한다면 그것은 신경 계통의 감각일 뿐입니다. 골절 내부 골수의 기는 쉽게 감지할 수 있는 것이 아닙니다. 앞으로 기회가 있으면 주 원장님께 강의를 청해서 골절 내부와 외부의 상세한 구조에 대해 들어 봅시다.

제 경험을 애기해 볼까요? 제 아이가 일고여덟 살 정도였을 때 하루는 한밤에 토하고 설사를 하면서 고열이 났습니다. 원래 의사도 자기 식구들에게는 감히 손을 대지 못하는 법이지요. 집에 있던 약을 먹여 봤지만 소용이 없어서 바로 차를 불러 응급실로 갔습니다. 응급실에 도착하니 젊은 의사가 나왔습니다. 그는 아무것도 묻지 않고 바로 아이 옷을 들추고는 척수를 뽑아 뇌막염인지 아닌지 보아야 한다고 했습니다. 저는 그렇게 하도록 내버려둘 수 없었습니다. 마음속으로는 젊은 의사를 믿지 못하기도 했지요. 물론 노련한 의사가 왔어도 척수를 뽑도록 할 수는 없었지만요. 다른 방법이 없냐고 물으니 그는 없다고 했습니다. 어린아이의 척수를 뽑는 것이 얼마나 위험한지 저는 알고 있었습니다. 오래전에 제 사제 중 한 사람이 공부도 잘했고 총명했는데 척수를 뽑은 후로 지금까지 머리가 모자라고 산만합니다. 그래서 저는 아이의 척수를 함부로 뽑지 못하게 했지요.

병원을 나와서 평소에 알던 다른 의사를 찾아갔습니다. 그는 보자마자 증세가 위중하다고 판단하고는 미국에서 새로 온 특효약을 알려 주었습니다. 저는 집사람에게 아이를 안고 집으로 돌아가라고 하고는 약국을 찾았습니다. 시간은 이미 열두 시가 넘었습니다. 그런데 큰 약국에도 그 약이 없었습니다. 다시 그 의사에게 전화를 해서 다른 약을 추천할 게 없느냐고 물었지요. 그러자 의사는 그 약을 쓰는 것이 최선인데 지금 구할 수 없다면 사이다를 한 병 사서 마시게 하고 다시 보자고 했습니다. 그 말을 듣고 의사가 몹시 피곤하다는 것을 느꼈습니다. 사실 의사는 매우 불쌍하지요. 밤이고 낮이고 쉴 틈이 없거든요. 그 입장을 이해하고도 남습니다. 바로 사이다를 사서 아이에게 먹였고 다행히 조금 진정되었습니다.

어쨌든 척수는 함부로 뽑으면 절대 안 됩니다. 척수를 뽑으면 다시 회복하는 데 시간이 매우 오래 걸립니다. 도가에는 연정화기(煉精化氣)라는 공부가 있습니다. 척수는 비록 진정(眞精)은 아니지만 정(精)의 주요 부분인 것은 확실합니다. 나중에 아이는 미국에 가서 대학을 다녔는데, 돌아와서 말하기를 마라톤이고 다른 운동이고 모두 제일이었다고 했습니다. 지금 생각해도 아이가 어렸을 때 함부로 척수를 뽑지 않기를 얼마나 잘했는지요. 아마 그때 척수를 뽑았더라면 지금 등이 굽어 있을지도 모릅니다.

제16강

각 종파의 기맥설

오늘날 서양에서는 요가가 매우 유행하고 있습니다. 인도의 요가는 그 연원이 매우 오래 되었고, 불교와 같이 발전해 온 인도의 전통 행법입니다. 오늘날 주변에서 볼 수 있는 요가는 몸동작을 주로 하는 요가입니다. 이렇게 몸동작을 중심으로 하는 요가도 매우 높은 공부인데, 중국 무술 중에서도 남파, 구체적으로는 무당파(武當派)의 공부가 요가와 관련 있습니다. 주문을 염송하는 것은 음성 요가이고, 심리 방면의 요가도 있는데 인도에서는 이미 실전되었습니다.

중국에서 번역된 불전 중에서 매우 중요한 것이 바로 미륵보살이 지은 『유가사지론(瑜珈師地論)』입니다. 이 학파를 유가학파(瑜珈學派) 또는 유식학파(唯識學派)라고 하지요. 유가(瑜珈)는 요가(yoga)를 음역한 것으로, 유가사(瑜珈師)는 요가를 전문적으로 수행하는 사람을 가리킵니다. 지(地)는 공부의 경지를 의미하지요. 『유가사지론』은 유가학파의 책으로, 중생이 수행을 해서 부처가 되는 방법을 설명했습니다. 『유가사지론』에는 십칠지(十

七地)라는 말이 있습니다. 십칠지는 부처를 성취하는 단계를 말하는 것이 아니라 수행의 학문 규범을 열일곱 개 부분으로 구분한 것입니다.

현재 세계의 요가 명인은 모두 인도인입니다. 그 중에서 어떤 사람은 세 살 무렵에 이미 신통력을 보였지요. 요즘 젊은이들이 잘 읽는 『히말라야의 위대한 요기』라는 책의 주인공이 그런 사람입니다. 그들은 모두 자신을 교주라고 큰소리칩니다. 몇 년 전 선종이 미국과 유럽에서 대단했다가 그 후 요가가 풍미했습니다. 현재 구미에서는 또 다른 추세가 있는데, 바로 중국의 도가 수련을 매우 높이 본다는 것입니다. 그러나 이런 추세가 그리 오래 갈 것 같지는 않습니다.

우리는 이런 점에 주의해야 합니다. 서양 사람이 중국 문화의 위대함을 인정한다고 해서 중국인 모두 위대한 것은 아닙니다. 현대의 중국인이 대단한 것이 아니라 역사 속의 조상이 대단한 것이지요. 서양 사람이 도가 문화를 존중하고는 있지만 요가에 대한 새로운 바람은 대단할 뿐 아니라 날로 그 영향력이 커지고 있습니다. 예를 들어 천주교나 기독교에서도 정좌에 대해 관심을 갖고 연구하고 있는데, 이것은 모두 요가의 영향입니다. 요가에는 정좌도 있고 선정(禪定)도 있습니다. 선정은 불교뿐 아니라 요가도 공유하는 수행법입니다. 그러니 불법을 공부한다고 해서 불교에만 선정법이 있다고 주장해서는 안 됩니다.

요가는 후에 변화해서 불가에도 수용되고 밀종의 수행법과 결합하여 삼맥칠륜(三脈七輪)을 말했습니다. 중국의 기경팔맥은 인체를 입체적으로 봅니다. 바로 충맥(沖脈＝衝脈), 임맥(任脈), 독맥(督脈), 대맥(帶脈), 음교(陰蹻), 양교(陽蹻), 음유(陰維), 양유(陽維) 등 팔맥입니다. 요가에서는 인체를 입체적으로 보기보다는 몸의 좌, 우, 중간에 수직으로 평행한 세 개의 맥이 있고, 인체의 아래쪽에서 위쪽으로 일곱 개 부위에 칠륜이 있다고 합니다. 밀종을 공부하는 사람이라면 이 문제를 반드시 만나게 됩니다. 정식으로 밀종을 공부한다는 것은 만트라 주문을 외우거나 관정하는 것에 그치지 않습니다. 정식으로 밀종을 공부하는 사람이라면 홍교든 백교든 막론하고 삼맥칠륜을 중심으로 공부하지 않으면 안 됩니다. 그러므로 수행법에서는 중국 도가의 연단(煉丹)과 같이 밀교에서도 먼저 기(氣)를 닦은 뒤에 맥(脈)을 닦습니다. 이렇게 닦아야 색신(色身)이 성취될 수 있습니다.

삼맥은 중맥 좌맥 우맥이고, 칠륜은 해저(海底) 두제(肚臍) 심륜(心輪＝心窩處) 후륜(喉輪) 등입니다. 후륜은 여성에게는 잘 나타나지 않고 남성에게는 뚜렷한데, 도가에서 생사현관(生死玄關)이라고 부르는 곳입니다. 여러분이 손으로 후골(喉骨)을 만져 보면 두 부분으로 되어 있는데 수행이 성취를 이루면 그곳이 열려 그 내부가 통하게 됩니다. 그래서 어떤 사람은 자기가 기맥이 통했다고 하지만 저 같은 문외한도 그 사람 앞에 서서 대충 보면, 생사현관이 통했는지 아닌지 바로 알 수 있습니다. 후륜 위에는 미간륜(眉間輪), 정륜(頂輪)이 있고 밖에는 범혈륜(梵穴輪)이 있습니다. 모두 일곱 개 부분인데 그중 중맥이 가장 중요합니다.

밀종을 공부하는 사람들 중에는 중국의 도가는 외도라고 비판하고 밀종만 정통이라고 주장합니다. 저는 원래 청개구리 같은 성질이 있어서 양의 앞에서는 중의학이 좋다고 하고, 중의 앞에서는 서양 의학이 옳다고 합니다. 밀종에는 도가가 밀종보다 높다고 하고, 도가에는 밀종이 더 완전하다고 하지요. 그래서 평생 사방에서 욕만 먹고 좋은 말은 못 들었습니다. 저는 편견이야말로 문제라고 생각합니다. 각 학파에는 각각 논리가 있기 때문에 융회 관통(融會貫通)하기가 어렵습니다. 예를 들어 삼맥칠륜은 중맥을 중심으로 삼는데, 밀종을 공부하는 어떤 사람은 중국의 기경팔맥에는 중맥이 없다고 합니다. 분명히 말하는데 기경팔맥에는 중맥이 있습니다. 『황제내경』에서는 그것을 충맥(衝脈)이라고 하는데 충(衝)이 곧 충(沖)입니다.

요가, 밀종에서 말하는 중맥은 해저에서 시작하여 위로 정수리의 범혈륜으로 통하는데, 이 범혈륜을 통하면 우주와 서로 통합니다. 마치 장자가 말한 "천지의 정신과 서로 왕래한다[與天地精神相往來]"는 경지와 같습니다. 불가나 도가나 간에 많은 이들이 자신의 중맥이 이미 통했다고 생각하는데, 이것은 함부로 말할 수 있는 것이 아닙니다. 지금 저는 학문적 이치에 근거해서 말하고 있습니다. 먼저 저 자신부터 밝히겠습니다. 저는 아직 중맥을 통하지 못했습니다.

참으로 맥륜이 한 마디 한 마디 통하게 되면 반드시 그때마다 징후가 있고 작용이 있습니다. 맥륜을 진정으로 통하게 되면 신통과 지혜를 반드시 갖추게 됩니다. 이것은 결코 허투루 하는 말이 아닙니다. 여러분 몸에서 어떤 현상이 일어난다고 해서 그것이 바로 기맥이 통하는 것이라고 생각해서는 안 됩니다. 기맥을 통하는 문제는 과학적인 것이며 상상으로 할 수 있는 것이 아닙니다.

저는 항상 사람들에게 이렇게 묻습니다. "기맥이 통하고 하거(河車)를 돌리면 어느 정도에서 멈춰야 할까요?" 그러면 사람들은 이것이 어떤 의미인지 알지 못합니다. 반드시 "해와 달이 합벽하여 선기가 바퀴를 멈출[日月合璧, 璇璣停輪]"때까지 돌려야 한다는 것을 모르지요. 신체가 완전히 융화되어 없어진 것처럼 느낄 때까지 하거를 돌려야 합니다. 신체가 융화되면 기맥을 말하지 않게 됩니다. 신체가 사라졌으니 기맥 문제도 존재하지 않지요. 그러므로 최소한 신체에 대한 감각을 완전히 잊을 수 있어야 합니다.

그저께 친구들이 새로 구두를 산다고 해서 저도 같이 갔는데, 새 구두를 신으니 모두들 발이 불편했습니다. 다들 "천천히 적응하세. 좀 신으면 편해지겠지" 하며 헤어졌습니다. 장자에도 이런 말이 있습니다. "신발이 발에 꼭 맞으면 발을 잊는다[忘足, 履之適也]."[86] 그렇습니다. 신발이 발에 꼭 맞으면 발을 의식하지 않고 잊게 됩니다. 그런데 이쯤 되면 얼마 못 가서 신발에 구멍이 나지요. 오래 신었기 때문입니다. 똑같은 원리로 우리가 정좌할 때는 신체가 있다고 느끼고, 기맥에 대한 감각도 있습니다. 그러다가 기경팔맥이 모두 통했다는 느낌이 들 수도 있지만 이는 아직 신체를 잊는 경지에 도달하지 못했음을 증명할 뿐입니다. 신체를 잊는 경지에 도달했다고 하더라도 아직은 초보 수준일 뿐, 이 육신이 환골탈태(換骨奪胎)의 경지에는 미치지 못했습니다. 환골탈태의 경지에 도달했다면 설혹 노인이라도 마치 어린애처럼 골절이 유연하게 변합니다.

밀종을 수련하는 사람들 중에는 독맥과 중맥의 관계를 인정하지 않는 사람들도 있습니다. 그러나 요가는 다릅니다. 요가에서는 중맥이 등 척추뼈 속 척수의 중심에 있다고 하는데, 그 형상은 소털처럼 가늘고 미세하다고 합니다. 참으로 맥륜을 통한 사람이라면 자신의 신체 내부를 대단히 뚜렷하게 볼 수 있습니다. 이것을 '내조형구(內照形軀)' 또는 '내시(內視)'라고 합니다. 도가에서 말하는 내시란 자신의 몸 안에서 혈액의 흐름을 훤히 비춰 보는 것과 더불어 자기 몸 곳곳을 뚜렷이 볼 수 있는 것을 말합니다.

신광이 땅에 떨어진 사람

중국에서는 수도(修道)를 "장생구시지도(長生久視之道)"라고도 합니다. 오래 살고 오래 보는 방법이라는 뜻이지요. 그래서 요 몇 년간 여러분에게 조속히 백골관(白骨觀)을 닦으라고 했습니다. 석가모니 부처님이 전하신 이 비밀스러운 수행법은 매우 중요하고 깊은 의미와 증험이 있습니다. 우

---

86 『장자』 「외편」 달생(達生) "忘足, 履之適也; 忘腰, 帶之適也; 知忘是非, 心之適也." 번역하면 "신발이 발에 맞으면 발을 의식하지 않게 되고, 허리띠가 허리에 맞으면 허리를 의식하지 않게 되고, 마음이 맞으면 시비를 잊게 된다"는 뜻이다.

리 같은 보통 사람은 나이가 들면 시력이 떨어지고 혼백이 아래로 떨어집니다. 이것은 신선이 추락한다는 말이 아닙니다. 그래서 우리는 여기에 덧붙여서 선종에 대해서도 말합니다. 선종의 법문은 원래 공부를 말하지 않습니다. 왜냐하면 공부에 대해 말하는 것은 선종이 아니기 때문입니다.[87] 그러나 선종은 또 곳곳이 공부입니다. 비유하자면 운문(雲門) 조사가 "나에게 보물이 하나 있으니 형산에 감추어 놓았다[我有一寶, 秘在形山]"고 말한 것입니다. 또 임제(臨濟) 조사도 이런 말을 했습니다. "사람마다 모두 무위 진인이고 날마다 그 모습으로 살아간다[人人有一無位眞人, 天天從面門出入]." 이런 말은 사실 모두 공부에 대한 말인데 일반인이 미처 알지 못할 뿐입니다.

시력에 대해 말하자면 이와 관련된 공안(公案)이 하나 있습니다. 송나라 때 장상영(張商英)[88]이라는 재상이 있었는데 선종에 조예가 깊었습니다. 그는 선종의 도리에 확철 대오하였고 임종에 이르러서 조금도 흐트러짐이 없을 정도로 참으로 대단했지요. 장상영은 어려서부터 열심히 과거공부를 해서 장원급제를 했는데 불교에 대해서는 매우 비판적이었습니다. 그러나 그의 부인은 대부호의 딸이었는데 불교를 아주 좋아했고 학문적 조예도 훌륭했습니다.

하루는 부인이 불경을 읽는 것을 보고 몹시 화를 냈습니다. 공자의 말씀을 기록한 경서와 달리 불경은 '장황엄려(裝潢嚴麗)'라 하여 매우 호화롭게 비단으로 장정(裝幀)을 했기 때문입니다. 장상영은 부인에게 이렇게 말했습니다. "우리 성인인 공자의 말씀을 전하는 유가의 경서는 대충 만들면서 외국인인 석가모니의 말을 전하는 불경은 그렇게 호화롭게 한단 말이요?"

---

87 여기에서 저자가 공부(工夫)라고 말하는 것은 도가의 기공(氣功) 공부를 가리키는 것으로 생각한다.

88 1043~1121. 북송 시대 관료로서 불교에 조예가 깊었다.

그는 화를 이기지 못해 〈무불론(無佛論)〉이라는 글을 한 편 써서 불교를 비판하려고 했습니다. 그러자 부인이 말했습니다. "여보, 이미 부처가 없다면 무슨 논(論)이 필요하겠어요?" 그 말을 듣자 장상영은 바로 붓을 내려놓았습니다. 참으로 그렇지 않습니까? 부처가 없다면 논할 것도 없겠지요. 부인의 이 말은 매우 통렬했기에 더 이상 부부싸움을 할 수 없게 만들었습니다. 하루는 부인이 『유마힐경(維摩詰經)』을 보고 있는데 장상영이 마침 집에 돌아왔습니다. 부인이 깊이 몰두해서 경을 보고 있자 그 뒤에서 읽게 되었는데, 마침 기회를 잡은 부인이 "당신도 이 경을 읽어 보지 그래요?" 하고 권했습니다. 장상영은 저도 모르게 경을 읽게 되었고, 한번 보기 시작하자 손에서 놓을 수 없었습니다. 그 후로는 불교를 존숭하게 되었지요.

장상영보다 앞서 당나라 때 저명한 유학자 한유(韓愈)의 제자인 이고(李翱)[89]라는 인물이 있었습니다. 그는 『복성서(復性書)』라는 유명한 책을 지었는데, 송대 유학의 효시가 된 심성론(心性論)에 관한 저술이었습니다. 이고도 처음에는 스승과 같이 불교에 매우 비판적이었습니다. 그는 호남(湖南)에 태수로 가게 되었습니다. 오늘날 호남성 성장(省長)과 같은 지위였지요. 이고는 호남에 유명한 선사가 있다는 소리를 전부터 들어서 그를 찾아가기로 했습니다. 바로 약산(藥山) 선사였지요. 당나라 때 태수라는 지위는 그 권한이 오늘날의 성장(省長)과는 비교가 안 될 정도로 대단했습니다. 생사여탈권을 쥐고 있는 지방의 제후였지요. 이고가 산 속에 있는 절에 도착하자 마침 약산 선사는 뜰에서 불경을 읽고 있었습니다. 이고가 뒤로 다가갔으나 선사는 일부러 뒤도 돌아보지 않고 무시했습니다. 한참

[89] 772-841. 한유의 제자로 그가 지은 〈복성서〉는 유학의 관점에서 인간의 심성(心性)을 논함으로써 송대 성리학의 선구가 되었다는 평가를 받는다.

동안 서 있었는데도 돌아보지 않자 이고는 몹시 화가 나서 소매를 한 번 떨쳐서 인기척을 내고는 이렇게 말했습니다. "만나 보니 듣던 바와는 다르군〔見面不如聞名〕!" 한마디로 말해 만나 보니 실망했다는 뜻이지요. 그러자 약산 선사는 고개를 돌리면서 말했습니다. "태수 그대는 하필 귀는 소중히 하면서 눈은 천하게 여기는가?" 이고는 무슨 말인지 알아들을 수 없어서 가르침을 청했습니다. 그러나 약산 선사는 아무 말도 하지 않고 그저 한 손가락으로는 위를 가리키고 한 손가락으로는 아래를 가리킬 뿐이었습니다. 이고는 무슨 뜻인지 더 알 수가 없었습니다. "스님, 무슨 뜻인지 전혀 모르겠습니다. 좀 더 분명히 알려 주십시오." 그러자 약산 선사는 시 한 수로 답했습니다. "구름은 하늘에 있고 물은 병에 담겼네〔雲在靑天水在瓶〕." 보기에는 단지 시 한 수였지만 그 속에는 공부의 경지가 담겨 있었습니다.

약산 선사가 이렇게 시를 읊자 비로소 깨닫고 곧바로 오도시(悟道詩)를 지어 답했습니다.

몸의 형태는 학의 형태가 된 것처럼 수련하고	鍊得身形似鶴形
천 그루 소나무 아래는 불경 두 상자	千株松下兩函經
내가 도를 물어도 말씀 없더니	我來問道無餘話
구름은 하늘에 있고 물은 병에 담겼다고 하시네	雲在靑天水在瓶

"연득신형사학형(鍊得身形似鶴形)"은 약산 선사가 이미 환골탈태의 높은 경지에 있음을 의미합니다. "천주송하양함경(千株松下兩函經)"은 약산 선사가 소나무 아래에서 불경을 읽고 있던 광경을 말하지요. 얼마나 아름답습니까? 정말 그림 같지요. 다음 구절인 "아래문도무여화(我來問道無餘話)"는 약산 선사가 말없이 손가락으로 위와 아래를 가리켰는데, 그래도 이고가 그 뜻을 모르고 다시 묻자 할 수 없이 "운재청천수재병(雲在靑天水

在甁)"이라는 문장으로 말한 것을 가리킵니다.

우리는 모두 이고에게 속을 필요가 없습니다. 약산 선사가 진정 그런 뜻으로 말했을까요? 아닙니다. 전혀 그렇지 않습니다. 이고는 자신이 도를 깨달은 줄 알고 시를 지어 약산 선사에게 보였습니다. 그러고는 물었지요. 이고는 "스님, 이런 경지에 오른 다음에도 또 해야 할 일이 있습니까?"라고 말입니다. 그러자 약산 선사는, "높은 산 정상에 서서, 깊은 바다 속을 걷는다〔高高山頂立, 深深海底行〕"라는 두 구절을 알려 주었습니다. 이것은 하산한 후에 어떻게 공부하는가에 대한 것이었습니다.

후세에 도가에서는 인체에 있는 해저(海底)가 약산 선사가 말한 그 해저인가 아닌가 물었습니다. 이것은 큰 문제이기는 한데 선종에서는 아무런 말을 하지 않습니다. 그저 스스로 참구하라고 할 뿐입니다. 스스로 깨닫지 못하면 알 수 없다는 말이지요. 그냥 일반적인 논리로 말하면 유가 『중용(中庸)』에서 말하는 "고명함을 다하되 중용을 말미암아야 한다〔極高明而道中庸〕"[90]와 같은 의미일 것입니다. 깨달음의 경지가 높더라도 공부는 기본이 충실해야 하며, 올바른 사람이 되는 것부터 시작해야 하므로 계정혜(戒定慧)의 삼학을 닦아야 한다는 뜻입니다. 이 두 구절은 후세의 도가와 불가의 밀종과 현교에 두루 영향을 미쳤으므로 여러분도 직접 연구하는 것이 좋습니다. 왕양명의 시를 한 구절 인용해 볼까요? "도는 무관하면서도 또한 유관하다〔道是無關卻有關〕"는 구절입니다. 도에는 들어가는 관문이 없는 것 같으면서도 관문이 있기도 하다는 뜻이지요. 여러분이 상관없다고 하면 도리어 유관하며, 유관하다고 하면 도리어 무관하다는 뜻이기도

---

90 『중용』 제27장. "극고명(極高明)"의 고명은 형이상학의 초월적 의미를 가리키며, "도중용(道中庸)"의 도는 말미암는다〔由〕는 뜻으로 풀이한다. 즉 중용의 철학은 초월적 의미를 궁극에까지 추구하지만 어디까지나 현실적 중용에 기초한다는 뜻이다. 초월과 현실이 융화된 공부의 경지를 나타낸다.

합니다. 약산 선사는 또 이고에게 말했습니다. "규합의 물건을 버리지 못하면 누설하게 된다(閨閤中物捨不得, 便爲滲漏)." 남녀의 욕정을 극복하지 못하면 도를 이룰 수 없다는 뜻입니다. 이것은 『능엄경』에서 다음과 같이 말한 것과 같은 의미입니다. "음욕의 뿌리를 제거하지 못하고 도를 추구하는 것은 마치 모래로 밥을 짓는 것처럼 결코 성공할 수 없다(淫根不除要想得道, 是像蒸沙成飯一樣不可能)."[91]

이고와 장상영의 시대는 약 이백 년 정도 차이가 있는데, 장상영은 선종 책에서 이고의 시를 보고 그가 도를 깨치지 못했음을 알았습니다. 그러고는 이렇게 시를 지었지요.

구름은 하늘에 있고 물은 병에 담겼는데	雲在靑天水在瓶
눈빛은 손가락 따라 깊은 굴속에 떨어졌네	眼光隨指落深坑
계곡의 꽃은 풍상을 이기지 못하니	溪花不耐風霜苦
어떻게 깊고 깊이 바다 속을 노닌다고 말하는가	說甚深深海底行

사실 제가 오늘 하고 싶은 것은 이 시 한 수를 인용하는 것입니다. 그러다 보니 시간을 너무 많이 허비했지요. 장상영의 시를 좀 자세히 살펴보겠습니다.

"안광수지락심갱(眼光隨指落深坑)", 이고가 도를 깨닫기는커녕 지하 깊은 지옥으로 떨어졌다는 말입니다. 장상영은 시에 나타난 경지를 매우 깊이 이해하여 이고가 도를 깨닫지 못했다고 비판한 것이지요. "운재청천수재병(雲在靑天水在瓶)", 보통 사람이 보기에는 기맥이 통한 경지를 노래한

---

91 이 말은 『능엄경』 원문을 그대로 인용한 것이 아니라 저자가 번역하거나 의미를 풀어서 말한 것이다. 예를 들어 『능엄경』 권6의 "사종청정명회(四種淸淨明誨)" 같은 곳에 이런 의미가 나타난다.

것으로 알 수도 있고, 또 참선 수행자가 "만 리 청천에 한조각 구름도 없는 〔萬里靑天無片雲〕" 공의 경지에 도달한 것으로 볼 수도 있겠지만 장상영이 보기에는 가소로운 경지였습니다. 단지 "눈빛이 손가락을 따라 깊은 굴속에 떨어진〔眼光隨指落深坑〕" 것에 불과하였지요.

사람이 죽음에 가까워지면 눈빛이 점차 땅으로 떨어집니다. 정신이 흩어지기 때문에 그렇습니다. 도를 닦는 것은 "정신과 기운이 응집되는〔神凝氣聚〕" 데 있습니다. 그런데 "눈빛은 손가락 따라 깊은 굴속에 떨어졌다"는 것은 정신이 응집되지 못한 것을 의미합니다. 당연히 기운도 모이지 못하고 도를 이룰 수는 더더욱 없습니다. 저는 늘 수도 공부를 하는 것은 쉽지만 그것을 이루기는 어렵다고 말합니다. 그래서 장상영은 "계곡의 꽃은 풍상을 이기지 못했다"고 말한 것입니다. 이고가 마장(魔障)을 극복하지 못한 것은 마치 수많은 꽃이 겨울 추위를 이기지 못하고 스러진 것과 같으니, 그대가 어떻게 깊고 깊은 해저를 노닌다고 말할 자격이 있느냐고 추궁한 것입니다.

기맥이 진짜로 통한 것과 거짓으로 통한 것

기맥이 통하는 것, 즉 삼맥칠륜이 어떻게 통하는가에 대해 말하자면 먼저 칠륜이 통한 후에 중맥이 통합니다. 밀종에서는 중맥을 통하는 것을 첫 번째 성공으로 봅니다. 물론 이 경지가 도를 통한 것은 아닙니다. 오늘은 여러분에게 소주천, 대주천, 기경팔맥, 삼맥칠륜을 모두 통한다고 하더라도 이것만으로는 결코 도를 깨친 것이 아님을 말하고자 합니다. 이것은 도를 깨닫는 데 도움이 되는 초보적 경지라고 할 수 있습니다. 선을 배우거나 불법을 공부하는 사람이라면 기맥은 당연히 통해야 다음 단계를 논할 수 있습니다. 기맥이 통하지 않으면 선정(禪定)에 들 수 없습니다. 신체의 막힌 곳이 통하지 않고서는 환골탈태는 불가능하지요. 수많은 꽃이 겨울 추위를 이기지 못하고 스러진다면 깊고 깊은 해저를 노닌다고 말할 자격이 없습니다.

기맥을 통하는 데 있어 많은 사람이 통하는 느낌만 있으면 그것이 참으로 기맥을 통한 것으로 압니다. 어떤 사람은 하루 중에 일정한 시간이 되면 정좌하지 않고는 견딜 수 없어 몹시 괴로운 상태가 되곤 합니다. 이런 경우를 당하면 사람들은 공부가 나를 찾아주니 참으로 신기하고 신묘하다고 말합니다. 그러나 이런 사람이야말로 참으로 가련합니다. 왜냐하면 그것은 공부가 잘 되고 있는 것이 아니라 병적 증세가 나온 것이기 때문입니다. 신체의 기맥이 제대로 통하지 않으면 하루 중에 일정한 시간이 되면 몸에 괴로운 감각이 나타나 그때 정좌를 하지 않으면 견딜 수 없게 됩니다. 이런 것은 신체의 감각을 느끼는 것일 뿐입니다. 저는 이것을 '범기통(凡氣通)' 즉 평범한 기의 느낌이라고 합니다. 당연히 진정으로 기맥이 통한 것은 아니지요.

어제 한 친구가 몸속의 기가 저절로 돈다고 했습니다. 그러나 이것은 기맥이 매우 얕은 단계입니다. 유추해 보면 이것은 도가에서 말하는 도인(導引) 공부입니다. 기맥을 돌리는 공부에 도가의 도인 공부가 있는데, 도인 공부가 발전해서 오금희(五禽戲)가 되었고 후에 팔단금(八段錦)을 비롯한 각종 내공(內功), 기공(氣功) 수련이 나왔습니다. 또 제가 늘 말하는 천태종(天台宗)의 공부도 있습니다.

천태종은 중국의 정통 불교 종파로서 수나라 때 지자(智者) 대사가 창립하였고, 후에 산내(山內)와 산외(山外)로 학파가 나뉘었습니다. 산외는 출가하지 않은 재가거사가 배울 수 있는데 지관법문(止觀法門) 육묘문(六妙門) 육자결(六字訣) 등을 수행합니다. 서서히 발전해 내려온 기공으로서 삼십육보(三十六步) 공부가 있는데, 일본으로 흘러간 것 중에 아직도 조금 남아 있습니다. 제가 생각하기로 이 계통의 기공은 모두 도인법에 속합니다. 도인은 도를 닦는 데 도움이 되는 기본적인 단련입니다. 먼저 신체를 단련해서 건강해진 후에 다시 도를 닦는 것이지요. 그러지 않고 도인 공부에 그치면 건강과 치병, 장생을 위한 수련에 불과합니다.

지금 보통 사람들은 몸의 상체에서, 아래에서 위로 위에서 아래로 기맥이 도는 느낌을 소주천이라고 합니다. 인체의 앞뒤를 십이벽괘에 배열하여 일양이 와서 회복되는 것을 복괘(復卦), 몸의 뒤쪽 독맥에서 머리 중앙으로 도달하는 것을 건괘(乾卦), 앞쪽에서 내려가는 것을 곤괘(坤卦)라고 하여 이것을 소주천이라고 하지요. 소주천이라고 하면 안 될 것은 없습니다. 그러나 여러분이 절대 잊어서는 안 되는 것이 있습니다. 십이벽괘에 근거하면 오 일(五)은 일 후(候)가 되고, 삼 후는 일 기(氣)가 됩니다. 매월 보름 저녁에 둥근달이 동쪽에서 떠오르는데 이것을 중기(中氣)라고 하며, 십이절기 중에서 중기를 원만(圓滿)이라고 합니다. 육 후(候)는 일 절(節)이 되는데, 절이란 단계라는 뜻으로 또 다른 단계로 넘어간다는 말이지요. 그래서 일 절 즉 일 개월을 소주천이라고 합니다. 신체에서도 천체와 같이 그렇게 돌기 때문에 "양화를 전진하고 음부를 후퇴한다〔進陽火, 退陰符〕"는 말이 생겼는데, 그것은 원명(元明) 시대 이후입니다.

저는 이 말이 옳은지 그른지 아직 결론내지 못했습니다. 자, 여러분의 오늘 상태를 말해 볼까요? 모두들 정좌를 잘하고 있고 정신도 매우 왕성하고 충만합니다. 마음은 맑고 잡념도 없고 유쾌합니다. 이런 상태를 양화(陽火)가 충만하다고 할 수 있지만 이 단계를 지나면 반드시 잠이 오고 마음이 복잡해집니다. 이런 것을 혼침(昏沈)이라고 하지요. 그런데 혼침이 결코 나쁜 것만은 아닙니다. 혼침이 지나면 다시 양화가 왕성하게 될 테니까요. 음양의 도는 정면이 있으면 반면도 있습니다. 그래서 여러분에게 다음과 같은 명언을 잘 기억해 두라고 했지요. "해가 뜨고 지는 것은 정신의 쇠약함과 왕성함에 비유하고, 달의 차고 이지러지는 것은 기혈의 성함과 쇠함에 비유한다〔日出沒, 比精神之衰旺. 月盈虧, 比氣血之盛衰〕." 그런데 이것은 어디까지나 후천(後天)의 소주천 원리를 말한 것일 뿐임을 잘 기억해 두세요.

제17강

오류파의 대주천과 소주천

우리는 지금 도가의 소주천과 대주천에 대해 말하고 있습니다. 보통 소주천은 우리 신체 전면의 삼관과 후면의 삼관 즉 임맥과 독맥을 통하는 것을 말하는데, 이런 이론은 원명(元明) 시대 이후 오류파(伍柳派)에서 제기한 것입니다. 오류파의 오(伍)는 오충허(伍沖虛), 류(柳)는 오충허의 제자인 류화양(柳華陽)을 가리킵니다. 오충허는 『금선증론(金仙證論)』을 저술했고 류화양은 『혜명경(慧命經)』을 지었는데, 모두 유명한 책이지요. 오류파는 도가 전통에서는 가장 유행했던 일파로서 신선과 장생불로의 도를 말했습니다.

사실 『금선증론』과 『혜명경』은 유불도 삼가 합일의 관점에서 저술되었습니다. 중국 문화 수천 년 역사에서 중요한 쟁점 중 하나가 삼교 합일 문제이지요. 현대에 이르러서도 아직 결론이 나지 않았습니다. 이 두 저술은 중국 문화의 이런 특수성이 반영되어 있는데 곳곳에서 불경은 물론이고 유가, 『역경』, 노장 등의 말씀을 인용하고 있습니다. 단, 인용한 불경에 대한 이해는 문제가 있습니다. 특히 『능엄경』에서 인용했다는 내용은 실제로는 없습니다. 그래서 이 책들은 학술적으로 문제가 많고, 따라서 신뢰가 가지도 않고 흥미도 일으키지 못합니다.

그러나 『참동계』는 이와는 다릅니다. 근거가 있습니다. 도가든 아니든, 수도를 하든 하지 않든, 그 학술적 가치는 예로부터 지금까지 인정되고 전해져 옵니다. 청말 민국 초기의 인광(印光) 법사는 당시 불교의 사대로(四大老) 중 한 분으로 본래 유학자 집안 출신이었는데 후에 불교에 귀의해 정토종(淨土宗)의 조사가 되었습니다. 인광 법사는 도가 오류파의 논리를 매우 혹독하게 비판했습니다. 오류파를 마귀요 마귀의 자손이라고 욕했지요. 저는 이렇게까지 매도하는 것은 인광 법사가 지나쳤다고 생각합니다. 사실 인광 법사는 오류파의 경전을 깊이 연구하지는 않았습니다. 깊이 연구했다면 오류파에 대해 감탄하는 면도 있었을 테니까요.

오류파는 남녀의 욕망을 철저히 금기시합니다. 오류파에는 누단(漏丹), 불누단(不漏丹)이라는 말이 있습니다. 지금 필기하는 분들 주의하세요. 낙단(落丹)이라고 쓴 분이 있는데 '떨어질 낙(落)'이 아니라 '흘릴 누(漏)'입니다. '누단'이라는 용어는 오류파 이후 도가의 용어가 되었고 불가에서도 차용했습니다. 오류파에서는 수도하는 사람이 음계(婬戒)를 범하면 성공할 수 없다고 강조합니다. 마치 『능엄경』에서 말한 것처럼 음근(淫根)을 버리지 못하고 선정을 닦는 것은 모래로 밥을 짓는 것과 같아서 수행을 해도 헛된 수행이 된다는 것이지요. 누단은 누정(漏精)과 같이 음계를 범한다는 뜻입니다.

오류파는 대주천과 소주천의 원리를 말하면서 정(精)을 누설하지 말 것을 강조합니다. 정(精)을 누설하지 말고 일양래복(一陽來復) 즉 생리적으로 기기(氣機)가 발동할 때를 놓치지 않고 수련을 시작하라는 것입니다. 오류파에서는 남녀 사이 백일 간 정(精)을 누설하지 않는 것을 '백일축기

(百日築基)'라고 합니다. 사실 백 일 동안 정을 누설하지 않는 것은 일반인도 할 수 있고, 심지어 이삼백 일도 가능합니다. 그런데 우리 육체로서 영원히 누단을 하지 않으려면 먼저 '연정화기(煉精化氣)'를 해야 합니다. 정(精)을 단련해서 기(氣)로 변화시켜야 하는 것이지요. 그래야 그 후 '시월회태(十月懷胎)'의 수련이 가능합니다. 회태(懷胎)는 장삼봉(張三丰) 조사가 〈무근수〉에서 "남자회태소살인(男子懷胎笑煞人)"이라고 말한 데서 처음 나옵니다. 회태란 요즘 말로 임신을 했다는 뜻입니다. 그런데 남자가 임신했다고 하니 남들이 웃을 수밖에요. 남자가 회태를 했다는 것은 중년 남자의 배가 불쑥 나온 것을 말하는 것이 아니라, 입정(入定)의 경지에서 몸 밖에 또 하나의 몸을 낳았다는 것을 말합니다. 도가 서적을 보면 도사가 입정하면 머리 위에 어린아이가 나타나는 그림이 있는데, 바로 그것을 회태라고 합니다. 이 어린아이는 음신(陰神)이라고 부릅니다. 사실 오류파는 그림에 나오는 것처럼 말하지는 않았는데 화가들이 그렇게 표현함으로써 오해를 불러일으킨 면이 있습니다.

시월회태(十月懷胎), 삼년포유(三年哺乳), 구년면벽(九年面壁) 같은 말은 모두 수련 과정을 은유적으로 표현한 것입니다. "십 개월 간 회태하고 삼 년 간 젖을 먹여 양육한다" "구 년간 면벽하여 수련한다"는 뜻이지요. 이렇게 계산하면 보통 사람이 수련을 시작해서 성공할 때까지 십이 년 혹은 십삼 년이 걸리는 셈입니다. 이것을 우리가 지금 교육받는 과정에 비교해볼까요? 육 세에 초등학교에 들어가서 십육 년간 공부해서 대학을 졸업합니다. 그 후에야 추천서를 받고 직장에 들어가서 머리가 깨지도록 고민하고 일해야 겨우 생활비를 벌게 됩니다. 한 달 동안 식비를 빼고 나면 옷이나 한두 벌 살 수 있을 정도이지요. 그렇게 보면 십이삼 년 수련해서 신선이 된다면 이쪽이 훨씬 낫지 않을까요? 오류파 경전은 서점에서도 구할 수 있습니다. 『오류선종(伍柳仙宗)』이라는 이름으로도 출판됩니다.

오류파의 소주천 수련법에 하거를 돌린다는 '전하거(轉河車)'라는 용어가 있습니다. 도서에서는 '하거운전(河車運轉)'이라고도 합니다. 여러분은 이것이 도가의 수련법임을 알고 있습니다. 예전에 대륙에서 많은 스님을 찾아가서 만난 적이 있습니다. 이분들은 모두 공부가 깊었는데 원래는 도가의 이 공부법을 수련한 분들이었습니다. 이것을 보면 오류파의 수련법이 널리 퍼져서 영향이 깊었음을 알 수 있지요. 그런데 소주천이라는 것이 정말 이런 것일까요? 우리는 무엇보다 먼저 정통 도가를 학문적으로 연구한 분에 대해 유의해야 합니다. 불법을 공부한 많은 이들이 도가와 불가는 서로 관련이 없다고 말합니다. 그러나 우리는 수행 공부를 하면서 그것이 도가든 불가든, 현교든 밀종이든 공통의 도구를 사용한다는 사실을 직시해야 합니다. 바로 인간의 몸과 마음입니다. 이 생리적 신체와 심리적 마음은 모두 같은 현상을 나타내는데, 그에 대한 각 학파나 종파의 해석이 다를 뿐입니다.

하거, 주천, 도인

많은 사람이 자신이 불법을 배우면 도가를 비판하고 도가를 공부하면 불가를 무시합니다. 사실 이런 태도는 무지하고 가련한 것입니다. 일화를 예로 들어보겠습니다. 1950년쯤이었지요. 당시 알고 지내던 고향 친구가 있었는데, 그는 어려서부터 도가를 공부했고 불법도 알고 있으면서 자기가 신통력이 있고 도를 깨우쳤다고 했습니다. 각종 잔재주를 부리면서 십수 년을 보냈지요. 그때 저는 안타깝게도 그 친구가 장차 신경병에 걸릴 수 있다고 보았습니다.

제 예견은 불행히도 적중했습니다. 몇 년 전에 그 친구는 신경병으로 병원에 입원을 했습니다. 그리고는 부처고 중생이고 다 욕하며 오직 자신만

이 옳다고 떠들다가 결국 심한 고통 끝에 죽고 말았습니다. 그 친구는 자기가 조금 아는 것을 대단하게 여기고 다른 사람은 무시해 비참한 결과를 맞았습니다. 그가 비록 잘못된 길을 걸었지만 수도인이었으니 법사를 청해 그에게 『지장경(地藏經)』을 읽어 명복을 빌었습니다.

왜 이런 일을 말할까요? 이 친구 같은 경우에는 속히 대중에게 다 털어놓고 참회했어야 합니다. 불가에서는 이것을 '발로참회(發露懺悔)'[92]라고 하지요. 불법을 공부하거나 도가 수행자 중에는 이렇게 잘못된 길을 가는 사람이 적지 않습니다. 수십 년을 보아도 부처나 신선을 이루기는커녕 생사에 자유로운 경지에 이른 사람도 거의 보지 못했습니다. 그래서 옛사람들이 이런 말씀을 했나 생각합니다. "수도하는 사람은 소털처럼 많아도 도를 성취하는 사람은 기린의 뿔처럼 없다〔修道者如牛毛, 成道者如麟角〕"고요.

앞에서 진정한 소주천의 원리란 무엇인가를 말씀드렸는데, 단지 책에서 연구해 말씀드린 것뿐 실제로 공부한 것은 아닙니다. 여러분과 마찬가지로 백발이 성성하고 눈도 침침한 노인일 뿐이지요. 학문의 원리에 근거해 여러분이 잘못된 길로 가지 않도록 말씀드리는 것뿐입니다. 소주천이란 한 달 동안 달의 출몰을 기준으로 하여 이로써 정신의 쇠퇴와 왕성〔衰旺〕, 기혈의 가득참과 빔〔盈虧〕 등을 비유하는 것입니다. 여러분은 이 점을 확실히 기억해야 합니다.

일반적으로 정좌를 했을 때 신체 감각이 등의 척추 위로 올라가서 머리를 거쳐 몸의 앞으로 회전하는 것을 하거(河車)가 소주천한다고 합니다. 이렇게 말하는 것이 틀린 말은 아닙니다. 맞는다고 하는 이유는 이것이 인체에서 혈액이 순환하는 법칙이기 때문입니다. 그러나 우리가 정좌하고

---

[92] 자신이 지은 신구의(身口意) 삼업을 숨김없이 불보살과 대중에게 드러내 놓고 참회하는 것을 말한다.

공부할 때 등 아래로부터 위로 올라가서 다시 몸 앞으로 돌고 또 등으로 도는 느낌이 있은 후에 비로소 그것을 의식하게 된다고 하지만 사실은 우리가 의념을 써서 이끌어 돌리는 것일 뿐입니다. 사실 이런 수련법은 도가의 공부법 중에서 가장 낮은 단계인 내가(內家) 무공(武功) 단련으로서 도인이라고 합니다. 화타의 오금희(五禽戲)나 후대에 유행한 팔단금(八段錦) 등이 그것입니다. 요가 같은 것도 모두 도인법에 속합니다. 우리의 의식, 의념으로써 기(氣)를 이끄는 것이지요. 사실 진정한 도가의 도법(道法), 수도 공부는 이런 것이 아닙니다.

신체에서 기기(氣機)를 의식적으로 이끌어 돌리는 것을 소주천이라고 한다면, 이 소주천은 언제 그쳐야 합니까? 하루에 삼백육십 번이나 돌리는데 여러분이 수십 년 간 돌리면서 몸을 검사해 보면 뼈도 노화되고 머리도 노화되고 신경도 노쇠하여 변화가 없습니다. 그렇다면 이렇게 돌리는 것이 무슨 작용이 있기나 할까요?

도인 공부가 신체의 건강에 효과가 없다고 할 수는 없습니다. 병을 치료하고 수명을 늘리는 작용을 합니다. 그렇다면 그 원리는 무엇인가요? 결코 수도 공부가 뛰어나서가 아니라, 우리 인체에 두 가지 작용이 있기 때문입니다. 하나는 외적 운동이고 또 하나는 내적 운동입니다. 그래서 정좌할 때는 도인을 하지 않습니다. 그 자체로 운동을 하기 때문입니다. 기혈 운행이 그 자체의 규율에 따라 순행하는 것이 바로 운동입니다. 이른바 "고요함 속의 움직임[靜中之動]"이라는 것이지요. 이렇게 운동하기 때문에 점차 몸이 건강해집니다. 이것은 매우 쉽고 단순한 원리입니다. 누군가 병이 들었다면 그것이 감기든 중병이든 어떤 질병이든 간에 잘 쉬어야 합니다. 충분히 휴식을 취하고 생각을 쉬면 기혈이 자연의 법칙에 따라 순조롭게 운행하게 되고, 이로써 질병을 극복할 수 있습니다. 정좌나 수도 공부에 어떤 특수한 작용이나 효용이 있는 것이 아니라, 고요히 쉬면 당연히 이런 결과를 얻게 됩니다. 생명에는 일종의 본능적 활동이 있기 때문에 인간은 병이 들면 자연히 충분한 휴식을 취하여 그 본능의 활동을 회복하려고 합니다. 늘 고요한 상태를 유지할 수 있다면 생명의 본능적 활동은 자연의 법칙에 따라 운행하게 됩니다. 자연의 법칙에 따라 운행하다가 일정 시간이 지나 어느 정도에 이르면 본능적 활동을 폭발시킵니다. 그것이 바로 유형의 '진양(眞陽)'의 기'입니다. 생리적 현상으로 폭발하는 것이지 '무형(無形)의 기'가 아닙니다.

하거가 돌지 않으면 어떤가

　진정한 수도는 하거가 움직이다가 혹은 인체의 소주천이 돌다가 멈추고 돌지 않는 것입니다. 언제 돌지 않을까요? 간단히 말할 수는 없지만 기가 머물고 맥이 정지하는 '기주맥정(氣住脈停)'이 바로 하거가 돌지 않고 소주천이 멈추는 것입니다. 호흡이 저절로 멈추고 맥박과 심박도 거의 멈출 듯 완만하게 변하여 한참 있어야 한 번씩 뜁니다. 이것은 심장병이 아니고 말 그대로 기주맥정의 경지로서 스스로 체험할 수 있습니다. 도가 서적에서는 이것을 '일월합벽(日月合璧), 선기정륜(璇璣停輪)'이라고 합니다. 해와 달이 일치하고 우주 운행의 수레바퀴가 멈추었다는 말이지요. 일월합벽이란 태양과 달이 동시에 출현하는 것을 말합니다.

　앞의 강의에서 여러분에게 알려 드렸지요? 일찍이 곤명에서 이런 현상을 본 적이 있는데, 알고 보니 중국 서남부 일대에서는 일월합벽 현상이 종종 나타난다고요. 선기정륜은 천체의 북두칠성이 마치 돌지 않는 듯 보이는 현상으로서, 우리 마음이 고요해지는 것과 같은 경지입니다. 엄격히 말하면 수도 공부가 이 경지에 이르면 '축기(築基)'가 성공한 것입니다. 물론 이것은 제 개인의 견해이고 반드시 옳다고 할 수는 없습니다. 다만 이런 경지에 도달할 때는 당연히 누단(漏丹)도 일어나지 않으므로 축기에 성공했다고 볼 수 있지요. 그러나 축기는 아직 초보일 뿐이어서 '결단(結丹)'의 경지에는 못 미칩니다. 그렇다면 얼마나 시간이 지나야 축기 공부에 성공할 수 있을까요? 그것은 일정하지 않습니다. 어떤 사람은 삼 일에서 오 일, 혹은 육 일이나 칠 일 정도 걸릴 수 있지만, 수십 년이 지나도 성공하지 못할 수도 있습니다. 축기에 도달하는 과정에는 많은 문제가 있습니다. 그렇다면 이렇게 축기에 성공한 경지는 소주천일까요? 소주천 자체라기보다는 소주천의 법칙 중 하나라고 할 수 있습니다.

일월합벽, 선기정륜에 이른다는 것은 불가로 말하면 기주맥정의 경지로서 거의 삼선(三禪) 또는 사선(四禪)의 경지에 도달한 것입니다. 그렇다면 기주맥정은 신선의 경지에 이른 것일까요? 그렇지 않습니다. 앞에서 말씀드렸듯이 기주맥정은 단지 축기에 성공한 것으로서, 기주맥정 이후 상당한 시간이 지나야 '입정(入定)'이 됩니다. 기주맥정은 음이 극에 이른 경지로서 『역경』으로 말하면 곤괘에 해당합니다. 여러분도 『역경』을 읽었다면 곤괘 상육(上六)의 효사를 보십시오. "용이 들판에서 전쟁하니 그 피가 검고 누렇다[龍戰於野, 其血玄黃]"는 것이지요. 양수로서 높은 것은 구(九)이고, 음수로서 높은 것은 육(六)입니다. 그래서 음이 극점에 도달한 곤괘의 가장 높은 효를 상육이라고 합니다.

그렇다면 "그 피가 검고 누렇다"에서 '검은 것[玄]'은 무엇일까요? 그 아래 이런 설명이 달려 있습니다. "하늘은 검고 땅은 누렇다[天玄而地黃]." 하늘은 검다고 했는데 사실은 푸른색입니다. 한위(漢魏) 시대의 어떤 시는 하늘 빛깔을 이렇게 표현했지요. "하늘은 창창하게 푸르고, 들은 망망하게 끝이 없네. 바람 부니 풀은 눕고 그 사이로 소와 양이 보이네[天蒼蒼, 野茫茫, 風吹草低見牛羊]." 변방의 초원은 푸른 하늘과 같습니다. 제 고향에서는 해 저무는 저녁때를 '현황(玄黃)'이라고 합니다. 황혼이라는 뜻이지요. 시인 왕지환(王之渙)의 시에 이런 구절이 있습니다. "백일은 산 너머 저물고 황하는 바다로 흘러가네(白日依山盡, 黃河入海流)." 왜 "'홍일(紅日)'은 산 너머 저물고"라고 하지 않고 '백일(白日)'이라고 했을까요? 이것은 물리 현상입니다. 새벽의 태양은 분명 붉은색입니다. 그러나 막 서산에 저물 때의 태양은 한 점의 화력도 없는 흰색이기 때문에 "백일은 산 너머 저물고"라고 한 것입니다. 어려서 옛사람들의 시를 공부할 때를 생각해 보면 연구할 것이 참 많았습니다. 이백이 지은 이런 시가 있습니다. "침상 앞에서 밝은 달을 보니 마치 들에 내린 하얀 서리 같네. 고개 들면 밝은 달 보고 고개 숙이면 고향 생각뿐(床前明月光, 疑是地上霜, 舉頭望明月, 低頭思故鄕)." 저는 이 시를 보면서 이백이 언제 지은 것일까, 그의 방은 어느 위치에 있었을까를 생각했습니다.

"백일은 산 너머 저물고"는 황혼(黃昏), 현황(玄黃)을 의미합니다. 현황은 음이 극에 달한 음극(陰極)의 경계로서, 이 경계가 고요히 오래 지속되면 혈액이 누런 오렌지색으로 변화하게 됩니다. 곤괘 상육 효사처럼 "그 피가 검고 누렇게(其血玄黃)" 변하는 것입니다. 신체에서 임맥과 독맥에 기기(氣機)가 돌며 유행(流行)하는 감각을 소주천이라고 말하는 것도 맞는다고 할 수 있습니다. 기기가 유행하는 법칙이 규칙적인 것은 소주천의 운행 법칙과 같기 때문입니다. 그런데 진정한 도가의 소주천은 달의 운행 도수(度數)로서, 현대 천문학에서 밝힌 달의 운행 도수와 같습니다.

축기의 성공

소주천이란 달이 초승달로 나타났다가 둥근 보름달로 밝아지고 그 후 점차 그믐달로 사라지는 운행의 도수입니다. 그것은 수련을 통해 기맥을 하나하나 통해 가는 것과 같습니다. 기맥이 돌아서 모두 통한 후에는 어떤 경지에 도달할까요? 보름달처럼 밝은 경지입니다. 공부가 이런 경지에 이르면 기경팔맥이 모두 통하고 기기가 신체를 도는 감각이 없습니다. 신체에 문제가 있어서 감각이 없는 것이 아닙니다. 우리가 여기 앉아 있을 때는 몸에 감각이 있습니다. 많이 먹으면 배가 부른 것을 알고 안 먹으면 배고프다고 알지요. 허리에 닿아 있는 것에 의해 허리를 느낍니다.

이런 단계 다음에는 자기 신체가 텅 빈 것처럼 감각이 없습니다. 자신의 몸이 마치 허공에 흩날리는 낙엽처럼 느껴지고 밤낮으로 환히 빛나는 영원한 보름달 같습니다. 보통 정좌하는 상태와는 전혀 다르지요. 우리가 정좌를 하면 때로 혼침이 와서 졸기도 하고 정신이 들 때는 두 다리가 저리는 통증이 시작됩니다. 그래도 어쩔 수 없이 자리에 앉아 있지요. 스스로에게 말하기를, '이렇게 참고 앉아 있는 것이 바로 공부야' 하면서 말입니다.

기경팔맥이 통하면 다리가 저린 느낌 따위는 모두 사라지고 몸이 편안하고 유쾌합니다. 온몸의 세포 하나하나, 손가락 끝에서 머리끝까지 상쾌하고 마음도 청명하여 밤낮으로 환히 밝습니다. 이때 머리는 점점 더 또렷해지고 더는 자지 않게 됩니다. 금욕이니 뭐니 하는 계율도 모두 필요 없습니다. 욕망 같은 것이 아예 사라지고 없으니까요. 왜 그럴까요? 기경팔맥이 통하면 그 자체의 즐거움이 욕계의 남녀 사이 쾌락보다 더 강렬하기 때문입니다. 남녀의 욕망은 저급하게 보여 돌아보지 않게 되는 것이지요. 이것이 바로 『능엄경』에서 말한 "옆으로 누워 방사할 때도 맛이 밀랍을 씹는 것처럼 느끼는[於橫陳時, 味同嚼蠟]"[93] 경지로, 이른바 '낙변화천(樂變化

---

[93] 『능엄경』 권8. "나는 욕심이 없지만 너에 응해서 할 뿐이라고 생각하여 옆으로 누워 방사를 할 때도 맛이 밀랍을 씹는 것처럼 느낀다[我无欲心, 應汝行事. 于橫陳時, 味同嚼蠟]."

天)'[94]입니다. 사실 불경을 보면 이런 공부에 대해 다 나와 있지만 보통 사람들은 보면서도 알지 못하지요.

낙변화천에 도달할 때는 계율이니 금욕이니 할 것이 없어집니다. 수행자 자신이 "내면에서 오묘한 즐거움을 느끼기[內觸妙樂]" 때문입니다. 이렇게 생각만으로도 몸과 마음에 절묘한 즐거움이 발동하기 때문에 인간 세상의 욕망은 자연히 사라지고 없습니다. 도가의 술어로 말하면, "정이 충만하면 음란한 생각을 하지 않고, 기가 충만하면 음식을 생각하지 않고, 신이 충만하면 잠을 자지 않는[精滿不思淫, 氣滿不思食, 神滿不思睡]" 경지입니다. 이는 또 "밤낮으로 항상 밝으며 육근이 대정하다[晝夜長明, 六根大定]"라고 표현하기도 합니다. 이때는 두뇌가 명석하고 지혜가 계발되어 일부러 생각하지 않아도 저절로 옵니다. 정좌를 하든지 잠을 자든지 마찬가지입니다. 이른바 '오매일여(寤寐一如)'의 경지에 이르게 되지요. 밤에 잠을 자도 꿈이 없고, 잠을 자기보다는 깊이 쉬는 것처럼 느껴집니다. 따라서 잠을 자지 않아도 육신은 충분히 쉬고 있지요.

이것이 소주천의 초보적 경지입니다. 여기에서 다음 단계로 나아가면 놀랍게도 대정(大定)의 경지에 들어갑니다. 마치 큰 혼침에 빠진 듯이 아무것도 인지하지 못하게 됩니다. 심지어 시간과 공간도 모두 잊습니다. 마치 달이 초사흘에 동쪽에서 초승달로 떠올랐다가 십오 일에는 보름달이 되었다가 이십팔 일 무렵 한 점 빛도 없이 완전히 캄캄해지는 것과 같습니다. 왜 이렇게 될까요? 이것이 자연의 법칙이기 때문입니다. 불교의 수행을 하거나 도가의 기공을 하는 많은 사람이 공부 과정에서 발생한 문제에 대해 말합니다. 특히 젊은 사람이 늘 말하는 것이 며칠씩 잠을 못 잤다는

---

94 불교 용어이다. 육욕천(六欲天) 중에서 제오천이 낙변화천(樂變化天)이다. 화자재천(化自在天) 또는 화락천(化樂天) 등이라고도 한다.

것입니다. 못 잤으면 못 잤지 그게 무슨 문제가 됩니까? 하루를 이틀처럼 쓸 수 있으면 수지맞는 것 아닌가요? 우리가 일평생을 사는데 가령 육십 년이라고 해 봅시다. 거의 삼십 년은 침대에 누워 있는 셈이지요. 그렇다면 삼십 년을 잠을 자지 않는다면 결과적으로 백이십 년을 사는 것과 같습니다. 그러니 잠이 안 올수록 좋지 않습니까?

또 어떤 사람은 며칠 동안 잠만 푹 잤으면 좋겠다고 합니다. 그렇게 자고 싶으면 그냥 푹 자도록 하세요. 저도 잠이야말로 인생에서 가장 즐길 만한 일이라고 생각하고 잠을 좋아합니다. 그러나 안타깝게도 저는 시간이 없습니다. 어쨌든 저는 일단 이불을 뒤집어쓰고 잠자리에 들면 만사 다 잊어버립니다. "공하지 않은데도 공하고 내려놓지 않았는데 내려놓은〔不空而空, 不放下而放下〕"것과 같습니다. 제가 지은 시의 한 구절입니다. 저는 항상 여러분께 말합니다. 곤란하고 어려운 일을 당했을 때는 일단 잠이나 한잠 자고 깬 후에 다시 생각해 보라고요. 어떤 때는 안 풀리던 일이 의외로 잘 풀리는 경우도 있습니다. 음이 극하면 양이 오는 법이지요. 하루 동안 태양도 그렇고 한 달 동안 달의 변화도 그렇습니다. 그래서 달의 한 달 운행 도수를 소주천이라고 합니다.

대주천은 소주천과 다릅니다. 오류파에서는 임맥과 독맥을 앞뒤로 둥글게 돌리는 것을 소주천이라고 하지요. 수십 년 이래 저도 여러 사람에게 물어봤습니다. 대주천은 어디를 도는 것일까요? 어떤 사람은 대주천을 좌우로 돌리는 것이라고 합니다. 신체 내부에서 돈다면 반나절을 돌더라도 여전히 몸 안에 있을 테니 수련이 잘 될 것이 없지요. 수십 년간 신선이 되겠다고 망상을 한 결과는 호대천(胡大川)[95]의 환상시(幻想詩) 마지막 한 구

---

95 중국 사천 출신으로 호는 작선(作舟)이다. 청나라 가경(嘉慶) 연간에 거인(擧人)에 급제했다. 일찍이 환상시(幻想詩) 열다섯 수를 지었다.

절과 같습니다. "한 생각이 홀연히 몸속을 돌아보니 여전히 뼈만 남은 몸이 승상[96]에 기대어 있네〔一念忽回腔子裏, 依然瘦骨倚繩床〕."

　신선이 되겠다는 욕심으로 평생을 수련했지만 문득 자신의 일생을 돌아보니 육신만 늙어서 볼품없고 아무것도 성취한 게 없다는 뜻이지요. 저 자신 몸이 말라서 뼈만 남았기 때문에 이 시를 생각하곤 합니다.

---

96 서양에서는 해먹(hammock)이라고 하는 그물침대를 가리킨다.

제18강

간지와 음양과 방위

　중국 문화에는 한편으로는 음양가(陰陽家)에 속하면서 다른 한편으로는
『역경』에도 포함되는 한 분야가 있습니다. 바로 천간(天干)과 지지(地支)
입니다. 여기에 있는 간단한 십이벽괘 도표는 참으로 쓰임이 많습니다. 안
에서부터 세 번째 층은 지지(地支)만 있고 천간은 표시하지 않았습니다.
이 둥근 권역을 십자(十字)로 나누면 동서남북 방위가 표시됩니다. 여기에
서 동지를 찾아봅시다.

　동지에는 일양(一陽)이 발생합니다. 동지는 자월이고, 해(亥) 자(子) 축
(丑)은 시월 십일월 십이월이고, 방위는 북방입니다. 인(寅) 묘(卯) 진(辰)
은 일월 이월 삼월에 해당되고, 동방에 속합니다. 사(巳) 오(午) 미(未)는
사월 오월 유월이고, 남방에 속합니다. 신(申) 유(酉) 술(戌)은 칠월 팔월
구월이고, 서방에 속합니다. 동서남북 사방은 열 개의 천간과 열두 개의
지지에 배속할 수 있습니다. 동방은 갑을(甲乙)로서 목(木)에 속하고, 남방
은 병정(丙丁)으로 화(火)에 속하고, 서방은 경신(庚申)으로 금(金)에 속하

고, 북방은 임계(壬癸)로서 수(水)에 속합니다. 그리고 중앙은 무기(戊己)로서 토(土)에 속합니다.

자, 이제 『참동계』 원문을 볼까요? "그러므로 일소일식의 작용으로 감괘와 리괘는 몰망한다〔故推消息, 坎離沒亡〕"[97]고 해서 앞에서도 봤습니다. 여기에서 "감리(坎離)"는 달과 태양을 상징하는 『역경』의 괘상입니다. 감괘(坎卦 ☵)는 천체에서는 달을 대표하고 인체에서는 정(精)과 혈(血)을 상징합니다. 리괘(離卦 ☲)는 천체에서는 태양을 대표하고 인체에서는 기(氣)와 신(神)을 나타내지요. 더 구체적으로 인체에 배속해서 말하면 감괘는 신장과 귀를 나타내고, 리괘는 심장과 눈을 상징합니다. 이렇게 천체와 인체를 괘에 배속하는 것을 음양가의 용어로는 배괘(配卦)라고 합니다.

여기에서 십이벽괘와 관련된 『참동계』 원문을 보겠습니다.

---

97 『참동계』 상편 제2 감리이용장(坎離二用章). 『참동계천유』. 32면.

감무는 달의 정화이고 리기는 태양의 빛이다.

坎戊月精, 離己日光.

"감무월정(坎戊月精)"[98], 감괘는 달의 정화(精華)를 상징하고, 감괘 중간에 있는 양효(—)는 간지로 말하면 무(戊)에 해당합니다. "리기일광(離己日光)"[99], 리괘는 태양을 나타내고, 리괘 중간에 있는 음효(--)는 기(己)에 속합니다. 무(戊)와 기(己)는 오행 중에서 토(土)에 속하는데, 여러분은 간지의 음양오행에 대해 알아야 합니다. 갑(甲) 을(乙) 병(丙) 정(丁) 무(戊) 기(己) 경(庚) 신(辛) 임(壬) 계(癸)는 천간(天干)이라고 했습니다. 이 중에서 갑을은 목(木), 병정은 화(火), 경신(庚辛)은 금(金), 임계는 수(水), 무기는 토(土)에 속합니다. 그렇다면 갑을이 모두 목(木)이라면 각각 무슨 차이가 있을까요? 갑목(甲木)은 양목(陽木)이고 을목(乙木)은 음목(陰木)입니다. 갑목은 나무(木)의 형체를 갖추지 못한 원소 상태이고, 을목은 형체가 이루어진 나무입니다. 하나는 무형이고 하나는 유형이지요.

병정도 그렇습니다. 병화(丙火)는 양화(陽火)로서 불의 기운, 불의 근원, 불의 에너지이고, 정화(丁火)는 음화(陰火)로서 유형의 불입니다. 우리가 감각으로 알 수 있는 불이지요. 천간은 이렇게 양과 음으로 구분됩니다. 무(戊)는 양토(陽土) 기(己)는 음토(陰土), 경(庚)은 양금(陽金) 신(辛)은 음금(陰金), 임(壬)은 양수(陽水) 계(癸)는 음수(陰水)입니다. 이 음양오행 분야에 대해 중국의 음양가들은 매우 깊이 연구했습니다. 모두 오늘날의 과학에 속하는 것이지요.

---

98 『참동계천유』. 34면.
99 『참동계천유』. 34면.

예를 들어 화(火)를 보겠습니다. 전등의 불은 양화(陽火)일까요, 음화(陰火)일까요? 태양 에너지는 양화이고 나무를 태워서 발생하는 불도 양화이지만 가스 불은 음화에 속합니다. 어떤 전기는 양화이고 어떤 전기는 음화로서 그 작용이 완전히 다릅니다. 그래서 가스를 열어놓고 손으로 느껴 보면 얼음처럼 매우 찬 것을 알 수 있습니다. 양화와 음화는 이렇게 서로 전혀 다릅니다.

지지(地支)도 마찬가지입니다. 자(子) 축(丑) 인(寅) 묘(卯) 진(辰) 사(巳) 오(午) 미(未) 신(申) 유(酉) 술(戌) 해(亥)를 지지라고 합니다. 이 중에서 해자(亥子)는 방위로는 북방이고 수(水)에 속하고, 인묘(寅卯)는 동방으로 목에 속하고, 사오(巳午)는 남방으로 화에 속하고, 신유(申酉)는 서방으로 금에 속하고, 진술축미(辰戌丑未)는 모두 중앙으로 토에 속합니다.

우리가 보고 있는 『참동계』 이 부분에서는 지지에 대해서는 말하지 않습니다. 그러니 먼저 천간에 대해 이야기하지요. 앞에서 "감무(坎戊)"는 달을 대표하고 "리기(離己)"는 태양을 상징한다고 했습니다. 왜 이렇게 배치했을까요? 여러분처럼 수도 공부를 하는 사람은 이를 잘 이해해야 합니다. 수도에서는 태양과 달의 기운이 매우 중요하기 때문이지요. 무기(戊己)는 모두 토에 속하고 방위로는 중앙입니다. 앞의 『참동계』 원문에서 이어지는 내용입니다.

일월이 역이 되니 강유가 상당한다.

日月爲易, 剛柔相當.

"일월위역(日月爲易)", 해와 달이 역(易)이 된다는 말로 『역경』에 대한 위백양의 해석입니다. 제가 보기에 역대로 역(易)의 의미를 정의한 학자들 중에 위백양이 『참동계』에서 내린 정의가 절대 부정할 수 없는 권위가 있

습니다. 역(易)이라는 글자의 위는 해[日]이고 아래는 달[月]로, 갑골문에도 이렇게 쓰고 있습니다.

"강유상당(剛柔相當)", 『역경』에는 음양(陰陽)과 강유(剛柔)의 개념이 자주 등장합니다. 공자가 지은 「계사전」에도 음양과 강유에 대한 말이 많이 나옵니다. 음양은 물리적인 정반(正反)의 대립 개념이라면, 강유는 물질적인 반대 개념이라고 할 수 있습니다. 물질이 형성되기 전이라면 음양으로 상징할 수 있고, 형성된 후에는 강유로 상징할 수 있지요. 그리고 형이상의 범주에서는 건곤이라고 부르고, 형이하의 범주에서 천체로 변화된 이후에는 감리 즉 일월이라고 할 수 있습니다. 여기에서 "상당(相當)"은 무슨 뜻일까요? 바로 "상대(相對)"라는 뜻입니다. 서로의 범위와 작용과 위치 그리고 가치가 다르다는 것이지요. 이것이 바로 강과 유가 서로 상당 즉 대립한다는 뜻입니다. 달과 해는 각각 주관하는 시간이 있습니다. 밤에는 달이 주관하고 낮에는 해가 주관하지요. 대낮에 달이 뜨고 한밤에 해가 뜬다면 천지가 뒤집힐 일입니다. 상당(相當)이 성립하지 않기 때문입니다.

사상과 오행은 모두 토에 의지한다

토는 사계에 왕성하니 시작과 마침을 주도한다.

土王四季, 羅絡始終

"토왕사계(土王四季)", 중앙은 천간으로는 무기(戊己)에 해당하며 오행으로서는 토(土)에 속합니다. 흔히 무기토(戊己土)라고 하지요. 이것은 춘하추동 사계절이 모두 토에 의지하고 있다는 뜻으로 해석합니다. 토는 인체에서는 위(胃)를 상징합니다. 여러분이 명리(命理)나 복괘(卜卦)를 공부하고 거기에다 중의학의 침구(鍼灸)도 공부한다면 특히 이 문제를 유의해야 합니다.

보통 위와 관련된 혈도에 침이나 뜸을 많이 하는데, 이때 "토왕사계"라는 말의 의미를 파악해야 합니다. 위기(胃氣)는 다른 많은 질병과 연관되어 있기 때문이지요. 예를 들어 감기를 볼까요? 감기는 반드시 위기가 안좋을 때 발생합니다. 위기가 안 좋다는 것은 위궤양이 있거나 위염이 생겼다는 것만 의미하지는 않습니다. 위기가 약해져서 차가워진 것을 가리키지요. 그러니 감기를 고치려면 먼저 위기를 잘 다스려야 합니다. 위가 좋아지면 감기는 저절로 낫습니다. 바꾸어 말하면 위가 약해지면 감기가 온다는 것입니다. 따라서 감기만 치료하고 위를 돌보지 않으면 별로 효과가 없습니다. 의사 분들은 제가 이야기한 방법을 한번 시험해 보는 것도 좋겠지요.

"나락시종(羅絡始終)", "나(羅)"는 전체를 둘러싼 것을 말하고, "락(絡)"은 그 맥락을 의미합니다. 시작과 끝이 마치 거미줄처럼 하나로 토(土)와 연결되어 있다는 뜻입니다. 그래서 도가나 음양가는 풍수를 보거나 명리를 보거나 혹은 의학을 공부하면서 다음 두 구절은 반드시 기억합니다. "사상과 오행은 모두 토에 의지하고 구궁과 팔괘는 임을 떠나지 않는다〔四象五行皆藉土, 九宮八卦不離王〕"는 것입니다. 먼저 철학적 관점에서 보겠습니다. 토는 지구를 상징합니다. 인류 문화는 지구와 절대 떨어질 수 없지요. 불교로 말하면 욕계(欲界) 중생의 문화가 바로 지구의 문화입니다. 송원(宋元) 이후 중의학은 사대 학파로 분리되는데, 그중에서 북방 학파는 "사상오행개차토(四象五行皆藉土)"를 주장했지요. 위기를 중시해서 위토(胃土)가 건강하면 만병이 치료된다는 것입니다. 그래서 북방파는 어떤 질병이든 먼저 위기를 살펴보았습니다.

그러나 남방 학파는 이와 반대였습니다. 청나라 이래 남방파에서는 명의를 많이 배출했는데, 이들은 모든 질병이 신장이 허약한 신허(腎虛)에서 발생한다고 했습니다. 어떤 질병이든 먼저 신허를 치료해야 한다고 했는데, 바로 "구궁과 팔괘는 임을 떠나지 않는다〔九宮八卦不離王〕"는 원리입니다. 임수(壬水)를 보충해야 건강할 수 있다는 주장이지요. 이 두 학파의 주장은 대립되는 것처럼 보이지만 사실 북방파와 남방파의 주장은 모두 옳습니다. 그것을 다음과 같이 말했습니다.

청색, 적색, 흑색, 백색이 각각 동서남북 중 하나의 방향에 거처한다.

青赤黑白, 各居一方.

"청적흑백(青赤黑白), 각거일방(各居一方)", 이 색으로 각 방위를 상징합니다. 북방은 흑색으로 인체에서는 신장에 속합니다. 서방은 백색으로 폐장에 속하고, 남방은 적색으로 심장에 속하고, 동방은 청색으로 간장에 속합니다. 이것이 바로 "청적흑백, 각거일방"의 원리입니다.

남방과 북방은 기후, 토질, 음식이 서로 다릅니다. 북방 사람들은 큰 그릇에 국수를 먹고 만두나 찐빵도 크게 만들어 먹습니다. 위기가 손상되기 쉬운 음식 문화라고 할 수 있지요. 그래서 북방의 중의학파는 중앙토(中央土)를 중시하는 것입니다. 그것을 『참동계』는 다음과 같이 말합니다.

모두 중궁으로 모이게 하는 것은 무기의 작용이다.

皆秉中宮, 戊己之功.

"개병중궁(皆秉中宮), 무기지공(戊己之功)", 중앙토인 위기의 기능과 의미를 중시합니다. 여름철에는 위를 비워 깨끗하게 하는 것이 중요합니다. 그러나 북방 사람이 남방에 왔을 때는 이렇게 해서는 안 됩니다. 남방에서

는 함부로 위를 비우면 설허(泄虛) 즉 배설로 인해 몸이 허약해져 병이 날 수 있기 때문이지요. 남방에는 먹기는 좋아하는데 움직이고 일하는 것은 싫어하는 사람들이 많습니다. 예로부터 이런 말이 있습니다. '배불리 먹고 따뜻하면 음욕이 생기고, 춥고 배고프면 도심이 인다[飽暖思淫慾, 饑寒起盜心]."[100] 남방 사람 중에는 일하기보다는 먹기를 좋아하는 사람들이 있고 그러다 보니 음욕을 탐해 병이 생기는 경우가 많다는 말입니다. 음욕이 많으면 자연히 신장이 허약하게 되니 먼저 신장을 보호해야 한다는 것이 맞습니다.

임계수(壬癸水)는 바로 정수(精水)입니다. 노인들은 정수가 부족합니다. 늘 입안이 말라서 아침에 일어나면 쓴맛이 나지요. 그래서 도가에서는 '옥액환단(玉液還丹)'이라고 합니다. 정좌할 때 입안에 생기는 타액을 삼키는 것이지요. 정좌 공부에서 생기는 것이므로 옥액환단이라고 하는데, 보통 타액을 '진액(津液)'이라고 하는 것과 구별해서 '옥액(玉液)'이라고 하지요. 정좌 공부를 잘하면 입안에서 생기는 타액이 시원하고 달콤하며 향기가 나기도 합니다. 이것을 오래 삼키면 피부나 근골이 모두 건강하게 변할 수 있습니다.

색깔의 작용

여기서는 중국 문화에서 색(色)의 작용에 대해 이야기해 보겠습니다. 현재는 서양 의학에서도 색깔을 연구하지만 과거에는 비과학적이라고 반대했지요. 지금은 채소의 색깔이 인체의 영양과 관련이 깊다고 인정합니다.

---

100 중국 명대의 가중명(賈仲名, 1343-1422)이 지은 대옥소(對玉梳)의 한 구절이다.

예를 들어 붉은 팥은 심장병이 있거나 각기병이 있는 사람이 먹으면 좋다고 알려져 왔습니다. 적색은 심장으로 들어간다고 하지요. 녹두는 소변을 원활하게 한다고 알려져 있는데, 그것은 청색이 간담으로 들어가기 때문입니다. 흑색은 신장으로 들어가고, 백색은 폐로 들어간다고 합니다. 그래서 오색(五色)과 오미(五味)는 인체의 기능과 관련 있다는 것입니다.

전통 중의학에서는 생약을 감별할 때 잎이 몇 개인지, 가지는 몇 개인지, 어떤 꽃이 피는지를 보고 이 약이 인체에 어떻게 작용한다고 단정했습니다. 이런 방법은 결코 신비로운 것이 아니고 근거가 없는 것도 아닙니다. 오히려 매우 과학적이지요. 예를 들어 계내금(雞內金)이라는 약이 있는데, 닭의 위(胃) 안쪽의 황색 부위로 이것을 갈아서 복용하면 소화에 도움이 된다고 합니다. 닭은 위의 기능이 뛰어난데, 바로 이 부위에 그 기능이 집중되어 있습니다.

풍수(風水)의 음양을 보는 사람들이나 밀종 계통의 인물들도 이 원리를 활용합니다. 저야 이 분야에 대해서는 이름도 없고 실력도 형편없습니다만. 자, 색깔과 숫자의 관계를 볼까요? 일은 백색(白色), 이는 흑색(黑色), 삼은 벽색(碧色), 사는 녹색(綠色), 오는 황색(黃色), 육은 백색(白色), 칠은 적색(赤色), 팔은 백색(白色), 구는 자색(紫色)입니다. 풍수나 밀종을 하는 분들 중에는 이 숫자의 원리를 활용하는 사람이 많지요. 이 원리를 활용해서 어떤 시간이 좋고, 어떤 방위가 좋고, 어떤 위치는 좋지 않다는 것 등을 판정합니다. 또 이번 달에는 어떤 방위이고 다음 달에는 어떤 방위라고 옮겨 가기도 합니다.

저도 이런 원리는 잘 알지만 풍수 같은 것은 보지 않습니다. 저는 좋지 않다는 위치나 방향에 가서 직접 앉아 보고는 어떤지 느낍니다. 제가 앉으면 아무 일도 없지만 여러분이 앉으면 문제가 생길 수도 있습니다. 왜냐고요? 여러분은 스스로 두려움을 느끼기 때문입니다. 이상한 것을 보고 이

상하다고 생각하지 않으면 이상한 것은 스스로 사라집니다. 물론 저도 사람인지라 때로는 과식도 하고 배탈도 나지요. 좋은 일도 만나고 나쁜 일도 만납니다. 그런데 여러분은 무엇을 기준으로 좋고 나쁜 일을 구분합니까? 미신은 믿지 마세요. 과학적 근거가 있어야 합니다. 지금 이야기하고 있는 빛깔과 방위의 음양오행 원리를 미신이라고 하는 분들이 있지만 절대 그렇지 않습니다. 제대로 활용할 줄 알면 과학이고 그러지 못하면 미신이 됩니다.

그래서 예로부터 "선어역자불복(善於易者不卜)"이라는 말이 있습니다. "역을 잘 아는 사람은 점을 치지 않는다"는 것입니다. 정말 『역경』에 통달한 사람은 관상을 보거나 운명을 보는 명리(命理) 같은 것은 하지 않습니다. 여러분, 사람들은 왜 명리나 관상을 보려고 할까요? 또 "유의즉복(有疑則卜), 불의불복(不疑不卜)"이라는 말도 있습니다. "의심이 있으면 점을 치고 의심이 없으면 점치지 않는다"는 뜻이지요. 관상이나 명리를 보거나 점을 치는 사람은 심리적으로 안정되지 않아서 그렇게 한다는 말입니다. 그러나 이미 마음에 의심이 있는데 무슨 신통한 능력이 있겠습니까? 마음이 참으로 안정된 사람, 선정 공부가 깊은 사람이라면 명리나 관상 같은 것에 절대 빠지지 않습니다. 그러나 명리와 관상의 원리는 미신이 아니라 과학입니다. 제대로 올바르게 활용하면 과학이 되고, 그러지 못하면 미신이 됩니다. 저는 어떻게 해야 올바르게 활용하는 것인지는 어떤 결론도 내리지 않겠습니다. 결론은 여러분 각자의 몫이기 때문이지요.

지금은 "청적흑백(靑赤黑白), 각거일방(各居一方). 개병중궁(皆秉中宮), 무기지공(戊己之功)"에 대해 설명하고 있습니다. 청색과 붉은색과 검은색과 흰색이 각각 동방 남방 북방 서방에 자리 잡고 있는데, 모두 가운데 위치한 무기(戊己)의 기능에 의지하고 있다는 말입니다. 신체 내부에서 무기는 위(胃)입니다. 비위는 창자가 아닙니다. 창자는 무기에 속하지 않지요.

진술축미(辰戌丑未) 네 개는 모두 토(土)인데 창자는 토가 아닙니다.

도가에서 말하는 중궁(中宮)은 심와(명치) 아래에 있는데, 남녀노소 불문하고 모두 중궁을 지켜야 합니다. 이른바 '수중궁(守中宮)'이지요. 그렇게 하면 적어도 위는 늘 튼튼합니다. 그래서 수규(守竅) 공부에서 수중궁(守中宮)이 가장 중요하다는 말이 있습니다. 저도 이 말에 동의합니다. 여러분이 수규 공부를 할 때 상규(上竅)나 하규(下竅)를 지키는 것은 문제가 많습니다. 수도 공부가 지극한 경지에 이르면 마지막에는 중궁의 작용이 중요합니다. 수중궁 공부가 경지에 이른 사람은 음식을 먹지 않아도 됩니다. 이러한 경지를 도가에서는 "기가 충만하면 음식을 먹을 생각이 나지 않는다[氣滿不思食]"고 합니다. 물론 일부러 굶을 필요는 없습니다. 일부러 굶어서는 안 되지요. 여기서 공부하는 학생 중에 두 사람이 일부러 이틀간 음식을 먹지 않았다고 합니다. 그래서 제가 경고했지요. "자네들이 위출혈로 수술을 하게 되어도 나는 절대 책임지지 않겠네." 이 말은 농담이 아닙니다.

정말 단식을 하려면 중궁에 기가 충만해야 합니다. 여기에 음식이 한 상 가득 있다고 합시다. 위장이 건강하고 기가 충만한 사람이라면 이 음식을 혼자서도 다 먹을 수 있습니다. 만약 혼자 다 먹었을 때 위장이 불편하다면 이미 병이 생긴 것입니다. 당연히 공부가 부족한 것이지요. 진짜 공부가 잘 된 사람이라면 많은 음식을 혼자 다 먹어도 전혀 문제가 없어야 합니다. 그러나 그렇게 먹으면 정좌할 때 혼침이 와서 졸릴 수 있지요. 한나절은 소화시켜야 할 것입니다. 또 안 먹는다고 하면 한 일주일 굶어도 아무 문제없을 정도가 되어야 비로소 공부가 잘 된 것입니다.

청성산의 신선을 찾아가다

여러분께 옛날 이야기를 하나 할 테니 잘 들어보세요. 진짜 있었던 일입니다. 저는 열두 살 때 이미 도인을 찾아서 여기저기 다녔습니다. 산에도많이 다녔지요. 그런데 도인을 찾아다니려면 돈이 필요했습니다. 적어도예물은 준비해야 했으니까요. 그 당시 사천 지역의 청성산(青城山) 관현(灌縣)이라는 곳에 주신선(周神仙)이라는 분이 있었습니다. 매우 유명한검선(劍仙)이었지요. 사실 당시에 저는 진짜와 가짜를 구분할 만한 나이도아니었습니다. 게다가 환상이 많아서 가짜도 모두 진짜로만 보였지요. 그때 사천에 친구가 한 사람 있었는데, 성명(聖明) 법사라는 스님이었습니다. 그분은 어머니를 모시면서 출가를 했는데, 제가 그분에게 같이 청성산에 가서 주신선을 찾자고 했습니다. 찾지 못하면 돌아오지 않겠다는 각오였지요.

관현은 성도(成都)에서 백이십 리 떨어진 곳이었는데, 우리는 하루 걸려청성산 상청궁(上淸宮)에 도착했습니다. 그곳에 있는 나이 든 도사에게 알아보니 주신선이 청성산 뒤에 산다고 했습니다. 그 도사는 청성산 뒤에는호랑이도 있고 토비(土匪)도 있어서 해가 저문 뒤에는 가지 말라고 일러주었습니다. 당시는 한 시간 남짓이면 날이 저물 상황이었지요. 저는 스님친구에게 말했습니다. "도인을 만나려면 정성을 다해야 하니 호랑이에게물려 죽어도 할 수 없습니다." 당시 저는 참으로 어리석었습니다.

우리는 사원에서 횃불을 하나 샀습니다. 호랑이가 불을 무서워하기 때문이지요. 그러고는 길을 나섰는데, 절반도 채 못 가서 날이 저물어 사방이 캄캄해졌습니다. 스님을 보니 그야말로 '일불출세(一佛出世), 이불열반(二佛涅槃)'[101]으로 위태롭기 그지없었습니다. 얼굴에는 두려운 기색이 가득했지요. 제가 말했습니다. "스님, 염려 마세요. 호랑이가 나오면 제가 앞을 막아 드리지요. 이제는 앞으로 나아갈 뿐 돌아갈 수는 없습니다. 주문을 염송하세요. 대비주(大悲咒)든 무슨 주문이든 다 좋습니다." 이러면서 산길을 가다 보니 앞의 산봉우리에 불빛이 보였습니다. 우리는 소리쳤지요. "주신선님 나와서 사람 좀 살려 주세요. 우리가 여기 왔습니다."

이렇게 한참 소리를 지르자 마침내 주신선의 제자 한 사람이 나왔습니다. 그 도사는 등불을 하나 들고 산길을 돌아서 내려왔습니다. 그가 오자 제가 말했습니다. "도사님, 우리는 저 아래 사는데 천 리를 멀다 않고 스승님을 구하고 만 리를 멀다 않고 도를 찾아 삼보일배(三步一拜)를 하면서 산을 올라왔습니다." 강호에서 쓰는 말은 죄다 나왔습니다. 반은 진짜였지만 반은 가짜였지요. 그 도사가 우리를 데리고 갔는데 건물도 매우 크고 참으로 별천지였습니다. 먼저 우리에게 발을 씻게 하고는 먹을 것도 주었습니다. 밥을 먹고 나서 주신선은 어디 계시냐고 물었습니다. 그러자 그분은 이미 돌아가셨고 자기가 마지막 제자라고 했습니다. 우리는 크게 실망했지만 혹시 주신선의 전인(傳人)이 있는지 물었습니다. 그러자 바로 자신의 '고모할머니〔祖姑〕'가 전인이라고 답했습니다.

이 고모할머니는 주이랑(周二娘)이라고 불렸습니다. 여자 도사였지요. 우리는 이분에게 스승으로 모시게 해 달라고 간청했습니다. 당시 저에게는 여자 스승이 몇 분 있었습니다. 저는 도가 높은 분이라면 누구나 스승으로 모시고 공부하면서 과연 이분의 도가 높은지 알아봐서 도가 높으면 남아서 공부하고 그렇지 않으면 떠난다는 생각이었습니다. 주이랑은 우리에게 마치 법관처럼 몇 가지 질문을 했습니다. 저는 이렇게 답했지요. "검을 수련하긴 했는데 아직 훌륭한 스승을 만나지 못했습니다." 그러자 바로

---

101 중국 민간의 속어로서 '일불출세'는 생(生), '이불열반'은 사(死)를 가리킨다. 생사의 기로에 있는 것처럼 위태롭다는 뜻이다.

수련한 검법을 보여 달라고 했습니다. 저는 사양하지 않고 벽에 걸린 검을 뽑아서 한바탕 검법을 시연했지요.

그분이 제 검법을 보고 크게 마음에 들어 했습니다. 제가 말했지요. "저는 이런 검법은 별로입니다. 제가 배우고 싶은 것은 백광일도(白光一道)입니다." 나중에 그분에게 선물을 좀 보냈습니다. 그날 밤은 그곳에서 머물렀는데, 각루(閣樓)에 도착해 보니 보살상이 있었습니다. 그런데 그 형상이 마조(媽祖)[102]와 비슷했지요. 저는 마음속으로 생각했습니다. '중국은 어디가나 마찬가지네. 유가든 도가든 모두 분명하지가 않아.' 그러고는 그 보살을 다시 봤는데 부처도 아니고 신선도 아니었습니다. 그날 그 보살상을 전혀 공경하지 않았습니다. 먼저 머리를 숙여 절을 한 후에는 보살의 얼굴을 만지면서 "조각은 아주 예쁘게 했네" 하고 말했지요. 친구 스님은 여기 도사들이 봤으면 금기이니 못하게 했을 것이라고 말했습니다.

저는 동행한 스님에게 내려가서 그 젊은 도사에게 전해 달라고 부탁했습니다. 스님과 젊은 도사는 이 고장 사람이니 제 뜻을 전해 달라는 것이었지요. 저는 정말 구도(求道)에 뜻이 있고, 단 하나의 목적은 진정으로 검술을 하려면 어떻게 수련해야 하는지 알고 싶다는 것이었습니다. 또 진정한 청성산의 도법은 어떤 것인지 알고 싶었습니다. 제가 말했습니다. 저는 진심으로 여기에서 도를 닦고 싶으니 내일 아침에 고내내가 제게 도를 전수해 주기를 바라고, 만약 전해 주지 않으면 아침밥 먹고 바로 산을 내려가겠다고 했습니다. 그러자 그 스님은 젊은 도사에게 가서 제 뜻을 전했습니다. 한참 후에 돌아온 스님은 이렇게 말했습니다. 고내내가 보기에 자네는 정인군자 같고 성심으로 도를 구하는 것 같으니 내일 아침에 다시 얘기하자는 것이었지요. 그러면서 황색 종이를 한 장 제게 보여 주었습니다.

---

102 중국 동남 연안에 성행한 해신(海神)이다.

고내내가 이 황색 종이에 비결을 써 주었는데 오직 자네만 보라고 했다는 것입니다.

저는 그 황색 종이를 펼쳐 보았습니다. 원이 두 개 그려져 있었고 그 중간에 점이 한 개 찍혀 있었습니다. 그 옆에는 두 구절이 쓰여 있었습니다. "청성산에 대도가 있음을 알았으니 밝아도 전하고 어두워도 전하리라〔識得靑城有大道, 明也傳來暗也傳〕."

이것은 저를 치켜세우는 말이었습니다. 황색 종이에 쓴 글은 신선이 구결을 전하는 것이었습니다. 저는 그 글귀를 보자마자 알아챘지요. 그러고는 스님에게 말했습니다. "스님도 보세요. 비결이랄 것은 아무것도 없습니다." 다음 날 아침밥을 먹자마자 바로 하산했습니다. 고모할머니가 황색 종이에서 한 말은 중궁을 지키는 법이었습니다. 도가에서는 보통 이런 용어를 쓰지요. 저는 이 방법을 이미 알고 있었습니다. 이런 것을 저는 그 한밤에 호랑이에게 물려갈까 두려워하면서도 여기까지 왔던 것이지요. 당시에 도를 구하러 다닌다면서 이처럼 어리석은 짓을 많이 했습니다. 여러분은 복이 많아서 여기 앉아 있지만 저는 그러지 못했지요.

저는 이미 배울 뜻이 없었습니다. 제가 보기에 그녀는 겨우 마흔쯤이었는데 몸이 엄청 뚱뚱했기 때문이지요. 참으로 도를 깨우치고 공부를 한 사람이라면 그렇게 몸이 비대할 수 없습니다. 근골이 견고하고 강하기 때문에 지방이 그렇게 붙을 수가 없지요. 저는 그 순간 그녀에게는 공부가 없다는 것을 알았고 눈에도 영기가 전혀 없었습니다. 그녀는 "밝아도 전하고 어두워도 전한다"고 했는데, 그 말을 하기 전에 이미 저에게 전했던 것입니다.

제19강

방기의 학문의 장생술

앞에서 중국 문화의 금목수화토 오행의 원리를 말하고 그것을 인체의 생명 작용과 관련해 설명했습니다. 도가의 용어로 말하면 두 개의 요점이 있는데, 하나는 약물(藥物)이고 또 하나는 화후(火候)입니다. 약물의 근원은 춘추 전국 시대의 제자백가로 올라갑니다. 이른바 제자백가 중에는 음양가(陰陽家)와 방기(方伎)의 학문이 포함되어 있지요. '방(方)'이란 방술(方術)로서 일종의 방법이라는 뜻입니다. '기(伎)'란 과학 기술 같은 것으로 오늘날의 의학이나 화학 또는 물리학 같은 것이 모두 방기지학에 속합니다.

춘추 전국 시대 당시에 연(燕)나라와 제(齊)나라, 노(魯)나라 일대에 한 무리의 방사(方士)가 출현했습니다. 그들은 인간의 육체가 장생불사할 수 있다고 주장했습니다. 제가 늘 말하듯이 세계의 여러 민족은 모두 영원한 삶을 추구하는 문화가 있는데 대부분은 사후 영생을 말합니다. 중국 민족처럼 살아 있으면서 장생불사를 말하는 경우는 거의 없지요. 이것은 정말 보증할 수 없는 수표와 같습니다. 저는 이것에 대해 늘 이런 재미있는 비유를 하곤 합니다. 종교마다 사후 세계에 대해 말합니다. 죽음을 두려워하지 말라는 것이지요. 종교에서 제시한 계율을 어기지 않으면 죽은 후 바로 구원 받아 천당에 가서 영생을 할 수 있다는 것입니다. 불교에서도 역시 서방정토 극락세계를 말합니다. 보기에 따라서 천당보다 더 아름답지요. 회교에서도 극락세계와 같은 아름다운 사후 세계가 태양이 지고 달이 뜨는 곳에 있다고 합니다.

이틀 전에 신문을 보니 우주인 한 사람이 최근 회교에 귀의했다는 소식이 나왔습니다. 그 우주인은 달에 착륙했을 때 어디선가 '웡(嗡 wēng)' 하는 소리를 들었다고 합니다. 지구에 돌아온 우주인은 그 소리를 잊을 수 없어서 찾아다니다가 우연히 회교 사원에서 교인들이 예배드릴 때 그런 '웡, 웡' 하는 소리를 내는 것을 듣게 되었다고 합니다. 저는 기사를 읽고 그 우주인이 제대로 찾았다고 생각했습니다. 회교에서는 달을 표준으로 삼기 때문입니다. 우주에는 세 가지 기본적인 소리가 있습니다. 불교 밀종에서는 그것을 알고 있는데 바로 '웡(嗡), 아(啊), 우(吽)'라는 소리입니다. 밀종의 모든 주문은 바로 이 세 가지 소리가 기본입니다. 이 세 가지 소리의 힘과 신비는 이루 말로 다 할 수 없지요. '웡'과 '우' 두 가지 소리는 모든 종교에 다 있을 정도입니다.

예를 들어 불교에서 보통 '옴마니반메훔'[103]을 소리 내어 염송하는 것과 같습니다. 여러분은 『제공전(濟公傳)』이라는 책을 읽은 적이 있지요? 제전(濟顚) 화상은 개고기도 먹고 술도 마시면서 '옴마니반메훔'을 염송하는데, 후뇌 쪽을 손으로 치면 오로라 같은 신광(神光)이 나옵니다. 여러분은

---

103 산스크리트어 'oṃ maṇi padme hūṃ'의 여섯 자로서 육자대명왕진언(六字大明王眞言)이라고 한다.

제전 화상이 왜 전뇌도 아니고 가슴도 아니고 꼭 후뇌 쪽을 치는지 생각해 보지 않았을 것입니다. 그러나 수도 공부를 잘하는 사람이라면 이 소설이 상당히 의미 있다는 것을 알지요. 기독교에서는 기도를 마치면 '아멘'이라고 하고, 회교의 교사는 '아훙(阿訇 āhōng)'이라고 부르는데 그 소리의 끝에는 모두 '웡' 소리가 들어 있습니다. 매우 많은 소리가 '웡'이고, 아미타불을 종합한 것도 역시 '웡' 소리로 나타냅니다. 이것이 바로 음성 즉 소리 요가입니다.

인체 내부에는 세 가지 신비한 음성이 있습니다. 잠이 잘 오지 않을 때나 정좌를 하고 있을 때 이런 신비한 소리가 들리는 경우가 있는데, 이는 밖에서 들리는 것이 아니라 인체 내부에서 나는 소리입니다.

도가의 관점에서 보면 우리의 생명은 적어도 십이만 억 년을 살 수 있습니다. 그런데 왜 이렇게 생명이 단축되었을까요? 희로애락의 칠정 육욕이 생명을 소모하기 때문입니다. 희비의 감정이 한 번 발동할 때마다 생명이 십 년씩 단축된다고 하지요. 가령 한 번 기뻐했다가 슬퍼하면 이십 년 감해지는 것입니다. 이렇게 칠정 육욕이 한 번 격동할 때마다 단축되는 수명을 계산해 보면 삼십 년쯤 사는 것도 대단한 일입니다. 하루에도 수십 번씩 감정에 휘둘리며 살고 있으니까요. 왜 삼십 년이냐고요? 인생 육십 년 잠자는 시간 빼면 삼십 년을 사는 셈이지요.

육십 년 중에서 열두 살까지는 세상 물정을 모르는 때이고 늙어서 칠팔 년은 제대로 활동도 못하는 기간이니 그 중간에 한 사십 년이 남는데, 그때 잠자고 먹고 아픈 시간을 빼고 나면 참으로 살았다고 할 시간은 채 몇 년 남지 않습니다. 그래서 도가에서는 자신의 생명을 지나치게 혹사하고 허비한다고 봅니다. 도가의 방사(方士)들은 생명 기능을 회복하여 영원히 젊게 사는 방법을 전문적으로 연구했는데, 어떻게 해야 그런 것이 가능할까요? 방사들의 의학 서적인 『고상옥황태식경(高上玉皇胎息經)』이라는 도가 경전에는 다음과 같은 유명한 구절이 있습니다. "최고의 약품 세 가지가 있으니 바로 정기신이다〔上藥三品, 神與氣精〕." 즉 생명 기능을 회복하여 영원한 삶을 살게 할 수 있는 최상의 약품은 바로 인간이 가지고 태어나는 정기신(精氣神)이라는 것입니다.

도가의 장생불사 수련법에서 제일 중요한 비법은 무엇이 '상약(上藥)'인지를 잘 아는 것입니다. '정기신'은 이미 여러분들도 잘 알고 있습니다. 앞에서 말한 것처럼 오류파는 정(精)을 정충이나 난자와 같은 남녀의 유형의 정혈(精血)이라고 생각했기에 절대로 금욕할 것을 주장했습니다. 인광(印光) 법사는 오류파를 맹렬히 비판했지만 저는 그들이 계율을 엄격히 지킨 것은 매우 칭찬하고 싶습니다. 단, 도가의 진정한 정신의 설법으로 비추어보면 생명의 정을 유형의 정혈(精血)로 본 것은 잘못이지요.

수도 공부를 하는 사람들은 정(精)이 무엇인지 명료하게 알아야 합니다. 유형의 정자나 난자 내지는 세포, 적혈구, 백혈구, 호르몬 등을 통틀어 정이라고 합니다. 그런데 이런 유형의 정은 진정한 정이 아닙니다. 그렇다면 진정한 정의 작용은 무엇일까요? 석가모니 부처님만이 『능엄경』에서 말씀하셨습니다. "심정편원(心精徧圓), 함과시방(含裹十方)"[104]이라고요. 이 말씀이야말로 가장 명백하게 그 의미를 드러낸 것입니다. 우리의 심의식이 맑고 정신이 충만하며 생각이 건전한 것은 곧 유형의 정입니다. 그렇다면 그것은 어떻게 가능할까요? 그 배후에서 그것을 가능하게 하는 것이야말로 진정한 정으로서 모든 것을 포함합니다. 즉 고요해지는 것이 바로 "심정편원, 함과시방"으로서 허공의 모든 것이 그 안에 포함됩니다.

---

104 『수능엄경』 권 제3.

나이 들어 상약이 부족해지면

도가의 정기신(精氣神)을 오늘날 관념에 비유하면 물리의 '광열력(光熱力)'이라고 할 수 있습니다. 신은 광(光)이고, 정은 열(熱)이고, 기는 역(力) 즉 힘입니다. 고대의 성인들이 생명에 대해 연구한 내용은 비록 그 지역은 다르지만 여러 가지에서 상통합니다. 생명 존재에 대해 불교의 유식(唯識)에서는 '난수식(煖壽識)'이라고 합니다. 그것을 '광열력'이라고 하나 '정기신'이라고 하나 별 차이가 없지요. 불교의 '식(識)'을 중국 불교에서는 때로 '신식(神識)' 두 글자로 말합니다. 어떻게 표현하든 생명은 하나이니 표현 방식만 다를 뿐이지요.

이 지구의 생명, 지구의 문화는 모든 것이 태양이 비추어서 발생했습니다. 지구는 태양의 광명을 흡수하여 지구의 열에너지로 바꾸었고, 그 열에너지는 지구 중심에서 상승하고 돌면서 만물을 생성하고 성장시킵니다. 그래서 "신광은 기로 변화하고 기는 정으로 변화하여(神光化氣, 氣化精)" 응결한다고 합니다. 우리가 이 생명을 회복하여 늘 젊은 상태를 유지하려면 반대 방향으로 가야 합니다. 육체는 유형의 것인데 먼저 수련을 통해 이 유형의 정(精)을 유형과 무형 사이 기(氣)의 상태로 변화시켜야 합니다. 그런 후 다시 진일보해서 유형과 무형 사이의 기를 수련해서 형이상의 신광(神光)으로 변화시켜야 하는 것입니다. 이런 수행의 경지에 도달할 수 있다면 장생불로가 가능하지만 사람이 늙으면 몸 안의 상약이 부족해지므로 도가의 방사들은 다른 방법을 고안했습니다. 이른바 '재접법(栽接法)'입니다. 노인이라도 이 방법을 잘 알고 수련해서 경지에 이르면 반로환동(反老還童)할 수 있습니다.

여러분은 갈홍(葛洪)이 지은 『포박자(抱朴子)』를 보셨지요? 도가의 정통 도서입니다. 특히 그 안에는 신화가 많아서 신화가 많지 않으면 도가라 할 수 없다는 말까지 생겼답니다. 그런데 그 책에 나오는 이론이 절대 틀리지 않는다는 것을 제가 보장합니다. 다만 그대로 실천하기가 어려울 뿐이지요. 왜 그럴까요? 그 원인은 무엇일까요?

도가 수행을 올바르게 하려면 먼저 해야 할 일이 있습니다. 바로 '선행 (善行)'입니다. 말하자면 선행의 공덕이 필요하다는 것이지요. 자신의 불로장생만 위해 정좌해서 수련하고 다른 사람들을 전혀 배려하지 않고 돌보지 않는 사람은 세상에서 제일 이기적인 사람입니다. 그런 사람은 결코 도를 성취할 수 없습니다.

저는 늘 수도자야말로 세상에서 가장 이기적인 사람이라고 말합니다. 가부좌를 하고 눈은 오로지 한곳만 바라보면서 나는 수행 공부를 해야 하니 귀찮게 하지 말라며 어떤 일도 관여하지 않고 모든 인연을 내려놓습니다. 이렇게 모든 인연을 내려놓는 것은 한마디로 현실 도피일 뿐, 실제로는 어떤 것도 내려놓지 못합니다. 그 수행자가 추구하는 것은 오직 불로장생인데, 도가의 조종인 노자는 『도덕경』에서 이렇게 말하지 않았습니까? "그 몸을 뒤로 하기 때문에 몸이 먼저 하게 되고, 몸을 도외시하기 때문에 몸이 보존되는 것이다[後其身而身先, 外其身而身存]"(제7장). 도를 닦는 사람은 무엇보다 자신을 내려놓고 남을 먼저 위해야 합니다. 자신이 살지 못할까 두려워해서는 안 되지요. 자신만 위하는 이기적 삶을 산다면 결국 먼저 죽게 될 것입니다.

나이가 들면 무엇보다 '재접법(栽接法)'을 추구합니다. 그러나 실현하기는 매우 어렵지요. 저는 늘 여러분에게 말합니다. 공부도 없고 도에 대해서도 아는 게 없다고요. 제가 도가 서적을 보고 학술적으로 연구한 바에 따르면 이 재접법이라는 것은 참으로 존재합니다. 도가나 밀종에 모두 있지요. 너무 늙어서 재접법을 성취할 수 없다면 '탈사법(奪舍法)'을 성취하려고 합니다. 탈사법은 도가의 명칭으로 앞에서 여러분에게 말한 바와 같습니다.

불교 밀종의 티베트어로 '파와법(頗哇法)'이라고 합니다. 파와(頗哇)는 티베트어인데 중국어로 번역하면 '왕생(往生)'이 되기도 하고 '천식(遷識)' 법이라고도 합니다. 천식이란 신식(神識)이 옮겨 간다는 뜻입니다. 즉 우리의 신체가 썩어 없어질 때 마치 주소를 옮기듯이 신식을 옮겨 간다는 말이지요. 이 '천식법'을 닦으면 죽은 후 영혼이 반드시 서방정토 극락세계에 왕생합니다.

도가 이론에서는 재접법을 닦지 못하면 반드시 탈사를 닦습니다. 그런데 도가에서는 이 방법을 남용하지 않고 엄격히 제한합니다. 공덕이 부족한데 이 법을 닦는다면 일종의 범법이지요. 당연히 인간 세상의 어떤 법을 어기는 것이 아니라, 천조(天條) 즉 하늘의 법을 어기는 것입니다. 수도인 가운데는 이것을 천조를 범한 죄라고 하여 죄범천조(罪犯天條)라고 합니다. 하늘이 정한 법이라 인간의 법보다 더욱 엄격하지요.

음신이 되어 돌아온 스님의 일화

앞에서 약물에 대해 모르면 수도 공부에 성공할 수 없다고 했습니다. 신식(神識)이 떠나서 육체로 다시 돌아오지 못하면 탈사법을 한다고 했지요. 여러분에게 그것과 관련된 이야기를 하나 더 하려고 합니다. 오래전 선종 공부에 몰입하고 있을 때입니다. 사천 성도에서 삼사십 리 떨어진 곳에 신도현(新都縣)이라는 곳이 있습니다. 그곳에 계호(桂湖)라는 유명한 호수가 있는데, 가을에는 항주의 서호보다 더 특이한 풍미가 있는 곳이지요. 그곳에 선종 총림인 보광사(寶光寺)가 있습니다. 선당(禪堂)은 적어도 오륙백 명이 동시에 정좌할 수 있을 정도로 넓었지요. 그 사찰의 방장 스님께서 제게 이런 얘기를 해 주셨습니다.

몇 년 전 어떤 스님이 한 분 보광사에 왔는데 매우 공부가 깊었답니다. 오자마자 선당에 들어가서 좌선하여 입정했는데 놀랍게도 보름이 넘어도 좌선을 계속하며 일어나지 않았고, 단지 몸이 약간 굽었을 뿐이었다고 합니다. 사찰에는 관리하는 스님이 있는데, 그 스님이 보기에 보름 넘게 참선만 하는 스님은 절의 규칙도 제대로 안 지키는 문제 스님이었지요. 스님은 모두 참선을 하다가도 시간이 되면 반드시 일어나서 행향(行香) 의식을 행해야 하는데, 이 스님만 그것도 안 하고 꼼짝없이 앉아 있어서였지요. 그래서 그 스님에게 가서 살펴보니 미동도 안 할 뿐 아니라 숨도 쉬지 않았습니다. 당시 그 총림에는 오가는 스님이 매우 많았습니다. 어떤 때는 하루에도 수백 명이 선당에 들어와야 해서 몹시 혼잡했지요. 관리 스님은 보름 넘게 꼼짝도 안 하고 숨도 쉬지 않는 이 스님이 죽었다고 생각했습니다. 그래서 앉은 채로 들어서 다비식을 하게 했습니다. 화장을 해 버린 것이지요.

문제는 다비식을 치른 뒤 이틀 만에 그 스님이 돌아온 것입니다. 물론 다비식을 해서 육신이 불타서 없어졌으니 음신(陰神)만 돌아왔지요. 그 스님의 음신은 자신의 육체가 이미 불타서 없어진 것을 모르는 듯 계속 여기저기 찾아다녔습니다. 이 스님은 적어도 도가 이론으로는 수행해서 음신을 견고하게 성취한 분이었던 것입니다. 그 스님은 "나 어디 있어? 나 어디 있어?"라고 소리치며 계속 찾아다녔습니다. 사람의 형체는 안 보이는데 그 소리는 모두에게 들렸지요. 도가에는 "흩어지면 기가 되고 모이면 형체를 이룬다〔散而爲氣, 聚而成形〕"는 말이 있습니다. 이 스님은 수행 공부가 음신을 응결하는 단계에는 이르렀는데, 아직 모아서 형체를 이루는 경지에는 도달하지 못했던 것입니다. 게다가 "나 어디 있어?"라고 소리 내어 부르고 찾아다닌다는 것은 아직 아견(我見)과 신견(身見)을 해탈하지 못했다는 것을 말합니다.

낮에 부른다면 큰 문제가 없을 텐데 밤에 부르고 다니니 스님들이 참선을 할 수 없었습니다. 결국 선당 안에는 두세 명의 노스님만 남고 나머지 스님들은 모두 다른 사찰로 떠나게 되었지요. 그러다가 섬서성(陝西省)에서 한 스님이 이 사찰로 와서 머물게 되었는데, 선당에 들어가 보니 스님들이 거의 없었습니다. 그런데 이 스님은 음신만 남아 자기 육신을 찾아다니는 스님의 도반이었습니다. 스님은 이 문제를 해결해야겠다고 생각하고 그 절의 스님에게 큰 항아리에 장작을 넣고 불을 붙이라고 했습니다. 또 불이 활활 타오르는 항아리 옆에 역시 큰 항아리를 놓고 그 안에 물을 가득 채우라고 했지요.

준비가 다 되자 스님은 선당에 앉아 참선을 시작했습니다. 잠시 후 저녁이 되자 "나 어디 있어? 나 어디 있어?" 하면서 자기 육신을 찾는 스님의 목소리가 들렸습니다. 참선하고 있던 스님은 육신을 찾는 도반 스님의 이름을 부르면서 "아무개 스님, 그대는 불 속에 있소이다" 하고 소리쳤지요. 그러자 갑자기 불이 거세지면서 "나 어디 있어?" 하는 소리가 사라졌습니다. 바로 불 속으로 들어가 자기를 찾은 것입니다.

잠시 후 다시 "나 어디 있어?" 하는 소리가 또 들렸습니다. 그러자 그 스님은 기다렸다는 듯이 "아무개 스님, 그대는 물속에 있소이다" 하고 소리쳤습니다. 곧 소리가 멈추었습니다. 물속에 들어가 자기를 찾은 것이지요. 그러나 한참 후 다시 "나 어디 있어?"라며 또 자기를 찾는 소리가 들렸습니다. 물속에서도 자기를 찾을 수 없었던 것이지요. 그러자 이번에는 스님이 큰 소리로 꾸짖듯 외쳤습니다. "사형이여, 왜 이러십니까? 지금은 불 속에도 갈 수 있고 물속에도 갈 수 있습니다. 그런데 그렇게도 못할 육신은 뭐 하러 찾으십니까?" 이 몇 마디에 스님은 크게 깨닫고 하하 웃더니 그 후로는 사라졌습니다. 음신은 불가에서 말하는 '중음성취(中陰成就)'와는 다릅니다. 이번 강의에서 오행 약물과 재접법에 대해 말하다 보니 이런 고사를 소개했습니다. 이 고사를 참고하시기 바랍니다.

제20강

오금과 팔석의 외단 약물

앞에서 말씀드린 일화는 어렸을 적에 직접 겪었던 일이고 저에게 시사하는 바가 많았던 경험입니다. 우리가 불로장생의 방법을 수련할 때 가장 먼저 알아야 할 것은 '약물(藥物)'이 무엇인가 하는 점입니다. 약물을 알고 나면 '화후(火候)'에 대해서도 알아야 하지요. 화후는 도가의 전문 용어인데 어째서 화후라는 말을 쓸까요? 도가의 학술적 연원이 방사(方士)의 연단술(煉丹術)에서 유래하기 때문입니다. 물리와 화학에서 세계 최초의 성과가 아닐까요?

일반적으로 단(丹)에는 천원단, 지원단, 인원단 등 세 종류가 있는데, 외단과 내단으로 구분하기도 합니다. 외단이란 풀이나 나무, 오금(五金)과 팔석(八石)을 화학적으로 조제하여 인체의 건강을 다스리는 약물을 만드는 것입니다. 오금이란 다섯 종의 금속으로 황금(黃金), 백은(白銀), 적동(赤銅), 청연(靑鉛), 흑철(黑鐵)을 가리킵니다. 팔석은 여덟 종의 돌로 주사(朱砂), 웅황(雄黃), 유황(硫黃), 자웅(雌雄), 운모(雲母), 공청(空靑), 융염

(戎鹽), 초석(硝石)입니다. 마치 불을 때서 밥을 짓는 것처럼 금석을 불로 단련해서 조제하는 것이지요. 이때 불이 너무 세면 태우고 불이 너무 약하면 온도가 충분하지 않아 성공하지 못합니다. 그래서 수도 공부를 하는 사람이라면 불가든 도가든 가장 어려운 것이 화후 조절입니다. 옛날부터 신선들이 연단의 비결도 전해 주고 구결도 전해 주었지만 화후만은 전해 줄 방법이 없었습니다. 왜 그럴까요? 인체의 생리적 조건이 사람마다 달라 강하고 약함의 차이도 있고, 남녀노소의 차이도 있으며, 환경과 사상과 정서가 사람마다 달라서 화후야말로 가장 다루기 어려웠습니다. 예를 들어 똑같은 요리를 하지만 요리하는 사람에 따라 맛이 다른 것처럼 화후도 사람마다 다 다릅니다.

사람들은 보통 불가에서는 화후 같은 것은 말하지 않는다고 알고 있지만 불가에서도 화후를 매우 중시합니다. 예를 들면 『선비요법(禪秘要法)』 같은 책은 공부할 때 반드시 시간과 분량을 잘 알아야 한다고 거듭 강조했는데, 이것이 바로 화후입니다. 여러분이 어떤 공부를 하든 또는 어떤 방법으로 하든 어느 정도에 도달하면 '역관(易觀)'을 해야 합니다. 역관은 불학 용어로서 방법을 변경한다는 뜻이지요. 어떤 방법으로 공부하든, 마치 비타민 같은 약을 먹을 때 너무 많이 먹어도 안 좋고 지나치게 적게 먹어도 문제가 있는 것처럼, 공부의 시간과 분량이 중요하며 이것이 화후라는 것입니다.

외단의 약물은 오금과 팔석으로 만들어지는데, 여러분도 대부분 그에 관한 경험과 상식이 있을 것입니다. 저는 수은도 먹어 봤고 유황도 먹어 본 적이 있습니다. 먹으면 바로 죽는다는 비상(砒霜)도 한 달 남짓 먹어 봤습니다. 비상 같은 약물은 정말 무섭지요. 먹으면 피부와 근육이 분리되는 느낌이 옵니다. 그렇지만 선도를 이루려면 그런 것을 두려워해서도 안 되고, 심지어 죽음의 공포도 극복할 수 있는 정신이 있어야 합니다.

저는 소싯적에 선친께서 늘 수도인들을 집으로 초청해서 도에 대해 담론하는 것을 보았는데, 그때마다 그들 옆에서 즐겨 들었습니다. 하루는 어떤 도사가 와서 대화를 나누는데 이렇게 말했습니다. "사람이 죽지 않으려면 먼저 죽은 사람이 되어 봐야 합니다〔若要人不死, 先要死個人〕." 이런 말도 들었지요. "살아 있을 때 먼저 죽음을 배우고, 생명이 있을 때 먼저 죽음을 경험하라〔未死先學死, 有生卽殺生〕." 사실 이것이야말로 수도 공부의 핵심 요결입니다. 마음을 완전히 비우는 공부를 하라는 것이지요. "살아 있을 때 먼저 죽음을 배워야 한다"고 해서 저는 매일 밤 잠들기 전에 먼저 죽음을 공부합니다. 즉 도를 닦는 것이지요. 자기를 마치 죽은 사람처럼 만드는 것입니다. 죽은 후에는 온통 암흑뿐입니다. 아무것도 지각되지 않습니다. 그런 가운데 생명의 숨구멍이 어디에 있는지 생각해 봅니다. "여기에 있고… 저기에도…" 여기저기 찾아봅니다. 상단전, 하단전… 저는 모두 그 순간에 시험해 봅니다.

여러분 모두 열두 살 때쯤 이런 현상을 느꼈는지 모르겠습니다. 새벽에 잠에서 깨어 일어났을 때 가슴 이쪽 부분에서 배꼽 아래까지 정말 그지없이 편안하고 상쾌했습니다! 저는 지난 십여 년 동안 여러 사람에게 이런 경험이 있었는지 물어보았습니다. 그런데 겨우 세 명만 그런 느낌이 있었다고 했는데, 그 사람들은 모두 도를 닦은 경험이 있는 사람들이었습니다. 그 후에 제가 깨달은 사실입니다만 가슴의 이 부분을 청춘선(靑春腺)이라고 하는데, 이 선이 회복되면 참으로 그지없는 쾌감과 즐거움이 생깁니다. 바로 '중궁'이라고 하는 곳이지요. 저는 어려서 이미 중궁을 경험했기 때문에 후에 청성산에 도인을 찾아갔을 때 "밝아도 전하고 어두워도 전하리라" 하고 쓴 것을 보고는 그냥 웃고 내려왔습니다. 이런 도법은 제가 일찍이 깨달은 내약(內藥) 부분인데 무슨 신기할 것이 있겠습니까?

그렇다면 외약(外藥) 부분은 어떤가요? 대담하게 "살아 있을 때 먼저 죽음을 배우는" 것입니다. 역사적으로 당나라 때 한유는 불가도 반대하고 도가도 반대했지만 사실 그는 단약(丹藥)을 먹었고, 왕양명도 비상이라는 외약을 먹은 것을 알고 있습니다. 이 두 사람은 표면적으로는 불가와 도가를 반대했지만 뒤에서는 따라하고 있었지요. 이런 점이 유가의 이학자(理學者)들을 싫어하는 이유입니다. 소동파가 단약을 먹었다는 것은 누구나 아는 일이고 왕양명은 비상이라는 단약을 먹었는데, 사후에 보니 시체가 온통 푸른색으로 되었답니다. 바로 중독사했다는 이야기이지요.[105]

　옛사람들은 왜 오금과 팔석을 먹었을까요? 이 약들은 모두 열성이 극강한 약입니다. 왜 이런 약을 먹었는가 하면 우리 몸에는 기생충이 살고 있기 때문입니다. 그 기생충을 도가에서는 삼시충(三尸蟲)이라고 하고 게다가 팽(彭)이라는 성까지 붙여 주었습니다. 송나라 때 유명한 장수였던 조빈(曹彬)의 손녀로 조문일(曹文逸)이라는 여자 신선이 있었습니다. 그분은 도가 수행을 완성한 여자 도사로서 황제도 문일(文逸) 진인에 봉했지요. 조문일은 『영원대도가(靈源大道歌)』라는 책을 지었는데, 여러분도 이 책을 꼭 읽어 보기 바랍니다. 성명쌍수(性命雙修)를 수련하는 데 참으로 중요한 책입니다. 이 책 중간에는, "삼팽이 음시택을 나오면 만국이 적제궁에 조회를 올린다[三彭走出陰尸宅, 萬國來朝赤帝宮]"라는 명구가 있습니다. 널리 알려진 『금강경(金剛經)』에는 이런 글귀가 있습니다. "존재하는 모든 종류의 중생, 난생, 태생, 습생, 화생, 유색, 무색, 유상, 무상, 비유상, 비무상의 모든 종류의 중생을 내가 모두 인도하여 무여열반의 경지에 들게 제도하리라[所有一切衆生之類, 若卵生 若胎生 若濕生 若化生 若有色 若無色 若有想 若無想 若非有想 非無想, 我皆令入無餘涅槃而滅度之]." 인간은 물론 동물이나

<hr>

105 소동파와 왕양명이 단약을 시험하다가 중독사했다는 이야기는 역사적으로 증명된 사실은 아니다.

심지어 무생물까지 모든 중생을 열반에 들게 하여 제도하리라는 부처님의 말씀입니다. 그런데 이것은 도가의 관점에서 해석해도 가능합니다. 즉 우리 신체에는 세포를 비롯해서 세균 등 수많은 생명이 공생하고 있으며 각각 자기의 세계를 이루고 있다는 것입니다.

저에게는 불교 사부님이 한분 계신데 이분은 아라한이었습니다. 그는 제전 화상보다 더 더러워서 일 년 내내 옷 한 벌로 지내고 몸에는 이가 득실거립니다. 물론 머리도 자르지 않아 장발로 지내고 있지요. 그분 몸에서는 늘 이가 기어 나왔습니다. 한 사형이 이를 잡자 스님이 말했습니다. "살생하지 마라. 이리 다오. 이리 다오…." 그러고는 다시 자기 몸에 놓아 주었습니다. 그러면서 말했습니다. "이렇게 해야 얘가 살 수 있지." 이것도 몸에 있는 중생을 제도하는 것이라고 할 수 있습니다.

오금과 팔석의 단약은 모두 기생충을 죽이는 약입니다. 그런데 옛사람들은 다음과 같이 두 구절로 주의할 점을 지적했습니다. "약을 먹고 신선이 되려 하지만 도리어 약의 피해도 입을 수 있다〔服藥求神仙, 反被藥食誤〕"고요. 일반인은 외단약을 잘못 먹어 피해를 입는 경우가 속출했습니다. 진시황도 그랬고, 한나라나 당나라 때 여러 황제도 그랬고, 명나라 때는 유명한 학자들이 그랬습니다. 모두 외단약을 잘못 먹어서 피해를 입었지요. 이런 외단약은 도대체 효과가 있을까요? 아니면 효과도 없는 것을 잘못 먹은 것일까요? 저는 사실 거의 모든 외단약을 직접 시험해 보았는데 효과가 매우 컸습니다. 몸에 아주 좋았습니다.

그런데 일반인이 외단약의 효과를 보려면 조건이 있습니다. 이 조건을 일반인이 충족시키기는 어렵지만 일단 충족시키기만 하면 효과를 볼 수 있지요. 그렇다면 그 조건은 무엇일까요? 마음을 편안히 하고 욕심을 줄이며 음식과 성욕을 반드시 절제해야 한다는 것입니다. 외단약을 복용해서 피해를 입은 황제들이나 왕양명, 한유, 백거이 등 문인들은 복도 있고 총명했으며, 도가 수도를 한 신선 친구들도 많아 좋은 약을 먹었습니다. 그런데 약을 먹고 양기가 회복되자 남녀 관계의 계율을 제대로 지키지 못했습니다. 이런 경우 그 피해는 일반적인 약을 잘못 먹고 입은 피해보다 훨씬 심합니다. 목숨이 왔다 갔다 하는 것이지요. 그다음 음식도 큰 영향을 줍니다. 외단약을 먹은 후에는 복기(服氣) 수련을 해야 합니다. 음식은 먹지 말고 물만 먹거나 차만 마셔야 하지요. 그런데 그들은 그렇게 하지 못했고 그 결과 목숨을 잃었습니다.

독서하지 않은 신선은 없다

유황은 여러 질병에 치료 효과가 매우 좋습니다. 정말 기사회생의 약이라고 할 수 있습니다. 그런데 유황에는 독이 있어서 먹으면 바로 죽을 수 있습니다. 그렇다면 어떤 방법으로 유황을 법제해야 독을 없앨 수 있을까요? 바로 돼지기름을 사용해야 합니다. 유황에 돼지비계를 넣어 제련해야 그 독성을 제거할 수 있습니다. 그렇게 한 후에 복용하면 양기 회복에 매우 좋은 영약이 됩니다. 그러나 유황을 복용한 후 양기가 돌아왔다고 해서 음식과 남녀 관계의 계율을 지키지 않으면 심각한 문제가 생깁니다. 동물의 피가 약간만 몸에 들어가도 몸속에서 바로 그 독성이 나타납니다. 그래서 황제들이나 문인들은 음식도 끊지 못하고 남녀 관계의 정욕도 절제하지 못하여 이 외단약을 먹고 단명하게 되었지요. 그러니 어떻게 장생불사가 가능할 수 있었겠습니까? 이것이 단약을 먹고도 장생하지 못한 첫 번째 원인입니다. 두 번째 원인은 옛사람들이 "독서하지 않은 신선은 없다〔未有神仙不讀書〕"라고 말한 것과 관련 있습니다. 예를 들어 우리가 책을 읽으면 선생님들은 반드시 『세원록(洗冤錄)』을 읽으라고 가르치는데, 이 책은 고대의 법의학(法醫學)이라고 할 수 있습니다. 『세원록』에서는 검시관이 시신에서 뼈를 척출할 때 손으로 만지면 바로 황색 가루로 변하는 경우가 있는데, 이것이 바로 유황에 중독되어 죽은 시체입니다. 유황에 중독되어 죽으면 뼈가 푸석푸석해져서 손으로 만지면 바로 부서집니다.

이 책을 읽어 보면 유황 주변의 흙은 모두 푸석푸석해져 있음을 알 수 있습니다. 마치 썩거나 발효된 흙처럼 점성이 전혀 없지요. 『논어』 「공야장」에 보이는 것처럼 "썩은 흙의 담장에는 다른 흙을 덧붙여 흙손질을 할 수 없다〔糞土之牆, 不可杇也〕"고 하는 상태가 됩니다. 썩은 흙에는 점성이 없어 다른 흙을 붙일 수 없습니다. 유황에는 강한 살균력이 있지만 그 안에는 지수화풍(地水火風) 사대(四大) 중에서 지대(地大)에 속하는 뼈의 성분을 푸석하게 변화시키는 작용이 강합니다. 그러므로 유황을 먹으면 몸을 깨끗하게 할 수는 있지만 일상적으로 복용해도 안 되고 또 반드시 다른 약품과 혼합하여 중화시킨 후 먹어야 합니다. 그래서 도가 수행을 하기 위해 단약을 먹으려면 반드시 중의학에 대한 올바른 지식이 있어야 합니다.

지금 여기에서 주로 말할 내용은 오행과 약물의 관계입니다. 『참동계』에도 오행이 논의되고 있지만 내단 방면에서만 거론될 뿐 외단에 대한 논의는 없습니다. "감무월정(坎戊月精), 리기일광(離己日光)"이라는 원문에는 천간과 지지의 작용을 배합했는데, 주진인(朱眞人)[106]의 주해를 보면 이에 대해 분명히 설명했으니 여러분도 읽고 연구해 보기 바랍니다. 그러면 일일이 이런 문제를 말하느라 시간 낭비를 안 하고 좀 더 깊이 이야기할 수 있습니다. 말씀드린 바와 같이 우리 신체 내부에 있는 심장, 간장, 비장, 폐장, 신장에는 각각 화, 목, 토, 금, 수의 오행과 오색이 배합됩니다.

앞에서 제가 현대인들은 하규(下竅) 즉 하단전을 지키기보다는 중궁을

---

106 『참동계천유』의 저자 주원육(朱元育)을 가리킨다.

지키는 것이 좋다고 말했지요? 이 하규와 중궁을 지키는 것 외에도 수규(守竅)의 종류는 매우 많습니다. 도가와 불가의 어느 일파에서는 등을 지키기도(守背) 하고 허리를 지키기도(守腰) 하는데 이런 방법은 백골관 수행법에서 유래했습니다. 백골관에는 요규(腰竅)를 닦는 방법도 있고 협척(夾脊)을 지키는 방법도 있습니다. 협척의 일규를 닦는 방법은 밀종의 파와(頗哇) 왕생법이나 도가의 출양신(出陽神), 출음신(出陰神) 등의 수행법과 밀접한 관련이 있지요. 학술적 관점에서 보면 동한 말기에서 위진 남북조에 이르는 시기에 불가와 도가의 수련법은 이미 서로 융합되었습니다.

어떤 규를 지킬 것인가

도가의 수규법에는 여러 가지 기이한 점이 있습니다. 지금 『참동계』이 단락을 말하면서 여러분에게 가장 적절한 수련법을 제공하려고 합니다. 저는 수규를 주장하는 것이 아니고 단지 이따금 활용할 수 있음을 말하는 것입니다. 저는 여러분에게 듣기 좋은 말은 못하니 여러분이 직접 연구해 보세요. 때때로 활용하려면 시간과 분량을 잘 알아야 합니다. 즉 화후(火候)의 문제를 잘 알아야 한다는 것이지요. 가장 적합한 수규법은 중궁을 지키는 것입니다. 중궁의 정확한 부위는 심와 아래에서 배꼽까지 손가락이 여덟 개 놓이는데, 그 중에서 네 번째 손가락이 놓이는 부위가 바로 중궁입니다. 중궁은 피부 표면이 아닌 몸속에 있지요.

중궁을 오래 지킨 사람은 금방 한 가지 효과를 볼 수 있습니다. 바로 식사를 줄일 수 있고 심지어 하루 한 끼만 먹어도 괜찮습니다. 공자도 『공자가어(孔子家語)』에서 "기를 먹는 사람은 장수한다(服氣者壽]"고 했습니다. 기를 먹을 수 있는 사람은 곡식을 먹는 데 의지하지 않지요. "음식을 먹지 않는 사람은 정신이 밝아서 죽지 않는다[不食者神明而不死]"는 말도 있습니다. 급기야는 기를 먹는 것도 필요하지 않다는 것입니다. 공자는 심지어 도가의 방법도 정확히 알고 있습니다. 비록 일반 학자들은 『공자가어』를 위서라고 하여 믿지 않지만 저는 여러분에게 참고하라고 권하고 싶습니다. 그래서 이 단락의 마지막 내용은 "모두 중궁으로 모이게 하는 것은 무기의 작용이다[皆秉中宮, 戊己之功]"라는 것입니다.

우리가 중의학 원리를 공부하고 수행을 실천하려면 그 원리를 명료하게 알아야 합니다. 진정 중의학 원리에 따라 치료한다면 두통이 생겼다고 머리를 치료하고, 다리가 아프다고 다리를 치료하는 것이 아닙니다. 예를 들어 황인종은 다른 인종에 비해 간에 질병이 발생하기 쉬운데, 서양 의학은 간에 병이 생기면 간을 보호하고 치료하면 됩니다. 그런데 이런 치료법이 반드시 올바른 것은 아닙니다. 물론 그렇게 치료한다고 해서 잘못되었거나 간 질환이 회복되지 않는다는 것은 아닙니다. 진정으로 중국 전통 의학을 알고 『역경』을 알고 도가의 방법을 안다면 간이 오행 중 목(木)에 해당함을 알 것입니다. 그렇다면 무엇이 목을 발생할까요? 또 목을 극하는 것은 무엇일까요? 우리는 수(水)가 목을 생하고, 금(金)이 목을 극하는 것을 잘 알고 있습니다.

폐와 호흡 계통에 문제가 있거나, 혹은 감기몸살이 오래 지속되거나, 혹은 기관지 염증이 만성이 되면 점차 간 기능에 영향을 주어 문제가 생길 수 있습니다. 그러므로 먼저 폐를 다스려야 합니다. 또 간을 보호하려면 바로 간을 다스릴 것이 아니라 신장을 다스려야 합니다. 왜냐하면 간장과 신장은 같은 근원이기 때문입니다. 따라서 신장을 다스려 기능을 정상화하면 수가 목을 생하는 오행 상생의 원리에 따라 간장의 기능도 회복됩니다. 그러나 꼭 이렇게 치료해야만 하는 것은 아닙니다. 증상과 상태에 따라 응용해야 하지요. 오행의 원리를 잘 활용하려면 명리(命理)의 원리도 잘 이해해야 합니다. 예를 들어 수가 지나치게 많으면 목이 위로 뜨는 현상이 발생하지요. 수가 목을 생하기는 하지만 지나치게 많으면 목이 뿌리째 물위에 떠서 유실되어 버립니다.

지금 여러분에게 오행 생극(生剋)의 원리를 말하고 있는데, 여러분이 이 원리를 잘 이해한 후 수도 공부에 활용하면 신체 각 부위의 조절이 훨씬 쉬울 것입니다. 이런 원리는 유형적인 것입니다. 그런데 이것이 『참동계』의 본래 뜻일까요? 이것이 도가의 정통적 방법일까요? 반드시 그렇다고는 할 수 없습니다. 도가의 정통적 도법은 상품 단법(上品丹法)이라고 부릅니다. 이 단법은 쉽게 구할 수도 없고 쉽게 도달할 수도 없습니다. 일설에 따르면 상품 단법을 정확히 알면 일주일에 신선이 될 수 있다고 합니다. 물론 이것은 일설일 뿐이어서 꼭 신뢰할 것은 아니지요. 학문적으로 보면 상품 단법은 유형과 무형의 사이에 있습니다. 이 육체 내부에 있지도 않고 그렇다고 육체를 떠나서 있는 것도 아닙니다.

상품 단법은 어떻게 수련하는가

도가의 정통 도법인 상품 단법의 관념에 따르면 금목수화토는 상징적 기호일 뿐 유형의 사물을 가리키는 것이 아닙니다. 예를 들어 앞에서 언급했던 감괘와 리괘에서 감(坎)이 수, 리(離)가 화를 상징하는 것과 같습니다. 『역경』의 괘명에서 수화(水火)는 기제(旣濟)이며 좋은 괘입니다. 그러나 거꾸로 화수(火水)가 되면 미제(未濟)가 되는데 미제괘는 좋지 않습니다. 수화기제(水火旣濟)의 의미를 예를 들어 설명해 보겠습니다. 우리가 밥을 짓거나 차를 다릴 때 보면 수는 위에 있고 화는 아래에서 태워야 밥도 짓고 차도 마실 수 있습니다. 그런데 화가 위에 있고 수가 아래에 있으면 아무런 쓸모가 없습니다. 이것은 아주 간단한 물리이므로 반드시 알아야 합니다. 그러므로 여러분이 수도 공부를 할 때 머리가 '웡, 웡' 하면서 열이 나고 얼굴이 달아오르며 마음이 안정되지 않고 잡념이 끊이지 않는다면 화가 위에 있는 것입니다. 수가 아래에 있으면 기허(氣虛)의 증세이고요. 그래서 노자는 "허기심(虛其心), 실기복(實其腹)"이라고 했습니다. "마음을 텅 비우고 배를 충실하게 하라"는 말로, 이것은 화기(火氣)가 내려간 것을 뜻합니다. 선종의 조사들은 노자의 이 말을 이용해 사람들을 꾸짖었습니다. 어떤 사람이 도를 깨닫지도 못했으면서 스스로는 도를 깨달았다고 착각하고 있다면 "배는 텅 비고 마음만 높다〔空腹高心〕"고 하는 것이지요. 노자의 말과는 정반대입니다. 머리에서 망념이 끊이지 않는 것은 심화(心火)가 내려가지 못하기 때문입니다. 그래서 정기신(精氣神)이 근원으로 돌아가지 못하지요. 이것은 감수(坎水)가 근원으로 돌아가지 못하는 것과 같습니다. 생각이 많고 복잡한 것은 허화(虛火)로서 마음이 청정하지 못한 것입니다. 불경에서는 항상 청정원명(淸淨圓明)이라는 말을 씁니다. 이것이 바로 "취감전리(取坎塡離)"의 원리입니다. 감괘 중간의 양효를 취해서 리괘 중간의 음효 자리를 메우는 것입니다. 그렇게 되면 마음이 굳건해지고 원기가 충실해집니다.

중궁은 토(土)에 속한다고 했는데, 여기서 토가 가리키는 것은 무엇일까요? 도가에는 하나의 명칭이 있는데 바로 '진의(眞意)'라고 하는 것입니다. 이 진의는 연구할 가치가 있는 개념입니다. 불교의 유식에서 말하는 제육의식(第六意識)에 대해 여러분은 모두 잘 이해하고 있습니다. 제육식의 뿌리는 제칠식으로 말나식(末那識)이라고 하고, '의근(意根)'이라고도 합니다. 말나식의 '말나(末那)'는 산스크리트어로 여러 의미를 포괄하기 때문에 번역하기가 어렵습니다. 불학에서는 구생아집(俱生我執)이라고도 하는데, 생명과 동시에 존재하는 것으로 '나'라는 집착을 의미합니다. 이것은 또 생각에 의해 관념화된 자아가 아니라 본능의 활동과 같이 자연적 자아 의식입니다. 이 말나식은 어떤 불경에서는 아예 진의(眞意)로 번역되었습니다. 중국 학술 사상을 연구해 보면 당대 이후 불가와 도가가 합쳐지는 경향이 짙은데 수지(修持) 방법 역시 융합되었습니다. 그래서 불가의 진의를 도가에서는 진토(眞土)라고 했습니다. 진토는 곧 무기토(戊己土)이기도 합니다. 이른바 진의, 진토는 무엇일까요? 바로 유념과 무념의 사이이자 앞에서 말한 "일양초동처(一陽初動處), 만물미생시(萬物未生時)"입니다. 즉 일양이 처음 발동하는 순간, 아직 만물이 생겨나지 않은 그 순간, 한 생각도 일어나지 않은 경계입니다.

선종에서 말하는 공(空), 일념불생(一念不生)이란 아무것도 없다는 뜻이 아닙니다. 분명 어떤 것이 있는데 그것이 바로 진의입니다. 당송 시대 이후 선종에서 말하는 '영지지성(靈知之性)'이란 망상도 없고 잡념도 없는, 유형과 무형 사이에 존재하는 중궁의 내외에 멈추어 있는 일념(一念)입니다. 또 이것이야말로 내단(內丹)의 기본적인 한 걸음입니다. 그래서 『참동계』에서는 "모두 중궁으로 모이게 하는 것은 무기의 작용"이라고 말하는 것입니다.

불가로 말한다면 이때가 바로 무념(無念)과 같습니다. 무념의 염[無念之念]이 바로 정념(正念)이며 영원히 이 경계에 멈추어 있습니다. 몸으로 비유하면 중궁의 부위에 멈추어 있는 것입니다. 고요함의 극치를 유지하면서 말입니다. 노자의 말로 하면 "치허극(致虛極), 수정독(守靜篤)"입니다. "치허극"은 공(空)이 극점에 이르는 것입니다. 정(靜)의 극점이나 공(空)의 극점이나 모두 중궁에서 이루어집니다. 그것은 또 오행이 근원으로 돌아가는 귀원(歸元)이기도 합니다. 다시 말하면 오행이 중궁에 집중해서 작용을 일으키는 것입니다.

정통 도가에서는 이때 진정한 정기신이 발동하게 되며, 그 소식(消息)이 비로소 온다고 합니다. 이때 그것을 붙잡아야 합니다. 다만 지나치게 할 필요는 없습니다. 무념이 지나치고 허령(虛靈)이 지나치면 도리어 문제가 생기기 때문입니다. 이것이 바로 화후(火候)의 문제입니다. 그렇다면 어떻게 조절해야 할까요? 다음 강의에서는 이 문제를 논의할 것입니다. 이 경계가 오래 지속된 후에 약물(藥物)을 조정해야 비로소 복식(服食)을 논의할 수 있습니다. 단약을 복용하는 것입니다. 왜 무념의 청정한 경계에서 단약을 복용해야 할까요?

이론상으로는 알 도리가 없습니다. 만약 진짜 공부를 해서 그 경지에 도달하면 알게 될 것입니다. 그 경지는 있는 듯 없는 듯한 경지이며, 결코 유형적인 어떤 것이 존재하지 않지만 확실히 존재하는 경계입니다. 그래서 『도덕경』에서 노자는 "황혜홀혜(恍兮惚兮), 기중유물(其中有物)"(제21장)이라고 했습니다. "황홀한 가운데 어떤 것이 있다"는 뜻이지요. 텅 비고 있는 듯 없는 듯한 가운데 어떤 것이 존재합니다. 여러분이 "진짜 있습니까?"라고 물으면 "없습니다"라고 답하고, "진짜 없습니까?"라고 물으면 "있습니다"라고 합니다. 이것을 불가에서는 "비공비유(非空非有), 즉공즉유(卽空卽有)"라고 했습니다. "공도 아니고 유도 아니며 또한 공이면서 유"라는 뜻입니다.

『참동계』상편의 다섯 장은 어정(禦政)에 대해 말하는데, 『참동계』제2 감리이용장에서는 무기(戊己)의 작용인 "무기지공(戊己之功)"에 대해 말했습니다. 먼저 약물과 복식의 기본 원리를 이해한 후 이 방법을 어떻게 이용하는지 말하는 것이지요. 이 방법은 다음의 제3 일월함부장(日月含符章)에 나옵니다.

제21강

『참동계』 상권의 주제는 어정입니다. 모두 다섯 장을 포함하며, 그 중에서 제2장의 결론은 "무기(戊己)의 작용"입니다. 무(戊)와 기(己)는 모두 오행에서 토에 해당하는데, 무토(戊土)는 비(脾)의 기능에 해당하고 기토(己土)는 위(胃)에 해당합니다. 보통 위장(胃腸)이 안 좋다고 할 때 위(胃)는 비위(脾胃)를 가리키고, 장(腸)이 나쁘다는 것은 배설 계통이 좋지 않다는 말입니다. 그래서 위장이 안 좋다고 할 때는 반드시 위(=비위)에 병이 생겼다는 말은 아니므로 섞어서 하나로 뭉뚱그려 말해서는 안 됩니다. 서양 의학의 치료는 동양 의학과는 다른 방법이지만 똑같이 효과가 있습니다. 다만 학문의 기본적인 원리가 다를 뿐이지요.

그래서 저는 늘 이렇게 분류합니다. 서양 의학의 철학은 기계적이고 유물적 기초 위에 세워졌는데 그 안에도 고명한 측면이 있습니다. 중의학은 정신적이고 유심적인 철학적 기초에 토대를 두고 있고 여기에도 고명한 측면이 있습니다. 이 둘은 치료 방법도 서로 다릅니다. 중의학은 두통이 있다고 머리를 치료하거나 다리가 아프다고 다리를 치료하지 않습니다. 머리와 다리가 왜 아픈지 먼저 근본 원인을 찾아내고 그것을 치료합니다.

진의와 유가의 수양 공부

무기(戊己)는 도가의 유형적 수련법에 따르면 중궁을 지키는 수중궁(守中宮)의 방법입니다. 중궁은 곧 진의(眞意)로서 진토(眞土)라고도 부릅니다. 이른바 '주의(住意)'라는 것은 의념을 중궁에 집중하는 것입니다. 앞에서 여러분에게 이런 의견을 드렸습니다. 남녀노소를 막론하고 유형적이고 유위적인 도가 수련법을 활용하려면 상단전을 지키거나 하단전을 지키는 것은 모두 중궁을 지키는 것보다는 온당하지 못하다고요. 다만 이런 것은 모두 유위적이고 유형적인 수련법으로서 무상(無上) 도법(道法)이 아닙니다. 무상 도법은 무형의 진의(眞意)입니다.

불가와 비교해 볼까요? 불가 유식학파의 팔식(八識) 중에서 제칠식은 말나식으로서 아집(我執)의 근원입니다. 칠식은 우리에게 생각이나 의식이 있기 전에 나면서부터 있는 듯 없는 듯이 존재하는 아상(我相)으로서, 의근(意根)의 작용에 의해서 존재하는 식(識)입니다. 그래서 당송 시대 이후 도가가 무상 도법 즉 진의를 말할 때 사용한 명칭은 불가와 도가가 혼합된 형태입니다. 진의, 진토는 마음이 유와 무 어느 곳에도 집중하지 않아 완전히 중화를 이룬 경지입니다.

이것을 유가의 원리로 설명하면 이른바 진의(眞意)란『중용』제1장에서 찾을 수 있습니다. 바로 "천명지위성(天命之謂性), 솔성지위도(率性之謂道), 수도지위교(修道之謂教)"입니다. 즉 "하늘이 명한 것을 성(性)이라고 하며, 성을 따르는 것을 도(道)라 하며, 도를 닦는 것을 가르침[教]이라고 한다"는 말입니다. 여기에서 말하는 도는 역시『중용』제1장에 다음과 같이 나옵니다. "희로애락지미발위지중(喜怒哀樂之未發謂之中), 발이개중절위지화(發而皆中節謂之和), 치중화(致中和), 천지위언(天地位焉), 만물육언(萬物育焉)"입니다. 이 말은 "기쁨, 노여움, 슬픔, 즐거움이 일어나지 않은 상태를 중이라 하고, 일어나되 모두 절도에 맞는 것을 화라고 한다. 중화를 이루면 천지가 자리 잡고 만물이 생육된다"는 뜻입니다. 여기에서 중(中)이란 거의 십 분의 육은 철학 이론적인 측면이고 십 분의 사는 진실한 공부의 경지입니다. 『장자』도 마찬가지입니다. 장자가 한 많은 말은 모두 진정한 공부에 관한 것이어서 다른 관점에서 해석하기가 매우 어렵습니다.

우리는 일반적으로 『중용』을 잘못 읽고 있습니다. 공자, 맹자, 증자, 자사는 모두 산동(山東) 사람이므로, 산동 사람의 문장을 읽을 때는 산동 말을 잘 아는 것이 중요합니다. 『중용』의 중(中)은 거성(去聲)으로 읽어야 합니다. 제가 산동 사람과 대화해 보면 "맞아?" 하는 말을 "중(中), 중(中), 중(中)!" 이렇게 합니다. 산서(山西) 사람에게도 이런 말이 있습니다. "중료(中了)"라는 말은 곧 "맞다"는 뜻입니다. 비유하자면 총탄을 과녁에 쏘고 나서 "맞았어[中了]?"라고 물을 때 하는 말입니다. 그러므로 "기쁨, 노여움, 슬픔, 즐거움이 일어나지 않은 상태를 중이라고 한다"는 말은 불가의 "일념미생처(一念未生處)"와 같은 뜻입니다. 그리고 "일어나되 모두 절도에 맞는[發而皆中節]" 것은 단순히 감정이 없거나 고요하다는 뜻이 아니라, 기뻐해야 할 때는 기뻐하고, 슬퍼해야 할 때는 슬퍼해서 감정이 상황에 맞게 드러나고, 어느 하나의 감정에 치우치지 않는 것을 '화(和)'라고 합니다. 이렇게 동과 정 사이에서 치우치지 않고 "중화를 이루면 천지가 자리 잡고, 만물이 생육되는[致中和, 天地位焉, 萬物育焉]" 것이 유가의 수양 경지입니다. 『참동계』 제2장의 "모두 중궁으로 모이게 하는 것은 무기의 작용이다"라는 말 역시 중용과 같은 도리입니다.

기를 단련하는 연기(煉氣) 공부와 기를 기르는 양기(養氣)의 학문으로 말해 볼까요? 다음은 『맹자』「진심(盡心)」하편 제25장에 나오는 내용입니다. "욕구할 만한 것을 선(善)이라 하고, 자신에게 보유하는 것을 신(信)이라 하고, 그것이 충실한 것을 미(美)라 하고, 충실하면서 빛나는 것을 크다

〔大〕고 하고, 크고 교화하는 것을 성(聖)이라고 하고, 성스러우면서 알지 못할 것을 신(神)이라 한다〔可欲之謂善, 有諸己之謂信, 充實之謂美, 充實而有光輝之謂大, 大而化之之謂聖, 聖而不可知之之謂神〕." 이것은 완전히 공부에 대한 말씀입니다. 이론으로는 설명할 방법이 없지요. 만약 진정한 수양 공부로 해석하지 않으면 맹자는 공허한 이론만 말한 것인데, 맹자가 어찌 자신도 속이고 남도 속이는 것이 아니겠습니까? 여러분도 진실한 공부를 해보면 비로소 아성(亞聖)[107]이 결코 우연히 얻어진 것이 아님을 알 것입니다.

맹자가 말했습니다. "나는 나의 호연지기를 잘 기른다〔我善養吾浩然之氣〕." 그렇다면 호연지기란 무엇인가요? 『맹자』「진심」에 그것이 잘 설명되어 있습니다. "가욕지위선(可欲之謂善)"이라는 말은, 도를 닦는 것이 선행으로부터 출발하면 되지 반드시 특정한 기초 공부를 해야 하는 것이 아니라는 뜻입니다. 두 번째 "유저기지위신(有諸己之謂信)"이라는 말은, 공부는 스스로 깨닫는 것이 중요함을 말합니다. 이것을 『참동계』의 내용과 대비하면 제2장의 무기(戊己)의 작용에 해당한다고 할 수 있겠습니다.

여러분이 진정으로 수도 공부를 하는 사람을 본 적이 있는지 모르겠습니다. 제가 한창 공부할 당시 보았던 도가의 선배들은 때때로 저와 이런저런 이야기를 나누다가 갑자기 말을 하지 않고 눈을 감은 채 아무것도 상관하지 않았습니다. 저도 그것을 알아차리고 바로 일어나서 나갔지요. 한나절쯤 지나서 다시 찾아갔더니 불가 용어로 말하면 천천히 입정(入定)에서 나오고 있었습니다. 이것은 그가 공부를 찾아간 것이 아니라 공부가 그를 찾아온 것입니다. 이와 같은 상황이 되면 심신이 자연히 그런 경지에 들어가지 않을 수 없게 됩니다. 이것이 바로 맹자가 말한 "자신에게 보유하는 것을 신이라고 한다"는 경지입니다. '신(信)'에는 두 가지 해석이 있습니

---

107 아성(亞聖)이란 성인 다음의 지위를 말한다. 공자가 성인이라면 맹자는 아성이라고 한다.

다. 하나는 스스로 믿어서 의심하지 않는다는 뜻이요, 또 하나는 소식(消息)으로 해석하는 것입니다. 바로 공부가 나를 찾아오지 내가 공부를 찾지 않는 경지입니다. 우리는 모두 도를 닦으면서 공부를 찾지만 그 경계를 찾으려 해도 찾을 수 없습니다. 공부가 우리를 찾아왔을 때에야 자연히 청정해지고 자연히 입정의 경지에 들 수 있습니다.

진정한 무기토(戊己土)는 진토(眞土)이며 진의(眞意)로서 유형의 신체 안에도 밖에도 중간에도 있지 않습니다. 다만 신체의 중궁의 기(氣)와는 관계가 있습니다. 그래서 중궁의 기가 충실해지는 것을 도가에서는 "기가 충만하면 먹을 것을 생각하지 않는(氣滿不思食)" 경지라고 합니다. 이런 경지에 도달하면 자연히 음식을 끊는 단계에 이르지요. 물론 완전히 식음을 전폐하는 것이 아니라 밥을 먹지 않는 시간이 평소에 비해 훨씬 길어진다는 뜻입니다.

도가에서 말하는 "정이 충만하면 음란한 생각을 하지 않고, 기가 충만하면 음식을 생각하지 않고, 신이 충만하면 잠을 자지 않는(精滿不思淫, 氣滿不思食, 神滿不思睡)" 경지에 이르는 것을 너무 높게 볼 필요는 없습니다. 제가 보기에는 기본적으로 맹자가 말한 "자신에게 보유하는(有諸己)" 것과 같은 경지입니다. 도가로 말하면 도가 이미 몸에 배어 자기 것이 된 경지이지요.

일반적으로 수도가 기맥이 통하든 통하지 않든 상관없다고 할 때는 도가 아직 몸에 배지 않은 것입니다. 단지 "하고자 할 만한 것을 선이라고 하는(可欲之謂善)" 정도만 말할 수 있습니다. 말하자면 도를 닦는 것을 좋아하는 정도일 뿐이라는 것이지요.

다음은 『참동계』 상편 제3 일월함부장(日月含符章)의 원문입니다.

제3 日月含符章일월함부장

易者象也역자상야, 懸象著明현상저명, 莫大乎日月막대호일월. 日含五行
精일함오행정, 月受六律紀월수륙률기. 五六三十度오륙삼십도, 度竟復更始
도경부갱시. 窮神以知化궁신이지화, 陽往則陰來양왕즉음래. 輻輳而輪轉복
주이륜전, 出入更卷舒출입갱권서.

易有三百八十四爻역유삼백팔십사효, 據爻摘符거효적부, 符謂六十四卦부
위육십사괘. 晦至朔旦회지삭단, 震來受符진래수부. 當斯之際당사지제, 天
地媾其精천지구기정, 日月相撢持일월상탐지. 雄陽播元施웅양파원시, 雌陰
化黃包자음화황포. 混沌相交接혼돈상교접, 權興樹根基권여수근기. 經營養
鄞鄂경영양은악, 凝神以成軀응신이성구. 衆夫蹈以出중부도이출, 蝡動莫不
由연동막불유

역이란 상이다. 상을 걸어놓아 밝게 드러낸 것은 일월보다 큰 것이 없다. 태양
은 오행의 정을 포함하고 달은 육률로 법칙을 삼는다. 오와 육을 곱하면 삼십
도이니 한 달 삼십 도가 끝나면 다시 시작한다. 신을 궁구함으로써 변화를 아
니 양이 가면 음이 온다. 바퀴살이 모이면 바퀴가 굴러가니 달의 출입이 말렸
다가 펼쳐지는 것 같다.

역에는 삼백팔십사효가 있다. 효에 근거하여 부를 가려내니 부는 육십사괘라
한다. 그믐에서 초사흘 아침에 이르면 진괘가 부합한다. 이때에 이르러 천지
는 그 정을 교구하고 일월은 서로 끌어당겨 잡는다. 수컷인 양기가 정자를 뿌
리면 암컷인 음기가 난자로 감싼다. 혼돈한 가운데 서로 교접하니 권여가 뿌
리를 내린다. 은악을 경영하여 기르듯이 신을 응집하여 몸을 이룬다. 모든 것
이 이 단계를 밟아 출생하니 어떤 생명도 이것을 연유하지 않음이 없다.

위대한 일월

제2장은 앞에서 강의한 것으로 마치고 이제 제3 "일월함부장(日月含符章)"을 보겠습니다. 먼저 이 장에 대한 주운양 진인의 주해를 한 구절 읽고 시작하겠습니다.

"이 장에서는 특히 일월의 기능을 펼쳐서 약물의 근원을 탐구하였다."
(此章, 特著日月之功用, 究藥物之所從出也.)[108]

이 장은 특히 우주에서 태양과 달의 운행 관계를 분명하게 설명합니다. 태양과 달의 기능과 천체 운행의 법칙을 이해한 후에야 심신(心身), 성명(性命)의 궁극적 대약(大藥)이 무엇인지를 알 수 있음을 밝혔습니다. 도가에서 대약이란 정기신(精氣神)으로 삼위일체적인 것입니다. 앞에서 우주의 법칙을 말했는데, 저는 그 법칙에 광열력(光熱力)이라는 이름을 붙였습니다. 신(神)이란 우주 태양의 광(光, 빛)으로서, 이것이 에너지[力]로 변한 것이 기(氣)입니다. 기가 일어나면 열(熱)이 발생하는데 이것이 정(精)이지요. 즉 신은 기가 되고 기는 정이 됩니다. 우리 후천의 생명은 순서대로 오는데 선천으로부터 후천으로 변화하는 것입니다.

그런데 수도 공부는 생명이 발생하는 순서와 반대로 후천에서 선천으로 되돌아가는 것입니다. 그것을 "정을 단련해서 기로 변화시키는" 연정화기(煉精化炁)와, "기를 단련해서 신으로 변화시켜 가는" 연기화신(煉炁化神)이라고 합니다. 이 정기신은 사실 하나로서 모두 신(神)이 변화한 것입니다. 그래서 수많은 종교가 빛을 말합니다. 여러분이 닦는 정토종의 서방정

108 『참동계천유』. 37면.

토 극락세계 역시 광명으로 가득 차 있다고 표현합니다. 기독교에서도 마찬가지입니다. 『성경』의 요한복음 1장에서도 "신은 빛이다"라고 말하지 않았습니까?

이제 『참동계』 제3장의 첫 번째 구절을 보겠습니다.

역이란 상이다. 상을 걸어놓아 밝에 드러낸 것은 일월보다 큰 것이 없다.

易者象也, 懸象著明, 莫大乎日月.

"역자상야(易者象也), 현상저명(懸象著明)", 『역경』은 우주의 현상을 말하는데, 천지 사이에 이 상(象)을 드러내어 그곳에 걸어놓았습니다. "현상(懸象)"은 상을 걸어놓았다는 말로 그것이 곧 괘(卦)입니다. 괘가 바로 '걸어놓다(掛)'는 뜻이기 때문이지요. 이른바 팔괘(八卦)는 우주의 현상을 여덟 가지로 구분해 상징화한 것입니다. 우주 최대의 현상은 천지(天地), 일월(日月), 풍뢰(風雷), 산택(山澤)으로, 이 여덟 가지 현상이 그 속에 분명히 모습을 드러내고 있습니다. 그래서 "상을 걸어놓아 밝게 드러낸다(懸象著明)"고 합니다. 그 중에서 해와 달은 우리가 머리를 들어보면 가장 잘 보이는 현상이므로 "막대호일월(莫大乎日月)"이라고 했습니다. 그래서 일월을 "대상(大象)"이라고 합니다.

지금 우리는 중국 고대 문화의 물리 철학 문제에 들어갔습니다. 중국 상고 시대의 물리 논리에서는 이렇게 말합니다.

태양은 오행의 정을 포함한다.

日含五行精

"일함오행정(日含五行精)", 태양은 불을 대표하지만 단지 불뿐 아니라

오행의 정화(精華)를 갖추고 있습니다. 태양은 지극한 양[至陽]으로서 그 안에 지극한 음[至陰]이 있습니다. 그래서 태양에는 흑점이 있는데 바로 그 흑점이 지음지기(至陰之氣)이지요. 어렸을 때 신화를 읽어 보면 태양 속에는 새가 있다고 하는데 바로 수탉처럼 생긴 금오(金烏)라고 부릅니다. 그것은 태양 안 흑점을 상징적으로 표현한 것이지요. 태양은 빛이고 빛은 금목수화토(金木水火土) 오행을 대표합니다.

달은 육률로 법칙을 삼는다.
月受六律紀

수도하는 사람들은 먼저 달에 주의해야 하고 최후에는 태양에 주의를 기울여야 합니다. 달은 소주천이고 태양은 대주천입니다. 달은 한 달 삼십 일 중에서 상반월은 초승달에서 보름달로 변해 가고, 하반월은 보름달에서 칠흑 같은 그믐달로 변해 가는데, 이것이 소주천의 행도(行度)입니다. 이에 반해 대주천의 행도는 천체에서 태양의 행도인데 옛 천문학에서는 전도(躔度)라고 불렀습니다. 태양이 천체에서 일도(一度)를 가면 지구에 사는 인간은 하루가 가는 것입니다. 그래서 일 년 삼백육십오도가 바로 대주천입니다. 대주천은 다음에 다시 논의하기로 하고 여기서는 주로 소주천에 대해 이야기하지요.

앞에 나온 십이벽괘 도표를 보세요. 십이벽괘는 일 년 십이개월과 하루 십이시진을 나타내고 한 달을 설명하기도 합니다. "율(律)"이란 곧 율려(律呂)입니다. 중국 문화의 고유명사이며 음악과 관련되어 있지요. 율려는 중국 문화의 중심 개념 중 하나로 이것을 설명하는 일은 단순하지 않습니다. 공자는 중국 문화를 정리해서 시서(詩書)와 예악(禮樂)을 산정(刪定)하셨는데 애석하게도 『악경(樂經)』은 오늘날 전하지 않습니다. 그래서 우리에게는 오경(五經)뿐이지요. 오경 중 하나인 『예기(禮記)』에는 「악기(樂記)」편이 있어서 공자의 정신을 면면히 계승하고 있습니다. 중국 고대 음악은 서양 음악과는 다른데 중국 음악의 원리가 바로 율려(律呂)에 있습니다.

율려라는 글자는 『이십오사(二十五史)』안에 모두 들어 있습니다만 지금 중국 문화를 말하기는 매우 어렵습니다. 예를 들어 여러분 모두 한고조 유방의 전기를 읽고서는 『사기(史記)』를 읽었다고 생각합니다. 그러지 않으면 중학교 시절 교과서에서 「백이열전」을 읽고도 『사기』를 읽었다고 여깁니다. 사실 그 정도로는 중국 문화의 그림자도 보지 못한 것이지요. 진정한 중국 문화의 중심은 바로 『사기』의 팔서(八書)에 있습니다. 가령 팔서 가운데 「천관서(天官書)」는 중국 상고대의 천문학에 관한 기록입니다. 그 후대의 역사에도 모두 천관이 있어서 「천관지(天官志)」 또는 「천문지(天文志)」라고도 합니다.

『한서(漢書)』에는 「오행지(五行志)」가 있는데 이것은 일종의 중국 물리학입니다. 또 팔서에는 「평준서(平準書)」라는 책이 있는데, 이것은 경제학이나 재정학과 관련된 내용입니다. 그래서 팔서가 매우 중요하다는 것입니다. 저 같은 사람은 당연히 전문가가 아니지만, 만약 역사 전문가라면 역사는 연구하고 말할 수는 있겠지만, 역사철학이라거나 중국 문화의 전통에 대해서는 잘 알 수 없겠지요. 역사서에는 「율력지(律曆志)」라는 것이 있는데, 이것은 천문과 상수를 포함해 율력에 관해 전문적으로 연구합니다. 중국의 율력에 관한 현대 연구서를 보았는데, 그것은 중국 율력에 대해 거의 그림자도 보지 못한 것이었습니다. 그것은 곡자(曲子)와 조자(調子)[109] 모두와 관계없습니다. 진정으로 곡자에 대해 알려면 율력을 모르면 안 됩니다. 제가 앞에서 이미 말한 것이지요.

---

109 음악의 곡조에 대한 표현.

자, 이제 다시 원문 "월수륙률기(月受六律紀)"로 돌아가 봅시다. 앞에서 오 일이 일 후(候)이고, 삼 후를 일 기(氣)라고 했습니다. 여기에서 기(氣)는 중기(中氣)[110]를 뜻합니다.

오와 육을 곱하면 삼십 도이다. 한 달 삼십 도가 끝나면 다시 시작한다.

五六三十度, 度竟復更始.

"오륙삼십도(五六三十度)", 오 일이 일 후(候)이므로 육 후는 일 개월로, 삼십 일 동안 달이 차고 이지러지는 현상을 가리킵니다. 그래서 일 년에는 이십사절기의 변화가 있지요. 여러분에게 한 가지 비밀을 알려 드리겠습니다. 이 자리에는 권위 있는 서양 의학 전문의들이 몇 분 계십니다만 우리의 뇌신경은 열두 쌍이 있습니다. 해부학을 공부한 분들은 잘 알고 있겠지만요. 물론 도가 공부를 한 분도 알고 있을 것입니다. 이 열두 쌍의 뇌신경은 이십사절기와 밀접한 관련이 있습니다. 수련을 해서 열두 쌍의 뇌신경을 모두 통한다면 여러분은 우주와 연결될 수 있고 당연히 신통력도 얻을 수 있습니다. 그러나 이런 능력을 잘못 사용해서는 안 됩니다. 이 단계에서 신통을 잘못 사용하다가 정신병을 얻는 사람들이 적지 않습니다. 종교를 믿거나 불가나 도가 수련을 하거나 대다수가 자신의 능력을 과신하고 함부로 사용하다가 엉뚱한 길로 가게 됩니다. 그러니 절대 조심해야 합니다.

"도경(度竟)"이란 한 달 삼십 일의 달 변화가 다 끝난 것을 의미합니다. 매월 음력 초사흘 저녁이 되면 서남쪽 하늘에서 초승달이 나타납니다. 거

---

[110] 중국 고대의 역법에서 태양력 이십사기(二十四氣)를 음력 십이 개월에 배합하면 한 달에 이 기(二氣)가 배속된다. 월초에서 보름까지를 절령(節令)이라 하고 보름 이후는 중기(中氣)라 고 한다. 예를 들어 정월의 절령은 입춘이고 우수는 정월의 중기가 된다. 이렇게 절령과 중기를 절(節)과 기(氣)라고 하고 이 두 가지를 합하면 절기(節氣)가 된다.

기에서 오 일이 지나서 팔 일이 되면 정남향에서 반달(=상현달)이 나타나지요. 팔 일에서 오 일을 더해서 십삼 일이 되면 그때부터 십육 일까지는 정동향에서 달이 뜨고 서쪽으로 기웁니다. 달의 이런 출몰 현상은 전에도 말한 바 있지요. 이것이 바로 "도경부갱시(度竟復更始)"입니다.

신을 궁구함으로써 변화를 아니 양이 가면 음이 온다.

窮神以知化, 陽往則陰來.

"궁신이지화(窮神以知化)", 도를 닦는 사람은 먼저 학문적 원리를 알아야 한다는 의미입니다. "궁(窮)"이란 끝까지 추구하는 것을 말하므로 "궁신(窮神)"이란 신(神)의 작용을 투철하게 연구하는 것입니다. 신(神)은 우리 생명의 근본으로 불가에서는 '성(性)'이라고 부릅니다. 그래서 마음을 밝혀 본성을 깨달으라는 말로 명심견성(明心見性)을 말합니다. 불학에서는 성(性)을 다른 말로 '진여(眞如)' 또는 '보리(菩提)'라고도 합니다. 이런 용어는 범어에서 유래한 것으로, 한자로 표현하면 그냥 '신(神)'이라고 하면 됩니다. 신은 '빛'이고, 빛이 곧 신입니다. "이지화(以知化)"는 궁신(窮神)을 함으로써 비로소 매 시간, 매 분, 매 순간이 모두 변화하는 것을 깨달을 수 있다는 뜻이지요.

우주의 이런 변화는 결코 우연이 아닙니다. 『역경』을 알면 우주의 변화에는 모두 일정한 법칙이 있음을 이해할 것입니다. 우리는 누구나 이 법칙으로부터 자유로울 수 없습니다. 중국 문화에는 종교 관념이 적기 때문에 이 우주의 법칙을 조화(造化)라고 부릅니다. 서양 문화에서는 주재자나 신이라고 하는 것이지요. 이 조화의 법칙은 불변의 것으로서 춘하추동 사계의 일정한 변화, 하루에 아침과 저녁이 일정하게 번갈아 오는 것과 같습니다. 그러므로 도를 닦는 순서, 공부의 진도 역시 일정합니다. 이것은 개인의 근기가 탁월하다고 해서 건너뛰거나 무시할 수 있는 것이 아닙니다. 이러한 우주의 변화를 알면 다음을 알 수 있습니다.

"양왕즉음래(陽往則陰來)", 양의 빛이 사라지면 암흑이 오고, 암흑이 사라지면 광명이 다시 온다는 말입니다. 봄이 가면 가을이 오는 것도 모두 같은 원리이지요.

바퀴살이 모이면 바퀴가 굴러간다. 달의 출입이 말렸다가 펼쳐지는 것 같다.

輻輳而輪轉, 出入更卷舒.

"복주이륜전(輻輳而輪轉)", 바퀴살[輻]들이 바퀴통에 모여[輳] 바퀴를 지탱하면 바퀴가 굴러가는 것입니다. "복주(輻輳)"란 수레바퀴에서 바퀴살들이 바퀴통에 연결되어 있는 것을 가리킵니다. 이렇게 바퀴가 돌아감으로써 수레도 굴러가게 되지요.

"출입갱권서(出入更卷舒)", 달이 출몰하는 현상을 말합니다. 달은 초사흘부터 시작해서 이십팔 일까지 나왔다 들어갔다 합니다. "권서(卷舒)"란 마치 두루마리 그림이 펼쳐졌다가 다시 말리는 것으로 달의 변화를 상징합니다. 달이 초사흘부터 시작해서 서서히 밝아지며 차올라서 십오 일이 되면 가득 찼다가 십육 일부터 차츰 어두워지기 시작해서 이십팔 일에는 완전히 어두워지는 것을 그림이 서서히 펼쳐졌다가 다시 말리는 과정으로 설명한 것이지요. 단, 주의할 것은 완전히 말려 암흑이 된다고 해도 달의 '신(神)'은 영원히 존재한다는 사실입니다. 이 신이 한 번 나왔다가 들어가는 사이에 이 "권서"의 작용이 있습니다.

괘변과 인사의 변화

『참동계』의 내용은 중국 문화 전체를 포괄하고 있습니다. 청대 주운양 진인이 쓴『참동계천유(參同契闡幽)』는『참동계』원문 각 단락 아래에 자신의 주해를 붙여 놓았습니다. 주운양 진인의 학문은 그야말로 깊고도 넓어서 진정한 정통 도가입니다. 다만 애석하게도 그에 대해 고증할 자료가 남아 있지 않지요. 제 생각에 이분은 분명히 신선이 되었을 것입니다. 고찰할 자료가 없다는 것이 오히려 그 증거라 할 수 있지요. 그는 명성이 필요하지 않은 분으로 어떤 흔적도 남겨 놓지 않았는데, 참으로 높은 경지입니다. 여러분 모두 이『참동계천유』를 정독하기를 바랍니다. 그러다가 이해하기 어려운 곳이 나오면 질문해 주세요. 가능한 한 저도 여러분을 돕겠습니다. 여러분이 참으로 이 법칙을 알게 되면 핵심 관건을 이해할 수 있고 도서(道書)도 한 번 보면 바로 알 수 있습니다. 또 어떤 책이 진짜이고 어떤 책이 가짜인지도 알 수 있지요.

역에는 삼백팔십사효가 있다.

易有三百八十四爻

"역유삼백팔십사효(易有三百八十四爻)"에 대해서는 약간의 설명이 필요합니다. 『역경』의 선천팔괘(先天八卦) 각 괘는 모두 삼효(三爻)로 이루어져 있습니다. 괘를 그을 때는 아래로부터 위로 한 효씩 그립니다. 즉 괘는 안에서 밖으로 그어 가는 것입니다. 후천괘는 선천괘 두 개를 중첩해서 이루어집니다. 그러므로 각 괘는 모두 육효(六爻)로 이루어집니다. 육십사괘가 모두 육효로 구성되었으므로 육십사 곱하기 육은 삼백팔십사가 됩니다.

효(爻)란 무엇일까요? 방금 우주 천지 만물의 변화에는 모두 정해진 규율이 있다고 했습니다. 그 규율은 효의 변화에서 나오지요. 효는 교역(交易)과 교변(交變)에서 나옵니다. 내외가 서로 교역하고 상하가 교변하면서 상호 변화가 이루어집니다. 그러므로 정신과 물질 역시 서로 교역하면서 변화를 이루어 냅니다. 또 생리와 심리의 관계도 마찬가지입니다. 남녀 관계, 친구 사이의 감정 역시 상호 관계에서 변화합니다. 모든 것이 서로 상대적 관계를 이루고 있지요. 단, 변화는 점진적으로 이루어집니다. 『역경』의 원리에 따르면 우주에 돌연변이는 없습니다. 모든 것이 점진적 변화입니다. 우리는 때로 이것은 돌변(突變)이라고 하지만, 만약 돌변의 원인을 추구해 본다면 돌변이 아니라 점진적 변화임을 알게 될 것입니다. 즉 한 효 한 효씩 변화해 오는 것이며, 이 또한 일음일양(一陰一陽)의 상대적 변화로부터 유래하는 것입니다. 이것이 우주의 법칙입니다.

효에 근거하여 부를 가려내니 부는 육십사괘라 한다.

據爻摘符, 符謂六十四卦.

"부(符)"는 부합(符合) 또는 배합(配合)의 뜻입니다. 우주 간의 모든 변화 법칙은 하나의 원리와 부합합니다. 현재 말로 하면 모두 그 논리에 부합한다는 것입니다. "거효(據爻)"는 『역경』의 모든 괘마다 괘사(卦辭), 효사(爻辭), 단사(彖辭)[111]가 있다는 말입니다. 예를 들어 "건위천(乾爲天), 천행건(天行健)"이라는 괘사에서[112] 건(乾)은 하늘을 상징하고 하늘은 영원히 운행함을 나타냅니다.

전에 어떤 유명한 지식인이 중국 문화를 해치는 것은 정(靜)이라는 글자

---

111 괘사와 단사는 같은 말이므로 여기서 단사는 곧 단전(彖傳)을 가리키는 것으로 보인다.

112 "건위천(乾爲天)"은 「설괘전」에, "천행건(天行健)"은 건괘 대상전(大象傳)에 나오는 말이므로 괘사라고 할 수 없다. 건괘의 괘사는 "원형이정(元亨利貞)"이다.

라고 말했습니다. 다들 정(靜)을 주로 하기 때문이라는 것입니다. 중국 문화에 대해 아무것도 모르면서 함부로 떠드는 말이 아닐 수 없습니다. 도대체 어디에 근거해서 중국 문화가 정을 주장했다는 것인가요? 중국 문화는 일찍부터 우주의 만물, 만사는 모두 동전(動轉)한다고 했습니다. 더욱이 경전 중의 경전, 철학 중의 철학인『역경』에서는 "천행건(天行健)" 즉 천체는 영원히 운행한다고 했습니다. 태양과 달이 영원히 전동(轉動)하고 있다는 것이지요.

"천행건(天行健)"이라는 괘사 아래에는 "군자이자강불식(君子以自強不息)"이라고 했습니다.[113] 이 말은 "군자가 천체의 끊임없는 운행을 본받아 스스로 강건하여 쉬지 않는다"는 뜻입니다. 중국 문화 어디에서 정태적이라는 말입니까?『대학』1장에서도 "구일신(苟日新), 일일신(日日新), 우일신(又日新)"이라고 했습니다. "진실로 날로 새롭고, 날마다 새롭게 하며, 또한 날마다 새롭게 한다"는 뜻이지요.

사람은 천지를 본받아 오직 내일이 있을 뿐입니다. 오늘의 성공에 만족하는 것은 곧 퇴보이지요. 수도 공부도 그렇고 학문을 하는 것도 마찬가지입니다. 인생의 경계는 영원히 내일만을 보고 전진할 뿐입니다. 이것이 중국 문화의 원리입니다. 그러므로 이어지는 원문은 "부위육십사괘(符謂六十四卦)"입니다. 한 효마다 한 걸음마다 한 단계마다 모두 옳다는 것이고, 모두 천체의 도리에 부합한다는 뜻입니다. 그것을 귀납해서 육십사괘라고 한 것이지요. 그다음 원문에는『역경』의 위대한 발명이 있는데, 이것은 도가의 비결이기도 합니다. 원문은 다음과 같습니다.

---

113 건괘 대상은 "천행건군자이자강불식(天行健君子以自強不息)"이다. 남회근 선생이 여기에서도 괘사라는 말을 쓴 것으로 보아 괘사는 건괘와 연관된 단(彖), 상(象), 설괘(說卦) 등을 모두 포함하는 의미로 사용했음을 알 수 있다.

그믐에서 초사흘 아침에 이르면 진괘가 부합한다.

晦至朔旦, 震來受符.

바로 "회지삭단(晦至朔旦), 진래수부(震來受符)"입니다. 매월 음력 삼십일을 "그믐[晦]"이라고 합니다. "삭(朔)"은 초하루이고 "단(旦)"은 새벽입니다.

제22강

천지 음양의 교구

제21강 끝에서 "회지삭단(晦至朔旦), 진래수부(震來受符)"에 대해 말했습니다. "진(震)"은 괘명으로 선천팔괘 중 진괘(震卦 ☳)는 초효가 양, 이효와 삼효는 음으로 곤괘(坤卦 ☷)의 초효가 양효로 변한 괘입니다. 일양이 안에서 시작해서 밖으로 천천히 성장하는 것을 상징하지요. 『역경』의 괘상은 "진위뢰(震爲雷)"로 뇌(雷)는 전뢰(雷電)를 말합니다. 후천괘에서는 진괘를 매우 중시하는데, 이것 또한 일종의 비결에 속합니다.

우리는 이제 늙었으니 이 비결을 젊은이에게 모두 알려 주려고 하는데, 대부분 관상이나 명리 추산에만 골몰하고 풍수 보는 것이나 배우려 하니 선천 후천에 대해서는 제대로 아는 것이 없습니다. 가장 중요한 것은 모두 후천괘를 쓰고, 후천에는 진괘를 위주로 한다는 것입니다. 진은 또한 황제를 의미합니다. "회지삭단, 진래수부"는 "그믐에서 초사흘 아침에 이르면 진괘가 부합한다"는 뜻으로, 매월 초사흘에 초승달이 떠오르는 현상을 상징하지요.

이때에 이르러 천지는 그 정을 교구하고 일월은 서로 끌어당겨 잡는다.

當斯之際, 天地媾其精, 日月相撢持.

"당사지제(當斯之際), 천지구기정(天地媾其精)", 고대 중국의 관점에서 보면 하늘과 땅은 서로 음양을 교구합니다. 매달 서로 어울리는 것이지요. 매월 이십팔 일 이후에는 달이 보이지 않다가 이른 새벽이 되어서야 북동쪽에서 볼 수 있는데 하늘이 밝으면 바로 사라집니다. 이십팔 일부터 초이틀까지 닷새는 밤이 칠흑처럼 어둡습니다. 이때가 순음(純陰)의 경계이지요. 또 이때는 하늘과 땅이 서로 정(精)을 교구하는 시기이자 음양이 교제하는 때입니다. 이때 태양과 달이 결합하는데 옛사람들은 이런 현상을 "일월상탐지(日月相撢持)"라고 합니다. 태양과 달이 서로 포용한다는 것이지요. 이런 태양과 달의 결합은 음기와 양기의 결합입니다.

수컷인 양기가 정자를 뿌리면 암컷인 음기가 난자로 감싼다.

雄陽播元施, 雌陰化黃包.

"웅양파원시(雄陽播元施), 자음화황포(雌陰化黃包)", 이때 천지의 양기(陽氣), 양정(陽精)이 방사되어 나옵니다. 달과 지구는 "자음(雌陰)"의 흡수를 상징합니다. 그러므로 웅성(雄性)은 방사를 상징하고 자성(雌性)은 흡수를 상징하여 한 번은 방사하고 한 번은 흡수하는 가운데 서로 결정(結晶)이 됩니다. 마치 남녀가 성적으로 교합하는 것과 같습니다. "황포(黃包)"는 바로 중토(中土)입니다. 황색은 중토를 상징하며 "포(包)"는 음양이 하나의 달걀과 같음을 뜻합니다.

혼돈한 가운데 서로 교접하니 권여가 뿌리를 내린다.

混沌相交接 權輿樹根基.

"혼돈상교접(混沌相交撲), 권여수근기(權輿樹根基)", 이때 음양은 마치 혼돈 속에서 서로 교접하는 것과 같은 경계인데 "교접(交撲)"은 단순한 혼합이 아닙니다. "혼돈(混沌)"이라는 명사는 장자가 쓴 말로, 뒤에 수도 공부의 문제에서 설명하겠습니다. "권(權)"은 권병(權柄)의 중심으로서, 가령 천체가 북두칠성을 중심으로 그 지휘를 받으며 운행하는 것과 같다는 뜻입니다. 『논어』「위정」편에는 다음과 같은 내용이 나옵니다. "정치를 덕으로 하는 것은 비유하자면 북극성이 제자리에서 중심이 되고 모든 별이 돌고 있는 것이다〔爲政以德, 譬如北辰, 居其所, 而衆星拱之〕."

훌륭한 지도자는 마치 북극성처럼 움직이지 않고 확고하게 중심을 잡습니다. 북두(北斗)에는 일곱 개 별이 있는데, 후면에 네 개 전면에 세 개 있습니다. 두(斗)는 물을 뜨는 바가지를 말하지요. 북두칠성 중에서 전년의 별 두 개가 유독 빛나는데 이것을 '초(招), 요(搖)'라고 합니다. 천체는 북극성을 중심으로 볼 때 정월에는 두병(斗柄) 즉 북두칠성의 손잡이 부분이 동방을 가리킵니다. 과거에는 시계나 달력이 없었기 때문에 저녁 늦게 하늘을 보면서 지금이 몇 월인가, 아! 삼월이구나 하고 알았습니다. 북두칠성을 중심으로 천체의 별을 살피는 것이지요. 천체는 평면 같고 "권여(權輿)"는 수레바퀴와 같아서 평면 위를 굴러다닙니다. 정좌 수도는 이때 뿌리를 튼튼히 내리는 것입니다. 이것을 "수근기(樹根基)"라고 합니다. 나무가 뿌리를 튼튼히 내리는 것을 정좌 공부의 기초에 비유한 것이지요.

은약을 경영하여 기르듯이 신을 응집하여 몸을 이룬다.

經營養鄞鄂, 凝神以成軀.

이 이치를 알면 "경영(經營)"해야 합니다. 마치 장사를 해서 조금씩 천천히 돈을 벌 듯이 말입니다. "양은악(養鄭鄂)"에서 "은악(鄭鄂)"[114]은 제방(堤防)을 의미하므로, 자기 자신이 성벽처럼 제방이 되어야 한다는 뜻입니다. 여러분은 달마 조사의 수제자인 신광(神光) 스님이 달마 조사를 처음 만나 선(禪)을 어떻게 공부하느냐고 질문한 일화를 알고 있지요? 달마 조사는 이에 대해 "외식제연(外息諸緣), 내심무천(內心無喘), 심여장벽(心如牆壁), 가이입도(可以入道)"라고 말했습니다. "밖으로 여러 인연을 쉬고 내면에서 마음의 헐떡임이 없기를 마치 장벽으로 외부를 막듯이 하면 도에 들 수 있다"는 뜻입니다.

사실 불가와 도가의 공부는 모두 같습니다. 『참동계』가 책으로 나왔을 때는 달마 조사가 아직 중국에 오지 않았을 때였고, 그로부터 이백 년이 지나서야 달마 조사가 중국에 도착했습니다. 달마 조사가 신광 스님에게 전한 말은 "경영양은악(經營養鄭鄂), 응신이성구(凝神以成軀)"와 같은 원리입니다. 단지 표현만 다를 뿐이지요. 달마 조사가 말한 "외식제연"은 우리도 쉽게 이해할 수 있습니다. 수도 공부를 하는 사람이라면 눈을 감고 정좌를 할 때 외부에서 어떤 일이 일어나도 마음이 움직여서는 안 된다는 뜻입니다. 설령 사람이 죽어도 말이지요. 참으로 자기의 공부만을 위한 자사(自私)요 자리(自利)라 하지 않을 수 없습니다. 도를 닦고 불학을 하는 것은 철저히 자신만을 위하는 사사로운 경계입니다. 그러나 자사(自私) 자리(自利)가 극점에 이르렀을 때에야 대공무사(大公無私)할 수 있습니다. 먼

---

114 도가 용어로 원신(元神)을 가리킨다. 은악(鄭鄂)은 위백양의 『참동계』에 처음 등장한다. 원의 유염(兪琰)은 "은악은 곧 꽃받침[鄭鄂卽根蒂也]"이라고 했고, 청의 주원육은 "은악은 곧 원신[鄭鄂, 卽是元神]"이라고 했다. 이반룡은 『입약경』 주해에서 은악으로 솥을 삼는다고 했는데 바로 중단전과 하단전이라고 했다. 『청화비문(靑華秘文)』에서는 은악을 신실이라고 했다. "신실이라는 것은 원신이 거하는 방으로 은악이 그것이다[神室者, 元神所居之室, 鄭鄂是也]."

저 자기를 제도할 수 있어야 비로소 남도 제도할 수 있다는 뜻이지요. 마치 물속에서 수영하는 것과 같습니다. 수영을 할 줄 모른다면 어떻게 물에 빠진 남을 구할 수 있겠습니까?

"무천(無喘)"은 마음이 움직이지 않는 경지입니다. 이 경지에 이르면 호흡이 정지하고 생각도 청정해집니다. "심여장벽"은 안팎이 막혀 단절된 것입니다. 마치 장벽으로 안팎이 막혀 있는 것처럼 말이지요. 사실 안팎을 장벽으로 막듯이 하는 것만으로는 도라고 할 수 없습니다. 그런데도 달마 조사는 "도에 들 수 있다"고 했습니다. 그래서 이 구절을 조심해야 합니다. 어떤 사람은 "밖으로 여러 인연을 쉬고 안으로 마음의 헐떡임이 없는" 것을 바로 도라고 생각합니다. 아닙니다. 틀렸습니다. 이 말은 수도 공부를 해서 안팎이 단절될 정도에 이르렀을 때 비로소 도에 들어가는 문을 열 수 있는 자격이 생긴다는 것입니다. 이것이 바로 "경영해서 은악을 기른다[經營養鄞鄂]"는 말이 가리키는 바이지요. 바로 일양이 회복하는 때가 도래한다는 것입니다.

"응신이성구(凝神以成軀)", 불가에서는 수정(修定) 또는 득정(得定)이라고 합니다. 도가에서는 공부만 말할 뿐 원리는 말하지 않았지요. "응신(凝神)"은 가장 대단한 경지입니다. 마치 얼음이 얼어붙은 것처럼 정신이 응결되는 것입니다. 이렇게 정신을 응결하면 서서히 신외지신(身外之身)을 이룹니다. 우리의 생명 안에 혹은 밖에 새로운 생명을 만들 수 있습니다.

모든 것이 이 단계를 밟아 출생하니 어떤 생명도 이것을 연유하지 않음이 없다.

衆夫蹈以出, 蝡動莫不由.

"중부도이출(衆夫蹈以出)", 여기에서 "도(蹈)"란 남녀가 교구(交媾)해서 아이를 낳는 행위를 말합니다. 그렇게 해서 대대로 생명이 전해지지요.

"연동막불유(蝡動莫不由)"에서 "연동(蝡動)"은 욕계의 생명을 가리킵니다. 우리가 살고 있는 세계의 생명은 모두 음양의 교구로 말미암아〔由〕 존재할 수 있습니다. 그래서 불학에서 이 세계를 욕계라고 하지요. 수도 공부를 하려면 이 욕(欲)이 없으면 안 됩니다. 욕(欲)에 의지하되 그 방향을 다른 쪽으로 전환하는 것입니다.

우리 모두 지금까지 읽은 원문의 내용을 다시 한 번 연구하기로 합시다. 저는 여러분이 주운양 진인의 주해를 보면서 각자 스스로 연구하기를 바랍니다. 앞에서 읽은 『참동계』 원문을 다시 볼까요?

"역유삼백팔십사효(易有三百八十四爻), 거효적부(據爻摘符), 부위육십사괘(符謂六十四卦)"입니다. 이것은 천지 운행의 법칙을 말한 것인데, 모두 『역경』에 근거하고 있습니다. 공부에는 한 단계마다 한 단계의 공부가 있고, 한 단계마다 한 단계의 상징이 있음을 유념해야 합니다. 상징이 바로 "부(符)"입니다. 여러분의 공부가 어느 단계에 도달하면 반드시 그 단계에 부합하는 외형이 나타난다는 뜻이지요. 또 "거효적부"는 육십사괘, 삼백팔십사효가 한 치의 오차도 없이 이 원리에 부합한다는 뜻입니다.

칠 일과 오 일의 관계

"회지삭단(晦至朔旦)"은 한 달로 말하면 지난달 말부터 이번 달 초이틀까지 달이 전혀 보이지 않다가 초사흘 저녁이 되어서야 비로소 초승달이 떠오르는 현상을 말합니다. 이런 현상을 가리켜 진괘(震卦 ☳)에 일양이 회복하는 것을 상징하는 "진래수부(震來受符)"라고 합니다. 이렇게 일양이 회복하는 진괘의 괘상은 육십사괘에서는 지뢰복괘(地雷復卦)에서 나타납니다. 복괘의 복(復)은 회복한다는 뜻입니다. 지난달의 암흑이 사라지고 빛을 회복하는 것입니다. 그래서 일양래복(一陽來復)이라고 하지요.

『역경』 육십사괘 중에서 지뢰복괘의 효사에 "칠일래복(七日來復)"[115]이라는 말이 있습니다. "칠 일이면 다시 돌아온다"는 뜻이지요. 동양 문화에서 숫자를 말하는 것은 매우 묘한 특성이 있습니다. 물론 서양과 인도에서도 마찬가지이지요. 기독교에서는 제칠일이 안식일이라고 합니다. 오늘날에는 일요일을 휴일이라고 부르지요. 그렇다면 이 칠 일과 오 일은 어떤 관계일까요? 칠 일은 태양계의 대주천이고 오 일은 소주천입니다. 이런 비밀을 알려 주는 것은 여러분이 책을 읽을 때 잘못 읽지 않기를 바라서입니다. 이런 비밀을 모르면 의심만 생길 뿐 무슨 뜻인지 전혀 알 수 없을 테니까요.

지금 여러분께 말씀드리는 것은 간단한 몇 마디 같지만, 이것을 공부할 때는 십여 년 동안 머릿속을 돌아다녔고 어디가 잘못되어 있는지 몰라서 해결할 수 없었습니다. 물론 당시에도 여러 선배, 스승을 찾아가 물어보았지요. 수도 공부를 잘하는 분은 학문을 모르고, 『역경』을 학문적으로 깊이 연구한 분은 수도 공부를 알지 못했습니다. 참 보통 문제가 아니었습니다. 마침내 제 스스로 깨닫고 다시 한 번 고서를 읽고 나서 완전히 관통했습니다. 제가 직접 이런 경험을 했기 때문에 여러분에게 독서와 수도 공부 사이에는 이런 어려움이 있다고 말하는 것입니다. 수십 년을 허비하고 나서야 알 수 있었지요. 그러니 밑천이 매우 많이 든 셈입니다.

불가 수행에는 "불파본참불입산(不破本參不入山), 부도중관불폐관(不到重關不閉關)"이라는 말이 있습니다. 본참(本參＝初關)을 돌파하지 못하면 입산할 수 없고, 중관(重關)에 도달하지 못하면 폐관(閉關)할 수 없다는 뜻

---

115 『역경』 스물네 번째 복괘의 괘사에 나오는 구절이다. "형통한다. 출입에 장애가 없고 친구가 와도 허물이 없다. 그 도가 반복되어 칠 일이면 다시 돌아오니 나아가는 바가 있어 이롭다〔亨, 出入無疾, 朋來無咎. 反復其道, 七日來復, 利有攸往〕."

입니다.[116] 초보적 깨달음이 없다면 산에 머물 자격이 없습니다. 여러분이 산에서 수도 공부를 하겠다고 하는데, 도를 깨달은 것이 아무것도 없다면 산에 올라가서 무슨 도를 닦을 수 있겠습니까? "경영양은약"은 아직 초보적 관문을 돌파한 것에 불과합니다. 그러니 아직 산에서 공부할 자격이 없습니다. "응신(凝神)" 이후에도 아직 중관에 도달하지는 못했습니다. 소위 몸 밖의 몸인 "신외지신"이라는 경지이지요. 이 경지에 도달해야 진정으로 폐관할 수 있습니다. 현대인은 어쨌든 문을 걸어 잠그는 것을 폐관이라고 합니다. 그 속에서 독서를 해도 좋고 글씨를 써도 좋습니다. 그러나 이런 것은 수도 공부가 아닙니다. 수도 공부에서 폐관은 책은 물론 그 어떤 것도 필요하지 않습니다. 담요 한 장 혹은 방석 하나만 있으면 됩니다. 하루종일 입정(入定)의 경지에 들어 있는 것을 폐관이라고 합니다. 이것이 바로 『역경』 지뢰복괘 상전(象傳)에서 "선왕이 본받아 지일에 폐관한다(先王以至日閉關)"고 말한 뜻이기도 합니다.

정은 발바닥에서 생긴다

"진래수부(震來受符)"에 대해 좀 더 설명하겠습니다. 매월 이때가 되면 일양래복합니다. 사실 "진래수부"는 일양이 처음 발동하는 곳인 "일양초동처(一陽初動處)"입니다. 앞에서 함께 읽었던 "동지자지반(冬至子之半), 천심무개이(天心無改移), 일양초동처(一陽初動處), 만물미생시(萬物未生時)"라는 소강절 시의 한 구절이지요. 불학은 심리로부터 출발하여 모든

---

116 선종 삼관(三關) 중에서 초관을 본참이라고 한다. 이 밖에 중관(重關)과 뇌관(牢關)을 합해 선종 삼관이라고 한다.

인연을 내려놓고 한 생각도 일어나지 않는 진정으로 청정한 마음의 극점에 도달합니다. 그것이 바로 "진래수부"의 일양초동(一陽初動)입니다. 생리 방면에서는 무엇이 진괘의 경계일까요? 앞에서 오류파의 일양래복에 대해 말했습니다. 오류파에서는 남성이 발기가 될 때, 여성의 가슴이 단단하게 될 때, 즉 남녀의 욕정이 발동하는 때가 바로 일양래복의 시점이라고 했습니다. 그렇지요? 이런 것은 틀렸다고는 할 수 없지만 절대로 옳은 것은 아닙니다. 그렇다면 궁극적으로 무엇이 진괘의 경계일까요? 바로 잠에서 막 깨어날 때가 진괘의 경계입니다. 사람은 왜 충분히 자고 나면 깨어날까요? 수면은 음의 경계로서 비유하자면 일종의 충전 상태입니다. 충전이 다 되면 비로소 깨어나는 것이지요. 그런데 이렇게 잠에서 깨어나기 직전 깨어남과 잠든 상태의 중간에 생리 작용이 있습니다.

우리 모두 매일 잠을 잡니다. 저는 늘 사람들에게 두 가지 질문을 합니다. 수도 공부를 하는 사람은 어떻게 잠에 들고 어떻게 잠에서 깰까요? 평생을 자고 깨면서도 어떻게 잠들고 어떻게 깨는지 알지 못합니다. 참으로 이것을 안다면 수도 공부를 잘할 수 있습니다. 이 말은 농담이 아닙니다. 사실 알기가 매우 어렵지요. 제가 여러분에게 한 가지 현상을 알려 줄 테니 집에 돌아가서 체험해 보기 바랍니다.

사람이 잠들 때 어디부터 잠이 들까요? 여러분은 대개 두뇌부터 잠든다고 생각하는데, 틀렸습니다. 발가락부터 잠듭니다. 신체 아래부터 한 마디 한 마디씩 잠이 들어 머리까지 올라오면 완전히 잠드는 것입니다. 잠이 잘 들지 않을 때를 생각해 봅시다. 잠이 안 오는 만큼 발과 다리가 더 무겁게 느껴지지요. 다시 말하면 발과 다리에 불편한 느낌이 들수록 잠은 더 안 오게 됩니다. 아침에 아직 잠에서 깨지 않았다고 해도 만약 발을 움직인다면 이미 깬 것입니다. 일양래복은 신체의 하부에서부터 시작되기 때문입니다.

정(精)은 발바닥에서 생겨납니다. 저는 늘 이렇게 말하지요. 겨울에 족심(足心)이 따뜻하게 열나고, 걸을 때 다리를 활발하게 움직인다면 반드시 장수한다고요. 노화 현상은 신체 하부에서 시작됩니다. 갓난아이들을 보면 누워서도 쉴 새 없이 발을 움직이면서 놉니다. 좀 크면 뛰어놀기 좋아하지요. 그래서 아이들이 예닐곱 살이 되면 한순간도 쉬지 않고 뛰어서 개도 싫어 할 정도가 됩니다. 이렇게 성장하는 가운데 정력도 왕성해집니다. 스무 살쯤 되면 움직임이 점차 줄어 찻집에 앉아 있게 되지요. 마흔 살이 되면 앉아서도 다리를 쭉 뻗습니다. 예순 정도 되면 다리를 더 높게 올려야 편안합니다. 다리가 뻣뻣해져서 잘 구부러지지 않기 때문입니다. 그래서 가부좌를 하지 못합니다. 다리가 마비되고 저리기 때문이지요. 하반신은 이미 지옥의 염라대왕에게 가 있는 셈입니다. 두 다리에 기맥이 통하면 정좌할 때 다리가 더없이 편안합니다. 가부좌를 하고 있으면 풀고 싶지 않지요. 이것이야말로 진정한 즐거움을 얻는 것입니다.

그렇다면 "진래수부"란 무엇일까요? 몸과 마음 양면에서 해석할 수 있습니다. 방금 소강절의 시, "일양초동처, 만물미생시"를 읽었지요? 이렇게 평정(平靜)한 곳에서 양기가 발동합니다. 인체로 본다면 발가락 끝에서 발동하기 시작하지요. 그러니 여러분 보세요. 석가모니 부처님이 얼마나 고명합니까? 부처님은 백골관을 닦을 때 발가락 끝부터 시작하라고 하셨습니다. 백골관을 수련하는 가운데 제14, 15관에서 부처님은 여러분에게 분명히 양기가 인체의 하부에서 발생한다고 알려 주셨습니다. 일반인들은 불경을 봐도 잘 모르고 또 연구하려 하지도 않습니다. 스스로 수도 공부를 한다면서 너무 게으릅니다. 마치 눈을 감고 정좌만 하고 있으면 그것이 수도 공부인 줄 알지요. 이것이 바로 무모하게 하는 것입니다. 수도에는 원리가 있습니다. 원리를 통하지 못하면 어떻게 닦을 수 있겠습니까.

혼돈과 혼침

다시 말하지만 "당사지제(當斯之際), 천지구기정(天地媾其精)"은 이때에 이르러 천지가 그 정(精)을 교구(交媾)한다는 뜻입니다. 여러분이 수도 공부를 할 때 혼침에 빠져드는 것을 느낀다면 바로 이 경계에 있다는 것을 알아야 합니다. 이것은 보통 사람에게도 있는 경계입니다. 마치 점심 먹은 후 정좌를 하면서 혼침에 빠져들었다면 자신은 잠을 잤다고 느끼지 않지만 사실은 진짜 잠을 잔 것입니다. 이렇게 혼침에 빠져서 십오 분쯤 지나면 다시 정신이 돌아옵니다. 이른바 "천지가 그 정을 교구한다"는 말은 몸 안의 음기와 양기가 서로 교합하는 것입니다. 일종의 충전과 같은 작용이지요. 이때 "정신이 분명한가요?"라고 물으면, "아니요. 분명하지 않습니다"라고 답합니다. "그렇다면 아무것도 모르는 상태인가요? 사람이 들어오는 것도 알고, 말하는 것도 들을 수 있는 것 같은데요." "모르겠습니다." 다시 묻습니다. "잠을 잤나요, 안 잤나요?" "잤습니다." "정말 잤나요?" "아니요. 안 잤습니다." 이런 상태가 반드시 혼침이라고 할 수는 없습니다. 많은 사람이 정신이 좀 흐릿하면 바로 "저 혼침에 빠졌는데 어떻게 수련해야 합니까?"라고 묻습니다. 선생은 방법을 알려 줄 수는 있지만 여러분의 수련을 도와줄 수는 없습니다. 이런 문제는 스스로의 지혜로 풀어나가야 합니다. 저도 책에 나와 있는 원리 정도만 여러분에게 말할 수 있습니다. 그러니 여러분 스스로 분명히 공부하는 것이 중요합니다.

"천지구기정(天地媾其精)", 천지가 서로 그 정을 교구할 때는 "일월상탐지(日月相擥持)"할 때입니다. 도가에서는 사람의 두 눈을 태양과 달로 상징합니다. 이 두 눈 속에 신(神)이 들어 있다고 하지요. 중국 음양가들이나 관상가들은 왼쪽 눈은 태양이고 오른쪽 눈은 달이라고 합니다. 그래서 왼쪽 눈을 일곡(日谷)이라 하고 오른쪽 눈은 월곡(月谷)이라고 하지요. 또 남자는 왼쪽이고 여자는 오른쪽이라고 하고, 여자는 수를 거꾸로 세어야 한다고 합니다. 이쪽이 태양이라면 상대적으로 저쪽은 태음이 됩니다. 이곳에도 여성이 매우 많은데, 여러분은 분명히 알아야 합니다. 이때 "태양과 달이 서로 끌어당겨 잡는다(日月相擨持)"는 것은 안신(眼神)을 내면으로 수렴하라는 뜻입니다.

다음은 "혼돈상교접(混沌相交擨)"입니다. 여러분이 공부하는 과정에서는 혼돈(混沌)이 아닌 혼침(昏沈)에 빠질 수 있습니다. 여기서는 먼저 불가의 용어를 소개하겠습니다. 불학에서는 인간의 생명은 하루에 단 두 가지 경계 속에 있다고 합니다. 바로 산란(散亂)과 혼침(昏沈)입니다. 보통 사람은 하루 종일 혼침이 아니면 산란의 경계 속에 있습니다. 말하자면 혼침과 산란을 왔다 갔다 하는 것이지요. 생각이 멈추지 않는 것을 산란이라고 합니다. 우리는 깨어 있을 때 뇌가 늘 산란한 상태로 있습니다. 두뇌가 쉼 없이 활동하여 끊임없이 에너지를 방사하고 소모하지요. 어떤 때는 잠을 자는 듯 마는 듯 비몽사몽의 상태에 빠집니다. 이때는 생각을 분명하게 하지는 않지만 여전히 가벼운 생각을 하거나 꿈을 꾸는 것 같기도 합니다. 이런 상태를 불가에서는 도거(掉舉)라고 합니다. 도거는 산란에 비하면 약간 가볍습니다. 가벼운 산란이라고 할 수 있지요. 사람들은 보통 이렇게 산란하지 않으면 바로 혼침에 빠집니다. 점심을 과식한 후에 피곤한 상태로 혼미한 것을 미세한 혼침 즉 세혼침(細昏沈)이라고 합니다. 앞에서도 말했지만 인간은 산란이 아니면 혼침의 상태로 살아갑니다. 잠에서 깨어 아직 침대에서 내려오지도 않았지만 두뇌는 이미 생각을 시작했습니다. 바로 산란의 상태로 들어간 것이지요. 산란하지 않고 생각이 없는 때는 오직 잠잘 때뿐입니다. 불학을 배우는 사람들이 득정하지 못하는 원인은 바로 이 두 가지에 있습니다. 산란하지도 않고 혼침도 아닌 것을 정(定)이라고 합니다. 이것은 대단히 어렵습니다. 정(定)은 완전히 청명한 경계로서 당연히 혼침이 없습니다. 그러나 청명이 지나면 생각이 시작됩니다. 바로 산란이 지요.

어떤 때는 혼돈의 경계를 만날 수 있는데 그것을 혼침으로 착각할 수도 있습니다. 그러므로 불가만 통하고 도가는 통하지 않는 것도 안 됩니다. 도가에서 말하는 혼돈과 불가에서 말하는 혼침은 전혀 다른 경계입니다. 다만 혼침과 유사할 뿐이지요. 신체 내에서 음양의 기가 서로 교접하는 것은 앞에서 말한 맹자의 "유저기지위신(有諸己之謂信)"입니다. 즉 "자신에게 보유하는 것을 신이라고 한다"는 말이지요. 이때가 되면 몸에서 신호가 옵니다. 선배 수도인들의 말씀에 따르면 공부가 나를 찾아올 때는 몸 전체가 나른해집니다. 어느 정도 나른해질까요? 종이 한 장도 들지 못할 만큼 나른해집니다. 이런 경계에 맞닥뜨리면 모두 병이 났다고 생각합니다. 이것은 당시에 직접 체험했던 것입니다. 어떤 때는 길을 걸어가는데 머리는 밑에 있고 다리가 위에 있다고 착각할 정도였지요. 세상이 뒤집어진 것처럼 느껴집니다. 저는 이런 현상을 근본적으로 무시해 버렸습니다. 아무것도 잡을 수 없으면 잡으려 애쓰지 않고 그냥 내버려 두었지요. 기껏해야 죽기밖에 더하겠나 하고 마음먹었습니다. 이런 상태가 지나가자 전처럼 쇠막대도 잡을 수 있었습니다. 이런 것이 거쳐 가는 하나의 단계입니다.

어미닭이 알을 품고 있는 것을 본 적이 있나요? 이 어미닭이 알을 품고 있을 때는 머리에 붉게 홍조가 돌고 먹지도 않고 잠도 자지 않으면서 혼미한 가운데 밤낮으로 엎드려 있기만 합니다. 몸은 열이 나면서 말입니다. 이 열 에너지가 알을 감싸고 있으면 병아리가 나옵니다. 이때 어미닭은 눈도 뜨지 않고 전혀 움직임이 없는데, 이것이 바로 혼돈의 상태입니다. 그래서 선종의 조사들은 "여계포란(如雞抱卵), 여묘포서(如貓捕鼠)"라고 말합니다. "어미닭이 알을 품듯이! 고양이가 쥐를 노리듯이!"라는 뜻입니다. 수도 공부가 이런 혼돈의 경지에 이르면 마치 혼침처럼 느껴집니다. 그렇지만 절대 아닙니다. 혼돈과 혼침은 분명히 다릅니다. 혼돈이라는 말은 누가 했을까요? 바로 장자입니다. 『장자』 원문에는 이렇게 상세히 나오지는 않지만 제가 보기에는 분명 이런 뜻입니다. 장자가 말합니다. "중앙지제위혼돈(中央之帝爲渾沌)" 즉 "중앙의 황제는 혼돈이다"는 말입니다. 중앙에 있는 황제는 바로 중궁(中宮)인데, 이름은 혼돈이라고 한다는 것입니다. 장자에 나오는 우화의 내용을 보면 다음과 같습니다.

남쪽 황제와 북쪽 황제가 중궁에서 만났습니다. 중앙의 황제는 그들을 극진히 대우합니다. 두 사람은 어떻게 하면 중앙 황제의 은혜에 보답할까 상의했습니다. 생각 끝에 두 사람은 중앙 황제가 혼돈이라 몸에 구멍이 없으니 구멍을 만들어 주면 좋겠다는 결론을 내렸습니다. 어느 날 두 사람은 혼돈에게 구멍을 뚫어 주기 시작했습니다. 하루에 한 구멍씩 일주일 만에 모두 일곱 개의 구멍을 뚫었습니다. 두 개의 눈과 두 개의 귀 그리고 두 개의 콧구멍과 입 하나, 모두 일곱 개의 구멍을 만들어 주었지요. 그러나 "일곱 개의 구멍이 뚫리자 혼돈은 그만 죽어 버리고 말았습니다〔七竅開而渾沌死〕."[117] 생명이 끝나 버린 것입니다.

이것은 후천의 총명이 열리면 선천 생명의 진체(眞體)가 끝난다는 것을 비유하는 우화입니다. 그렇다면 무엇을 진정한 혼돈이라고 할 수 있을까요? 불가로 해석해 보면 바로 육근 대정(大定)이야말로 진정한 혼돈입니다. 즉 안이비설신의(眼耳鼻舌身意) 육근을 모두 외면으로부터 내면으로 돌리는 것입니다. 이것이 바로 앞에서 말했던 달마 조사의 "외식제연(外息諸緣), 내심무천(內心無喘), 심여장벽(心如牆壁), 가이입도(可以入道)"입니다. 이것이 바로 혼돈의 경계입니다.

---

117 『장자』 「내편(內篇)」 응제왕(應帝王).

수원의 청탁

　오류파의 관점에서 보면 일양래복이 남성은 발기하는 현상, 여성은 가슴이 팽창하는 징후라고 앞에서 말했습니다. 이때 발동하는 양기를 채집해 오는 것을 오류파에서는 채보(採補)라고 합니다. 그러나 남녀의 성적 욕구가 발동하지 않아야 정(精)을 단련해서 기(氣)로 바꿀 수 있습니다. 그렇지 않습니까? 물론 오류파의 관점도 완전히 틀린 것은 아닙니다. 그러나 꼭 맞는 것도 아니지요. 말하자면 물의 근원이 맑은가 아니면 탁한가의 문제입니다. 만약 양기의 발동이 지나치면 이미 남녀의 성적 욕구에 접근하게 됩니다. 그렇게 되면 채집해 올 수가 없습니다. 물의 근원이 이미 탁해졌기 때문에 채집해 와야 쓸모가 없지요.

　제가 알기로 현대 사회에서 많은 사람이 채보 공부를 하고 있습니다. 정(精)을 참고 배설하지 않는 것을 수도 공부라 생각하지요. 이런 사람은 얼굴만 보면 바로 알 수 있습니다. 얼굴이 시커멓고 눈을 보면 사문귀도(邪門鬼道)의 모습입니다. 여러분 모두 주의하기 바랍니다. 이렇게 되면 반드시 심장병이나 간장병을 앓게 됩니다. 여러분에게 겁주는 것이 아닙니다. 이런 사람은 하루 종일 가슴속에 번민 덩어리만 가득 차 있습니다.

　다시 말하지만 여러분이 정(精)의 배설을 참는 것을 수도 공부로 알고 함부로 실천해서 때로 방광의 요기(尿氣)를 참는다면 요독증에 걸리거나 대변 중독에 걸릴 것입니다. 그 독이 뇌신경으로 들어가면 정말 문제가 심각하지요. 지금 수도 공부를 한다는 많은 사람이 이런 질병에 노출되어 있습니다. 오류파의 방법은 탁기는 채보할 수 없고 단련할 수도 없다는 것입니다. 그렇다면 수원(水源)은 언제 맑아질까요? 양기가 일어나기 직전에는 욕념이 형성되기 전이므로 수원이 맑습니다. 이것이 오류파의 입장입니다. 저는 오류파의 이런 이론에 후한 점수를 주고 싶습니다. 매우 일리 있는 이론이기 때문입니다.

그러나 반드시 알아야 할 것이 있습니다. 수원의 청탁을 인식하는 것은 상에 집착하는 착상(著相)입니다. 따라서 상품 단법이라고 할 수 없지요. 상품 단법의 일양래복은 잠이 깨기 직전에 심신의 양기(陽氣)와 정(精)이 발바닥에서 발생하는 것입니다. 여러분은 발바닥을 많이 연구하고 체험해야 합니다. 발바닥에는 혈도가 매우 많습니다. 나이가 들면 발톱이 석회화됩니다. 왼쪽이나 오른쪽 발가락이 움직이지 않으면 신기(腎氣)가 쇠약해진 것입니다. 심장도 심상치 않고요.

그러므로 먼저 양기가 무엇인지 명료하게 이해해야 합니다. 아울러 의념(意念)의 평정(平靜)에 대해서도 잘 이해할 수 있어야 합니다. 그 후에는 "경영양은악(經營養鄞鄂), 응신이성구(凝神以成軀)"도 잘 알아야 합니다. 응신(凝神)이란 육근을 모두 회수해서 밖으로 나가지 못하게 하는 것입니다. 불가로 말하면 일념불생전체현(一念不生全體現)입니다. "일념도 일어나지 않아야 전체가 드러난다"는 뜻이지요. 이때 바로 응신이 됩니다. 응신이 되면 어미닭이 알을 품는 것처럼, "이성구(以成軀)" 즉 새로운 몸을 형성할 수 있습니다. 제가 여러 해 동안 백골관 수행을 제창하고 있다는 것을 아시지요? 백골관 수행에 성공하면 곧 "응신이성구" 할 수 있기 때문입니다. 그렇게 되면 몸은 반드시 건강합니다. 질병을 물리치고 수명을 늘리는 것은 문제도 되지 않습니다. 백골관이 완성되면 그것이 바로 진정한 "응신이성구"이기 때문이지요. 사실 진짜로 백골이 되는 것이 아니라 신(神)이 응결해서 모이는 것입니다.

제23강

수도의 기본은 청심과 소욕

앞 강의에서 오류파의 일양래복, 수원, 청탁에 대해 개략적으로 살펴보았습니다. 어떤 분은 〈무근수〉와 관련된 문제를 제기하기도 했습니다. 〈무근수〉는 장삼봉(張三丰)이 지은 것입니다. 그는 원명(元明) 시대 도사로서 태극권의 창시자로도 알려져 있지요. 또 다른 도사로서 장삼풍(張三豐)이라는 분이 있는데, 남종의 도사로서 남녀쌍수(男女雙修)를 말했습니다. 여러분은 이 두 분을 같은 사람으로 혼동해서는 안 됩니다. 〈무근수〉에는 재접법(栽接法)에 대해서 말하고 있습니다.

매화나무를 버드나무에 접붙이고 뽕나무를 배나무에 접붙인다　　　梅寄柳　桑接梨

단도를 수련하여 어린아이 같은 생명이 되니　　　　　　　　　　　　　傳與修眞作樣兒

자고로 신선의 재접법은　　　　　　　　　　　　　　　　　　　　　　自古神仙栽接去

인간은 늙어도 원래 의약이 있다는 것이네　　　　　　　　　　　　　　人老原來有藥醫

장삼봉은 물리적 이치에 비추어 사람이 늙어도 다시 젊어질 수 있음을 설명하고 있습니다. 매화나무는 다른 나무에 접붙이지 않으면 매실을 맺지 못합니다. 그래서 "매화나무를 버드나무에 접붙입니다[梅寄柳]." 이 방법은 중국 고대의 농업 과학으로 수천 년 동안 이 방법을 써서 매실을 생산했습니다. 또 배나무에서 배를 생산하려면 뽕나무를 써서 접붙여야 합니다. 그러지 않으면 꽃만 피고 열매를 맺지 못하지요. 이런 원리를 장삼봉은 수도인들에게 전했습니다. 늙어서 죽음이 얼마 남지 않았더라도 이 방법으로 수행하면 다시 생명을 얻어 반로환동(反老還童)할 수 있다는 것입니다. 이것을 재접법이라고 하지요. 그래서 "사람은 늙어도 원래 의약을 가지고 있다[人老原來有藥醫]"고 말한 것입니다.

이 반로환동의 비법은 어떤 약으로 가능할까요? 당연히 외약(外藥)은 아닙니다. 도가에는 외약이 많습니다. 무슨 장생불로단(長生不老丹)이니 무슨 소환단(小還丹)이니 대환단(大還丹)이니 하는 것이 수없이 많지요. 그러나 여러분이 함부로 먹어서는 안 됩니다. 약리(藥理)에서나 의학적으로는 분명히 이치에 맞고 먹으면 정신을 아주 좋게 하는데 도리어 사람을 죽게 만드는 경우가 있습니다.

그것은 약물이 사람을 죽이는 것이 아니라, 약물로 인해 정신이 너무 좋으면 스스로 대단하다고 여기고 나쁜 일을 많이 해서 도리어 명을 재촉하는 것입니다. 금석으로 만든 약물이나 광물을 배합한 외단의 경우는 특히 약효가 신속하고 좋습니다. 그러니 스스로 계율을 청정하게 지키지 않으면 더욱 명을 재촉하게 되지요. 수도의 기본 원칙은 청심(淸心)과 과욕(寡慾)입니다. 이로써 육체적 욕망을 끊는 절욕(絕慾)에 도달하는 것입니다. 이것이 가장 높은 단계의 수칙입니다. 절욕의 경지에 도달하지 못하고 심지어 기본적인 청심과 과욕의 경지에도 이르지 못한다면 반로환동의 효과는 꿈도 꿀 수 없습니다.

송나라 때 필기소설(筆記小說)[118]에 칠십여 세의 노인이 등장합니다. 그는 높은 벼슬을 지낸 뒤 은퇴하고 고향에 돌아왔습니다. 집에는 돈도 제법 많고 처첩도 여럿 거느렸지요. 문득 자신의 나이가 적지 않다는 사실을 깨닫자 이 많은 재산과 처첩을 남겨두고 죽는 것이 두려워졌습니다. 마침 풍문에 한 도사가 이미 구십여 세에 이르렀지만 보기에는 사십여 세에 불과하다는 말을 듣고는 그를 불러 도를 닦는 방법을 물었습니다. 그러자 그 도사가 이렇게 말했습니다. "그대는 도를 닦을 필요가 없소이다. 지위가 이렇게 높고 부귀를 한몸에 지니고 게다가 이렇게 장수하고 있으니 이 정도면 만족할 줄 알아야 합니다. 도를 닦는 것은 결코 쉽지 않은 일이고 매우 고통스러운 길입니다. 그대가 진정 도를 닦고자 한다면 먼저 그대의 처첩과 이별해야 할 것이외다. 게다가 맛있는 음식이나 즐거운 놀이도 전부 끊어야 할 것이오. 그래야 비로소 나를 따라 도를 닦을 수 있다오."

이 말을 들은 노인은 도인에게 많은 예물을 드리고 떠나보냈습니다. 집안사람들은 모두 이상하게 여겼습니다. 본래 장생불사를 구하려고 도사를 초청했는데 도를 닦기는커녕 선물을 주고 그대로 돌려보내다니 이상한 일이었지요. "왜 도를 배우지 않는 것인가요?"라고 그의 처가 묻자 이렇게 대답했습니다. "사람이 일평생 살아가는데 먹고 마시고 노는 즐거움 외에 다른 무슨 기쁨이 있다는 말이오? 이런 것을 모두 버리고 수도해야 한다면 장수한들 무슨 소용이 있겠소?"

이런 인생관도 일종의 철학으로서 잘못된 것은 아닙니다. 세상 사람들은 모두 부귀공명을 원하고, 돈 벌기를 원하고, 명성을 얻기를 원합니다. 그러고 나서 최후에는 부처와 신선이 되고 싶어 합니다. 세상에 이렇게 쉽고 편한 일이 어디 있겠습니까? 이렇게 쉽고 편하면 출가는 공연히 왜 하

---

118 기록 위주의 중국 문학의 한 장르이다.

겠습니까? 세상일이란 어느 한쪽이 좋으면 다른 한쪽은 반드시 안 좋은 법입니다. 그래야 공평하지요. 음식 남녀라는 식욕과 색욕을 멀리하여 끊을 수 없다면, 단약을 먹으면 일찍 죽을 것입니다.

"인로원래유약의(人老原來有藥醫)"는 내약에 의지한다는 말로, 내약은 정기신(精氣神)의 수련을 말합니다. 장삼봉 조사의 말처럼 도가에서는 이런 책을 단경(丹經)이라고 합니다. 『참동계』가 바로 단경의 비조(鼻祖)입니다. 장생불로의 도를 닦는 것은 중국 도가가 개창한 것입니다. 불가 밀종의 방법은 도가와는 다르지요. 많은 이들이 밀종의 수많은 수행법이 중국 도가에서 건너간 것이 아닐까 의심하기도 하고, 반대로 어떤 사람은 도가의 허다한 수행법이 인도에서 건너온 것이 아닐까 의심하기도 합니다. 이런 문제는 실제로 고증하기가 매우 어렵습니다만, 어쨌든 다 같이 동양 문화라는 사실은 분명합니다. 밀종의 수행법이 도가에서 전래된 것이라는 추측은 일리도 있고 증명할 근거도 적지 않습니다. 가장 중요한 자료로는 당나라 때 티베트 왕에게 시집간 당태종의 딸 문성공주와 관련된 기록입니다.

이때 티베트에는 문화가 없었고 불교가 막 들어오기 시작했습니다. 문성공주는 당나라 공주였으니 여러 사람이 문성공주를 모시고 갔는데 그 중에는 공자 맹자를 읽은 유학자도 있었고 도사도 있었습니다. 그때 비로소 티베트 사람들은 태극도와 팔괘도 같은 것을 볼 수 있었지요. 엄밀히 연구하면 매우 흥미로운 문제가 아닐 수 없습니다. 종합해서 말하자면 인류 문화에서 생명의 영원한 존재를 연구한 것은 거의 동일한 노선에서 출발합니다.

진정한 재접법

여기서 잠깐 다른 이야기를 해 볼까요? 밀종에도 도가처럼 재접법이 있습니다. 그러나 일반인들은 재접법에 대해 오해를 합니다. 장생불로의 약이란 본래 내단의 진기(眞氣)가 발동하는 것으로, 이것이야말로 진정한 장생불로의 약입니다. 노자가 말했듯이 어린아이들은 남녀의 욕념이 없어도 진기가 발동합니다.[119] 이처럼 마음이 맑아야 진기를 채집해서 운전할 수 있지요. 이것이 바로 오류파의 하거(河車) 운전의 이론입니다. 하거를 돌려서 구전환단(九轉還丹)[120]을 이루는데, 이 말에는 공부 방법이 포함되어 있습니다. 매 단계마다 한 단계씩 효과가 있고, 한 단계씩 다른 방법이 배합되어 있지요. 불가의 말을 빌리면 모든 걸음마다 조도품(助道品)[121]이 있어서 변화와 단련을 돕는다는 것입니다.

진원(眞元)의 양기(陽氣)라는 이 약물은 궁극적으로 어디에서 나오는 것일까요? 단경의 비조인 『참동계』에는 여기에 대한 설명이 있습니다. 그런데 오류파에는 방문좌도가 매우 많습니다. 예를 들어 『소녀경(素女經)』 『옥녀경(玉女經)』 『동방비결(洞房秘訣)』 같은 유인데[122], 이것은 사실 의학서적으로서 자아 치료법이라고 할 수 있습니다. 다만 그 안에 남녀 관계에

---

119 『도덕경』 제55장에 "미지빈모지합이최작(未知牝牡之合而脧作), 정지지야(精之至也)"라는 말이 나온다.

120 구전환단은 내단 수련에서 환단의 차수를 가리킨다. 구(九)라는 차수는 사실 상징적 의미로서 실제로 구차(九次)를 가리키지는 않는다는 해석도 있다. 구는 양수의 극으로서 순양(純陽)의 기를 상징한다.

121 조도품(助道品) 혹은 삼십칠조도품(三十七助道品)은 깨달음에 이르는 서른일곱 가지 법을 말하는데, 초기불교의 『아함경』에서 붓다가 언급하거나 설명하고 있는 서른일곱 가지 조도품 즉 수행법을 가리키는 말이다.

122 모두 성적 결합을 통해 수도 공부를 하는 책으로 이른바 방중술(房中術)에 관한 것이다.

대한 언급이 허다해서 오늘날에는 외국에도 그런 쪽으로만 알려져 있지요. 영어와 불어 등으로도 번역되었습니다.

밀종의 경우는 더 대단합니다. 모두 남녀 성적 결합을 통해 수행하는 것으로 잘못 알려져 있지요. 이른바 채음보양(採陰補陽), 채양보음(採陽補陰)이 그것입니다. "여성의 음기를 채취해서 남성의 양기를 보양한다"거나 그 반대로 "남성의 양기를 채취해서 여성의 음기를 보완한다"는 것이지요. 그런데 세상에 진정으로 이런 재접법이 존재한다면 저는 제일 먼저 나서서 결연히 반대할 것입니다. 수도인이라면서 어떻게 남을 상하게 해서 자신의 이익을 추구하겠습니까? 그런 방법으로 부처나 신선이 될 수 있다면 그 세계는 악인으로 가득 찰 것입니다.

그렇다면 정통적 재접법은 있을까요, 없을까요? 있습니다. 티베트 밀교의 소위 파와법 즉 왕생법이 바로 정통적 재접법(栽接法)입니다. 물론 도가의 탈사(奪舍)도 마찬가지입니다. 이것은 앞에서 모두 말했습니다. 불가로 말하면 일심으로 서방정토 아미타불을 염송하여 완전히 정신이 통일 집중된 경지에 이르면 서방정토에 왕생할 수 있습니다. 도가로 말하면 하늘에 올라 신선이 되려면 반드시 마음이 몰입해서 흩어지지 않아야 합니다. 음신(陰神)이 견고해야 비로소 왕생할 수 있다는 말입니다. 음신이 견고하지 못하면 방법이 없습니다. 그런데 양신(陽神)에 대해서는 아직 말하지 않았습니다.

그래서 밀종의 파와법 즉 왕생법은 미타법(彌陀法)과 함께 닦습니다. 단, 미타법을 닦는 사람은 반드시 장수법을 동시에 닦아야 합니다. 장수법의 부처님은 약사불이고, 왕생법의 부처님은 아미타불입니다만 이 두 분은 서로 연관되어 있습니다. 다시 말하면 아미타불이 곧 약사불이고 또 장수불입니다. 이 가운데 비밀이 하나 있는데 그것이 바로 재접법의 작용입니다. 그런데 밀종의 수행법 중에는 그것이 불교의 형태와 불교의 학리(學

理)를 배합했지만 불교와는 다른 노선이 있습니다.

도가의 재접법에는 주문도 없고 관상(觀想)도 없습니다. 도가는 종교가 아니기 때문에 그런 것은 말하지 않습니다. 그러나 도가의 재접법은 불가의 장수법과 관련이 깊습니다. 도가의 수련은 어떤 경지에 도달할까요? 장자의 말을 빌리면 "천지의 정신과 서로 왕래하는[與天地精神相往來]" 것이 가장 높은 경지의 재접법입니다. 이것은 진실입니다. 누구라도 이 방법을 참으로 알면 삼십 분 정도 정좌를 하면 그 안에 생명을 완전히 바꾸어 놓을 수 있습니다.

제가 잘 아는 어떤 분이 밀종을 매우 깊이 연구하고 장수법, 불사법(不死法)을 수련했습니다. 그는 매일 수행 일기를 써서 제게 보여 주면서 교정해 달라고 했지요. 그는 먹지 않으면 죽지 않는다고 했습니다. 그래서 저도 말했지요. "당신 말은 틀리지 않소. 그러나 그렇게 수련하면 할수록 죽음이 가까워질 것입니다. 사람이 죽지 않으려 하는 것은 참으로 어렵지요. 게다가 당신이 수련하는 불사법은 밀종의 진정한 불사법이 아닙니다."

밀종의 불사법은 매우 쉬우면서도 어렵습니다. 먼저 자신의 기맥을 통해서 "천지의 정신과 서로 왕래하는" 경지에 도달해야 합니다. 그래서 죽음이 임박할 때 스스로 몸의 기맥이 곧 폐쇄될 것임을 알아차려야 합니다. 이런 상태는 반드시 먼저 파악할 수 있어야 합니다. 보통 사람들은 배가 아플 때 어디가 아프냐고 물으면 어떤 때는 아래를 가리키기도 하고 어떤 때는 위를 가리키기도 합니다. 사실 신체에서 손가락 하나 차이는 큽니다. 배가 아플 때 정확한 부위를 가리키는 것도 어려운데 하물며 기맥이겠습니까? 기맥의 정확한 부위를 감지하는 것은 훨씬 어렵습니다. 보통 사람들은 신체 내부의 기맥을 잘 알지 못합니다. 그래서 수련을 통해 '내조형구(內照形軀)' 해야 합니다. 자신의 몸 내부를 비추어 보는 경지에 도달해야 하지요.

예컨대 불가의 백골관 같은 수행법입니다. 백골관을 제대로 닦으면 자신의 몸 내부에서 경맥이 흐르는 것을 분명히 알 수 있습니다. 눈으로 보지 않아도 신체 어느 부위에 문제가 생겼고 어느 부위가 막혀 있는지 훤히 알 수 있습니다. 밀종의 불사법을 수련해서 이 정도의 경지에 이르면 기맥의 흐름을 뚜렷이 알 수 있어서, 기맥이 폐쇄되려고 할 때 후천의 호흡을 한 시진 정도 정지합니다.

우리는 평소에 호흡을 길게 멈출 수 없습니다. 그러므로 호흡을 정지하는 수련을 먼저 해야 합니다. 그래야 비로소 불사법을 수련할 수 있지요. 죽음이 임박한 시간은 두 시간 정도입니다. 이 시간 동안 호흡을 정지하고 참을 수 있으면 죽지 않을 수 있습니다. 저는 아직 죽어 보지 않았으니 단지 책에서 읽은 내용일 뿐입니다. 경험도 없고 실제 수행 공부도 없습니다. 이것은 이론상으로는 틀리지 않은데 직접 수행해서 체험하는 것은 매우 어렵습니다. 이것이 불사법입니다. 재접법과는 관련이 없지요. 재접법은 보양하는 법으로서 몸이 허약할 때 보약을 먹는 것과 같습니다. 저는 몇 년 동안 여러분에게 백골관을 연구하라고 말해 왔습니다. 백골관에는 바로 재접법 같은 보양법이 들어 있습니다. 그러나 아무도 믿지 않습니다. 아무도 제가 띄운 배에 타지를 않습니다. 여러분이 타지 않으면 어떤 방법도 소용이 없지요.

앞에서 장삼봉 조사의 〈무근수〉에 대해 말했지요? 문학적으로도 수준 높은 작품입니다. 매화는 버드나무에 접붙인다는 "매기류(梅寄柳)"는 사람은 자신의 정신을 채보해 돌릴 수 있다는 뜻입니다. 여러분의 정신은 대개 외부를 향해 있습니다. 감각 기관이나 사유 작용이 모두 바깥의 사물을 향해 있으니 어떻게 내부로 수렴할 수 있겠습니까? 그런데 재접법은 정신을 내면으로 돌려서 "천지의 정신과 서로 왕래하는" 경지, 허공과 하나가 되는 경지입니다. 결코 외적 약물에 의지하지 않습니다. 남녀 성적 결합 같은 것에는 더더욱 의지하지 않지요. 그런 것은 재접법이 아닙니다. 제가 보기에 현존하는 수많은 수행법은 거의 모두 잘못되었습니다. 일반인이 알고 있는 수행법은 모두 찌꺼기에 불과합니다. 모두 진실로 아는 것이 아닙니다. 이것이 앞에 밀종을 깊이 연구하고 불사법을 수련한다는 그 친구에게 하는 답입니다.

다음은 『참동계』 제4 천부진퇴장(天符進退章) 원문입니다.

제4 天符進退章 천부진퇴장

于是우시, 仲尼讚鴻濛중니찬홍몽, 乾坤德洞虛건곤덕동허, 稽古當元皇계고당원황, 關雎建始初관저건시초, 冠婚旡相紐관혼기상뉴, 元年乃芽滋원년내아자. 聖人不虛生성인불허생, 上觀顯天符상관현천부, 天符有進退천부유진퇴, 屈伸以應時굴신이응시, 故易統天心고역통천심, 復卦建始萌복괘건시맹, 長子繼父體장자계부체, 因母立兆基인모립조기, 消息應鍾律소식응종률, 升降據斗樞승강거두추.

三日出爲爽삼일출위상, 震庚受西方진경수서방, 八日兌受丁팔일태수정, 上弦平如繩상현평여승, 十五乾體就십오건체취, 盛滿甲東方성만갑동방, 蟾除與兔魄섬여여토백, 日月旡雙明일월기쌍명, 蟾蜍視卦節섬여시괘절, 兔者吐生光토자토생광, 七八道已訖칠팔도이흘, 屈伸低下降굴신저하강, 十六轉受統십육전수통, 巽辛見平明손신견평명, 艮直于丙南간직우병남, 下弦二十三하현이십삼, 坤乙三十日곤을삼십일, 陽路喪其朋양로상기붕, 節盡相禪與절진상선여, 繼體復生龍계체부생룡.

壬癸配甲乙임계배갑을, 乾坤括始終건곤괄시종. 七八數十五칠팔수십오, 九六亦相當구륙역상당. 四者合三十사자합삼십, 陽旡索滅藏양기색멸장. 八卦布列曜팔괘포열요, 運移不失中운이부실중.

元精眇難覩원정묘난도, 推度效符徵추도효부징. 居則觀其象거즉관기상, 準擬其形容준의기형용. 立表以爲範입표이위범, 占候定吉凶점후정길흉, 發號順節令발호순절령, 勿失爻動時물실효동시.

上觀河圖文상관하도문, 下察地形流하찰지형류. 中稽于人心중계우인심, 參合考三才참합고삼재. 動則循卦節동즉순괘절, 靜則因象辭정즉인단사, 乾坤用施行건곤용시행, 天下然後治천하연후치.

이에 공자가 홍몽을 찬탄하니 건곤의 덕이 깊고 그윽하다. 옛날을 상고하니 원황에 해당하고 관저는 시초를 세운다. 관혼은 기가 서로 결합하는 것이요 원년은 싹이 트는 것이다. 성인은 헛되이 내놓지 않았으니 위를 살펴 천부를 드러내셨다. 천부는 진퇴가 있으니 굴신함으로써 때에 응한다. 그러므로 역은 천심을 통솔하니 복괘는 시작을 세운다. 장자가 아버지의 몸을 계승하고 어머니로 인해 조기를 세운다. 소식 운동은 황종의 법칙에 응하고, 승강 작용은 북두칠성의 운동에 근거한다.

초사흘에 초승달이 뜨니 서쪽에서 동쪽의 햇빛을 받는다. 한 달의 달 변화를 보면 팔 일에 상현달이 된다. 십오 일에 건체가 되면 동방 갑에 보름달이 출현한다. 두꺼비와 토끼로서 태양과 달의 기가 나란히 밝음을 상징한다. 두꺼비는 괘절을 보고 토끼는 빛을 발한다. 보름달이 된 후에는 달이 이지러지기 시작한다. 십육 일에는 바뀌어 음이 통섭하고 새벽에 손괘가 신방에 보인다. 간괘가 병남에 위치하니 이십삼 일에 하현달이 되고, 삼십 일에는 곤을이 되어 양기가 벗을 잃는다. 절이 끝나서 다음으로 넘기니 몸을 이어서 다시 용이 태어난다.

임계가 갑을의 짝이 되고 건곤은 처음과 끝을 포괄한다. 칠과 팔을 더하면 십오가 되고 구와 육을 더해도 십오가 된다. 네 개의 숫자를 합하면 삼십이 되니 양기는 끊임이 없다. 팔괘가 우주에 분포되어 운동 변화해도 중을 잃지 않는다.

원정은 보기가 어려우니 도수를 추산하여 그 효험이 징후에 부합한다. 집에 거처할 때 천문의 상을 관찰하여 그 원리를 우리의 몸에 적용한다. 기준을 세움으로써 규범을 삼고, 화후를 점쳐서 길흉을 정한다. 호령을 발동함은 절령에 따르고 효가 동하는 때를 잃지 말라.

위로는 하도의 무늬를 보고 아래로는 지형의 흐름을 살피며 중간에는 사람의 마음을 계합하여 천지인 삼재를 합일한다. 움직이면 괘의 절기를 따르고 고요하면 단사에 의한다. 건괘와 곤괘의 작용이 시행된 후에야 천하가 다스려진다.

금단과 화후

여기서는『참동계』제4 "천부진퇴장(天符進退章)" 원문에 대한 주운양 진인의 주해인『참동계천유』내용을 읽겠습니다.

"이 장은 천부의 진퇴가 곧 금단 화후의 법칙이라는 것을 말한다."

(此章, 言天符進退, 乃金丹火候之所取則也)

도가에서 말하는 "금단(金丹)"은 우리 생명의 근원적 동력입니다. 생명의 근원적 동력이 추동하는 작용을 금단이라고 합니다. 결코 물질인 황금을 단련해서 단을 만드는 것이 아닙니다. 옛날에는 실제로 황금을 먹어서 단을 만드는 일이 있었습니다. 저는 이 방법도 알고 있는데 바로 금을 먹고 죽는다는 "탄금사인(吞金死人)"입니다. 황금에 중독되어 죽는 것이 아니라, 삼킨 후 위장에 구멍이 생겨 파열되어서 죽는 것입니다.

이 강좌에 참석하신 한 분이 하루는 한밤중에 제게 전화를 해서 말했습니다. "선생님 큰일 났습니다. 제 친구가 금이빨을 삼켰다는데 어쩌면 좋을까요?" 저는 이렇게 대답했지요. "빨리 비채(韭菜)[123]를 먹어야 합니다. 비채를 좀 길게 잘라서 솥에 넣고 소금을 약간 뿌린 후 볶아서 먹게 하세요. 그러면 금을 소화해서 다음날 금이빨을 찾을 수 있을 겁니다." 물론 변기를 휘저어서 찾아야겠지요. 그분은 제 말을 잘 들었습니다. 비채를 사서 제가 알려 준 대로 조리해서 먹었다고 합니다. 그런데 문제는 여전히 배속에 금이빨이 있는 것처럼 느껴진다고 했습니다. 저는 내일 병원에 가서 엑스레이를 찍으라고 하고, 그래도 안 나오면 수술하라고도 했습니다. 그 사람은 다음날 엑스레이로 위장 사진을 찍었는데 아무것도 없다고 했답니다. 다시 소장과 대장도 찍어 봤는데 역시 아무것도 안 나왔지요. 오후가 되자 전화가 왔습니다. "선생님, 금이빨을 찾았답니다. 어디에서 찾았냐고요? 당연히 거기서 찾았지요. 물로 깨끗이 씻으니까 나오더라는 거예요." (청중 웃음)

금속을 먹으면 중독될 수 있습니다. 가령 금, 은, 동, 쇠, 주석 모두 중독될 가능성이 높지요. 그런데 이런 금속은 도가에서 연단하는 약이기도 합니다. 황금을 먼저 액체로 만듭니다. 황금에 오늘날의 화학 약품을 가해서 액체로 만든 것은 마실 수 없습니다. 만약 마신다면 위며 장이며 속이 다 타고 문드러질 겁니다. 그렇다면 황금을 먹고 중독되면 어떻게 해야 할까요? 도가에서는 자고새(鷓鴣鳥) 고기를 먹으면 해독을 할 수 있다고 합니다. 이 이야기는 본래 안 하려고 했지요. 잘못하면 자고새 잡으러 가는 사람이 나올까 봐 말입니다.

제가 단약을 실험할 때는 늘 해독약을 먼저 구해 왔습니다. 저는 늘 생

---

123 부추를 말한다.

각했습니다. 옛 신선들은 왜 황금을 먹으려 했을까? 무슨 좋은 점이 있을까? 아직도 결론을 내리지 못하고 있습니다. 당시에 다른 약은 시험해 봤지만 황금은 시험하지 않았습니다. 예를 들어 수은은 먹어 봤습니다. 비상(砒霜), 유황(硫黃)도 먹어 봤지요. 여러분은 절대 함부로 시험해서는 안 됩니다. 이것은 장난이 아닙니다. 제가 이런 금속을 시험한 것은 자살행위나 같은 것이었지요.

우리는 금단이 일종의 상징이라는 것을 알고 있습니다. 어떤 사람은 금단이라는 상징이 정좌 공부에 쓰인다고 오해하기도 합니다. 오류파에서는 항상 "원타타(圓陀陀), 광삭삭(光爍爍)"이라는 말을 합니다. 금단이 둥그런 광명으로 나타나는 것을 표현하는 말이지요. 수규(守竅)를 하는 수행법 중에서 상단전을 지키거나 미간을 지키면서 오래 정좌를 하면 눈에 어떤 빛이 비치는 것을 느끼기도 합니다. 그러면 "오! 이것이 도(道)로구나" 합니다. 제가 보기에 그것은 코에 공기가 드나드는 도에 불과합니다. 여기에 계신 분들 중에도 정좌하는 중에 광명을 보는 경우가 종종 있습니다. 그런 현상이 무슨 신비할 것이 있나요? 그것은 모두 제육식의 환상일 뿐입니다. 도가의 어느 일파에서는 여기에 대해 분명히 알지 못합니다. 정좌를 하다가 광명이 보이면, "야! 금단이 나타났다!" 하고는 거기에서 수행 공부를 중단합니다.

밀종을 수련하는 사람은 이런 광명을 광명정(光明定)이라고 부릅니다. 유상(有相)의 광명정은 가장 낮은 경지로, 무상의 광명정이 될 때까지 수련하는 것은 비슷하지만 여전히 궁극의 수행은 아닙니다. 어떤 사람은 이런 것을 오해해서 정신 단련으로 이루어진 것이라고 생각하지만 그렇지는 않습니다. 그냥 광영(光影, 환상)일 뿐입니다. 그래서 선종 조사가 사람을 꾸짖을 때 "낙재광영문두(落在光影門頭)"라고 합니다. 환상일 뿐이라는 말이지요. 스스로는 도를 깨달았다고 자신하는데 실은 샛길로 빠져서 허상에 집착하는 것입니다.

금단은 일종의 상징입니다. 불가에서 절대로 파괴할 수 없는 진리를 금강(金剛)으로 상징하는 것과 같습니다. 단(丹)은 질병을 물리치고 수명을 늘릴 수 있는 약으로, 이 두 가지 관념을 결합해서 형성한 것이 금단입니다. 다시 중국 문화의 음양오행설을 말하면 금은 서방을 상징하고 목은 동방을 상징합니다. 아미타불은 오행 중에서 서방을 상징하고 약사여래는 동방을 상징하지요. 그래서 동방은 생생불이(生生不已)이고 서방은 불생불멸(不生不滅)입니다. 금단이라는 원리는 단지 하나의 형용일 뿐입니다.

'화후(火候)'는 무엇일까요? 화후는 금단과는 다릅니다. 저는 늘 이 화후라는 도가의 명사에 감탄합니다. 화후는 오직 도가에서만 쓰는데, 정말 잘 쓰임입니다. 불가든 도가든 수련법에 대해 여러분에게 단결(丹訣)을 전할 수는 있지만 화후는 전수할 방법이 없습니다. 화후는 매우 중요하지만 스스로 체득할 수밖에 없지요. 불법의 수지(修持)에는 화후가 있습니까, 없습니까? 있습니다. 백골관을 수행하면 불경에서는 늘 '역관(易觀)'을 말합니다. 어느 정도의 경지에 이르면 관(觀)하는 방법을 바꿔야 한다는 말입니다.

이것이 바로 도가에서 말하는 화후입니다. 하나의 방법으로 수련해서 어느 경지에 도달했다면 계속 그 방법으로 수련해서는 안 됩니다. 그다음 경지는 그에 맞는 다른 방법을 써야 합니다. 그렇게 하지 않으면 인약성병(因藥成病) 즉 약으로 인해서 병을 얻는 결과를 초래할 수 있습니다.

이런 원리는 영가(永嘉) 대사[124]가 『영가집(永嘉集)』에서 지관(止觀) 수행을 말하는 대목에서 매우 분명하게 밝혔습니다. 혼침이 병이라면 성성(惺惺)은 약입니다. 산란이 병이라면 적적(寂寂)은 약이지요. 그러나 적정(寂靜)이 지나치면 혼침이 됩니다. 또 성성(惺惺)이 지나치면 산란으로 변합니다. 모두 약으로 인해 병을 얻는 경우입니다. 도가의 수행법도 이와 마찬가지입니다. 저는 숱한 수도자들이 수행법에 집착해서 문제가 되는 경우를 보았습니다. 어느 하나의 수행법이 옳다고 하면 그것만 지나치게 행함으로써 도리어 옳지 않은 병통으로 변하게 됩니다. 이것은 화후의 원리를 몰라서 일어나는 문제입니다. 그쳐야 할 때는 그치고 나아가야 할 때는 나아갈 줄 알아야 하지요. 그래서 공자도 『역경』에서 "지진퇴존망(知進退存亡), 이부실기정자(而不失其正者), 기유성인호(其唯聖人乎)"[125]라고 했습니다. 즉 "나아갈 것과 물러설 것을 알아서 그 올바름을 잃지 않는 사람은 오직 성인뿐"이라는 것입니다.

공자의 이 말씀이 바로 화후를 설명한 것입니다. 사람이 공부하고 일하는 것도 마찬가지 원리입니다. 주식도 팔 때가 있고 살 때가 있습니다. 공직 역시 나아갈 때가 있고 물러설 때가 있지요. 화후가 비록 이렇게 어렵지만, 위대한 스승으로 단경의 비조인 『참동계』를 짓고 오랜 세월 신선들의 영수인 위백양 화룡 진인은 우리에게 화후는 결코 어려운 것이 아니라고 알려 줍니다. 학문의 원리를 깨닫기만 한다면 말입니다.

천지의 시작은 단지 음양뿐

이제 『참동계』 원문을 보겠습니다.

이에 공자가 홍몽을 찬탄하니 건곤의 덕이 깊고 그윽하다.

于是, 仲尼讚鴻濛, 乾坤德洞虛.

---

124 665-713. 당나라 때 승려로 절강성(浙江省) 온주(溫州) 영가(永嘉) 출신이다. 천태 지관에 정통하고 온주에서 수행했으며 육조 혜능에게 인가를 받은 후 선풍을 크게 일으켰다. 저서로는 『영가집(永嘉集)』과 『증도가(證道歌)』가 있다.

125 『역경』 건괘(乾卦) 「문언전(文言傳)」에 나오는 구절이다.

"중니찬홍몽(仲尼讚鴻濛)"에서 중니(仲尼)는 공자의 호입니다. "찬홍몽(讚鴻濛)"은 『역경』에 대해 찬탄했다는 뜻이지요. 『역경』 육십사괘는 건괘와 곤괘로 시작합니다. "홍몽(鴻濛)"은 우주의 시작을 형용하는 말로서, 장자가 말한 혼돈과 같은 뜻이지요. "건곤덕동허(乾坤德洞虛)"는 건괘와 곤괘의 중요함을 찬탄한 말입니다.

옛날을 상고하니 원황에 해당하고 관저는 시초를 세운다.

稽古當元皇, 關雎建始初.

중국의 문화는 실증적 문화입니다. 그래서 도가의 학술을 말하면 일반인은 쉽게 남녀쌍수(男女雙修)의 문제로 오해합니다. 중국의 고대 문화를 표현하는 오경(五經)의 하나인 『시경(詩經)』 제1장은 남녀 애정을 노래하는 다음과 같은 시로 출발합니다. "관관저구재하지주(關關雎鳩在河之洲), 요조숙녀군자호구(窈窕淑女君子好逑)"입니다. "꽈악꽈악 우는 물수리 물가 모래톱에 있네. 요조숙녀는 군자의 좋은 짝이로세"라는 뜻입니다. 어려서 이 시를 읽을 때면 머리를 절레절레 흔들면서 얼굴에 익살스러운 표정을 지은 채 옆에 있는 친구에게 이렇게 말했습니다. "내 얼굴 봐, 이상하지. 네 얼굴도 이상해."

오늘날에는 색정(色情)을 황색으로 표현하는데 저는 반대합니다. 황색은 중국 문화에서 좋은 색으로 보지요. 하필 색정을 표현하는 색을 황색이라고 해서 중국 문화를 스스로 비하할 필요가 있나요? 중국인은 본래 색정을 색으로 표현할 때 도화색(桃花色)이라고 했습니다. 얼마나 듣기 좋습니까! 하필이면 도화색을 황색이라고 합니까? 어리석은 중생은 어쩔 수 없지요.

『참동계』에서는 이 『시경』의 제1장의 내용을 인용하여 "관저건시초(關雎

建始初)"라고 했습니다. 천지의 시작은 음양이 있을 뿐입니다. 인류의 시작도 오직 남녀일 뿐이지요. 동물에게도 암수가 있어서 모두 양성(兩性)으로 시작합니다. 양성이란 정(正)과 반(反), 서로 대립하는 두 가지 역량 즉 에너지입니다. 음양은 그것을 대표하는 개념이지요.

관혼은 기가 서로 결합하는 것이요 원년은 싹이 트는 것이다.

冠婚炁相紐, 元年乃芽滋.

중국 문화의 고례(古禮)는 남자가 스무 살에 관례(冠禮)를 치르고 나면 더 이상 아이가 아니라 어른이 됩니다. 일종의 성년례를 치르는 것이지요. 머리를 땋아 올리고 '약관(弱冠)'이라고 하는 모자를 씁니다. 여성은 스무 살에 시집을 가고 남자는 서른 살에 장가를 갑니다. 그것을 "여자이십이가(女子二十而嫁), 남자삼십이취(男子三十而娶)"라고 합니다. 남자와 여자가 십여 년 차이가 나는 것은 극히 정상입니다. 현대 의학의 관점에서 보면 옛사람들이 깊이 연구했다는 것을 알 수 있습니다. "관혼(冠婚)"은 젊은 남녀의 혼인을 말합니다. "상뉴(相紐)"는 일종의 감전(感電) 작용입니다.

여러분은 "기(炁)"라는 글자에 주의해 주세요. 중국의 고대 문자는 무화(无火)를 기(炁)라고 했습니다. 이 글자의 윗부분은 무(无)로서 없다(無)는 뜻이고, 아래의 점 네 개는 화(火)를 뜻합니다. 기는 현대 말로 하면 일종의 생명 에너지라고 할 수 있지요. "상뉴(相紐)"는 음과 양 두 종류의 기(氣)가 서로 결합하는 것을 나타냅니다.

"원년내아자(元年乃芽滋)"에서 "원(元)"은 당나라 이전에는 모두 현(玄)이었는데, 그 후 원으로 바뀌었습니다. 고서(古書)에서는 현(玄)과 원(元)을 섞어서 쓰다가 당대 명황(明皇)을 당 현종(玄宗)이라고 불렀기 때문에 이후 현을 원으로 바꿔 썼지요. 이런 것을 휘(諱, 피한다는 뜻)한다고 합니다.

"원년내아자"는 남녀가 서로 사랑해서 결합하면 전기가 생기는 것처럼 양전기와 음전기가 서로 접촉해서 감전되는 것을 형용한 말입니다. "내아자(乃芽滋)"는 바로 싹이 튼다는 발아(發芽)입니다. 자연 세계에서 양전기와 음전기가 서로 접촉하는 것은 무엇일까요? 바로 우레입니다. 우레는 나쁜 것이 아니지요. 이때 양의 에너지가 발동합니다. 수도인에게도 때로 우레가 발동할 수 있습니다. 정좌하고 있을 때 배 속에서 펑 하고 폭발하는 것 같은 소리가 들립니다. 이때 혹 소설에 나오는 주화입마(走火入魔)가 아닐까 하고 놀라기도 하지요. 사실은 화(火)도 없고 마(魔)도 없습니다. 어떤 사람은 뇌신경에 기맥이 통한 후 눈을 감고 정좌하고 있으면 공중에서 벼락 치는 소리가 들리기도 합니다. 여름에 치는 천둥소리보다 더 크게 들립니다. 깜짝 놀라서 눈을 떠 보면 아무것도 없습니다. 이런 것이 모두 '원기(元炁)'가 발동하는 최초의 현상이자 최초의 작용입니다.

제24강

어떻게 우주 법칙에 대응하는가

앞 강의에 이어서 다음 원문을 보겠습니다.

성인은 헛되이 내놓지 않았으니 위를 살펴 천부를 드러내셨다.

聖人不虛生, 上觀顯天符.

"성인불허생(聖人不虛生), 상관현천부(上觀顯天符)"라는 말은 『역경』의
작자가 "앙이관어천문(仰以觀於天文), 부이찰어지리(俯以察於地理)"라고
묘사한 문장과 비슷합니다. 즉 "하늘을 우러러 보고 천문을 관찰하고, 굽
어서 땅을 보고 지리를 살핀다"는 뜻이지요. 또 창힐이 글자를 만든 것을
"견조수제항지적(見鳥獸蹄迒之跡)"이라고 묘사한 것과 유사합니다. "새와
짐승의 발굽과 발자국의 무늬를 보았다"는 말이지요. 구체적으로 말하면
고대의 성인이 천문, 지리, 인류, 동물, 식물 등 온갖 생물의 변화를 종합
하여 우주의 법칙을 발견했다고 한 것과 그 표현이 비슷하다는 것입니다.

『역경』의 "앙이관어천문(仰以觀於天文)"은 『참동계』에서 "상관현천부(上觀顯天符)"라고 한 것과 같은 식의 문장입니다.

전체 우주의 운동은 모든 생물의 생명과 직결되어 있어서 그 법칙에서 벗어날 수 없습니다. 혈액의 순환, 맥박의 약동, 호흡의 숫자 등은 모두 고정된 법칙이 있어서 마음대로 할 수도 없고 바꿀 방법도 없습니다. 이것을 "천부(天符)"라고 합니다.

천부는 진퇴가 있으니 굴신함으로써 때에 응한다.

天符有進退, 屈伸以應時.

"천부유진퇴(天符有進退)", "진퇴(進退)"는 우주의 소식(消息), 영허(盈虛)의 운행 변화를 말합니다. 천부는 한 번 쇠퇴하면 한 번은 번성하는 일소일식(一消一息)의 운동이라는 것입니다. "굴신이응시(屈伸以應時)", "굴(屈)"은 안으로 거두는 내향(內向) 운동이고 "신(伸)"은 밖을 향해 뻗어 나가는 신장(伸長) 운동입니다. 이런 운동에는 일정한 시간이 있습니다. 소(消)할 때 소해야 하고, 식(息)할 때 식해야 하지요.

이렇게 일정한 시간에 부응하여 일소일식의 운동을 하는 것이 바로 천체 우주의 자연법칙입니다. 생명에는 일정한 시간이 있으며, 인체는 소천지로서 우주의 법칙과 일치합니다. 그러나 어떤 때는 법칙은 같지만 우주의 시간과 반드시 일치하는 것은 아니므로 이 점을 잘 활용해야 합니다. 이것이 앞에서도 말했던 『역경』의 "주류육허(周流六虛), 변동불거(變動不居)"입니다. "육허를 두루 유행하여 끊임없이 변동하는" 원리입니다. "굴신함으로써 때에 응한다"고 했는데, 굴신 운동으로 어떻게 때에 응한다는 것일까요? 여러분은 이것에 주의해야 합니다. 보통 도가 수련을 하는 사람들에게는 문제가 하나 있는데 지금 토론해 보겠습니다. 오류파에서 하루 중 자시, 오시, 묘시, 유시에 정좌 공부를 해야 한다고 주장하는 것 같은 문제입니다.

왜 자오묘유 네 시진에 정좌해야 할까요? 자시와 오시는 지구가 천체의 자장(磁場)과 정면으로 대응하는 시간이기 때문에 이때 정좌하면 쉽게 입정해서 마음을 고요하게 할 수 있습니다. 단, 한밤중인 자시는 "일양이 처음 발동하는 때"이고 정오인 오시는 "일음이 처음 발생하는 때"입니다. 그래서 자시와 오시에는 음양이 서로 다릅니다. 그러나 묘시와 유시는 음양이 균평한 시간입니다. 그래서 묘유목욕(卯酉沐浴) 즉 묘시와 유시에 목욕을 한다고 했습니다. 바로 『역경』에서 공자가 말한 "세심퇴장어밀(洗心退藏於密)"[126]입니다. "마음을 깨끗이 씻어 은밀함에 물러가 감추는" 것을 말합니다. 불가로 말하면 마음을 공(空)의 경지에 이르게 하고, 공 또한 공한 철저한 공의 경지가 바로 목욕(沐浴)입니다.

앞에서 "자오추첨(子午抽添), 묘유목욕(卯酉沐浴)"을 말했는데, 여기에서 추첨이란 자시에 첨화(添火) 즉 불을 더한다는 뜻입니다. 생명 에너지는 자연적으로 양기가 상승하는데 이런 작용을 수도 공부에 배합한 것입니다. 단, 마음을 함부로 움직이지 말고 고요하게 하여 생명 에너지인 양기가 자연히 발동하고 상승하게 해야 합니다. 잘 모르는 사람은 몸에서 양기가 발동하면 인위적으로 조장해서 억지로 올리려 하다가 아뿔싸 관(關)을 지나치게 됩니다. 여기도 지나치고 저기도 지나치고 결국은 아무것도 아니게 됩니다. 그러므로 응시(應時) 즉 때에 적합하게 응해야지, 양기가 발동할 때 인위적으로 함부로 조장해서 양기의 발동을 방해해서는 안 됩니다. 『반야심경』에도 "부증불감(不增不減)"이라고 했습니다. 더하지도 않고 덜지도 않는다는 뜻이지요. 맹자도 "불가알묘조장(不可揠苗助長)"[127]이라고 했

---

126 「계사전」 상. 「계사전」의 해당 원문은 주151을 참조하라.

습니다. 모를 뽑듯이 조장해서는 안 된다는 말이지요. 그런데도 수도 공부를 하는 사람은 대부분 조장하는 오류를 범해서 공부를 그르칩니다.

"동지일양생(冬至一陽生)"은 양기가 발생하는 시간을 가리키는데, 이때 마음이 양기의 발생을 간섭하고 조장하면 안 됩니다. 오직 바라만 볼 뿐입니다.[128] 『반야심경』에서는 "조견오온개공(照見五蘊皆空)"이라고 하여 "오온이 모두 공함을 비추어 본다"고 하면서 단지 관찰하라고만 했습니다. 이것이 추첨의 추(抽)입니다. 양이 발동해서 성장할 때 마음은 도리어 영정(寧靜)해야 합니다. 그러다가 오시에 음이 발생하면 혼침하기 쉬우니 첨(添)해서 경각심을 높여야 합니다. 이것이 곧 영가 대사가 말한 깨어 있다는 성성(惺惺)의 뜻입니다. 그러므로 "굴신이응시(屈伸以應時)"의 원리는 수도 공부에서 자신의 화후를 조절하여 때에 맞게 응용하는 것과 같다는 말입니다.

그러므로 역은 천심을 통솔하니 복괘는 시작을 세운다.

故易統天心, 復卦建始萌.

여러분이 이 구절의 의미를 알면 『역경』도 알 수 있습니다. 일(日)과 월(月)을 합해 역(易)이라고 합니다. "역(易)"은 "천심(天心)"을 포함하는데 천심은 참으로 이해하기 어렵지요. 『역경』에서 건괘와 곤괘는 음양을 대표합니다. 중요한 것은 음양은 도의 작용일 뿐 본체가 아니라는 것입니다. 음

---

127 『맹자』「공손추」 상에 농부가 모를 심고 빨리 자라게 하려는 욕심에 손으로 모를 뽑아 결국 다 말라죽게 만든 일화를 말한다.

128 평소에 정정(靜定) 공부가 부족한 사람은 일양이 발동할 때 이렇게 고요히 관찰하지 못하고 마음이 동해서 결국 성공하지 못한다. 그래서 기공 공부도 마음을 고요히 안정시키는 공부가 먼저 바탕을 이루어야 성공할 수 있다.

양, 동정, 선악, 시비 등은 모두 도의 작용이요 현상일 뿐입니다. 이것은 상대적이어서 음이 있으면 양이 있고, 시가 있으면 비가 있고, 동이 있으면 정이 있고, 선이 있으면 악이 있고, 광명이 있으면 어둠이 있으니 이것은 모두 현상이요 작용일 뿐 도의 본체는 아닙니다. 도의 본체는 음할 수 있고 양할 수 있게 하는 주재자이지 음양의 작용은 아닙니다. 이것을 명백히 알아야 도를 닦을 수 있습니다. 이 도를 불가에서는 '명심견성(明心見性)'이라고 하고, 부처님은 '만법유심(萬法唯心)'이라고 했습니다. 도가에서는 "천심(天心)"이라고 하는데 영원히 우주 만물의 중심에 거처해서 움직이지 않습니다. "역통천심(易統天心)"은 음양 법칙의 작용을 말하는데, 이것을 잘 알아야 도를 닦을 수 있습니다. 도를 닦는 사람은 "천심정운(天心正運)"해야 합니다. 천심을 올바르게 운행해야 한다는 말로, 마음을 공(空)의 경지에 두고 몸을 잊을수록 생명력은 더욱 빨리 발동한다는 뜻입니다.

마음이 공의 경지에 이르러 생명력이 발동하는 때가 바로 "복괘건시맹(復卦建始萌)"입니다. 초효에 양이 처음 들어온 지뢰복(地雷復)입니다. 이른바 "일양초동처(一陽初動處), 만물미생시(萬物未生時)"로 일양이 처음 발동한 곳이요 만물은 아직 발생하지 않은 때입니다. 이 괘는 상괘가 곤괘로서 땅을 상징하고 하괘는 진괘로서 우레를 표현합니다. 우레가 땅 속에서 발생하는 상황이라는 말이지요. 절기로 보면 경칩으로 땅속에서 우레가 울려 겨울잠을 자던 동물을 깨우는 때입니다. 이것을 "경칩일성뢰(驚蟄一聲雷)"라고 합니다. 경칩에 우레가 한번 우르릉 하고 땅을 울리는 것이지요. 전통적으로 경칩에는 땅을 갈고 볍씨를 심습니다. 경칩 전에는 심어도 성장을 안 하지요. 그래서 경칩에 우레가 한 번 울리면 그때부터 바쁘게 농사일이 시작됩니다.

이 우레를 팔괘에 배합하면 모두 여덟 종류의 우레가 있습니다. 앞에서도 말했지만 천뢰무망(天雷无妄), 수뢰준(水雷屯), 산뢰이(山雷頤) 등입니다. 지금은 그중에서 지뢰복괘 하나만 말했습니다. 진(震)은 우레이고 십이벽괘 도표에서 보면 음력 십일월 동지에 해당합니다. 하루 중에도 우레가 있는데 바로 우리 생명의 활자시(活子時)인 밤 열두 시입니다. 깊은 잠으로 휴식이 극점에 도달하면서 양기가 발동할 때이지요. 그런데 주의할 것은 진정한 양기의 발동은 생리적인 것이 아니라는 사실입니다. 그래서 저는 늘 여러분에게 묻습니다. 사람이 어떻게 깨고 어떻게 잠듭니까? 왜 잠을 충분히 자면 깨어나게 됩니까? 이 현상을 먼저 파악해야 한다고 말입니다. 왜냐고요? 여기에서 우리가 복괘에 생명의 새싹이 트는 "복괘건시맹"의 의미를 알 수 있으니까요.

양기의 발동과 해저

> 장자가 아버지의 몸을 계승하고 어머니로 인해 조기를 세운다.
>
> 長子繼父體, 因母立兆基.

"장자계부체(長子繼父體)", 『역경』의 팔괘에서 건괘와 곤괘는 부모괘라고 불립니다. 건괘는 순양이므로 아버지를 상징하고 곤괘는 순음이므로 어머니를 대표하지요. 진괘는 곤괘의 초효가 양으로 변한 형상이니 어머니가 처음 낳은 양 즉 장자(長子)가 됩니다. 중국의 가족 제도에서 큰아들은 아버지의 몸 즉 "부체(父體)"를 계승한 것으로 간주되지요. 수도 공부에서도 부모로부터 받은 선천 생명이 여성은 열서너 살 넘어 초경을 하고 나면 후천 생명으로 들어가고, 남성은 열대여섯 살에 성욕이 생긴 후 후천 생명으로 진입합니다. 그러므로 부모가 준 선천의 무루(無漏) 생명 즉 본래의 청정한 생명을 회복하고 싶다면 진괘의 "일양초동처"인 장자를 파악해야 합니다.

"인모립조기(因母立兆基)"라는 말은 무엇을 의미할까요? "조기(兆基)"란 바로 양기가 발동할 조짐을 말합니다. 앞에서도 말했지만 곤괘는 순음으로 어머니를 상징합니다. 양기는 어떻게 발동할까요? 정(靜)이 극에 이르러야 양이 일어납니다. 곤괘는 바로 정(靜)이 극에 도달한 형상으로 모체(母體)이며 음극(陰極)입니다. 또 동(動)이 극에 도달한 건괘는 부체(父體)를 상징합니다. 중국의 전통적 가족 구조는 남자는 바깥일을 주관하고 여자는 집안일을 했습니다. 현대에 와서는 그런 구분이 사라졌지만요. 이 모두가 시대 변화 때문입니다. 어쨌든 "인모립조기"는 어머니를 상징하는 곤괘로부터 양의 조짐이 싹트는 것을 말합니다. 장자(長子)인 진괘는 어머니인 곤괘에서 온 것으로, 음이 극하면 양이 발생하는 현상을 상징합니다. 여러분이 정좌할 때 왜 고요함을 추구합니까? 바로 음이 극해야 양이 발동하기 때문입니다.

소식 운동은 황종의 법칙에 응하고, 승강 작용은 북두칠성의 운동에 근거한다.

消息應鍾律, 升降據斗樞.

양기의 발동은 한 걸음 한 걸음 점진적으로 이루어집니다. 예를 들어 인체의 척추 스물네 마디는 일 년 이십사절기를 나타내며 또 십이 개월과 같습니다. 그래서 "동지일양생"의 시점에 미려(尾閭)가 팽창하여 위로 곧장 올라가는데, 스물네 쌍의 척추 신경은 하늘과 잇는 사다리와 같습니다. 신체에 발동하는 양기는 일소일식(一消一息) 하는 "응종율(應鍾律)" 즉 황종의 법칙에 응합니다. 양기의 발동은 십이 개월 혹은 십이시진의 율력(律曆) 흐름에 따라 이루어지는데, 절기가 지나가는 것처럼 한 절에는 한 절의 작용이 있습니다. 이렇게 보면 우리의 신체는 소천지인 작은 우주와 같습니다. 인체의 혈맥은 장강과 황하에 온갖 지류들이 있는 것과 같고요.

우주에 있는 모든 것이 인체 내부에도 그대로 있습니다. 당연히 수없이 많은 중생 즉 세포도 있고 기생충 같은 것도 살고 있습니다.

천체에는 북두칠성이 있는데, 우리 몸에도 북두칠성이 있을까요? 당연히 있습니다. 그런데 보이는 현상에만 집착해서는 안 됩니다. 바로 우리의 내심, 생각, 칠정육욕(七情六欲)입니다. 형상으로 보면 얼굴에 있는 눈, 코, 입, 귀의 일곱 개 구멍이 칠규(七竅)입니다. 인체는 참으로 오묘하여 모두 삼각형으로 이루어져 있지요. 밀종에서는 때로 단성(壇城)[129]을 삼각형으로 그립니다.

자, 밀종의 비밀을 여러분에게 공개해 드리지요. 밀종에서 말하는 생법궁(生法宮)은 생명력의 근원으로서 해저(海底)라고 합니다. 해저는 어디에 있을까요? 남녀 모두 생식기와 항문 사이에 삼각형 모양을 한 곳이 있습니다. 이곳이 바로 생명력의 근원으로서 요가에서는 영사(靈蛇, 쿤달리니)의 동굴[130]이라고 부릅니다. 용(龍)과 사(蛇)가 그곳에 잠복해 있는 것과 같지요. 수도 공부를 하지 않은 사람은 사후에 육신과 함께 이것이 사라지고 말지만, 수도를 해서 이 생명의 근원을 파악하고 발동시킨 사람은 생법궁으로부터 발생해서 상승한 생명력으로 인해 불사불루(不死不漏)의 경지에 도달하게 됩니다. 불루(不漏)는 욕념으로부터 완전히 벗어나 욕계천으로부터 색계천으로 상승한 경지를 말합니다.

---

129 본래는 제사를 지내는 제단을 일컫는 말이었으나 후에 티베트 불교의 독특한 세계관이 담긴 만다라를 지칭하게 되었다. 부처의 깨달음의 경지를 신성한 단(壇)이라는 물리적 입체적 형태로 상징화하여 표현한 것이라 할 수 있다.

130 인체의 생식기와 항문 사이에 있는 회음부를 가리키며 요가에서는 '쿤달리니'라고 한다. 쿤달리니는 뱀의 형태로 얽혀 있다고 해서 영사(靈蛇)라고 옮긴다. 요가 수련을 하면 이 뱀이 척추 중의 스슈무나관을 통해 상승하여 다섯 개의 차크라를 거쳐 머리 꼭대기의 사하스라라에 이른다고 한다. 보통은 쿤달리니를 성 에너지(sexual energy)라고 설명하지만 이는 반드시 옳은 것은 아니다. 성 에너지를 깨달음을 향한 에너지로 전화하는 것이 진정한 의미의 쿤달리니이다.

인체는 두 눈과 코가 삼각형을 이루고, 두 젖꼭지와 배꼽이 삼각형을 이룹니다. 이것이 인체의 비밀입니다. 물론 칠각형과 팔각형도 있습니다. 이런 인체의 비밀을 알면 기맥의 움직임도 잘 알 수 있습니다. 그래서 밀종에서는 여러분에게 직접 알려 주지 않고 단지 삼각형 도안만 그려 보인 것입니다. 밀종의 이 삼각형 도안은 어디에서 유래한 것일까요? 『역경』의 하도(河圖), 낙서(洛書)는 어디에서 유래한 것일까요? 그 근원은 지난 마지막 빙하기의 인류일 것입니다. 불교로 말하면 석가모니 부처님 이전의 부처님 시대에 인류 문화와 생명 과학은 이미 최고봉에 도달했으나 예기치 못한 지구의 대변화로 말미암아 그 문명이 멸망하고 오늘날 우리가 볼 수 있는 도안 몇 장만 남고 말았을 것입니다. 이후에도 인류 문명이 최고봉에 이르면 다시 지구의 대변화가 그 문명을 멸망시킬 것이니, 이것이 바로 성주괴공(成住壞空)의 법칙입니다. 그래서 불가와 도가에서는 인간으로 하여금 하루 속히 도를 닦아서 윤회를 벗어나라고 하는 것입니다.

다시 태양과 달을 말한다

"승강거두추(升降據斗樞)", 한 번 오르면 한 번 내리는 우주의 일승일강(一升一降)은 북두칠성에 중심을 두고 이루어집니다. 그러나 진짜 중심은 무엇일까요? 인간의 마음 곧 우리의 심장입니다. 밀종에서는 맥해심개(脈解心開) 즉 기맥이 통하고 심장이 열린다고 하고, 현교에서는 의해심개(意解心開) 즉 뜻이 통하고 심장이 열린다고 하는데 이 두 가지는 같습니다. 우리의 이 심장의 외형은 마치 여덟 개 잎이 있는 연꽃과 같습니다. 그래서 선종에서 진정한 깨달음에 도달할 때나 밀종에서 수행이 완성될 때는 심맥륜(心脈輪)이 반드시 열립니다. 단, 이것은 심장이 벌어지는 것이 아닙니다. 다시 말해 유형의 열림은 아니라는 것이지요. 심장의 형상을 보면 바깥에는 여덟 개의 첨판(尖瓣)[131]이 있고 속에는 일곱 개의 구멍이 있어서 마치 작은 깔때기가 움직이는 것 같고, 일곱 개의 구멍은 마치 두추(斗樞) 즉 북두칠성의 첫 번째 별과 같습니다. 생각은 심(心), 넓은 의미로 심념의 심에 있기 때문에 관심(觀心)을 닦는 법문은 모두 심에 있지 뇌 속의 환상에 있다고 해서는 안 됩니다. 뇌는 제육식의 분별과 관련 있으니 많이 사용해서는 안 되고, 관심(觀心) 즉 심을 관찰해야 합니다. 먼저 유형의 심(心=심장)을 관찰하면 점차 선정(禪定)에 들어갈 수 있습니다. 이런 원리가 바로 "승강거두추"입니다. 승강 작용이 두추(斗樞) 즉 북두칠성의 중심을 기준으로 이루어진다는 것이지요. 왜냐하면 두추는 심(心)에 있기 때문입니다.

초사흘에 초승달이 뜨니 서쪽에서 동쪽의 햇빛을 받는다.

三日出爲爽, 震庚受西方.

저는 늘 "인생기견월당두(人生幾見月當頭)"라는 옛 시를 읊곤 합니다. 인생에서 몇 번이나 보름달을 보겠느냐는 말이지요. 일 년은 열두 달이니 열두 번 보름달이 뜹니다. 우리가 일생을 살면서 진정 몇 번이나 보름달을 볼까요? 잠자고 있어서 못 볼 수 있고, 비가 오고 구름이 끼어도 볼 수 없습니다. 예전에 눈 덮인 산 정상에서 달을 본 적이 있습니다. 당시 저는 붉

---

131 심장판막(cardiac valves, 心臟瓣膜)은 심장 내 혈액이 역류되지 않도록 돕는 얇은 막이다. 사람을 포함한 포유류에게는 네 종류의 판막이 존재하는데 네 개의 판막은 약간씩 구조가 다르다. 왼방실판막(승모판, 이첨판)은 앞첨판과 뒷첨판의 2개 첨판, 오른방실판막은 3개의 첨판, 대동맥판막과 허파동맥판막은 모양이 반달과 비슷한 3개의 첨판으로 구성되어 있다.(서울대학교병원 신체기관정보)

은색 외투를 걸치고 속에는 맨살이었습니다. 십이월 한겨울에 아미산 정상에 서서 달이 떠오르는 것을 보았지요. 산은 온통 눈과 얼음으로 뒤덮였는데 달이 떠오르니 그야말로 유리세계였습니다. 정말 잠들고 싶지 않았습니다. 이 세상에서 몇 사람이나 그런 맛을 즐겼을까요? 참으로 좋았습니다. 이런 것을 청복(淸福)이라고 할 수 있겠지요. 당시 이런 복을 누렸으니 죽어도 좋다고 생각했습니다. 아직 죽지는 않았지만요.

제 고향인 남양의 남양대학에서 학생을 가르치는 친구가 있었는데 퇴직 후에는 중국 천문학을 연구했습니다. 그 친구는 매일 밤 옥상에 올라가서 천문을 보았습니다. 그는 『역경』과 천문이 관련이 있다고 말했는데 정말 일리 있는 말이지요. 애석하게도 그는 스승이 없어서 오랫동안 연구했지만 큰 성과가 없었습니다. 좋은 스승을 만난다는 것은 이렇게 중요합니다. 단, 좋은 스승 만나기가 결코 쉽지 않다는 것이 문제이지요.

지금 천문 현상 중에서 달에 대해 말하는 중이지요? "삼일(三日)"은 매월 초사흘이고, "출위상(出爲爽)"의 "상(爽)"은 회상(晦爽)으로 날이 새기 직전 어스름한 새벽을 뜻합니다. 초사흘 달이란 초승달이고 매월 초사흘 초저녁에 서쪽 하늘에서 떠오릅니다. "진(震)"은 동방이고 "경(庚)"은 서방을 의미하는데, 진이 『역경』의 괘명임은 여러 번 말한 바 있습니다. 따라서 진(震)과 경(庚)은 바로 동방과 서방을 배합한 것입니다. "진(震)"은 일양래복(一陽來復)으로, 양이 처음 회복된 동방의 생기(生氣), 태양을 대표합니다. 달은 스스로 빛을 발할 수 없고, 지구처럼 태양의 빛을 흡수하여 반사하는 것일 뿐입니다. 그래서 진(震)은 태양이 초사흘에 달을 비추면 그때 달이 서쪽에 나타나는데 이 방향이 서방 경(庚)이라는 것입니다. 그러므로 "수서방(受西方)"이란 초사흘에 달이 서쪽에서 태양의 빛을 받는다는 뜻입니다.

도가의 원리로 불학을 설명한다면 아미타불의 서방정토 법문을 닦는 것은 바로 사법(死法)이 아니라 생법(生法)입니다. 즉 서방정토 극락세계에 태어난다는 것은 바로 장생불사를 닦는 것을 의미하지요. 혜원(慧遠)[132] 법사가 여산(廬山)에서 백련사(白蓮社)를 창건하여 정토법문을 닦은 것은 그가 원래 도가 수련을 했기 때문입니다. 여러분이 정토법문을 연구해서 분명히 이해한다면 죽어서 정토에 태어나는 것이 아니라 살아서 장생불사하는 법문임을 알게 될 것입니다. 그러므로 정토법문을 닦으려면 반드시 약사여래의 법문을 배합해서 같이 닦아야 합니다. 그렇게 하면 여러분도 이 가운데 비밀을 알게 될 것입니다.

한 달의 달 변화를 보면 팔일에 상현달이 된다.

八日兌受丁, 上弦平如繩.

오 일을 일 후(候)라고 하는데 초사흘에 오 일을 더하면 초팔일이 됩니다. "팔일태수정(八日兌受丁)", 후천팔괘[133]에서 태괘(兌卦)는 서쪽에 있는데, 초팔일의 달은 상현달로서 둥그런 빵을 반쪽 찢은 것 같은 모양입니다. 밤 열두 시쯤 정남쪽에 보입니다. "상현(上弦)"이란 무슨 뜻일까요? 옛사람들은 활을 팽팽하게 당긴 모양을 상현이라고 했습니다. 그것이 바로 "상현평여승(上弦平如繩)"입니다. 초팔일의 달이 양기가 점차 증가하여 십오 일이 되면 보름달이 됩니다.

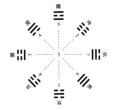

---

132 334-416. 동진(東晉) 시대 여산 동림사(東林寺)의 고승으로 백련사를 조직하고 정토종의 초조가 되었다.

133 후천팔괘는 문왕이 그렸다고 전해지는 팔괘도로서 옆의 그림과 같다.

> 십오 일에 건체가 되면 동방 갑에 보름달이 출현한다.
>
> 十五乾體就, 盛滿甲東方.

"십오건체취(十五乾體就)", 십오 일에 보름달이 됩니다. 십오 일에 양기가 꽉 찬 순양의 건괘 같은 보름달이 "성만갑동방(盛滿甲東方)" 즉 동쪽에 떠오른다는 것이지요. "성만갑동방"은 전에 말한 적이 있는데, 해가 뜨고 지는 것은 정신의 쇠약과 왕성에 비유하고, 달이 차고 이지러지는 것은 기혈의 성쇠에 비유합니다. 언젠가 어떤 학생이 제게 물었습니다. "선생님 이틀 동안 잠이 안 와서 잘 수가 없습니다." 이때가 바로 "성만갑동방"입니다. 그렇게 잠을 안 자고 나면 그다음에는 어떻게 되지요? 정반대로 며칠간 잠이 쏟아져서 아무것도 못할 지경이 되겠지요. 그렇기 때문에 화후는 스스로 알아서 조절해야 한다는 것입니다.

오늘 강의에서 마지막으로 읽을 『참동계』 원문은 다음과 같습니다.

> 두꺼비와 토끼로서 태양과 달의 기가 나란히 밝음을 상징한다.
>
> 蟾蜍與兎魄, 日月炁雙明.

중국에는 달 속에 두꺼비가 살고 있다는 설화가 있습니다. 두꺼비는 맹독을 지니고 있어서 위험하지만 난치병을 치료하는 기사회생의 영약이 되기도 합니다. 유해섬(劉海蟾)이라는 도사는 중국 오대(五代) 시대의 후량(後梁) 사람으로 연왕(燕王)의 재상이었는데 출가해서 도사가 되었습니다. 민간에서는 유해선(劉海仙)이라고도 하지요. 유해선은 동전으로 두꺼비를 낚시질했다는 전설이 있습니다. 유해선을 그린 그림을 보면 신선이 바닷가에서 낚싯대 끝에 옛날 동전 세 개를 끼우고 바다 속에서 삼각형의 두꺼비를 낚아 올립니다. 이것은 바다 속의 단(丹)을 비유한 것으로서 도가의 수련법입니다. 여러분이 그 의미를 알면 도가의 그림을 볼 수 있습니다. 이 세 개의 동전이 바로 정기신(精氣神)을 상징합니다.

제25강

달의 변화와 생명 법칙

앞에서 설명한 바와 같이 『참동계』는 달이 차고 이지러지는 법칙과 생명의 법칙은 동일하다고 말하고 있습니다. 달의 출몰 현상은 인간의 정서에 영향을 주고 생리 변화에도 영향을 미칩니다. 미국 과학자들의 연구에 따르면, 강의에 참석하고 계신 주 선생이 제공한 통계 조사입니다만, 범죄의 발생도 달의 변화와 관련 있다고 합니다. 달이 둥글 때는 사람의 정서도 비교적 충만하고 달이 어두울 때는 기분이 가라앉는다는 것이지요. 이뿐 아니라 조수의 간만 또한 달의 변화와 관련이 깊다는 것은 모두 아는 사실입니다. 앞 강의에 이어 『참동계』 본문을 보겠습니다.

두꺼비는 괘절을 보고 토끼는 생광을 토한다.

蟾蜍視卦節, 兔者吐生光.

"섬여시괘절(蟾蜍視卦節), 토자토생광(兔者吐生光)"에서 "섬여(蟾蜍)"는

두꺼비이고, "토자(兎者)"는 토끼를 가리킵니다. 고대 중국인들은 달 속에 삼각 모양의 두꺼비가 있다고 했습니다. 그러나 둥근달 속에 무엇이 들어 있는지 성급히 결론 내릴 필요는 없습니다. 현재 인류는 겨우 달의 표면에 만 가 보았을 뿐입니다. 그러니 달에 무엇이 있을지 분명히 알 수 없지요. 물론 고대 중국인들처럼 달에 선녀가 있다거나 계수나무가 있다고 말할 수는 없습니다. 이런 얘기는 신화에 불과하지요. 두꺼비가 있다거나 토끼 가 있다는 것도 신화입니다. 그러나 이것은 고대의 과학적 사유가 신화의 형식으로 나타난 것입니다. 바로 달에 있는 흑점을 말하는 것입니다.

보름달이 된 후에는 달이 이지러지기 시작한다.

七八道已訖, 屈伸低下降.

"칠팔도이흘(七八道已訖), 굴신저하강(屈伸低下降)", "칠팔(七八)"은 칠 일에 팔 일을 더하여 음력 십 오 일인 보름달을 가리킵니다. 이때 달은 완 전히 둥글게 되고 양기가 극에 도달합니다. 양기가 극에 이르면 음이 발생 합니다. 그러므로 달은 변하기 시작하지요. 꽉 찼던 보름달이 점차 이지러 지기 시작해 십육 일부터 기운이 바뀌게 됩니다.

십육 일에는 바뀌어 음이 통섭하고 새벽에 손괘가 신방에 보인다.

十六轉受統, 巽辛見平明

음력 십육 일부터 계산하면 "십육전수통(十六轉受統)" 즉 십육 일에는 바뀌어 음이 통섭하게 됩니다. 십오 일 이전에는 양기(陽氣)가 다스리고 "십육(十六)"일 이후는 음기가 지배하게 된다는 것이지요. "손신견평명 (巽辛見平明)"의 "손(巽)"은 『역경』의 손괘(巽卦 ☴)를 말합니다. 손괘의 괘

상은 아래가 끊어진 형상입니다. 초효가 끊어진 음(--)으로 일음이 처음 생겨나는 것을 가리키는데, 위의 두 개 효가 양(═)인 것은 아직 양기가 있음을 나타냅니다. "신(辛)"은 천간으로 서쪽을 상징합니다. "견평명(見平明)"은 새벽에 보인다는 뜻으로, "평명"이 새벽을 가리키지요.

간괘가 병남에 위치하니 이십삼 일에 하현달이 되고, 삼십 일에는 곤을이 되어 양기가 벗을 잃는다.

艮直於丙南, 下弦二十三, 坤乙三十日, 陽路喪其朋.

"간직어병남(艮直於丙南)"에서 "간(艮)"은 산(山)을 가리키는 괘명으로 진괘와는 반대되는 괘상입니다. 간(艮 ☶)의 초효와 이효는 모두 음이고 삼효만 양입니다. "간직어병남"은 음력 이십삼 일 이후에는 달의 형상이 간괘의 괘상으로 변한다는 말입니다. "하현이십삼(下弦二十三)", 이십삼 일부터 남쪽에서 하현달이 떠오릅니다. 다시 오 일이 지나면 이십팔 일이 되는데, 이십팔 일부터 삼십 일까지는 그믐입니다. 이때는 순음인 곤괘의 형상으로 달이 보이지 않게 되지요.

"곤을삼십일(坤乙三十日)"은 바로 삼십 일에 그믐이 되는 것을 말합니다. "곤을(坤乙)"의 을은 동방을 가리킵니다. 갑을(甲乙)은 방위로 동쪽입니다. "삼십일(三十日)"은 매월 말일입니다.

"양로상기붕(陽路喪其朋)" 역시 양기가 완전히 매몰되어서 빛이 전혀 보이지 않는 그믐달을 말합니다. 이것이 간괘와 진괘의 원리입니다. "상기붕(喪其朋)"은 『역경』 곤괘의 괘사에 나오는 말입니다. 곤괘의 괘사에 "서남득붕(西南得朋), 동북상붕(東北喪朋)"이라는 말이 나오지요. 예를 들면 집을 나가서 어느 방향으로 가는 것이 좋을지 점을 쳤을 때 곤괘가 나왔다면 서남방으로 가는 것이 좋다는 뜻입니다. 득붕(得朋)은 귀인의 도움을 받을 수 있다는 것이지요. 그러면 동북쪽은 어떨까요? 좋지 않습니다. 바로 상붕(喪朋)이라고 한 것이 그런 뜻입니다. 동북쪽으로 가면 귀인의 도움을 받지 못합니다. 친구와 다툴 일이 생기든지 친구가 죽든지 하는 흉한 일이 생길 수 있지요. 글자 그대로 해석할 때 이런 뜻이 있다는 것입니다.

'붕(朋)'은 어떤 의미인가

우리가 『역경』이라는 학문을 연구하는 것은 옛사람들이 어떻게 서남쪽에 가면 득붕(得朋) 즉 귀인의 도움을 받고, 동북쪽에 가면 상붕(喪朋) 즉 귀인을 잃는다고 판단했을지 알고자 하는 것입니다. 그래서 먼저 옛날에 붕(朋)이라는 글자가 갖는 의미가 무엇인지, 왜 이런 형태로 썼는지를 먼저 알아보겠습니다.

먼저 보패(寶貝)에 대해 알아보겠습니다. 상고 시대에 중원 서북쪽이나 하남(河南) 일대에 살았던 민족에게는 패각(貝殼)이 매우 귀한 물건이었기 때문에 그것을 돈으로 사용했습니다. '붕(朋)'이란 무엇일까요? 그것은 두 꿰미의 패각을 의미하는데 몸에다 그것을 차고 외출했습니다. 이것이 바로 붕(朋)이라는 글자가 상징하는 것으로 돈이 많음을 뜻합니다. 후대에 친구를 의미할 때 이 붕(朋) 자를 썼습니다. 중국 문자의 형상을 연구해 보면 모두 일리가 있습니다. 친구를 사귀려면 돈이 있어야 하고, 돈이 없으면 친구를 사귈 수 없지요. 친구와 관련된 중국 속담에 "유주유육개붕우(有酒有肉皆朋友), 환란하증견일인(患難何曾見一人)"이라는 말이 있습니다. "고기와 술이 있으면 누구나 다 친구가 되지만, 어려움을 당해 돈이 떨어지면 친구가 한 사람도 없게 된다"는 말입니다. 친구를 뜻하는 붕이라는 글자가 바로 돈을 의미합니다. 그래서 보패(寶貝)의 패(貝)도 붕(朋)입니다.

점을 쳤는데 곤괘가 나오면 "서남득붕, 동북상붕"이라는 점사를 얻습니다. 옛사람들의 『역경』에 대한 주해는 대단히 많습니다. 어떤 사람은 서남쪽이 생명 기운이 있는 방위라고도 하고, 괘의 방위와 간지를 섞어서 여러 해석을 하기도 합니다. 아무튼 학자마다 수많은 이유를 달아서 다양한 해석을 합니다. 제 오랜 친구 중에 유명한 학자가 있었는데 대만상무인서관(台灣商務印書館)이라는 출판사와 『역경』을 현대 중국어로 번역하기로 계약을 했답니다. 그런데 그만 완성되기 전에 세상을 뜨고 말았지요. 당시 출판사 사장은 제게 어떻게 해서든 책을 완성해 달라고 부탁해 왔습니다. 저는 하겠다고 할 수밖에 없었습니다. 그렇지만 『역경』을 번역하는 것은 정말 힘든 일이었습니다. 시작하자마자 어려움에 봉착했지요. 예를 들면 앞에서 말한 "서남득붕, 동북상붕" 같은 문장도 그런 것입니다. 평소에는 글로 쓰지 않고 쉽게 해석해서 여러분에게 알려 주기만 하면 되는데 학술적인 문장을 만들려고 하면 결코 쉬운 일이 아닙니다. 저는 본래 육십사괘를 하루에 한 괘씩 번역할 예정이었지만 삼 년이 지나도록 괘 몇 개밖에 번역하지 못했습니다. 그 후에는 어쩔 수가 없었지요. 다른 일도 날이 갈수록 점점 번다해져 별 수 없이 학생들에게 부탁하여 원고를 마쳤습니다. 학생들의 번역이 완성된 후 제가 여러 가지 오역과 문제를 지적하기도 했지만 학생들이 그 정도 한 것도 대단한 일이었습니다.

그 책에서도 말했지만 붕(朋)이라는 글자는 당연히 광명의 명(明)으로 해석해야 한다고 저는 생각합니다. 옛날에 『역경』은 본래 대나무에 글자를 새겼는데, 오래 사용한 후에는 글자가 흐려지거나 마모되는 경우가 허다했습니다. 그래서 명(明) 자가 붕(朋) 자로 바뀐 것이지요. 그러므로 "서남득붕(西南得朋), 동북상붕(東北喪朋)"은 실은 "서남득명(西南得明), 동북상명(東北喪明)"인 것입니다.

왜 그럴까요? 무슨 이유에서 이렇게 해석하는 것일까요? 곤괘가 상징하는 것은 달입니다. 매월 초사흘이면 서남방에서 초승달이 보이기 마련이지요. 그러니 이것을 "서남득명(西南得明)" 즉 서남쪽에서는 달을 볼 수 있다는 뜻이 됩니다. 그리고 매월 이십삼 일이면 하늘 동북쪽에 거의 이지러진 하현달이 보입니다. 그러다가 그믐이 되면 아예 달빛이 사라집니다. 이때가 바로 "동북상명(東北喪明)" 즉 동북에서는 달빛을 잃는다는 것입니다.

그러나 중국에 전해 내려온 『역경』의 원래 판본에 붕(朋)이라고 되어 있으니 누가 감히 그것을 부정할 수 있겠습니까? 옛날부터 『역경』은 성인 세 분을 거쳐 왔다고 해서 그 권위가 대단합니다. 그러니 후대 학자들은 붕(朋) 자로 보고 여기에 대해 여러 해석을 할 수밖에 없었던 것이지요. 저도 감히 제 말이 옳다고 주장하지는 못합니다. 여러분 각자가 알아서 판단할 일입니다.

봉선, 선양, 선여

절이 끝나서 다음으로 넘기니 몸을 이어서 다시 용이 태어난다.

節盡相禪與, 繼體復生龍.

"절진상선여(節盡相禪與)", 여기에서 "절진(節盡)"은 한 절이 끝났다는 말입니다. 한 달의 변화가 완성된 것입니다. "선여(禪與)"는 황제 자리를 태자에게 넘긴다는 말로, 선위(禪位)와 같은 뜻입니다. 후에 불교가 들어와서 선(禪)이라는 글자를 많이 사용했지만, 고대에도 이 선(禪) 자는 종교를 표현하는 말이었습니다. 선양(禪讓)이라는 말이 그것이지요. 고대 중국에서 천하를 통일한 제왕에게 가장 엄중한 일 중 하나가 봉선(封禪)이었습니다. 진시황도 봉선을 했고 한무제도 봉선을 했습니다. 단, 역사적으로

이 두 분 황제는 봉선하기에는 격에 맞지 않는다고 평합니다. 황제(黃帝)나 요(堯), 순(舜)이라야 비로소 봉선할 자격이 있습니다. 그럼 봉선이란 무엇을 하는 것인가요? 봉선이란 황제가 국민 전체, 민족 전체를 대표해서 산동(山東)에 있는 태산(泰山)의 정상에 올라 큰 불을 지펴서 거행하는 의식입니다. 이 의식은 황제가 수십 년 동안 위대한 공덕을 베풀어 국민에게 떳떳하고 국가 사직(社稷)에 떳떳한 업적을 이루었음을 상제에게 고하는 것입니다.

사마천이 『사기』를 지을 때 그 속에 특별히 봉선서(封禪書) 한 편을 써 넣었습니다. 사마천은 중국의 역대 황제 가운데 봉선의 자격이 있는 황제만 열거하고 나서 진시황도 천하를 통일하고 봉선하러 태산에 갔다고 기록했습니다. 그가 태산에 간 것은 봉선을 하기 위해서였지만 한편으로는 장생불사의 약을 구하기 위해서였다는 말도 있습니다. 이렇게 순수하지 못한 생각으로 태산에 갔기 때문에 진시황은 도착하자마자 큰 비를 만났습니다. 그래서 할 수 없이 큰 나무 다섯 그루 아래에서 비를 피했지요. 그러고는 이 나무에게 대부 벼슬을 내렸다고 합니다.

일설에 의하면 진시황은 신선을 만나지는 못하고 어떤 사람을 만났는데 그가 진시황에게 땅을 수축해서 빨리 갈 수 있게 하는 축지법을 가르쳐 주었다고 합니다. 우리도 이 비법을 알게 된다면 미국행 비행기 표를 살 필요가 없겠지요. 축지법은 부적 하나 쓰고 한바탕 주문을 외면 땅이 척 줄어들고 거기에 한 걸음 내딛으면 어느 곳이든 바로 갈 수 있는 신통력이니까요. 아무튼 사마천은 진시황이나 한무제 모두 봉선하기에는 자격이 부족하다고 했습니다.

황제들이 봉선을 하기 위해 한 번 움직이면 문무백관이 하남에서 산동까지 몇 달 동안 길게 대열을 짓고 길을 메웠으니 위풍도 대단하고 물자도 엄청 소모했겠지요. 그래서 사마천이 『사기』에 이런 풍자의 기록을 남긴 것입니다. 외국인들은 종종 "중국인에게는 종교적 정신이 없다"고 하는데, 사실은 봉선서 기록 하나만 보아도 중국 문화에 얼마나 종교의 미신 사상에 대한 비판 정신이 풍부한지 알 수 있습니다. 사마천이 이런 견해를 지니고 있었습니다.

하지만 사마천은 종교에 반대한 것이 아니라 진정한 하느님, 진정한 도, 또는 후세의 진정한 불보살에게는 가서 봉선이나 제사를 할 필요가 없다고 생각했습니다. 사람이 가서 제사를 드리고 빌어야 비로소 하늘이나 불보살이 보살펴 준다고 한다면 이미 진정한 하늘도 아니고 불보살도 아닙니다. 불보살이나 천신은 살피지 못하는 것이 없습니다. 온 세상을 모두 비추어 봅니다. 착한 사람은 더 착하게 살도록 하고, 악한 사람은 잘못을 뉘우치고 반성하게 하는 것이 하늘의 마음입니다. 사마천은 그런 도리를 봉선서를 통해 말한 것입니다.

중국 문화에서 선(禪)이라는 글자가 중요한 의미로 쓰인 예는 선양(禪讓)에서 찾을 수 있습니다. 요(堯) 순(舜) 우(禹) 삼대 시대는 세상이 공정했습니다. 제왕은 자식에게 왕위를 물려주지 않고, 능력 있는 사람을 선출해서 왕위를 선양한 후 스스로 자리에서 물러났지요. 선양의 선(禪) 자는 매우 묘합니다. 이 글자의 '시(示)' 변은 하늘을 향해서 고한다는 의미이고, '단(單)' 자는 간단(簡單)이라고 할 때의 단이 아니라, 중국인의 성씨 중에 선(單, shan)씨[134]로서 선(禪) 자의 고음(古音)과 같습니다. 이 선(禪) 자에는 천도와 관련된 여러 가지 도리가 포함되어 있습니다.

『참동계』원문의 "절진상선여(節盡相禪與)"의 "선"은 선위, 양위를 뜻합니다. 매월 말 이십팔 일쯤이면 달이 빛을 상실해서 깜깜해집니다. 빛은 양기를 대표하는데 그믐에 양기가 없어진 것은 아주 끊어진 것일까요? 수

---

134 선우(單于)씨를 가리킴.

도 공부를 하는 여러분은 모두 이 문제에 관심을 기울여야 합니다.『황제내경』에는 여성의 생식 기능에 대해 "이칠천계지(二七天癸至)"[135]라고 했습니다. 여성이 열네 살이 되면 처음 생리를 하고, 이로써 부모에게 받은 선천의 생명을 마감하고 후천이 시작됩니다. 한편 남성은 십육 세가 되면 후천의 생명이 시작된다고 합니다. 오늘날에는 남성들이 옛날 사람들에 비해 성적으로 더 조숙해서 일찍 후천 생명이 시작된다고 할 수 있지요.『참동계』원문에 보이는 "선여(禪與)"에는 바로 선천 생명이 후천 생명으로 변화한다는 의미도 담겨 있습니다.

갱년기 이후의 수도 공부

『법화경(法華經)』을 보면 용녀(龍女)가 이칠(二七) 십사 세에 천계에 이르기 전 팔 세에 성불(成佛)을 하는데 이것을 "동진입도(童眞入道)"라고 합니다. 여성으로서 생리를 하기 전, 또는 남녀 성에 대한 인식이 생겨나기 전에 성불했다는 뜻입니다. 여성은 성불할 수 있을까요? 당연히 가능합니다. 소승불교에서는 여성이 성불할 수 없다고 하여 여성을 비하했습니다만 대승불교에서는 그렇지 않습니다. 대승불교에서는 성불에서 남녀노소

---

135 신장에 정기가 충만하여 일정한 정도에 이르면 생산되는 것으로, 생식기관을 성숙하게 하고 생식기능을 촉진하는 물질을 일러 "천계(天癸)"라고 한다. "천(天)"은 선천(先天)을, "계(癸)"는 천간의 계수(癸水)를 가리킨다. 즉 양 속에 음이 존재함을 말한다. 저명한 의학자인 장경악(張景岳)은 "계라는 것은 천수이며… 그러므로 천계라는 것은 천일의 음기를 말한다〔夫癸者, 天之水, 干名也. …故天癸者, 言天一之陰氣耳〕"고 하였다.『황제내경』태소(太素)에서는 "천계는 정기이다〔天癸, 精氣也〕"라고 하였고,『유경(類經)』장상류(臟象類)에서는 "천계라는 것은 인체에서 원음이 되고 원기라고도 한다〔天癸者, …其在人身, 是爲元陰, 亦曰元氣〕."『황제내경』소문(素問) 상고천진론(上古天眞論)에서는 여성은 이칠(二七, 14세)에 천계가 이르고, 칠칠(七七, 49세)에 천계가 끝난다고 하였다.

의 차별을 두지 않습니다.

여성이 사십구 세 이후에 수도를 시작했다면, 오류파의 수련법에 따르면 두 배의 노력이 필요합니다. 먼저 월경이 다시 나오게 해야 하고 그 후에 월경을 다시 끊어야 하는데, 그 법을 적룡(赤龍)의 목을 벤다고 하여 '참적룡(斬赤龍)'이라고 합니다. 이것은 남성의 경우 수도의 경지가 '마음장상(馬陰藏相)'에 이르는 것과 같습니다. 남성은 팔 세, 여성은 칠 세 이전 성에 대한 인식이 없을 때의 동체(童體) 상태로 돌아가는 것입니다. 이런 참적룡과 같은 수련법은 일반적으로도 많이 유행하고 있습니다.

그런데 이런 논리는 정확한 것일까요? 반드시 그렇다고 할 수는 없습니다. 왜 그럴까요? 생리적, 육체적 혈기의 생명으로 말한다면 그렇다는 것입니다. 여러분은 일반적으로 양기가 다했다든가 월경이 끊어졌다는 말을 합니다만 사십구 세 여성이라고 모두 그렇다고 할 수 없습니다. 구십을 넘어 백세까지 사는 경우도 있지 않습니까?

여성에게 있어서 또 다른 생명, 즉 참된 생명 기능을 말하면 그것은 『참동계』에서 말한 "몸을 이어서 다시 용을 살린다〔繼體復生龍〕"는 뜻과 근접합니다. 여기서 용(龍)은 여성의 참적룡의 용이 아니라, 『역경』건괘의 용으로서 순양의 기(氣)를 말합니다. 즉 끊임없는 생명 기능의 발동입니다. 『역경』에서 건괘는 모두 용으로 상징됩니다. 곤괘는 음체로서 동물로 나타내면 말입니다. 일반적인 말이 아니라 어미말을 상징합니다.

우리는 여성의 양기가 끊어진 후, 즉 월경이 그친 후 갱년기 이후에도 계속되는 생명에 대해 잘 알아야 합니다. 우리는 그 생명에 제삼중우주생명(第三重宇宙生命)이라는 명칭을 붙일 수 있습니다. 이것은 제가 임시로 만들었지만 우리가 모태에서 출생해서 여성은 칠 세, 남성은 팔 세까지를 제일중우주생명(第一重宇宙生命)이라고 할 수 있습니다. 그리고 남성은 십육 세, 여성은 십사 세가 선천 생명과 후천 생명의 분기점으로 제이중우주 생명(第二重宇宙生命)이라고 할 수 있습니다. 그 후 남성은 오십육 세, 여성은 사십구 세에 선천의 양기가 다 떨어집니다. 부모가 우리에게 충전해 준 전기가 다 떨어졌다는 것이지요. 이때 다시 생산되는 전기는 우리 스스로 충전하는 것으로 바로 "계체부생룡(繼體復生龍)"에 해당합니다. 그러므로 이때를 "제삼중우주생명"이라는 이름으로 부를 수 있습니다. 선천의 양기가 끊어졌다고 해서 더 이상 수도 공부를 할 수 없는 것이 아니라는 뜻입니다.

우리의 생명 에너지는 마치 여성의 생리 현상처럼 쉼 없이 신진대사가 이루어지고, 지나가면 다시 새로운 생명이 생장합니다. 그런데 진실한 생명, 참된 생명 기능은 이런 신진대사, 생명 변화에 있지 않습니다. 신진대사는 오늘날 과학적 명칭인데, 불교에서는 생멸이라고 하고 도가에서는 음양 변화라고 합니다. 양이 극하면 음이 발생하고 음이 극하면 양이 발생합니다. 그런데 그렇게 생멸 변화하게 하는 주체로서의 기능은 결코 생멸 현상 자체에 존재하는 것이 아닙니다. 그러므로 오류파에서 후천의 유형의 정(精)을 회수해서 단련할 수 있다고 여긴 연정화기(煉精化氣)는 잘못된 것입니다. 이 자리에는 의학에 정통한 분도 계시고 그 뒤에는 의대 학생들도 있습니다만, 모두 인간의 생명 세포, 혈액 등은 수시로 신진대사를 거쳐서 모공 등으로 배출된다는 것을 알고 있지요.

그래서 저는 여러분에게 당부합니다. 연정화기를 유형의 정충을 저장해서 기를 이루고, 또 기를 단련하면 신이 된다고 생각하지 말라는 것입니다. 이런 오류파의 생각은 과학이나 철학의 근거가 전혀 없습니다. 중국 신선 도가의 연정화기에서 정(精)은 몸속의 정충을 가리키는 것이 아니라, 호르몬의 전체적 작용 및 기혈의 모든 생성 작용을 가리켜서 정이라고 합니다. 그 모두를 전화(轉化)해야 비로소 환골탈태할 수 있습니다.

그러므로 인간의 생명은 남녀를 불문하고 최후 한 모금의 기가 끊어지기 전에 진정한 정법(正法)과 도법(道法)을 얻어 일념으로 집중하면 한순간에 생명을 되돌릴 수 있습니다. 그러나 결코 쉽지 않습니다. 진정한 도법은 어디에 있을까요? "계체부생룡(繼體復生龍)"이 그것을 말합니다. 즉 이 생명의 양기는 마치 용과 같이 신령스럽습니다. 그러나 용과 같이 신령스러운 양기는 반드시 여러분 몸에 있다고 말할 수는 없지만, 그렇다고 몸을 떠나서 존재하는 것도 아닙니다. 그래서 밀종에서도 무슨 중맥(中脈)을 말하는 것이지요. 그러나 어떻게 말하든 밀종의 중맥은 오류파처럼 유형의 생명일 뿐입니다. 그러니 진정으로 정통 도가를 알고 싶고 중국 문화에 참으로 통달하고 싶다면 이 『참동계』를 잘 연구하지 않으면 안 됩니다.

이 책은 참으로 읽기 쉽지 않습니다. 주자 같은 대학자가 수십 년을 몰두했는데도 별 성과가 없었던 것도 결코 이상한 일이 아닙니다. 사실 주자도 거의 다 알았습니다만 가장 중요한 핵심을 몰랐습니다. 왜, 어째서 가장 중요한 것을 몰랐을까요? 그는 불법을 반대하고 도가를 배척했습니다. 그러면서도 신선의 비법을 알고 싶어 했습니다. 그러니 누가 기꺼이 알려주었겠습니까? 그러니 혼자 연구할 수밖에 없었고, 아무리 연구해도 핵심은 통달할 수가 없었습니다.

천간과 괘, 음양의 변화 원리

임계가 갑을의 짝이 되고 건곤은 처음과 끝을 포괄한다.

壬癸配甲乙, 乾坤括始終.

"임계배갑을(壬癸配甲乙), 건곤괄시종(乾坤括始終)", 임계(壬癸)는 천간으로서 수(水)를 상징하고 방위는 북방, 빛깔은 흑색입니다. 갑을(甲乙)은

목(木)에 속하고 동방이며 청색입니다. 병정(丙丁)은 화(火)로서 남방에 속하고 적색을 상징합니다. 경신(庚辛)은 금(金)이며 서방에 속하고 백색입니다. 중앙은 무기(戊己)로서 토(土)에 속하고 황색입니다. 그렇다면 "임계가 갑을의 짝이 된다[壬癸配甲乙]"는 말은 무슨 의미일까요? 북방이 어떻게 동방과 어울릴까요? 수(水)가 어떻게 목(木)에 배속될까요? 그 이유는 하도(河圖)와 낙서(洛書)를 알아야 합니다. 하도와 관련된 다음과 같은 말을 살펴볼까요? "천일생수(天一生水), 지육성지(地六成之), 지이생화(地二生火), 천칠성지(天七成之)"라는 말입니다.

일단 하도의 깊은 의미나 응용에 관해서는 말하지 않고 단순하게 접근해 보겠습니다. 하나하나 따져보면 말할 것이 너무 많지요. 자, 먼저 "천일생수(天一生水)"는 무슨 뜻일까요? 여기에서 말하는 천(天)은 유형의 하늘이 아니라 형이상의 본체를 의미합니다. 이 지구, 이 우주의 형성은 기본적으로 수(水)로부터 시작됩니다. 그리스의 어느 철학자도 말했듯이 물은 우주의 기본 원소로서 만물은 물에서 시작됩니다. 처음에 지구는 얼어 있는 과일처럼 꽁꽁 얼어 있었습니다. "지육성지(地六成之)"는 얼어 있는 지구와 동서남북에 상하를 더한 육합(六合)을 의미합니다. "임계(壬癸)"는 수(水)를 대표하고 "갑을(甲乙)"에 배속됩니다. 이것을 『역경』에서는 "괘에 배속한다[配卦]"고 합니다. 이 법칙을 이런 작용에 끌어들여 함께 엮어 두는 것이지요. 갑을(甲乙)은 동방 목(木)으로서 끊임없이 생명을 일으키는 생생불이(生生不已)의 작용을 상징합니다. 이것은 한 달 동안 달이 여섯 번 변화하는 것을 설명하기도 합니다. 그래서 오 일을 일 후(候)라고 하고, 육 후를 일 절(節)이라고 합니다. 오 일에 육 후를 곱하면 한 달 삼십 일이 나오지요. 따라서 "건곤괄시종"은 음양의 변화 원리를 말한 것입니다.

제26강

앞 강의에 이어서 "건곤괄시종(乾坤括始終)"에 대해 좀 더 설명하겠습니다. "건(乾)"은 천체의 태양과 그 에너지인 양기(陽氣)를 상징하고, "곤(坤)"은 달과 음기를 상징합니다. "괄(括)"이라는 글자는 매우 주의해야 합니다. 『참동계』 같은 고문이 사람들에게 존중받는 이유는 한 글자도 허투루 쓰지 않고 모두 깊은 뜻이 담겨 있기 때문입니다. "괄" 자는 『역경』곤괘의 육사(六四) 효사 "괄낭무구(括囊无咎)"에서 나왔습니다. 낭(囊)은 주머니라는 뜻이고 괄(括)은 주머니 입구를 묶는다는 뜻입니다. 그러면 "괄시종(括始終)"은 무슨 뜻일까요? 음력으로 월말 닷새 동안은 달빛이 보이지 않습니다. 사실 달빛이 없는 것이 아니라 또 다른 양기가 속에서 배양되고 있다가 음기가 극점에 이르면 새로운 양기가 발생하는 것입니다. 그러므로 정좌 수도를 할 때 때로 혼침인 것 같지만 사실은 그렇지 않은 경우가 있지요.

어떤 때는 감각이 전혀 느껴지지 않거나 혹은 공부를 하면서도 그냥 자고만 싶은 경우가 한동안 있습니다. 많은 사람이 이 문제를 고민하면서 저에게 물으면, 저는 도를 닦는다면서 그렇게 기백도 없고 나약해서 뭘 하겠느냐고 핀잔을 줍니다. 도는 순리대로 자연을 본받는 것이니 자고 싶으면 좀 자면 되는 것 아니냐는 말이지요. 그러면 어떤 사람은 불만스러운 표정으로 선생님이 제대로 답을 해 주지 않는다고 합니다. 사실 저는 솔직하게 한 말인데도 알아듣지 못하니 어쩔 도리가 없습니다. 선종의 조사들 중에는 한번 잠들면 몇 년씩 잠을 자기도 했습니다. 전혀 움직이지도 않고 말이지요. 여러분도 이렇게 잠을 잘 수 있습니까? 그렇다면 잠자는 법에 성공한 것입니다. 물론 보통의 잠은 아니고 잠자는 병에 걸린 것은 더더욱 아닙니다. 일반적으로 말하면 잠을 많이 자는 것이 반드시 잘못된 것은 아닙니다. 그것은 음이 극한 상태로서 그다음에는 양이 발생합니다.

도가의 종파 중에 화산파(華山派)가 있는데 왜 화산파라고 할까요? 송대의 도가 신선인 진단(陳摶) 조사가 화산의 높은 봉우리에서 잠을 자는 것으로 유명해서 붙여진 이름입니다. 사실 진단 조사는 정말 잠자는 것은 아니었습니다. 정좌가 수도 공부의 방법이라면 잠도 역시 수도 공부의 방법입니다. 예를 들어 아미타불을 그린 그림을 보면 모두 서 있는데, 이렇게 서 있는 것 역시 수도 공부의 한 방법입니다. 비틀린 자세나 누운 자세도 역시 수련의 한 방법입니다. 사람마다 적합한 방법이 따로 있어서 어느 하나를 표준이라고 할 수는 없습니다.

칠과 팔을 더하면 십오가 되고 구와 육을 더해도 십오가 된다.

七八數十五, 九六亦相當.

칠 더하기 팔은 십오가 되고 구 더하기 육도 십오가 됩니다. 칠은 양수이고 팔은 음수인데, 음양이 교류하면 하나의 생명이 탄생합니다. 구는 양수의 극으로서 노양(老陽)이라 하고, 육은 음수의 극으로서 노음(老陰)이라고 합니다. 이 노양과 노음의 상호 교합은 또 하나의 생명의 탄생을 상

징하지요. 음이 극하면 양을 낳고 양이 극하면 음을 낳습니다. 바꿔 말하면 일 개월의 수로 말하면 "칠팔수십오(七八數十五)"는 한 달 중에서 초하루부터 보름까지 전반부이고, "구육역상당(九六亦相當)"은 십육 일부터 삼십 일까지 후반 보름을 의미합니다.

원매의 팔색

네 개의 숫자를 합하면 삼십이 되니 양기는 끊임이 없다.

四者合三十, 陽炁索滅藏.

"사자합삼십(四者合三十)", 칠 팔 구 육 네 개의 수를 합하면 삼십 즉 한 달 삼십 일이 됩니다. "양기색멸장(陽炁索滅藏)"의 "색(索)"은 줄이나 끈을 가리킵니다. 어떤 모양의 끈일까요? 『역경』의 팔괘에 보이는 양효(陽爻)가 바로 끈 모양입니다. 이런 이야기를 하다 보니 청대의 문인 원매(袁枚)의 재미있는 일화가 생각납니다. 원매는 두 차례 현(縣)의 수장을 지낸 후 젊은 나이에 벼슬을 그만두고 물러났습니다. 그는 학문도 고매했고 총명했으며 재산도 넉넉했습니다. 남경에서 수원(隨園)이라는 큰 정원이 있는 집을 매입했는데, 그 집이 바로 소설 『홍루몽』에 나오는 대관원(大觀園)이었습니다.

원매의 재산은 부정을 저질러 모은 것이 아니었습니다. 만청(滿淸)이 명(明)을 정복한 후 명의 관리들이 부정부패에 물든 것을 보고는 모든 관리의 봉급을 대폭 올렸는데 원매는 그것으로 재산을 모았습니다. 봉급이 오르자 자연히 부정부패가 현저히 줄어들었습니다. "한 번 관리가 되면 십만 금을 얻는다"는 말이 있을 정도였지요. 그러므로 부귀를 탐하지 않는 사람이라면 한 번 관리가 된 후에는 다시는 벼슬을 하고 싶어 하지 않았습니다. 원매는 사십여 세에 퇴직한 후 소창산방(小倉山房)에 거주하면서 평생을 시문을 지으며 보냈는데, 그는 시문으로 세상에 이름을 떨쳤습니다. 원매는 평생 여자만 제자로 받아들인 것으로 유명했는데 이 때문에 많은 사람이 그를 비난했습니다. 원매는 아들이 없었는데 칠십이 넘어서야 아들 하나를 얻었습니다. 일반적으로 남자는 팔팔 육십사 세에 양기가 다하므로 아이를 낳을 수 없다고 합니다. 원매는 도가와 불가를 모두 반대했는데 칠십이 넘어서 아들을 낳았습니다. 아이 이름은 너무 늦었다는 뜻으로 아지(阿遲)라고 했습니다. 어쨌든 원매는 구십까지 장수했습니다. 지금도 소창산방에 가보면 건륭 시대에 이미 외국에서 수입한 색유리를 창문에 썼던 것을 볼 수 있습니다. 참으로 호사를 누렸지요.

그의 집 대문에는 대구(對句)가 걸려 있는데 첫 구절은 다음과 같습니다. "이곳에는 총산, 준령, 무림, 수죽이 있다〔此地有叢山峻嶺茂林修竹〕." 소창산방의 아름다운 풍경을 노래한 것입니다. 그다음 구절은 이렇습니다. "삼분과 오전과 팔색과 구구를 능히 읽었다〔是能讀三墳五典八索九丘〕." 팔색(八索)과 구구(九丘)는 아주 어려운 공부입니다. 팔색은 팔괘를 가리키고, 구구는 『서경(書經)』의 홍범구주(洪範九疇)[136]를 말합니다.

원매가 대문에 이 대구(對句)를 붙이자 그 시대의 또 다른 명인이요 역사학자이자 대문호였던 조익(趙翼)이 소문을 듣고 찾아왔습니다. 사실은 일부러 도전하러 왔던 것입니다. 원매는 그가 왔다는 소식을 듣자 놀라고

---

136 『서경』「주서(周書)」홍범(洪範) 편에 수록되어 있다. 홍범의 홍(洪)은 크다는 뜻이고 범(範)은 법(法)을 가리키므로 홍범은 대법(大法)이라는 뜻이다. 구주(九疇)는 아홉 개 조목으로서, 홍범구주는 아홉 개 조항의 큰 법이라는 뜻이다. 중국 고대 주(周)나라의 무왕(武王)이 기자(箕子)에게 정치의 방법을 물었을 때 기자가 홍범구주로써 대답한 것이다. 아홉 조목은 오행(五行) 오사(五事) 팔정(八政) 오기(五紀) 황극(皇極) 삼덕(三德) 계의(稽疑) 서징(庶徵) 및 오복(五福)과 육극(六極)이다.

당황해서 감히 직접 나가서 맞지 못하고 집에서 일하는 사람을 불러 물었습니다. "조 선생께서 무슨 말씀이 있었느냐?" 그러자 이렇게 말했다고 전했습니다. "오늘 온 것은 별일이 아니라 자네 주인에게 책을 빌리러 왔다네. 다른 책이 아니라 팔색과 구구일세." 이 말을 들은 원매는 사람을 불러 대문에 걸려 있던 대구를 떼어 내렸습니다.

제가 이런 고사를 인용한 것은 "양기색멸장"의 "색(嗇)" 자를 설명하기 위해서입니다. 이 색 자는 바로 괘기(卦氣)를 뜻합니다. 괘기는 단절이 없지요. 마치 명주실처럼 끊어짐이 없다는 후세의 문자 "부절여루(不絶如縷)"와 같습니다. 숨이 끊어지기 전에는 마치 호흡이 없는 것같이 보이지만 아직 생명이 붙어 있지요.

중의 원리

팔괘가 우주에 분포되어 운동 변화해도 중을 잃지 않는다.

八卦布列曜, 運移不失中.

"팔괘포렬요(八卦布列曜)", 팔괘의 분포는 마치 달이 초승달부터 그믐달까지 끊임없이 변하는 것과 같고, 하늘의 성좌들이 돌면서 변화하는 것과도 관련 있습니다. 우주의 모든 현상은 변하지만 오직 하나 변하지 않는 것이 있습니다. 그것은 바로 도(道)입니다. "운이부실중(運移不失中)"의 "중(中)"은 중앙의 무기토(戊己土)를 말합니다. 그러므로 도가, 불가, 유가는 단지 표현하는 방법만 다를 뿐 진리는 오직 하나 중(中)의 원리입니다.

저는 늘 불교는 다른 어떤 종교도 반대하지 않는다고 말해 왔습니다. 더욱이 다른 어떤 종교의 교주도 무시하지 않습니다. 『금강경』의 다음 구절에는 그런 뜻이 잘 담겨 있습니다. "일체 현성은 다 무위법으로써 하되 차별이 있을 뿐이다〔一切賢聖皆以無爲法而有差別〕." 이 말은 일체 현인(賢人) 성인(聖人)들은 모두 진리를 깨달았지만 단지 그 깊고 얕은 차이만 있을 뿐이라는 것입니다. 부처님이 말한 무위법을 중국 문화로 말하면 "운이부실중"이라는 것입니다. 즉 중앙 무기토의 이치를 벗어나지 않는 것이지요.

그렇다면 왜 "중"일까요? 이것이 문제입니다. 우리는 이 원리가 무엇인지 알고 있지요? 이것은 생리 기맥의 변화나 신체 감각에서의 공부가 아닙니다. 이런 것을 도(道)라고 생각하지 마십시오. 아까 쉬는 시간에 여기 계신 어떤 분이 나와서 제게 말했습니다. "선생님, 제가 항상 기맥만 말한다고 나쁘게 생각하지는 말아 주세요." 저는 이렇게 답했지요. "그렇게 생각하지 말게. 내가 평소에 기맥만 말하는 사람들을 잘못됐다고 하는 것은 너무 기맥에만 집착해서 그것이 바로 도(道)라고 여기니 그러는 것일세. 그런데 어떤 사람은 기맥을 전혀 모르면서도 기맥은 도가 아니라고 비난하는 사람도 있네. 그런 경우에는 도리어 기맥이 바로 도라고 강변하기도 한다네."

어떤 원리도 다 똑같습니다. 기맥은 집착할 것이 못 됩니다. 기맥이 곧 도(道)는 아니지요. 그러나 기맥은 도와 절대적인 관계가 있습니다. 기맥의 변화는 달의 운행과 같이 단지 현상에 불과합니다. 그래서 "달이 차고 이지러지는 것은 기혈의 성쇠에 비유된다"고 말합니다. 여러분의 도는 어디에 있습니까? 도는 보이지 않고 현상은 볼 수 있습니다. 따라서 현상이 곧 도는 아니지만 원기(元氣)가 없다면 이 현상은 드러나지 않습니다. 이 점을 분명히 알아야 합니다. 다음에 나오는 구절을 보면 이 "중(中)"을 '현정(玄精)'이라고도 했다는 것을 알 수 있습니다. 이것을 고쳐서 '원정(元精)'이라고 하지 않았는데 본래 현(玄)과 원(元)은 서로 통합니다.

원(현)정은 보기가 어려우니 도수를 추산하여 그 효험이 징후에 부합한다.

元(玄)精眇難觀, 推度效符徵.

이것을 보면 위백양 진인 역시 우리에게 말합니다. 즉 도는 몸에 있으나 연정화기의 원정(元精)은 유형의 정충이나 난자가 아니라는 것입니다. 원기(元氣)가 발동하지 않으면 정충이 있을까요, 없을까요? 어떤 남성은 정충이 부족해서 아이를 낳을 수 없다고 여겨 오직 정충의 숫자만 더 늘리려고 노력하는데 그것은 옳지 않습니다. 오직 근원의 원기를 배양해야 화력(火力)이 왕성해지고, 무형의 정(精)이 유형의 정으로 변화하여 활력이 생깁니다. 원정은 기(氣)이고 정충은 현상으로 근본이 아닙니다. 그러므로 의학을 공부하려면 이 원리를 잘 이해해야 합니다. 그러지 않으면 겨우 현상만 치료하는 기술자에 불과하고 의학의 원리를 이해하는 수준 높은 의사가 될 수 없습니다.

원정(元精)은 알기 어렵습니다. 그것은 정신도 아니고 물질도 아니지만 정신과 물질 모두 그것이 변화해서 발생합니다. 그래서 "원정묘난도(元精眇難觀)"라고 합니다. 보려고 해도 보이지 않고 잡으려고 해도 잡히지 않는 형체도 없고 모양도 없는 무형(無形) 무상(無相)의 존재이지요. 그래서 석가모니 부처님도 『능엄경』에서 심정이 두루 원만하게 펼쳐져 있다는 뜻으로 "심정편원(心精徧圓)"이라고 했습니다. 이것이 바로 원정의 원리입니다. 원정은 우리의 후천 생명 즉 물질적 신체에 있는데 가장 중요한 것은 "심정편원" 다음의 "함과시방(含裹十方)"입니다. "함(含)"은 포함의 뜻이고 "과(裹)"는 둘러싼다는 뜻입니다. 그러니까 "함과시방"은 시방 세계, 온 우주를 포함하고 둘러싼다는 의미입니다. 여러분이 임맥과 독맥을 말하고 정좌를 해서 기를 움직여 관문을 뚫는다는 것은 옳습니까?[137] 답은 집착만

하지 않으면 된다는 것입니다.

"추도효부징(推度效符徵)", 달이 천체에서 출몰하는 것이 단계가 있는 것처럼 수도 공부도 단계마다 그 단계의 공부가 있고 그 단계의 효험이 있으며 그 단계에 부합하는 현상이 있습니다. "부(符)"는 그 현상에 부합한다는 뜻이고 "징(徵)"은 그 징후라는 말입니다. 예를 들어 어떤 사람의 수도 공부가 일정한 단계에 도달할 때 전문가가 보면 그의 인당혈 부위가 달빛처럼 빛나는 것을 볼 수가 있습니다. 또 다른 경지에 도달하면 그에 맞는 현상이 다시 일어납니다.

여성들을 보면 간단히 알 수 있습니다. 여성들은 생리 전후의 징후를 매우 잘 포착합니다. 의학이나 수도 공부를 하는 사람 역시 이런 경지에 도달해야 합니다. 그런 다음 사람을 보면 나이가 얼마쯤 되는지, 얼굴을 보면 병이 어디에 있는지 바로 알게 됩니다. 원정(元精), 원기(元氣), 원신(元神)은 포착할 수도 없고 볼 수도 없습니다. 그러나 이런 이치가 있으니 원정, 원신, 원기는 당연히 존재합니다. 자연과학처럼 실체를 찾으려 하면 찾을 수 없지만, 그것은 생명에 나타나고 신체에 나타나서 한 걸음 나아가면 그만큼의 증험이 있습니다. 수도 공부를 하면 참으로 질병을 물리치고 수명을 늘리는 효험이 있습니다.

수도의 단계와 역관에 대한 이해

집에 거처할 때 천문의 상을 관찰하여 그 원리를 우리의 몸에 적용한다.

---

137 이미 원정이 우주에 편만하게 펼쳐져 있다면 인간이 기를 움직여 경락을 뚫는다고 생각하는 것은 사실상 의미가 없다는 뜻이다.

居則觀其象, 準擬其形容.

"거즉관기상(居則觀其象)", 평소에 천체의 태양, 달, 지구, 각종 물리 현상을 관찰해야 합니다. 그러려면 『역경』을 이해해야 하고 상수(象數)를 잘 알아야 하지요. "준의기형용(準擬其形容)", 인간의 신체는 소우주이므로, 천체의 변화에 따라 나타나는 자기 신체의 징후를 정확히 알면 다른 사람에 대해서도 잘 알 수 있습니다. "기형용(其形容)"이란 그 형상, 외형을 통해 징후가 나타난다는 뜻입니다.

기준을 세움으로써 규범을 삼고, 화후를 접쳐서 길흉을 정한다.

立表以爲範, 占候定吉凶.

"입표이위범(立表以爲範)", 음양가는 그것을 하나의 과학으로 만들었는데, 바로 과학의 "입표(立表)"입니다. 일정한 도수나 규격을 세우는 것입니다. "표"는 통계의 규격으로, 그 단계에 이르면 반드시 그러한 경지가 나타난다는 것이지요. 수도 공부도 이와 마찬가지입니다. 진정한 수도 공부는 먼저 이론을 잘 통해야 합니다. 그러면 공부가 결코 어렵지 않습니다. "점후정길흉(占候定吉凶)"은 화후가 가장 어렵다는 뜻입니다. 수도 공부의 구결은 쉽지만 화후는 어렵습니다. 진정한 수도 공부의 비결은 하나밖에 없습니다. 그래서 불이법문(不二法門)이라고 합니다. 이렇게 하나의 규범과 원리에 의해 진정한 수도 공부를 증득한 사람이라면 방문좌도의 상징은 보자마자 바로 알아차립니다.

남송의 대선사인 대혜종고(大慧宗杲)[138]의 어록에 이런 말이 있습니다. "너희들은 이 절집에서 시주들을 속이고 밥을 얻어먹고 있구나. 너희들은 도를 깨우쳤느냐? 내 앞에 나와서 세 걸음만 걸어보아라. 너희들 목숨이 내 손아귀에 있다." 대혜종고 선사는 한 번 보면 사람들의 공부가 어느 정도 수준인지 알 수 있었습니다. 종고 선사는 왜 이렇게 큰소리를 쳤을까요? 바로 이 "입표이위범, 점후정길흉"의 원리 때문입니다. 이 원리는 들으면 쉬운 것 같아도 실은 매우 어렵습니다. 대혜종고 선사는 말할 것도 없고, 석가모니 부처님이나 여순양 진인이나 화룡 진인이 직접 우리를 제자로 거두어서 단법의 가르침을 내린다고 해도 우리가 수도 공부를 제대로 성공할 수 있을지 의문입니다.

수도 공부에서 가장 어려운 것이 화후입니다. 화후는 변화무쌍합니다. 어떤 때는 바짝 조여야 하고 어떤 때는 풀어야 하고, 어떤 때는 올려야 하고 어떤 때는 내려야 합니다. 석가모니 부처님은 『선비요법(禪秘要法)』[139]에서 수도 공부에 대해 중요한 말씀을 했습니다. 수도 공부가 이런 경지에 도달하면 "스스로 신중하게 역관을 해야 한다〔愼自易觀〕"고 했습니다. 방법을 바꿔야 한다는 말이지요. 중요한 원리가 바로 여기에 있으므로 "점후(占候)" 즉 화후의 변화를 신중하게 점쳐야 합니다. 오 일이 일 후(候)가 되고, 삼 후는 일 기(氣)가 되니 이때 중기(中氣)가 도래합니다.

---

138 1089-1163. 중국 남송 시대의 선사로. 속성은 해(奚) 이름은 고(杲)이다. 종고(宗杲)는 별칭이다. 1164년 송(宋) 효종(孝宗)에게 대혜(大慧) 선사의 칭호를 받아 '대혜종고'라고 불린다. 임제종 양기파의 원오(圜悟) 선사 극근(克勤)에게 가르침을 받아 임제종 양기파의 제5대 전인이 되었다. 조동종의 굉지(宏智) 선사 정각(正覺)의 수행법을 묵조선(默照禪)이라 비판하였고, 공안을 통해 본래 지닌 불성을 자각하여 깨달음을 얻는 간화선을 주창하여 이후 선종(禪宗)의 주류를 이루었다. 종고의 간화선은 한국과 일본에도 큰 영향을 끼쳤다. 고려의 지눌(知訥)이 종고의 『대혜어록(大慧語錄)』을 통해 간화선을 받아들여 오늘날 조계종의 근원이 되었고. 1246년 남송의 선승 도륭(道隆)이 일본으로 건너가 종고의 선법을 전래했다.

139 『선비요법』은 곧 『참선비요경(參禪秘要經)』이다. 모두 세 권으로 되어 있으며 구마라집이 번역했다. 이 경에는 백골관, 부정관 등이 상세하게 소개되어 있다. 남회근 선생이 지은 『선관정맥연구(禪觀正脈研究)』를 참조하라.

호령을 발동함은 절령에 따르고 효가 동하는 때를 잃지 말라.

發號順節令, 勿失爻動時

우리가 정좌해서 공부하는 데 무엇을 주로 합니까? 앞에서 "팔괘포렬요(八卦布列曜), 운이부실중(運移不失中)"이라는 구절을 읽었는데, 여기에서 "옮겨가도 중을 잃지 않는다(運移不失中)"는 말은 도가나 불가를 막론하고 수도 공부의 중심이 되는 가르침입니다. 모든 공부의 핵심은 바로 중(中)에 있기 때문입니다. 그런데 중은 어디에 있나요? 바로 일념(一念)에 있습니다. 바로 심성(心性)의 심입니다. 공부가 이 경지에 이르면 경험적으로 바로 알게 됩니다. 그러니까 도달하는 경지에 따라 수시로 다른 경험을 하므로 그때마다 방법이 바뀌어야 합니다. 그렇게 변화해 감으로써 중을 잃지 않게 되지요.[140]

비유하면 오늘날 수도 공부를 하는 단체나 종파는 대개 상단전에 의식이나 주의를 집중합니다. 밀종에서는 미간륜이라고 하는 곳이지요. 중단전은 젖가슴 중간이고 하단전은 배꼽 아래 일촌삼푼 지점입니다. 이 강의를 시작할 때 여러분에게 분명히 말씀드렸습니다. 단전을 이리저리 옮기면서 함부로 집중해서는 안 된다고요. 더욱이 나이가 많고 혈압이 높은 분은 이렇게 하면 오히려 병을 얻기 쉽습니다. 여성은 더욱이 하단전에 집중해서는 안 됩니다. 질병에도 노출될 수도 있고 욕념이 가중되는 등 여러 부작용이 생길 위험이 따릅니다.

어느 단전에 집중해야 할지는 스스로 알아서 조절해야 합니다. 기(氣)가

---

140 이 말은 자전거를 타는 것에 비유할 수 있다. 자전거가 쓰러지지 않고 달리려면 끊임없이 좌우 균형을 잡아서 중을 유지해야 한다. 초보자는 중심 잡는 것이 힘들지만 점차 어렵지 않게 되고, 마침내 자연스럽게 자전거를 타게 된다.

머리에 집중되면 어떻게 해야 할까요? 특히 밀종의 파와법을 수련하는 사람이라면 하루 종일 머리 쪽에 집중하고 있어서 머리가 쪼개지는 듯 통증이 올 수 있습니다. 그러니 스스로 알아서 화후를 조절할 수 있어야 합니다. 계속 머리에 집중하면 혈압이 높아져 뇌출혈로 사망할 수 있습니다. 도가 수련이나 밀종 수련을 하는 사람 중에는 이렇게 잘못된 수행법으로 인해 뇌출혈 아니면 심장병으로 사망하는 경우가 많습니다. 기맥의 변화가 일정한 경지에 이르면 모두 화후에서 문제가 생깁니다. 화후를 모르면 여러분은 기맥을 따라 감각에 휩쓸리게 됩니다. 불교에서는 색(色), 수(受), 상(想), 행(行), 식(識)을 오수음(五受陰)이라고 하는데, 수음(受陰)은 감각에 의지해 일어납니다. 이렇게 감각을 중시하는 것은 불법이 매우 고명하다는 것을 나타냅니다.

　여러분의 기맥이 어디에서 움직이든 간에 여러분의 감각은 스스로 그것을 감지합니다. 그러나 조금이라도 감각에 사로잡혀 휩쓸리면 바로 오음에 이끌리고 의지하게 됩니다. 여러분은 감각이 본래 공하다고 알아서 집착하지 않을 수 있어야 한다는 것입니다. 수(受)가 곧 공(空)이며, 공이 곧 수라는 것, 수(受)가 공(空)과 다르지 않으며 공과 수가 다르지 않다는 것을 철저히 알아야 합니다. 공부가 이런 경지에 도달하기는 매우 어렵습니다만 어쨌든 공의 경지에 이르러야 합니다. 기맥이 변화해야 할 때 그 감각에 휩쓸리지 않을 수 있어야 화후를 잘 다스릴 수 있습니다. 그것을 『참동계』에서는 "점후정길흉(占候定吉凶)"이라고 합니다. 화후를 잘 살펴야 길흉을 결정할 수 있다는 것입니다. 기맥의 감각에 휩쓸리면 화후를 살필 수 없으니 흉하게 됩니다.

　여러분이 화후의 징후를 감지하여 양이 머리 위로 올라왔음을 알아채면 속히 음의 경계로 들어가야 합니다. 양이 극하면 음이 발생하니 그때는 음이 필요하기 때문입니다. 순양의 경계에 도달할수록 음이 필요합니다. 그러니 수도 공부를 하는 사람은 이런 원리를 잘 알아서 이때는 더 이상 열심히 하지 말고 재빨리 잠을 자러 가거나 음의 경계로 들어갈 방법을 찾아야 합니다. 이런 경계를 『참동계』에서는 "발호순절령(發號順節令), 물실효동시(勿失爻動時)"라고 말한 것이지요. "효동(爻動)"은 효가 동한다는 뜻으로 괘변(卦變)을 의미합니다. 하나의 괘는 하나의 현상이고, 그 현상 속에 육효(六爻) 즉 여섯 가지 진행 과정이 있습니다. 한 개의 효마다 각각 변화가 일어나고, 이로 인해 괘의 변화도 발생합니다.

비유하자면 건괘(乾卦 ䷀) 육효에서 양이 극점에 도달하면 초효의 양이 음으로 변화해 천풍구괘(天風姤卦 ䷫)가 됩니다. 즉 기기(氣機)가 참으로 정점에 도달할 때 온몸의 정기(精氣)가 충만하면 정수리가 온통 약동하는데, 이때 재빨리 천풍구로 진입해야 한다는 것입니다. 일음(一陰)이 돌아온 상황으로 변화해야 한다는 것이지요. 이것은 일양래복(一陽來復)이 아니라 일음래복(一陰來復)입니다.

두 번째 효가 변화하면 괘가 또 변합니다. 두 번째 효의 변화에는 두 가지 경우가 있습니다. 두 번째 효가 양에서 음으로 변화하면 천산돈(天山遯 ䷠)이 됩니다. 이때쯤이면 사람들은 혼미해서 잠이 오는 듯한 상태가 됩니다. 그러나 이 돈(遯)은 수면 상태가 아니라 혼돈 상태로 들어가는 것입니다. 이것이 첫 번째 변화의 경우입니다. 또 다른 경우는 초효는 양효 그대로이고 이효만 음효로 변하는 경우입니다. 이 경우에는 괘가 천화동인(天火同人 ䷌)으로 변합니다. 상괘는 건괘 그대로이고 하괘만 리괘로 변화하는 것이지요. 가령 앉아서 정좌 공부를 할 때 위쪽 머리에는 한 생각도 일어나지 않는데 아래 신체는 불학에서는 득난(得煖)이라고 하고 도가에서는 양화(陽火)라고 하는 상태가 되는 것입니다. 이것을 괘로 말하면 리괘(離卦) 상태인데 공부가 상당한 경지에 도달한 것입니다.

마음을 일으킬 수도 내려놓을 수도 있다

『칠진전(七眞傳)』[141]을 보신 분들은 모두 알겠지만, 주인공인 유장생(劉長生)은 기녀들이 있는 술집에서 수련을 합니다. 유명한 달마 조사가 그를 출가시켜 제자로 삼으려고 찾아왔습니다. 주인공도 달마 조사가 찾아온 이유를 알고 있었지만 일부러 모르는 체 평소와 마찬가지로 기녀를 불러 차를 다리게 합니다. 그런데 다호(茶壺)에 끓는 물 대신 냉수를 담아 자기 배 위에 올려놓는 것이 아닙니까? 그러고는 아무렇지도 않게 달마 조사와 이야기를 나눴습니다. 놀랍게도 얼마 후 물이 끓자 차를 넣고 다려서 달마 조사에게 대접했습니다. 달마 조사는 차를 맛본 후에 말했지요. "맛이 훌륭하네. 자네는 이곳에서 공부를 해도 되겠군."

그는 기녀들 사이에서 살았지만 계를 범하지 않았습니다. 누기(漏氣)를 했다거나 누단(漏丹)을 한 적이 없어 항상 양기(陽氣)가 충만했습니다. 이것이 바로 천화동인(天火同人)괘로서 불교에서 득난(得煖)이라고 하는 경지이지요. 이런 변화를 잘 아는 것을 "물실효동시(勿失爻動時)"라고 합니다. 공부가 이런 경지에 이르면 어떤 방법으로 수련할지 알게 됩니다. 그래서 팔만사천법문을 모두 알게 되는 것입니다. 수도 공부가 그렇게 쉬운가요?

불법에서는 보살은 오명(五明)[142]에 통달해야 한다고 합니다. 내명(內明), 의방명(醫方明), 공교명(工巧明), 인명(因明), 성명(聲明)에 모두 통달

---

141 중국 청대의 황영량(黃永亮)이 지은 도가의 수련 입문서이다.

142 고대 인도의 다섯 가지 학문으로 명(明)은 학문을 뜻한다. 성명(聲明)은 언어·문학·문법에 대한 학문이다. 인명(因明)은 주장이나 명제의 정당성이나 확실성을 이유와 구체적인 예를 들어 증명하는 논리학이다. 내명(內明)은 자기 종교의 취지를 밝히는 학문으로, 바라문교에서는 베다학, 불교에서는 불교학을 말한다. 의방명(醫方明)은 의학·약학 등의 의술에 대한 학문이다. 공교명(工巧明)은 공예나 기술을 가리킨다.

해야 한다는 것이지요. 신선 단도(丹道)를 수련하는 것도 마찬가지입니다. 천문(天文), 지리(地理), 인사(人事), 음양 술수(陰陽術數), 병법(兵法), 농법(農法) 등에 모두 통달해야 합니다. 그래서 독서하지 않은 신선은 없다고 하는 것입니다. 그러나 보통 불법을 배우고 선도를 닦는 사람들은 이렇게 폭넓은 공부를 하려 하지 않으니 이래서야 되겠습니까? 그래서 "효가 동하는 때를 잃지 말아야 한다"는 말이 매우 중요합니다.

위로는 하도의 무늬를 보고 아래로는 지형의 흐름을 살피며 중간에는 사람의 마음을 계합하여 천지인 삼재를 합일한다.

上觀河圖文, 下察地形流, 中稽於人心, 參合考三才.

여러분, 도가의 조사인 위백양 화룡 진인은 얼마나 많은 학문을 해서 이 천고의 단경인 『참동계』를 쓸 수 있었을까요? "상관하도문(上觀河圖文)" 즉 위로는 『역경』의 하도(河圖)와 낙서(洛書)를 알아야 하고, "하찰지형류(下察地形流)" 즉 아래로는 지리를 알았다는 말입니다. 왜냐하면 수도 공부는 과학이기 때문에 지구 물리학과 천문 물리학과 동일한 것입니다. "중계어인심(中稽於人心)", 중간에 인사(人事)에도 통해야 합니다. 끝으로 "참합고삼재(參合考三才)"는 천지인 삼재의 모든 학문을 두루 이해한다는 말입니다.

움직이면 괘의 절기를 따르고 고요하면 단사에 의한다.

動則循卦節, 靜則因彖辭.

우주 변화의 단계를 『역경』으로 말하면 괘기(卦氣)라 하는데, 괘기가 변할 때 그 시점의 변화를 세밀하게 관찰하여 인지하는 것을 "순(循)"이라고

합니다. 그러므로 "순괘절(循卦節)"은 절기의 변화를 따라 세밀히 살펴서 그 현상을 인지하는 것입니다. "동즉순괘절(動則循卦節)"은 일정한 단계를 따라 관찰하는 것으로서 일종의 과학입니다. 우리가 수도 공부를 하는 것은 자연의 절기 변화에 순응하는 것과 같습니다. 즉 자연의 절기가 변화할 때마다 다른 현상이 나타나는 것처럼, 우리 인체와 마음도 수도 공부의 진보에 따라 다른 현상이 나타납니다. 따라서 각 단계의 현상에 따라 우리의 공부도 변화해야 한다는 것을 말합니다.

"정즉인단사(靜則因彖辭)", 수도 공부를 하는 사람은 모두 『주역』의 단전(彖傳)을 알아야 합니다. 이때는 아직 중국에 불학이 들어오기 전이므로 『역경』이 유일한 수련 지침이었지요. 단(彖)은 짐승의 이름입니다. 『역경』은 용(龍), 말[馬], 코끼리[象], 돼지[豕] 등 짐승의 형상으로 의미를 상징했습니다. 단(彖)은 상고 시대의 전설적 짐승으로, 그 이빨이 매우 강해 쇠줄도 한 번 물면 끊어졌다고 합니다. 그래서 공자가 『역경』의 경문(經文) 즉 괘사를 설명하고 그 이름을 단사(彖辭)[143]라고 했다고 전해집니다. 『역경』의 경문의 의미를 설명하는 것이 마치 단(彖)이라는 짐승이 쇠줄을 단번에 물어 끊는 것처럼 분명하다는 뜻입니다. 공자가 지은 것으로 알려진 단사(彖辭＝彖傳)는 단지 물리나 철학을 설명한 것만이 아닙니다. 그 속에는 수도 공부의 도리가 내재되어 있지요. 공자도 공부에 대해 잘 알고 있었다는 뜻입니다.

"정즉인단사"의 "정(靜)"에는 단사와 같이 결단의 의미가 들어 있습니다. 능히 결단하여[能斷] 끊어 버리는 것이지요. 어떤 마음이 일어나는 것을 즉시 끊어 버리면 바로 끊어졌다는 것입니다. 옛사람이 번역한 『금강

---

143 "靜則因彖辭"의 단사(彖辭)는 일반적으로 괘사를 가리키는데, 저자는 여기에서 십익(十翼)에 속하는 단전(彖傳)을 가리키는 것으로 해석한다.

경』의 명칭에는 능단(能斷)이라는 글자가 붙어 "능단금강반야바라밀경(能斷金剛般若波羅蜜經)"이라고 했습니다. 금강과 같이 강한 마음이어서 마음을 일으킬 수도 있고 마음대로 끊을 수도 있었다는 것입니다. 이렇게 능히 주도적으로 끊을 수 있는 것이야말로 "정즉인단사"에서 "정(靜)"의 진실한 뜻입니다.

동과 정 사이를 파악하다

건괘와 곤괘의 작용이 시행된 후에야 천하가 다스려진다.

乾坤用施行, 天下然後治.

이것은 정치 철학적 응용에 대한 말입니다. 건괘와 곤괘의 일음일양(一陰一陽)은 생멸 현상을 상징합니다. 이 생멸 현상의 법칙을 깨달은 후에 그것을 응용하는 법칙을 파악하면 비로소 수도 공부도 할 수 있습니다. 그후에 천하를 다스리면 천하가 태평하지요. 비록 여러분이 팔구십 세가 되어서야 이 원리를 이해했더라도 이 원리대로 수행 공부를 한다면 질병을 극복하고 불로장생할 수 있습니다.

이 말은 진짜입니다. 오늘 제가 한 친구로부터 들은 소식에 따르면 불로장생할 수 있는 의약품이 이미 연구되어 나왔다고 합니다. 노인들에게 실험한 결과 항노화 효과가 대단하다는데, 이런 의약품이 실제로 존재한다면 중국 고대의 외약(外藥), 외단(外丹)과 같은 것이라고 생각합니다. 여기에 현대 의학을 응용해서 더 연구할 수 있겠지요. 그러나 "건곤(乾坤)" 양괘의 응용은 반드시 잘 알아야 합니다.

화후(火候)에 관해 이 편에[144] 중요한 원리가 있음을 알아야 합니다. 석가모니 부처님의 설법에 따르면 존재하는 모든 것은 생멸을 피할 수 없습니다. 부처님의 설법 중에 "제행무상(諸行無常), 시생멸법(是生滅法), 생멸멸이(生滅滅已), 적멸위락(寂滅爲樂)"이라는 말이 있습니다. "제행이 무상한 것은 생멸법이니, 생멸이 멸하여 끊어진 적멸을 즐거움으로 삼는다"는 뜻입니다. 이것은 소승불교에서 추구하는 것이고, 이 법을 성취하면 아라한이 될 수 있습니다. 한 생각도 일어나지 않는 온전한 마음 전체를 드러내려면 심리상 생멸하는 심념을 끊어 버려야 합니다.

그런데 생리적으로도 생멸법이 있습니다. 여러분이 며칠 동안 마음을 청정하게 하고 계율을 잘 지킨 후에 다른 사람을 보면 마치 악마처럼 보일 것입니다. 그런 사람은 마음속으로 이렇게 자만합니다. '너희들은 나를 봐. 얼마나 좋아. 이렇게 마음이 청정하고 경계에도 전혀 흔들리지 않잖아!' 하고 말이지요. 그러나 이런 사람일수록 며칠 지나지 않아서 다른 사람보다 더 마음이 흔들리기 마련입니다.[145]

이것은 무슨 이치일까요? 바로 심리적 생멸법입니다. 그런데 심리뿐 아니라 생리적으로도 생멸법이 있으니 바로 일음일양(一陰一陽)입니다. 이렇게 한 번 음하면 한 번 양하게 하는 그 주체는 불생멸(不生滅)입니다. 즉 생멸을 초월한 것입니다. 따라서 생멸법은 결코 장애가 아닙니다. 여러분이 그 이치를 알면 장애가 되지 않는다는 것이지요. 그래서 후에 대승불법에서는 생멸법을 그다지 엄격하게 비판하지 않습니다. 도가에서는 이 이치에 대해 "한 번 음하면 한 번 양하는 것을 도라고 한다(一陰一陽之謂道)"[146]고 했습니다. 생멸과 불생멸은 둘이 아니라는 것이지요. 이 원리는 『유마경』, 『법화경』, 『원각경』에도 모두 나와 있습니다.

---

144 『참동계』 상편 제4 천부진퇴장(天符進退章)을 가리킨다.

145 쉬운 예를 들면 다이어트를 한다고 며칠 굶거나 소식을 한 사람이 다이어트가 성공적으로 끝난 다음에 폭식을 해서 요요현상이 오는 것과 같은 원리이다.

그러므로 수련법의 원리를 알려면 기맥 수련은 생멸법임을 알아야 합니다. 기맥 수련은 단계마다 그 단계의 현상이 있고 징후가 있습니다. 그렇게 해서 마침내 그 불생불멸의 본체를 파악하여 수증(修證)해야 비로소 도를 이룹니다. 이 문제에 대해 여러분이 잘 연구해 보세요. 여기 계시는 분은 모두 유불도 삼교에 대해 잘 알고 있을 것입니다. 그러나 유불도 삼교의 울타리에서 아직도 빠져나오지 못한 분도 많지요. 어떻게 빠져나올 수 있을까요? 이것은 매우 중요한 문제입니다. 화후(火候)의 법칙은 생멸법입니다. 생멸법 중에 현상이 있으니 우리는 "한 번 동하면 한 번 정하는 그 사이[一動一靜之間]"를 잘 파악해야 합니다.[147]

그것을 파악하지 못하면 패도(敗道)의 법문이 되고 맙니다. 그러나 올바르게 파악할 수 있다면 비로소 진정한 중국 정통의 도가 수련법을 알게 될 것이며, 비로소 『참동계』를 제대로 연구할 수 있습니다.

---

146 이것은 『주역』 「계사전」에서 나온 말인데 저자가 도가의 말이라고 했다.

147 중국 철학에서는 『주역』 「계사전」에 나오는 "일음일양지위도(一陰一陽之謂道)"라는 말에서 형이하(생멸법)의 현상과 형이상(불생멸법)의 본체 또는 원리를 설명한다. "일음일양이 도"라는 말은 언뜻 생멸법인 음양이 바로 도라고 하여 형이상을 부정하고 형이하가 바로 도라고 하는 일종의 유물론으로 해석하기 쉽다. 그러나 「계사전」이 드러내려는 본뜻은 본체가 기동(起動)하여 현상(=작용)을 이룬다고 하는 체용론적 세계관에 있다. 이는 특히 불교 대승기신론에서 본체와 현상의 관계를 대해수(大海水)와 파도로 비유하는 것과 같다. 현상은 단지 물질 현상이 아니라 형이상의 본체가 작용함으로써 존재한다는 것이다.

제27강

제5 君臣禦政章군신어정장[148]

可不愼乎가불신호! 禦政之首어정지수, 管括微密관괄미밀. 開舒布寶개서포보, 要道魁柄요도괴병, 統化綱紐통화강뉴. 爻象內動효상내동, 吉凶外起길흉외기. 五緯錯順오위착순, 應時感動응시감동. 四七乖戾사칠괴려, 誃離俯仰치리부앙. 文昌統錄문창통록, 詰責台輔힐책태보. 百官有司백관유사, 各典所部각전소부.

原始要終원시요종, 存亡之緖존망지서. 或君驕佚혹군교일, 亢滿違道항만위도. …或臣邪佞혹신사녕, 行不順軌행불순궤. 弦望盈縮현망영축, 乖變凶咎괴변흉구. 執法刺譏집법자기, 詰過貽主힐과이주. 辰極處正신극처정, 優游任下우유임하. 明堂布政명당포정, 國無害道국무해도.

(신중하지 않을 수 있겠는가!) 정치를 이끌어 가는 첫 번째 요점은 미묘하고 은미한 비밀을 잘 관리하는 데 있다. 펼쳐서 자신의 보물을 드러내니 요점은 북두칠

---

148 『참동계』 상편 제5 군신어정장 원문은 『참동계천유』 66면에서 70면에 나와 있다.

성이 움직이지 않고 천체 운행의 기준이 되는 것이다. 효상은 안에서 움직이고 길흉은 밖에서 일어나니 오위(오행)가 복잡하게 변화함에 따라 그때에 응해서 감응하여 움직인다. 이십팔수의 천문 성좌들이 서로 떠나고 흔들리게 되니 문창성이 생사의 기록을 통솔하고 태보를 힐책한다. 조정의 백관유사들이 각각 소속된 부서에서 책임을 맡고 일한다.

처음부터 끝까지 성공과 실패의 관건은 마음에 달렸으니, 교만하고 방탕하며 지나치고 자만하면 도에 어긋난다. ···혹시 신하가 삿되고 바르지 못하면 운행이 궤도를 따르지 않는다. 달이 차고 이지러지는 변화가 어그러지면 흉한 허물이 생기고, 법을 집행하는 자가 과실을 꾸짖으니 그 책임은 군주에게로 미친다. 북극성이 바르게 제 위치를 지키면 다른 별들이 자연히 궤도를 운행하니 명당에서 정치를 베풀어 나라에 해로운 도가 없다.

요즘 어떤 분들이 이런 의견을 내놓았습니다. 주운양 조사가 주해한 『참동계천유』는 참으로 귀중한 자료이지만 그 내용이 어려우니 함께 강독하는 것이 어떠냐고요. 그러나 주해서를 모두 읽기에는 시간이 너무 오래 걸리니 중요한 부분만 골라 읽는 것이 좋겠다는 생각이 듭니다. 자, 이제 『참동계』 본문을 읽어 보겠습니다. 제5장은 어정(禦政) 편입니다. "어정"이란 주관한다는 뜻으로, 어떻게 정도(正道)를 수지(修持)하여 자신을 확립해 나아가야 하는지 분명히 아는 것입니다.

『참동계』 자체는 수도 공부의 원리를 중국 고대 제왕들의 정치 제도를 이용하여 설명했습니다. 그래서 이 편의 큰 제목이 "어정(禦政)"이고, 이 장의 제목은 제5 "군신어정장(君臣禦政章)"입니다. 군주와 신하가 정치를 이끌어 간다, 혹은 국가를 경영한다는 뜻입니다. 주운양 조사는 『참동계천유』에서, "이 장은 군주와 신하의 정치 운영의 득실로써 금단 화후의 득실을 비유하였다〔此章以君臣禦政之得失, 喩金丹火候之得失也〕"고 설명합니다. 정치의 득실로 단도 수련의 화후의 정도와 세기 즉 무거움과 가벼움〔輕重〕, 여림과 노쇠함〔老嫩〕을 비유했다는 것입니다.

앞의 『참동계』 원문에 보이는 것처럼 군신어정장은 "조심하지 않을 수 있겠는가" 혹은 "삼가지 않을 수 있는가"라는 뜻의 "가불신호(可不愼乎)"로 시작합니다.[149] 일반적인 판본은 이처럼 "可不愼乎"로 제5장을 시작합니다. 그러나 어떤 판본에서는 이 구절을 제4장[150]의 끝인 "천하연후치(天下然後治)"에 붙여서 "天下然後治, 可不愼乎"라고 합니다. 이 경우 "천하가 그런 후에 다스려지니 신중하지 않을 수 있겠는가!"로 제4장을 마무리하는 것이지요. 자, "可不愼乎"가 제4장 끝이 될 수도 있음을 알아두시기 바랍니다.

정좌의 은미한 작용

"가불신호(可不愼乎)"에 이어지는 원문은 다음과 같습니다.

정치를 이끌어 가는 첫 번째 요접은 미묘하고 은미한 비밀을 잘 관리하는 데 있다.
禦政之首, 管括微密.

우리가 수도 공부를 처음 시작할 때는 무엇이 정도(正道)인지를 제일 먼

---

149 『참동계천유』. 66면.
150 『참동계천유』. 62면. 제4 천부진퇴장(天符進退章).

저 인식해야 합니다. 도가 단경(丹經)에서는 무엇이 정도인지를 밝히지 않습니다. 불가에서는 수도 공부의 핵심이 '심(心)'이며 심성(心性)의 원리라는 것을 밝혔지만 도가에서는 단지 천하의 정치를 관리하는 것으로 비유할 뿐이지요. "어정지수(禦政之首), 관괄미밀(管括微密)"이라는 여덟 자는 수도 공부의 이론을 말한 것입니다. 여러분은 수도 공부라고 하면 정좌를 해야 하는 것으로 생각하지만, 사실 반드시 정좌를 해야 하는 것은 아닙니다. 수도 공부의 핵심은 오직 마음을 다스리고 경영하는 데에 있기 때문입니다.

여기에서는 일단 정좌에 대해 말해 보겠습니다. 정좌의 장점은 무엇일까요? 과거에는 많은 의사가 정좌를 반대했지만 지금은 달라졌습니다. 미국의 의학 연구에 따르면 정좌의 치료 효과는 매우 높다고 합니다. 이른바 '동면 치료(冬眠治療)'라고 하는데, 정좌하는 동안은 마치 야생동물이 동면을 하는 것과 같은 효과가 있다는 것입니다. 오늘날에는 이렇게 서양 사람이 정좌가 좋다고 해야 "옳소" 하고 맞장구를 칩니다.

과거에 서양 의학에서는 정좌에 대해 몹시 비판적이었습니다. 정좌할 때의 자세 즉 양다리를 틀어서 앉는 가부좌를 하면 혈관이 눌려 피가 안 통하고 다리에 마비가 온다고 했습니다. 무거운 짐을 짊어진 사람의 다리에는 정맥이 불끈불끈 튀어나오지요? 힘을 심하게 주어 혈관 신경이 압박받기 때문입니다. 그러나 정좌는 다리 근육의 압박을 일으키지 않습니다. 서양 의학에서는 중의학과 도가의 기맥 수련의 원리를 이해하지 못해서 정좌가 다리의 혈관과 신경을 압박한다고 한 것입니다. 다리가 마비되는 현상은 혈액 순환의 문제가 아니라 기혈이 깨끗하지 않고 탁기(濁氣)가 뭉쳐 제대로 잘 흐르지 않기 때문에 일어납니다. 오히려 정좌 수련을 잘하면 기맥이 서서히 뚫리고 통하게 되어 마비 현상도 없어지고 두 다리가 매우 편안해져 심지어 상쾌하기도 합니다. 그래서 정좌 공부를 잘할수록 의자에 앉지 않고 가부좌를 하게 되지요.

정좌를 하면 몸에 어떤 점이 좋을까요? 수도 공부라는 문제는 잠시 접어 두고, 그냥 가부좌하고 수인(手印)만 해도 심장의 부담이 현저하게 줄어듭니다. 우리의 심장은 펌프와 같아서 수축과 이완 운동이 계속됩니다. 가부좌를 하고 손을 모으면 인체 외부로 나가는 에너지가 감소하고, 이 때문에 심장의 운동이 완만해집니다. 그래서 수도하는 사람은 대부분 정좌를 합니다. 정좌에는 구십 여 종의 자세가 있습니다만 가부좌가 비교적 좋습니다. 물론 자세를 정확하게 해야 하지요.

오늘날 일반적인 도가의 정좌에서는 수결(手訣)이라고 해서 독특한 손 모양을 취합니다. 본래는 태극결(太極訣)이라고 해서 손가락을 하나씩 음양으로 겹치는 모양이지요. 이런 수결은 원래 밀종에서 유래했습니다. 밀종에는 수인(手印)이 매우 많은데, 수인의 이치는 수화(手話)입니다. 수화는 불보살, 성취를 이룬 분과 소통하는 말이라는 것도 큰 비밀입니다. 그러므로 정좌할 때의 손의 모양, 몸의 자세, 다리의 형태 등은 정해진 형식과 엄격한 연구가 있습니다. 사람마다 다르기는 하지만 이것은 신체의 기맥 및 자질과 관련이 있으므로 이 원리를 잘 이해해야 합니다.

지금은 "어정지수, 관괄미밀"의 원리만 설명하겠습니다. 정좌할 때 자세를 바로잡고 마음을 내면으로 향하여 에너지 소모를 줄이는데, 이것은 정좌하는 신체의 "미묘하고 은미한[微密]" 작용입니다. 정좌 자세는 수많은 학문을 포함하기 때문에 은미합니다. 그러나 정좌 수련은 자세 같은 외형보다는 마음의 "관괄미밀(管括微密)" 즉 미묘하고 은미함을 잘 관리하는 것이 더 어렵습니다. 여기에는 많은 방법이 있습니다만 도가에서는 상품 도법과 일반 도법의 중요 골자만 열거했습니다.

도가의 상품 단법이라는 명칭에 구체적인 것은 없고, 일설에 따르면 이 상품 단법을 수련하면 칠 일 이내에 깨달음을 얻어 신선이 될 수 있다고 합니다. 일반 수련법은 후대의 오류파에서 매우 분명히 말했다시피 십이 년 혹은 십삼 년이 걸린다고 합니다. 그런데 누가 할 수 있을까요? 이것을 오류파에서는 대법(大法)이라고 말합니다. 이 "관괄미밀"이 바로 후세에 이른바 백일축기(百日築基)에 근거해 자신을 단련하는 것입니다. 여기에 시월회태(十月懷胎), 삼년포유(三年哺乳), 구년면벽(九年面壁)을 모두 더해 미묘하고 은미한 비밀을 경영 관리하는 것이 필요합니다.

이 "관괄미밀"에는 어떤 요점이 있을까요? 이어지는 원문에 "어정"을 시작하는 진정한 요점이 있습니다. 심신을 수렴해서 "미밀(微密)"의 경지에 도달하는 것입니다. 이 "미밀"의 "밀(密)"은 밀종의 밀이 아닙니다. 이 때는 아직 인도에서 불교가 전해지기 이전입니다. 그러므로 이 밀(密)은 중국 문화에 본래 있는 것입니다. 고대의 성인 공자가 지은 『역경』「계사전」에 "퇴장어밀(退藏於密)"[151]이라는 말이 분명히 있지 않습니까? 사실 『역경』의 이치로 말하면 불가 유가 도가를 막론하고 모든 수신(修身), 양성(養性)의 법문은 바로 "퇴장어밀"이라는 하나의 길입니다.

"밀(密)"은 어디에 있을까요? 몸의 어느 한 부분이나 하나의 혈도에 있는 것이 아닙니다. 한 생각도 일어나지 않는[一念不生], 시작도 끝도 없는 [無始無終] 것이 바로 밀(密)입니다. 이것은 형상도 처소도 없지요. 그러므로 밀(密)에 대해 많은 연구가 있어야 합니다. 당송 이후에는 불교 밀종이 들어왔지만 진정한 대밀(大密)도 그런 뜻입니다. 바로 한 생각도 일어나지 않는 것입니다. 이 밖에 다른 비밀이 있는 것이 결코 아닙니다. 이것이 곧

151「계사전」상. "그러므로 시초의 덕은 둥글어 신묘하고 괘의 덕은 네모져 지혜로우며, 육효의 뜻은 변역하여 길흉을 알려 준다. 성인이 이로써 마음을 깨끗이 씻어 은밀함에 물러가 감추며, 길흉 간에 백성과 더불어 근심을 함께하여 신으로써 미래를 알고 지혜로써 지나간 일을 보관하니, 그 누가 이에 참여하겠는가. 옛날에 총명하고 예지하며 신무하고 죽이지 않는 자일 것이다[是故 蓍之德 圓而神 卦之德 方以知(智) 六爻之義 易以貢 聖人 以此洗心 退藏於密 吉凶 與民同患 神以知來 知以藏往 其孰能與於此哉 古之聰明叡知神武而不殺者夫]."

"관괄미밀"의 진정한 뜻이며 수도 공부의 원리입니다. "미(微)"는 노장 사상의 관념이고, "밀(密)"은 『역경』의 관념을 사용했습니다. 따라서 『참동계』는 『역경』, 노장 철학, 단도의 수련법을 하나로 합해서 서로 통하게 한 것입니다.

수도 공부의 관건과 중점

펼쳐서 자신의 보물을 드러내니 요점은 북두칠성이 움직이지 않고 천체 운행의 기준이 되는 것이다.

開舒布寶, 要道魁柄, 統化綱紐.

"관괄미밀"을 잘하면서 오래 수련하는 과정을 "개서포보(開舒布寶), 요도괴병(要道魁柄), 통화강뉴(統化綱紐)"라고 합니다. "개서(開舒)"란 전개한다, 펼친다는 뜻으로 밀종과 도가에서 기맥이 통한 경지입니다. "포보(布寶)"는 기맥이 통할 뿐 아니라 생명 내부에서 생명 자신의 보물을 더욱 드러내는 경지입니다. 이 생명의 보물이 바로 우리가 본래 가지고 태어난 선천의 장생불사의 단약(丹藥)입니다. 그러나 보통 사람은 그것을 알지 못하기 때문에 생명이 다할 때까지 드러내지 못하지요.

"개서포보"의 이치는 앞에서 말한 바 있지만 가장 좋은 예는 맹자의 설명입니다. 맹자는 양생(養生)과 양기(養氣)의 방법에 대해 매우 분명히 말했는데, 『맹자』「진심」에 보이는 "욕구할 만한 것을 선이라고 한다〔可欲之謂善〕" 같은 말입니다. 맹자는 도처에서 양생, 양기의 방법을 말했는데 "나의 호연지기를 잘 기른다〔善養吾浩然之氣〕"[152]는 말 역시 양기에 대한 설명입니다. 맹자 이전의 공자에게는 이런 말이 보이지 않습니다.[153] 전국 시대에는 수도 공부를 하는 사람들이 대거 출현했는데 바로 맹자가 활동하던 시기였습니다. 맹자의 수도 공부 단계는 매우 세밀합니다. 그리고 공부 과정도 매우 분명히 말했지요. 첫 번째 구절은 "욕구할 만한 것을 선이라고 한다"는 말입니다. 보통 사람은 수도 공부를 좋아합니다. 수도 공부는 좋은 일이기 때문이지요. 모두 그렇게 생각해서 틈이 나면 수도 공부를 하다가 몇 달 지나면 어느새 게을러집니다. 이러면 안 된다고 생각하고 또 공부하지만 며칠 못 가서 다시 바쁜 일을 핑계로 또 미루게 됩니다. 이것이 모두 '욕구할 만한[可欲]' 단계의 현상입니다. 이런 단계를 거치면서 '좋음[善]'의 단계로 나아갑니다.[154]

참으로 "개서포보"의 단계에 이르려면 '자신에게 보유하는[有諸己]' 경지에 들어가야 합니다. 옛날에 선배 수도가들은 수도 공부가 몸에 붙어야 비로소 공부에 효과가 있다고 했습니다. 공부가 경지에 도달했는지 아닌지는 자기 자신이 알 수 있습니다. 그리고 이것이야말로 믿을 수 있습니다. 다른 것은 모두 믿을 수 없습니다. 수도 공부는 과학입니다. 관념적 허구가 아니라 과학적 증거가 있습니다. '자신에게 보유하는' 공부의 단계는

---

152 『맹자』 「공손추」 상. 맹자가 말하였다. "나는 나의 호연지기를 잘 기른다[我善養吾浩然之氣]." "감히 묻겠습니다. 무엇을 호연지기라고 합니까[敢問 何謂浩然之氣]." 맹자가 말하였다. "말하기 어렵다. 그 기 됨은 지극히 크고 지극히 강하니, 정직으로써 잘 기르고 해침이 없으면, 호연지기가 천지 사이에 꽉 차게 된다. 그 기 됨이 의와 도에 배합되니, 이것이 없으면 굶주리게 된다. 이 호연지기는 내면의 의가 쌓여서 생겨나는 것이지 외부로부터 의가 갑자기 마음에 엄습하여 취한 것이 아니다. 의를 행하고서 마음에 만족함이 없으면 쌓이지 않고 없어진다[曰 難言也. 其爲氣也, 至大至剛 以直養而無害 則塞于天地之間 其爲氣也, 配義與道 無是 餒也. 是集義所生者 非義襲而取之也 行有不慊於心 則餒矣]."

153 저자는 맹자의 호연지기를 도가의 양기(養氣)와 같은 뜻으로 해석하지만 반드시 그런 것은 아니다. 『맹자』 원문에서도 알 수 있듯이 맹자가 말하는 호연지기는 단순히 에너지로서 기(氣)가 아니다. "기위기야(其爲氣也), 배의여도(配義與道)"라고 했듯이 호연지기는 의리[義]와 도리[道]를 갖추고 있는 기로서 일종의 도덕적 의기(義氣), 도덕적 떳떳함이다. 그러므로 내단(內丹)에서 말하는 양기(養氣)는 '에너지를 양성'하는 것을 의미하고, 맹자의 양기(養氣)는 '도덕적 의기를 양성하여 군자, 인격자가 되는 것'을 목표로 한다는 점에서 차이가 있다.

스스로 수도 공부의 효험이 나타나는 것을 자각하는 경지입니다. 맹자와 천 년이나 떨어진 당대에 이르러 여순양 진인은 다음과 같이 말했습니다. "단전에 보물이 있으니 도 찾기를 멈추네. 경계에 무심하니 선 또한 물을 것이 없네〔丹田有寶休尋道, 對境無心莫問禪〕." 이것이 바로 "개서포보"의 단계로, 맹자가 말한 "유저기지위신(有諸己之謂信)"의 단계이기도 합니다. 그다음 한 단계 한 단계 나아갈수록 더욱 높은 경지에 도달하는데 모두 여섯 단계로 그 과정이 분명합니다. 이러한 맹자의 말은 다른 관점으로 해석할 것 없는, 실제적인 공부의 경지를 드러냅니다.

수도 공부가 이런 기본적 경지에 도달하는 것이 어정이라고 합니다. 그것은 제왕이 올바른 준칙으로 정치를 하고 국가를 경영해야 하듯이 우리가 수도 공부를 할 때도 역시 그렇게 올바르게 해야 한다는 것입니다.

이제 "요도괴병(要道魁柄)"의 의미를 보겠습니다. "괴병(魁柄)"의 "괴"는 북두칠성을 가리키고, 북두칠성의 운행을 지휘하는 것을 "두병(斗柄)"이라고 합니다. 우리 마음으로 말하면 "괴병"은 앞에서 말한 바 있는 "천심부동(天心不動)"입니다. 우리의 마음이 움직이지 않는 것이지요. 마음이 움직이

---

154 맹자는 "가욕지위선(可欲之謂善), 유저기지위신(有諸己之謂信), 충실지위미(充實之謂美), 충실이유광휘지위대(充實而有光輝之謂大), 대이화지지위성(大而化之之謂聖), 성이불가지지지위신(聖而不可知之之謂神)"이라고 하여 공부의 단계를 선(善) 신(信) 미(美) 대(大) 성(聖) 신(神)으로 구분하였다. 맹자는 호생불해라는 제자가 악정자라는 제자의 공부 수준에 대해 물었을 때 "두 가지 단계 안에 있고 네 가지 단계 아래에 있다"고 답했다. 이것은 첫 번째 단계인 선(善)과 두 번째 단계인 신(信)까지 도달했으며, 아직 그 이상의 미(美) 대(大) 성(聖) 신(神)의 네 단계에는 도달하지 못했음을 뜻한다. 그렇다면 맹자가 제시한 여섯 단계는 각각 무슨 뜻인가. 첫 번째 선(善)의 단계는 가욕(可欲)과 불가욕(不可欲)을 구분하는 경지이다. 욕구할 만한 것과 그러지 못할 것을 구분하는 경지, '해도 되는 것'과 '해서는 안 되는 것'이 무엇인지 그 가치를 구분하는 의식이 뚜렷한 단계이다. 두 번째 신(信)의 단계는 선의 가치를 자신의 내면으로부터 확신하는 경지이다. 세 번째 미(美)의 단계는 자신의 내면에서 선의 가치 의식이 충실해지는 단계이다. 네 번째 대(大)의 단계는 말 그대로 내면에서 충실해진 도덕의식이 밖으로 빛나는 경지이다. 다섯 번째는 타인을 교화하는 성(聖)의 경지이고, 여섯 번째는 성스러우면서 알 수 없는 신(神)의 경지이다. 이 여섯 단계는 도덕적 인격에 기초해서 도달할 수

지 않는 것이 가장 중요합니다. 맹자도 '부동심(不動心)'[155]을 말한 바 있습니다. 이것은 수도 공부에서 가장 중요한 것이 마음 수련임을 알려 줍니다. 물론 중점은 마음이 움직이지 않는 것에 있습니다. 북두칠성의 괴병은 한 차례 하늘을 돌면서 천체의 별을 통솔합니다. 그래서 천체의 운행을 통솔하는 기준이라는 뜻으로 "통화강뉴(統化綱紐)"라고 합니다. 이것이 바로 괴병의 요점이지요.

수도 공부의 핵심은 마음에 있습니다. 우리는 "천심이 태연하다[天心泰然]"는 말을 하는데, 이것이 곧 수도 공부의 핵심입니다. 그렇다면 천심은 왜 태연해야 할까요? 『역경』에 보이는 매우 간단한 공자의 말을 인용해 설명하겠습니다. 이 말에는 철학, 종교, 수도 공부가 모두 포함되어 있습니다. 바로 "적연부동(寂然不動), 감이수통(感而遂通)"입니다. "고요하여 움직임이 없다가 감응하여 마침내 통한다"[156]는 말이지요. 진정으로 기맥을 닦는 공부에 대해 객관적으로 공평하게 말하면 밀종이 정통 도가에 미치지 못합니다. 물론 도가에서도 방문좌도의 기맥 공부는 밀종에 미치지 못하지요. 정통 도가에서는 기맥을 수련하지 않고 상품 단법을 닦습니다. 이것은 불법의 상품 선법(禪法)과 유사합니다. 마음을 안정되게 오래 함양하는 것입니다. 마음을 고요하게 오랫동안 함양하면 기기(氣機)가 자연히 펼

있는 경지로서, 종교에서 말하는 성(聖)과 신(神)의 경지를 도덕적 관점에서 제시했다는 것이 특이하다. 유교의 도덕은 단순히 사회적 약속이나 규범을 초월한 인격의 내성(內聖)적 차원이 존재한다는 것이고, 이러한 내성적 초월적 차원은 수양 공부를 통해 도달할 수 있다. 공자가 자신의 일생을 십오 세에 학문에 뜻을 두는 '지우학(志于學)'으로부터 칠십 세에 마음대로 해도 법도를 어기지 않는 '종심소욕불유구(從心所欲不踰矩)'의 경지에 도달했다고 말한 것과 대비할 수 있다.

155 『맹자』「공손추」상 제2장. "맹자가 말했다. 아니다. 나는 사십에 부동심의 경지에 이르렀다〔孟子曰 否 我四十不動心〕."

156 『역경』「계사전」상. "역은 생각이 없고 함이 없어 고요하여 움직임이 없다가 감응하여 마침내 천하의 연고를 통하니, 천하의 지극히 신묘한 자가 아니면 그 누가 이에 참여하겠는가〔易无思也 无爲也 寂然不動 感而遂通天下之故 非天下之至神 其孰能與於此〕."

쳐져 기맥이 저절로 통합니다. 그래서 마음을 안정되게 하고 고요히 움직이지 않게 하는 것이지요.

효상은 안에서 움직이고 길흉은 밖에서 일어난다.

爻象內動, 吉凶外起.

"효상내동(爻象內動)"은 역시 『역경』의 내용입니다. 왜 효를 말할까요? 후천에서 쓰는 것은 육효뿐입니다. 도가의 조사들은 참으로 놀랍습니다. 과학이 이렇게 발달한 오늘날에 이르러서도 성학(聲學), 광학(光學), 전기학, 화학, 물리학 등 어느 학문을 막론하고 모두 육위(六位)만 있을 뿐 칠위는 없습니다. 불가에서도 육근(六根)을 말할 뿐입니다. 안이비설신의(眼耳鼻舌身意) 육근이 색성향미촉법(色聲香味觸法)의 육경(六境)에 대해 마음을 안정되게 길러서 적연부동하게 하는 것이지요.[157]

이 부동심의 단계가 어정의 요점이요 기초 공부입니다. 이 공부를 하면 자기 스스로 끊임없이 새로운 생명을 기를 수 있습니다. 이 단계의 수도 공부가 충분하지 않으면 기맥을 통하고 신선을 이루는 경지는 생각도 할 수 없지요. "효상은 안에서 움직인다"는 말은 정좌 공부를 하는 도중에 어떤 소리를 듣거나 눈앞에서 빛을 느끼는 것을 말합니다. 이것은 색음(色陰)이 움직이는 경계로서 단지 자기 마음이 움직이는 것뿐인데, 마치 자신이 득도라도 한 것처럼 착각할 수 있습니다.

"길흉외기(吉凶外起)", 길흉은 밖에서 일어납니다. 이것은 수도 공부가

---

157 불교에서는 육근, 육경, 육식을 십팔계(十八界)라고 한다. 육근은 감각 기관인 '안이비설신'과 감각을 통합하여 사유 작용을 하는 '의'를 합친 것이고, 육경은 육근의 인식 대상인 '색성향미촉법'을 가리킨다. 육식은 육근과 육경이 결합하여 발생하는 여섯 가지 감각 및 의식을 나타낸다.

잘될지 잘못될지를 결정하는 관건이므로 반드시 잘 알고 지혜롭게 대처해야 합니다. 구체적으로 말하면 여러분 마음이 적연부동하면 공부가 크게 진보하겠지만, 마음이 한 번 움직이면 몸의 기맥도 함께 요동치게 되어 이후로는 마음도 기맥을 따라 흔들립니다. 이렇게 되면 공부가 성공하기는 극히 어렵습니다.

마음이 움직이면 기맥이 모두 변한다

오위(오행)가 복잡하게 변화함에 따라 그때에 응해서 감응하여 움직인다.

五緯錯順, 應時感動.

"길흉외기(吉凶外起)"에 따라 "오위착순(五緯錯順)"이 이루어집니다. "오위(五緯)"란 금목수화토 오행인데, 이 오행을 내장에 대입하면 심장(＝火), 간장(＝木), 비장(＝土), 폐장(＝金), 신장(＝水)입니다. 즉 오행의 변화에 따라 내장도 따라서 종착(綜錯)을 일으키는 것입니다. 이른바 "착순(錯順)"이란 옳고 그름의 의미가 아니라 서로 삽입되어 엇갈리는 상착(相錯)을 말합니다. 오행이 서로 끼어들어 교란하니 안팎의 상황이 모두 변하는 것입니다.

"응시감동(應時感動)", 생각이 한 번 동하면 기도 움직여 몸과 마음이 모두 변합니다. 그러므로 수도 공부의 첫걸음은 무엇보다 마음을 부동(不動)의 경지로 안정시키는 것입니다. 『대학(大學)』에서는 그것을 다음과 같이 말했습니다. "알고 멈춘 후에야 정함이 있고, 정한 후에야 고요할 수 있다 [知止而后有定, 定而后能靜]."[158] 마음을 고요히 하여 움직임이 없는 무위(無爲)의 도(道)를 이루는 것은 참으로 어렵습니다. 한 번이라도 움직이면 곧

"응시감동(應時感動)" 해서 마음이 움직이기 때문입니다.

"응시감동" 해서 마음이 움직이게 되면 그 이후는 어떨까요? 이어지는 원문이 그것을 말해 줍니다.

이십팔수의 천문 성좌들이 서로 떠나고 흔들리게 된다.

四七乖戾, 誃離俯仰.

"사칠(四七)"이란 이십팔수(二十八宿)를 가리킵니다. 중국의 천문학은 서양의 천문학과 달리 하늘의 무수한 별을 정치의 조직 체계로 만들었습니다. 바꾸어 말하면 중국의 정치 철학 사상과 정치 체제는 천문학에 근거하고 있다는 것이지요. 그래서 중국의 천문학은 하늘에 가득한 별을 삼원(三垣)과 이십팔수로 만들었습니다. 중앙에는 황제가 머무는 삼원(三垣)인 자미원(紫微垣), 태미원(太微垣), 천시원(天市垣)이 있고 바깥에는 제후인 이십팔수가 나열되어 있습니다. 서양 천문학도 사자자리〔獅子座〕, 처녀자리〔天女星座〕, 양자리〔白羊座〕, 물병자리〔寶甁座〕 등 이십여 개의 별자리를 말합니다. 그런데 동양과 서양의 천문학은 관념이 완전히 다릅니다. 중국 문화에서 말하는 하늘과 인간은 하나라는 천인합일(天人合一)의 관념은 서양적 사유와는 다른 것입니다.

중국 문화를 제대로 이해하려면 무엇보다 먼저 천문학을 이해해야 합니다. 『사기』「천관서」부터 읽어서 별자리 구분부터 분명히 해야 합니다. 중

---

158 『대학』 1장에 "知止而后有定, 定而后能靜, 靜而后能安, 安而后能慮, 慮而后能得"이라는 구절이 나온다. 이 구절은 "그칠 곳을 인지한 후에 나아갈 방향을 정할 수 있고, 방향을 정한 후에 고요할 수 있다"라고 해석한다. 하지만 저자는 『대학 강의』(2014)에서 통상적 해석과 달리 '知'와 '止'를 각기 수양의 한 단계로서 순차적으로 설명한 점에 비추어 여기서도 그에 준해 풀이하였다.

국의 천문학은 인체, 의약, 수도 공부, 정치 등과 모두 연관되어 있습니다. 사실 오늘날의 중국 천문학은 낙후되어 있지만 고대의 천문학은 매우 탁월하여 세계적으로 유래가 없을 정도였습니다.

앞에서 말한 "효상내동(爻象內動)"은 마음이 흔들리면 신체의 기맥도 변화한다는 뜻이었습니다. "사칠괴려(四七乖戾)" 즉 이십팔수가 어지럽게 움직이면 역시 인체의 기맥 전체가 어지러워집니다. 그렇기 때문에 방문좌도에 기울거나 소위 전도하거(轉倒河車)라고 하는 채음보양(採陰補陽)의 술법에 빠진 사람들은 정액이 나오려고 할 때 억지로 참아서 내보내지 않고 독맥을 따라 위로 돌리기를 시도합니다. 그러나 조심해야 합니다. 대소변 중독은 정말 무섭거든요. 이때야말로 정말 위험한 순간입니다. 무협소설에 나오는 주화입마(走火入魔)가 바로 이런 것으로 "치리부앙(誃離俯仰)"은 바로 이런 상황을 의미합니다.

그래서 『참동계』에서는 우리의 수도 공부가 정통의 길을 가야 한다고 강조합니다. 신체의 기맥이 동하거나 혹은 어떤 경계가 닥칠 때 우리 마음이 잘못되면 그 경계와 함께 휩쓸릴 수 있습니다. 마음도 경계에 이끌려 요동하게 된다는 것이지요. 그러면 어떻게 해야 할까요?

문창성이 생사의 기록을 통솔하고 태보를 힐책한다.

文昌統錄, 詰責台輔.

이것은 중국의 정치 철학과 천문 철학 및 인문 철학이 합쳐진 것인데, 만약 잘못 갔다면 이 심군(心君) 즉 황제가 혼군(昏君)으로 변합니다. 우리의 마음이 미혹되는 것입니다. 이때 가장 중요한 것은 문창제군(文昌帝君)입니다. "문창(文昌)"이란 후세에서 말하는 문창제군이 아닙니다. 그러면 진정한 문창제군은 무엇일까요? 바로 남극성(南極星) 즉 지혜와 수명을 관

장하는 문창제군을 가리킵니다.

북두칠성은 죽음을 관장합니다. 그래서 여러분이 소설을 읽어서 알다시피 제갈공명은 자신의 죽음이 임박한 것을 알고 북두칠성에게 제향(祭享)을 지내고 경배를 했습니다. 이 방법은 도가에서 유래한 것입니다만 밀종에도 유사한 방법이 있습니다. 서장 밀교인 장밀(藏密)이 아니라 당나라 때 시작된 동밀(東密)[159]에 있습니다. 사실 제갈공명 시대에도 북두칠성에 경배하고 기도하는 법이 있었는지는 알 수 없지요. 왜냐하면 『삼국연의(三國演義)』는 원말 명초의 작품이기 때문입니다.

제가 어렸을 때는 모두 북두칠성이 보이면 바로 절을 할 줄 알았습니다. 인간의 죽음을 북두칠성이 관장한다고 생각했기 때문이지요. 남극노인성은 장수를 관장한다고 생각했습니다. 만약 남극의 선옹(仙翁)이 인간의 생사를 기록한 생사부(生死簿)에서 여러분의 이름을 지워 버리고 북두칠성에 통보하면 여러분은 영원히 죽지 않게 된다는 것이었지요. 남극노인성은 또한 지혜도 관장한다고 했습니다. 남극 선옹을 그린 초상화를 보면 머리가 유독 솟아올라 있습니다. 두뇌가 특히 발달했다는 상징이지요. 남극 선옹의 뇌는 어떻게 해서 그렇게 발달할 수 있을까요? 바로 환정보뇌(還精補腦)의 수련 공부 때문입니다. 환정보뇌 수련에 성공하면 정수리가 불쑥 솟아오르게 됩니다. 바로 정기신이 변화해서 이루어진 것입니다.

중국에는 신선을 그린 그림이 많은데, 어떤 그림은 신선이 발밑에 자라와 소라, 고둥을 밟고 한쪽 눈으로만 앞을 봅니다. 이것이 바로 도가의 수련법으로 "한쪽 눈으로 건곤을 본다[隻眼看乾坤]"는 것입니다. 정좌해서 한쪽 눈을 지그시 뜨고 우주의 빛을 모두 자신의 몸속으로 흡수해 받아들

---

[159] 일본 불교의 진언종(眞言宗)을 가리킨다. 일본 승려인 공해(空海) 법사가 당나라에서 밀교를 배운 후 일본에 돌아가서 전파했다.

이는 것이 장수의 수련 비법 중 하나입니다. 이 수련법은 대단합니다. 여러분이 이 방법을 잘 알게 되면 보약을 먹는 것처럼 몸을 잘 보신할 수 있습니다. 전설의 신선인 유해섬(劉海蟾)은 세 개의 동전을 사용해서 바다 속 두꺼비를 잡았다고 하는데, 이것도 일종의 수련법을 상징합니다. 이런 수련법이 바로 "문창통록(文昌統錄), 힐책태보(詰責台輔)"입니다. 심군(心君)이 혼미해진 것을 지혜의 상징인 남극 성군(星君)에 의지해 다시 수련해서 보완한다는 뜻이지요.

조정의 백관유사들이 각각 소속된 부서에서 책임을 맡고 일한다.

百官有司, 各典所部.

우리가 공부를 하면서 첫 번째로 해야 할 것은 『대학』에 나오는 성의(誠意)와 정심(正心)입니다. 마음을 어떻게 다스려야 정심(正心)이 될 수 있을까요? 뜻(意)은 어떻게 해야 정성스럽게 될까요? 『참동계』에는 단지 원리만 있지 구체적 방법은 나와 있지 않습니다. 그러므로 선(禪), 도(道), 노장(老莊), 유가(儒家)를 종합적으로 연구해야 비로소 완전해질 수 있습니다. 지금까지는 『참동계』의 원리만 설명했으나 이후로는 젊은 분들이 요청한 대로 『참동계천유』의 주해 요점을 비교적 상세히 풀이하면서 설명하겠습니다.

핵심은 수심양성

지금부터는 『참동계』 본문과 함께 그 주해인 『참동계천유(參同契闡幽)』(이하 『천유闡幽』로 줄임)의 문장도 설명하겠습니다. 앞의 『참동계』 제5 군신

어정장(君臣禦政章)을 『천유』는 다음과 같이 설명하고 있습니다.

"이 절은 어정으로 화후를 설명하였다. 수도 공부의 초보 단계에서는 세심하고 신중하게 해야 하니 화후의 요점은 처음부터 마지막까지 철두철미 조심해야 한다. 항상 위험한 상황을 생각하고 방비하기를 마치 군주가 정치를 하듯이 해야 한다."

(此節以禦政喩火候, 戒當愼其初基也, 火候之要, 徹首徹尾, 防危慮險, 無一刻不宜愼, 若人君禦政然)

"차절이어정유화후(此節以禦政喩火候)", 제5 군신어정장의 첫 번째 단락은 어정의 관념으로 화후를 비유해 설명했습니다. "계당신기초기야(戒當愼其初基也)", 수도 공부는 성의(誠意) 정심(正心)의 기초 공부가 제대로 이루어지도록 처음부터 신중하고 조심해야 합니다. "화후지요(火候之要), 철수철미(徹首徹尾)", 화후의 가장 중요한 점은 시작부터 끝까지 철저히 조심하는 것인데 이것이 "방위려험(防危慮險)"이라는 네 글자의 뜻입니다. 우리는 인간으로서도 이 네 글자를 기억해야 하는데 현재 우환(憂患) 의식이라고 말하는 것이 바로 "방위려험"입니다. 그러므로 "무일각불의신(無一刻不宜愼)" 즉 언제나 몸가짐이나 행동을 삼가야 합니다. "약인군어정연(若人君禦政然)", 마치 황제가 되어 정치를 관리하는 것과 같은 삼가고 신중한 마음을 가져야 한다는 것입니다.

"그리고 무엇보다도 그 기초를 삼가서 조심해야 하니, 금단의 대도는 천심을 주로 하며 정기를 작용으로 삼는다."

(而尤當致謹其初基, 蓋金丹大道以天心爲主, 精氣爲用)

"이우당치근기초기(而尤當致謹其初基)", 수도 공부를 시작할 때는 처음 한 걸음을 주의해야 하고, "개금단대도이천심위주(蓋金丹大道以天心爲主)" 즉 금단을 닦는 도는 천심을 중심으로 해야 합니다. 여기서 말하는 천심 (天心)이란 무엇일까요? 바로 잡념이 없는 깨끗한 마음 즉 청정심(淸淨心) 이 천심입니다.

도가에는 글자 수가 사백여 자밖에 안 되지만 그 내용이 매우 뛰어난 『청정경(淸淨經)』이라는 경전이 있습니다. 여러분이 불법을 공부하든 도를 닦든 개의치 말고 모두 이 책을 보는 것이 좋습니다. 『청정경』은 불가의 『반야심경』과 견줄 정도이지만 학술적으로 말하면 미안하지만 『반야심경』 을 본뜬 것입니다. 『청정경』에는, "사람이 항상 (마음을) 청정하게 할 수 있 다면 천지가 모두 사람에게 돌아온다(人能常淸靜, 天地悉皆歸)"는 말이 있 습니다. 사람이 늘 청정할 수 있다면 천지의 힘이 그 사람의 생명으로 돌 아온다는 것입니다. 그러므로 일념의 청정이 이처럼 중요한데 이것은 불 가에서 말한 공리(功利)에 비할 수 있습니다. 불가에서는 모든 것이 다 공 (空)하다고 합니다. 그런데 누가 공(空)을 좋아하겠습니까? 마치 우리가 장사를 할 때처럼 누가 빈털털이가 되고 싶겠습니까? 도가는 밑지는 장사 를 하지 않는다고 우리의 마음을 사로잡습니다. 마음만 청정하면 "천지가 모두 사람에게 돌아온다(天地悉皆歸)"는 말은 한푼밖에 투자하지 않았는데 수만금의 이익이 생긴 것과 같지 않습니까!

주의하셔야 합니다. 이 주해는 매우 중요합니다. "천심을 주로 한다(以天 心爲主)"는 말은 곧 수도 공부의 핵심은 마음을 닦음으로써 본성을 기르는 것을 위주로 하는 수심양성(修心養性)이라는 것입니다. "정기를 작용으로 삼는다(精氣爲用)"는 말은 정기(精氣)를 닦아 기맥을 통하는 것은 도(道)가 아니라, 단지 수도 공부를 돕는 작용에 지나지 않는다는 사실을 주의해야 한다는 것입니다.

"바로 군주가 신하를 부리는 것과 같으므로 어정이라고 하였다."

(正猶人主之統禦其臣下也, 故曰禦政)

그러므로 이 편의 제목을 "어정"이라고 했다는 말입니다.

"수도 공부를 하는 사람이 입실의 단계가 시작될 때 일양이 처음 발동하는 것을 수경이라고 한다."

(學人入室之始, 一陽初動謂之首經)

"학인입실지시(學人入室之始)", 수도 공부를 시작하는 것을 도가에서는 입실(入室)이라고 합니다. 폐관(閉關)하여 수도에 전념하는 것입니다. 도가와 선종에서는 폐관할 때는 방 안에 아무것도 두지 않습니다. 심지어 불경이나 도서(道書)도 없습니다. 염불을 하거나 부처님께 절도 올리지 않습니다. 정좌 수도만 할 뿐입니다. 염불을 하거나 절을 한다면 폐관이라고 할 수 없습니다. "일양초동위지수경(一陽初動謂之首經)", 일양이 처음 발동하는 곳, 만물이 아직 생겨나지 않은 때는 일념도 일어나지 않은 단계로 수련의 첫걸음을 말합니다. "위지수경(謂之首經)", 첫 번째 원리를 의미합니다. 일양이 발동할 때 주의하는 것이 수도 공부의 첫 번째 원리라는 뜻입니다.

"군주가 왕위에 즉위한 처음에 정삭을 고쳐 원년이라고 하는 것과 같으니, 앞의 제4장에서 '원년은 싹이 트는 것이다'고 한 말이 그런 뜻이다. 그러므로 위백양 진인은 (제5장에서) '신중하지 않을 수 있겠는가!'라고 탄식한 것이다."

(譬若人君卽位之初, 更改正朔謂之元年, 上章元年乃芽滋, 卽其義也, 故仙翁喟然發端曰可不愼乎)

새로 황제가 즉위하면 그해를 그 황제의 원년(元年)이라고 하고 연호(年號)[160]를 개정하는 것과 같이, 수도 공부에서 처음 일양이 발동하는 것을 신중하게 관찰해야 한다는 뜻입니다. 『천유』는 이어서 다음과 같이 설명합니다.

"어정의 첫 번째 요점은 미밀을 철저히 관리하는 것이다. 즉 마음을 고요하게 해서 내면을 철저히 지켜 주변을 둘러싸고 관문을 닫는 것이다."

(禦政之首, 管括微密者, 卽靜而內守, 環匝關閉之意)

이것은 『참동계』 제5장 "어정지수(禦政之首), 관괄미밀(管括微密)"의 의미를 "정이내수(靜而內守), 환잡관폐지의(環匝關閉之意)"라고 풀이한 것입니다. 환잡(環匝)은 주변을 둘러싼다는 뜻입니다. 따라서 "정이내수, 환잡관폐지의"는 고요히 내면을 지키고 주변을 둘러막고 관문을 닫는다는 의미로, 안이비설신의 육근을 외부 대상과 단절시킨다는 것입니다. 이것은 선종의 달마 조사가 전한 심법(心法)과 같습니다. 안팎을 닫아 외부의 경계에 상관없이 마음이 움직이지 않는 것이 "환잡관폐지의"라는 말입니다.

"'펼쳐서 자신의 보물을 드러내면' 기맥이 발동할 때 즉시 응하되, 천심으로 순응의 뜻을 발호한다."

(開舒布寶, 卽動而應機, 發號順應之意)

---

160 연호를 개정한다는 것은, 예를 들어 조선의 고종이 1897년에 황제를 칭하고 광무(光武)라는 연호를 제정한 것과 같다. 고종은 조선이 더 이상 정치적으로 청나라에 예속되지 않음을 선포하는 의미에서 황제의 지위에 오르고 연호를 제정하여, 그해를 광무 원년이라고 한 것이다. 이렇게 황제의 지위에 올라 원년을 정하는 것을 칭제건원(稱帝建元)이라고 한다.

"개서포보(開舒布寶), 즉동이응기(卽動而應機)"는 기맥이 발동하는 것입니다. "발호순응지의(發號順應之意)", 이때는 마음(=천심)이 그것을 알아채고 고요히 관조하고 움직이지 말아야 합니다. 마치 불가의 『반야심경』에서 "오온이 모두 공함을 비추어 보는" 것과 같습니다. 다만 바라보기만 할 뿐 움직이지 말아야 하고, 늘리거나 줄이지도 말아야 합니다. 만일 여러분이 한 번이라도 도와주면 그 기맥은 끝장나 버립니다. 그것을 줄여서도 안 된다는 것이 "발호순응지의"입니다.

"괴병은 곧 두표[161]이다. 두는 하늘의 후설(핵심)과 같으니 원화를 짐작한다."
(魁柄卽是斗杓, 斗爲天之喉舌, 斟酌元化)

"괴병즉시두표(魁柄卽是斗杓), 두위천지후설(斗爲天之喉舌), 짐작원화(斟酌元化)", 괴병(魁柄)은 북두칠성의 두병(斗柄)으로서 모든 명령을 내리고 주관합니다. 괴병이 모든 별의 운행에 기준이 되듯이 몸에서 기혈이 발동할 때 천심을 기준으로 삼아 발동하지 못하게 조절한다는 뜻입니다.

---

161 괴병(魁柄)은 정치에서 대권(大權)을 상징한다. 두표(斗杓) 역시 정치적 리더, 영도자를 상징한다. 한편 중국 천문학에서 괴병 두표는 북두칠성과 관련된다. 북두칠성의 명칭은 한대의 위서(緯書)인 『춘추운두추(春秋運斗樞)』에 다음과 같이 나온다. "第一天樞, 第二天璇, 第三天璣, 第四天權, 第五玉衡, 第六開陽, 第七瑤光. 第一至第四爲魁, 第五至第七爲杓, 合而爲斗." 즉 북두칠성의 명칭은 두구(斗口)에서 두표(斗杓)까지 순서대로 보면 천추(天樞) 천선(天璇) 천기(天璣) 천권(天權) 옥형(玉衡) 개양(開陽) 요광(瑤光)이다. 앞의 별 네 개는 두괴(斗魁)라 하는데 일명 선기(璇璣)라고도 한다. 뒤의 별 세 개는 두표(斗杓)라고 한다. 천추 천선 천기 천권 등 칠성의 몸통을 형성하는 네 개의 별은 괴(魁)라고 하고, 나머지 세 개의 별은 칠성의 자루 즉 두병(斗柄)를 이루는데 표(杓)라고 한다. 북두칠성은 계절과 시간의 변화에 따라 하늘에서 각각 다른 방향을 가리킨다. 그래서 고대인들은 초저녁에 두병(斗柄)이 가리키는 방향을 기준으로 계절과 시간을 결정했다. 예를 들어 두병이 동쪽을 가리키면 봄, 남쪽을 가리키면 여름, 서쪽을 가리키면 가을, 북쪽을 가리키면 겨울이다. 『참동계천유』에서는 북두칠성의 괴병과 두표를 구분하지 않고 모두 천체 운행의 기준이 된다는 의미로 썼다.

"우주의 운행을 통섭하는 것이 마치 그물에 벼리가 있고 옷에 띠가 있는 것과 같으니, 이것은 우리 몸의 천심이 실로 우주 변화의 강령이라는 것이다."

(統攝周天, 若網之有綱, 衣之有紐, 是爲要道, 喩吾身天心, 實爲萬化之綱領)

수도 공부는 마음이 일어나고 생각이 움직이는 것을 닦는 것으로, 마음이야말로 도의 근본이요 가장 중요한 부분이라는 말입니다. 기맥 수련에 앞서 마음을 청정하게 해야 한다는 뜻이지요.

"단도의 작용은 오로지 천심의 운행에 달려 있으니, 이는 하늘의 별들이 북두칠성을 중심으로 운행하는 것과 같다. 그러므로 (참동계에서) '요점은 북두칠성이 움직이지 않고 천체 운행의 기준이 되는 것이다'라고 하였다. 천심이 모든 변화의 주체이므로, 마음이 동하여 정당하면 길하지 않음이 없을 것이고, 동하여 삿되면 흉하지 않음이 없을 것이다."

(丹道作用, 全仗天心幹運, 斗柄推遷, 故曰, 要道魁柄, 統化綱紐, 天心旣爲萬化綱紐, 動而正則罔不吉, 動而邪則罔不凶)

단도 수련이 오직 마음에 달려 있다는 것은 마치 하늘의 별들이 북두칠성을 중심으로 운행하는 것습니다. 따라서 마음을 일으키고 생각이 움직여서 바르면 "망불길(罔不吉)" 즉 길하지 않음이 없고, 그 반대이면 "망불흉(罔不凶)" 즉 흉하지 않음이 없습니다. 『천유』는 다시 공자의 말인 「계사전」을 인용하여 다음과 같이 말합니다.

"'효가 안에서 발동하면 길흉이 밖으로 드러난다'는 것이 그런 뜻이다."

(爻象動乎內, 吉凶見乎外, 卽其義也)

"효상동호내(爻象動乎內), 길흉견호외(吉凶見乎外)", 여기에서 효(爻)는 마음을 상징합니다. 그러므로 마음이 움직이는 데에 따라 길흉이 결정된다는 의미입니다.

"역경에서 효상이라고 하는 것은 천문학에서는 성상 즉 별자리의 모습이라고 한다. 천체에는 삼원이 있는데, 자미원은 북극성이 있는 곳으로 가장 안쪽에 있고, 태미원은 그다음이고, 천시원은 그다음에 위치한다. 즉 자미원, 태미원, 천시원을 삼원이라고 한다. 이 삼원을 중심으로 금목수화토의 오위와 이십팔수의 경성이 밖을 돌면서 운행한다."

(在易爲爻象, 在天卽爲星象, 天有三垣, 紫微垣爲北極之所居, 最處乎內, 太微垣次之, 天市垣又次之, 由是金木水火土之五緯, 倂二十八宿之經星, 環布於垣外)

"재역위효상(在易爲爻象)", 역경에서는 효상이라고 부르고 "재천즉위성상(在天卽爲星象)", 중국 천문학에서는 성상이라고 부릅니다. "천유삼원(天有三垣)", 중국 천문에서는 삼원으로 나눕니다. "자미원위북극지소거(紫微垣爲北極之所居), 최처호내(最處乎內), 태미원차지(太微垣次之), 천시원우차지(天市垣又次之)." 자미원, 태미원, 천시원을 삼원이라고 합니다. "유시금목수화토지오위(由是金木水火土之五緯), 병이십팔수지경성(倂二十八宿之經星), 환포어원외(環布於垣外)." 이 삼원으로부터 금목수화토의 다섯 개별과 이십팔수의 경성(經星)이 삼원 밖에서 운행하며 펼쳐져 있습니다.

주운양 조사는 왜 이렇게 분명하게 인용해서 설명했을까요? 이런 천문학은 중국의 의학, 침술, 안마(按摩), 기맥과 깊이 연관되어 있습니다. 이른바 십이경맥이니 기경팔맥이니 하는 것은 모두 별자리와 대응합니다. 물론 점혈 역시 천문학에서 유래한 것입니다. 인체의 기혈(氣血)은 자시,

축시, 인시, 묘시 등 천문의 운행 변화에 따라 위치하는 경맥과 혈도 역시 변화합니다. 시간이 바뀌면 혈도, 기맥 역시 다른 위치로 흘러서 운행하지요. 이것은 사실입니다. 이에 근거해 옛날 의사들은 환자가 언제 병이 생기고 언제 회복될지 혹은 언제 죽을지를 예측했습니다. 모두 천문학의 원리에 근거한 것입니다. 점혈법은 오늘날에는 더 이상 전해지지 않습니다. 완전히 단절되었지요. 중국 고대의 수많은 학문이 전해지지 않은 것은 참으로 애석한 일입니다.

점혈은 사람을 움직이지 못하게 하고 치명적인 타격을 가할 수 있지만, 그 원리를 이용하면 사람의 생명을 구할 수도 있습니다. 침을 사용하지 않고 손가락 끝으로 누르기만 해도 질병을 낫게 할 수 있지요. 그래서 옛날 의사들은 모두 천문학을 공부했습니다. 지금은 천문학을 전혀 공부하지 않아도 중의사가 될 수 있다니 안타까운 일입니다. 문창제군의 지혜가 우리를 도와주기를 바랄 밖에요.

제28강

연단의 초보

중국 고대 천문학은 말하기 시작하면 한도 끝도 없습니다. 도가에서는 북두칠성을 인체에 비유하여 전면의 별 세 개는 두표(斗杓) 즉 국자의 자루로서 인체의 심장에 해당한다고 합니다. 또 다른 비유는 북두칠성을 위로부터 아래로 내려오는 것으로 보면 두표는 인체의 두 눈에 해당합니다. 그래서 도가의 많은 책에 앉아 있는 도사의 머리 위로 아기가 출현하는 그림을 넣었습니다. 수많은 사람이 이것을 보고 필사적으로 머리 위에 아기가 출현하는 것을 관상(觀想)하는 수련을 했지요.

그런데 아기가 있다면 젖도 먹여야 하고 똥도 싸야 하는데 머리 위에서 어떻게 합니까? 아기가 머리 위에 출현하는 것은 진짜가 아니고 하나의 비유입니다. 『성명규지(性命圭旨)』라는 책에는 한 사람이 정좌하고 있고 그 앞에는 검(劍) 한 자루를 땅에 꽂는 그림이 있습니다. 어떤 학파에서는 검은 두 자루를 꽂는다고도 합니다. 그런데 이런 그림도 모두 비유로, 검(劍)은 두 눈을 상징합니다. 두 눈을 내면으로 돌려서 단전에 집중하는 수

런법입니다. 여기에도 천문학이 응용되지요.

"이것은 인간의 천군(마음)이 망동하면 감각 기관인 오관이 오류를 범하고 모든 혈맥과 기맥이 들끓고 치달리게 되니, 소위 터럭만큼의 차이로 단을 이루지 못하는 것이다."

(此喩人之天君妄動, 則五官錯謬, 百脈沸馳, 所謂毫髮差殊不作丹者也)

이 문장 끝에 나오는 "호발차수부작단자야(毫髮差殊不作丹者也)"는 매우 유명해서 다른 책에도 많이 인용됩니다. 이것은 도가 단경의 비결에 속하므로 특별히 주의해야 합니다. 바로 마음이 털끝만큼이라도 움직이면 연단(煉丹)에 실패한다는 뜻이지요. 연단이란 장생불로의 수련인데, 마음이 조금이라도 흔들리면 단을 성취하지 못하고 어지럽게 흩어집니다.

"천상이 어그러지게 변화하고 항상 됨을 잃은 책임을 여러 별들에게 돌릴 수 없다. 군주의 정치적 실책 역시 백관에게 책임을 물을 수 없다. 유사에게는 각각 주관하는 자가 있으니 누가 주관하는가. 하늘은 문창과 태보이다. 문창은 자미원 중의 대광 여섯 별로서 남극 통성이라고 하니 인간의 수명을 관장한다."

(天象乖變失常, 不可責之衆星. 人君禦政失宜, 亦不可責之百官. 有司各有主者. 孰爲主者, 在天則文昌台輔. 文昌卽紫微垣中戴筐六星, 號南極統星, 錄人長生之籍)

"남극통성(南極統星)"이란 앞에서 인간의 수명을 관장한다고 한 남극 선옹을 가리킵니다. 중국인은 장수를 기원할 때 도관에 가서 기도를 하거나 축원을 합니다. 이때 수명을 관장한다고 하는 수성(壽星)에게 모두 기도하는데 이 수성이 바로 남극노인성입니다.

"태보는 원 가운데 삼태와 사보의 존귀한 별이다. 삼태는 삼재에 상응하고 사보는 사상에 상응하니, 각각 자리에 위치하여 북극성을 둘러싼다. 하늘에 문창성이 있는 것은 군주에게 육부가 있는 것과 같고, 하늘에 태보가 있는 것은 군주에게 상신이 있는 것과 같다. 상신이 제주를 둘러싸고 보좌하여 음양을 다스리고, 육부는 따라서 그것을 봉행하니 백관유사들은 힐책하기 전에 자연히 각각 부서에 종사한다."

(台輔卽垣中三台四輔尊星. 三台以應三才, 四輔以應四象, 各居其方, 環拱北極. 天之有文昌, 猶人君之有六部也. 天之有台輔, 猶人君之有相臣也. 相臣夾輔帝主, 燮理陰陽, 六部從而奉行之, 則百官有司, 不待詰責, 自然各典所部矣)

"태보(台輔)"는 "원중(垣中)" 즉 삼원(三垣)의 한가운데라는 말입니다. "삼재(三才)"는 천지인(天地人)을 가리키고, "사상(四象)"은 태양(太陽) 태음(太陰) 소양(少陽) 소음(少陰)을 말합니다. 즉 "삼태(三台)"[162] "사보(四輔)"[163] 등의 별이 각각 자기 자리에서 북극성을 중심으로 둘러싸고 도는 현상을 표현한 것입니다. 천체에 문창성(文昌星)이 있는 것은 인간 사회에서 군주에게 육부(六部)의 대신들이 있는 것과 같고, 천체에 태보(台輔)가 있는 것은 인간 사회에서 군주에게 재상이 있는 것과 같습니다. 재상이 군주를 보좌해서 음양을 다스리면 육부(六部)가 명을 따라서 받들고, 이에 의해서 백관과 유사들이 자연히 각각 맡은 일을 하게 된다는 뜻이지요. 이로써 앞에서 강조했던 마음이 주관하면 신체의 각 장부가 따라서 작용한

---

162 삼태는 삼능(三能)이라고도 하며 모두 여섯 개의 별이다. 태미원에 속하며 상태(上台) 중태(中台) 하태(下台)로서 각각 두 개의 별을 갖고 있다.

163 사보는 별의 이름으로 북극성을 둘러싼 네 개의 별을 가리킨다.

다는 것을 천체의 성상(星象)으로 상징합니다.

"단을 수련할 때 마음이 가운데 위치해서 밖의 작용을 조절하는 것과 같다는 비유이다. 괴강이 앉아서 진압하면 두표가 돌고 돌아, 한 번 수가 작용하면 한 번은 화가 작용하여 조화가 마땅함을 얻는다."

(譬若作丹之時, 心君處中以制外, 魁罡坐鎭, 斗杓幹旋, 一水一火, 調燮得宜)

"비약작단지시(譬若作丹之時)", 이제 연단(煉丹)을 이야기하겠는데 무엇을 결단(結丹)이라고 할까요. "심군처중(心君處中)", 마음이 움직이지 않는 것입니다. 그래서 "이제외(以制外)" 즉 기주맥정의 경지에 도달합니다. 기주맥정이란 호흡이 멈추어 한층 깊은 청정의 경지에 이르러 혈액의 흐름이 고요해지고, 심전도를 측정하면 평평하게 흐르다가 어쩌다 한 번 움직이는 정도입니다.

"괴강좌진(魁罡坐鎭), 두표알선(斗杓幹旋), 일수일화(一水一火), 조섭[164] 득의(調燮得宜)", 우리가 정좌를 제대로 잘하면 심신이 청정해지고 신체가 건강해집니다. 정수리로부터 마치 수액이 내려오듯이 입안에는 향기롭고 시원하며 단맛의 침이 가득 차게 됩니다. 이 진액을 삼키면 장수하고 질병을 낫게 할 수 있지요. 더욱이 여성들이 이런 수련을 하면 입안에 침이 가득 고이면서 얼굴이 빛나고 더욱 아름다워집니다. 이것을 옥액환단(玉液還丹)이라고 합니다. 옥과 같은 타액이 단전에 내려가서 단을 형성한다는 것입니다. 이 옥액환단을 먹으려면 혀끝을 가볍게 세워서 한 모금 마시고, 단전에 도달하면 가만히 멈추었다가 전신에 퍼지게 합니다. 음식물을 먹을 때처럼 꿀꺽해서는 안 됩니다. 옥액환단에서 금액환단(金液還丹)으로

---

164 조섭(調燮)은 음양의 조화라는 뜻으로 조리(調理), 조양(調養)이라고도 한다.

나아가면 더욱 깊고 신묘한 경지가 전개됩니다.

육근 대정하면 단이 응결된다

"마음을 적절하게 조섭하면 자연히 육근이 크게 안정되니 백맥이 충화하게 된다. 따라서 의념과 기맥이 조급하게 치달리는 실수가 없을 것이다."

(調得宜, 自然六根大定, 百脈沖和, 而無奔蹶放馳之失矣)

"조득의(調得宜), 자연육근대정(自然六根大定), 백맥충화(百脈沖和)"는 불가의 말로 단(丹)을 완성하는 초보적 단계를 의미합니다. 참선을 통해 안이비설신의 육근이 대정(大定)하면 마음은 육근의 경계인 색성향미촉법에 흔들리지 않는 경지가 되는 것입니다. "백맥충화"의 충(沖)이 움직이지 않아서 백맥이 화평합니다. 따라서 "이무분궐방치지실의(而無奔蹶放馳之失矣)" 즉 의념과 기맥이 조급하게 치달리는 실수가 없게 되는 것입니다. 이 경지는 연기(練基)의 공부인 결단(結丹)의 초보적 단계에 도달했을 뿐입니다. 이것을 도가에서는 '백일축기(百日築基)'라고 합니다. 그러니 도를 닦는다는 것은 결코 쉽지 않습니다.

"육근대정(六根大定)"은 예를 들어 눈으로 보면서도 보이지 않는 것으로, 다 알고 있으면서도 마음이 움직이지 않는 경지입니다. 또 귀는 모든 소리를 다 알고 있어서 불가의 관음법문은 "동과 정 두 상이 분명히 일어나지 않는다[動靜二相了然不生]"고 합니다. 『반야심경』에 보이는 관자재보살의 법문은 '관(觀)'으로부터 '조(照)'에 이르는 적연부동입니다. 이때 신체의 기맥은 두루 흐르지만 완전히 고요하여 안정된 상태를 유지합니다. 그러므로 임독이맥과 기경팔맥이 완전히 통하고 육근은 크게 안정되어 모든 맥이 부드럽고 고릅니다. 이것이 단을 완성하는 초보 경지로, 바로 "어정"이라고 하는 것입니다.

수도 공부의 첫걸음은 여기서부터 착수해서 기초를 쌓는 것입니다. 이 것을 하지 못하고 정좌만 하는 것은 아무 소용이 없습니다. 그래서 오류파에서는 생명을 걸고 신근(身根)을 지킵니다. 신근은 명근(命根)이라고도 합니다. 몸속의 정(精)을 흘려 내보내지 않고 수음(手淫)하지 않는 것은 형이하의 초보적 경지요 기초 중의 기초이지만 이 단계를 소홀히 하면 결코 단(丹)을 완성할 수 없습니다. "육근대정, 백맥충화"야말로 내단 수련과 선도를 닦는 가장 중요한 과정입니다.

이제 다시 『참동계』 본문을 보겠습니다. 앞에서 읽은 "백관유사(百官有司), 각전소부(各典所部)" 다음 문장으로 제5장 두 번째 단락입니다.

처음부터 끝까지 성공과 실패의 관건은 마음에 달렸으니, 교만하고 방탕하며 지나치고 자만하면 도에 어긋난다.

原始要終, 存亡之緒, 或君驕佚, 亢滿違道.

"원시요종(原始要終), 존망지서(存亡之緒)", 처음부터 끝까지 모든 것은 마음에 있고, 성공과 실패는 마음이 관건입니다. 이런 관점에서 보면 도가와 불가는 서로 통합니다. 불법을 배우는 사람 중에는 정통 도가를 외도로 부정하는 경우도 있는데, 그것은 잘못된 견해입니다. 모든 것이 다 깨달음의 대도(大道)이기 때문입니다.

"혹군교일(或君驕佚), 항만위도(亢滿違道)", 혹시라도 군주(=마음)가 교만하고 방탕하며 지나치고 자만하면 도에 어긋납니다. "교(驕)"는 교만함을 뜻하고 "일(佚)"은 마음을 놓고 방탕한 것으로, 마음이 움직여 중심을 잃은 것입니다. 이처럼 수도자가 '나는 공부가 됐다' '이제 도를 이루었다'는 자만심이 조금이라도 생기는 순간 공부는 망합니다. 그러므로 진정한 선인이나 부처는 겸허한 태도를 지켜 스스로 도를 이루었다고 자만하지 않습니다. "항만위도(亢滿違道)"란『역경』건괘의 "항룡유회(亢龍有悔)"[165]와 같은 말로 지나치게 높으면 도리어 나쁘게 된다는 뜻이지요.

우리가 보고 있는『참동계』제5장에서는 화후를 말하고 있으니 여러분 모두 주의해야 합니다. 앞에서 "육근이 크게 안정되면 백맥이 충화된다"고 했습니다. 그런데 육근이 안정되는 과정에서 변화가 매우 많습니다. 어느 때에 움직여야 하고 어느 때에 고요히 해야 하는지, 신선과 부처님도 이런 변화를 우리에게 상세히 전할 방법이 없었으니 여러분이 지혜롭게 대처할 수밖에 없습니다. 부처님께서는 단지 "때를 알고 양을 안다"는 뜻의 "지시지량(知時知量)" 네 글자만 전했지요. 불가의 보살계(菩薩戒)에 따르면 선정 경계에 집착하는 것도 역시 계를 범하는 것입니다. 그러니 수많은 사람이 수도 공부를 시작한다 해도 성공하는 사람은 극히 드물 수밖에 없지요. 이렇게 어렵기 때문에 지혜롭게 대처해야 하는 것입니다.

"혹군교일, 항만위도"는 기맥의 화후가 지나치게 왕성하면 양이 극하여 음이 발생하는 과정을 가리킵니다. 이 과정에서는 응용하기가 매우 어려운데, 불학에서는 그것을 대치법문(對治法門)이라고 합니다. 여러분이 신선전(神仙傳)을 읽으면 중국의 신선들은 천문, 지리, 의약, 무공 등 통하지 못한 것이 없을 정도로 공부를 많이 합니다. 이렇게 공부를 많이 해서 뭘 하려는 것일까요? 목적은 오직 하나, 도(道)를 닦는 것에 있습니다. 도를 닦는 과정에서는 많은 지식이 필요하므로 이렇게 다양하게 공부하는 것입니다. 비유하자면 약방에 여러 가지 약재를 갖추어야 배합해서 약이 되는

---

[165]『역경』건괘의 상구(上九)의 효사 "항룡유회"는 구오(九五)의 중정(中正)을 벗어나서 지나치게 높은 자리에 올랐기 때문에 후회가 있다는 뜻이다.

것과 같고, 주방에 간장이니 고추장이니 하는 양념이 모두 있어야 비로소 요리를 할 수 있는 것과 같습니다. 어느 것 하나라도 빠져서는 안 되지요.

기맥의 변화를 관조하라

혹시 신하가 삿되고 바르지 못하면 운행이 궤도를 따르지 않는다.

或臣邪佞, 行不順軌.

"혹신사녕(或臣邪佞), 행불순궤(行不順軌)", 이 표현 역시 기맥을 비유하는 말입니다. 마음이 안정되고 고요하고 싶은데 실제로 잘 안 되는 경우가 많지요? 그래서 저는 늘 여러분에게 스스로 이렇게 질문하라고 합니다. '나는 왜 정좌를 하려는 것인가?' '몸이 문제라서 정좌를 못하는가, 아니면 마음이 문제인가?' 이렇게 물으면 모두 답하기 어렵습니다. 사실 마음이 안정되지 못해서 정좌를 못 하는 경우가 많지요. 몸이 문제인 경우는 기맥의 문제인데 이것을 "신하가 삿되고 바르지 못한[臣邪佞]" 것이라고 합니다. 여기에서 "신(臣)"이 곧 기맥입니다. "행불순궤(行不順軌)"는 바로 기맥이 정상적인 궤도를 따라 운행하지 않기 때문에 불순한 것입니다.

여러분이 수도 공부를 할 때 이런 느낌이 있지요? 등이나 몸 앞으로 기운이 도는 것 같은 느낌 말입니다. 이런 느낌이 있을 때 여러분은 하거(河車)가 돈다고 생각하지요? 어떤 사람은 참 재미있습니다. 제게 와서 이렇게 말합니다. "선생님, 저는 임맥과 독맥이 모두 통했습니다." 사실 이렇게 말하는 사람치고 제대로 기맥이 통한 사람이 없다는 것을 저는 잘 압니다. 참으로 임독맥이 통하는 것은 이렇지 않습니다. 기맥은 그렇게 움직이는 것이 아니라는 뜻이지요. 이렇게 움직이는 느낌을 저는 평범한 기가 통한다는 뜻에서 '범기통(凡氣通)'이라고 합니다. 그냥 보통 몸에서 일어나는 느낌일 뿐입니다. 참으로 기맥이 통할 때는 느낌 같은 것은 없습니다. 몸으로 느끼는 감각은 진정으로 기맥이 통한 것이 아니라는 말입니다. 진정으로 기맥이 통하는 것은 천인합일의 경지이며, 이것이야말로 "백맥충화(百脈沖和)"의 경지입니다.

달이 차고 이지러지는 변화가 어그러지면 흉한 허물이 생긴다.

弦望盈縮, 乖變凶咎.

"현망영축(弦望盈縮)"은 이미 말했지요? 초하루에서 보름까지는 상현이라고 하고, 보름에서 그믐까지는 하현이라고 합니다. 이처럼 달에는 차고 이지러지는 변화가 있습니다. 소동파는 달의 변화를 이렇게 노래했지요. "인생에 슬픔과 기쁨, 헤어짐과 만남이 있는 것처럼 달에는 밝음과 어두움, 차고 이지러짐이 있으니, 이런 일은 본래 그런 것[人有悲歡離合, 月有陰晴圓缺, 此事古難全]."[166] 즉 천지의 현상은 이럴 수밖에 없다는 뜻입니다.

그러나 수도 공부가 "육근대정, 백맥충화"의 경지에 이르면 우리는 다시 시 한 구절을 덧붙여 노래할 수 있습니다. 이런 경지에 도달할 때 몸과 마음은 낭월중천(朗月中天)의 경지에 있습니다. 보름달이 하늘에 환히 떠올라 영원히 그대로 있을 것처럼 마음도 고요하고 청정하며 밝기 그지없는 경지가 펼쳐진다는 것입니다. 불가의 경지로 말하면 요즘 젊은 사람이 좋아하는 한산(寒山) 선사의 시가 바로 그에 해당한다고 하겠습니다.

---

166 소식(蘇軾)이 지은 "수조가두(水調歌頭)"의 일부이다. 수조가두란 수조가(水調歌)의 첫 장을 말한다.

내 마음 가을 달과 같아	吾心似秋月
푸른 연못처럼 맑고 교결하네	碧潭淸皎潔
세상 어느 것도 비할 수 없으니	無物堪比倫
내가 무슨 말 할 수 있으랴	敎我如何說

옛날 한 선사가 크게 깨달았습니다. 사람들이 한산 선사의 이 시를 모두 칭송하는 것을 보고는 "별것도 아닌데 뭘 그리 야단들이야?"라고 했습니다. 그러자 이 말을 들은 사람이 말했습니다. "수긍할 수 없다면 당신도 시를 한 수 지어 보시오." 그러자 그는 다음과 같이 시를 지었습니다.

내 마음 등불과 같아	吾心似燈籠
불 붙이니 안팎으로 환히 비추네	點火內外紅
여기에 비할 물건이 있으니	有物堪比倫
내일 아침 동쪽 하늘에 해가 비추리	來朝日出東

한산 선사의 시에는 어떤 것과도 비할 것이 없다고 했는데, 이 사람의 시에는 비할 것이 있다고 했습니다. 내일 아침 태양이 동쪽에서 솟아오른 다는 것이지요. 이 사람의 시는 한산 선사의 시에 비하면 한 걸음 더 나아 간 경지라고 볼 수도 있습니다. 그러나 한산 선사가 이 사람보다 뭘 몰랐 다거나 혹은 이 정도밖에는 공부를 못했다는 것을 의미하지는 않습니다.

수도 공부가 "현망영축(弦望盈縮)"의 경지에 도달하려면 "육근대정, 백 맥충화"의 기초 즉 마음이 중을 유지하는 기초가 확실히 마련되어야 합니다. 또 주의를 기울여야 할 것이 바로 관심(觀心)입니다. 이 마음을 잘 관 리하지 못하거나 기맥이 궤도에서 어긋나거나 혹은 몸과 마음의 균형이 맞지 않거나, 때로는 마음이 하현달처럼 어둡고 혼침한 상태에 놓여 음암

(陰暗)한 경계에 들어갈 수 있습니다. 이렇게 되면 혼침에 빠질 뿐 아니라 자칫 수도 공부에 실패할 수도 있습니다. 그러면 다시 해야 하는 것이지요. 수도 공부가 일정한 경지에 도달하면 할수록 실패할 가능성도 더 높아집니다. 심지어 "육근대정, 백맥충화"의 경지마저 다시 도달하기 어려울 수 있지요. 이것이 그릇된 변화로 인한 흉함과 허물이라는 뜻의 "괴변흉구(乖變[凶咎)"입니다.

그러므로 수도 공부의 첫걸음은 어디까지나 마음, 마음의 관조임을 명심해야 합니다. 다음 구절은 바로 그 문제를 지적했습니다.

법을 집행하는 자가 과실을 꾸짖으니 그 책임은 군주에게로 미친다.

執法刺譏, 詰過貽主.

"집법자기(執法刺譏), 힐과이주(詰過貽主)", 수도 공부 과정에서 생기는 잘못의 책임은 모두 마음에 있으니 수시로 마음을 비추어 보고 반성해야 합니다. 불가에서는 관심(觀心) 또는 관조(觀照)를 중시해 겉으로는 도가와 같은 기맥 공부가 없어 보입니다. 사람들이 상(相)에 집착할까 봐 말하지 않은 것이지요. 하지만 불가의 수행 공부에도 도가의 공부와 같은 것이 없을 수 없습니다. 단연코 있지요. 임제(臨濟) 선사는 손님과 주인이라는 '빈주(賓主)' 두 글자를 사용했고, 참선 방법으로는 '사료간(四料簡)'[167]을 제시했

---

167 임제 선사가 제자들을 지도할 때 사용한 방법으로, 주관과 객관에 대한 네 가지 분류 또는 네 가지 표준이라는 뜻이다. 첫째 탈인불탈경(奪人不奪境)은 주관을 버리고 객관을 버리지 않는 것으로 객관만이 존재한다는 입장이다. 둘째 탈경불탈인(奪境不奪人)은 객관을 버리고 주관을 버리지 않는 것으로 주관만이 존재한다는 입장이다. 셋째 인경양구탈(人境兩俱奪)은 주관과 객관을 모두 버리는 것으로 주관과 객관을 다 부정하는 입장이다. 넷째 인경구불탈(人境俱不奪)은 주관과 객관을 모두 버리지 않는 것으로, 주관과 객관은 우열의 차별이 있는 것이 아니라 서로 의존 관계이므로 있는 그대로 받아들인다는 입장이다.

지요. 요간(料簡)이란 요리를 만드는 재료를 뜻하는데 어떤 때는 주중주(主中主), 또 어떤 때는 주중빈(主中賓), 빈중주(賓中主), 빈중빈(賓中賓)이라고 했습니다. '주중주'는 주인 속에 주인이 있다는 말이고, '빈중빈'은 손님 속에 손님이 있다는 말입니다. 이것은 무슨 말일까요?

기맥의 변화는 수도 공부가 일정한 경지에 오르면 완전히 지혜에만 의지해야 할 때가 있습니다. 비유하자면 심군(心君, 마음)이 주인 노릇을 못할 때는 손님에게 주인 노릇을 맡겨야 할 때가 있고, 어떤 때는 그래서는 안 되는 경우가 있습니다. 손님이 주인이 되는 '빈중주'의 경우는 오로지 기맥의 흐름만이 공부를 주도합니다. 이런 경우에는 마음을 일깨워 자칫 기맥에 집착할 수 있는 상황을 극복해야 합니다. 기맥에 대한 집착이 공(空)함을 마음이 깨우치는 것입니다. 이렇게 기맥과 마음을 배합해 나가는 것은 매우 어렵습니다. 선종의 조동종(曹洞宗)은 당말 오대 시대[168]에 흥기했는데 오위(五位) 군신(君臣)을 말한 것으로 유명합니다. 엄격히 말하면 조동종의 조산(曹山)과 동산(洞山) 두 분 선사의 수도 공부는 『참동계』의 영향을 크게 받았다고 할 수 있습니다. 조동종에서는 심지어 리괘(離卦)를 사용해서 공부법을 나타내기도 했습니다. 사실 중국 문화에서 유가 불가 도가의 수도 공부는 당송 이래로 하나로 합쳐졌습니다. 오늘날 수도 공부를 말하는 어떤 교파에서는 자기네가 다른 교파와 다르다고 강조하는데 모두 쓸데없는 짓이지요.

북극성이 바르게 제 위치를 지키면 다른 별들이 자연히 궤도를 운행한다.

辰極處正, 優游任下.

---

168 오대(五代, 907-960)는 오대십국(五代十國) 시대라고도 한다. 황하 유역을 중심으로 화북을 통치했던 후량, 후당, 후진, 후한, 후주 등 다섯 왕조(오대) 시대로 당나라가 멸망한 907년부터 송나라가 건립된 960년까지 존립했다.

"신극처정(辰極處正), 우유임하(優游任下)", 여기에서 "신(辰)"은 북극성을 가리키며 곧 자신의 심군(마음)을 상징합니다. 이 마음을 바르게 하여 움직이지 않게 하는 것을 불가에서는 관조(觀照)라고 합니다. 『반야심경』에서 말하는 "조견오온개공(照見五蘊皆空)"이지요. 이렇게 관조할 수 있을 때 "우유임하" 합니다. 즉 기맥의 변화를 고요히 관조할 수 있어서 기맥의 흐름과 움직임에 휩쓸리지 않게 되는 것이지요.[169] 마치 황제가 위에 군림하고 아래에는 재판관들이 눈을 부릅뜨고 있으면 어떤 잘못도 놓치지 않고 모두 알게 되는 것처럼 기맥이 함부로 요동하지 못하는 것입니다.

명당에서 정치를 베풀어 나라에 해로운 도가 없다.

明堂布政, 國無害道.

"명당포정(明堂布政), 국무해도(國無害道)", 이 말은 정치철학으로 수도 공부의 원리를 설명한 것입니다. 중국의 정치사상을 연구하는 데 도가의 수도 공부로써 정치의 원리를 설명했다고 할 수 있지요. 국가를 영도하는 원칙도 이와 같고, 법치의 도리도 이와 같습니다. 이에 대한 『천유』의 주해 또한 매우 좋습니다.

"이 절은 화후의 요점이 군주(마음)에게 있으니 마땅히 처음부터 끝까지 신중하지 않으면 안 된다는 말이다."

(此節, 言火候之要存乎君主, 當愼終如始也)

여기에서 우리는 『참동계』가 화후의 중요성과 어려움을 우리에게 알려

---

169 천문에서 북극성과 다른 별들의 관계로 마음과 기맥의 관계를 상징하는 것으로 해석한다.

주고 있음을 알아야 합니다. 아무리 훌륭한 스승이라도 화후는 전해 줄 수 없기 때문입니다.

수도 공부는 누가 주도하는가

그래서 도가의 조사인 장자양 진인은 이렇게 말했습니다. "산속을 이리 저리 다 봐도 모두 납이 아니네[山中前後盡非鉛]." 납과 수은의 원리는 다음에 말하기로 하고, 먼저 입산(入山)의 원리를 보겠습니다. 선종에는 "깨 닫지 못하면 입산할 수 없고 중관에 도달하지 못하면 폐관할 수 없다[不破 本參不入山, 不到重關不閉關]"는 말이 있습니다. 한 생각도 일어나지 않는 경지에 도달하지 못하면 입산수도할 자격이 없고 마음대로 폐관할 수도 없다는 뜻입니다. 왜 그래야 할까요? 공부가 일정한 경지에 이르면 기맥이나 마음이 변하는데 언제 어떻게 바뀌는지 모를 때 어떻게 수도 공부를 해 나갈 수 있겠습니까? 스승이 같이 폐관하고 있지도 않은데 누구에게 물어보겠습니까?

예전에 제 선배 되는 분이 폐관을 했는데, 이분의 스승은 자신의 제자가 어느 정도까지 공부하면 더 이상 발전하기 어려우리라는 사실을 알고 있었습니다. 그래서 제자가 어쩔 수 없는 곤란한 지경에 이르렀을 때 스승은 즉각 해결할 방법을 알려 주었지요. 여러분도 이런 좋은 스승을 모실 수 있는 복이 있을까요? 이런 분을 스승으로 모시기는 참으로 어렵습니다.

"화후가 한 번 동하고 한 번 정하는 것은 시작부터 끝까지 마땅히 신중하지 않으면 안 된다. 또한 군주의 정치가 한 번 동하고 한 번 정하는 것 역시 시작부터 끝까지 신중하지 않으면 안 된다. 신중하면 망실할 것도 보존할 수 있고 신중

하지 못하면 보존할 것도 망실하게 되니, 보존과 망실의 단서가 여기에서 나뉜다. 이 큰일은 군주와 신하에게 각각 책임이 있지만 주도하는 자는 오직 군주이다. 신하가 군주의 명령을 듣는 것은 기가 의지의 명령을 듣는 것과 같다."

(火候之一動一靜, 徹始徹終, 宜乎無所不愼. 亦猶人君禦政, 一動一靜, 自始至終, 宜無所不愼. 愼則轉亡爲存, 不愼則轉存爲亡, 存亡之緖, 從此分矣. 此一大事, 君臣各有其責, 而主之者惟君. 蓋臣之聽命于君, 猶氣之聽命于志也)

이상 『천유』의 주해를 나누어서 살펴보겠습니다.

먼저 "화후지일동일정(火候之一動一靜)"은 불가의 관음법문에서 말하는 "동과 정의 두 상이 분명히 일어나지 않는[動靜二相了然不生]" 것과 같은 맥락입니다. 앞에서 "일동일정지간(一動一靜之間)" 공부의 어려움을 말한 바 있는데, 이것이 바로 관음법문과 같은 것입니다. 단순히 이론을 말하는 것이 아니라 실제 공부입니다. 그러므로 일동일정은 극히 신중히 해야 합니다. 그래서 『천유』는 "시작부터 끝까지 마땅히 신중하지 않으면 안 된다. 또한 군주의 정치가 한 번 동하고 한 번 정하는 것 역시 시작부터 끝까지 신중하지 않으면 안 된다. 신중하면 망실할 것도 보존할 수 있다[徹始徹終, 宜乎無所不愼. 亦猶人君禦政, 一動一靜, 自始至終, 宜無所不愼. 愼則轉亡爲存]"라고 했습니다. 삼가고 조심하면 곧 망할 것도 보존할 수 있습니다.

그다음에는 "신중하지 못하면 보존할 것도 망실하게 되니, 보존과 망실의 단서가 여기에서 나뉜다[不愼則轉存爲亡. 存亡之緖, 從此分矣]"고 했습니다. 조심하지 않으면 안전한 것도 위험하게 만드는 것이 오직 한 생각에 달렸다는 것입니다. 그다음 "이 큰일은 군주와 신하에게 각각 책임이 있다[此一大事, 君臣各有其責]"는 말은 바꾸어 말하면 신체의 기맥이 마음과 서로 영향을 주는 관계라는 것입니다. 심(心)과 물(物)은 단일한 근원의 한 몸이라는 뜻이지요. 그래서 "군주와 신하에게 각각 책임이 있다[君臣各有

其責)"고 했습니다.

이어서 『천유』는 "그러나 주도하는 것은 오직 군주뿐이다(而主之者惟君)"라고 했습니다. 화후를 주도할 수 있는 것은 오직 마음뿐입니다. 그래서 "신하가 군주의 명령을 듣는 것은 마치 기가 의지의 명령을 듣는 것과 같다(蓋臣之聽命于君, 猶氣之聽命于志也)"고 했습니다. 이 말은 맹자에 나옵니다. 맹자는 "의지는 기운의 장수(志者氣之帥也)"라고 했습니다. 또 공자도 『논어』「자한」편에서 이렇게 말했습니다. "삼군에 둘러싸인 장수를 잡을 수는 있어도 필부의 의지는 뺏을 수 없다(三軍可奪帥也, 匹夫不可奪志也)." 이것이 바로 정심(正心) 성의(誠意)의 원리입니다. 기맥으로 하여금 의지의 명령을 듣게 해야 한다는 것이지요. 기맥이 움직인다고 말하고 내가 주도할 수 없다고 하면 그런 황당한 말이 어디 있겠습니까?

여러분의 의지가 기맥을 주도할 수 없고, 오히려 기맥이 의지를 주도하도록 놓아둔다면 수도 공부는 해서 무슨 소용이 있겠습니까? 어떤 사람이 말하기를, 자신은 정좌를 하면 흔들거리면서 신권(神拳)을 할 수 있는데 거액의 돈을 주고 이것을 배웠다고 했습니다. 저는 이렇게 말했지요. 그 돈의 백분의 일만 내게 주어도 가르쳐 줄 수 있다고요. 누구나 손을 합장하고 서서 주문을 외면서(사실 주문은 욀 필요도 없습니다) 시간을 보내고 있으면 손이 저절로 움직이면서 소위 신권이라는 것을 하게 됩니다. 이러한 현상은 생리적으로 자연스러운 것이지요. 무슨 특별한 비법이니 신권이니 할 것도 없고 그냥 기맥이 가는 대로 내버려 두면 됩니다. 혹은 여러분이 양 팔을 쭉 앞으로 뻗고 똑바로 서서 팔을 내리지 않고 이십 분만 버티면 자신의 의지와 무관하게 몸이 저절로 움직여 신권이라는 것을 하게 됩니다. 임제 선사가 말하는 사료간 중에서 "손님이 주인이 되는" 것이지요.

이런 사람과는 달리 어떤 사람은 정좌보다는 운동부터 하라고 권했습니다. 그 사람은 평소에 너무 운동을 안 해서 몸이 피폐해져 있는 경우였지요. 이런 사람은 몸을 좀 움직이게 하면 나아집니다. 제가 운동하라고 권하자, 그 사람은 한 차례 몸을 흔들고 나서 "선생님 어떻습니까?"라고 물었습니다. 저는 "괜찮네. 그만큼 흔들면 됐네. 그만 움직이게"라고 말했습니다만 사실 이것도 필요 없는 것입니다. 기(氣)는 여러분의 명령을 듣는 것입니다. 바로 앞에서 말한 "기가 의지의 명령을 듣는〔氣之聽命于志也〕" 원리입니다. 계속 『천유』의 설명을 보겠습니다.

"마음이 공경하고 신중해서 그 의지를 능히 지키면 간사한 소리와 삿된 행동이 자연히 방해할 수 없다. 만약 마음이 교만하고 멋대로 하여 상도를 어기면 감각 기관들도 역시 삿되게 응하여 행사가 궤칙을 따르지 않는다."
(心君翼翼, 能持其志, 則奸聲邪色, 自不得而干之. 若心君驕亢自用, 違其常道, 則耳目之官, 亦以邪應之, 行事不循軌則矣)

"심군익익(心君翼翼), 능지기지(能持其志), 즉간성사색(則奸聲邪色), 자부득이간지(自不得而干之)", 마음을 삼가고 조심하여 의지를 지키고 있으면 정좌할 때 무슨 빛이 비치든 어떤 경계가 나타나든 모두 상관하지 않고 마음이 동요하지 않습니다. 이것은 신하들이 어떻게 아첨을 해도 황제는 전혀 흔들리지 않고 제자리를 지키는 것과 같지요. 여러분이 정좌하는 도중에 눈앞에 관세음보살이 나타난다면 그것도 신경계의 착란에 불과합니다. 따라서 결코 마음이 흔들려서는 안 됩니다. 참된 수도 공부란 어떤 변화와 경계에도 마음이 동요되지 않는 것입니다.

"약심군교항자용(若心君驕亢自用), 위기상도(違其常道), 즉이목지관(則耳目之官), 역이사응지(亦以邪應之), 행사불순궤칙의(行事不循軌則矣)", 만약 마음(=心君)이 교만하여 상도를 어기면 이목구비의 감각 기관들 역시 삿되게 반응하여 공부가 궤도를 벗어납니다. 우리의 마음은 장자가 「제물론

(齊物論)」에서 말했듯이 "천지여아병생(天地與我竝生), 이만물여아위일(而萬物與我爲一)"입니다. 이 마음은 우주와 같은 뿌리요 한몸이라는 것이지요. 이 마음은 이렇게 중요합니다. 그러므로 노자와 장자는 우리에게 마음을 고요하게 하는 수도 공부를 하면 자연히 천지의 정신과 서로 왕래하여 장생불사하게 된다고 가르쳐 주었습니다. 불가에도 약사여래의 신체를 보호하는 법인 보법(補法)이 있지만 그것은 다음에 말하겠습니다.

"천심과 인심은 하나의 근원에서 나왔으니 천심이 혹여 불순하면 하늘의 운행이 즉시 상도를 잃는다. 오위만 잘못되는 것이 아니라 경성마저 어긋나게 되면 모든 것이 끝난다. 태음의 회삭현망의 변화는 본래 일정한 궤도가 있는데, 지금은 달이 차야 할 때 이지러지게 하고 이지러질 때 차게 한다."

(天心之與人心, 同出一原. 天心稍或不順, 則天行立刻反常, 不特五緯錯謬, 經星乖戾已也. 卽如太陰之晦朔弦望, 本有常度, 今者當盈反縮, 當縮反盈)

태음(太陰)이란 물론 달을 가리킵니다. 달이 떠오를 때의 빛은 때로 우리로 하여금 잠을 못 이루게 할 수도 있습니다. 어떤 수도자는 공부가 이런 경계에 도달했을 때 수면제를 먹기도 하는데, 그렇게 하려면 왜 도를 닦습니까? 제가 여러분에게 늘 하는 말이지만 도가나 불가나 수도 공부를 하면서 잠이 오지 않는 경계가 있는데 사람들은 대부분 이때 잠을 못 자게 될까 봐 두려워합니다. 그러나 그것은 잠을 못 자게 된 것이 아닙니다. 어떤 때는 정신이 왕성해서 며칠 간 잠을 자지 않을 때도 있습니다. 그러다가 잠자고 싶어지면 바로 잠을 청해서 이틀이고 사흘이고 잠을 자세요. 그후에는 몸이 낙엽처럼 가볍게 느껴지고 잠도 별로 자지 않게 됩니다. 불교도는 장명등(長明燈)을 달기를 좋아하지요? 돈을 주고 기름을 사서 불을 켜기도 하고 전기로 등을 켜기도 합니다. 그런데 자기 자신의 장명등이 밝

아지면 도리어 두려워서 빨리 자려고 억지로 수면제를 사서 먹다니요? 참 이상하지요? 수도 공부를 하다 보면 본래 잠을 자지 않고 오래 해야 할 때가 있는 것입니다.

몸과 마음은 달과 같이 그 내면에 빛이 있습니다. 그래서 일념이 잘못되면 기맥도 잘못됩니다. 빛 한 조각마저 모두 없어지고 맙니다. 따라서 수도 공부를 하는 사람이라면 누구나 이것을 알아야 합니다. 어떤 사람이 혼침(昏沈)이 아니라 혼돈(混沌)의 경계에 있을 때 여러분이 그것을 혼침으로 생각하고 바로잡으려고 해서는 안 됩니다. 물론 그 사람 자신도 모르겠지만 여러분도 알 수 없습니다. 혼침과 혼돈은 겉모습은 비슷하지만 실제로는 차이가 매우 큽니다. 혼돈이 왔을 때는 그 상태를 어떻게 하려 하지 말고 그냥 두세요. 어떤 사람은 정좌를 잘못해서 그런가 생각하기도 하는데, 혼돈은 혼침 상태와는 달라서 전혀 관계가 없습니다. 혼돈이란 『주역』「계사전」 하에서 "천지인온(天地絪縕), 만물화순(萬物化醇), 남녀구정(男女媾精), 만물화생(萬物化生)"이라고 하는 경계입니다. "천지의 기운이 얽힘에 만물이 화순하고, 남녀가 정을 맺음에 만물이 화생한다"는 뜻으로, 이 경계는 혼침이 아닙니다. 그래서 이것을 화후라고 합니다. 여러분이 지혜가 없다면 다른 사람의 경계를 알지 못할 뿐 아니라 자기 자신이 어느 경계에 도달해 있는지도 알지 못합니다. 그러니 어떻게 수도 공부를 하겠습니까?

여러분은 화후를 아십니까

이때[170] 다음과 같은 문제가 생깁니다.

"월식과 일식으로 달과 태양이 서로 가리게 되니, 흉과 허물을 말로 다 할 수 없을 정도이다."

(薄蝕掩冒, 凶咎不可勝言矣)

지금 우리가 읽는 『참동계』 제5장 두 번째 단락의 내용은 화후에 대한 것입니다. 수도 공부에서 운용할 화후는 마치 달이 차고 이지러지는 것과 같습니다. 보름달이 떴을 때는 당연히 잠이 안 오는데 억지로 잠을 자려 하고, 혼돈의 상태에 있을 때 혼침으로 오해하여 찬물로 세수하면서 잠을 안 자려 해서 결국은 수도 공부를 망치게 됩니다. 그러니 공부가 성공할 수 있겠습니까? 이것이 바로 "흉과 허물을 말로 다 할 수 없을 정도[凶咎不可勝言矣]"라고 한 이유입니다. 이어지는 『천유』의 설명입니다.

"하늘에는 법을 집행하는 별이 있어 과실의 책임을 묻는 일을 주관한다. 즉 태미원 중에 좌집법과 우집법이다. 조정도 이것을 본받기 때문에 좌집법과 우집법의 신하가 있어서 또한 과실의 책임을 묻는 일을 주관한다. 그러나 도를 어그러뜨린 잘못은 백관유사에게 있지 않고 태보에게 있다. 또한 태보에게 있지 않고 군주 자신에게 있다."

(天有執法之星, 主刺譏過失, 卽太微垣中, 左執法右執法也. 朝廷象之, 故立爲左右執法之臣, 亦主刺譏過失. 然違道之過, 不在百官有司, 而在台輔. 幷不在台輔, 而在君主自身)

---

170 이때란 앞에서 "지금은 달이 차야 할 때는 기울게 하고 기울 때는 차게 하여[今者當盈反縮, 當縮反盈]" 화후에 문제가 발생할 때를 가리킨다.

이 내용은 중국의 정치철학 사상으로서 정치 제도가 별의 운행 법칙을 모방한 것임을 알 수 있습니다. 만약 정치가 잘못되었다면 그것은 지방의 관리들 잘못이 아니고 재상의 잘못이며, 나아가서 재상의 잘못이 아니라 황제의 잘못이라는 것입니다. 이러한 비유를 통해 수도 공부의 모든 잘못은 궁극적으로 마음에 귀착된다는 것을 알려 줍니다.

"이것은 모든 변화가 마음을 본원으로 일어난다고 하는 논리이다. 그러므로 (참동계에서) '법을 집행하는 자가 과실을 꾸짖으니 그 책임은 군주에게로 미친다'고 하였다. 마음의 득실은 오직 한 번 반복하는 사이에 있다. 황제가 국가를 창업하면 국민이 모두 따르는 것과 같이, 마음이 고요하여 움직이지 않고 무위로 중정을 지키면 백체가 자연히 그 명령을 듣게 된다."

(此萬化從心, 反本窮源之論也. 故曰, 執法刺譏, 詰過貽主. 主心得失, 只在一反覆間, 蓋惟皇建極, 惟民歸極. 心君能寂然不動, 無爲以守至正, 百體自然從令)

먼저 "차만화종심(此萬化從心), 반본궁원지론야(反本窮源之論也)"는 도가에 내려오는 "모든 변화가 마음으로부터 일어나므로 천지도 손 안에 있다(萬化由心, 天地在手)"는 말과 같은 뜻입니다. 또한 이 말은 성명쌍수의 원리를 가리키는 것으로서 명(命)이란 바로 기맥을 말합니다. 따라서 수도 공부의 핵심은 바로 마음에 있다는 것입니다.

"그러므로 '법을 집행하는 자가 과실을 꾸짖으니, 그 책임은 군주에게로 미친다'고 말하였다. 마음의 득실은 오직 한 번 반복하는 사이에 있다(故曰 執法刺譏, 詰過貽主. 主心得失, 只在一反覆間)"는 말은 한 생각 사이에 사태가 바뀐다는 뜻입니다.

다음은 "황제가 국가를 창업하면 국민이 모두 따르는 것과 같이, 마음이

고요하여 움직이지 않고 무위로 중정을 지키면 백체가 자연히 그 명령을 듣게 된다〔蓋惟皇建極, 惟民歸極, 心君能寂然不動, 無爲以守至正, 百體自然從令〕"고 했습니다. 그러니 여러분은 무슨 공부를 해서 어떤 방법을 얻으려고 애쓸 필요가 없습니다. 단지 튼튼한 다리를 틀고 앉아서 오래 버틸 수만 있으면 됩니다. 선종의 방문(旁門)에 이런 말이 있지요. "오래 앉아 있으면 반드시 선이 있기 마련이다〔久坐必有禪〕." 이것은 절대로 틀린 말이 아닙니다. 여러분이 선을 제대로 할 수 있든 없든 관계없이 만약 외국에 가서 중국의 선을 홍보하려면 방법은 매우 간단합니다. 먼저 오래 앉을 수 있게 다리와 허리를 단련하세요. 양쪽 넓적다리를 단련해서 사흘만 계속해서 일어나지 않고 앉아 있을 수 있다면 여러분을 엄청난 도인이라고 생각할 것입니다. 오래 앉아 있으면 자연히 선에 통하게 됩니다. 바로 여러분 마음에 아무런 잡념이 없기 때문이지요. 참으로 그렇게 오래 앉아 있기만 한다면, 설령 도는 깨닫지 못한 채 연기하는 것에 불과하여 속으로는 망상을 하고 있다고 해도 괜찮습니다. 이렇게 무위하고 안정되면 기맥이 자연히 통합니다. 이어서 『천유』의 설명을 보겠습니다.

"마치 북극성이 제자리에 있으면 여러 별들이 자연히 둘러싸고 도는 것과 같다. 그러므로 (참동계에서) '북극성이 바르게 제 위치를 지키면 다른 별들이 자연히 궤도를 운행한다'고 하였다. 마음이 이미 신실을 단정히 지키고 있으면 백절만신은 고요하지 않을 수 없다."

(有如北辰居所, 而衆星自然拱之. 故曰, 辰極處正, 優游任下. 心君旣端拱神室, 百節萬神, 莫不肅然)

"유여북신거소(有如北辰居所), 이중성자연공지(而衆星自然拱之), 고왈(故曰), 신극처정(辰極處正), 우유임하(優游任下), 심군기단공신실(心君旣端拱

神室), 백절만신(百節萬神), 막불숙연(莫不肅然)." 여기에 나오는 "신실(神室)"은 후세의 도가에서는 심와(心窩, 명치끝)를 가리킨다고도 하고 혹자는 중궁(中宮)이라고도 하는데, 이것은 유형의 것입니다. 우리가 평소에 마음을 가라앉히려고 하면 만지는 곳으로 심와와 평행을 이루는 곳에 있습니다. 그곳이 신실인데 심장은 아닙니다. 심장은 치우쳐 있지요. 마음(심군)이 이곳 신실에 있으면 한 생각도 일어나지 않고 청정하여 참으로 귀신도 명령을 듣게 됩니다. 내 속에 있는 귀신도 감히 마음의 명령을 어기지 못하고, 밖에 있는 귀신들도 함부로 날뛰지 못합니다. 단지 가부좌를 하고 앉아서 마음을 집중하기만 하고 무슨 마(魔)니 귀(鬼)니 하는 것들을 상관하지 않으면 그것은 감히 여러분을 어쩌지 못합니다. 이것을 다음과 같이 표현했습니다.

"황제가 명당에 앉아 제후들을 조회하면 사해구주가 모두 복종하지 않음이 없고, 명당을 나가면 오히려 교화를 막고 도를 해치는 자가 있게 된다. 그러므로 (참동계에서) '명당에서 정치를 베풀어 나라에 해로운 도가 없다'고 하였다. 신극이란 천상에서 자미원이니 곧 북극성이 거처하는 곳이다. 군주에게 있어서는 안식하는 궁중의 가장 깊숙한 곳과 같다."

(猶王者坐明堂, 以朝諸侯. 四海九州, 莫不率服. 寧復有出, 而梗化害道者. 故曰, 明堂布政, 國無害道. 辰極在天象爲紫微垣, 卽北極所居. 在人君爲深宮內寢, 晏息之所也)

주의해야 합니다. 여기에서 말하는 것은 천상(天象)의 명당(明堂)이라고 하는 곳입니다. 그런데 우리가 관상을 볼 때 얼굴에도 명당이 있다는 사실을 알고 있나요? 바로 인당(印堂)을 명당이라고도 부릅니다. 평상시에도 우리는 저 사람은 명당이 예쁘니 예쁘지 않으니 하는 말을 합니다. 어떤

사람은 명당이 매우 넓어서 손가락 세 개가 들어갈 정도입니다. 이런 사람은 관상학에서는 도량이 넓고 관대하다고 하지요. 반대로 명당이 지나치게 좁으면 속이 좁고 화도 잘 냅니다. 게다가 눈썹이 엉켜 있으면 범죄자가 될 가능성이 농후하지요. 제 친구 중에도 명당이 좀 좁은 사람이 있는데, 저는 가끔 마음을 넓게 쓰라고 충고하곤 합니다. 이처럼 명당은 여러분의 마음 상태를 나타낸다고 알려져 있습니다. 『천유』에서는 명당에 대해 이렇게 설명합니다.

"명당이란 천상에서는 천시원으로서 제성이 임하는 곳이다. 군주에게 있어서는 제후들을 조회하는 곳이요 구이와 팔만을 모두 다스리는 곳이다. 심군이 처하는 곳으로 안에는 동방이 있고 밖에는 명당이 있다."
(明堂在天象爲天市垣, 乃帝星所臨, 在人君爲朝會之所, 通道於九夷八蠻者也. 心君所處, 內有洞房, 外有明堂)

"명당재천상위천시원(明堂在天象爲天市垣), 내제성소임(乃帝星所臨)", 명당이란 하늘에서는 북극성이 있는 곳으로 군자가 거처하는 궁전을 말하기도 하고, 마음을 상징하기도 하는 곳입니다. 마음이 안정되면 명당이 빛난다는 말도 있지요. 도가에는 『황정내경경(黃庭內景經)』[171]이라는 경전이 있습니다. 이 경전에 따르면 우리의 심장에는 일곱 개의 구멍이 있는데 이것을 칠규(七竅)라고 부릅니다. 그 바깥에 명당이 있고 심장의 중심을 동방(洞房)이라고 부릅니다. 그러므로 참으로 높은 선정의 경지에 도달하면 심

171 일명 『황정경(黃庭經)』이라고 한다. 작자는 노자 또는 위화존(魏華存)으로 전해진다. 『주역참동계』와 송나라 장백단(張伯端)이 펴낸 『오진편』과 함께 선도(仙道)의 핵심 경전으로 알려져 있다. 도가 상청파(上淸派)의 핵심 경전으로 중국 위진(魏晉) 시대에 구성된 초기 도가 경전이며 칠언운문(七言韻文)으로 쓰였다. 『황정내경경』과 『황정외경경』으로 나뉜다.

장 맥이 뛰지 않게 됩니다. 심맥(心脈), 동방(洞房)이 고요해져서 심장 맥이 뛰지 않게 되는 것이지요.

"이 장은 정치의 도로써 단도를 밝힌 것으로, 가장 명료하다. 단도는 시작부터 끝까지 천심의 운용을 벗어나지 않는다. 그러므로 군은 천심을 비유하고, 신은 약물을 비유하며, 문창과 태보는 삼단전과 사상을 비유한다. 집법하는 신하는 감각 기관을 비유하고, 백관유사는 온몸에 운행하는 정기를 비유한다. 길이라는 것은 기를 받음이 길이요, 흉이라는 것은 기를 막음이 흉함이다. 존은 잠깐 사이에 약을 얻음이요 망은 순간에 약을 상실함이다. 어정에서 귀한 것은 반드시 밖으로 군사를 물리치고 안으로 진정한 주재를 보존하는 것이다. 심군이 북극성에 단정하게 위치하면 모든 변화가 명당으로 돌아가니 어찌 환진의 요도가 아니겠는가."

(此章卽治道以明丹道, 最爲了然. 丹道徹始徹終. 不出天心運用. 故君喩天心, 臣喩藥物. 文昌台輔喩三田四象, 執法之臣喩耳目之官. 百官有司喩周身精氣. 吉者受炁吉也, 凶者防炁凶也. 存喩片時得藥, 亡喩頃刻喪失. 所貴乎禦政者, 必須外卻群邪, 內輔眞主, 心君端拱於辰極, 萬化歸命於明堂, 豈非還眞之要道乎)

"차장즉치도이명단도(此章卽治道以明丹道), 최위요연(最爲了然)", 정치의 이치로써 수도를 말했다는 것입니다. 『참동계』 제5 군신어정장은 정치의 도로써 단의 도를 비유해서 명료하게 설명했습니다. 또 이렇게 말합니다. 이 장의 내용은 "천심의 운용을 벗어나지 않는다. 그러므로 군은 천심을 비유하고 신은 약물을 비유한다[不出天心運用, 故君喩天心, 臣喩藥物]"라고 하는데 약(藥)은 바로 정기신(精氣神)을 가리킵니다. 그리고 "문창과 태보는 삼단전과 사상을 비유한다. 집법하는 신하는 감각 기관을 비유하고,

백관유사는 몸을 운행하는 정기를 비유한다〔文昌台輔喻三田四象, 執法之臣
喻耳目之官, 百官有司喻周身精氣〕"라고 말합니다. 이것은 『역경』의 사상입
니다.

"흉이라는 것은 기를 막음이 흉함이다〔凶者防恧凶也〕"라는 말은 생각이
움직여서 기가 흩어지는 것을 가리킵니다. "존(存)은 잠깐 사이에 약을 얻
음이요 망(亡)은 순간에 약을 상실함이다. 어정에서 귀한 것은 반드시 밖
으로 군사를 물리치고 안으로 진정한 주재를 보존하는 것이다. 심군이 북
극성에 단정하게 위치하면 모든 변화가 명당으로 돌아가니 어찌 환진의
요도가 아니겠는가〔存喻片時得藥, 亡喻頃刻喪失. 所貴乎禦政者, 必須外卻群
邪, 內輔眞主, 心君端拱於辰極, 萬化歸命於明堂, 豈非還眞之要道乎〕"는 수도
공부의 근본을 설명한 것입니다. 이하『참동계천유』의 나머지 내용은 여러
분이 직접 살펴보기 바랍니다.

다음 강의에서는 연기(煉己), 축기(築基)를 살펴보면서 어떻게 수도 공
부의 기초를 세울 것인지, 백일축기란 무엇인지를 이야기하겠습니다.

제29강

제6 鍊己立基章연기립기장[172]

內以養己내이양기, 安靜虛無안정허무. 原本隱明원본은명, 內照形軀내조형구. 閉塞其兌폐색기태, 築固靈株축고영주. 三光陸沈삼광육침, 溫養子珠온양자주. 視之不見시지불견, 近而易求근이이구.

黃中漸通理황중점통리, 潤澤達肌膚윤택달기부. 初正則終修초정즉종수, 幹立末可持간립말가지, 一者以掩蔽일자이엄폐, 世人莫知之세인막지지.

안으로 나를 길러 안정허무에 도달한다. 근본으로 돌아가서 감각을 숨겨 안으로 형구를 비춘다. 태(입)를 닫아 영주를 견고하게 세우니 삼광이 아래로 가라앉으면 자주를 따뜻이 기른다. 보아도 보이지 않으나 가까이서 쉽게 구한다.

황중에서 점차 통리하면 윤택함이 피부에 드러난다. 처음이 올바르면 끝이 닦이고 근간이 수립되면 말단도 유지할 수 있다. 한마디로 말하면 세상 사람들은 알지 못한다.

『참동계』 상편의 제1장에서 제5장까지는 모두 어정(禦政)에 대해 말했습니다. 이것은 정도(正道)를 인식하는 대원칙을 설명한 것으로 여러분에게 그 대략적 의미를 강의했습니다. 이제 공부하려는 장은 제6 "연기립기장(鍊己立基章)"입니다. 이른바 도가에서 늘 표방하는 백일축기의 기초로서 환단(還丹) 공부의 기초이지요. 어정 이후 세 개 장은 모두 양성(養性)에 대해 말했습니다. 도가에서도 일반적으로 성(性)과 명(命)은 분리해서 설명하는데, 사실은 일체의 양면과 같습니다. 어정, 양성, 복식 역시 하나입니다.

양생과 내조형구

안으로 나를 길러 안정허무에 도달한다. 근본으로 돌아가서 감각을 숨겨 안으로 형구를 비춘다.

內以養己, 安靜虛無. 原本隱明, 內照形軀.

도가에서 양성(養性)과 연기(煉己)는 불가로 보면 명심견성(明心見性)과 같은 것으로, 생명의 근원을 추구하는 것입니다. 당송 이후 불교 선종에서 "어디에서 태어나고 어디로 돌아가는가〔生從哪來, 死向哪去〕"라고 참구한 것과 같습니다. 그런데 도가에서는 이렇게 말하지 않습니다. 기본적으로 우리 생명의 삶과 죽음, 성(性)과 명(命)은 모두 합일된 것이라고 봅니다. 그래서 먼저 현실로부터 출발합니다. 현재의 이 마음과 몸을 전화(轉化)하

172 제27강, 제28강은 『참동계』 상편 제5 군신어정장에 대한 강의였다. 제29강은 『참동계』 상편 제6 연기립기장에 대한 강의이며 『참동계천유』 75면부터 81면까지이다.

는 것으로부터 시작하지요.

이론적으로 보면 지극히 간단합니다. 그러므로 정좌 수도는 "내이양기(內以養己)" 즉 "안으로 나를 기른다"는 간단한 말로 출발합니다. 요점은 기른다는 뜻의 "양(養)"에 있습니다. 중국 문화에는 '양생지도(養生之道)'라는 것이 있는데, 이 도는 양생이라고도 하고 섭생(攝生)이라고도 합니다. 섭(攝)이란 귀납, 수납, 귀착의 뜻으로 서양의 위생(衛生)과는 의미가 다릅니다. 도가에서는 현재의 이 생명 외에 다른 생명, 예를 들어 천국이나 극락의 생명을 추구하지 않습니다. 단지 이 생명이 영원하다고 봅니다. 그러므로 이 생명을 보양하는 것을 가장 중시하지요.

사실 수도의 공부나 방법은 다 하나같이 "양(養)"입니다. 양(養)은 결코 쉽지 않습니다. 자, 『참동계』는 우리에게 "안으로 나를 기르는" 것을 알려 주고 있는데, 이른바 "양기(養己)"의 경계에는 "안정허무(安靜虛無)"라는 네 글자가 있습니다. 이것은 여러분 모두 잘 알고 있고 누구도 모르는 사람이 없습니다. 그러나 참으로 안(安), 정(靜), 허(虛), 무(無)의 경지에 도달하기는 지극히 어렵습니다. 『대학』에는 다음과 같은 말이 있습니다. "알고 멈춘 후에야 정함이 있고, 정한 후에야 고요할 수 있고, 고요한 후에야 편안할 수 있다(知止而后有定, 定而后能靜, 靜而后能安)." 편안하고 고요한 경지를 추구하는 단계는 바로 멈춤으로써 도를 밝히는(明道) 경지에 도달해서야 그칩니다. 그러므로 엄격히 말해 고요함과 안정됨은 공부 과정의 단계이며 수양 공부의 궁극은 허무(虛無)로서, 불학의 공(空)과 같은 경지입니다. "양기"는 현실의 생명에서 본래의 생명인 "안정허무"를 찾는 것이라고 할 수 있습니다.

"원본은명(原本隱明)"은 방금 이야기한 '섭생지도' 또는 '양생지도'를 말합니다. 불학에서는 이를 '도섭육근(都攝六根)'이라고 합니다. 안이비설신의 등 육근으로부터 자기 자신에게 되돌아가 반성하는 것인데, 이것을 "원본(原本)"이라고 하지요. 다시 말하면 바깥으로 생각과 감각을 방사하지 않는다는 것입니다. 예를 들어 정좌를 할 때 눈을 감고 외부로 귀를 기울이지 않는데, 불교에서는 이것을 '관음법문(觀音法門)'이라고 합니다. 자성을 돌이켜 보는 반관자성(返觀自性)의 법문입니다. 이것을 『참동계』로 말하면 "원본은명"으로, 감각이나 사유를 외부로 방출하지 않고 내면으로 수렴하여 본래의 자성을 비추는 안정한 상태를 추구하는 것입니다.

다음은 "내조형구(內照形軀)"로서 매우 어려운 경지인데, 바로 도가의 수양 공부의 경계입니다. 중국의 원시 문화에서는 이것을 '내시지도(內視之道)'라고 하는데, 불가에서는 '관조(觀照)' 혹은 '반관(返觀)'이라고 합니다. 표현만 다를 뿐 같은 내용이지요. 내시지도의 내시(內視)는 반드시 몸안을 보는 것만은 아닙니다. 안팎이나 중간이 없는 "무내외중간(無內外中間)"의 내(內)를 가리킵니다. 그러나 우리는 이 경계에 도달하지 못했으니 먼저 신체 내부를 기준으로 하겠습니다. "내조형구"를 일단 신체 내부를 반관(返觀)하는 것으로 해석하자는 말이지요.

후세에 이른바 단전 지키기〔守丹田〕, 하거 돌리기〔轉河車〕, 기맥 닦기〔修氣脈〕, 임독맥 통하기〔打通任督二脈〕 등의 수련 원리와 방법은 모두 "내조형구"에서 나왔습니다. 개인적 경험에 비추어 보면 각 학파의 수련법 가운데 가장 대단하고 가장 효과적인 것이 불가의 '백골관(白骨觀)'과 '부정관(不淨觀)'입니다. 사실상 이것이 바로 "내조형구"이지요. 물론 보통 사람은 볼 수 없지만 만약 볼 수 있다면 그것은 도가처럼 눈을 감고 신체 내부 기맥의 위치, 기혈의 운행, 오장육부의 상태를 한눈에 분명히 알 수 있습니다. 도가의 『황정내경경』이 바로 이것을 말하는 경전입니다. 다만 "내조형구"는 육체의 눈으로 보는 것이 아니라 자성의 기능에 속합니다.

제6장 첫머리의 "내이양기(內以養己), 안정허무(安靜虛無), 원본은명(原本隱明), 내조형구(內照形軀)"라는 이 네 구절은 연기(鍊己) 공부의 가장 중

요한 기본 원칙입니다. 명대 이래 도가에서는 '백일축기'를 말했는데, 실제로 사람들 중에는 백일에 이르지 않고도 기초를 구축하는 경우가 있습니다. 심지어 일주일 만에도 가능합니다.

그러나 어떤 사람은 일생을 해도 도달하지 못하는 것이 수련 공부입니다. 그저 눈만 감고 앉아서 선종의 조사들이 꾸짖는 칠통처럼 아무것도 생각하지 못하는 망망한 한 편의 무명 덩어리가 바로 그런 사람이지요. 불가나 도가, 혹은 현교나 밀교를 막론하고 앞에서 말한 연기(鍊己)의 네 구절은 반드시 필요합니다. 그중에서도 "내조형구"가 가장 중요합니다. 누구라도 수양 공부가 충분해서 신체 내면을 환히 관조할 수 있다면 질병을 물리치는 것은 물론 장생할 수 있습니다. 적어도 자신의 정신과 의지로 자기 몸을 치료하는 것은 쉽게 할 수 있지요. 비록 장생불사까지는 못하더라도 다른 사람들보다 오랜 시간 젊음을 유지하고 장수할 수 있는 것은 분명합니다.

먼저 입을 관리하고 다음에 마음을 관리한다

이어지는 네 구절은 앞에서 말한 "내이양기, 안정허무, 원본은명, 내조형구"의 원칙을 실천하기 위한 방법을 설명한 것입니다.

태(입)를 닫아 영주를 견고하게 세운다.

閉塞其兌, 築固靈株.

먼저 "폐색기태(閉塞其兌)"의 "태(兌)"는 『역경』 태괘(兌卦 ☱)를 가리킵니다. 태괘가 상징하는 물상(物象)은 매우 많습니다만 인체에서는 입을 상징합니다. 따라서 "폐색기태"란 입을 닫는다는 뜻입니다. 그런데 도가에서

는 입이 단지 얼굴에만 있는 것이 아닙니다. 인체의 구멍은 모두 입으로 표현하는데, 그중에서 가장 크고 대표적인 것이 음식을 먹고 말하는 입입니다. 인체에는 아홉 개의 구멍이 있습니다. 머리에 일곱 개가 있고 아래에 두 개가 있습니다. 그런데 왜 입을 닫는 것이 중요할까요?

수도 공부를 하는 사람이라면 모두 알아야 하는 말이 있습니다. 바로 "입을 열면 신기가 흩어지고 뜻이 동하면 화공이 식는다〔開口神氣散, 意動火工寒〕"는 말입니다. 말하기를 좋아해서 쉴 새 없이 입을 움직이는 사람은 반드시 단명합니다. 저도 수업이 너무 많습니다. 어떤 때는 계속해서 일고여덟 시간을 말할 때도 있는데, 당연히 수명을 재촉하는 일입니다. 그런데 수명이 단축되는 것은 입을 열어서가 아니라 사실은 정기신(精氣神)을 지나치게 소모하기 때문입니다. 강의를 하는 것은 정신과 의지, 에너지를 모두 소모하는 일입니다. 한마디로 말하면 전신의 생명 기능과 에너지가 함께 방출되면서 소모가 매우 심해지는데, 이것이 "입을 열면 신기가 흩어지는〔開口神氣散〕" 이치입니다. 그러므로 수도 공부는 첫 번째로 "입을 닫아야" 합니다. 물론 입뿐 아니라 다른 구멍도 다 닫아야 합니다. 눈, 코, 귀 등 감각 기관을 모두 닫고 외재하는 사물이나 사태에 정신을 소모하지 않아야 합니다. "뜻이 동하면 화공이 식는다〔意動火工寒〕"는 말은 의지가 굳건한 응정(凝定)의 경계입니다. 불가에서는 무념의 전일한 상태에 도달하라고 하는데, 뜻이 한 번이라도 움직이는 것을 산란이라고 합니다. 뜻이 산란하면 결단(結丹)할 수 없습니다. 제가 늘 말하지만 불가의 정(定)과 같은 것이 바로 도가의 응신(凝神)입니다. '정(定)'은 법칙을 말하고 '응(凝)'은 경계의 상태를 말합니다. 사실 도가에서 말하는 단의 응결(凝結)의 응(凝)은 불가의 정(定)에 비해 좀 더 확실한 표현이지요.

"축고영주(築固靈株)"에서 "영(靈)"이란 후세에서 말하는 성령(性靈)인데, 영성(靈性)이라고도 합니다. 이것은 우리 정신의 본원을 가리키는 말입니다. "주(株)"는 내면에서 영성을 배양하는 것이 마치 씨앗을 심어서 천천히 싹을 틔워 한 그루[株]의 나무를 기르는 것과 같다는 말입니다. "영주(靈株)"는 위백양이 창작한 명사로서, "축고영주"란 원신(元神), 원기(元氣), 원정(元精)의 응결을 포함하는 의미입니다.

삼광이 아래로 가라앉으면 자주를 따뜻이 기른다.

三光陸沈, 溫養子珠.

"삼광육침(三光陸沈), 온양자주(溫養子珠)" 역시 실천 방법을 말한 것입니다. 자연계의 "삼광(三光)"은 해, 달, 별이지만 인체의 삼광은 귀, 눈, 마음입니다. "육침(陸沈)"은 본래 형용사로, "육"은 대지(大地)를 가리킵니다. "허공분쇄(虛空粉碎), 대지평침(大地平沈)"이라는 말이 있지요? "허공을 분쇄하고 대지를 평평하게 침하시킨다"는 뜻입니다. 이 말은 안(安) 정(定) 허(虛) 무(無)의 경계, 진실한 공(空)의 경계에 도달한 것을 뜻합니다. 공이란 무엇일까요? 도가에서는 공에 대해 확실하게 표현합니다. 공이란 공마저도 존재하지 않는 경계인데, "허공분쇄"는 허공마저도 분쇄해서 없앤 경계라는 것이지요. "대지평침"의 대지(大地)는 우리 신체의 사대를 포함하는 개념이고, "평침(平沈)"은 신체의 감각을 초월하여 진정 허(虛)와 무(無)의 경계에 도달한 것을 의미합니다.

"삼광육침"은 안이비설신의 육근을 모두 안정(安靜)하는 것으로서 방법을 말합니다. 불가든 도가든 현교든 밀교든 정좌를 하는 사람으로서 누가 진정으로 "삼광육침"의 경계에 도달할 수 있을까요? 모두 허풍이고 자신을 속이는 것에 불과합니다. 장님 문고리 잡기로 남들에게 그렇게 보일 뿐이지 참으로 안정의 경계에 도달한다는 것은 거의 불가능합니다.

진정으로 "삼광육침"의 경계에 도달했다면 한 생각도 일어나지 않습니다. 이때가 되어야 비로소 "온양자주" 할 수 있습니다. "온양(溫養)"이란 곧 보양(保養)을 가리키는데, 여기에서는 우리 선천 생명의 근원은 아직 말하지 않겠습니다. 여러분은 아직 그것을 잘 이해할 수 있는 단계가 아니기 때문입니다. 지금 우리의 생명은 선천의 본래 생명이 분화한 것이므로, 지금의 이 생명에 내재한 선천의 생명을 보양하면 다시 본래의 생명으로 돌아갈 수 있습니다. "삼광육침"을 통해서 "안정허무"로 들어가야 비로소 "온양자주"를 할 수 있다는 것입니다. "온양"은 어미닭이 달걀을 품고 있는 것과 같아서, 따뜻하게 보양하여 조금의 냉기도 들어오지 않게 해야 합니다. 어떻게 해야 따뜻하게 할 수 있을까요? 조금 전에 말했지요. "뜻이 동하면 화공이 식는다"고요. 그러므로 뜻이 동하지 않게 하는 것이야말로 곧 온양하는 방법입니다.

오늘날에는 중국의 선종이 세계적으로 유행하고 있는데, 지금 사람들이 말하는 선(禪)이란 대부분 구두선(口頭禪), 야호선(野狐禪)[173]에 지나지 않아서 모두 입으로만 선을 말합니다. 참된 선종은 실제적인 공부입니다. 예를 들어 황룡(黃龍) 회당(晦堂) 선사는 진정한 선에 대해서 이렇게 말했습

---

173 깨닫지 못한 사람이 깨달은 것으로 잘못 알고 있는 것을 비유하는 말이다. 중국 당나라 선승인 백장 선사와 관련된 일화에서 나온다. 백장회해(百丈懷海)는 마조도일(馬祖道一)의 제자로서 하루라도 일하지 않으면 먹지 않는다는 백장청규(百丈淸規)로 유명하다. 백장 선사가 설법을 하면 늘 한 노인이 와서 법문을 들었는데 하루는 노인이 가지 않고 혼자 있었다. 선사가 물었다. "무엇 하는 사람인가?" 노인이 대답했다. "저는 가섭불 때 이 산에 살았습니다. 그때 한 학인이 '수행을 많이 한 사람도 인과에 떨어집니까?'라고 묻기에 '인과에 떨어지지 않는다[不落因果]'라고 대답했다가 여우의 몸[野狐]을 받았습니다. 지금 스님께서 여우의 몸을 벗을 수 있게 한 말씀을 해 주십시오." "지금 물어라." "많이 수행한 사람도 인과에 떨어집니까?" "인과에 어둡지 않다[不昧因果]." 노인은 크게 깨닫고 선사에게 하직하면서 말했다. "제가 여우의 몸을 벗고 산 뒤에 있을 것입니다. 불법대로 화장해 주시기 바랍니다." 선사는 대중을 거느리고 산 뒤 바위 아래로 가서 죽은 여우 한 마리를 지팡이로 휘저어 꺼내더니 법도대로 화장했다. 또 이런 일화도 전한다. 서암(瑞岩) 화상이 종일 자기에게 "주인공"이라고 부르고 스스로 "네"라고 응답했다고 한다. 이에 대해 송나라 때 무문혜개(无門慧開) 선사는 "식신(識神)"을 "진심(眞心)"으로 오해했다고 하여 "야호견해(野狐見解)"라고 비판했다고 한다.

니다. "마치 영리한 고양이가 쥐를 잡을 때 네 발은 땅에 굳건히 딛고 눈은 한순간도 깜빡이지 않는 것처럼〔如靈貓捕鼠, 四足踞地, 目睛不瞬〕"이라고 말입니다. 고양이가 늙은 쥐를 잡을 때는 참으로 조금의 움직임도 허용하지 않습니다. 마치 선승이 입정한 것과 같은 상태이지요. 온 정신이 쥐를 잡는 데 몰입되어 조금도 흐트러지지 않습니다.[174]

서주(舒州)의 투자대동(投子大同) 선사는 "어미 닭이 알을 품듯이〔如雞抱卵〕"라고 형용하기도 했습니다. 이것 또한 황룡 선사가 말한 영리한 고양이가 쥐를 잡는 것과 같은 경지입니다. 사실대로 말하면 불가와 도가를 공부하는 사람 중에 이런 경지에 도달한 사람은 거의 없습니다. 그러나 참으로 이런 경지에 도달해야만 비로소 온양이라고 할 수 있습니다. 그런 후에야 현재의 후천 생명으로부터 본래의 선천 생명을 발견하고, 그것으로 돌아갈 수 있는 기초가 닦인 것입니다. 보통 사람들은 이런 경지를 알지도 못하고 수양 공부도 하지 않으므로 우리 생명에 본래 이런 기능이 있는지를 죽을 때까지 모릅니다. 그래서 이런 기능은 매우 귀중한 것이기에 "자주(子珠)"라고 형용한 것입니다. 모체로부터 길러지는 것이라는 뜻이지요. 사실은 모자(母子)가 일체입니다. 여기에서는 논리적으로 특수한 두 개의 명칭이 나왔는데, 하나는 "영주(靈株)"이고 또 하나는 "자주(子珠)"입니다. 그러나 실은 하나를 두 개 이름으로 부르는 것일 뿐입니다.

---

174 선종에서는 무념의 집중을 흔히 쥐를 잡는 고양이에 비유한다. 우리나라 근대의 선을 일으킨 경허 스님의 〈참선곡〉에도 다음과 같이 나온다. "앉고 서고 보고 듣고 옷 입고 밥 먹으며, 사람들과 대화하는 일체처일체시(一切處一切時)에 소소영령(昭昭靈靈) 지각(知覺)하는 이것이 무엇인고? 몸뚱이는 송장이요, 망상번뇌(妄想煩惱) 본공(本空)하고, 천진면목(天眞面目) 나의 부처, 보고 듣고 앉고 눕고, 잠도 자고 일도 하고, 눈 한번 깜짝할 새 천리만리 다녀오고, 허다한 신통 묘용 분명한 나의 마음 어떻게 생겼는고? 의심하고 의심하되 고양이가 쥐 잡듯이, 주린 사람 밥 찾듯이, 목마른 이 물 찾듯이, 육칠십 늙은 과부 외자식을 잃은 후 자식 생각 간절하듯, 생각생각 잊지 말고 깊이 궁구하여 가되, 일념만년(一念萬年) 되게 하야 폐침망찬(廢寢忘餐)할 지경에 대오(大悟)하기 가깝도다. 홀연히 깨달으면 본래 생긴 나의 부처 천진면목 절묘하다."

찾으려는 순간 달아난다

도가 공부를 하는 여러분은 반나절만 공부하면 바로 이 "영주(靈株)"를 찾으려고 합니다만 이것은 영원히 나타나지 않습니다.

보아도 보이지 않으나 가까이서 쉽게 구한다.

視之不見, 近而易求.

먼저 "시지불견(視之不見)" 즉 보아도 보이지 않는다는 말을 보겠습니다. 일반적으로 수도하는 사람이라면 누구나 이것(=영주)을 찾으려고 합니다. 마치 불교에서 명심견성이라고 말하면 사람들은 명심(明心)을 찾고 또 견성(見性)을 찾는 것과 같지요. 이렇게 어떤 도(道)를 말하면 바로 그것을 찾으려는 것이 도를 닦는 사람들의 일반적 현상입니다. 그러나 여러분이 그것을 찾으려고 하는 그 순간 이미 멀리 가 버리고 맙니다. 그것을 찾으려고 하는 것, 그 행위 자체가 도(道)와 여러분을 멀리 떼어놓는 결과를 낳습니다. 그러니 보려고 하면 볼 수 없고 들으려 하면 들을 수 없는 것이지요.

"근이이구(近而易求)", 도는 여러분 가까이에 있지 멀리 바깥에 따로 존재하는 것이 아닙니다. 도는 보살이나 신선이 주는 것이 아닙니다. 상제나 부처가 주는 것도 아니지요. 사실 신선이나 부처는 여러분 자신과 별개가 아닙니다. 여러분 자신이 바로 신선이요 부처요 보살입니다. 여러분이 부처나 신선이 될 수 있다는 말입니다. 그런데 우리는 모두 본래 생명이 바로 신선이요 부처라는 사실을 잊고 있습니다. 자신이 본래 부처라는 사실을 잊지 않고 깨우친다면 우리는 부처가 될 수 있습니다. 그래서 "가까이서 쉽게 구한다"고 말한 것입니다.

우리가 어렸을 때 암송했던 『삼자경(三字經)』에는 "본성은 서로 비슷한데 습관은 서로 다르다(性相近, 習相遠)"라는 말이 있습니다. 이 말은 『논어』에 나오는 공자의 말씀으로 본래 "성상근야(性相近也), 습상원야(習相遠也)"입니다. 철학자들은 이 말을 유물론적으로 해석하기도 하고 유심론적으로 해석하기도 합니다. 또 어떤 사람은 종교적으로 해석합니다. 모두 인간과 우주의 본성이란 무엇인가, 본성은 어디에 있는가 하고 찾습니다. 원래 유가와 도가가 서로 구분되지 않았을 때의 중국 원시 문화에서는 유물이니 유심이니 구별하지 않았습니다. 심(心)과 물(物)은 일원적인 것이기 때문입니다. 심이든 물이든 모두 일체의 양면과 같습니다.

　그러면 성(性)은 어디에 있나요? "성상근(性相近)"이라고 했지요? 사실 본성은 우리에게 너무 가까이, 바로 눈앞에 있기 때문에 오히려 보이지 않습니다. 물건을 눈앞에 너무 가까이 대면 뭔지 보이지 않지요? 그런 것과 같은 이치입니다. 다음은 "습상원(習相遠)"에 대해 말해 보지요. 만약 후천적 습성(習性), 습기(習氣)로 여러분의 선천적 본성을 찾으려 하면 그럴수록 점점 멀어지게 됩니다. 본성은 본래 청정한 것입니다. 그런데 청정한 본래의 성품이 내면에 있다는 사실을 잊고 밖에서 찾는 것이지요. 이런 습기가 오래될수록 본성과의 거리는 점점 멀어집니다. 공자의 말씀은 사실 "성근습원(性近習遠)"이라는 네 글자로 족합니다. 그런데 낭송을 하려고 필요한 글자를 더하다 보니 여덟 글자로 늘어났지요.

　자성(自性)은 어디에 있을까요? 바로 여러분의 내면에 있으니 따로 구할 필요가 없습니다. 자성은 아주 가까이에 있습니다. 사람들이 그것을 모르기 때문에 도(道)를 아주 멀고 높은 곳에서 구하지만 잘못되었지요. 선종의 조사들은 사람들이 "성인의 경지를 너무 높이 추앙한다(高推聖境)"고 나무랐습니다. 사실상 도는 매우 평범합니다. 그래서 늘 여러분에게 이 세계에서 가장 깊고 높은 학문은 가장 평범한 이치 속에 있고, 가장 평범한 곳이 가장 높고 깊은 곳이라고 말합니다. 지식이 점차 높아지고 학문이 점점 좋아지면 평범하지 않은 곳에서 평범한 도를 찾을 수 있습니다. 그래서 "보아도 보이지 않으나 가까이서 쉽게 구한다"고 말한 것입니다.

이 원문에 대한 주운양 조사의 주해 역시 매우 좋습니다. 여러분이 집에 돌아가셔서 직접 연구하시기 바랍니다. 자, 여기서는 함께 『천유』의 설명을 일부분만 읽어 볼까요?

"이 절은 연기의 기초를 말하고 있다. 첫머리의 어정 등 여러 장은 건곤감리의 조화의 법상에 대해서만 말했을 뿐이다. 그러나 이제 여기에 이르러서는 곧바로 연기 공부에 대해 말하여 구체적으로 기초의 방법을 논하고 있다."
(此節, 言鍊己之初基也. 首卷禦政諸章, 但敷陳乾坤坎離, 造化法象, 到此, 方直指鍊己工夫, 示人以入手處)

제6장인 "연기립기장(鍊己立基章)" 이전의 『참동계』의 내용은 단지 건곤감리 즉 우주 생명 운행의 대법칙에 대해서만 말했을 뿐입니다. 그런데 이제 제6장에 와서야 연기(鍊己) 공부에 대해 구체적 방법을 펼쳐 보이고 있다는 말입니다. 이어서 『천유』는 다음과 같이 설명을 계속합니다.

"여동빈 조사가 말하기를, '칠반환단은 사람에게 있으니 먼저 연기를 하고 기다려야 한다'고 하였다."
(呂祖云, 七返還丹在人, 先須鍊己待時)

당나라 때 전설적 신선인 여순양 조사는 일찍이 연단(鍊丹)의 과정을 "칠반구환(七返九還)"이라고 표현했는데, 주운양 진인은 『천유』에서 그것을 인용하고 있습니다. "칠반구환"이란 『능엄경』의 "칠처징심(七處徵心),

팔환변견(八還辯見)"과 같은 원리입니다. 간단히 말하면 여순양은 연단 수도의 칠반구환 공부는 외부에서 구할 것이 아니라 자기 자신에게서 구해야 한다는 것입니다. 먼저 자기를 단련하고 때를 기다리는 "선수연기대시(先須鍊己待時)"야말로 기초 공부에서 가장 중요한 원칙입니다. "대시(待時)"란 아직은 시간이 지나야 한다는 말입니다. 주운양 진인은 다시 송대의 신선 장자양을 인용하여 말합니다.

"장자양은 말하기를, '만약 구전환단법을 완성하고자 한다면 먼저 연기 공부를 마치고 마음을 잘 집중해야 한다. 연기란 바로 양기이다'라고 하였다. 기란 리괘 중에 있는 기토로서 본성의 뿌리가 깃들어 있는 곳이다."

(張紫陽云, 若要修成九轉, 先須鍊己持心. 鍊己, 即養己也. 己卽離中己土, 爲性根之所寄)

한나라 시대에는 도가를 "양기(養己)"라고 불렀습니다. 당송 이후에는 좀 더 현실적이 되어 나를 단련한다는 뜻에서 "연기(鍊己)"라고 했습니다. 그러면 "연기"의 기(己)란 무엇일까요? 주운양 조사는 그것을 "리중기토(離中己土), 위성근지소기(爲性根之所寄)"라고 해석했습니다. "리(離)"는 괘의 명칭이고 "기토(己土)"는 천간으로, 이것이 본성입니다. "리중기토"란 바로 인체의 중궁으로, 구체적으로 말하면 위(胃)의 일부분에 해당합니다.

선천 지양의 기를 얻어야 망상을 제어한다

『천유』는 "리중기토"를 다음과 같이 설명합니다.

"선천의 건성이 후천의 리괘로 변했기 때문에 원신이 식신으로 변하여 심 중의 음기가 시시각각 유전하게 되었다."

(只因先天底乾性, 轉作後天之離, 元神翻作識神, 心中陰氣, 刻刻流轉)

우리의 본성이 변해 지금 말하고 생각할 수 있는 의식(意識)이 되었다는 뜻입니다. 부모가 우리를 낳기 전 본래 상태는 모두 득도한 성인과 같은데, 이렇게 생명으로 태어난 후에는 망상이 지속되는 평범한 사람이 되어 버린 것입니다. 그러므로 선천의 본래 생명으로 돌아가려면 망상을 버리고 청정한 본성을 회복해야 합니다. 문제는 왜 망상이 청정해지지 않느냐는 것입니다. 도가에서는 그것을 선천의 "원신(元神)"이 후천에서는 "식신(識神)"으로 변하기 때문이라고 합니다. 불가의 유식학에서 말하는 제팔식이 바로 식신과 같습니다.

식신으로 변화한 후에는 후천 음기(陰氣)의 영향을 받습니다. 음기란 형체가 있고 현상으로 존재하는 것입니다. 우리에게 육체가 존재하는 것이 바로 음기의 일종입니다. 선천의 "원기(元氣)"는 형체도 없고 현상도 없는 무형 무현상의 것으로, 선천은 형이상이고 후천은 형이하입니다. 선천 원기 혹은 원신이 후천의 생명으로 변화한 후에는 심(心) 중의 음기가 시시때때로, 잠시도 쉬지 않고 흐르는 영향을 받아 한순간도 멈추지 않게 마련입니다. 그 때문에 우리의 생각이 쉬지 않고 이어지는 것입니다. 정좌란 심성(心性)을 응정(凝定) 즉 움직이지 않도록 하는 것입니다. 불교에서도 생각 작용을 오음(五陰)이라고 합니다. 이 음(陰)을 어떻게 소멸하여 순양(純陽)으로 만드느냐 하는 것이 바로 수련 공부의 요체 즉 도(道)입니다.

"잃기는 쉽고 지키기는 어려우니 감괘 가운데 선천의 지양의 기를 얻지 못하면 제어할 수 없다."

(易失而難持, 不得坎中先天至陽之炁, 無以制之)

이렇게 음기를 소멸하는 수련은 참으로 쉽지 않습니다. 그렇기 때문에 "이실이난지(易失而難持)"라고 말한 것입니다. 그렇게 어렵다면 어떻게 해야 할까요? 도가에서는 우리의 생각을 물질인 수은(汞)에 비유해서 상징적으로 설명했습니다. 수은은 움직이는 성질이 매우 커서 수은 한 방울을 땅에 떨어뜨리면 산산이 흩어져 버립니다. 이런 수은이 납(鉛)을 만나면 신기하게도 전혀 흩어지지 않고 모여서 뭉치게 됩니다. 그래서 도가에서는 우리의 생각을 수은에 비유합니다. 우리의 생각은 한시도 쉬지 않고 떠올랐다가 가라앉고, 이것을 생각하는가 하면 어느새 다른 것을 생각하지요. 그래서 생각을 안정시키기 위해서는 납의 성질과 같은 그 무엇이 필요합니다. 수은과 납이 도가의 연단 수련에 가장 중요한 상징으로 부상한 것은 이런 이유 때문입니다. 이 원리를 모르면 도가 서적이나 경전을 아무리 읽어도 소용이 없지요. 옛사람들이 "비결을 알고 나서 책을 읽는 것이 좋다(得訣歸來好看書)"고 말한 이유입니다.

납과 수은은 단지 이것만 상징하는 것은 아닌데, 여기에서는 일단 생각의 흐름에 대해서만 말하겠습니다. 감괘 가운데 지양(至陽)의 기가 있다는 것은 호흡하는 기운을 잘 조절하여 고요하게 하면 생각도 응정(凝定)한다는 뜻입니다. 우리가 잠을 잘 때는 비교적 호흡이 안정되고 생각도 고요해지지만, 반대로 화가 나면 호흡도 거칠어지고 생각도 혼란해지는 것이 바로 이런 원리 때문입니다. 호흡하는 기운이 참으로 응정하게 된다면 숨을 쉬지 않게 되고 생각도 멈춥니다. 선종의 조사들은 일찍이 사람들을 이렇게 나무랐습니다. "배는 텅텅 비었는데 생각만 높다(空腹高心)"고 말이지요. 노자도 이렇게 말했지요. "마음은 비우고 배는 채우라(虛其心, 實其腹)"

라고요. 원기(元氣)가 아직 배에 돌아가지 않아서 배는 텅텅 비었는데 기운이 온통 뇌에만 몰려 있다면 안정이 되겠습니까? 그러니까 머리를 텅 비우고 배에 원기를 충실하게 하면 생각은 저절로 안정됩니다.

이것을 두 개의 괘로 상징합니다. 하나는 리괘(離卦 ☲)로서 가운데가 텅 빈 형상입니다. 생각이 혼란스럽게 일어나는 양상을 가리킵니다. 감괘(坎卦 ☵)는 상하 두 개의 음 중간에 양이 들어 있는 형상입니다. 이것은 우리 생명 속에서 원양(元陽)이 발생할 때 생각이 일어나지 않음을 나타냅니다. 만약 한 생각도 일어나지 않으면 죽은 사람이 되는 것일까요? 그렇지 않습니다. 단지 일상의 생각이 없다는 것이고 선천적 영감은 도리어 극히 발달해 보통의 현상적 생각을 초월합니다. 신통이라고 하는 영적 능력이 생기게 되는 것이지요.

그래서 "감괘 가운데 선천의 지양의 기를 얻어야 된다〔得坎中先天至陽之炁〕"고 말했고, 이것을 얻지 못하면 후천의 혼란 망상을 "제어할 수 없다〔無以制之〕"고 한 것입니다. 여기에서 주의할 것이 있습니다. 보통 정좌 수련을 열심히 해서 기기(氣機)도 발동하고 단전도 충실한 것 같고 몸에 기운이 충만하면 "선천지양지기(先天至陽之炁)"를 얻은 것이라고 생각하지만 그렇지 않습니다. 선천 지양의 기는 무형(無形) 무상(無相)한 것으로 호흡의 기(氣)가 아닌 또 다른 별개의 경계이기 때문입니다.

선천일기의 도래

한마디로 말해 "선천 지양의 기"가 도래한다는 것은 여자의 경우 나이 불문하고 십이 세 이전의 상태로 돌아가는 것이고, 남자 역시 소년의 몸 상태로 변화하는 것을 의미합니다. 이때는 몸과 마음에 어떤 느낌도 없고 호흡도 끊어져 콧구멍에 가벼운 털 같은 것을 갖다 대도 미동도 하지 않습니다. 물론 피부로는 호흡을 하는 상태이지만 감각으로 느낄 수 있는 것은 아닙니다. 이때는 심전도나 뇌파 검사를 해도 전혀 움직임이 없이 고요합니다. 이때가 "선천지양지기"이고 그래서 무형 무상입니다.

생각이 자연히 청정해진 후에 대해 『천유』에서는 이렇게 말합니다.

"그러나 선천일기는 허무 속에서 도래한다."

(然先天一炁從虛無中來)

생각과 감각이 전혀 없는 공허, 허무의 경계에 이르러야 비로소 선천일기(先天一炁)가 도래한다는 뜻입니다. 그런데 이 한마디가 도리어 해를 끼쳤습니다. 후대에 도가의 경서를 본 사람들이 이렇게 오해했기 때문입니다. "선천일기"를 닦으려면 어떤 텅 빈 공간을 상상해야 한다는 것이지요. 여러분에게 분명히 말하지만 "선천일기종허무중래(先天一炁從虛無中來)"라는 것이 어떤 허무의 공간에서 온다는 말이 아닙니다. 만약 허무의 공간을 상상한다면 그것은 이미 무(無)가 아니라 유(有)입니다. 그러므로 관상(觀想)하는 방법을 써서 어떤 것을 상상한다면 잘못된 것입니다. 이어서 말합니다.

"만약 허무를 궁극에 이르게 하고 정정을 지키는 공부를 독실하게 하지 않는다면 어떻게 궁극의 근원에 도달하고 근본으로 돌아갈 수 있겠는가. 그러므로 (참동계에서) '안으로 나를 길러 안정허무에 도달한다'고 하였다."

(若非致虛守靜之功, 安得窮原反本哉, 故曰, 內以養己, 安靜虛無)

"약비치허수정지공(若非致虛守靜之功), 안득궁원반본재(安得窮原反本

哉)", 공(空)의 경계에 이르지 못한다면 명심견성은 물론이고 선천일기 또한 도래할 수 없습니다. 그렇기 때문에 『참동계』에서는 "내이양기(內以養己), 안정허무(安靜虛無)"의 경계에 도달하라고 하였다는 것입니다.

"우리가 처음 생명을 받을 때는 본래의 한 점 영명을 누구나 갖추고 있다."

(生身受之初, 本來一點靈明, 人人具足)

우리의 이 인간 생명은 "처음 생명을 받을 때(生身受之初)" 즉 어머니가 임신하던 순간, 오늘날 수태라고 말하는 때에 이 생명으로 변합니다. "본래일점영명(本來一點靈明), 인인구족(人人具足)", 한 점의 신령스럽고 성스러운 빛인 영광(靈光)이 마치 전자파와 같아서 일단 끌어당겨 몸속에 들어오면 곧 태아로 만들어집니다. 남성의 정자와 여성의 난자가 결합하는 순간 한 점 영명(靈明)이 그곳에 들어오게 되어 같이 돈다는 것입니다. 이것이 바로 윤회의 원리입니다. 일단 몸속에 들어가면 한 점 영명은 그 속에서 벗어날 수 없게 되어 점점 융화해 갑니다. 그러니 지금 우리가 할 일은 이 육체의 구속에서 벗어나 선천의 본래 상태로 돌아가는 것입니다. 『천유』에서는 그것을 다음과 같이 말했습니다.

"오직 후천의 작용으로 인해 영명의 뿌리가 속진에 붙어 있는 것이다."

(只因後天用事, 根寄於塵)

후천 생명으로 변화한 후에는 이 육신에 선천일기가 구속되고 만다는 뜻입니다.

제30강

앞에서 여러분에게 『참동계』 제6장에 대한 『천유』의 주해를 읽어 드렸습니다. 이 부분은 대단히 중요합니다만 시간 관계상 계속 읽어 드리기 어려우니 스스로 연구하기 바랍니다. 수도 공부가 목적이 아니라고 해도 중국 문화나 철학 방면에서도 중요한 자료이고 생명 과학 연구에도 아주 좋은 자료입니다.

현대 과학과 의학을 결합해서 이 책을 연구한다면 그 내용이 더욱 풍부해질 것입니다. 그러니 여러분은 포기하지 말고 연구해 주기를 바랍니다. 여러분에게 또 하나 좋은 자료를 알려 드리겠습니다. 앞에서 이야기했던 당대의 전설적 신선인 여순양 조사의 〈백자명(百字銘)〉입니다. 겨우 일백 자에 불과하지만 그 내용은 지금 여러분이 읽고 있는 『참동계』 제6장 "내조형구(內照形軀)"와 밀접한 관련이 있습니다. 오늘 공부하고 있는 "내이양기(內以養己)"에 대한 내용은 연기(煉己)와 축기(築基)에 가장 좋은 것이니 잘 기억했다가 다른 학문과 융합해서 응용할 수 있다면 큰 도움이 될 것입니다.

도가의 수양법, 백자명

양기망언수(養氣忘言守) 항심위불위(降心爲不爲).

동정지종주(動靜知宗主) 무사갱심수(無事更尋誰).

진상수응물(眞常須應物) 응물요불미(應物要不迷),

불미성자주(不迷性自住) 성주기자회(性住氣自回).

기회단자결(氣回丹自結) 호중배감리(壺中配坎離),

음양생반복(陰陽生反復) 보화일성뢰(普化一聲雷).

백운조정상(白雲朝頂上) 감로쇄수미(甘露灑須彌),

자음장생주(自飮長生酒) 소요수득지(逍遙誰得知).

좌청무현곡(坐聽無絃曲) 명통조화기(明通造化機),

도래이십구(都來二十句) 단적상천제(端的上天梯).

이 〈백자명〉은 정통 도가의 수양법입니다. "양기망언수(養氣忘言守)", 기(氣)를 기르려면 말을 잊고 지켜야 한다는 첫 번째 구절은 이해하기가 쉽지 않습니다. 어떻게 양기(養氣)를 해야 할까요? 연기(練氣)가 아닙니다! 밀종에서 말하는 구절불풍(九節佛風)이니 보병기(寶瓶氣)니 하는 수련법이 아니라는 말입니다. 각종 기공법에서는 기 수련을 코나 입을 통해서 하고 있습니다. 제가 알고 있는 바로 모두 이백육십여 종이나 됩니다. 사람들은 콧구멍 두 개와 입 하나만으로 기를 단련하는 이백육십여 종이나 되는 방법을 만들어 냈습니다. 그런데 양기는 연기와는 다릅니다. 앞에서 양기(養氣)와 양심(養心)의 공부에 대해 말한 적이 있지요? 가장 좋은 공부법은 『맹자』 「진심」 상편에 있습니다. 양기에 대해 말하자면 참으로 좋은 방법이 바로 〈백자명〉의 "망언수(忘言守)"입니다. "망언"이란 단지 말을 안 하거나 잊는다는 뜻만이 아닙니다. 언어란 밖으로 표현된 생각이고, 생각은 밖으로 표현되지 않은 언어로서, 언어와 생각은 일체의 양면입니다. 그렇기 때문에 "망언"이란 단지 말을 하지 않는 것을 넘어서 무사무려(無思無慮) 즉 생각이 모두 끊어지고 청정한 경지를 나타냅니다. "수(守)"는 입정(入定)의 정과 같은 뜻입니다.

"항심위불위(降心爲不爲)", 마음을 항복받고자 하면 하지 않음을 해야 한다는 구절의 "항심"은 여순양 조사가 『금강경』에서 인용한 말입니다. 수보리가 부처님에게 "모든 수행자는 어떻게 그 마음을 항복받아야 합니까" 라고 물은 것이지요. 마음을 항복받는다는 것은 망상심(妄想心)을 고요하게 한다는 것과 같은 뜻입니다. 이렇게 마음을 항복받는다거나 망상심을 고요하게 한다는 것은 무언가를 노력해서 하는 유위(有爲)의 공부입니다. 그런데 이런 유위의 공부를 통해서는 결코 망상심을 고요하게 할 수 없습니다. 마음은 고요하게 하려고 할수록 더욱 요란해지기 때문입니다. 마음을 고요하게 하자고 생각하는 마음 그 자체가 바로 고요하지 않은 마음입니다. 마음을 고요하게 하려는 마음도 없는 무심(無心)의 경지에 이르면 자연히 마음이 고요해집니다. 그 때문에 "하지 않음을 한다〔爲不爲〕"고 말한 것입니다.

"동정지종주(動靜知宗主), 무사갱심수(無事更尋誰)", 고요하거나 움직이거나 중심을 잃지 않고 마음이 무사(無事)의 경지에 있으니 다시 무엇을 찾고 추구하겠느냐는 말입니다. 이는 여순양 조사가 선(禪)의 최고 이치를 말한 것입니다. 마음이 동하지 않는 부동심 그 자체가 결코 도는 아닙니다. 선종에도 이런 말이 있습니다. "무심이 도라고 말하지 마라. 무심은 단지 마음을 문으로 막아놓은 것뿐〔莫謂無心便是道, 無心猶隔一重關〕"이라고 했습니다. 진정한 수도인은 세속을 초월할 수도 있지만 도리어 세속에 들어갈 수도 있어야 합니다. 세속을 초월하든 세속으로 들어오든, 다시 말하면 움직이든〔動〕 고요하든〔靜〕 모두 도에 맞아야 합니다. 고요한 가운데서

도 혼란하지 않고 움직임 속에서도 혼란하지 않으며, 고요함에서도 무사 (無事)하고 움직임에서도 무사하며, 세속을 초월해서도 무사하고 세속에 들어와서도 무사한 것입니다. 하루에 수많은 사태를 접해도 마음을 태연하게 하여 무사한 경지에 있다면 다시 누구를 찾고 무엇을 추구할 필요가 있겠습니까? 이것이 바로 "동정지종주, 무사갱심수"입니다.

"진상수응물(眞常須應物), 응물요불미(應物要不迷)", 진상심(眞常心)으로 사물에 응해야 하니 사물에 응하고도 미혹됨이 없어야 한다는 뜻입니다. 수도인의 청정함은 깊은 산중이나 높은 봉우리에 숨어서 세속으로부터 떨어져 있는 것이 아닙니다. 세속에 들어와서 사람들을 만나 일을 하면서도 진여(眞如)의 고요함, 항상 불변하는 도심(道心)을 잃지 않아야 합니다. 세속에서도 자신의 본래 청정한 본성을 잃지 않아야 진정한 수도인이라고 할 수 있습니다.

"불미성자주(不迷性自住), 성주기자회(性住氣自回)", 미혹되지 않으면 성 (性)은 본래 있으니 성이 있으면 기(氣)는 저절로 돌아온다는 말입니다. 앞에서 우리는 본성을 회복해서 미혹되지 않아야 진정한 수도인이라고 했습니다. 이렇게 본성을 지켜 미혹되지 않으면 기(氣)는 저절로 돌아오고 자연히 안정된다는 말입니다.

"기회단자결(氣回丹自結), 호중배감리(壺中配坎離)", 기가 돌아오면 단은 저절로 맺으니 호리병 속에서 감리가 배합된다는 뜻입니다. 기맥이 오랜 시간 안정되는 것을 불가에서는 '득정(得定)'이라 하고, 도가에서는 '결단(結丹)'이라고 합니다. 도가에서는 인체를 호리병에 비유하고, 감괘는 물을 리괘는 불을 상징합니다. 인체 내부에서 수기와 화기가 서로 배합하여 오랜 시간이 지나면 신체에서 변화가 일어나고 환골탈태(換骨奪胎)할 수 있다는 뜻이지요.

"음양생반복(陰陽生反復), 보화일성뢰(普化一聲雷)", 전체 기맥이 자연히 열리는 것을 말합니다. 일양이 회복되는 형상이 지뢰복(地雷復)인데, 우레〔雷〕는 진괘(震卦)로서 진동하는 현상을 상징합니다. 불경에서는 대지가 여섯 가지로 진동한다고 하는데, 여기에서 대지의 진동이 반드시 지진 같은 자연현상을 말하는 것은 아닙니다. 오히려 신체 육근의 진동을 상징하지요. 오랫동안 기맥이 안정되면 자연히 기맥에 진동이 발생하고 단박에 열리게 됩니다. 그래서 "일맥이 통하면 백맥이 통한다〔一脈通百脈通〕"는 말이 있지요.

이렇게 하나의 맥이 통해서 백맥이 모두 통하는 경지를 흰 구름이 정상에 모인다고 하여 "백운조정상(白雲朝頂上)"이라고 표현합니다. 이것은 도가의 상징으로, 정수리부터 한 줄기 흰 빛이 몸과 마음을 비추기 시작한다는 의미입니다. "감로쇄수미(甘露灑須彌)", 정수리에서 자연히 한 줄기 감로수가 흘러내립니다. 이것은 도가에서 말하는 천원단(天元丹)을 가리킵니다. 『선비요법』의 백골관(白骨觀) 제16, 17에서는 모두 천원단에 대해서 말하고 있습니다. 부처님도 말씀하기를, 수지(修持)가 이 경지에 이르고 더욱이 경건한 공경심까지 갖추면 도를 성취한 천인(天人)이 자연히 관정(灌頂)을 해 준다고 했습니다. 또 석가모니 부처님은 이런 경지에 도달했을 때는 반드시 영양에 주의해야 하며 다른 사람들의 방해를 받아서는 안 된다고 했습니다. 이 경지에 이르면 바람이 직접 닿지 않고 새소리도 들리지 않는, 일체 소리가 잠잠해진 밀실에 들어가야 합니다. 이런 단계가 바로 도가에서 말하는 천원단의 경지입니다.

이때에 이르면 "자음장생주(自飮長生酒), 소요수득지(逍遙誰得知)" 즉 "스스로 장생의 술을 마시고 소요하는 경지를 누가 알겠는가" 하는 단계에 도달합니다. 불가로 말하자면 해탈의 경지이지요. "좌청무현곡(坐聽無絃曲)", 앉아서 무현곡을 듣는다는 것은 바로 관세음보살의 원통(圓通)[175]의 경지입니다. 거문고의 현(絃) 없는데 무슨 음악이 들리겠습니까? 이 음악은 세속의 음악이 아니라 천뢰(天籟)의 음악입니다. 지뢰(地籟)도 인뢰(人 籟)도 아닌 천뢰입니다.[176] 이런 경지에 도달하면 "명통조화기(明通造化 機)" 즉 우주 생명의 근원, 만유의 근원에 대해서 환히 알게 됩니다. "도래 이십구(都來二十句)", 여기까지 〈백자명〉의 스무 구절이 모두 이루어졌습 니다. 그다음 구절인 "단적상천제(端的上天梯)"는 당 말기부터 송대에 이 르기까지 쓰였던 토화(土話)로서 오늘날의 말로는 "하늘로 오르는 계단" 이라는 뜻입니다. 이런 경지에 도달한 사람은 세속을 초월하여 하늘로 올 라가는 경지로 승화한다는 말이지요.

황중 통리하면 기맥은 저절로 통한다

자, 다시 『참동계』 제6 연기립기장 두 번째 단락을 보겠습니다.

황중에서 점차 통리하면 윤택함이 피부에 드러난다.

黃中漸通理, 潤澤達肌膚.

이 말은 무슨 뜻일까요? 앞에서는 양기(養氣) 공부로서 "내조형구(內照 形軀)"를 말했습니다. 저는 불법을 공부하는 분들에게 백골관을 닦으라고

---

175 관세음보살이 수행한 이근원통(耳根圓通) 법문 등, 『능엄경(楞嚴經)』에 나오는 이십사 종의 원통법문을 수행하여 도달하는 최고의 경지를 말한다. 관음(觀音)은 관세음보살이 소리를 관 하여 자성(自性)을 밝히는 법문으로, 이것은 세상의 소리를 따라가는 것이 아니라 소리를 듣 는 자성을 돌이켜보는 수행법이다. 관음 수행은 귀의 감각 기관인 이근(耳根)으로 소리를 듣 고 그 소리를 듣는 자성을 알아차리는 데 있다. 즉 소리에 대한 집중에서 그 소리의 들음을 버리고 듣는 성품을 돌이켜서 자성을 관조(觀照)하는 단계로 들어가는 것인데, 이것을 반문 문성(反聞聞性) 또는 회광반조(回光返照)라고 한다. 창민스님 박사학위 논문 「능엄경, 이근원 통장 연구(楞嚴經, 耳根圓通章 硏究)」 참조. 불교공뉴스(http://www.bzeronews.com)

말합니다. 그것이야말로 "안으로 형구를 비추는" 공부이기 때문입니다. 왜 여러분에게 관상(觀想)이 일어나지 않을까요? 여러분은 삼광(三光)이 아래로 가라앉지 않았기 때문입니다. "삼광이 아래로 가라앉아 자주를 따뜻이 기른다면[三光陸沈, 溫養子珠]" 반드시 "황중통리(黃中通理)"의 경지에 도달할 것입니다.

　"황중(黃中)"이란 무엇일까요? 『역경』의 곤괘(坤卦)에서 나온 말입니다. 곤괘는 음(陰)을 대표하고, 황색은 오행 중에서 중앙을 상징합니다. 중국인이 자신의 국가를 중국이라고 하는 것은 허풍을 떠는 것만은 아닙니다. 중국 민족은 황인종인데 어떤 민족이든 황인종과 결혼하면 삼대(三代) 이후에는 반드시 피부색이 황색으로 변한다고 합니다. 일대는 눈동자가 검은색으로 변하고, 이대는 머리카락이 검은색으로 변하고, 삼대에는 피부마저 황색으로 변한다는 것이지요. 황중이란 일종의 중화(中和)적인 것을 상징하는 말입니다. 우리 신체 내부에서는 비위(脾胃)가 황중에 속합니다. 정신에서는 일념도 일어나지 않는 고요하고 청정한 경지가 바로 황중입니다. 이런 "황중통리"의 경지에 도달하면 밀종에서는 중맥(中脈)이 통하고 기(氣)가 충실하다고 합니다. 중맥은 통하려 하지 않아도 저절로 통하게

---

176 천뢰, 지뢰, 인뢰는 『장자』「제물론(齊物論)」에 남곽자기(南郭子綦)와 그의 제자 안성자유(顔成子游)의 문답에서 나오는 말이다. 남곽자기가 책상에 기대어 앉아 멍하니 하늘을 보고 있는 모습이 마치 혼이 나간 것 같았다. 그러자 제자 안성자유가 걱정이 되어 묻는다. "어찌된 일입니까? 스승님의 몸은 마치 마른 나무[枯木]와 같고 정신은 불타고 남은 재[死灰]와 같습니다. 지금 선생님 모습은 이전과 다릅니다." 스승이 답하였다. "오늘 나는 나를 잃었다[吾喪我]. 너는 인뢰는 들었지만 지뢰는 듣지 못했고, 설령 지뢰를 들었더라도 천뢰는 듣지 못했다." 안성자유가 답하기를, "지뢰는 여러 구멍에서 나오는 소리라면 인뢰는 대나무피리 소리 같은 것이지요. 천뢰는 무엇인지 감히 묻습니다." 남곽자기가 말하였다. "수많은 소리가 있지만 모두 다른 것에 의지하지 않고 각각 자기 스스로 내는 소리가 바로 천뢰이다." 이상의 내용을 보면 인뢰와 지뢰가 다른 것에 의지해서 존재하는 타연적(他然的)인 것이라면, 천뢰는 스스로 존재하는 자연적인 것이다. 타연(他然)은 불교의 연기(緣起)와 같은 개념이다. 연기란 어떤 것에 의지해서 존재하는 것이고 해탈이 연기로부터 벗어나는 것이라면 장자가 말하는 천뢰, 소요 역시 이와 통하는 개념이다.

된다고 하지요. 여기에서 "통리(通理)"의 리(理)는 도리(道理)를 말하는 것이 아니고 중의학에서 말하는 주리(腠理)를 뜻합니다. 주리란 피부의 모공(毛孔)을 말하는데, 신체의 내면뿐 아니라 전신의 십만팔천 개 모공도 모두 기가 통했다는 뜻입니다. 이로써 천지의 정신과 서로 왕래할 수 있습니다. 즉 천지와 기를 통하는 것이지요.

"황중점통리(黃中漸通理)"는 기(氣)가 마침내 정(定)의 경지에 도달한 것을 말하고, "윤택달기부(潤澤達肌膚)"는 피부가 변화하는 것을 말합니다. 마치 아기 피부처럼 부드럽게 되어 광채를 발합니다. 이것은 모두 양기(養氣)의 성과라고 할 수 있습니다. 다만 그것은 외적 변화일 뿐이지요.

처음이 올바르면 끝이 닦이고 근간이 수립되면 말단도 유지할 수 있다.

初正則終修, 幹立末可持.

"초정즉종수(初正則終修)", 수도 공부에서 가장 어려운 일이 착수하는 것으로, 수도 공부의 시작을 올바르게 해야 합니다. 수도 공부의 시작이 올바르면 끝에 가서도 올바른 결과를 맺을 수 있습니다. 그래서 늘 여러분에게 말합니다. 최초의 출발이 곧 최고의 경지이며, 최고의 경지가 곧 가장 기본적인 것이라고요. 기본이 잘못되면 모든 것이 잘못된다는 말입니다. 그러므로 불가든 도가든 수도 공부를 하는 사람은 누구나 행위의 도덕성이 중요합니다. 불경에서 "여러 악을 짓지 말고 모든 선을 받들어 행하라[諸惡莫作, 衆善奉行]"고 말하는 이유가 여기에 있습니다. 이 말은 매우 간단하고 누구나 하는 말이지만 실천하기는 정말 쉽지 않습니다. 여러분이 수도 공부를 시작할 때 기본적인 마음가짐이 옳지 않다면 최고의 성취는 이룰 수 없습니다.

저도 젊어서 수도 공부를 할 때는 여러분처럼 도가도 배우고 불가도 배우고 밀종도 배우러 다녔습니다. 누구든 도를 닦은 분이라고 생각되면 스승으로 모시고 공부했습니다. 밀종이든 현교든 열심히 오랫동안 수련했지요. 그러다가 마침내 깨달았습니다. 도는 본래 나 자신에게 있으니 밖에서 구할 필요가 없다는 것입니다. 하지만 먼저 그런 헛걸음을 하지 않았다면 나중에 이런 사실을 깨달을 수 없었겠지요. 지금은 출가인이든 재가인이든 뭔가를 배우려고 하는 사람들에게 저는 빨리 밖으로 가라고 합니다. 왜냐하면 제가 직접 경험했던 일이니까요. 감산(憨山) 대사의 말씀을 인용하면 그렇게 해서라도 "다른 날의 망상을 끊으라[以絕他日妄想]"는 것입니다.

여러분은 지금 나이가 젊을 때 공부를 열심히 해서 성취해야 합니다. 그래야 장차 나이가 들어 어디에 가서 공부하려는 것을 다 놓아 버릴 수 있습니다. 밖이 아무리 시끄럽고 아무리 말해도 여러분은 듣지 않을 것입니다. 왜냐하면 젊어서 이미 다 해 봤고 알기 때문입니다. 그러나 말은 그렇게 하면서도, 제 경험으로 보면, 밖에 휩쓸려서 끝까지 돌아오지 못하는 사람도 정말 많습니다. 그래서 "근간이 수립되면 말단도 유지할 수 있다[幹立末可持]"고 말하는 것입니다. 어수선하게 곁가지 같은 공부를 아무리 해도 심성(心性)의 기본적인 수양 공부를 제대로 하지 못하면 아무리 많은 공부를 했다고 해도 결국은 헛것입니다. 최후에는 아무것도 이룰 수 없게 되지요.

하나란 무엇인가

도(道)란 무엇일까요? 노자는 이렇게 말했습니다. "하늘은 하나를 얻어서 맑고, 땅은 하나를 얻어서 평탄하고, 신은 하나를 얻어서 영명하고, 골짜기는 하나를 얻어서 가득 차고, 만물은 하나를 얻어서 생겨나고, 왕은 하나를 얻어서 천하의 바름이 된다〔天得一以淸, 地得一以寧, 神得一以靈, 谷得一以盈, 萬物得一以生, 侯王得一以爲天下貞〕." 그렇다면 하나〔一〕란 무엇일까요? 도가에는 "하나를 얻으면 만사가 끝난다〔得其一, 萬事畢〕"는 말도 있습니다. 여러분이 참으로 이런 하나를 얻는다면 무엇이든 다 성공할 수 있습니다. 그런데 "하나를 얻는다〔得其一〕"는 것은 무슨 의미일까요? 선종에는 이런 화두가 있습니다. "만법이 하나로 돌아가니 하나는 어디로 돌아갈까〔萬法歸一, 一歸何處〕."

『역경』에서도 이런 이치를 말하는데 "천일생수(天一生水)"라는 문제입니다. 천(天)의 하나가 수(水)를 낳는다는 말이지요. 여기서 천(天)은 천문의 천이 아니고 형이상의 도(道)를 가리킵니다. 중국의 도가에서 보면 이 우주와 지구는 그리스 철학에서 말했던 것처럼 한 줄기 기류가 이 공간에서 휭 하고 돌면서 이루어졌습니다. 무슨 이유로 돌기 시작했는지는 과학자들도 분명히 알지 못합니다. 기류가 돌기 시작하면 곧 액체가 생깁니다. 이 액체가 천천히 뭉쳐서 점차 굳으면 높은 것은 산이 되고 낮은 것은 바다가 되지요. 그래서 『역경』에서는 "천일생수(天一生水), 지육성지(地六成之)"라고 합니다.[177] 즉 "천일(天一)이 수(水)를 낳으면 지육(地六)이 그것을 이룬다"는 말입니다. 하나에 여섯을 더하면 일곱이 되지요. 이것이 『역경』의 수리(數理)입니다. 설명을 하지 않으면 배워도 잘 알기가 정말 어렵지요. "천일생수, 지육성지"는 과학적 원리의 하나로, 지구의 물리적 형성에 대해 말하자면 첫 번째 이루어진 것이 바로 수(水)입니다. 수는 우리가 마시는 물이 아니라 액체의 유동성을 가리킵니다.

비유하자면 우리가 수도 공부를 할 때 고요하고 안정된〔靜定〕 상태에 이

---

[177] 『주역』 「계사전」에는 "天一, 地二, 天三, 地四, 天五, 地六, 天七, 地八, 天九, 地十"만을 말하였고, "天一生水, 地六成之"는 하도(河圖) 낙서(洛書)와 관련해서 『상서대전(尙書大傳)』 「오행전(五行傳)」에 보인다.

르면 진액이 나오는 것과 같습니다. 정좌를 잘하면 입에 침이 가득 고이는 것과 같지요. 실제로 뇌하수체는 호르몬을 분비합니다. 우리 몸 전체에는 호르몬이 있습니다. 의학에서는 현재 이백여 종의 호르몬이 있다고 밝혔는데, 호르몬이 몸속에서 작용하면 여성이 남성이 될 수도 있고 남성이 여성이 될 수도 있습니다. 도가에서는 '금액환단'이라고 하는데, 이것이 바로 뇌하수체의 호르몬으로서 장생불사할 수 있는 근원입니다. 현대의 과학 지식을 빌려서 말하면 금액환단과 뇌하수체 호르몬은 같은 것이라고 할 수 있지요. 그러나 제 말을 다 믿을 수는 없겠지만 과학도 다 믿을 수는 없습니다. 저는 단지 현대 과학의 범위에서 이렇다고 설명할 뿐입니다. 과학도 장차 더 발전하겠지요.

우리 뇌에는 대뇌와 소뇌 사이에 간뇌(間腦)라는 것이 있습니다. 이 간뇌의 작용, 특히 호르몬과 관계된 작용에 대해서는 과학자들도 아직 뚜렷한 답을 찾지 못하고 연구하는 중입니다. 사실 도가에서 말하는 금액환단이니 옥액환단이니 하는 것은 호르몬을 말합니다. 정좌를 할 때 입에 침이 가득 고이는 것이 왜 건강에 좋을까요? 침이 많이 분비되면 위장병 같은 것은 저절로 낫습니다. 현대 의학에서도 자신의 침이 위장 치료에 가장 좋은 약이라는 사실을 잘 알고 있지요. 제가 어렸을 때는 손을 다쳐 피가 날 때는 혀로 핥아서 침을 발라 주면 나았습니다.

지금 지식인들이 들으면, 더군다나 미국에 유학이라도 갔다 온 사람들이 들으면 웃을 이야기이지요? 중국인은 역시 비과학적이라고 말이지요. 중국의 시골 사람들은 밭에서 풀을 베다가 잘못해서 손을 다쳐 피가 나오면 바로 진흙 한 덩이를 상처에 발라 주었습니다. 이것이 과학적이라는 것이 현재는 밝혀졌지요. 진흙 속에는 페니실린과 같은 성분이 들어 있어서 살균 소독할 수 있다는 사실이 알려졌습니다.

저도 군대에서 이런 경험을 했습니다. 한번은 같이 있던 병사가 일종의 성병에 걸려서 군의관에게 치료를 받았는데 소용이 없었습니다. 군의관도 이상하게 치료가 안 된다고 했지요. 그때 어떤 사람이 저쪽 산에 수도자가 있는데 치료할 수 있을 것이라고 했습니다. 저는 그 사람을 찾아가서 치료를 부탁했습니다. 머리를 땅에 대고 진심으로 간청하고 예물도 드렸지요. 그는 제게 '곡선(曲蟺)'을 쓰면 치료할 수 있다고 했습니다. 바로 지렁이였습니다. 지렁이를 잡아서 그릇에 넣고 흰 설탕을 뿌린 후에 그 물을 먹으면 치료가 된다는 것이었습니다. 저는 반신반의하면서 돌아와 군인들에게 지렁이를 잡아오라고 했지요. 그릇에 지렁이를 놓고 흰 설탕을 뿌렸습니다. 놀랍게도 지렁이가 바로 녹으면서 진흙같이 되었습니다. 삼십 분쯤 있으니 진흙은 가라앉고 맑은 액체가 떴습니다. 이것을 먹으면 어떤 성병도 치료할 수 있다는 것입니다. 나중에 알았지만 지렁이 머리에는 페니실린 성분이 있었습니다. 여러분, 수도자가 가르쳐준 건 과학이 아닌가요? 과학이 아니라고 할 수 있나요? 과학이지요. 그런데 어디에서 이런 과학이 왔을까요?

어떤 사람이 이런 질문을 했습니다. "단오절에는 어째서 웅황(雄黃)이라는 약으로 피부를 문지르나요?" 제가 답했습니다. "소독이 되기 때문이지요." 단오절에는 습도가 아주 높아서 세균이 많이 번식합니다. 그래서 쑥을 피운다든지 폭죽을 터뜨린다든지 웅황으로 몸을 문지른다든지 술을 마시고 마늘을 먹는다든지 하는데 모두 세균을 죽이기 위한 것입니다. 옛사람들에게 세균은 일종의 귀신이었습니다. 따라서 이런 행위를 '귀신 쫓아내기'라고 했지요. 이런 귀신은 쫓아내면 곧 괜찮아집니다. 왜 그런지 상세히 알게 할 수 있나요? 그냥 그렇게 전해 올 뿐입니다. 『논어』「위정편」에서는 이것을 "백성들로 하여금 하게 할 수는 있어도 알게 할 수는 없다[民可使由之, 不可使知之]"고 말했습니다.

어떻게 하나를 얻을 수 있는가

자, 다시 '하나〔一〕'에 대해서 살펴보겠습니다. "천일생수(天一生水)"의 일(一)은 무엇인가요? "득기일(得其一), 만사필(萬事畢)"이라고 했지요? 도가든 불가든 정좌는 득정(得定)으로부터 출발합니다. 정(定)은 전일(專一) 즉 정신 집중을 의미합니다. 부처님도 말씀하셨습니다. "마음을 한 곳에 모으면 안 되는 일이 없다〔制心一處, 無事不辦〕"고요. 도를 성취하는 것은 너무나 간단합니다. 하나를 얻을 수 있다면 못할 일이 없습니다. 다만 애석하게도 여러분 중에 그렇게 할 수 있는 사람이 없을 뿐이지요. 이어지는『참동계』원문은 다음과 같습니다.

한마디로 말하면 세상 사람들은 알지 못한다.

一者以掩蔽, 世人莫知之.

"일자이엄폐(一者以掩蔽)"는 일언이폐지(一言以蔽之)라는 말로 "한마디로 말하면"이라는 뜻입니다.[178] 그는 "세인막지지(世人莫知之)" 즉 세상 사람들은 도를 알지 못한다고 했습니다. 그의 이 말은 말하지 않은 것과 마찬가지입니다. 그는 여러분이 "하나〔一〕"가 무엇인지 모른다고 말하고 있습니다. 하나의 경지는 전일한 공부, 즉 집중의 공부입니다. 만약 이 공부를 철학적으로 설명한다면 책 한 권을 쓸 수 있습니다.

이 구절에 대한 주운양 진인의 해설은 정말 독보적인 것으로 대단히 홀

---

178 원서에 "就是一言以蔽之, 只有一句話"로 되어 있다. 하지만 579쪽 주운양 조사의 설명에서 엄폐는 현문(玄門)과 빈호(牝戶)를 가리키고 있고, 이어지는 저자의 해설에서도 엄폐는 지시하는 명사로 쓰였다. 이처럼 주운양 조사의 주해와 저자 해설에 비추어 보면 여기서 "一者以掩蔽"는 "하나라는 것은 엄폐인데"라고 설명하는 것이 맞아 보인다.

륭합니다. 그의 설명을 보면 다음과 같습니다.

"이 절은 연기 공부가 하나를 얻는 데 있다는 것이다."

(此節, 言鍊己之功, 在乎得一也)

백일 간의 연기(鍊己) 공부, 축기(築基) 공부가 바로 하나를 얻는 "득일 (得一)"에 있다는 것입니다. 주운양 진인의 해설이 이어집니다.

"도인경에 말하기를, '중은 오기를 다스리고 백신을 혼합하며 중황의 단경을 볼 수 있고 만 가지 변화를 회통하는 곳이다. 비유하면 북극성이 중심에 있으 면 모든 별이 그 주변을 도는 것과 같다. 도를 공부하는 사람은 이로써 자주를 온양하여 잊지도 말고 조장하지도 말라'고 하였다."

(度人經云, 中理五炁, 混合百神, 可見中黃丹局, 爲萬化統會之地. 譬若北辰 居所, 衆星自拱. 學道之士, 從此溫養子珠, 勿忘勿助)

"도인경운(度人經云)", 『도인경(度人經)』은 도가의 경전입니다. 여기에서 "물망물조(勿忘勿助)"는 맹자의 말[179]로서 수도 공부에 가장 중요한 구결입 니다. 정좌 수도 공부를 할 때는 물망물조(勿忘勿助)가 바로 부증불감(不增 不減)입니다. 하지만 우리가 공부로 삼는 것은 늘어나는 데 있지도 않고 줄 어드는 데 있지도 않기 때문에 잘 못하는 것입니다.

"하나"는 어디에서 찾아야 할까요? 여러분은 그것을 어디에서든 찾을 필요가 없습니다. 가부좌를 하고 정좌를 시작하면서 마음이 고요하고 안 정된[靜定] 순간이 바로 "하나"입니다. 그런데 그 후에 여러분 의식에서 조

---

179 『맹자』 「공손추」 "필유사언이물정(必有事焉而勿正), 심물망(心勿忘), 물조장야(勿助長也)"에 나온다.

금씩 생각이 싹트기 시작합니다. 손은 이렇게 놓아야 좋고 다리는 이렇게 해야 좋고, 정좌를 해야 한다는 등의 의식이 생겨납니다. 정좌를 해서 고요하고 안정된 경지에 도달하겠다는 생각이나 의지가 있다면 이미 둘이지 하나가 아닙니다. 둘에 이어서 셋, 넷, 다섯, 여섯 등이 생기기 마련이지요. 여러분 모두 고요하고 안정되려는 생각은 간절하겠지만 언제 그렇게 할 수 있습니까? 여러분은 고요하고 안정됨을 추구할 필요가 없습니다. 그냥 좀 쉬어야겠다고 생각하듯이 마음을 가볍게 먹는 것이 좋습니다. 휴식은 간단하지 않습니까? '좀 쉬자' 하고 가볍고 자연스럽게 생각하는 것이 바로 휴식입니다. 만약 '젠장, 난 쉬어야겠어!' 하고 의도적으로 생각한다면 그것은 이미 휴식이 아닙니다. 쓸데없는 짓을 하고 있는 것입니다. 이래서는 결코 '하나'를 얻을 수 없지요.

"자연스러운 정정의 상태를 오래 유지하면 신명이 저절로 발생하여 점차 사통팔달 온몸으로 퍼져 구규와 백맥 및 삼백육십 골절, 팔만사천 모공에 모두 통하여 자연히 광채가 나고 감응하여 전부 통한다. 즉 역경에서 말한 바와 같이 '아름다움이 속에 있어 사지에 퍼져 통한다'는 것이다. 그러므로 (참동계에서) '황중에서 점차 통리하면 윤택함이 피부에 드러난다'고 하였다. 단도에는 처음이 있고 끝이 있으며, 근본이 있고 말단이 있다. 처음은 연기로서 공부를 시작하는 것이고, 끝은 입실하여 공부를 마치는 일이다."

(久之神明自生, 漸漸四通八達, 身中九竅百脈, 三百六十骨節, 八萬四千毛孔, 一齊穿透, 自然光潤和澤, 感而畢通. 即易所云, 美在其中, 而暢於四肢也. 故曰, 黃中漸通理, 潤澤達肌膚. 丹道有初有終, 有本有末. 初者鍊己, 下手之功. 終者入室, 了手之事)

단도(丹道)의 시작은 연기(鍊己) 공부이고 끝은 폐관하고 입실(入室)하

는 것입니다. 바람이 잘 통하지 않고 안팎으로 완전히 격리되어 자기만의 공간에 들어가는 것입니다. 그러므로 도가는 진정으로 폐관에 도달해야 "요수(了手)" 즉 공부를 마칠 수 있습니다. 수도 공부가 완성되기 직전의 마지막 단계에서는 반드시 세속을 벗어나서 자기만의 공부가 필요합니다.

"단도의 처음은 나무에 줄기가 있는 것처럼 근본이고, 끝은 나무의 가지와 같은 말단이다. 그러나 반드시 최초 시작의 공부 한 걸음이 곧 마지막 끝내는 한 걸음이라는 것을 알아야 한다."

(初如木之有幹, 本也. 終如木之有標, 末也. 然須知最初下手一步, 便是末後了手一步)

"초여목지유간(初如木之有幹), 본야(本也). 종여목지유표(終如木之有標), 말야(末也). 연수지최초하수일보(然須知最初下手一步), 변시말후요수일보(便是末後了手一步)." 처음이 곧 끝이라는 이 말은 조금도 틀리지 않습니다. 이른바 "오직 근본을 얻을 것이요 말단은 염려하지 말라(但得本莫愁末)"는 것으로서, 이 구절은 선종 영가(永嘉) 대사의 말씀입니다.

"단도 공부의 시작 한 걸음은 곧 바른 길을 걷기 시작하는 것이다. 이로부터 차례대로 점차 나아가면 수도 공부의 효과가 자연히 마디마디 나타난다. 시작이 바르면 끝을 마칠 수 있다. 즉 근본이 말단을 포괄하는 것이다. 그러므로 (참동계에서) '처음이 올바르면 끝이 닦이고 근간이 수립되면 말단도 유지할 수 있다'고 하였다. 그렇다면 무엇이 처음이고 무엇이 끝인가. 요점은 하나일 뿐이다."

(初基一步, 便踏著正路, 從此循序漸進, 修持之功, 自然節節相應. 原始可以要終, 卽本可以該末矣. 故曰, 初正則終修, 幹立末可持. 然則孰爲初, 孰爲本, 要在一者而已)

자, 다시 묻습니다. '하나〔一〕'는 과연 무엇일까요? 『천유』의 설명입니다.

"태어나기 전에 이 하나를 얻어서 사람으로 태어난다. 그리고 태어난 후에는 이 하나를 얻으면 단을 이룬다."

(未生以前, 惟得一則成人, 有生以後, 能抱一卽成丹)

"미생이전(未生以前), 유득일즉성인(惟得一則成人)", 한 생각이 동하면 결태(結胎) 즉 태를 맺고 결태하면 생명이 태어납니다. "유생이후(有生以後), 능포일즉성단(能抱一卽成丹)", 생명이 태어난 이후에 하나를 얻으면 바로 단을 이룰 수 있습니다. 하나〔一〕야말로 생명의 근원이면서 단도의 기초라는 말입니다.

도가의 이러한 생명 철학은 제가 아는 바로는 전 세계의 학문 중에서 오직 중국의 도가에만 있습니다. 도가에서는 인간의 생명 속에는 또 다른 하나의 생명을 낳을 수 있는 그 무엇이 존재한다는 것입니다. 인간의 생명에는 이런 기능이 본래 존재하지요.

하나가 전체를 낳다

인간의 정신이 어떻게 또 다른 생명을 낳을 수 있을까요? 이 원리에 대해서는 다른 자료를 참고해서 생각해 보겠습니다. 불경에서는 욕계(欲界), 색계(色界), 무색계(無色界)라는 삼계를 말합니다. 인류는 지금 욕계의 하층인 태양계에 속해 있지요. 태양계 위에도 여러 세계가 있지만 모두 욕계에 속하는 것은 마찬가지입니다. 욕계의 생명은 남녀 양성이 성적으로 결합해야 생명을 낳습니다. 그런데 욕계의 상층 세계에서는 남녀가 서로 미

소만 지어도 아이를 잉태한다고 합니다. 남성도 아이를 잉태할 수 있는 세계도 있답니다. 야! 남녀가 평등한 세계라고 할 수 있지요. 여성들은 빨리 그 세계로 가셔야겠습니다. 진짜 평등하지요. 그런데 남성이 어떻게 아이를 낳을까요? 머리가 열리면서 아이를 낳는다고 합니다. 어떤 세계에서는 어깨 쪽으로도 낳을 수 있다고 하지요. 전 세계의 문화 사상 가운데 불교처럼 상세하게 천인의 세계를 묘사한 사상은 없습니다.

색계에는 욕망은 없지만 사랑은 있습니다. 그렇다면 사랑할 때 무엇을 서로 교환하나요? 기(氣)를 교환합니다. 또 무색계는 서로 바라보고 웃는 것조차 필요 없고 신(神)을 교환합니다. 자신의 의념이 한 번 움직이면 곧 화신(化身)이 생기지만 남자로 생기지도 않고 여자로 생기지도 않는다고 합니다. 여러분에게 삼계의 천인들에 대해 연구해 보라고 여러 번 말했지요. 불학의 생명 원리를 연구해서 분명히 이해한다면 수도 공부도 잘 알게 될 것입니다.

도가의 생명 원리도 이와 유사합니다. 우리의 생명은 정말 가련합니다. 때가 되면 노쇠하고 사망할 수밖에 없지요. 도가에서는 공부 방법을 잘 알고 수련하면 이 생명 자체는 내려놓더라도 다른 새로운 생명을 낳아서 영원히 죽지 않는다고 합니다. 또 죽더라도 다시 새로운 생명을 낳아서 생명을 살 수 있습니다. 이것을 도가에서는 "하나를 얻으면 단을 이룬다(能抱一卽成丹)"고 합니다. 즉 정기신(精氣神)을 하나로 합치하는 것이지요.

"하나는 둘을 낳고, 둘은 셋을 낳고, 셋은 만물을 낳는다. 이렇게 사람을 낳고 사물을 낳는 것은 바로 하나이다."

(蓋一生二, 二生三, 三生萬物. 順去生人生物者, 此一也)

이렇게 자연을 따르는 것이 욕계의 법칙입니다. 마치 우리가 자연에 순

응해서 살 듯이 말입니다.

"셋은 둘로 돌아가고, 둘은 하나로 돌아가고, 하나는 허무로 돌아간다. 이렇게 거꾸로 거슬러 가면 성인이 되고 신선이 된다. 이것 또한 하나의 작용이다."
(而三返二, 二返一, 一返虛無, 逆來成聖成仙者, 亦此一也)

"역래성성성선자(逆來成聖成仙者)", 도가는 우리에게 길을 거꾸로 거슬러 가면 신선이 된다고 합니다. 사실 불가는 말하지 않지만 같은 이치입니다. 그래서 도가에서는 정을 되돌려 뇌를 보충하는 '환정보뇌(還精補腦)'를 한다면 장생불사할 수 있다고 합니다. 제가 연구한 바로는 가장 먼저 노화가 일어나는 곳이 두뇌입니다. 뇌하수체가 늙지 않으면 노안(老眼)이 오지 않습니다. 뇌하수체는 이렇게 중요합니다.

여러분, 늙지 않는 사람은 얼굴에 주름살이 없고 머리가 점점 길쭉해집니다. 그래서 남극 선옹의 머리는 동과(冬瓜)처럼 길게 그려져 있지요. 실제로 여러분도 주름을 머리 뒤로 당기는 운동을 하면 두뇌가 그만큼 충실해집니다. 뇌하수체 호르몬이 충분해지는 것이지요. 일반적으로 노화가 온 사람은 이마가 좁아집니다. 주름도 점점 많아지지요. 뇌가 노쇠해지기 때문입니다. 많은 사람이 이렇게 말합니다. 늙으니까 기억력이 점점 없어진다고요. 저는 이렇게 대답합니다. 여러분, 노력을 해야 합니다. 저는 늙으면 늙을수록 기억력이 점점 좋아집니다. 젊을 때 독서한 것보다 지금이 더 많이 기억납니다. 왜일까요? 여러분은 기억력이 노쇠한 것이 아니라 스스로 늙었다고 생각하는 것입니다. 이렇게 심리적으로 노쇠한 것이 가장 나쁩니다. 생명은 붙잡아서 되돌릴 수 있습니다. 이것이 중국 문화의 가장 보배 같은 발명입니다. 여러분 모두 이것을 잘 알아서 장생불로하기를 바랍니다.

제31강

하나의 원리

앞의 강의에서 '하나(一)'에 대해 말씀드렸는데 이 문제는 후대의 도가에서 논쟁의 초점이었습니다. 수도인들에게 일어난 논쟁은 바로 '수일(守一)'의 문제로 이것은 전문 용어입니다. 일반적으로 우리 신체에서 수일을 말했으므로 수일은 '수규(守竅)'로 변했습니다. 수규란 보통 세 개의 단전(丹田)을 지키는(守) 것입니다. 이는 단전 지키기(守丹田)가 옳다고 말하는 것은 아닙니다. 단지 이런 방법도 있다는 것을 소개할 뿐입니다.

일반적으로는 모두 상규(上竅)를 지킵니다. 인당(印堂)이나 산근(山根)을 지키는 것인데, 이 말은 중국의 관상학에서 쓰는 용어입니다. 인당은 좌우 눈썹 사이를 말하고 산근은 그보다 약간 아래 코의 상단과 이마가 만나는 곳입니다. 도가에서는 여기를 상규라고 부르지요. 하규(下竅)는 배꼽 아래 일촌삼푼(一寸三分)에 있습니다. 중규(中竅)는 가슴의 두 젖꼭지의 중간 지점을 가리킵니다. 후대의 도가에서 말하는 삼규(三竅)는 삼단전(三丹田)이라고도 부릅니다. 앞에서 이미 소개했지요. 옛사람들에게는 하나의 규(竅)를 전하는 것은 매우 중대한 문제였습니다. 이 밖에도 '조규(祖竅)'라는 것이 있는데 이는 또 다른 것입니다.

단경에서 말하는 수일(守一)은 노자가 말한 '하나(一)'의 원리에 근거한 것입니다. "하나를 얻으면 만사가 끝난다"는 것이지요. 일반인들은 수일(守一)을 몸의 어느 한 부위에 끈질기게 정신을 집중하는 것이라고 알고 있습니다. 그렇게 하는 것이 수규요 수일이며 신선이 되는 방법이라는 것이지요. 이렇게 한다고 효과가 있을까요? 물론 간단한 효과는 있습니다. 그러나 결코 신선이 되는 도법(道法)은 아닙니다. 몸의 어느 한 곳에 주의를 집중해서 오랜 시간이 지나면 기혈이 모두 그곳에 몰립니다. 그로 인해 특수한 현상이 일어나는데, 어떤 규(竅)에서는 기혈이 몰려 그 내부에 진동이 일어나기도 합니다. 수련 공부를 하는 사람 중에는 이런 현상이 일어나면 바로 기맥이 통해서 득도(得道)라도 한 것으로 착각하지만, 사실 이런 현상은 득도와는 관계가 없습니다. 여러분이 매일 한 손가락 끝에 정신을 집중해서 아침마다 바라보기를 삼 년 정도 한다면 그 손가락이 다른 것보다 크고 길어질 수 있습니다. 이것이 정신 집중의 작용이지요.

그런데 고혈압이 있는 사람은 절대 '상규(上竅) 지키기'를 해서는 안 됩니다. 저혈압이거나 빈혈인 사람도 곤란합니다. 이런 사람은 상규 지키기를 수련할 때 머리가 어지러울 수도 있습니다. '하단전 지키기'는 문제가 더 심각합니다. 어떤 사람은 하단전을 지키면 지킬수록 배가 점점 커집니다. 아랫배가 커지는 것이 아니라 위장이 있는 윗배 부위가 점차 부풀어 오르듯 커집니다. 여성이 하단전을 지킬 때는 더 문제가 많고 주의해야 합니다. 이 삼규(三竅)는 각각 그 작용이 있는데, 일반적으로 중의학에서 말하는 삼초(三焦)의 작용과 관련 있습니다. 그런데 삼초의 작용은 아직도 다 규명되지 않았습니다. 저 같은 비전문가는 전문가의 말을 인용할 수밖에 없는데, 삼초는 아마도 호르몬이 분포되는 길인 것 같습니다.

그런데 "하나를 얻으면 만사가 끝나는" 원리는 수규가 아닙니다. 하나는 무엇일까요? 알기가 쉽지 않습니다. 여러분은 주운양 조사의 설명을 참고해 보시기 바랍니다. 그의 설명은 참으로 적절해서 마치 증세에 적합한 약과 같습니다. 반드시 생명을 구한다고 할 수는 없어도 적어도 후유증을 남기지는 않습니다. 주운양 조사의 설명입니다.

"태상이 말하기를, '하나를 얻으면 만사가 끝난다'고 하였고, 또 말하기를 '곡신은 죽지 않으니 곧 원빈을 말한 것이다'라고 하였다."

(太上云, 得其一, 萬事畢. 又曰, 谷神不死, 是謂元牝)

태상(太上)은 노자에 대한 존칭입니다. 노자의 『도덕경』에는 곡신(谷神)이니 원빈(元牝)이니 하는 명칭이 나옵니다. 지난번에 노자를 공부할 때 이미 곡신에 대해서 말한 적이 있지요. "곡신(谷神)"의 곡(谷)은 산골짜기로서 협곡이 길며 그늘지고 어두운 곳입니다. 삼각형도 있고 포대형도 있고 장방형도 있는데, 어떤 골짜기는 입구는 있지만 출구가 없어서 마치 동굴 같은 곳도 있습니다. 골짜기가 크고 깊으며 공기도 흐르지 않습니다. 그래서 메아리가 크게 울리지요. 이런 곳에서는 인간이 살 수가 없습니다. 또 다른 골짜기는 양쪽 입구가 서로 뚫려서 공기가 대류(對流)하는 깊은 형태입니다. 곡신이란 공령(空靈)한 곳을 형용하는 말입니다. 골짜기가 공령한 느낌이 들수록 우리는 어떤 알 수 없는 신비감을 점점 더 느끼고 일종의 에너지도 느낍니다. 이런 형태의 골짜기가 바로 노자가 말하는 곡신(谷神)입니다.

"원빈(元牝)"의 원(元)은 『도덕경』에는 현(玄)으로 되어 있습니다. 현이라는 글자는 연구하기가 쉽지 않은데, 노자 자신은 『도덕경』 제1장에서 "현지우현(玄之又玄)"이라는 말도 했지요. 이 역시 해석이 쉽지 않습니다.

후대의 노자 연구자들은 두 가지로 해석했습니다. 하나는 현(玄)이 우주의 형상을 상징한다는 것입니다. 예를 들어 형이상과 형이하의 관계를 서로 이어진 두 개의 원으로 상징한다고 합시다. 그렇다면 형이상은 어느 원에 속하고 형이하는 어느 원에 속한다고 단정할 수가 없지요. 서로 연결되어 있기 때문입니다. 또 하나는 유물 사상적 해석입니다. 이 현(玄)이라는 글자는 고대에는 위에 점이 하나 있고 밑으로 두 개의 타원이 연결되어 걸려 있습니다. 이 글자의 형태는 세균, 미생물 혹은 인간의 정충을 상징하는 데, 작은 벌레가 꿈틀거리며 움직이는 형상입니다.

곡신과 본성

빈모(牝牡)라는 말은 여성과 남성 또는 모성과 부성을 가리킵니다. 우주 만물은 모두 어미의 몸을 빌려 태어나기 때문에 현빈(玄牝)이라고 합니다. 노자가 말한 "곡신불사(谷神不死)"는 곡신은 영원히 죽지 않는다는 말로, 곡신이라고 상징되는 어미의 생산 작용은 영원히 끊이지 않는다는 뜻이지요. 이 말은 노자가 했지만 지금 우리는 단도(丹道)에 대해 말하고 있으니 단도에서는 이것이 무엇을 의미하는지 깊이 연구해 봐야겠습니다. 주운양 조사는 이어서 다음과 같이 설명합니다.

> "곡신은 지극히 텅 비고 지극히 영명하여 그 오묘함은 끊임없이 이어진다."
> (谷神至虛而至靈, 其妙生生不已)

"곡신지허이지령(谷神至虛而至靈), 기묘생생불이(其妙生生不已)", 이 곡신은 지극히 영묘하고 텅 비어서 반응이 매우 빠릅니다. 불학에서는 이것을 감응(感應)이라고 합니다. 감응이라는 말은 『역경』「계사전」에 "고요하여 움직임이 없다가 감응하여 마침내 통한다〔寂然不動, 感而遂通〕"고 한 것과 같이 생명의 본래성을 말합니다. 곡신은 생생불이(生生不已) 즉 끊임없이 연속되는 생명의 근원입니다.

"생명이 끊임없이 이어지는 곳에서 원빈이 분출한다. 그 본체는 하나이고 그 작용은 둘이다."

(從生生不已處, 分出元牝, 其體則一, 其用則兩)

곡신이나 원빈은 만물을 낳는 근원이라는 뜻입니다. 원빈과 곡신은 명칭은 다르지만 "기체즉일(其體則一), 기용즉양(其用則兩)" 즉 그 본체는 같고 작용만 다른 것입니다. 일반 수도자들은 자신의 신체에서 이것(＝원빈)을 찾지만 쉬운 일이 아닙니다. 여러분은 신체에서 찾으려고 하지 마세요. 인체에서 신경과 기맥은 좌우가 서로 교차한다는 것을 알고 있지요? 그래서 상규에 집중하면 하부에 영향을 미치고, 하규에 집중하면 반대로 상부에 영향을 주게 됩니다. 이것은 의학의 이치로서 도(道)의 작용 또는 도의 술(術)입니다. 술(術)은 일종의 방법이지 도의 본체는 아닙니다.

원빈과 곡신은 하나로서 끊임없이 생산 작용을 일으킵니다. 이것이야말로 진정한 비밀이지요. 주운양 조사는 그것을 다음과 같이 말합니다.

"비밀은 엄폐라는 두 글자에 있다. 엄은 그 현문을 가리는 것이고 폐는 그 빈호를 가리는 것이다."

(秘在掩蔽二字, 掩者, 掩其玄門, 蔽者, 蔽其牝戶)

"비재엄폐이자(秘在掩蔽二字)", 비밀은 엄폐라는 두 글자라는 말에서 엄

(掩)과 폐(蔽)는 같은 뜻입니다. 옛날에 어떤 시인이 지은 시에 "관문폐호 엄시비(關門閉戶掩柴扉)" 즉 "문을 닫으니 창도 가리고 사립문도 거네"라 는 한 구절이 있는데, 여기에 나오는 엄(掩)과 폐(蔽)가 똑같이 닫고 가린 다는 뜻인 것과 같습니다. 관문(關門)은 관문이고, 폐호(閉戶)도 관문이고, 사립문을 닫는 것도 관문입니다. 그렇다면 관문이니 폐호니 엄시비니 하며 이런저런 말을 했어도 결국 같은 말을 한 셈이니 어찌 헛말(空話)이 아니겠 습니까? 그러나 그는 문자상으로는 세 가지가 다른 수법을 보여 주었습니 다. 여러분, 우리도 주운양 조사의 『천유』의 문장도 역시 문자를 다양하게 구사하는 수법을 보여 준 것으로 생각합시다. 그런데 주운양 조사의 "엄자 (掩者), 엄기현문(掩其玄門), 폐자(蔽者), 폐기빈호(蔽其牝戶)"라는 말에서 아직 현문이 어디에 있고 빈호가 어디에 있는지는 확실하지 않습니다.

"만약 하나가 가운데에 있지 않다면 어떻게 능히 엄폐할 수 있겠는가."
(若非一者在中, 豈能掩蔽)

"약비일자재중(若非一者在中), 기능엄폐(豈能掩蔽)", 하나가 가운데 있지 않다면 어떻게 엄폐할 수 있느냐는 말로, 빈호(牝戶) 가운데 하나(一者)의 작용이 있어서 엄폐할 수 있다는 것입니다.

"그러나 밖을 엄폐하지 않는다면 그 하나를 이룰 수 없다."
(然非掩蔽於外, 亦不成其爲一)

"연비엄폐어외(然非掩蔽於外), 역불성기위일(亦不成其爲一)", 외부가 닫 혀야 하나를 얻을 수 있습니다. 도가 서적을 읽는 것은 참으로 힘들고 어렵 습니다. 이렇게 중요한 대목에 이를 때마다 겨우 한 구절만 던져 주니까요.

> "이 속에 있는 오묘함은 진정한 스승을 만나지 못한다면"
>
> (此中竅妙, 非得眞師指授)

참된 스승이 가르쳐야 합니다. 참된 스승 없이는 이 의미를 알 수 없다는 뜻이지요. 그런데 참된 스승이 누구인지 어떻게 알 수 있겠습니까? 진정한 어려움은 바로 여기에 있습니다.

불학에서는 "선지식(善知識)"이라는 말이 있는데 바로 밝은 스승[明師]을 가리킵니다. 스승이 학생의 전생 근기를 모르고 함부로 비밀스러운 법을 전수한다면 계율을 범하게 됩니다. 지옥에 떨어질 수 있는 매우 엄중한 사태가 발생하는 것이지요. 제자 역시 스승을 선택하지 않으면 계를 범하는 것이 됩니다. 그러니 가장 좋은 것은 서로 계를 범하지 않는 것입니다. 이런 상황에서 스승이 득도하여 신통력이 있으면 제자의 전생을 알 수 있으니 문제가 없는 셈이지요. 물론 제자가 되는 것도 어려운 일입니다. 어떤 사람이 참된 스승인지 알기는 정말 어렵지 않습니까? 이것이 바로 도가와 밀종의 시험입니다. 마지막 비밀은 결국 말하지 않고 남겨 놓은 채 진정한 스승을 찾아야 비로소 알 수 있다고 했습니다. 주운양 조사는 그것을 이렇게 설명합니다.

> "(진정한 스승을 만나지 못한다면) 가령 안연이나 민자건 같은 훌륭한 제자라도 알 수 없을 것이다. 하물며 세간의 범부들이야."
>
> (縱饒慧過顔閔, 莫能强猜. 況世間凡夫乎)

여러분도 알다시피 안연(顔淵)과 민자건(閔子騫)은 공자의 삼천 제자 중에서 가장 뛰어난 제자였습니다. 그들도 모른다면 일반인이야 더 말할 것도 없지요. 우리는 겨우 책이나 보면서 연구하는 처지인데 어디에 가야 진정한 스승을 찾을 수 있을까요? 그런데 주운양 조사의 다음 설명은 우리에게 진정한 스승이 어디 있는지 알려 줍니다.

"그러므로 (참동계에서) '한마디로 말하면 세상 사람들은 알지 못한다'고 하였다. 소위 황중은 조규의 가운데를 말한다. 일자는 곧 조규의 하나를 가리킨다. 가운데를 알면 규를 알게 되고, 하나를 알면 규 속의 오묘함을 알게 된다. 규 속의 오묘함을 안다는 것은 본래의 조성을 안다는 것이고, 곧 중을 지키고 하나를 안는 것을 아는 것이니 이것이야말로 양성의 첫 번째 단계의 공부이다."
(故曰, 一者以掩蔽, 世人莫知之. 所云黃中, 是指出祖竅之中. 所云一者, 是指出祖竅之一. 知中, 則知竅. 知一, 則知竅中之妙. 知竅中之妙, 便知本來祖性, 便知守中抱一, 是養性第一步工夫)

여러분, 규(竅) 속의 오묘함인 "규중지묘(竅中之妙)"를 안다는 것은 선종에서 말하는 명심견성입니다. 마음을 밝혀 본성을 아는 것이지요. 정통 도가에서는 성명쌍수(性命雙修)를 말하지 성(性)이나 명(命) 어느 한편에 치우치지 않습니다. 그래서 도가의 수도자들은 불학을 공부하는 사람을 보면 단지 염불과 정좌와 참선만 하는 것은 성을 닦는(修性) 것일 뿐 명을 닦는(修命) 것은 아니기 때문에 몸 건강이 좋지 않다고 비판합니다. 실제로 참선만 하는 불교인 중에는 많은 사람이 몸이 좋지 않습니다. 도가의 관점에서 보면 성(性)만 닦고 명(命)은 닦지 않기 때문이고, 이것이야말로 수행의 첫 번째 병통입니다. 여러분 중에 자기 자신은 정말 수행을 잘하고 있다고 말해도 신체가 보통 사람보다 못해서 환자 같다면 결코 올바른 수행이라고 할 수 없습니다.

그런데 도가에서도 단지 신체 수련만 하는 것은 반대합니다. 몸을 수련해서 얼굴이 불그레하고 신체가 당당해지면 영원히 살 수 있을 것 같지만 죽을 때가 되면 이 모든 것은 다 사라지기 마련입니다. 이런 것을 명만 닦고 성은 닦지 않았다고 합니다. 마음을 밝혀 본성을 보지 못하고 단지 신체만 수련하고 수규(守竅)만 한다는 것이지요. 그래서 "만겁의 음령은 성인 되기 어렵다[萬劫陰靈難入聖]"는 말이 있습니다. 여기에서 음령(陰靈)이란 신체를 가리킵니다. 이렇게 신체만 수련해서는 일만 생을 닦아도 성인이 될 수 없습니다. 그래서 도가에서는 성과 명을 함께 닦는 성명쌍수를 주장합니다.

그것은 곧 본성이 어디 있는지, 본성이 무엇인지 알아야 한다는 말입니다. 현재 우리에게는 문제가 하나 있는데, 본성이라는 것이 곡신(谷神)의 경지 즉 장생불사의 현빈(玄牝)의 경지인지 아닌지 하는 것입니다. 주운양 조사는 여기에서 우리에게 하나의 소식을 전해 주었습니다. 중을 지키고 하나를 안는 "수중포일(守中抱一)"은 진정한 정(定)의 경지로 기주맥정에 이르는 것입니다. 이런 경지야말로 비록 명심견성이라고 말하지 않았더라도 주운양 조사가 말한 것처럼 양성(養性)의 첫 번째 수련 공부인 "양성제일보공부(養性第一步工夫)"입니다. 우리는 모두 기맥을 통하는 것에 대해 말합니다. 수행 공부에서 왜 기맥을 통하는 것을 말할까요? 기맥을 통하는 목적은 기를 멈추는 데 있습니다. 기가 충만하면 마치 건전지가 충전된 것처럼 기의 흐름이 멈추고 맥도 또한 정지합니다. 이런 후천의 작용이 이루어지지 않으면 자성(自性)도 청정함도 드러나지 않습니다. 도가 공부는 정말 수준이 높습니다. 이렇게 기맥이 충실하여 멈추는 경지조차 "양성의 첫 번째 단계의 공부"에 불과하다니 말입니다. 맞습니다. 저도 이 말이 옳다고 동의합니다.

여러분, 그러나 득정(得定)만 하면 바로 한 생각도 일어나지 않는 일념불생(一念不生)의 청정한 불성(佛性)이 그 전체를 드러낼 것이라고 알아서는 안 됩니다. 그렇게 간단한 문제가 아닙니다. 하물며 여러분이 아직 생각과 망상을 온전히 멈춘 득정의 경지에 이르지도 못했고, "수중포일"도 아직 못 했다면 기주맥정은 더욱 말할 것도 없습니다. 다시 말하면 양성의 첫 번째 단계의 공부에도 도달하지 못했으니 명심견성 공부는 말할 여지도 없다는 뜻입니다.

제7 兩竅互用章양규호용장[180]

上德無爲상덕무위, 不以察求불이찰구. 下德爲之하덕위지, 其用不休기용불휴. 上閉則稱有상폐즉칭유, 下閉則稱無하폐즉칭무. 無者以奉上무자이봉상, 上有神明居상유신명거. 此兩孔穴法차양공혈법, 金炁亦相胥금기역상서. 知白守黑지백수흑, 神明自來신명자래. 白者金精백자금정, 黑者水基흑자수기. 水者道樞수자도추, 其數名一기수명일. 陰陽之始음양지시, 元含黃芽원함황아. 五金之主오금지주, 北方河車북방하거. 故鉛外黑고연외흑, 內懷金華내회금화. 被褐懷玉피갈회옥, 外爲狂夫외위광부.

金爲水母금위수모, 母隱子胎모은자태. 水爲金子수위금자, 子藏母胞자장모포. 眞人至妙진인지묘, 若有若無약유약무. 髣髴太淵방불태연, 乍沈乍浮사침사부. 退而分布퇴이분포, 各守境隅각수경우. 採之類白채지류백, 造之則朱조지즉주. 鍊爲表衛연위표위, 白裏眞居백리진거.

方圓徑寸방원경촌, 混而相拘혼이상구. 先天地生선천지생, 巍巍尊高외외존고. 旁有垣闕방유원궐, 狀似蓬壺상사봉호. 環匝關閉환잡관폐, 四通跎躕사통지주. 守禦密固수어밀고, 遏絶奸邪알절간사. 曲閣相連곡각상련, 以戒不虞이계불우. 可以無思가이무사, 難以愁勞난이수로. 神炁滿室신기만실, 莫之能留막지능류. 守之者昌수지자창, 失之者亡실지자망. 動靜休息동정휴식, 常與人俱상여인구.

상덕은 무위이니 살펴 구하지 않고 하덕은 인위를 행하니 작용이 쉬지 않는다. 상관이 닫히면 유라고 하고 하관이 닫히면 무라고 한다. 무라는 것으로 위를 받드니 위에 신명이 거처한다. 이 두 개의 공혈법은 금기도 평형이 맞아야 한다는 것이다.

백을 알고 흑을 지키면 신명이 저절로 오니 백은 금정이고 흑은 수기이다. 수는 도추(도의 중심)로서 그 수는 하나라고 이름한다. 음양의 시작은 원기가 황아를 품는 데서 출발하고 오금을 주관하는 것은 북방의 하거이다. 그러므로 납의 외표는 검지만 내면에는 금화를 품으니, 베옷을 입고 옥을 품었으며 겉으로는 미친 사람이다.

금은 수의 어미이니 어미는 자식의 태 속에 숨는다. 수는 금의 자식이니 자식은 어미를 태 속에 감춘다. 진인은 지극히 오묘하여 있는 듯 없는 듯, 마치 깊은 연못에 가라앉은 듯 떠 있는 듯하다. 물러나서 자리를 잡고 각각 자기 위치를 지키게 한다. 흰 것을 캐서 만들면 붉은 것이 된다. 단련하여 겉을 에워싸니 흰 것 속에 진종이 거처한다.

손바닥만 한 우리의 마음에는 선과 악이 섞여 있다. 천지보다 먼저 생겨서 우뚝 높아 존귀하며 담으로 둘러싸여 있다. 봉호 같은 형상으로 사방을 둘러싸서 관문을 막아 나갈 수 없게 한다. 엄밀하고 견고하게 지키고 막아서 간사함을 모두 끊어야 한다. (궁궐의) 전각들이 구불구불 이어져서 예기하지 못한 일을 미리 방비하듯이 무사의 경계로써 근심과 괴로움을 물리칠 수 있다. 신기가 충만하여 더 머물게 할 수 없다. (양신을) 지키는 자는 번창하고 잃는 자는 망한다. 움직이고 고요하고 휴식할 때에 항상 사람과 함께한다.

---

180 『참동계』 상편 제7 양규호용장은 『참동계천유』 81면에서 93면까지 수록되어 있다.

제7 "양규호용장(兩竅互用章)"도 제6 연기립기장(鍊己立基章)을 이어서 양성에 대해 설명하고 있습니다. 먼저 이 장에 대한 주운양 조사의 주해를 보겠습니다.

"이 장은 감괘와 리괘 양규의 작용이 곧 금단의 관건임을 말한다."

(此章, 直指坎離兩竅之用, 爲金丹關鍵也)

감괘는 귀를, 리괘는 눈을 상징합니다. 도가에서 정좌 공부를 할 때는 바로 '수시반청(收視返聽)'이라는 네 글자를 닦습니다. 시각과 청각을 거두어 내면을 보고 듣는 것이지요. 그렇다면 불가에서는 어떻게 할까요? 수시(收視)는 바로 관자재보살의 법문으로, 관(觀)이 있고 조(照)가 있는 것이 수시(收視) 공부입니다. 관세음보살의 이근원통법문(耳根圓通法門)은 청각을 내면으로 돌리는 반청(返聽) 공부입니다. 관세음(觀世音)과 관자재(觀自在)라는 명칭은 사실 두 종류의 공부법을 말하는 것이지요. 이것은 도가에서 말하는 감괘와 리괘의 양규(兩竅) 공부와 상통합니다.

지금까지 우리는 양규가 어디에 있는지 몰랐는데 아직도 찾지 못하고 있습니다. 다만 이 장 첫머리에서 "양규지용(兩竅之用), 위금단관건야(爲金丹關鍵也)"라고 하여 양규가 바로 금단의 관건이라는 말만 했습니다. 우리는 수도 공부를 하면서 한 알의 금단을 만들어 먹으면 장생불사할 수 있다고 생각합니다. 그렇다면 그 약은 어디에서 찾을 수 있을까요? 약은 바로 우리 생명 속에 있으니 몸 밖에서 찾지 말아야 합니다. 그래서 중국의 도가 서적 중에는 약(藥)이라는 글자를, 왼쪽 변에 스스로 자(自) 자와 오른쪽 변에 집 가(家) 자를 쓰고, 그 아래 물 수(水) 자를 쓴 글자와 통용합니다. 약이 자가(自家) 즉 자기 몸에 있다는 뜻입니다. 여러분은 아래에 물 수(水) 자가 있다고 해서 소변도 아껴서 몸속에 남겨 두지는 마세요.(청중 웃음)

수도 공부를 하는 사람 중에는 평생 목욕을 안 하는 사람이 있습니다. 목욕하다가 원기(元氣)가 새어나갈까 두려워하는 것이지요. 심지어 방귀도 안 뀌려고 합니다. 원기가 함께 새어나간다는 것이지요. 계속 방귀를 참으니 결국 얼굴이 흑색으로 변합니다. 대소변에 중독된 것입니다. 수도 공부를 한다는 사람 중에는 별 사람이 다 있습니다만 여러분은 절대 이렇게 해서는 안 됩니다. 장 속에 생긴 가스를 배출하지 않으면 결국 덩어리가 되어 병이 생깁니다. 그것도 결단(結丹)이라고 할 수 있겠네요. 다만 단이 아니라 담심(擔心)의 담(擔)입니다.[181] 이렇게 몸속에서 덩어리를 이루면 수술을 할 수밖에 없겠지요.

상덕과 하덕

자, 이제 제7장 원문을 하나씩 설명하겠습니다.

상덕은 무위이니 살펴 구하지 않고 하덕은 인위를 행하니 작용이 쉬지 않는다.

上德無爲, 不以察求. 下德爲之, 其用不休.

여기에 나오는 상덕(上德)과 하덕(下德)은 『도덕경』에 나오는 말입니다. 어제 몇 분과 대화를 했는데, 그중 한 분은 노자의 음유지도(陰柔之道)에 대해 매우 비판적이었습니다. 저는 노자의 음유지도에는 문제가 없다고 했습니다. 노자의 음유(陰柔)는 결코 사람을 해치는 도가 아닙니다. 음유

---

181 단(丹)과 담(擔)은 우리말에서는 발음이 다르지만 중국어에서는 dan으로 발음이 같다. 담심(擔心)은 걱정한다는 뜻이므로 결단(結丹)이 결담(結擔)이 되어 걱정거리를 맺는다는 뜻이 된다.

지도의 최고 경지는 도덕(道德)이기 때문에 『노자』를 『도덕경』이라고도 합니다. 노자의 『도덕경』은 상하로 나누어져 있는데, 상경(上經)은 도(道)에 대해 하경(下經)은 덕(德)에 대해 전문적으로 말합니다. 중국 고대 문화에서는 도와 덕을 이어서 쓰지 않았습니다. 도는 도이고 덕은 덕이지요. 도는 본체이고, 덕은 작용이며 행위를 뜻합니다. 또 옛사람들은 덕 자의 의미를 얻음(得)이라고 했습니다. 좋은 성과를 얻는다는 뜻이지요. 상덕과 하덕은 『도덕경』 하경에 속합니다.[182] 오늘날의 관념으로 말하면 최고로 좋은 덕을 상덕이라고 하고, 그다음의 덕을 하덕이라고 합니다. 그러나 『참동계』에서는 뜻이 다르지요. 상덕은 승화(昇華)의 뜻이고, 하덕은 일반적이고 기초적인 것을 의미합니다.

제7장 원문에 나오는 무위(無爲)와 유위(有爲)라는 용어도 『도덕경』에 나오는 말입니다. 엊그제 여기에서 공부하는 한 분이 여순양 진인의 〈백자명〉에 나오는 "양기망언수(養氣忘言守), 항심위불위(降心爲不爲)"가 무슨 뜻인지 이해 가지 않는다고 질문을 했습니다. 여순양 진인이 말한 '항심(降心)'은 『금강경』에서 따온 말로 의도적으로 망념을 없앤다는 뜻입니다. 의도적인 것은 유위입니다. 유위의 공부는 올바른 방법이 아니지요. 원문에 나오는 "위불위(爲不爲)"는 무위를 한다는 뜻의 "위무위(爲無爲)"와 같습니다. 유위적으로 하지 않고 무위적으로 하는 것이지요. 무위를 한다는 말이 모순처럼 들리지요? 무위는 말 그대로 함이 없다(無爲)는 뜻인데 "함이 없는 것을 한다"는 말은 논리적으로 잘못된 것 같습니다. 그러나 사실

---

182 일반적으로 『도덕경』 제1장은 "도가도비상도(道可道非常道)"로 시작하므로 그 이하를 도경(道經)이라 하고, 제38장은 "상덕부덕시이유덕(上德不德, 是以有德) 하덕부실덕시이무덕(下德不失德, 是以无德)"으로 시작하므로 그 이하를 덕경(德經)이라고 한다. 1970년대에 중국 장사(長沙) 마왕퇴(馬王堆)에서 발견된 백서(帛書) 『도덕경』은 덕경부터 시작되어 세인의 주목을 끌었다.

은 "유위로 하지 않는다"는 말을 "무위를 한다"고 표현했습니다. 무위를 하라고 해서 수행도 정좌도 할 필요가 없다고 생각한다면 잘못입니다. 가령 마음을 고요하게 해야겠다고 생각하면 이미 고요한 것이 아닙니다. 이것이 유위적 행위입니다. 그러므로 마음이 진정 고요하려면 고요히 해야겠다는 마음 없이 자연히 고요해야 합니다. 이렇게 자연스럽게 고요한 것을 "무위"를 한다고 합니다. 그래서 최고의 덕인 "상덕"은 무위지도(無爲之道)를 행하며, 상품 단법은 어떤 것도 구하지 않습니다. 구한다는 인위적 의도를 갖지 않는다는 말이지요.

어제는 한 청년이 저를 찾아왔습니다. 도가 수련을 한다는 청년이었는데 그가 문에 들어서는 순간 그 청년이 간에 병이 있다는 것을 알았습니다. 들어 보니 간에 병이 생겨 치료를 위해 도가 수련을 하는 것이었습니다. 이런 것을 보고 "늙어서야 출가하고 죽게 되어서야 부처님을 찾는다"고 합니다. 사실 많은 사람이 이렇습니다. 청년에게 어떤 수련을 하느냐고 물었더니 무위법을 수련한다고 대답했습니다. 저는 그냥 웃을 수밖에 없었습니다. 참으로 입만 열면 허풍이고, 실천도 못할 것을 말로만 떠드는 것입니다. 무위법을 수련한다는 것은 불가의 일체 집착을 놓아 버린다는 뜻의 방하(放下)와 같습니다만 이것이 이미 유위법입니다. 놓아 버릴 것이 있다는 것은 이미 틀렸습니다. 무위법은 자연적인 것으로 아무것도 할 바가 없는 경지입니다. 제가 이렇게 질문을 할 수 있습니다. "자네가 무위법을 수련한다면 수도 공부는 왜 하는가?" 수도 공부 자체가 유위법입니다. 무위라면 어떤 것도 닦을 필요가 없는데 어떤 도를 닦겠다는 말인가요? 도 또한 도라고 말할 필요도 없습니다. 이것이야말로 상품 단법으로서 진정한 무위입니다.

그래서 진정한 무위법은 참으로 어렵습니다. 상품 단법은 제7장 원문에서 말한 "살펴서 구하지 않는다[不以察求]"는 것입니다. 이것은 눈을 감고 앉아서 빛을 보거나, 기(氣)를 지키거나, 규(竅)를 지키는 것이 아닙니다. 보통 정좌하는 사람들이 수규(守竅) 공부를 할 때는 자신도 모르는 사이에 마음이 어디론가 가기 마련입니다. 누가 영원히 흔들리지 않는 마음으로 수규를 할 수 있겠습니까? 이런 사람이 있다면 그것은 신통력이 아니라 신경병임에 틀림없습니다.

어떤 사람은 머리에 있는 규(竅)를 지킨다고 하면서 "저는 여기가 통통 튑니다" 하고 말합니다. 여러분이 수규 공부를 한다고 머리의 규를 계속 지키면 기혈이 그곳을 자극해서 코피가 날 수도 있습니다. 만약 지나치게 정신을 집중하면 혈압이 높은 중년이나 노년의 경우 심하면 뇌출혈도 일어납니다. 특히 중년 이후에는 너무 지나치게 해서는 안 됩니다. 가장 좋은 방법은 상품 단법, 즉 『참동계』에서 말하는 "상덕무위(上德無爲), 불이찰구(不以察求)"의 방법입니다. 지킬 것도 없고 지나치게 관여할 것도 없습니다.

지난번에 여러분에게 도가의 『청정경』에 대해 말했는데 모두 꼭 읽어 보기를 바랍니다. 문자도 간단하고 내용도 정말 좋습니다. 불교의 『반야심경』은 심성의 도에 대해 말한 경전인데, 『청정경』에는 상덕의 수양 공부를 말하고 있습니다.

"하덕위지(下德爲之)", 하덕은 그것보다 못한 인위적 유위적 공부입니다. 그래서 쉬지 않고 작용을 일으키는 공부라는 뜻에서 "기용불휴(其用不休)"라고 합니다. 이 개념은 후에 불가에서도 채용했지만 실제로는 노자의 사상이지요. 유위와 무위 사이에서 수도 공부를 한다면 유위법일까요, 무위법일까요? 무위법은 형이상의 도로서 본체입니다. 그런데 불가든 도가든 수도 공부를 한다고 하면 모두 유위법입니다. 불법의 최고 원리는 공(空)이지요? 그런데 공의 경지에 도달하지 못했기에 우리가 사용하는 모든 방법은 공이 아닙니다. 말하자면 불공(不空)의 방법을 써서 마침내 공의 경지에 도달하게 하는 것입니다.

도가 역시 마찬가지여서 진정한 도는 무위(無爲)입니다. "상덕은 무위이니 살펴 구하지 않는다"고 했듯이 무위의 법은 보아도 보이지 않고 만져도 만질 수 없고 찾아도 찾을 수 없습니다. 그러나 여러분이 보이지도 않고 만질 수도 없고 찾을 것도 없는 형이상의 도의 경지에 도달하려면 반드시 유위의 방법으로 시작해야 합니다. 유위의 궁극에 도달해야 비로소 무위에 도달할 수 있기 때문입니다.

명나라 때 욱당(栯堂) 선사라는 분이 있었는데 시도 좋고 도 역시 매우 높았습니다. 욱당 선사는 자신의 수도 공부의 경험을 두 수의 시로 읊었습니다. "천 길 바위산 앞에서 청려장에 의지하네. 유위가 극에 달해야 무위라네〔千丈巖前倚杖藜, 有爲須極到無爲〕." 이렇듯 불가나 도가나 모든 공부는 유위법으로 시작해서 그 극치에 도달할 때 비로소 무위법이 됩니다. 이어지는 원문은 다음과 같습니다.

상관이 닫히면 유라고 하고 하관이 닫히면 무라고 한다.

上閉則稱有, 下閉則稱無

"상폐즉칭유(上閉則稱有)", 상관(上關)이 닫히면 후천이 되는데 이것을 유(有)라고 합니다. "하폐즉칭무(下閉則稱無)", 하관(下關)이 닫히면 무(無)라고 합니다. 하관을 닫고 수도 공부를 하면 도(道)의 경지에 도달하고 공(空)의 경지에 도달한다는 것입니다. 여기에서 말하는 상관과 하관 또는 상규와 하규는 무엇을 말하는 것일까요? 좀 쉬었다가 다음 강의에서 살펴보겠습니다.

제32강

상규와 하규의 기능

앞 강의 끝에서 "상폐즉칭유(上閉則稱有), 하폐즉칭무(下閉則稱無)"를 설명하면서 먼저 유형의 상하 양규(兩竅)에 대해 소개했습니다. 중국 도가와 의학에서는 인간의 생명을 모태에서 출생할 때까지는 선천(先天)이라고 하고 출생한 이후를 후천(後天)이라고 합니다. 단, 갓난아이에서 어린아이가 될 때까지 여자아이는 칠 년이고 남자아이는 팔 년이 걸린다고 하는데, 이때까지는 아직 선천의 범위에 속합니다. 정수리에는 중의학에서 백회혈이라고 하는 부위가 있는데, 이곳이 바로 상규(上竅)입니다. 도가에서는 니환궁(泥丸宮)이라고 하고 밀교에서는 정륜혈(頂輪穴)이라고 해서 명칭은 다르지만 모두 유형의 규(竅)입니다.

신체 아래 부분에는 항문과 성기 사이에 삼각지대 같은 부분이 있습니다. 바로 회음혈(會陰穴)이라고 부르는 곳이지요. 밀종에서는 해저(海底)라 하고 인도 요가에서는 영사혈(靈蛇穴)이라고 합니다. 바로 인간의 생명 에너지가 활동하는 근원지로서 곧 유형의 하규(下竅)입니다. 아기가 막 태어났을 때는 상규가 아직 닫히지 않고 열려 있는데, 아기의 정신은 여전히 상규를 통해 천지와 서로 통하고 있습니다. 그렇다면 원문의 "상폐즉칭유"라는 말은 무슨 뜻일까요? 상규가 닫히면 비로소 아기는 말을 하기 시작합니다. 이것이 후천 생명의 시작이지요. 다시 말해 상규가 닫히면 하규가 열리는 것입니다. 그 후에 아기가 점점 성장함에 따라 육체적 욕구가 열리고 남녀 간의 정욕 역시 점차 형성됩니다.

그러므로 "상폐즉칭유"에서 유(有)는 유형을 뜻합니다. 그렇다면 수도 공부는 어떻게 해야 할까요? 자, 상규가 닫히면 생명은 형이하의 방향으로 발달합니다. 더욱이 모든 생명은 남녀 양성의 결합으로 이루어지고 지속되지요. 그러므로 수도 공부 역시 하규로부터 시작해야 합니다. 해저, 영사라고 불리는 회음혈로부터 시작하여 연정화기(煉精化炁), 연기화신(煉炁化神)의 과정을 수련해야 합니다. 그러면 비로소 상규가 열리게 되지요. 밀종에서는 이를 정수리가 열린다는 뜻에서 개정(開頂)이라고 합니다.

밀종에서도 참으로 정수리가 열린 사람은 매우 적습니다. 저는 이전에 스승을 한 분 모셨는데 사천 사람이었습니다. 이분이 신선인지 당시에는 몰랐는데, 사람들은 그를 신선이라고 불렀지요. 당시 그분은 팔십 세가 넘었지만 마음은 매우 젊었고 절대 화내는 법이 없었습니다. 이분의 정수리는 항상 열려 있었습니다. 제가 직접 만져 보니 아기처럼 말랑말랑했고 맥이 뛰었습니다. 또 팔십여 세의 고령이었는데 가슴을 누르면 마치 아기 엄마처럼 젖이 나왔습니다. 걸음걸이도 매우 빨랐고요. 도가에서는 이런 사람을 신선이라고 합니다. 『신선전』에서도 신선들은 마치 달리는 말처럼 빨리 걷는다고 하지요? 저도 당시에는 젊었기 때문에 매우 빨리 걸었는데 그분과 같이 걸으면 힘에 부쳤습니다. 모두 직접 겪은 일입니다.

저는 그 후 티베트에서 정수리에 풀을 꽂은 라마승들을 보았습니다. 저도 제 머리에 풀을 꽂아 보았고 다른 승려에게도 꽂아 주었지요. 그런데 이렇게 풀을 꽂는 것은 일종의 의례일 뿐 진짜 정문이 열린 것은 아닙니다. 기맥이 통하면 반드시 정문이 열리고, 정문이 열릴 때는 진동하는 소리가 들립니다. 말 그대로 정수리에서 우레 소리가 들린다는 "정문일성뢰(頂門一聲雷)"이지요. 여러분도 수행 공부가 이런 경지에 도달하면 마치 하늘에서 우레가 쳐서 온몸에 전류가 흐르는 듯한 현상이 발생합니다.

그러므로 "상폐즉칭유"는 우리의 후천 생명이 시작된다는 뜻입니다. 수도 공부는 "하폐즉칭무"입니다. 하관을 폐쇄하면 정기신(精氣神)이 누설되지 않습니다. 이것을 무(無)라고 하지요. 여기서 무(無)는 없다는 뜻이 아니라, 정신이 공령(空靈)한 상태가 된다는 것입니다. 말하자면 공무(空無)의 경지로 돌아간다는 것이지요. 이어지는 『참동계』 원문입니다.

무라는 것으로 위를 받드니 위에 신명이 거처한다.

無者以奉上, 上有神明居

정신이 공령한 상태가 되고 공무(空無)로 돌아가는 경지를 『참동계』에서는 "무자이봉상(無者以奉上)"이라고 합니다. 무(無)는 형이상의 경지를 받들어 형이하의 작용을 일으키지 않는다는 뜻이지요. 불가에도 많은 설법이 있는데 '마음장상(馬陰藏相)'[183]이 그 중 하나입니다. 도가의 오류파에서는 이것을 매우 중시하는데 사실 마음장상은 특별히 희귀할 것이 없습니다. 기공 수련을 하는 사람이라면 도달할 수 있고, 동자공(童子功)을 수련하는 사람도 가능한 경지이지요. 그런데 마음장상은 함부로 수련해서는 안 됩니다. 기공을 지나치게 수련하다 보면 고환이 수축되는 경우가 있는

---

[183] 마음장상은 말의 수컷 생식기가 몸속으로 감추어져 밖으로는 드러나지 않는 것을 말한다. 수행이 경지에 도달하면 사람도 이처럼 생식기가 겉으로 보이지 않게 된다고 한다.

데, 이런 현상은 마음장상이 아니라 일종의 질병입니다. 전립선에 문제가 생겼을 수도 있어서 자칫하면 수술을 해야 할 수도 있지요. 진짜 마음장상이 어떤 것인지에 대해서는 함부로 추측하거나 억측해서는 안 됩니다. 사실 마음장상은 겉으로 드러나는 현상일 뿐 실제로는 "하폐즉칭무"의 경지로서, 앞에서 말했듯이 정기신이 완전히 누설되지 않는 경지에 도달하여 정수리가 열리는 것을 뜻합니다.

다음은 위에 신명이 거처한다는 "상유신명거(上有神明居)"입니다. 밀종을 참되게 수련한 사람이라면 이런 경지에 오르는 것을 '관정(灌頂)'이라고 합니다. 보통 의례에서 행하는, 요령을 울리면 병에 물을 담아 머리에 붓는 의례 행위는 엄밀하게 말하면 관정이라고 할 수 없지요. 천주교에서는 세례(洗禮)라고 하는데, 모두 같은 계통에서 내려온 것입니다. 이것이 바로 입정(入定)의 경지로 단지 광명이 비칠 뿐 아니라 노을빛이 사방팔방으로 뻗치는 현상이 있습니다. 이런 경지에 도달하지 못했다고 환상으로 만들려고 해서는 안 됩니다. 환상에서는 노을빛이 사방팔방으로 비치는 현상이 없을 뿐 아니라 신경증 증세만 이리저리 뻗칠 뿐입니다. 정수리의 기맥이 열리는 것은 기맥의 문제입니다. 제가 늘 말하는 임독맥과 삼맥칠륜(三脈七輪)이 열리는 것이 바로 이 경지이지요. 이때 신체에서는 기맥이 정지하는 기주맥정 현상이 일어납니다.

도가에는 또 하나의 비결이 있는데, 장자양 진인이 말한 것입니다. "한 알의 금단을 복용하니 비로소 나의 수명이 하늘에 달려 있지 않음을 알았네〔一粒金丹吞入腹, 始知我命不由天〕"라는 시입니다. 도가에서는 "천지 변화는 내 손에 있고 우주는 마음에서 연유한다〔萬化在手, 宇宙由心〕"고 표방합니다. 이 단약은 입으로 복용하는 것이 아닙니다. 도가의 은어로 또 다른 입이 있습니다. 어디를 가리키는 것일까요? 바로 상규입니다. 공개적으로 여러분에게 강의를 합니다만 저는 도를 깨달은 신선이 아닙니다. 젊은 여러분들이 직접 수련을 해 보세요. 직접 수련해서 신선이 되면 그때 저를 도와주셔도 좋습니다.

천원단이 정수리로부터 내려오는 경지, 옛사람들은 이것을 비밀이라고 했지만 제가 보기에는 별것 아닙니다. 그러나 일반인은 설령 알 수는 있어도 실제로 도달할 수는 없지요.

상하의 기가 평형하게 교환한다

다음『참동계』원문을 주의해서 보시기 바랍니다.

이 두 개의 공혈법은 금기도 평형이 맞아야 한다는 것이다.

此兩孔穴法, 金氣亦相胥

화후는 위와 아래가 상호 작용하는데, 그것을 조절하기는 매우 어렵습니다. 여러분이 수련할 때 아직 머리가 어지럽거나 무겁다면 화후를 조절하는 경지에는 훨씬 못 미치는 것입니다. 기(氣)가 위로 향할 때는 머리가 어지러운 현상이 나타날 수 있습니다. 여러분, 두통이 생겼을 때 어떻게 합니까? 제가 발을 잘 주물러 보라고 했지요? 그것이 바로 "다스릴 것은 아래에 있다(其治者在下)"는 뜻입니다. 머리가 아플 때는 반대로 아래에 있는 발을 주무르면 좋아질 수 있습니다. 두통이 생길 때 위로 올라가는 기는 진짜 기가 아니라 허한 기이기 때문입니다. 원기(元氣)가 위로 올라가지 않으면 두륜(頭輪)의 기맥이 통하지 않아서 머리가 팽창하게 됩니다. 그러나 혈압을 측정해 보면 고혈압이 아니라 도리어 저혈압이 되는 경우도 있습니다. 기가 올라가지 않기 때문입니다. 저는 요즘 사람들이 과학을

너무 믿는다고 비웃습니다. 저는 혈압을 재지도 않고 건강검진도 받지 않습니다. 이 나이가 되도록 살았으니 본전은 뽑고도 남았으니까요. 설사 검사를 해서 나쁜 결과가 나온들 방법이 없지 않습니까? 안 좋아도 죽을 테고 좋아도 결국은 죽겠지요. 이미 결과가 뻔히 보이는데 굳이 번거롭게 검사를 받을 필요가 없지요.

혈압은 기후나 정서에 따라 변합니다. 기후가 지나치게 습한 요즘은 여러분 모두 마음이 침울하지요? 지금이 음력 오월인데, 간지로는 오월(午月)이고 습도는 높습니다. 사람들은 이런 기후에는 쉽게 나른하고 맥이 빠져서 꾸벅꾸벅 졸게 됩니다. 바로 음기가 싹트기 때문이지요. 어떤 사람은 이런 기후를 견디기 어려워합니다. 제가 말한 적이 있지요? 이런 기후에는 치사율이 높다고요. 사람들은 혈압계를 사서 옆에 두고 틈만 나면 측정해 보는데 번거롭기 짝이 없습니다. 참으로 힘들게 살고 있지요. 노자가 말한 그대로입니다. "나에게 근심이 있는 것은 나에게 몸이 있기 때문이니 나에게 몸이 없다면 무슨 근심이 있으리오〔吾所以有大患者, 爲吾有身, 及吾無身, 吾有何患〕." 만약 이렇게 몸을 바쁘게 만들지 않는다면 무슨 고통이 있겠습니까?

어쨌든 기는 상하로 오르내려 수시로 교환되어야 합니다. 그래서 저는 이렇게 묻습니다. "여러분은 어떻게 깨고 어떻게 잠을 자나요?" 이것은 두 개의 기와 관련이 있습니다. 이 두 개의 공혈(孔穴)이 통하게 하려면 금기(金炁)가 반드시 평형을 이루어야 하는데, 금기도 원기(元氣)는 아닙니다. 서쪽은 금에 속하고 금은 백색입니다. 따라서 "금기역상서(金炁亦相胥)"는 금기도 역시 평형이 맞아야 한다는 뜻입니다. 여러분 제가 늘 이렇게 묻지요? "여러분은 날이면 날마다 임맥과 독맥이 통해야 한다고 말하는데 통하면 어디로 갑니까?" "여러분은 하거를 돌린다고 하는데 그렇게 돌리면 언제 그칩니까?" 이 질문에 여러분은 모두 대답을 못합니다. 불가의 지관법문을 닦고 수식관(數息觀)을 닦는 분들은 이미 십 수 년 정좌를 해서 수련하고 있는데, 그렇게 해서 무엇을 하려고 합니까? 여러분이 수식관을 닦으면서 수를 세는데, 회계를 배운 사람이면 모두 여러분보다 수를 잘 셀 겁니다. 그렇게 수만 세어서 뭘 하자는 걸까요? '일수이수(一數二隨)'라는 말이 있습니다. 여러분이 수식관을 닦을 때 수를 센 후에 호흡에 마음이 실리는 것을 지각하면 더 이상 수를 세지 않고 이어서 '수식(隨息)'의 방법을 쓰려고 합니다. 그러니 일반적으로 수도 공부를 한다는 사람들을, 저처럼 수도 공부를 하지 않는 사람 입장에서 보면 매우 불쌍합니다. 옛사람들도 도를 배우는 어리석은 자라는 뜻에서 학도지우(學道之愚)라고 했습니다. 즉 도에게 속는 것입니다. 사실 도는 여러분을 속이지 않습니다. 여러분 스스로 자신을 속이는 것이지요.

성명과 선천일기

지금 우리가 보고 있는 『참동계』 원문 몇 단락에 대한 주운양 조사의 주해는 매우 좋습니다. 도가를 공부하는 여러분은 쉽다고 지나치지 말고 자세히 읽어 보기를 권합니다. 주운양 조사는 이 절에 대해 다음과 같이 설명합니다.[184]

"이 절은 양규의 묘용을 가리킨다. 대도는 하나가 아니면 신묘하지 않고 둘이 아니면 변화할 수 없다."

(此節, 指兩竅之妙用也. 大道, 非一不神, 非兩不化)

---

184 『참동계천유』. 82면.

"대도(大道), 비일불신(非一不神)", 도의 본체는 하나(一)입니다. 도가에서는 반드시 전일(專一)의 경지에 도달해야 신령한 경계가 출현하지요. 그러나 도의 작용은 둘(兩)이며, "둘이 아니면 변화할 수 없습니다(非兩不化)." 둘이란 음과 양의 이기(二氣)를 가리킵니다. 음양으로 나뉘어야 변화가 발생하는데, 그 본체는 하나라는 것이 신묘하다는 뜻입니다.

"앞 장에서 말하기를 '한마디로 말하면 세상 사람들은 알지 못한다'고 하였는데[185], 이는 사람들에게 하나를 얻으라고 밝힌 것이다. 그러나 엄폐의 오묘함은 그 본체는 하나인데 그 작용은 둘을 떠나지 않는 데 있다. 금단의 묘용은 오직 후천의 감리에 있으며, 감리의 묘용은 선천의 건곤에서 벗어나지 않는다."

(上章云, 一者以掩蔽, 既明示人以得一矣, 然而掩蔽之妙, 其體則存乎一, 其用不離乎兩. 蓋金丹妙用, 只在後天坎離, 坎離妙用 不出先天乾坤)

주운양 조사는 생명이 태어난 이후에 성장하는 모든 변화는 단지 감리 두 작용뿐이라고 합니다. 물론 감리의 작용은 선천인 건곤에서 벗어나지 않는다고 강조하지요. 그런데 감리(坎離)든 건곤(乾坤)이든 모두 기호일 뿐입니다. 그래서 주운양 조사는 다시 이렇게 말합니다.

"궁극적으로는 오직 성과 명 두 글자뿐이다."

(究竟只是性命二字)

"구경지시성명이자(究竟只是性命二字)", 오직 성(性)과 명(命) 두 가지 작

---

185 『참동계천유』. 78면.

용뿐이라는 말입니다. 이어서 먼저 성에 대해 다음과 같이 설명합니다.

"성이라는 것은 선천의 한 점 영광으로서 진공의 본체이다. 그 본체는 두루 원만하게 이루어지고 감소하지도 증가하지도 않으며, 하늘에서는 만물이 그 것에 의지해서 시작하는 건원이 되고 인간에게서는 부모가 낳기 전의 본래면목이다. 그러므로 상덕이라고 한다. 이 가운데는 본래 한 물건도 없이 신령스러운 빛이 홀로 빛나 근진을 멀리 벗어났다."

(性者, 先天一點靈光, 眞空之體也. 其體, 圓成周遍, 不減不增. 在天, 爲資始 之乾元, 在人, 便是父母未生前, 本來面目, 故名上德, 此中本無一物. 靈光獨 耀, 迥脫根塵)

"성자(性者), 선천일점영광(先天一點靈光), 진공지체야(眞空之體也)", 한 생각도 일어나지 않는 공의 경지에서 그 전체를 드러내는 것을 성이라고 합니다. "기체(其體), 원성주편(圓成周遍), 불감부증(不減不增). 재천(在 天), 위자시지건원(爲資始之乾元)", 그 체는 두루 원만을 성취하고 늘어나 거나 줄어들지 않습니다. 우주의 관점에서 말하면 이 자성은 명칭이 달라 집니다. 『역경』을 인용하면 만물이 그것에 의지해서 시작하는 것을 건원이 라고 합니다. "재인(在人), 부모미생전(父母未生前), 본래면목(本來面目)", 인간을 두고 말하자면 부모가 낳기 전의 본래면목으로, 그는 건괘의 본체 라고 합니다. "고명상덕(故名上德), 차중본무일물(此中本無一物). 영광독요 (靈光獨耀), 형탈근진(迥脫根塵)", 그러므로 "상덕이라고 하니 이 가운데 는 본래 한 물건도 없이 신령스러운 빛이 홀로 빛나 근진을 멀리 벗어났 다"고 하는 백장(百丈) 선사의 말을 인용했던 것입니다.

"만약 의근으로 헤아리고 추구하면 멀리 어긋난다. 성은 본래 천연이라 말로

는 형용할 수 없고 찾아도 얻을 수 없다. 그러므로 (참동계에서) '상덕은 무위
이니 살펴 구하지 않는다'고 하였다."

(若從意根下卜度推求, 便失之萬里, 蓋性本天然, 莫容擬議, 直是覓卽不得,
故曰, 上德無爲, 不以察求)

"약종의근하복도추구(若從意根下卜度推求), 변실지만리(便失之萬里)", 의
근으로 헤아리고 추구하면 멀리 어긋납니다. 본성의 것은 망상 분별심을
써서, 즉 의식으로 추구하면 안 됩니다. "개성본천연(蓋性本天然), 막용의
의(莫容擬議)", 그것은 공이라고 말해도 안 되고 유라고 말해도 안 되지요.
"직시멱즉부득(直是覓卽不得)", 또 여러분이 명심견성을 의도적 의식적으
로 하려고 해도 잘못입니다. "고왈(故曰), 상덕무위(上德無爲), 불이찰구(不
以察求)", 주운양 조사가 원문 두 구절을 이렇게 설명하는 것은 결국 성에
대해 성명쌍수를 말하려는 것입니다. 이어서 명(命)에 대해 설명합니다.

"명이라는 것은 선천의 한 점 조기로서, 선천의 한 점 조기는 묘유의 작용이
다. 그 작용은 천지인 삼재의 추뉴(근본)요 우주 변화를 포함한다. 하늘에서
는 만물이 그로써 생명을 얻는 곤원이요, 인간에게서는 세상에 나와서 일성
이 울릴 때의 후천 생명을 세우는 뿌리이다. 그러므로 하덕이라고 한다."

(命者, 先天一點祖炁, 先天一點祖炁妙有之用也. 其用, 樞紐三才, 括囊萬化.
在天, 爲資生之坤元, 在人, 便是地一聲時, 立命之根, 故名下德)

"명자(命者), 선천일점조기(先天一點祖炁)", 조기(祖炁)는 부모가 태어나
게 했을 때 함께 전해진 기(炁)입니다. 태아가 어머니 배 속에 있을 때는
호흡도 코로 하지 않고 모체를 통해 탯줄로 전해집니다. 그러다가 모태로
부터 나와서 탯줄이 끊기면 비로소 코로 호흡하게 되지요. 이 탯줄에도 상

폐(上閉), 하폐(下閉)의 원리가 들어 있습니다. "선천일점조기묘유지용야(先天一點祖炁妙有之用也)", 이 선천의 한 점이란 바로 불가에서 말하는 진공묘유(眞空妙有)입니다. 주운양 조사는 이어서 작용에 대해 설명합니다. "기용(其用), 추뉴삼재(樞紐三才), 괄낭만화(括囊萬化), 재천(在天), 위자생지곤원(爲資生之坤元)", 명(命)이란 『역경』에서는 대지를 상징하는 곤괘에 속합니다. 명의 작용은 천지인 삼재의 근본이요 우주의 변화를 포함합니다. 하늘에서는 만물이 그것에 의지해 생명을 얻는 곤원(坤元)입니다. "재인(在人), 변시지일성시(便是地一聲時), 입명지근(立命之根)", 인간에게는 모태에서 세상으로 나온 후에 탯줄을 자르고 코로 호흡하게 되는 것으로, 명근(命根) 즉 후천 생명의 뿌리가 수립되는 것입니다. "고명하덕(故名下德)", 그래서 하덕이라고 부른다는 것입니다.

"그 속에는 원기가 두루 흘러 하늘과 땅에 잠재해 끊임없이 변화하여 드러난다. 만약 일색으로 치우치면 공에 빠져서 고요함만 지켜 독의 바다에 떨어진다."
(其中元炁周流, 潛天潛地變現無方, 若向一色邊, 沈空守寂, 便墮在毒海)

"기중원기주류(其中元炁周流)", 밀종과 도가에서 참으로 기를 닦는다고 하는 것은 결코 호흡하는 기(氣)를 닦는 것이 아닙니다. 또 정충이나 호르몬 같은 정(精)도 아닙니다. 바로 선천의 한 점 조기(祖炁)로서 생명의 본래 기능입니다. 이 선천의 기(炁)가 온 몸에 두루 흐르는 것을 "하늘과 땅에 잠재해서 끊임없이 흐른다(潛天潛地變現無方)"고 했습니다. 비록 여러분이 찾으려 해도 찾을 수는 없다고 해도 말이지요. "만약 일색으로 치우치면 공에 빠져서 고요함만 지켜(若向一色邊, 沈空守寂)"라는 말에서 색(色)이란 신체를 가리킵니다. 여러분이 신체에서 기를 닦는다고 신체의 어느 일부분을 지키려고 한다면, 그것이 상규든 중규든 하규든 막론하고 "변타

재독해(便墮在毒海)" 즉 생명력을 잃고 독이 되고 맙니다. 바로 중독이 될 수 있다는 것이지요.

'명의 작용은 유에 속하여 발생하니 완공에 떨어지지 않는다. 한 호흡이 운행 하지 못하면 곧 죽음에 이른다. 그러므로 (참동계에서) '하덕은 인위를 행하니 작용이 쉬지 않는다'고 하였다. 상규가 닫힌 것을 유라고 하는 것은 곤괘가 건 괘에 들어가 리괘를 이루는 것이다."

(蓋命屬有作, 不落頑空, 一息不運卽死, 故曰, 下德爲之, 其用不休, 上閉則 稱有者, 坤入乾而成離也)

"개명속유작(蓋命屬有作), 불락완공(不落頑空)", 여러분이 단지 공(空)의 경계만을 도라고 생각하여 명공(命功)을 닦는 것을 전혀 알지 못하고 신체 변화에 대해서도 알지 못한다면 한평생 헛된 수련을 하게 될 것입니다. 불 가와 도가에서는 이런 태도를 완공(頑空)이라고 합니다. 헛된 공에 빠져서 아무 쓸모없는 수련을 한다는 것이지요. "일식불운즉사(一息不運卽死)", 사실 숨 한 번 못 쉬면 생명은 끝나고 맙니다. 숨(息)은 기(氣)가 아니지만 일단 멈추면 모든 생명 작용이 끝나게 됩니다. 생명 작용은 근원으로부터 끊임없이 발생하고 지속되어 쉼이 없습니다. 그것을 『천유』에서는 "상규 가 닫힌 것을 유라고 하는 것은 곤괘가 건괘에 들어가 리괘를 이루는 것이 다(上閉則稱有者, 坤入乾而成離也)"라고 말했습니다.

여기에서 말한 곤괘는 기맥을 통해서 명공을 성취하는 것을 뜻합니다. 이렇게 될 때 비로소 진공(眞空)의 본성이 출현하게 된다는 것이지요.

"선천의 건괘는 본래 상덕인데, 단지 곤괘 중의 일음이 위로 건가에 올라오니 양도 그것을 밖에서 막는다. 소위 '지극한 음은 고요하고 엄숙하니 하늘에서

나온 것이다'는 말이다. 건괘 속에 일음을 얻은 것은 성이 전환하여 명이 되는 것으로서, 감응하여 통하면 마침내 유위의 하덕을 이룬 것이다."

(先天之乾, 本是上德, 只因坤中一陰, 上升乾家, 陽從外而閉之. 所謂至陰蕭 蕭, 出乎天者也. 乾中得此一陰, 性轉爲命, 感而遂通, 遂成有爲之下德矣)

그러니 여러분이 그렇게 고요히 앉아 있으면 점차 태아의 호흡을 자연히 회복할 것입니다. 밀종의 기공(氣功) 즉 무슨 구절불풍이니 보병기니 하는 것은 모두 억지로 하는 방법입니다. 이렇게 억지로 하는 방법을 쓰면 기맥을 통할 수 없습니다. 기맥을 통한 후에 최후에 태식(胎息)을 회복하면 코로 하는 호흡을 멈추고 모친의 뱃속에 있는 아이처럼 하단전의 자연 호흡을 하게 됩니다. 이런 경지에 도달하면 여성은 열 몇 살 때의 몸으로 돌아갑니다. 남녀가 같아져 차별이 없게 되지요.

일승일강의 법문

계속해서 주운양 조사의 설명을 보겠습니다.

"사람들은 다만 리괘 가운데의 텅 빈 곳(음효)을 진공이라고 알 뿐, 이 한 점 텅 빈 곳이 바로 진공 속의 묘유로서 '무 중의 유'라고 한다는 것을 알지 못한다. (제7장에서) '하관이 닫히면 무라고 한다'는 것은 건괘가 곤괘에 들어가 감괘가 되는 것이다."

(人但知離體中虛, 便認做眞空, 不知這一點虛處, 正是眞空中妙有, 喚作無中有, 下閉則稱無者, 乾入坤而成坎也)

"인단지리체중허(人但知離體中虛), 변인주진공(便認做眞空)", 일반 사람들은 정좌할 때 마음이 텅 빈 듯한 상태가 되면 이것을 공의 경계라고 생각합니다. "부지저일점허처(不知這一點虛處), 정시진공중묘유(正是眞空中妙有)", 참으로 한 생각도 일어나지 않아 전체가 드러나는 경계를 사람들은 공으로만 알지만 이 경계는 공이 아니라 유입니다. "환작무중유(喚作無中有)", 무 중의 유라고 부른다는 말은 진공 중의 묘유라는 뜻이지요. "하폐즉칭무자(下閉則稱無者), 건입곤이성감야(乾入坤而成坎也)", 하규가 닫히는 것을 무라고 한다는 것은 선천의 건괘가 곤괘로 들어가 후천의 감괘로 변하는 것으로, 감괘는 수(水)에 속합니다. 주운양 조사의 설명이 이어집니다.

"선천의 곤괘는 본래 하덕이다. 단지 건괘 중의 일양이 하강하여 곤가에 들어오니 음도 또한 그것을 밖으로부터 감싸고 막는다. 소위 '지극한 양이 빛나서 땅에서 빛을 발한다'는 것이다. 곤괘가 이 일양을 얻으면 명이 성으로 전환된다. 고요하여 움직이지 않으니 의연히 무위의 상덕이 되는 것이다."

(先天之坤, 本是下德. 只因乾中一陽, 下降坤家, 陰亦從外而閉之. 所謂至陽赫赫, 發乎地者也, 坤中得此一陽, 命轉爲性, 寂然不動, 依然無爲之上德矣)

"선천지곤(先天之坤), 본시하덕(本是下德), 지인건중일양(只因乾中一陽), 하강곤가(下降坤家), 음역종외이폐지(陰亦從外而閉之), 소위지양혁혁(所謂至陽赫赫), 발호지자야(發乎地者也)." 이렇게 건괘의 양이 곤괘 가운데로 들어가서 감괘를 이룰 때 여러분의 몸과 마음은 하나의 빛이 됩니다. "지극한 양[至陽]"이 어째서 "땅에서 빛난다[發乎地]"고 할까요? 하덕(下德)으로부터 수도 공부를 하기 시작하여 심신의 기맥이 통하면 기주맥정하여 충실하게 됩니다. 그래서 늘 여러분에게 석가모니 부처님께서 백골관을 가르치실 때 발가락부터 관하라고 하신 이치를 말합니다. 단, 부처님은 여러

분에게 모든 것을 말씀하지는 않았습니다. 여러분 스스로 깨닫기를 바라기 때문이지요. "곤중득차일양(坤中得此一陽), 명전위성(命轉爲性)", 곤괘가 일양을 얻어서 명이 전환되어 성이 된다는 것은 묘유로부터 본래의 진공으로 돌아간다는 뜻입니다. 그렇게 되면 "적연부동(寂然不動), 의연무위지상덕의(依然無爲之上德矣)" 즉 적연부동하여 상덕을 이루는 것입니다.

"사람들은 다만 감괘 가운데의 충실한 것(양효)을 묘유라고 알 뿐, 이 한 점 충실한 곳이 바로 묘유 속의 진공으로서 '유 중의 무'라고 한다는 것을 알지 못한다. 곤괘 속에 건괘를 받으니 이 진양 한 점이 위로 건괘에 돌아간다. 이것을 '근본으로 돌아간다' '뿌리로 돌아가서 명을 회복한다'고 하는 것이다."

(人但知坎體中實, 便認做妙有, 不知這一點實處, 正是妙有中眞空, 喚作有中無, 坤中旣受乾, 還以此點眞陽, 上歸于乾, 是謂反本還原, 歸根復命)

"인단지감체중실(人但知坎體中實), 변인주묘유(便認做妙有)", 감괘 가운데의 양효만을 묘유라고 생각한다는 말로, 보통 사람들은 수도 공부를 할 때 단지 하단전을 충실하게 하고 마음이 움직이지 않도록 하는데, 이는 하단전에서 기가 사라지는 것을 두려워하기 때문입니다. "부지저일점실처(不知這一點實處), 정시묘유중진공(正是妙有中眞空), 환작유중무(喚作有中無)", 이 한 점이 실제로 있는 곳은 바로 묘유 속의 진공으로서 유 속의 무라고 한다는 것을 알지 못합니다. 이 말은 사실 마음만 공(空)하면 기체(氣體)는 자연히 충실해진다는 것입니다. "곤중기수건(坤中旣受乾), 환이차점진양(還以此點眞陽), 상귀우건(上歸于乾), 시위반본환원(是謂反本還原), 귀근복명(歸根復命)", 곤괘 속에 건괘를 받으니 이 한 점 진양이 위의 건괘로 돌아가는 것, 즉 명을 회복하는 복명(復命)의 경지에 도달하는 수도 공부를 한다는 것입니다.

> "이로부터 선천의 신실 속에서 한 점 은악이 생겨난다. 이것은 만겁이 지나도 무너지지 않는 원신이다."
>
> (自是先天神室中, 産出一點鄞鄂, 是爲萬劫不壞之元神)

"자시선천신실중(自是先天神室中), 산출일점은악(産出一點鄞鄂)", 이로부터 선천의 신실 가운데 한 점 은악이 생겨납니다. 은악(鄞鄂)이란 꽃받침인데, 담장과 같이 둘레를 에워싸는 역할을 하지요. 이렇게 둘레를 에워싸면 외부에서는 내부로 들어오지 못하고 내부에서도 밖으로 나아가지 못합니다. 이것이 "시위만겁불괴지원신(是爲萬劫不壞之元神)" 즉 만겁이 지나도 무너지지 않는 원신이라고 했습니다. 진공묘유의 경지에 도달한 것입니다. 그것이 공(空)인가요? 유(有)입니다. 그러면 유(有)인가요? 공(空)입니다. 이것이 바로 '단두(丹頭)'라는 것입니다.

다른 도가 서적에서는 이렇게 말하지 않습니다. 이 한 점 영단(靈丹)은 쇠에 살짝만 접촉해도 금으로 변한다고 했습니다. 수련을 해서 단두를 완성하면 그것은 영원히 소멸하지 않습니다. 몸 밖에 또 몸이 있다는 말이 여기에서 나온 것이지요. 그래서 주운양 조사는 이렇게 설명합니다.

> "그러므로 (참동계에서) '무라는 것으로 위를 받드니 위에 신명이 거처한다'고 하였다. 신명의 오묘함은 전적으로 중황정위에 있다."
>
> (故曰, 無者以奉上, 上有神明居. 神明之妙固, 全在中黃正位)

"중황(中黃)"이란 앞에서 해석한 적이 있지요? 우리 신체의 중궁(中宮)에 해당하는 곳으로 청춘선(靑春腺)의 일부라고 할 수 있습니다. 사람은 나이가 들면 남녀를 막론하고 이 청춘선이 사라집니다. 그래서 신체에서 쾌락의 느낌을 얻지 못하게 됩니다. 유형의 중황정위(中黃正位)는 이런 것인데, 무형의 중황정위는 곤체(坤體)로 돌아가서 한 생각도 일어나지 않는 절대 청정한 마음입니다.

"그러나 감괘 중의 진금의 정이 상승하고 리괘 중의 진수가 하강하여 유와 무가 서로 들어가고 양자가 소통하여 조화를 이루지 않는다면 신명이 어디에서 나겠는가."

(然非坎中眞金之精上升, 離中眞水之炁下降, 有無互入, 兩者交通成和, 神明亦何自而生耶)

"감중진금지정상승(坎中眞金之精上升), 리중진수기기하강(離中眞水之炁下降)", 감괘 중의 진금(眞金)의 정이 상승하고 리괘 중의 진수(眞水)가 하강하여 진금과 진수 양기(兩炁)가 위아래에서 교차하는데, 이것을 위는 하늘로부터 내리고 아래는 땅으로부터 오른다고 하며 그 중간이 바로 중황입니다. "유무호입(有無互入), 양자교통성화(兩者交通成和), 신명역하자이생야(神明亦何自而生耶)", 유와 무가 서로 들어가고 양자가 소통하여 조화를 이루지 않는다면 신명이 어디에서 생기겠느냐는 말은 금과 수가 서로 교환해서 중황에 머물러야 신명이 나온다는 것입니다.

그렇다면 밀종은 어떻습니까? 여기 있는 몇 분 법사님들도 밀종을 배운적이 있는데, 여러분도 아시다시피 왕생법(往生法)과 약사불의 장수법(長壽法)은 반드시 함께 닦아야 하는 것은 이 때문입니다. 하나는 위로 올라가고 또 하나는 아래로 내려가는데 사실은 같은 것입니다. 학술적으로 말하면 밀종은 도가가 전해진 것일까요, 아니면 도가가 밀종으로부터 받은 것일까요? 이것은 인류 문화의 큰 문제입니다. 이집트, 인도, 중국의 삼 대동양 문화는 궁극적으로 어느 곳에서 어떻게 서로 연관되어 있을까요? 심지어 부적이나 주문도 서로 닮았고 수도 공부의 방법도 같은 부분이 많습니다. 이것을 알면 왕생법과 장수법을 왜 함께 닦아야 하는지 이해할 수 있습니다.

그래서 『참동계』 제7장에서도 "고왈(故曰), 양공혈법(兩孔穴法), 금기역 상서(金氣亦相胥)"라고 말한 것입니다. 무형의 것은 감괘와 리괘이고 유형의 것은 방금 여러분과 이야기한 것입니다. 주운양 조사는 이에 대해서 설명했습니다.

"두 개의 공혈은 곧 감괘와 리괘의 두 가지 작용의 규묘로서 소위 원빈의 문이다. 그러나 세상 사람들은 알지 못한다."

(兩孔穴卽坎離兩用之竅妙, 所謂元牝之門, 世莫知者也)

이것으로 이 첫 번째 단락에 대한 강의를 마칩니다.

흑과 백이란 무엇인가

자, 『참동계』 제7 양규호용장 두 번째 단락으로 돌아가겠습니다.

백을 알고 흑을 지키면 신명이 저절로 온다. 백은 금정이고 흑은 수기이다.

知白守黑, 神明自來. 白者金精, 黑者水基.

여기서는 도가 수도 공부의 유위법에 대해 말하기 시작합니다. "지백수흑(知白守黑)"은 무엇을 의미할까요? 이 말은 『노자』에도 나오는 말이지요? 태극도(太極圖)를 보아도 반은 흰색이고 나머지 반은 검은색입니다.

중국 문화의 전통은 이렇게 백색과 흑색으로 상징됩니다. 뒤에 불교에서도 이 전통을 이어서 인도에서 들어온 불경을 한문으로 번역할 때, 악업(惡業)은 흑색을 선업(善業)은 백색을 채택했습니다. 또 불교에서는 흰 달은 상반월(上半月)이고 검은 달은 하반월(下半月)이라고 하는데, 왜 그렇게 하는지 알아야 합니다.

흰색은 양성(陽性), 깨끗함을 나타내고 흑색은 순음을 대표합니다. 그런데 우리가 알아야 할 것은 흑색이라고 해서 싫어해서는 안 된다는 것입니다. 흑색의 힘은 백색의 힘과 같이 큽니다. 음의 쓰임도 양의 쓰임과 같습니다. 하늘을 보세요. 우주는 온통 검은 동굴 같습니다. 저 망망한 우주에서 어떤 일이 일어나는지는 아무도 모릅니다. 과학자들도 답이 없습니다. 단지 연구하고 있을 뿐이지요. 우리가 지금 얘기하는 것도 반드시 진짜라고 믿을 수 있는 것은 아닙니다. 그러니 편하게 얘기합시다.

도가의 원리로 말하면 저 우주 공간에 있는 검은 동굴은 지음지정(至陰之精)입니다. 그 검은 동굴의 작용은 태양보다 더 엄청납니다. 태양은 방사하는 기능이지만 검은 동굴은 흡수하는 기능이 있습니다. 이런 우주의 작용은 도가와 『역경』의 원리에서 보면 해석할 수 있습니다. 그러나 과학에서는 이렇게 말하지 않지요.

여러분이 정좌할 때 눈을 감으면 앞이 캄캄하지요? 전체가 순음(純陰)의 경계일 뿐 지양(至陽)은 어디에도 없습니다. 지양은커녕 소양(少陽)도 길러내지 못하고 모두 오음(五陰)으로 덮여 있습니다. 여러분이 수도 공부를 통해 참으로 득정(得定)한 후에야 안팎으로 광명이 빛나는 태양의 경계가 도래합니다. 그러니 여러분은 이렇게 알아야 합니다. "백을 아는〔知白〕" 것에 근거해서 "흑을 지켜야〔守黑〕" 합니다. 즉 광명은 암흑 속에서 생겨난다는 말이지요. 음이 극하면 양이 발생하는 이치와 같습니다. 그러니 음을 싫어해서는 안 됩니다. 실제로 음과 양은 같습니다. 따라서 순음과 순양 어느 쪽을 닦아도 도를 이룰 수 있습니다. "백을 알고 흑을 지키면 신명이 저절로 온다[知白守黑, 神明自來]"는 말은 바로 이것을 가리킵니다. 자 여러분, 수도 공부를 할 때 무엇이 되려는 마음을 내지 마세요. 신선이 되겠다, 부처가 되겠다는 생각이 없어야 합니다. 그냥 쉬는 것입니다. 옛 조사님들이 이렇게 가르치지 않았습니까? "상덕은 무위하니 살펴서 구하지 말라[上德無爲, 不以察求]"고요.

그렇다면 도는 어떻게 오는 것일까요? 우리는 맹자의 말에서 단서를 잡을 수 있습니다. 맹자는 이렇게 말했습니다. "학문을 하는 도는 다른 것이 아니다. 오직 방심을 구할 뿐이다[學問之道無他, 求其放心而已矣]."[186] 그러니 여러분도 방심(放心)하세요. 일체 모든 생각을 버리고 놓아 버리세요. 그러면 답이 나올 수 있습니다.[187] 위백양 조사의 가르침 역시 여러분이 득정(得定)하라는 것입니다. 그렇게 하면 "신명이 저절로 온다[神明自來]"는 것이지요. 이것은 후에 선종에서 말한 "오래 앉아 있으면 반드시 선정이 온다[久坐必有禪]"는 것과도 통합니다. 사실 오래 앉아 있다고 해서 반드시 선정의 경지에 도달하는 것은 아닙니다. 그러나 "백을 알고 흑을 지키면 신명은 저절로 온다"는 말은 맞습니다.

"백자금정(白者金精)"은 오행으로 음양가의 학문입니다. "백(白)"은 금

---

186 『맹자』「고자」상 11. "孟子曰 仁人心也 義人路也 舍其路而不由 放其心而不知求 哀哉. 人有鷄犬放則知求之 有放心而不知求 學問之道無他 求其放心而已矣"에 나온다. "맹자가 말하였다. '인은 사람의 마음이요, 의는 사람의 길이다.' 그 길을 버리고 따르지 않으며, 그 마음을 잃어버리고 찾을 줄을 모르니, 애처롭다. 사람이 닭과 개가 도망가면 찾을 줄 알되, 마음을 잃고서는 찾을 줄을 알지 못하니 학문하는 방법은 다른 것이 없다. 그 방심을 찾는 것일 뿐이다."

187 남회근 선생의 "방심을 구한다[求其放心]"에 대한 해석은 맹자의 본래 의미와 다르다. 맹자에서 심(心)은 양심, 도덕심으로 "방심(放心)"은 양심을 잃어 버렸다는 뜻이다. 그러므로 "구기방심(求其放心)"은 잃어버린 양심을 다시 찾는다는 뜻이다. 그런데 남회근 선생은 선종에서 말하는 "방하착(放下著)"과 같은 의미로 해석하여 "방심(放心)하세요. 일체 모든 생각을 버리고 놓아 버리세요"라고 말한다. 이런 해석은 "방심을 구한다"를 "방심을 추구하라"는 의미로 오독한 것이다.

에 속하고 금은 서쪽을 가리킵니다. 금(金)은 꼭 우리가 사용하는 쇠를 가리키는 것만이 아니라 견고성의 상징입니다. 불가에서 말하는 지수화풍(地水火風) 사대와 같은 일종의 상징이지요. 도가에서는 금(金)으로 성(性)을 상징합니다. 성은 절대 파괴되지 않는 불생불멸(不生不滅), 불구부정(不垢不淨), 부증불감(不增不減)하기 때문에 '금강(金剛)'으로 표현합니다. 어쨌든 오행에서 금은 백색이고 방위로는 서방을 상징하므로 금정(金精) 역시 서방의 정이지요.

다음은 "흑자수기(黑者水基)"로 검은색은 수(水)를 상징하고 수는 방위로 북방입니다. 오행 중의 수 역시 단지 물을 가리키는 것은 아닙니다. 액체로서 승화하는 에너지를 수라고 상징하지요. 이것도 제가 여러분에게 말했던 것입니다. 지구가 처음 형성되었을 때는 물밖에 없었는데 모든 것이 액체에서 만들어졌지요. 불가에서도 그렇게 말합니다. 이 액체 같은 기류가 이십여 겁을 돌다가 최후에 여러 가지 사물이 형성되었다고 말합니다. 유위(有爲)의 시간으로 계산하면 그 시간이 몇 백천만 년인지는 모릅니다. 돌고 돌고 최후에 이를 때까지 돌고, 물이 얼고 모여서 돌출된 것은 높은 산, 낮은 곳은 바다, 그리고 지구가 형성되었습니다. 그러고도 다시 몇 백천만 년이 지나도 인류는 없었습니다.

인류의 기원에 대해서는 여러 가지 설명이 있습니다. 기독교, 천주교에선 하느님이 창조했다고 하는데 이것도 일종의 설명입니다. 불교에서는 광음천(光音天)에서 왔다고 합니다. 광음천은 지구와 다른 우주인데, 광음천 사람들은 몸이 가벼워 하늘을 비행할 수 있다고 합니다. 그 사람들은 음식을 먹지 않는데, 지구가 너무 아름다우니까 놀러 오게 되었다고 합니다. 그리고 지구에서 나는 여러 식물을 조금씩 먹다 보니 자신도 모르게 몸이 무거워져 더 이상 날지 못하게 되었다는 것이지요. 그러다가 할 수 없이 지구에 머물게 되었다고 합니다. 결혼도 기독교에서 말하는 것처럼 뱀의 말을 듣고 선악과를 먹어서 그렇게 된 것이 아니라 음양의 섭리에 따라 하게 된 것이지요. 불교에서는 인류의 시원을 이렇게 설명하지만, 그렇다면 광음천의 사람들은 어디에서 왔을까요? 불교에서는 그들은 더 위에 있는 세계에서 왔다고 대답합니다. 아마 다윈의 진화론을 여러 가지 종교에서 말하는 인류의 기원설과 종합해서 책을 쓰면 엄청나게 인기가 있을 것입니다. 불경에는 이런 주제에 대해 쓸 것이 매우 많습니다.

우주의 기원에 대해 중국은 수(水)에서 시작했다고 설명합니다. 그래서 『역경』의 수리 하도(河圖) 낙서(洛書)에서는 "천일생수(天一生水), 지육성지(地六成之)"라고 합니다. 그리스나 이집트, 인도에도 비슷한 설명이 있습니다. 생명 작용은 하나같이 수에서 기원한다는 것입니다. 수는 반드시 물이 아니라 일종의 액체 상태를 말한다고 했지요? 사실 인간의 생명이 시작되는 정충이나 난자도 일종의 액체 상태인 것은 틀림없습니다. 그러니 모든 생명은 부드럽고 유연한 상태에서 출발하여 성장하고 사망하게 되면 딱딱하고 강한 것으로 변합니다. 수분이 더 이상 없는 것이지요.

수는 도추(도의 중심)로서 그 수는 하나라고 이름한다. 음양의 시작은 원기가 황아를 품는 데서 출발한다.

水者道樞, 其數名一. 陰陽之始, 元含黃芽.

"수자도추(水者道樞), 기수명일(其數名一)", 수라는 것은 도의 중심이고 그 숫자는 일(一)로 일컫습니다. 생명의 시작 즉 첫 번째로 오는 것이 수(水)라는 말입니다. "음양지시(陰陽之始), 원함황아(元含黃芽)", 그러므로 수도 공부에서는 진액, 침을 중시합니다. 늙은 사람들은 늘 입이 마릅니다. 새벽에 일어나면 입이 마르다 못해 씁니다. 나이와 무관하게 수도 공부를 제대로 하는 사람은 결코 입이 마르거나 쓰지 않습니다. 오히려 입이

달고 항상 촉촉하지요. 그러나 지나치게 단맛이 나면 그것도 병입니다. 얼른 의사를 찾아가세요. 진액은 달고 시원합니다. 〈백자명〉에서도 말했지요? "산봉우리에 흰 구름이 피어오르니 감로수가 수미산을 적신다〔白雲朝頂上, 甘露灑須彌〕"고요. 이것은 밀종에서 말하는 감로수가 머리를 적신다는 '감로관정(甘露灌頂)'과 같은 의미입니다. 그러니 밀종을 공부하는 사람도 중국 사상에 대해 잘 알아야 합니다. 저는 이런 문제에 대해서 십분의 삼은 공개했는데 앞으로는 전부 공개할 생각입니다. 다만 여러분이 수도 공부를 성취할 수 있을지 문제입니다.

제33강

광명은 암흑에서 온다

앞에서 주운양 조사의 주해를 읽었는데, 그것은 감괘와 리괘 양규(兩竅)의 상호 작용의 방법에 대한 것이었습니다. 이제 제가 약간 보충 설명을 하겠습니다. 이른바 "양규호용(兩竅互用)"이란 방법상에서 무위와 유위의 원리입니다. 〈백자명〉에서 다음과 같이 말한 것이지요. "기를 기르려면 말을 잊고 지켜야 하고, 마음을 항복받으려면 하지 않음을 해야 한다(養氣忘言守, 降心爲不爲)." 여기에서 '위(爲)'는 공부하는 것을 가리키고 '불위(不爲)'는 공부하지 않는 무위 공부를 말합니다. 신선이 되겠다, 부처가 되겠다고 의도하고 의식하는 공부는 오히려 공부를 해친다는 것입니다.

지금 맞닥뜨린 문제는 앞에서도 말했던 "지백수흑(知白守黑), 신명자래(神明自來)"입니다. 우리는 본래 희고 깨끗한 줄 알고 있지만 눈을 감고 수도 공부를 하려 들면 온통 캄캄한 암흑뿐입니다. 그렇지만 여러분은 광명을 구해서는 안 되고 달리 광명을 구하는 수련을 해서도 안 됩니다. 오랜 암흑이 지난 후에 저절로 회복되기 때문입니다. 음이 극하면 양이 회복되는데, 이것이 바로 신명이 저절로 온다는 "신명자래(神明自來)"입니다.

"백자금정(白者金精), 흑자수기(黑者水基)", 이것 역시 복합적인 의미를 갖고 있습니다. 도가의 전문 용어는 상징하는 바가 너무 많아서 쉽게 이해하기 어렵습니다. 오행을 말하더라도 내장의 오행이 있고, 색의 오행이 있고, 방위의 오행이 있고, 유형의 오행이 있는가 하면 무형의 오행 등 한없이 많습니다. 궁극적으로 어떤 것을 가리키는지 확실한 경계가 없기 때문에 스스로 위아래 문맥을 파악하고 그것을 살펴서 깨달을 수밖에 없습니다. 양성(養性) 방면으로 말하자면 "백(白)"은 양(陽), 광명, 청정함을 의미하는데 이런 본성을 드러내는 것이 금정(金精)입니다. 금은 방위로는 서쪽이고, 견고해서 파괴되지 않는 특성을 나타내며, 인체의 장기로는 폐를 상징합니다. 폐는 호흡 기관입니다. 이 백색은 기가 충만하고 신이 원만한 것을 나타내는데 이때 광명 청정이 출현합니다. 밀종과 도가의 수행법에서도 마찬가지로 광명은 기(氣)로 인해서 출현하고 무념은 신(神)에 의해서 도래합니다. "흑(黑)"은 수(水)를 나타냅니다. 수는 오행에서 만물을 생성하는 근원으로서 음이 극하면 양이 발생하듯이 수의 정(精)이 극하면 기(氣)가 생겨납니다. 그러므로 검은색을 어둡고 잘못된 것으로 생각해서는 안됩니다. 실제로 밝음과 어두움은 일체의 양면입니다. 일반적으로 경전에서는 광명만 중시하는 것 같지만 광명은 암흑에서 생겨나는 것으로서 음이 극하면 양이 발생하는 것입니다.

그래서 『참동계』에서는 "수자도추(水者道樞)"라고 했습니다. 수는 도추(道樞) 즉 도의 중심이라는 뜻입니다. 수도 공부의 기본 이치라는 것이지요. 그다음에는 "기수명일(其數名一)"이라고 해서 그 수(數)는 하나라고 이름한다고 했습니다. 여기에서 "일(一)"은 『역경』의 천일생수(天一生水)에서 온 것입니다. 다음은 "음양지시(陰陽之始)"로서 음양의 시작이라는 뜻입니다. 따라서 일음일양(一陰一陽), 일백일흑(一白一黑) 사이는 먼저 수

(水)가 존재해야 음이 극한 후에 양이 발생합니다. 그다음은 "원함황아(元含黃芽)"인데 "황아(黃芽)"는 서쪽 지역 모래 위에서 자라는 식물입니다. 뿌리가 없이 자생하는 특이한 식물이지요. 그러므로 도가에서는 황아로써 도의 양성(養成)을 상징합니다. 고요함이 극하면 양이 발생하듯이 도는 황아처럼 스스로 생겨난다는 것입니다. 중국 문화에 나타나는 허다한 상징을 통해 의미를 드러낸 것입니다. 그래서 양규(兩竅)의 상호 작용의 원리, 유위법과 무위법의 호용(互用)의 원리를 설명하는 것입니다.

금기와 수도 공부

이어지는 『참동계』 원문은 다음과 같습니다.

오금을 주관하는 것은 북방의 하거이다.

五金之主, 北方河車.

여기에서 "오금(五金)"은 오행(五行)을 뜻합니다. "오금지주(五金之主)"는 유형의 물질로 비유했는데, 금(金) 은(銀) 동(銅) 철(鐵) 석(錫, 주석)입니다. 이 오금 중에서 가장 중요한 것이 금입니다. 궁극적으로 오금을 주관하는 것은 어디에 있을까요? 이를 알려면 먼저 중국의 고대 과학을 이해해야 합니다. 그것은 오늘날의 서양 과학과는 다릅니다. 중국은 고대 과학에서 오행의 생극(生剋) 원리를 알았습니다. 예를 들어 어려서 읽은 『천자문(千字文)』에 금은 여수에서 생산되고 옥은 곤강에서 나온다는 뜻의 "금생려수(金生麗水), 옥출곤강(玉出崑岡)"이라는 구절이 있습니다. 일설에 따르면 이 책의 저자는 양무제 시대의 주흥사(周興嗣)입니다. 그가 어떤 죄를 지었는데 양무제가 벌을 내리기를 하룻밤에 서로 다른 천 자로 문장을 지으라고 했답니다. 주흥사는 정말 하룻밤 사이에 『천자문』을 지었습니다. 그런데 주흥사는 얼마나 두렵고 또 신경을 썼던지 하룻밤 만에 백발이 되었다고 합니다. 『천자문』의 일천 개 글자는 모두 다를 뿐 아니라 심지어는 대구를 이루는 경우도 있습니다. 이 『천자문』을 잘 알면 문장도 지을수 있지요.

제가 생각하기에는 요즘 중국어 교사나 대학교수가 『천자문』의 의미를 잘 이해하고 응용할 수 있다면 상당한 수준의 학문이 될 것입니다. 비유해서 말하자면 "금생려수, 옥출곤강" 이 두 구절에서 곤강은 곤륜산맥의 옥 생산지인데 강소성에도 곤강이 있습니다. 그러니 다른 지방에도 광석이 생산되는 곳이면 옥이 나올 수 있습니다. 황금이 여수에서 생산된다고 하는데 "여(麗)"자는 물이 아름다운 곳을 가리킵니다. 이것이 중국 고대의 지질학입니다. 무릇 금광이 있는 곳은 강우량이 매우 많고 물도 많습니다. 그래서 옛사람들은 매우 간단한 말로 "금은 여수에서 생산된다〔金生麗水〕"고 했지요. 중국에서 금이 생산되는 지역은 서쪽입니다. 그래서 오행 중에 금은 서쪽에 속하지요. 일종의 중국 고대의 자연과학적 지식입니다.

티베트나 신강 지역에서 금이 많이 생산되는데, 금사강(金沙江) 일대에 가면 그곳 사람들이 사금을 채취하는 것을 볼 수 있습니다. 그래서 "금생려수"라고 합니다. 중국 고대에 금광을 발견하는 방법은 매우 간단합니다. 금광이 있는지 없는지는 먼저 그 지역에 물이 많은지를 살핀 후 나침반으로 방위를 측정해 보는 것입니다. 그러면 비록 백발백중은 아니라도 대체로 맞는다고 합니다. 오늘날에도 지질학은 반드시 정확한 것만은 아니지요.

"오금지주"는 수기(水基)를 말합니다. 그런데 수도 공부와 수기는 무슨 관련이 있을까요? 먼저 정좌에 대해서 말하면 불가나 도가 혹은 밀종이나 현교나 모두 공부는 정좌에서 출발합니다. 정(靜)이 극하고 음(陰)이 극해야 양(陽)이 발생하지요. 그러므로 정좌를 오래 해야 공부의 경지가 수준에 도달합니다. 즉 정기(精氣)가 발동하고 입에 물기가 가득하게 되지요. 왜 그럴까요? "오금지주(五金之主), 북방하거(北方河車)"이기 때문입니다. 북방은 오행에서 수(水)에 속합니다. 이 하거(河車)는 어디에서 올까요? 천하(天河) 즉 은하(銀河)입니다. 『천가시(千家詩)』에 이런 시가 있습니다. "은하수 밤 빛깔은 물처럼 찬데, 누워서 견우성 직녀성을 보네(天階夜色涼如水, 臥看牽牛織女星)." 제가 어렸을 때 집에 아이라고는 저 혼자였습니다. 부모님이 보배처럼 귀하게 키운 것은 말할 것도 없지요. 여름에는 저녁이 되면 집에서 대나무로 만든 긴 평상을 갖고 나와 누워서 별을 보게 했습니다. 어머니는 저녁을 드신 후 세수를 하고 제 옆에 앉아서 부채를 부치고 모기를 쫓아 주셨지요. 저는 대나무 평상에 누워 시에서 묘사한 것처럼 은하수를 보았습니다. 남쪽에서 북쪽으로 훑어보면 특히 서북쪽이 선명히 보였지요. 그쪽은 북두칠성이 있는 곳입니다. 견우와 직녀는 한줄기 은하수를 가운데 두고 마주 보고 있습니다. 이른바 "북방하거"에서 북방은 천일생수(天一生水)로서 은하수는 바로 북방에서 시작합니다.

왜 하거를 돌리는가

지금 정좌를 하고 기공을 하는 사람은 모두 임독 이맥을 돌린다든가 통한다고 말합니다. 바로 하거(河車)를 돌린다고 하는 것입니다. 어떤 수도자는 수십 년 이런 수행을 한 후에 제게 편지를 보냅니다. 화거(火車)가 돌아간다는 것입니다. 저는 이런 말에 울 수도 웃을 수도 없습니다. 현대는 진보했고 도가 역시 발전했습니다. 화거(火車)는 변할 것입니다. 화거가 아니라 공거(空車)를 돌리는 것이지요.

하거(河車)는 무엇일까요? 그것은 은하수를 가리킵니다. 도가는 명대 말 이후 특히 오류파에서는 등의 척추를 따라 올라오는 독맥을 앞으로 이어서 몸 전면의 임맥으로 돌리는 것을 하거를 돌린다고 합니다. 여러분 중에도 호흡에 맞추어 의식적으로 등뼈를 타고 머리 위로 돌려서 가슴과 배를 거쳐 기운을 돌리는 방법으로 공부하는 분들이 많지요. 이렇게 임독 이맥을 돌리는 분은 자신이 하거를 돌린다고 말합니다. 분명히 말씀드리지만 여러분이 진짜로 기맥이 움직이고 하거가 돌아가서 기경팔맥(奇經八脈)을 통한다고 합시다. 그렇게 하는 목적이 무엇인가요?

도가 경전에는 해와 달이 합벽하니 선기가 바퀴를 멈춘다는 뜻의 "일월합벽(日月合璧), 선기정륜(璇璣停輪)"이라는 말이 있습니다. 여기서 선기(璇璣)란 무엇인가요? 도가 경전을 모두 보는 것은 보통 일이 아닙니다. 매우 번거롭고 어려운 일이지요. 그러니 먼저 선기가 무엇인지 알아봅시다. 이것은 천체의 별자리 이름입니다. 고대에는 천문을 관측하는 기구를 옥으로 만들었습니다. 매우 귀중했지요. 그래서 '선기옥형(璇璣玉衡)'이라고 불렀습니다.

천체와 지구는 영원히 돌고 있는데, 선기는 천체의 회전입니다. 북방의 북두칠성이 은하수를 안고 도는 상황을 표시하는 것입니다. 방금 『천가시』 시 한 구절을 읽었는데, "은하수 밤 빛깔은 물처럼 차다[天階夜色涼如水]"는 것은 왜 그럴까요? 가을이 되어야 "누워서 견우성과 직녀성을 보는[臥看牽牛織女星]" 것이 가능하기 때문입니다. 봄에는 견우성과 직녀성을 볼 수 없는데, 그 이유는 은하수가 자리를 옮기기 때문입니다. 봄에는 은하수가 남북 방향이 아니라 가로눕는 형상인데, 사실 매달 모습이 바뀝니다. 이전에 읽었던 중국의 고대 서적에서 단지 고문(古文)만 배웠다고 생각하지만 사실은 고대의 자연과학도 그 속에 들어 있습니다.

비유하면 "선기가 바퀴를 멈춘다[璇璣停輪]"는 것은 북두칠성과 은하수가 움직이지 않고 멈춘 것과 같다는 말입니다. 앞에서 말한 "해와 달이 합벽했다(日月合璧)"는 것은 태양이 막 동쪽에서 떠오르고 아직 달은 서쪽으로 넘어가지 않아 해와 달이 서로 바라보는 상황이지요. 저는 전에 운남에서 이런 광경을 목격한 적이 있는데, 몇 년 만에 한 번씩 있는 현상이라고 합니다.

밀종이든 도가든 기맥을 통하려는 최고의 목적은 "일월합벽, 선기정륜"에 있습니다. 기맥이 통한 후에는 온몸에 기가 충만해져서 일시적으로 몸에 감각이 없는 것 같습니다. 참으로 몸을 잊는 것이지요. 이 밖에도 감각적으로 몸을 잊은 것 같은 상태가 있습니다. 하나는 사람이 죽어서 몸을 떠나 더 이상 몸의 구속을 받지 않는 것입니다. 또 하나는 마치 어린아이처럼 몸이 새 생명을 받은 것같이 되는 것입니다. "선기정륜"은 기맥이 통해서 새로운 생명 작용이 시작되는 것을 말합니다. 또 원기가 황아를 품는다는 뜻의 "원함황아(元含黃芽)"는 밖에 또 다른 하나의 생명을 재생하는 상황을 말합니다. 도가와 밀종 모두 수도 공부를 통해서 몸 밖에 새로운 몸을 재생할 수 있다고 하는 원리가 바로 이것입니다. 이런 수도 공부의 경지가 곧 "오금지주(五金之主), 북방하거(北方河車)"이며, 이것은 모두 천일생수(天一生水)에서 옵니다.

그다음은 더 번잡합니다. 그래서 도가 경전을 보면 기호가 많고 상징으로 은유해서 정말 이해하기 어렵습니다. 도가에서는 본래 도가의 비밀은 천기로서 누설해서는 안 된다고 경계해 왔습니다. 제가 이렇게 이야기하는 것은 사실 안 되는 것이지요. 어쨌든 저는 세상의 공도(公道)는 사유화하거나 비밀로 해서는 안 된다고 생각하므로 말하는 것입니다. 그런데 제가 발견한 사실은 도가 수도 공부의 비밀을 공개하면 할수록 일반인은 더욱 모른다는 사실입니다. 알아야 할 사람이라면 어떻게 감추든 알아내는데, 모르는 사람은 아무리 알려 줘도 이해하지 못하지요. 예를 들어 신문을 보면 수많은 광고가 있는데, 여기에 있는 우리를 포함해서 누가 그런 광고를 상세히 보겠습니까? 대개는 보지 않지요. 도가 공부의 비밀 역시 이와 같습니다. 저는 세상의 공도를 사람들에게 공표하는 일은 하늘을 대신해서 하는 일이라고 생각합니다. 복 있는 사람은 이 소식을 알아듣고 가져가지만, 복 없는 사람들은 모를 뿐 아니라 알려 준 사람을 매도할 수 있습니다.

사실 비밀이라는 것은 모두 한 가지를 말합니다. 지금 '납'을 사용해서 그 비밀을 상징하고 있는데, 납은 오금에 속하지 않습니다. 납의 표면은 거무스레한 회색입니다. 그래서 『참동계』 원문에서 다음과 같이 말했습니다.

그러므로 납의 외표는 검지만 내면에는 금화를 품는다.

故鉛外黑, 內懷金華.

납은 어떻게 단련할까요? 수은과 합해서 단련합니다. 그렇게 하면 다른 화학 물질로 변화합니다. 매우 아름답고 빛나는 물질이지요. 이것으로 수도 공부를 하는 과정과 성취에 대해 비유를 들어 상징적으로 표현하는 것입니다. 고요함이 극에 달하면 외면으로는 드러나지 않지만 진정한 자성(自性)의 광명이 신체 내부에서 나타납니다. 여러분, 눈을 감고 내면의 한 줄기 빛을 보세요. 그것은 햇빛이 아니고 달빛도 아닙니다. 또 전기불도 아니지요. 바로 여러분 자성의 광명입니다. 이 빛은 매우 강렬하고 길상해서 상서로운 광명이 넓게 비춘다고 말합니다. 이 비밀을 『참동계』는 직접 말하지 않고 납을 통해 은유하며 원리를 감추었지요. 그래서 『참동계』 제7장에서는 납의 외부는 검지만 내부는 금화를 품었다는 뜻으로 "고연외흑(故鉛外黑), 내회금화(內懷金華)"라고 했습니다.

도를 성취한 광인

베옷을 입고 옥을 품었으며 겉으로는 미친 사람이다.

被褐懷玉, 外爲狂夫.

得도한 수행자는 어느 수준에 도달하면 절대 겉으로는 도를 깨달았다는 표시를 하지 않습니다. 바깥으로는 제전 화상처럼 해야 합니다. "피갈(被褐)"은 누더기 옷을 입는 것으로, 출가 승려들이 납오(衲襖, 납의)를 입는 것도 그런 의미입니다. 납오란 백납의(白衲衣) 또는 분소의(糞掃衣)라고 하는데, 이런 옷을 입는 것이 불교의 제도입니다. 납오란 누더기로서, 쓰레기통에서 낡은 옷 조각 여러 장을 찾아내서 깨끗이 세탁한 후 누벼서 옷을 만들어 입는 것입니다. 습득(拾得)[188]은 이렇게 노래했습니다.

이 늙은이는 누더기 입고 거친 밥으로 배 채우네	老拙穿衲襖, 淡飯腹中飽
옷은 추위 막으면 족하고 만사는 인연대로 행하네	補破好遮寒, 萬事隨緣了
누가 이 늙은이 욕하면 그래도 좋다고 하고	有人罵老拙, 老拙只說好
누가 이 늙은이 때리면 그냥 잠이나 자겠네	有人打老拙, 老拙自睡倒
얼굴에 침 뱉으면 그냥 마르게 놔두겠네	涕唾在臉上, 隨他自乾了
그대도 힘 아끼소, 내게 번뇌 없으니	你也省力氣, 我也沒煩惱
이런 지혜야말로 바로 오묘한 보배라네	這樣波羅蜜, 便是妙中寶
이 소식을 안다면 도를 이루지 못함을 왜 걱정하랴	若知者消息, 何愁道不了

---

188 783-891. 당나라 초기의 선승(禪僧)이자 시인으로 한산(寒山)과 함께 유명하다. 두 사람은 높은 불법과 뛰어난 시적 재능을 겸비했고 기이한 언행으로 많은 일화를 남겼다.

이 노래는 『선문일송(禪門日誦)』에 나옵니다. 여러분, 이런 노래를 한 습득은 해탈의 경지에 이른 것이 아니겠습니까? 이런 이치가 바로 베옷을 입고 옥을 품은 "피갈회옥(被褐懷玉)" 경지입니다. 그래서 저처럼 늙은이는 편지를 쓸 때 이름 아래에 노졸(老拙)이라고 씁니다. 당나라 때 유명한 스님인 선종의 영가(永嘉) 대사의 〈증도가(證道歌)〉에도 "궁석자(窮釋子), 구칭빈(口稱貧)"이라는 말이 나옵니다. 출가인들은 보통 빈도(貧道), 빈승(貧僧)이라는 말을 잘 씁니다. 다음은 〈증도가〉의 한 구절입니다. "사실 몸이 가난하지 도는 가난하지 않다. 가난해서 옷은 누더기를 입지만 도는 마음속의 무진장한 보배로세〔實是身貧道不貧. 貧則身常披褸褐, 道則心藏無價珍〕." 영가 대사도 역시 갈(褐)이라는 글자를 썼지요.

여러분, 도를 닦든 독서를 하든 반드시 다 외워야 합니다. 외우면 평생을 쓸 수 있습니다. 위백양 진인의 "피갈회옥(被褐懷玉), 외위광부(外爲狂夫)"는 우리에게 깊은 경계를 주는 말입니다. 수도 공부가 이런 경지에 도달하면 자랑할 것도 없고 남의 선생 노릇 하려 애쓸 것도 없다는 말이지요. 저처럼 도는 없이 그냥 책이나 읽은 사람은 함부로 말하면서도 남의 선생이 되어 가르치려 합니다. 여러분이 득도를 한다면 절대로 이런 사람이 되지 말고 베옷을 입는 것처럼 하세요. 맹자가 「이루(離婁)」 상에서 이런 말씀을 했습니다. "사람들의 근심은 남의 스승 되기를 좋아하는 데 있다〔人之患在好爲人師〕"고요. 여러분은 저를 선생이라고 부르지만 사실 저는 여러분을 학생이라고 생각하지 않습니다. 제가 이렇게 선생 자격이 없다고 하면 여러분은 겸손하다고 하는데, 저는 이전부터 선생이라고 생각한 적이 없습니다. 자, 다음 문장은 더 복잡하고 상징적인데, 모두 수도 공부에 대한 이야기입니다.

제34강

우리는 지금 "양규호용(兩竅互用)"에 대해 말하고 있습니다. 다시 여러분의 주의가 필요합니다. 도가든 불가든 최고의 공부법은 무위법이라고 하지만 그 시작은 유위법이라는 사실입니다. 다음에 말하고자 하는 유위의 경지는 몸과 마음 양쪽에 모두 관련 있습니다.

옥액환단은 어떻게 오는가

『참동계』제7 양규호용장 세 번째 단락[189]을 보겠습니다.

금은 수의 어미이니 어미는 자식의 태 속에 숨는다. 수는 금의 자식이니 자식은 어미를 태 속에 감춘다.

金爲水母, 母隱子胎. 水爲金子, 子藏母胞.

---

189 『참동계천유』. 89면.

오행의 상생상극 법칙에서 금은 수를 생겨나게[金生水] 하므로 "금위수모(金爲水母)"입니다. 그런데 금성(金性)은 어디에 있을까요? 수에서 찾을 수 있습니다. 그래서 "모은자태(母隱子胎)" 즉 어미는 자식의 태 속에 숨는다고 한 것입니다. 이 금(金)은 성(性)을 상징하고, 자성(自性)의 광명을 의미합니다. 이 청정한 광명의 자성은 어디에서 오는 것일까요? 자성의 광명은 정(精)이 충만함으로부터 옵니다. 우리 신체에 있는 유형의 정(精)이 충만해야 자성 광명이 발한다는 것입니다. 그래서 우선 영양을 섭취해서 신체를 충실하게 해야 합니다. 명대 이후의 도가 특히 오류파 이후는 연정화기, 연기화신을 주장했습니다. 이른바 신(神)은 금성(金性)에 속하는데, 이 금성은 기(氣)와 신(神) 사이에서 정(精)이 충만해야 나타납니다. 정과 신이 가득 차지 않으면 자성 광명은 출현할 수 없지요. 그래서 "수위금자(水爲金子), 자장모포(子藏母胞)"라고 했습니다.

　　반대로 성(性)을 기르지 못하면 잡념과 망상이 매우 많아집니다. 신체에 감추어진 자성은 본래 천일생수(天一生水)에서 온 것입니다. 그러므로 수(水)가 충만하지 못하면 진액도 나올 수 없습니다. 오직 고요함을 길러 최고조에 이르러야 진액이 자연히 생깁니다. 진액의 발생은 신체의 위아래에 모두 있습니다. 위의 진액은 수(水)에 속하며 뇌하수체에서 내려옵니다. 바로 입 속의 수인 타액이지요.

　　도가에서는 타액을 두 가지로 구분합니다. 하나는 '옥액환단(玉液還丹)'이고 또 하나는 '금액환단(金液還丹)'입니다. 이 두 가지는 서로 다른데 도가 경전에서는 '옥액경장(玉液瓊漿)'이라고 합니다. 모두 우리 생명 속에 본래 존재하는 것이지요. 그렇다면 이것은 어디에서 올까요? 바로 우리 자신이 고요함을 길러 최고조에 도달하면 자성의 청정에 가까이 갈 수 있고, 그때 수성(水性)이 자연히 나타납니다. 그러므로 금(金)과 수(水)의 관계는 바로 성(性)과 명(命)의 관계입니다. 위의 것은 뇌하수체에서 나오는 진액이고 아래의 것은 욕망의 근원인 성 호르몬 같은 것입니다. 그것이 발동할 때 남녀 간의 성적 욕망을 더하지 않아야 참으로 청정한 수(水)가 될 수 있습니다.

그러므로 이 사이에는 서로 인과관계가 있으며, 이것이 바로 생명의 뿌리입니다. 이 생명의 뿌리 속에 무언가가 있는데, 이것이 바로 도가 경전에 나오는 장생불로의 도인 금단(金丹)입니다. 이 금단이라는 약에는 두 가지가 있습니다. 어떤 때는 두 가지라 하지 않고 '사(些)'라는 글자로만 표시합니다. 바로 '차이(此二)' 즉 '이 둘'이라는 뜻입니다.

제가 처음 도를 닦기 시작할 때는 매우 어린 나이였습니다. 어떤 스승께는 몇 달을 쫓아다니면서 수없이 절을 했습니다. 어느 날 그가 기분이 좋아지자 글자 하나를 써서 주었는데 바로 '사(些)'였습니다. 저는 이 글자가 무엇을 뜻하는지 감히 묻지도 못했지요. 오래 그를 따라다닌 후에 말해 주었습니다. "차이(此二)"라고 말입니다. 그런데 '차이'가 무엇인지는 더 묻지 못했지요. 차츰 스승님이 흐뭇해지자 '차이'는 바로 신(神)과 기(氣)라고 말해 주었습니다. 그렇다면 신과 기는 어떻게 왔을까요? 송대 유학자들은 "고요한 가운데 그 단서를 길러낸다(靜中養出端倪)"고 말했습니다. 참으로 고요하면 점차 심성이 청정해지고 몸에서 진액이 자연히 발생합니다. 밀종은 좀 다르게 표현합니다. 밀종은 인도의 요가에서 유래한 것으로 공부가 자연스럽지 못합니다. 좀 억지로 하는 공부이지요.

그럼 도가와 밀종 중에 어느 쪽이 더 우월할까요? 말하기가 어렵습니다. 정통 도가라면 더 높을 수 있지만 명청 시대 이후의 도가는 지리멸렬하고 체계도 혼란해졌습니다. 밀종의 홍교(紅敎)와 화교(花敎) 양파의 수행법은 유위법으로서는 비교적 체계를 갖추고 있습니다. 차차 소개하도록 하지요.

도가에는 '차이(此二)' 외에 또 '삼(三)'이 있습니다. 바로 태극이 삼을 포함한다는 뜻의 "태극함삼(太極函三)"입니다. 태극은 도(道)의 본체로서 둥근 원으로 그려지지요? 이 원을 보면 가운데 점이 세 개 있습니다. 중국 선종에서도 이 원을 사용하는데, 특히 위앙종에서는 구십여섯 개의 원상(圓相)을 나타냅니다. 불가의 원상에 대한 해석은 도가와 조금 다릅니다. 좀 억지로라도 철학적 해석을 한다면 바깥의 원은 도의 본체를 가리키고, 가운데 세 개의 점은 법신(法身) 보신(報身) 화신(化身)의 삼신을 나타냅니다. 반면에 도가에서는 정기신(精氣神)을 나타냅니다. 신(神)은 법신이고, 기(氣)는 보신이고, 정(精)은 화신에 해당합니다. 불가와 도가에서는 이것이 천고의 비밀이라고 합니다. 여러분이 만약 이후에 조사가 되든지 교주가 되려고 한다면 저처럼 이렇게 비밀을 막 얘기해서는 안 됩니다. 돈을 받고 팔 수도 있습니다. 우리가 왜 지금 이런 이야기를 하고 있지요? 어쨌든 지금 말하고 있는 문제는 금과 수는 서로 살려 준다는 뜻의 "금수상생(金水相生)"입니다. 금과 수는 상호 인과 관계를 형성한다는 원리이지요. 이때 금과 수는 아직 후천 생명에 속합니다.

있는 듯 없는 듯한 경지

이제 선천의 수행 방법으로 돌아가서 이야기하겠습니다.

진인은 지극히 오묘하여 있는 듯 없는 듯, 마치 깊은 연못에 가라앉은 듯 떠 있는 듯하다.

眞人至妙, 若有若無, 髣髴太淵, 乍沈乍浮.

『참동계』에서는 또 "진인(眞人)"을 말했는데, 이 명칭은 『장자』에서 나온 용어입니다. 후세의 도가와 도교에서는 득도한 사람을 진인 즉 참사람

이라고 불렀습니다. 바꾸어 말하면 우리처럼 득도하지 못한 사람들은 모두 가인(假人) 즉 진짜 사람이 아니라는 뜻이지요. 도가에는 또 다른 명칭이 있습니다. 바로 우리같이 진짜 사람이 아닌 부류를 살아 있는 시체요 걸어 다니는 고깃덩어리라는 뜻에서 행시주육(行屍走肉)이라고 부릅니다. 이런 명칭에서 우리는 도가 문화의 가치관을 엿볼 수 있습니다. 사람은 반드시 수도 공부를 통해 범인을 초월하여 성인이나 진인의 경지에 이르러야 인생의 가치와 목적을 달성했다고 보는 것이지요. 그러지 않고 우리처럼 한평생 진인이 되지 못한 사람은 인생을 헛되게 살았다고 봅니다. 그래서 도가에서는 수도 공부를 해서 득도한 사람을 부처나 신선이라고 하지 않고 진인(眞人)이라고 합니다.

자, 여기에서 "진인지묘(眞人至妙)"는 우리의 본성이 자주적임을 나타냅니다. 구체적으로 말하면 심물일원(心物一元) 즉 우리 마음과 육체를 하나로 통합하여 주재해 가는 어떤 존재를 나타냅니다. 이것은 어디에 있을까요? 여러분은 어떻게 명심견성을 합니까? 반드시 자신의 신체에서 "금수상생(金水相生)"의 경지를 닦아 사대(四大)로 이루어진 우리 몸의 안팎이 한줄기 광명으로 변화하는 경지에 이르러야 합니다. 그래야 "샘의 근원에서 끊임없이 샘물이 솟아나듯이〔自有源頭活水來〕" 쉼 없이 생기(生機)가 지속될 수 있습니다.

이때 여러분은 능히 변할 수 있고 능히 알 수 있는 무언가가 있다는 것을 깨달아야 합니다. 그것의 대명사가 바로 진인이며 곧 인간의 생명의 근본입니다. 이것이 바로 도(道)입니다. 이것은 어디에 있을까요? 있은 듯 없는 듯한, 즉 "약유약무(若有若無)"한 그 사이에 있습니다. 그것을 알 때 여러분은 불학에서 말하는 공(空)이 바로 그것임을 알 수 있습니다.

이것은 무(無)일까요? 아닙니다. 확실히 무언가가 있습니다. 그렇다면 유(有)일까요? 아닙니다. 무형(無形) 무상(無相)입니다. 즉 형상도 모습도 없지요. 그래서 "진인지묘"라는 말이 나왔는데, 이것을 "방불태연(髣髴太淵)"이라고 했습니다. 그 깊이를 알 수 없는 연못과 같다는 표현이지요. 깊이를 알 수 없는 연못처럼 진인도 그 깊이를 알 수 없습니다. 이 경지는 도가와 불가가 서로 통하는 데가 있습니다. 여러분에게 비밀을 하나 알려 드리겠습니다. 『능가경(楞伽經)』에 나오는 것으로 "발두마심험(鉢頭摩深險)"이라고 하는 것입니다.[190]

"사침사부(乍沈乍浮)"는 가라앉은 듯 떠 있는 듯하다는 뜻으로 "있는 듯 없는 듯하다"와 같은 의미입니다. 후세에 어떤 수행자들은 이 말을 깊이 이해하지 못하고 유형의 경지로 여겨서, 정좌할 때 자신이 앉아 있는 모습을 보는 것을 이런 경지로 여기기도 했습니다. 여러분에게 말씀드리는데 불가든 도가든 밀종이든 현교든 어느 것을 수행하든 오래 수행한 후에는 문득 밖에서 자신을 보는 것처럼 자기가 앉아 있는 모습을 보게 될 수 있습니다. 우리가 신체를 벗어났을까요? 아닙니다. 이런 것을 득도의 경지라고 생각한다면 거의 틀림없이 정신분열과 같은 상태입니다. 수행의 원리에서 말하면 이것은 분리 경지로서 혼이 떠나는 것입니다. 이 원리를 잘 알고 있다면 오히려 좋은 일로 바꿀 수 있습니다. 왜냐하면 이 경지에서 신(神)과 혼(魂)이 분리될 수 있음을 알기 때문입니다. 수행자들 중에는 이런 경지에 이르기를 바라는 사람이 적지 않지만, 참으로 도달하기는 어렵습니다.

여기에 앉아 있는 몇몇 청년 동학들 중에도 이런 경지에 도달한 사람이 있습니다만, 저는 별것 아니라고 말했습니다. 비유하자면 눈먼 고양이가 죽은 쥐를 잡는 격으로 우연한 일입니다. 이렇게 수행하면 음신출규(陰神

---

190 '鉢頭摩(발두마)'는 산스크리트어로는 'padma'이고 홍연화(紅蓮華)라는 뜻이다. "鉢頭摩深險"은 연화의 바다[蓮華海]를 가리킨다. 진인의 오묘함은 불교의 공(空) 또는 연화의 바다처럼 깊고 알 수 없는 세계라는 뜻이다.

出竅)의 경지에 도달할 수도 있습니다만, 이런 경지는 궁극적인 깨달음이 아닙니다. 오로지 이런 수행만 한다면 죽은 후에는 귀선(鬼仙)이 될 수 있습니다. 이것은 육도윤회(六道輪回)에서 보면 귀도(鬼道)에 해당하지요. 정좌를 하는 과정에서 관세음보살이 나타나기도 하고 제전 화상이 나타나기도 하는 상서로운 현상은 모두 귀선(鬼仙)의 경계로서 결코 진실한 경계가 아닙니다.

어떤 수행자들은 "진인은 지극히 오묘하여 있는 듯 없는 듯, 마치 깊은 연못에 가라앉은 듯 떠 있는 듯하다"는 내용을 읽고 자신이 이미 이런 경지를 성취했다고 생각하는 경우가 있습니다. 몸 밖에 몸이 있는 경지라고 생각하는 것이지요. 그러나 이것은 잘못 중에서도 특히 큰 잘못입니다. 이런 것을 도가에서는 좌도지류(左道之流)라고 하는데, 방문(旁門)이라고도 할 수 없습니다. 그러나 제가 늘 말하듯이 남을 함부로 무시해서는 안 됩니다. 방문(旁門)도 문이고 좌도(左道) 역시 도입니다.

방문은 정문(正門)으로 가지 않고 옆문으로 가는 것입니다. 옆문은 비록 슬며시 들어가는 곳이지만 후문이나 화장실로 가기가 좋습니다. 어쨌든 어디를 통해서 들어갔든 결국은 방으로 들어갑니다. 좌도는 정도가 아니라 편도(偏道) 즉 치우친 도이지만, 한참 돌다보면 결국 제자리로 돌아오게 될 수 있습니다. 수도 공부에 뜻을 둔 사람은 여기저기 수도 없이 배우러 다닙니다. 저는 어떤 것을 배우든 상관하지 않고 빨리 빨리 배우라고 격려합니다. 방문좌도는 비록 공부하는 사람들을 방황하고 혼란하게 할 수도 있지만 어느 날 깨닫게 되면 결국 올바른 길을 갈 수 있기 때문입니다. 어쨌든 도가의 책은 자칫 오해하기 쉬운 곳이 많습니다. 여러분 모두 특별히 주의해야 합니다.

있는 듯 없는 듯한 경지 후에는 어떻게 하는가

물러나서 자리를 잡고 각각 자기 위치를 지키게 한다.

退而分布, 各守境隅.

이것은 어떤 뜻일까요? 여러분의 수도 공부가 "금수상생(金水相生)"의 경지에 도달한 후에는 기맥이 거의 모두 안정되고 고요해져 자성(自性)의 정신이 출현하게 되는데, 일종의 영통(靈通)의 경지라고 할 수 있습니다. 이 경지를 어떻게 설명할 수 있을까요? 선종의 조사인 백장 선사의 "신령스러운 빛이 홀로 빛나니 근진을 멀리 해탈한다〔靈光獨耀, 逈脫根塵〕"는 말을 인용해서 설명하겠습니다. 영통의 경지에 도달하면 영광(靈光)이 홀로 빛나서 더 이상 육체에는 의지하지 않게 됩니다. 근진(根塵)을 해탈하면 더 이상 감각 사유 기관인 육근(六根)에 의지하지 않게 되지요. 이렇게 영통한 정신은 육체와 어떤 관계를 형성할까요? 바로 "가라앉은 듯 떠 있는 듯한〔乍沈乍浮〕" 즉 있는 듯 없는 듯한 관계가 됩니다.

이런 경지에서는 어떻게 공부해야 할까요? 바로 "퇴이분포(退而分布), 각수경우(各守境隅)"입니다. 감각을 자연의 상태에 맡기는 것으로, 사대를 사대로 보내어 각각 제자리로 돌아가게 하는 것입니다. 사대는 지수화풍(地水火風)의 자연 현상으로서, 불가에서 육신을 구성하는 네 가지 요소를 상징합니다. 가령 풍(風)은 바람이지요? 지금 바람이 불고 있다고 합시다. 그 바람 소리를 들은 우리는 갖가지 연상을 합니다. 태풍이 올까? 무섭지 않을까? 태풍이 아닌 봄바람은 또 다른 연상을 하게 합니다. 그런데 사실 바람 소리는 바람 소리일 뿐, 그 바람 소리 자체에 우리가 연상하는 현상이 내재하는 것은 아닙니다. 바람 소리는 바람 소리일 뿐이라고 알면 마음이 고요해지고 모든 연상 작용이 사라집니다. 이것을 "사대를 사대로 보낸다'고 합니다. 이렇게 해서 마음이 고요해지면 기맥이 동해도 좋고 동하지 않아도 상관없습니다. 기맥은 기맥으로 보내서 상관하지 않고 기맥은 기맥, 나는 나로 각각 제자리를 지키는 것입니다.

그런 후에는 어떤 경지에 도달하게 될까요? 제가 쓴 『능엄대의금석(楞嚴大義今釋)』이라는 책에는 여러 수의 시가 인용되어 있는데, 그 중에서 마지막 두 구절을 보면 다음과 같습니다. "큰 웃음으로 세속을 떠나 숨으니, 용은 바다로 범은 산으로 돌아가네〔一笑抛經高臥隱, 龍歸滄海虎歸山〕." 각각 자연 그대로 자신의 본래 자리로 돌아가는 것입니다. 그렇게 되면 용은 용의 자리로 범은 범의 자리를 찾아 각각 바다로 산으로 돌아갑니다. 이것이 바로 용은 내려오게 하고 범은 엎드리게 한다는 '항룡복호(降龍伏虎)'입니다. 도가에서 용은 어떤 때는 피를 상징하기도 하고 어떤 경우에는 심념(心念), 생각을 상징하기도 합니다. 인간의 망념은 변화무쌍한 것이어서 잡으려 해도 잡을 수 없습니다. 이것이 용의 상징입니다. 범은 기(氣)를 상징합니다. 신체의 건강을 나타내는 것이지요. 욕망의 충동이 일어나면 늙은 범이 일어나 산을 내려와서 사람을 잡아먹게 되니 정말 두렵습니다. 그래서 용은 내려오게 하고 범은 엎드리게 한다고 합니다. 마음(＝용)은 고요하게 해서 망념 욕망이 없게 한다는 뜻입니다. 이때가 바로 "물러나서 자리를 잡고 각각 자기 위치를 지키는 것"이지요. 바로 "큰 웃음으로 세속을 떠나 숨으니 용은 바다로 범은 산으로 돌아가네"라는 경지이기도 합니다. 불학에서는 이런 경지를 '여여부동(如如不動)'이라고 합니다.

여러분이 동양과 서양의 철학을 공부하면 불교 사상이 얼마나 수준 높은지 알게 됩니다. 여여부동이라는 네 글자는 그중 하나라도 다른 글자로 바꿀 수 없습니다. 여기에서 부동(不動)을 단순히 움직임이 없는 상태라고 생각하면 안 됩니다. 여여(如如)는 단순한 부동(不動)이 아닙니다. 여(如)는 부동인 것 같다는 뜻인데, 여기에 여(如) 자를 더했으니 부동(不動)인 것 같지만 사실은 동(動)이라는 뜻도 됩니다. 다시 말하면 동이부동(動而不動), 부동이동(不動而動)입니다. 움직이는 것 같지만 움직임이 없고, 움직임이 없는 것 같지만 움직이는 것이지요. 그러므로 여여부동은 전혀 움직임이 없는 절대적 부동이 아닙니다. 이때 한 걸음 더 나아가면 바로 다음과 같은 경지가 됩니다.

흰 것을 캐서 만들면 붉은 것이 된다.

採之類白, 造之則朱.

이 경지에서는 기맥은 이미 안정되고 충만하여 기주맥정이 이루어졌습니다. 바로 도가에서 진정으로 채약(採藥) 공부를 시작할 때가 된 것입니다. 누가 가서 약을 캘까요? 나 자신이 주체가 되어 약을 캡니다. 즉 영통한 지각(知覺) 본성(本性)이 주체가 되는 것입니다. 이때 원정(元精)은 신(神)과 기(氣)를 흩어지지 않게 붙잡아 응결하게 합니다. 이렇게 응결하는 공부를 불교에서는 구차제정(九次第定)[191] 가운데 제사선(第四禪)의 경지로서 망념이 사라진 청정한 상태라고 합니다. 도가에서는 거두어 저장하는 의미가 있습니다. 어떤 힘이 망념과 욕심을 흡수해 버린다는 것이지요. 불학에서는 '섭(攝)' 즉 잡아서 거두어 당긴다고 하는데, 이것이 바로 '채(採)'의 작용입니다. 약을 잡아채어 안으로 수렴하는 작용이지요. "류백(類

---

191 구차제정이란 원시불교에서 진리를 깨닫는 단계적 성찰을 가리키는데, 차제정(次第定)이라는 이름에서 알 수 있듯이 깨달음의 순차적 단계를 나타내는 것이다. 구차제정의 마지막 단계인 멸진정(滅盡定)이 진리를 깨달은 궁극적 경지라면 사선(四禪)과 사무색정(四無色定)은 멸진정에 이르는 깨달음 단계요 경지이다. 초선(初禪)에서 차례대로 제이선(第二禪)·제삼선(第三禪)·제사선(第四禪)으로 들어가고, 계속해서 공무변처정(空無邊處定)·식무변처정(識無邊處定)·무소유처정(無所有處定)·비상비비상처정(非想非非想處定)으로 나아가서 멸진정에 드는 수행법이다. 사선의 경지에서는 괴롭고 즐거운 감정이나 망념이 모두 사라진다.

白)"이라는 말은 천천히 마음을 고요하게 안정하는 것을 말합니다. 그렇게 해서 망념을 버리고 청정한 상태가 되면 그것이 바로 단(丹)입니다. 마치 한 점의 영광(靈光) 같은 것입니다.

밀종에서는 어떻게 할까요? 이런 때가 오면 관상(觀想) 중에 거짓 출현하는 것이 아니라, 참된 명점(明點)[192]이 도래합니다. 도가 경전에 나타나는 '단두일점(丹頭一點)'이 도래하는 것입니다. 단두(丹頭)를 쇠에다 대면 금이 된다는 비유가 있는 것처럼, 단을 수련함으로써 그것을 직접 몸으로 실증할 수 있습니다. 이것이 바로 "조지즉주(造之則朱)"입니다. 만들면 붉은 것이 된다는 뜻이지요. 이때가 도래하면 지속적으로 공부해야 합니다. 열 달 동안 단을 회태(懷胎)하는 것은 금방 지나가고, 삼 년 간 포유(哺乳)[193]하는 단계를 거치면 비로소 폐관(閉關)하게 됩니다. 이것을 도가에서는 입환판도(入圜辦道)라고 합니다. 완전히 관방(關房)[194]에 들어가는 것이지요.

도가에서 관방에 들어가는 것은 매우 어렵습니다. 법(法)과 재(財)와 여(侶)와 지(地)를 얻지 않으면 안 되기 때문입니다. '법(法)'은 올바른 스승의 지도를 받는 것이고, '재(財)'는 수도 공부 기간 동안 쓸 비용입니다. 누구라도 폐관을 하고 수행하려고 할 때 그 기간이 삼 년 혹은 십 년이 된다면 며칠이야 먹지 않아도 되겠지만 결국은 먹지 않을 수 없습니다. 여기에 소요되는 비용을 재(財)라고 합니다. '여(侶)'는 도를 닦는 데 도움이 될 수 있는 도반을 말합니다. 이 도반은 보통 사람이 아니라, 도를 깨우쳐야 하

---

192 불교 밀종의 수행에서 등장하는 관상(觀想)의 광명을 말한다. 밀교 수행에서는 주문(呪文)과 결인(結印)이 합일하는 동시에 관상이 상응해야 일정한 경지에 도달할 수 있다고 하는데, 관상 수행에서 나타나는 광명을 명점이라고 한다.

193 회태(懷胎)와 포유(哺乳)는 단(丹)을 양성하는 과정을 아기를 임신[懷胎]하고 낳아서 젖을 먹여[哺乳] 기르는 과정으로 비유한 것이다.

194 승려나 도사가 정좌하기 위해 일정 기간 거처하는 처소를 말한다.

고 심지어 자신보다 도가 더 높은 사람이어야 합니다. 가령 여러분이 전환점에 있을 때 어떤 경지에 도달했는지 간파하고, 공부하는 데 적절하도록 도와줄 수 있는 사람으로 도려(道侶)라고 합니다. '지(地)'는 공부하는 장소입니다. 공부가 일정한 경지에 도달하면 바람이 통하지 않아야 하고, 냉기는 절대 없어야 하고, 관방은 완전히 고요해서 어떤 소리도 들리지 않아야 합니다. 이런 관방을 마련하는 것은 결코 쉽지 않습니다. 그러므로 수도 공부의 길을 가는 것은 참으로 어렵습니다.

우리가 이렇게 큰소리치기는 쉽지만 진정으로 수도 공부를 하는 것은 천천히 단련하는 것입니다. "조지즉주"라고 한 것은 이런 상황을 말합니다. "주(朱)"는 붉은색인데 진짜 붉은색으로 변한다는 것이 아닙니다. 수도 공부가 성공하면 안팎으로 광명이 비쳐 마치 태양처럼 빛을 발하게 되는 것을 형용합니다.

선근 공덕이 원만해야 한다

단련하여 겉을 에워싸니 흰 것 속에 진종이 거처한다.

鍊爲表衛, 白裏眞居.

이때를 "한 알의 금단을 복용한다〔一粒金丹吞入腹〕"고 합니다. 그러나 아직 "비로소 나의 수명이 하늘로부터 말미암지 않음을 아는〔始知我命不由天〕" 경지라고 보기에는 충분하지 않습니다. 이 과정에서도 실패할 수 있기 때문이지요. 만약 여기에서 무너지면 단번에 바닥으로 추락할 수 있습니다. 불가에서 수도 공부를 하는 자는 복덕(福德)과 자량(資糧)이 충분해야 한다고 말하는 이유가 여기에 있습니다. 여러분도 스스로 복덕이 원만

한지 선근(善根)이 있는지 살펴보세요. 복덕과 공덕이 원만하면 장애가 극히 적을 것이고, 그렇지 못하면 수도 공부를 하는 곳곳에서 장애가 생길 것입니다.

그래서 진정한 수도 공부는, 불가든 도가든 이 단계에서는 공덕, 선근, 복덕이 중요하다는 것을 알아야 합니다. 선근과 복덕이 있다면 순풍을 만난 배처럼 성취할 수 있습니다. 비유하자면 석가모니 부처님은 설산에서 육 년이나 고행을 하고 다섯 명의 제자마저 모두 떠나갔습니다. 부처님이 설산에서 내려왔을 때는 아무도 부를 사람이 없었지요. 마침내 칠 일 만에 보리수 아래에서 도를 성취했는데, 이것은 복덕이 있어서 가능했습니다. 그렇지 않으면 곤란한 일이 첩첩이 가로막았을 것입니다.

단련하여 겉을 에워싸니 흰 것 속에 진종(眞種)이 거처한다는 "연위표위(鍊爲表衛), 백리진거(白裏眞居)"는 바로 이런 단계를 나타냅니다. 이때는 육체가 환골탈태하고 뼈도 모두 바뀝니다. 의학 이론에 따르면 사람은 칠 년 만에 피와 육신이 모두 바뀐다고 합니다. 십이 년이면 뼈도 완전히 바뀐다고 하지요. 이런 십이 년을 한 단계로 하는 과정은 수도 공부의 과정과 같습니다. 그래서 도가에는 "백일축기(百日築基), 시월회태(十月懷胎), 삼년포유(三年乳哺), 구년면벽(九年面壁)"이라는 말이 있습니다. 백일 간 기초를 쌓고, 십 개월간 아이를 품고, 삼 년간 젖을 먹고, 구 년간 면벽한다는 뜻이지요. 그러니까 모두 십삼 년이 필요합니다. 순풍을 만난 배처럼 장애가 전혀 없다면 말입니다. "백리진거(白裏眞居)"의 "백(白)"은 수련을 통해서 순양(純陽)의 몸[體]을 성취하고, 진인(眞人)을 이루었음을 말합니다. 불교의 본사(本師)이신 석가모니 부처님도 십구 세에 출가하여 십이삼 년이나 수행한 후에야 보리수 아래에서 도를 이루었습니다.[195] 이 시간은

---

195 부처의 출가와 성도 연대에는 몇 가지 다른 설도 있다.

도가에서 말한 것과 차이가 없습니다. 거의 결정된 시간이지요. 그래서 수도 공부의 길은 험난하다는 것입니다.

손바닥만 한 마음에는 선과 악이 섞여 있다.

方圓徑寸, 混而相拘.

여기에는 이중적 의미가 있습니다. 첫 번째 의미를 말하면 "방촌(方寸)"은 우리 신체에서 심장 부위를 말하는 동시에 도덕적 양심을 가리킵니다. 제가 어렸을 때는 새해를 맞으면 시골 사람들은 항상 아이들에게 이런 춘련(春聯)을 써 주었습니다. "단지 손바닥만 한 땅을 남겨 자손 대대로 농사 짓게 전한다〔但留方寸地, 傳與子孫耕〕." 이것이 중국 민간 사회의 교육입니다. 좋은 사람이 되고 착한 일을 하자면 마음이 나빠서는 안 되지요. 이 춘련에서 방촌이란 얼마 되지 않은 적은 땅을 의미하면서 또 우리가 갖고 있는 양심을 가리킵니다. 그러니까 방촌만 한 적은 땅을 자손에게 물려주어 농사 짓게 하는 것처럼, 양심을 물려주어 잃지 않고 기르게 한다는 비유입니다. 또 옛사람의 시를 보면 이런 구절이 있습니다. "사람들이 다니는 길에 가시나무 심지 마라. 장래에 자손이 가시에 옷이 걸리지 않게 하려면〔當路莫栽荊棘樹, 他年免掛子孫衣〕." 이 시구에서 '당로(當路)'는 인간이 살아가는 길을 말합니다. 그 길에 가시나무를 심으면 언젠가 그의 자손이 가시나무에 찔릴 수도 있겠지요. 그러니 아예 가시나무를 심지 말라는 것입니다. 항상 마음을 너그럽게 하고 남을 해치지 말라는 경계입니다. 그렇게 하지 않으면 자손에게 죄의 업보가 내릴 수도 있다는 말이지요. 중국 문화에서는 삼세(三世) 인과를 말합니다. 부모, 나, 자손이 바로 삼세입니다. 불가에서는 전생과 현재와 내세를 말하지요. 중국과 인도는 모두 인과보응을 말하는 문화를 공유하고 있습니다.

다음은 "혼이상구(混而相拘)"의 뜻을 보겠습니다. 이것은 우리 마음에는 음양이 혼합되어 있어서 선과 악이 모두 마음에서 나온다는 말입니다. 이어서 방촌의 두 번째 의미를 살펴볼까요?

그에 앞서 옛날 얘기를 하나 소개하겠습니다. 중일 전쟁 때 중경(重慶)의 북배(北碚)라는 곳에 태허 대사의 한장교리원(漢藏敎理院)[196]이 있었습니다. 당시 그곳에 중국의 골동품 동반(銅盤)이 전시되어 있었고, 여러 가지 이상한 물건이 많았는데 모두 도가의 자연 법칙에 근거해서 만들어진 것이었지요. 그 중 한 물건은 위에서 물을 붓고 손으로 이렇게 만지면 아름다운 음악이 나오는 것이었습니다. 당시 독일, 미국 등 각국의 과학자들이 와서 이 물건을 만져보았습니다. 그들은 이것을 만들어 보려고 했으나 만들지 못했지요. 중국의 고대인들은 그것을 어떻게 만들 수 있었을까요? 중국의 고대 과학은 모두 음양(陰陽) 팔괘(八卦)의 원리로 이루어졌습니다. "방원경촌(方圓徑寸)"에는 바로 이런 원리가 들어 있습니다. 그것은 "혼이상구" 즉 섞여서 서로 얽혀 있는 것으로, 단순히 동(銅)만으로 만들어진 것이 아니라 오금(五金)을 혼합해서 만들었습니다. 그 안에 금속이 각각 어떻게 섞여 있는지는 알 수가 없고 이것이야말로 매우 오묘한 것이었지요. 오늘날 과학에서 말하는 화학이나 물리학의 원조라고 할 수 있으니, 도가의 연단술(煉丹術)은 참으로 탁월한 것이었습니다.

이런 유형의 기명(器皿)을 얻는 것이 수도 공부 하는 사람에게 무슨 좋은 점이 있을까요? 좋은 점이 있습니다. 과거에 도사들은 손에 옥여의(玉如意)[197]를 들고 있거나 혹은 아미산 정상에서 나는 풍등(風藤)을 지니고 있었는데, 모두 반드시 "방원경촌"의 원형으로 둥글었습니다. 저는 당시

---

196 한장교리원의 한장(漢藏)이란 한문으로 번역된 불경(=대장경)을 가리킨다. 따라서 한역 대장경을 교육하는 불교 학원이라는 뜻이다.

197 옥으로 만든 상서로움을 상징하는 작은 물건이다.

그 도사에게 이것이 한대(漢代)의 치수로 만들어졌는지 당대(唐代)의 치수로 만들어졌는지 물었는데 웃기만 할 뿐 말해 주지 않았습니다. 아무리 절하고 애원해도 전혀 주지 않았지요.

도사는 그 물건을 가슴에 달고 있었는데 나중에 다른 사람이 말하기를 그 물건을 지니고 있으면 정좌할 때 쉽게 입정(入定)에 들 수 있다고 했습니다. 또 다른 도사 한 분이 저에게 주면서 시험해 보라고 했습니다. 제가 몸에 그 물건을 지니고 방안에 들어가 정좌했는데 평소와 조금은 다른 것 같았습니다. 그런데 저는 금자탑(金字塔) 형태의 모자를 만들어 머리에 쓰면 똑같은 효과를 낼 수 있음을 알고 있었지요. 놀라운 사실은 이렇게 조그만 물건을 우주 자연의 법칙과 어떻게 결합해야 우주의 에너지를 흡수할 수 있는가 하는 것입니다. "방원경촌(方圓徑寸), 혼이상구(混而相拘)"의 두 번째 원리에 대해 많은 시간을 들여 탐구해 보았지만 잘 알 수 없었습니다. 그러니 여러분들도 직접 찾아보기 바랍니다.

자, 여러분 "방원경촌"의 두 번째 의미는 지금 잘 알 수 없으니 첫 번째 의미인 심장 또는 마음과 관련해서 얘기하기로 하지요. "방원경촌"은 심장 또는 마음과 관련해서 해석할 수 있는데, 우리의 심장은 모두 똑바르지 않고 치우쳐져 있습니다. 그래서 사람들의 마음도 심장이 치우쳐 있는 만큼 왜곡되어 있지요.

맥이 통하고 심장이 열린 후

천지보다 먼저 생겨서 우뚝 높아 존귀하며 담으로 둘러싸여 있다.

先天地生, 巍巍尊高, 旁有垣闕

여기에서 "선천지생(先天地生)"은 노자의 『도덕경』에 나오는 말입니다. "천지보다 먼저 태어났지만 오래 살았다고 할 수 없고, 상고 시대보다 오래 살았지만 늙었다고 할 수 없다〔先天地生而不爲久, 長於上古而不爲老〕"는 뜻이지요. 이 문장은 마음을 형용한 것으로, 마음은 본래 죽지도 않고 늙지도 않는다는 의미입니다. "외외존고(巍巍尊高)", 마음은 상제(上帝)의 궁궐처럼 존귀하며 그 주위는 높은 담으로 둘러싸여 있습니다. "방유원궐(旁有垣闕)", 심장은 보기에 한 덩이인 것 같지만 팔맥(八脈)의 지류로 되어 있는데, 마치 여덟 장의 잎으로 되어 있는 연꽃과 같은 형태입니다. 그래서 밀종에서는 심장을 잎이 여덟 개인 연꽃으로 상징하지요.

도가에서는 심장에 통로가 있다고 하는데, 일설에 의하면 득도한 사람은 심규(心竅)가 열린다고 합니다. 밀종에서는 '맥해심개(脈解心開)'를 참으로 도를 깨우친 것이라고 하지요. 맥이 통하고 심장이 열린 것입니다. 득도하면 심맥(心脈)과 구규(九竅)도 열린다고 합니다. 맥이 통하고 심장이 열리는 것은 실제로 있는 일입니다. 그 순간에는 '펑' 하고 폭약 터지는 소리가 나서 매우 놀라게 됩니다. 잘못하면 자신의 심장이 병에 걸린 것은 아닌지, 혹시 마경(魔境)에 빠져 미친 것은 아닌지 하고 의심할 수도 있습니다. 이런 상태가 무엇인지 알면 마경이라고 할 것도 없고 기껏해야 죽기밖에 더하겠나 하며 대범하게 생각합니다.

봉호 같은 형상으로 사방을 둘러싸서 관문을 막아 나갈 수 없게 한다.
狀似蓬壺, 環匝關閉, 四通跙蹰.[198]

"상사봉호(狀似蓬壺)", 심장의 형상은 바로 봉호(蓬壺) 즉 봉래산 봉우리

---

198 "지주(跙蹰)"는 머뭇거려 나가지 못한다는 뜻이다.

나 연꽃봉오리 같다는 말입니다. "환잡관폐(環匝關閉), 사통지주(四通踟
躕)", 수행 공부가 이 경지에 이르면 마음을 움직이지 않게 하고 집중해야
합니다. 이에 대해서는 선종의 공부가 가장 명료하지요. 달마 조사의 다음
과 같은 말이 이것을 나타냅니다.

밖으로 여러 인연을 끊고	外息諸緣
안으로 헐떡임이 없어서	內心無喘
마음이 벽과 같이 움직이지 않으면	心如墻壁
도에 들어갈 수 있다	可以入道

위백양 조사는 이것을 중국의 전통 문화로 설명하기 위해 무척 힘을 들
였습니다. 그래서 우리에게 다음과 같이 말합니다.

엄밀하고 견고하게 지키고 막아서 간사함을 모두 끊어야 한다. (궁궐의) 전각
들이 구불구불 이어져서 예기하지 못한 일을 미리 방비하듯이 무사의 경계로
써 근심과 괴로움을 물리칠 수 있다.

守禦密固, 遏絶奸邪. 曲閣相連, 以戒不虞. 可以無思, 難以愁勞.

"수어밀고(守禦密固), 알절간사(遏絶奸邪)", 이때는 엄밀하고 견고하게
막아서 일체 망념이 움직이지 않게 해야 합니다. "곡각상련(曲閣相連), 이
계불우(以戒不虞)", 마음이 절대로 움직여서는 안 됩니다. "가이무사(可以
無思), 난이수로(難以愁勞)", 만약 일념이라도 움직이면 곧바로 사도(邪道)
에 빠지게 됩니다. 이 경지에 도달하면 앞에서 말한 바와 같이 불교의 구
차제정 중에서 제사선정(第四禪定)인 사념청정(捨念淸淨)의 경지에 해당합
니다. 사념청정이란 일체의 사념(思念)을 모두 물리친 절대 청정의 경지를

말하지요. 이 경지에 이른 후에는 다시 새로운 경지가 출현하기를 기다려야 하는데, 그것을 『참동계』에서는 다음과 같이 말했습니다.

신기가 충만하여 더 머물게 할 수 없다.

神炁滿室, 莫之能留.

이 경지에 도달하면 "신기만실(神炁滿室)" 즉 신기(神炁)가 충만해져 몸과 마음 안에 또 다른 한 층의 신기가 증진하게 됩니다. 화학 실험을 하는 보일러와 같이 계속 열을 가하여 제련하는 과정을 이른바 구전환단(九轉還丹)이라고 합니다. 이런 제련 과정이 진행되는 가운데 발생하는 신(神)과 기(氣)의 변화는 서로 다릅니다. 도가의 수련 과정에서 정문(頂門)이 열리는 경지는, 밀종에서 머리의 피부를 가르고 억지로 꽃을 삽입하는 것과는 다릅니다. 도가 공부가 참으로 구전환단의 경지에 도달하면 "신기가 충만해져서" 정문이 열리게 됩니다. "막지능류(莫之能留)"는 양신(陽神)이 출규(出竅) 즉 상규로부터 출현해서 상규 내부에 머물고 싶어도 더 이상 머물 수 없어 안팎으로 통하는 것을 말합니다. 이때 출현하는 것은 양신(陽神)이지 음신(陰神)이 아닙니다. 그런데 양신이 출규(出竅) 하면 혼란할 수 있습니다. 이 양신은 안정될 만큼 성숙하지 않았기 때문이지요.

(양신을) 지키는 자는 번창하고 잃는 자는 망한다.

守之者昌, 失之者亡.

"수지자창(守之者昌), 실지자망(失之者亡)", 양신을 잘 지켜서 도망가지 않게 하면 이 양신이 수도 공부의 성취에 따라 '몸 밖에 몸이 있는〔身外有身〕' 것으로 성장합니다. 『참동계』는 그것을 이렇게 표현합니다.

움직이고 고요하고 휴식할 때에 항상 사람과 함께한다.

動靜休息, 常與人俱

"동정휴식(動靜休息), 상여인구(常與人俱)", 양신으로 하여금 언제나 자신 옆에 있도록 해야 몸 밖의 몸이 되는 것입니다.

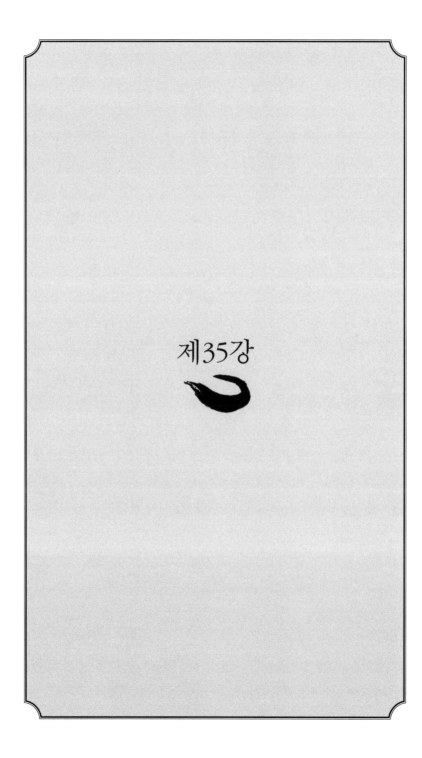

제35강

제8 明辨邪正章명변사정장

是非歷臟法시비역장법, 內觀有所思내관유소사. 履罡步斗宿이강보두수, 六甲次日辰육갑차일진. 陰道厭九一음도염구일, 濁亂弄元胞탁란롱원포. 食床鳴腸胃식기명장위, 吐正吸外邪토정흡외사. 晝夜不臥寐주야불와매, 晦朔未嘗休회삭미상휴. 身體日疲倦신체일피권, 恍惚狀若癡황홀상약치. 百脈鼎沸馳백맥정비치, 不得清澄居부득청징거. 累土立壇宇누토립단우, 朝暮敬祭祀조모경제사. 鬼物見形象귀물견형상, 夢寐感慨之몽매감개지. 心歡意喜悅심환의희열, 自謂必延期자위필연기. 遽以夭命死거이요명사, 腐露其形骸부로기형해.

擧措輒有違거조첩유위, 悖逆失樞機패역실추기. 諸術甚衆多제술심중다, 千條有萬餘천조유만여. 前却違黃老전각위황로, 曲折戾九都곡절려구도. 明者省厥旨명자성궐지, 曠然知所由광연지소유.

역장법은 시비가 있으니 몸의 내면을 관찰하고 살피는 것이다. 별자리를 밟는 방법은 육십갑자의 순서를 따른다. 음란한 도는 구일을 싫어하니, 탁하고 혼란하여 원포를 희롱한다. 기를 복식하여 장위가 울리니 정기를 토해 내고 사기를 흡입한다. 밤낮으로 잠을 자지 않고 달이 바뀌어도 휴식하지 않으니, 몸이 날로 피곤해져서 마치 어리석은 사람처럼 정신이 몽롱한 상태가 된다. 백맥이 솥에서 부글부글 끓는 듯하니 맑고 깨끗하게 될 수가 없다. 흙을 쌓아 단우를 만들고 아침저녁으로 경건하게 제사를 모시니, 귀신의 형상이 보이고 꿈에도 느끼게 된다. 마음은 기쁘고 즐거워서 스스로 장생할 수 있다고 생각하지만 돌연히 요절하여 그 형해를 드러낼 뿐이다.

행동에 어긋남이 있으니 추기를 거스르고 잃는다. 여러 법술이 너무도 많아 천 가지 만 가지가 있다. 황로의 도를 어기고 이리저리 구불구불 구도에 도달하니 지혜가 밝은 자는 그 뜻을 살펴 확연히 근원을 알 것이다.

정도와 사도

이번 강의는 제8 "명변사정장(明辨邪正章)"[199]으로 사도(邪道)와 정도(正道)를 변별하는 내용입니다. 도가에서는 어떤 것은 사도이고 어떤 것은 정도라는 관념이 있습니다. 그런데 여기에서 하나의 원칙을 파악해야 합니다. 『참동계』는 동한 시대의 책인데 곧 삼국 시대가 다가올 시점이었습니다. 도가에는 "방문은 팔백이고 좌도는 삼천[旁門八百, 左道三千]"이라는 말이 있습니다. 이로써 보면 도가에는 삼천팔백 개의 분파가 존재함을 알

---

199 『참동계천유』. 94면.

수 있는데, 이 가운데 어느 것이 정도이고 어느 것이 사도인지 구분하는 것은 어렵습니다. 그런데 『참동계』에서는 대원칙을 몇 가지 제시했습니다. 위진(魏晉) 시대에 이르러 『포박자(抱朴子)』라는 책이 나왔는데, 작자는 갈홍(葛洪)으로 도가에서는 신선으로 추앙되는 인물입니다. 『포박자』에 기록된 방문좌도는 『참동계』에 나열된 것에 비해 많은데, 구체적으로 말하면 특히 신화(神話)가 많습니다. 어떤 신선은 지금 나이가 팔백 세나 되었는데 수도의 경지가 어느 수준인가 하는 등의 이야기입니다.

불가와 도가는 물론이고 다른 종교에도 누구는 하느님을 만났다고 하고, 누구는 성모 마리아를 만났다고 하는 말들이지요. 그러나 이런 말의 실제 근거는 존재하지 않습니다. 마치 『포박자』에 이렇게 기록하고 있는 것과 같습니다. 가령 어떤 도사는 나이가 몹시 많은데 사람들이 나이를 물으면 이미 잊었다면서, 단지 기억하는 것은 공자가 어렸을 때 그의 머리를 만지면서 너는 장차 성인이 될 것이라고 말했다는 황당한 이야기입니다.

종교계의 수도자들은 모두 자기가 정도라고 표방하며 다른 사람은 모두 틀렸다고 합니다. 마치 중국의 문인들이 역대로 자기 문장이 제일 좋다고 하는 것과 같지요. 그러고 보니 옛 시 한 수가 생각납니다.

천하 문장은 삼강에 있고	天下文章在三江
삼강의 문장은 나의 고향에 있네	三江文章在我鄉
나의 고향 문장은 내 동생에게 있고	我鄉文章屬舍弟
동생은 나에게 문장을 배웠네	舍弟跟我學文章

"천하문장재삼강(天下文章在三江)"에서 삼강은 절강(浙江) 강소(江蘇) 강서(江西) 등 강남(江南) 일대를 가리킵니다. "삼강문장재아향(三江文章在我鄉), 아향문장속사제(我鄉文章屬舍弟), 사제근아학문장(舍弟跟我學文章)"

이라고 한 것은 결국 자신의 문장이 천하제일이라는 말입니다. 이런 얘기 저런 얘기 장황하게 말해도 사람들은 결국 자기가 제일이라고 합니다. 제 인생 경험으로 말하면 이 한 구절을 덧붙이면 좋겠습니다. "문인들은 언제나 서로 헐뜯고, 종교인은 언제나 서로 질투하네〔文人千古相輕, 宗教千古相嫉〕"라고 말입니다. 종교인은 불가든 도가든 서로 질투하고 시기합니다. 어떻게 보면 '시기할 질(嫉)' 자만으로 표현하는 것이 너무 가벼워 보일 정도이지요. 서로 원수같이 본다고 해도 과언이 아닙니다.

종교계는 물론이고 하다못해 무술 시범을 하고 약을 파는 강호인들이나 조정의 관리들도 서로 헐뜯고 시기 질투합니다. 이것이 인류의 약점이지요. 요즘 사람은 옛사람에 비해 더 심합니다. 십 수 년 전에 일본에서 목격한 일인데 무슨 불교니 무슨 도교니 무슨 창가학회니 하는 신흥 종교들이 지금은 정당으로 변해 있고 수많은 문파가 생겼습니다. 기독교나 천주교에서도 신흥 교파가 수백이 넘습니다. 제이차 세계 대전 이후 각종 신흥 종교들이 모두 자칭 하느님이고 부처님이고 신선이라고 서로 주장했습니다. 서로 자기가 정파(正派)이고 다른 쪽은 다 사파(邪派)라고 비난하지요. 이것은 인류 문화가 시대적 혼란과 함께 퇴락하고 있다는 충분한 증거입니다.

저는 평소에 이 시대에는 두 가지가 발전한다고 말합니다. 하나는 오락 사업으로 사람들은 모두 자극적인 오락을 필요로 합니다. 또 하나는 종교의 발전인데, 길을 걸어가다 보면 이쪽은 교회이고 저쪽은 술집이 있습니다. 이렇게 한쪽에는 교회가 있고 맞은편에는 술집이 있는 것은 지극히 정상적 현상입니다. 왜 정상적인 현상이라고 할까요? 인생에서 참된 지혜를 구하고 정도를 가는 사람은 그렇게 많지 않은 법이니까요. 저는 친구들에게 늘 이런 말을 합니다. 우리는 모두 머지않아 죽을 텐데 아직도 인생관이 분명히 정해지지 않았으니 이것야말로 참으로 슬프지 않은가 하고 말이지요. 아이고, 아직 원문이 많이 남았으니 서둘러 봐야겠습니다. 『참동계』의 작자 위백양 진인은 동한 시대에 이미 이렇게 많은 수련법과 도문(道門)이 존재했다고 말합니다.

도인법과 축유과

자, 『참동계』 제8장 원문을 설명하겠습니다.

역장법은 시비가 있으니 몸의 내면을 관찰하고 살피는 것이다.

是非歷臟法, 內觀有所思.

이 말은 무슨 뜻일까요? 후세에는 도인(導引)이라고 했는데, 도가에는 토납(吐納)이라는 수련법이 있습니다. 이른바 도인의 방법은 매우 많습니다. "시비역장법(是非歷臟法)"은 한대의 문장 작법입니다. 어떤 것이 옳고 어떤 것이 그를까요? 각각 다른 주장이 있습니다. 도인은 중국 고대의 도가 수도에서 일찍부터 사용한 방법이고, 의학에도 일찍이 출현했습니다. 『황제내경』을 보면 「소문(素問)」 「영추(靈樞)」 양편에 모두 도인법의 원리가 들어 있습니다. 도인법(導引法)이란 의식으로 관상(觀想)하여 신체 내부의 기경팔맥과 임독 이맥을 통하는 방법입니다. 예를 들면 지금 기(氣)가 발동해서 어느 관에 도달했다거나, 등을 타고 올라가 정수리에 이르렀다든가, 어떻게 하거(河車)를 돌려서 다시 내린다든가 하는 것은 모두 의식으로 도인하는 것에 속합니다.

그 밖에 또 다른 도인법이 있는데, 바로 축유과(祝由科)[200]라는 방법입니

---

200 중국 고대의 치료법 13과(科) 중 하나이다.

다. 과거에는 있었지만 지금은 거의 볼 수 없지요. 오늘날 개념으로 억지로 말한다면 정신치료 정도에 대응할 수 있지만 반드시 그렇다고 볼 수도 없습니다. 축유과라는 치료법은 주문을 외고 부적을 붙이는 것인데, 어떤 때는 부적을 종이에 그리지 않고 양손가락에 그려놓고 주문을 외면서 축원하면 병세가 좋아진다고 합니다. 사실 저는 또 다른 방법을 하나 알고 있는데, 연세가 많은 수행자 한 분이 저에게 전수해 준 것입니다. 그분은 이 방법이 실전될까 봐 제게 강요하다시피 전수해 주었습니다. 저는 그동안 이 방법을 실험해 볼 시간도 없었습니다. 이제는 누군가에게 전수해야 할 텐데, 아무에게나 전해 주었다가는 함부로 사용할지도 모른다는 우려도 있어서 누구에게 전수해야 좋을지 고민하고 있습니다. 축유과를 수련하면 최후에는 자기 자신을 축유합니다. 즉 자기 자신에게 부적을 그리고 주문을 외워서 자기 신체를 변화시키는 것이지요. 일설에 의하면 이렇게 하면 스스로 신선의 경지에도 갈 수 있다고 합니다. 이런 축유나 도인법 등은 앞에서도 말했지만 현대의 정신치료와 매우 흡사하고 방법도 많습니다.

예를 들어 도가에서는 의념(意念)을 써서 연정화기, 연기화신, 연신환허하고, 임맥과 독맥을 소통하는 것을 중시합니다. 그 후 몸 안의 오장육부를 깨끗하게 하는 것을 "역장법(歷臟法)"이라고 하지요. 이런 역장법은 매우 많습니다. 엄격히 말하면 밀종을 수행하는 사람들이 해저(海底)에서 발동하여 정수리에 있는 범혈륜(梵穴輪)을 통한다고 하는 것도 도가의 역장법에 속합니다.

저는 소싯적에 스승을 구한다고 도처에 찾아다녔습니다. 아미산에 갔을 때 용문동(龍門洞)에 들어서자 큰 폭포가 있었지요. 물이 흐르고 그 가운데 큰 암석이 있었는데 한 스님이 그곳에 집을 짓고 살고 있었습니다. 제가 아미산에 간 것은 바로 그를 보기 위해서였습니다. 하루는 그 집에 한 노승이 왔는데 뚱뚱해서 배가 남산 같았습니다. 그 스님과 얘기를 나누다 보니 그도 절강 사람이며 기공이 참으로 뛰어나다는 것을 알았습니다. 스님이 어떤 기공을 시연했는데 자세가 마치 거위 같았습니다. 그 자세로 그는 코로 숨을 들이마시고는 엉덩이를 한 번 흔들고 방귀를 뀌었습니다. 마치 코와 항문이 서로 통한 것 같았지요. 숨을 백 번 들이마시면 백 번 방귀를 뀔 것 같았습니다. 동작도 매우 빨랐습니다. 마치 속사포를 쏘듯이 숨을 들이쉬면 바로 방귀를 뀌었는데도 이상하게 냄새가 없었지요. 그는 이레나 여드레에 한 번 밥을 먹는데 평상시에는 물만 마셨습니다. 나이가 여든 살이 넘었는데도 산을 한달음에 올랐고 걸음걸이가 나는 것 같았습니다. 여러분이 보기에는 이 스님의 기공이 수련하기 쉬울 것 같지만 결코 간단한 것은 아니었습니다. 막상 수련하고자 하면 매우 어려웠지요. 그의 자세는 팔단금(八段錦) 같기도 하고 아닌 것 같기도 했습니다. 그 이후로는 이런 기공을 하는 사람을 보지 못했습니다. 이런 기공법이 바로 "시비역장법"의 일종이지요.

어쨌든 그 스님의 자세는 허리를 단련하기에는 가장 좋은 것 같았습니다. 대맥(帶脈)을 운동하는 데 매우 적합한 동작이었지요. 대맥은 허리를 둘러싼 맥으로서 기경팔맥 중에서 대맥을 운동하기는 쉽지 않습니다. 대맥은 여성에게 특히 중요한 맥이지요. (직접 동작을 시연해 보이면서) 자, 여러분 이것이 첫 번째 동작입니다. 그다음으로 몇 가지 동작이 연결됩니다.

이 스님은 정좌를 하지 않았고 기공을 수련하는 것도 보지 못했습니다. 아마도 비밀리에 수련하는 것 같았지요. 그는 낮에는 그 절의 스님과 함께 재봉을 했습니다. 원래는 재봉하는 법을 몰랐던 것 같은데 절의 스님에게 물어서 배운 것 같았지요. 그러면서 이렇게 말하는 것이었습니다. "이렇게 한 땀 한 땀 옷을 꿰매는 것이 수련하는 것과 같다네. 이것이 바로 도(道)일세." 이 한 마디는 당시 매우 의미 있게 들렸습니다.

도가에는 '봉액공부(縫掖工夫)'라는 말이 있습니다. 한 바늘 한 바늘씩

꿰매는 공부라는 뜻이지요. 후에 저는 그 스님과 깊은 얘기를 나누었습니다. 그가 말하기를, "그대에게 보여 준 것은 도인(導引) 공부의 일부에 불과하네. 진정한 도는 여기에 있는 것이 아닐세"라고 했습니다. 소위 봉액공부란 몸과 마음을 수렴해서 합치하는 공부입니다. 보통 사람은 생각과 몸이 합쳐지지 않고 분리되어 있습니다. 어떻게 몸과 마음을 합치해 갈까요? 바로 한 바늘 한 바늘 바느질하듯이 세밀하게 몸과 마음을 꿰어 가는 것입니다. 그 스님은 그렇게 나이가 많았는데도 안경도 쓰지 않고 똑바로 바느질을 했습니다. 천천히 그리고 편안하게 앉아서 바느질을 해 가는 것이었지요. 저는 이렇게 말했습니다. "알겠습니다. 스님께서는 바느질을 하는 것이 아니라 근본은 도를 닦는 것이었습니다. 바로 심신을 단련하는 것이지요." 그러자 스님은 웃으며 말했습니다. "맞네, 맞네, 자네는 이제 알았군."

진정으로 수도 공부를 하는 사람은 허세를 부리거나 거드름을 피우지 않습니다. 반드시 산속에 들어가서 세상을 피해 수도 공부를 해야 하는 것도 아닙니다. 그 스님은 보통 사람처럼 생활하고 있었습니다. 정상적으로 생활하면서도 수도 공부는 할 수 있지요. 전에 여러분에게 이런 사람들에 대해 말했던 적이 있지요? 중경(重慶)에서 목격했던 일이었는데, 한 가족이 모두 공처럼 방안을 굴러다닌다는 것이었지요. 가부좌를 한 채 이리저리 굴러다니는 것이었습니다. 이런 것도 "시비역장법"의 일종입니다.

남들이 하는 것이 도인지 아닌지 시비하지 않는 것도 진짜 공부이고 가치 있는 일입니다. 다른 사람의 생일을 축복할 때 백학이나 백로가 그려진 카드를 보내지요? 일설에 따르면 백학은 잠잘 때 코를 꼬리에 묻는다고 합니다. 자기 몸에서 호흡 순환이 이루어지는 것이지요. 백로도 이렇게 한다는데 저도 본 적은 없습니다. 여러분은 이런 것을 도라고 하겠습니까? 도는 아니지요. 그러나 도인법은 효과가 있을까요, 없을까요? 물론 있습니다.

방문좌도는 도인가

도가만 이런 것이 아니라 불가의 『능엄경』에는 오십 종 음마(陰魔)에 대해 설명하고 있습니다. 그 속에는 소승의 성문(聲聞)과 연각(緣覺)이 포함되어 있는데, 이들은 대승의 이치를 깨우치지 못한 외도(外道)들입니다. 그런데 이 밖에 십 종의 선인(仙人)을 열거하고 있는데, 『능엄경』에는 이들을 선(仙)이라고만 할 뿐 음마라거나 외도라고 말하지 않았습니다.

불교의 관점에서 보면 연기(練氣)를 하는 일파는 도인(導引)에 속하며 모두 장수할 것이라고 합니다. 여러분이 『능엄경』을 읽어 보면 아시겠지만 선인들은 천만년 장수할 수 있다고 나와 있습니다. 사실 『능엄경』 속에는 비밀이 많습니다. 이 십 종의 선인 가운데는 축유과도 있습니다. 부적을 그리고 주문을 염송하지요. 이렇게 수행하면 장수할 수 있다는 것입니다. 다른 일파는 약(藥)을 먹기도 합니다. 이른바 도가에서는 외금단(外金丹)이라고 합니다. 이런 단약을 먹으면 신체가 강건하게 변화할 뿐 아니라 장수할 수 있다는 것입니다. 그런데 이런 수행을 하는 일파들은 장수는 할 수 있지만 정각(正覺)을 얻지는 못합니다. 이처럼 장수만 추구하고 대철대오는 하지 못하는 일파를 선도(仙道)에 빠졌다고 하지요.

여러분, 불경을 읽을 때는 주의해야 합니다. 불경에 의해 속아서는 안 됩니다. 물론 부처님은 누구에게나 참된 말씀을 하십니다. 가령 어떤 사람이 수련을 해서 수명이 일천 세나 일만 세에 이르렀는데 그 나이에 정각을 얻어 대철대오를 했다고 한다면, 그는 선도라고 할 수 없고 정각을 얻어 성불(成佛)했다고 해야 합니다. 부처님은 여러분을 속이지 않습니다. 부처님이 역으로 하신 말씀은 여러분에게 어떤 의미를 알려 주는 것입니다. 즉 선도 역시 정각을 얻는 하나의 방법이라는 사실입니다. 그래서 저는 어떤 사람이 다른 사람을 방문좌도라고 비난할 때면 심사가 편하지는 않습니다. 그래서 이렇게 말하지요. "방문좌도 역시 도(道)입니다. 다만 필요없는 것을 더 많이 하는 것일 뿐이지요. 당신이 가는 길도 반드시 정도라고 할 수는 없습니다. 이 문제는 말하기 매우 어렵습니다."

이런 시가 있습니다. "곳곳에 버드나무 말 묶을 수 있고, 집집마다 길은 장안으로 향하네〔處處綠楊堪繫馬, 家家有路到長安〕." 이 시는 여러분에게 소개할 때마다 원문을 반드시 인용합니다. 여러 해 동안 사람들이 이 시를 자꾸 변형시키기 때문입니다. "가가유로통라마(家家有路通羅馬)"라고 말이지요. 이것은 집집마다 로마로 통하는 길이 있다는 뜻입니다. 이런 말도 안 되는 일이 있나요? 이 시는 당대의 고시(古詩)로 로마와는 아무 관계가 없지요. 수행 공부의 원리는 다음과 같습니다. 시를 다시 한 번 음미해 볼까요? 어느 곳에나 푸른 수양버들이 있어서 말을 맬 수 있는 것처럼 집집마다 장안으로 향하는 길이 있다는 의미는 모든 수행 공부에는 심지어 외도에도 정각(正覺)으로 향할 수 있는 길이 있음을 상징합니다.

제가 늘 여러분에게 말하듯이 코와 입으로 호흡하는 기공법에는 이백팔십여 종의 방법이 있고, 이런 공부법은 모두 "역장법"에 속합니다. 그다음 구절은 "내관유소사(內觀有所思)"입니다. 호흡 수련이 아니라 관상(觀想) 수련을 하는 공부법에 대해 말합니다. 신기(神氣)를 몸속으로 비추어 심간비폐신(心肝脾肺腎) 오장을 관조하는 것이지요. 혹은 임독 이맥을 관조하여 오장과 연관시키기도 합니다.

밀종에도 이런 공부법이 있습니다. 현재 수도 공부를 하는 분들은 대체로 연정화기를 수련하여 기(氣)를 몸 뒤의 삼관(三關)으로부터 몸 앞의 삼관(三關)으로 통하게 합니다. 이것을 "전삼삼(前三三), 후삼삼(後三三)"이라고 하지요. 임독 이맥을 통하고 이어서 기경팔맥을 통하게 하는 것은 모두 관법(觀法)을 사용합니다. 이런 관법을 수련하려면 정신을 통일해서 지속적으로 유지해야 합니다. 결코 쉽지 않지요. 정신을 집중해서 신체를 비추는 관법을 행하다 보면 어떤 때는 생각이 작용하게 됩니다. 이런 생각하는 의식의 작용은 결코 도(道)가 아닙니다. 의식이 일단 작용하면 감각이 일어나기 때문에 도가 아니라는 말입니다. 이것은 제 말이 아니라 천고에 단경의 비조인 『참동계』를 통해 위백양 조사가 하신 말입니다.

그런데 위백양 조사의 말씀은 그렇게 엄격하지 않습니다. "시비역장법(是非歷臟法)"은 역장법 중에는 올바른〔是〕 것도 있고 아닌〔非〕 것도 있다는 뜻입니다. 올바른 것은 모두 좋은 조도법(助道法)이 될 수 있습니다. 불가에서는 이것을 '조도품(助道品)'[201]이라고 하지요. 비록 도(道) 자체가 아니고 궁극의 목적이 아니더라도 여러분이 최고의 목적에 도달하는 데 도움이 될 수 있다는 것입니다. 제가 보기에는 이런 조도(助道)의 방법은 당연히 알아야 합니다. 마도(魔道)니 외도(外道)니 사도(邪道)니 하는 것들도 모두 알기는 해야 합니다. 다만 사용하지 않을 뿐이지요. 그런 것은 미신이고 잘못된 것이라고 비판만 하고, 그 속에 어떤 것이 문제인지도 전혀 모르는 것은 옳지 않습니다. "시비역장법"은 하나의 원칙일 뿐입니다. "몸 속을 관찰하여 살피는〔內觀有所思〕" 관상법입니다.

북두칠성에 절하기와 기문

별자리를 밟는 방법은 육십갑자의 순서를 따른다.

履罡步斗宿, 六甲次日辰.

---

201 조도품(助道品)이란 초기 불교의 다양한 수행법을 일관된 체계로 집약해 놓은 것으로 '삼십칠조도품(三十七助道品)'이라고 한다. '사념처·사정근·사여의족·오근·오력·칠각지·팔정도 등의 깨달음을 증득하기 위한 일곱 가지 실천 항목들의 법수를 통칭하는 말이다. 이것은 『중아함경』이나 상좌부의 『대반열반경』 등에서 설해지고 있다.(『초기불교 이해』. 각묵스님. 초기불전연수원. 2015년 참조.)

이것은 도가의 수련 방법 중 하나로, 예전에 시골에서는 도사 중에 보강답두(步罡踏斗) 하는 사람이 있었습니다. 이것은 도가의 전문 용어입니다. "강(罡)"이란 넉 사(四) 자 아래 바를 정(正) 자가 있는데, 바로 괴강(魁罡)의 강(罡)입니다. 우리는 보통 걸을 때 한 걸음 걷고 두 번째 걸음은 첫 걸음 앞으로 나아가게 걷습니다. 그런데 보강답두 하는 도사들은 그렇게 걷지 않았습니다. 첫 번째 걸음 후에 두 번째 걸음은 첫 걸음을 한 발에 나란히 모았다가 다시 걷습니다. 이것이 '답강(踏罡)' 하는 보법입니다. 답강에는 사방보(四方步)의 형식이 있는데, 이 보법은 옛날에 조정에서 대신들이 넓은 소매에 장포를 입고 천자를 알현할 때 걷던 방식입니다. '보강(步罡)'은 똑바로 걷는 것입니다. 단, 군대에서 걷는 것 같은 그런 식은 아니지요.

여러분이 경극(京劇)을 보시면 신발 밑에 두꺼운 흰색 밑창을 댄 것을 볼 수 있습니다. 소위 관화(官靴)라고 하여 목이 긴 의식용 신발이지요. 이건 오늘날의 구두보다도 더 두껍습니다. 게다가 평평해서 달리기 어렵지요. 잘 걸어야 실례를 안 하게 됩니다. 그래서 예전에는 과거에 입격해서 진사가 된 선비는 바로 관리가 되는 것이 아니라 예부(禮部)에서 석 달 동안 '입오(入伍)'[202] 훈련을 했습니다. 관복 입는 법, 걷는 법, 절하는 법을 배워야 했는데, 이런 예법을 익히지 못한 사람은 절대 관리가 될 수 없었습니다. 이때 배우는 보법이 보강(步罡)으로, 이강(履罡)이라고도 합니다.

"이강(履罡)"은 어떻게 하는 것일까요? 그리고 "배두(拜斗)"는 무엇일까요? 제가 연구한 바에 따르면 배두는 적어도 진한(秦漢) 시대에 북두칠성에게 절하던 방법입니다. 다른 별에 절하는 방법은 또 다르지요. 이것을

---

202 입오(入伍)란 일반적으로는 군대에 들어가는 것을 말한다. 중국 고대의 문헌인 『주례(周禮)』에 따르면 5명은 오(伍), 5개의 오(伍)는 량(兩), 5량은 졸(卒), 5졸은 려(旅), 5려는 사(師), 5사는 군(軍)이라고 한다. 즉 군대의 편제를 말한다. 따라서 초임 관리들이 입오(入伍) 훈련을 했다는 것은 궁중에서 걷고 함께 대오를 지어 움직이는 기본 예법을 훈련한 것이다.

알려면 천문 성좌에 대해 잘 알아야 하고, 또 그것이 대표하는 천상의 신(神) 이름도 알아야 합니다. 여러분 모두 『삼국지연의(三國志演義)』를 읽었지요? 제갈량이 오장원에서 마지막 전투를 준비할 때 바로 "배두"를 했습니다. 이제 하루만 더하면 성공해서 수명을 늘일 수 있던 시점에 위연(魏延)이라는 장수가 급히 들어오다가 수명 연장을 위해 피운 수명등(壽命燈)을 건드려서 불이 꺼집니다. 제갈공명을 보좌하던 부장들이 놀라서 위연의 목을 베려고 하지요. 그러자 제갈공명이, "그만두어라. 이것이 천명이니 달리 방법이 없구나!"라고 탄식합니다. 이런 방법은 도가에도 있지만 불가나 밀종에도 있습니다. 밀종에서 도가를 배워 간 것일까요, 아니면 도가가 밀종에서 배운 것일까요? 알 수 없습니다. 도가에는 이런 방법 외에도 염라대왕에게 장수를 비는 법이 있습니다. 먼저 염라대왕에게 좋은 홍포를 보내 교제를 청해서 좋은 관계를 맺으면 염라대왕이 사자를 보낼 때 고의로 누락시켜 좀 나중에 보낸다는 것입니다. 그래서 "이강보두수(履罡步斗宿)"를 수련하려면 정말 복잡합니다. 제단도 있어야 하고 일정한 의식(儀式)도 마련해야 합니다.

다음 "육갑차일진(六甲次日辰)"입니다. "육갑(六甲)"은 열 개의 천간(天干)에 열두 개의 지지(地支)를 결합하여 만든 육십 개 갑자를 말합니다. 갑자(甲子), 을축(乙丑), 병인(丙寅), 정묘(丁卯) 등의 순서로 전개되지요. 전설에 따르면 장자양 도인이 육정육갑(六丁六甲)을 사용했다고 하는데, 이것은 모두 중국 고대 천문학의 육십갑자설에서 나왔습니다. 천문학이 종교화한 것이지요.

근래 몇 년 동안 매우 유행하는 현상이 있는데, 청년들이 모두 명리(命理)를 배우는 것입니다. 명리뿐 아니라 풍수도 배우고 심지어 기문둔갑(奇門遁甲)을 배우는 것까지 유행했습니다. 밤에 방 밖에 기문둔갑의 부적을 써 붙이면 잠이 들어도 도둑이 못 들어오고, 설령 도둑이 들어왔더라도 나가지 못한다는 것이지요. 이런 것이 기문(奇門)입니다. 다들 기문둔갑만 배우면 뭐든지 할 수 있을 거라고 생각하는데, 사실 여러분이 천문과 지리를 다 배워도 부적과 주문을 모르면 안 됩니다. 시간마다 시간에 따라 다른 부적을 사용해야 하고, 그 시간에 맞는 기문진법(奇門陣法)을 펼쳐야 합니다. 그래야 효과가 있지요. 알맞은 기문진법을 펼치면 사람이 그곳에 들어갔을 때 마치 환각제를 먹은 것처럼 환각이 온다고 합니다. 의자를 보면 큰 길 앞에 낭떠러지가 있는 것처럼 보여서 이리저리 돌다가 결국 벗어나지 못한다고 합니다. 이것은 일종의 최면술에 속합니다. 그러나 육갑(六甲), 육정(六丁), 육무(六戊)는 괘를 추산(推算)하는 것입니다. 또 일진(日辰)을 계산하는 것도 있지요. 그래서 도가의 어떤 일파에서는 일간(日干)을 매우 중시합니다.

저도 근래에 많은 분이, 특히 외국에 있는 분들 중에 명리를 믿는 경우가 많다는 것을 알았습니다. 특히 시간이나 방향에 대해 어떤 시간은 유리하고 어떤 시간은 불리하고, 어떤 방향은 좋고 어떤 방향은 나쁘다고 말하는 경우를 많이 보았지요. 어쩌면 그렇게 미신을 믿게 되었을까요? 이런 것은 저도 모두 할 줄 알지만 평생 써 본 일이 없습니다. 누군가 어떤 방향이 안 좋다고 하면 저는 일부러 그곳으로 갑니다. 그곳에 앉아도 아무런 일이 없지요. 모든 것은 마음이 만들어 냅니다. 불가에서 '일체유심조(一切唯心造)'라고 하듯이 말입니다.

음란한 도는 구일을 싫어하니, 탁하고 혼란하여 원포를 희롱한다.

陰道厭九一, 濁亂弄元胞.

이것은 바로 채음보양술을 말합니다. 여자는 반대로 채양보음이 되겠지요. 남녀쌍수(男女雙修) 즉 남녀가 같이 수련하는 것입니다. 지금은 길거리

에서 이런 책을 파는데, 여러분은 모두 군자라서 이 같은 책은 사보지 않았을 것이라 생각합니다만 사실은 몰래 보기는 했겠지요. 제가 알기로는 늘 그랬습니다. 보지 못하게 하면 더 보고 싶은 것이 사람 마음이지요. 호기심을 불러일으키는 것입니다. 마치 청대의 재사(才士) 원매(袁枚)가 지은 다음 시구처럼 말입니다. "탐욕하지 않는 것이 반드시 청정해서는 아니다[不貪未必是淸流]"라는 구절이지요. 다시 말하면 입으로 돈을 달라고 말하지 않는다고 해서 참으로 돈을 싫어하는 것은 아니라는 뜻이지요.

제36강

각종 방문 수련법

앞의 강의에서 "음도염구일(陰道厭九一), 탁란롱원포(濁亂弄元胞)"에 대해 조금 설명을 했는데, 이것은 밀종에서 가르치는 남녀쌍수와 도가의 채양보음을 말합니다. 오늘날 이 방면의 수련은 국내외에서 매우 혼란합니다. 여기에다 성교육을 한다느니 무슨 성의 기교를 배우니 뭐니 해서 날이 갈수록 혼란해지고 있지요. 어쨌든 이런 것은 모두 외도에 속합니다. 이어지는 『참동계』 제8장의 원문을 보겠습니다.

기를 복식하여 장위가 울리니 정기를 토해 내고 사기를 흡입한다.

食呔鳴腸胃, 吐正吸外邪.

이것은 기공 수련의 문제점을 지적하는 말입니다. 일반적으로 전해지는 기공법은 너무도 많습니다. 최근에도 많은 기공이 생겨나고 있는데 모두 복기법(服氣法)으로서 호흡 수련을 하는 기공입니다. "토정흡외사(吐正吸

外邪)", 호흡 기공을 수련한 결과를 말하는데, 많은 수련법이 병통이 적지 않다는 것입니다. 수련을 잘못하면 오히려 정기(正氣)를 토해 내고 반대로 사기(邪氣)를 흡입할 수 있습니다.

우리가 특별히 주의할 것이 있습니다. 옛사람들이 알려 준 것인데, 저녁이 되면 특히 산에서는 음기(陰氣)가 심해지기 때문에 창문을 잘 닫아야 한다는 것입니다. 나무가 많은 곳에서는 특히 밤에는 호흡 수련은 안 하는 것이 좋습니다. 밤에는 나무가 이산화탄소를 내뿜기 때문이지요. 이런 것은 자연과학의 원리이고 상식입니다.

다음 원문은 고행을 하며 수련하는 것은 도가 아님을 말하고 있습니다.

밤낮으로 잠을 자지 않고 달이 바뀌어도 휴식하지 않는다.

晝夜不臥寐, 晦朔未嘗休.

앞에 "육갑차일진(六甲次日辰)"이라는 말이 있었는데, 어떤 사람은 육정(六丁)을 수련하고 어떤 사람은 육갑(六甲)을 수련합니다. 그날이 되면 하루 동안 밥을 먹지 않고 담재(淡齋)만 먹습니다. 담재란 소금도 설탕도 먹지 않고 아무 맛도 원하지 않는 것입니다. 담재는 고행과 같습니다. 밤낮으로 자신의 정신을 단련해서 장좌불와(長坐不臥)하는 것입니다. 선종에서는 이것을 옆구리를 자리에 대지 않는다는 뜻으로 '협불첨석(脅不沾席)'이라고 합니다.

저는 일찍이 도사 한 분을 만난 적이 있는데 그는 밥을 안 먹었습니다. 우연히 배낭에서 단약을 꺼내 먹는 것을 보았는데, 한 알이면 충분하다고 했지요. 당시에는 참 희한한 일이었습니다. 저는 어렸기 때문에 호기심도 많아서 물어보지 않고는 못 배겼지요. 결국 그 도사는 저에게 다 가르쳐 주었습니다. 그렇게 배우기는 했지만 실천하지는 않았습니다. 왜냐하면 대변을 먹어야 했기 때문입니다. 먼저 사십구 일 동안 소식(素食)을 하고 오후에는 아무것도 먹지 않습니다. 그리고 마지막에는 칠 일 동안 담재를 먹는데, 불가처럼 일일(一日) 일식(一食)만 했습니다. 마지막 칠 일 동안은 전혀 먹지 않고 단식합니다.

이렇게 밥을 안 먹으면 죽을 수도 있습니다. 저도 스스로 시험해 보았지만 사흘에서 나흘째까지가 정말 견디기 어렵습니다. 배 속을 완전히 비우고 물만 마셨기 때문에 기력이 다 떨어진 상태가 되지요. 이런 상태가 되면 이제 죽을 준비를 해야 합니다. 죽을 준비를 안 한다는 것은 도를 배우지 않겠다는 것입니다. 바로 목숨을 걸고 시험하는 것이지요. 도가에는 이런 말이 있습니다. "만약 죽고자 하지 않는다면 먼저 자신을 죽여라〔若要人不死, 必先死個人〕." 장생불사의 단약을 얻고자 하면 죽음도 두려워하지 않는 정신으로 수련해야 비로소 가능하다는 뜻입니다.

저는 지금 불학을 공부하고 도를 배우는 청년들이 너무 똑똑하다고 생각합니다. 우리가 젊었을 때는 촌스럽고 어리숙했던 것과는 많이 다르지요. 도가에서는 죽고자 하지 않는다면 먼저 자신을 죽이라고 말하는데, 여러분은 자신을 죽이면 그냥 죽는다고만 생각하지요. 그러나 사람이 굶는다고 해서 죽지는 않습니다. 단식을 하고 나흘이 지나 닷새째 접어들면 정신이 돌아옵니다. 저도 한번 시험해 봤지만 그때가 되니 장벽 뒤에 무엇이 있는지 볼 수 있었습니다. 투시가 가능했던 것이지요. 당시 한 친구가 와서 저를 보았는데 그는 뒤로 몇 걸음을 물러났습니다. 그러고는 말했습니다. "지금 두 눈에서 빛이 레이저처럼 쏟아지고 있어." 그 말을 듣고 거울을 봤는데 제 눈은 너무나 평범했습니다. 그래서 그 친구의 말을 이해할 수 없었지만 그때 머리는 매우 맑았고 몸도 가벼웠습니다. 그러나 주의해야 합니다. 이때야말로 문제가 발생할 수 있음을 알아야 합니다. 이때 위장은 마치 포대자루처럼 꿈틀거리며 연동하는데 자칫 마찰로 인해 위장 내부에 출혈이 생길 수도 있습니다. 그렇게 되면 문제가 심각합니다. 이때는 기를 충만하게 해서 위장에 마찰이 일어나지 않게 해야 합니다.

앞의 원문을 다시 보겠습니다. "주야불와매(晝夜不臥寐), 회삭미상휴(晦朔未嘗休)"는 잠을 자지 않는 것입니다. 이때는 천지의 음양이 교합하는 매월 초하루와 그믐날이 중요합니다. 그래서 잠을 자지 않고 천지의 정기(正氣)를 받아들여야 합니다. 자오묘유라는 일정한 시간에 정좌를 해야 하는데, 이런 수행법은 정도가 아닌 방문에 속합니다. 비록 좌도까지는 아니지만요.

이제 『참동계』에서는 하나의 결론에 도달했습니다. "주야불와매, 회삭미상휴"에 이어지는 문장입니다.

몸이 날로 피곤해져서 마치 어리석은 사람처럼 정신이 몽롱한 상태가 된다.

身體日疲倦, 恍惚狀若癡.

"신체일피권(身體日疲倦), 황홀상약치(恍惚狀若癡)", 이것은 신체가 갈수록 쇠약해지는 것입니다. 정신이 집중되지 않고 멍한 상태가 된다는 말로, 오늘날 개념으로 말하면 정신에 병이 생겼습니다. 정신이 혼란해서 어떤 것을 보아도 괴상해 보여 마치 백치처럼 됩니다.

백맥이 솥에서 부글부글 끓는 듯하니 맑고 깨끗하게 될 수가 없다.

百脈鼎沸馳, 不得清澄居.

"백맥정비치(百脈鼎沸馳)", 백맥이 모두 끓어오르는 것 같은 상태가 되어 정신은 점점 긴장되고 기맥도 점점 산란해져 얼굴에는 붉은빛이 가득합니다. 실제로 혈압이 오르면서 정신이 분열되지요. 무위(無爲)의 도를

닦으면 불가의 최고 경지는 공(空)이고 도가의 최고 경지는 청정(淸淨)입니다. 그런데 도를 닦는 사람이 지금 "부득청징거(不得淸澄居)" 즉 깨끗하고 맑은 상태가 되지 못하고 점점 청정하지도 않고 공무(空無)하지도 않은 상태가 되고 있습니다. 그래서 방문(旁門)이라고 하는 것이지요.

흙을 쌓아 단우를 만들고 아침저녁으로 경건하게 제사를 모신다.

累土立壇宇, 朝暮敬祭祀.

이것은 방문의 또 다른 일파를 말하는데, 사실대로 말하면 밀종 수행도 여기에 포함됩니다. "누토립단우(累土立壇宇)"는 도처에 단장(壇場)을 세우는 것입니다. 티베트와 인도에서는 제사를 지낼 단우(壇宇)를 세우는데, 흰 소의 똥으로 벽을 바릅니다. 요즘은 시멘트가 이렇게 풍부한데도 여전히 소똥을 바르는 이유를 모르겠습니다. 설마 소 우리 안에 살아야 불보살이 온다는 것은 아니겠지요? 이런 현상은 낙후된 지역이라 시멘트가 부족하기 때문에 어쩔 수 없을 것입니다. 어떤 학생이 반나절 생각하다가 저를 찾아와서 이렇게 얘기했습니다. "선생님, 인도의 소똥에는 살균 소독 작용이 있는 게 아닐까요?" 저는 이렇게 말했습니다. "자네 생각도 그럴듯하네. 그러나 지금은 소독약도 많으니 소똥은 별로 필요하지 않을 것 같네."

사람을 홀리는 술법들

이런 기괴한 방법은 사람을 홀립니다. 오귀반운법(五鬼搬運法)이니 무슨 점혈법(點穴法)이니 하면 여러분도 배우고 싶지 않습니까? 은신술(隱身術) 같은 것도 그렇지요? 총알도 막을 수 있는 술법도 있다고 합니다. 여러분은 당연히 이런 술법을 배우고 싶을 것입니다. 이와 같은 술법은 모두 사람을 유혹합니다. 금목수화토(金木水火土) 오둔법(五遁法)은 어떻습니까? 이것도 배우고 싶지요? 위험한 상황이 닥치면 그 순간 땅을 뚫고 나가거나 숨습니다. 화재가 일어난 것을 보면 바로 불 속을 걸어서 나옵니다. 바다에 떨어지면 물을 타고 숨어서 곧바로 해변으로 나올 수 있습니다. 예를 들어 밀종의 예적금강(穢跡金剛)[203]을 수련하려면 번개 맞은 복숭아나무를 찾아서 한 자루 검을 깎고 도장 한 개를 파야 합니다. 그러므로 예적금강은 수련하려고 해도 실제로 하기는 매우 어렵습니다. 여러분은 이런 것이 모두 미신이라고 생각하시나요? 사실 이런 현상은 과학적입니다. 천문학이나 지리학 또는 지구과학과도 연관이 있습니다. 당연히 견강부회가 아닙니다.

오귀반운법에서 반운(搬運)이란 이동한다, 움직인다는 뜻입니다. 그렇다면 어떻게 오귀(五鬼)를 이동한다는 것일까요? 이것은 대반운법(大搬運法)이라고도 합니다. 우리는 오귀가 이동하는 것을 들을 수는 있지만 볼 수는 없습니다. 만약 이 법을 수련하려고 하면 죽은 사람의 해골을 찾아야 하는데, 나이가 어릴수록 좋고 너무 늙은 사람의 해골은 좋지 않습니다. 늙은 귀신은 뛸 수가 없고 젊은 귀신이라야 뛸 수 있어서입니다. 해골을 구했다면 이 해골의 주인이 죽은 시간과 생년월일시가 필요합니다. 그렇다고 금방 묻은 시신의 해골을 무덤을 파고 꺼내는 것은 정말 도리에 어긋납니다. 하지만 죽은 후 그 영혼이 다른 사람의 태(胎) 속에 들어가기 전에

---

203 대권력사신왕불(大權力士神王佛)이라고도 부른다. 석가모니 부처님이 화현한 금강명불로서 화신불이다. 본래는 밀교의 본존 혹은 호법인데 중국 당대에 전래되었다. 예적금강은 '제예금강(除穢金剛)'이라고도 한다. 이 수행은 주로 예적금강주(穢跡金剛咒)라고 하는 주문을 외우면서 마장을 해소하고 질병을 고치거나 신통력을 얻을 수 있도록 기원하는 것이다. 우리나라 사찰에도 예적금강 도상이 그려져 있는데, "조선 후기 예적도상 연구"라는 논문이 한국미술사학회(김현중, 2013)에 실려 있다.

데려와야 합니다. 이 다섯 구 해골의 영혼을 개소리나 닭소리가 들리지 않는 깊은 산속으로 데리고 가서 백 일 간 수련을 해야 성취할 수 있습니다. 만약 구십구 일을 수련했는데 개소리나 닭소리를 들었다면 수련은 실패합니다. 그렇다면 다시 두 번째 수련을 시도해야 하는데 이때는 이백 일이 소요됩니다. 만약 백구십구 일째 개소리나 닭소리를 들었다면 역시 실패로 돌아가고 말지요. 세 번째 수련을 하려고 하면 삼백 일이 필요합니다.

정말 말도 되지 않지요? 이런 짓을 어떻게 하겠습니까? 첫째, 죽은 사람의 해골을 훔쳐오는 것도 차마 못 할 일입니다. 게다가 이 영혼이 다른 사람의 태 속에 들어가서 새로운 생명으로 태어나기 전에 억지로 데리고 오는 것은 더욱 할 짓이 아닙니다. 그럼에도 정말 이런 일을 하고자 한다면 몇 가지 조건이 있습니다. 그 영혼을 데리고 깊은 산속에 가서 수련을 시킨 후 그 영혼이 부귀를 누리는 집안으로 가서 그 집 부인의 태 속으로 들어가 새로운 생명으로 태어나게 해야 합니다. 만약 그 영혼이 여자로 태어나고 싶다고 하면 그렇게 할 수 있는 법력이 있어야 합니다. 그 영혼을 여성으로 태어나게 할 수 있다면 아름답고 훌륭한 부인으로 성장할 것이고, 복록과 수명이 모두 함께 할 것입니다. 혹은 수도 공부를 한다고 해도 반드시 성공할 것입니다. 그렇게 하지 않으면 안 됩니다. 만약 그 영혼의 소원을 들어줄 만한 법력이 없다면 바로 악귀로 변해서 보복을 할 것입니다. 그러므로 그런 정도의 법력이 있는 사람이라야 이 법을 실행할 수 있습니다.

이 법은 지금 『도장(道藏)』에도 남아 있는데, 제가 다 뒤져 보았습니다. 그런데 중요한 대목은 다 빠져 있더군요. 모든 법문이 이렇습니다. 예를 들면 『만법귀종(萬法歸宗)』[204]은 시중에도 많이 유행하고 있는데, 그 속에는 괴상한 이야기가 많습니다만 다 신통한 것은 아닙니다. 왜냐하면 열쇠

---

[204] 도가 방문좌도의 각종 부적이나 도록 등을 수록한 책이다.

가 들어가지 않기 때문입니다. 방법이 비록 옳더라도 열쇠로 열 수가 없기 때문에 이 책은 소용이 없습니다.

도가와 밀종에는 정말 많은 법술(法術)이 있어서 사람들의 호기심을 자극합니다. 그래서 법술이라고 하지요. 도(道)는 아니라는 말입니다. 이런 법술은 모두 방문(旁門)입니다. 『참동계』 원문에서는 "흙을 쌓아 단우를 만들고 조석으로 경건하게 제사를 모신다"고 말한 것입니다. 아침저녁으로 제사를 지내고 배례를 행하는 것은 도가에서 수행하는 "이강보두수(履罡步斗宿)"입니다. 앞에서 설명한 별자리를 걷는 법술이지요. 매 시진마다 목욕하고 재계한 후에 가서 배례를 하는데, 배례를 하면 천신이 하강한다는 것입니다. 이런 것은 모두 방문일 뿐이지요.

동서양이 혼합된 방문

몇 년 전에 미국에 있는 제 친구가 불경을 한 부 영인했습니다. 이 친구는 재가 대거사(大居士)로서 큰돈을 들여 경전을 찍었으나 모두 비밀로 했습니다. 나중에 저는 그 경전이 어떤 것인지 생각 나지 않아서 『대장경(大藏經)』을 모두 뒤졌으나 찾지 못했습니다. 저는 좀 이상한 병이 있는데 세상일 중에 모르는 것이 있으면 반드시 알아야겠다고 생각하면서도 일단 알고 나면 바로 잊어버리는 것입니다. 후에 저는 미국에 편지를 해서 그 경을 찾았는데 결과적으로 그 책을 열어 보니 불경이 아니었습니다. 전에 대륙에서 많은 비구니들이 수련하던 법문이었는데, 사실은 마니교의 경전이었습니다. 마니교는 당나라 때 중국에 전래되었습니다. 인도의 종교도 아니고 조로아스터교(배화교)도 아니고, 약간은 유대교 같기도 한데 법술도 있고 주문도 있습니다.

여러분이 절에 가서 법당에 있는 소상(塑像)을 보면 하엽(荷葉, 연꽃잎)
위에 붉은 배냇저고리를 입은 동자를 볼 수 있습니다. 바로 수행하는 하엽
동자(荷葉童子)입니다. 이것은 여성이 수행하는 법술로 비구니들이 이것을
닦는데, 이 수행을 성취하면 신통력을 얻을 수 있지요. 하엽동자가 영원히
함께 하면서 과거, 현재, 미래를 알려 주기 때문입니다. 그러나 이것은 진
정한 신통력이라고 할 수 없습니다. 단지 신통에 의지하는 것이지요. 자신
이 직접 통하는 것이 아니라 다른 것에 의지해서 통한다는 말입니다. 이
법술은 오귀반운법을 닦으려고 해골을 만지는 것보다 훨씬 낫습니다. 이
하엽동자는 모두 수행을 해서 성취는 했는데 도를 얻지는 못한 영귀(靈鬼)
들입니다. 비구니가 이 법문을 닦으려면 개나 닭의 소리가 들리지 않는 지
하실에서 백일 동안 폐관해야 합니다. 또 수행이 성취되려고 할 때는 정력
(定力)이 필요합니다. 수행자가 경을 외면서 정좌할 때 마귀들이 나타나
앞에서 한바탕 욕을 해대기 때문입니다. 이건 아주 무섭습니다. 만약 정력
이 있어서 조금도 무섭지 않다면 그 귀신들에게 이렇게 말하세요. "너희들
의 선두부대 선자(仙子)들이 왔었는데 이미 나한테 고개 숙이고 지휘를 받
고 있다"고 말이지요. 이런 것은 도라고 할 수 없고 일종의 법술에 불과합
니다.

　이런 법술은 모두 『참동계』에서 말한 아침저녁으로 공경히 제사를 모신
다는 "조모경제사(朝暮敬祭祀)"에 속합니다. 말이 나온 김에 하자면 이 강
좌에 참여하고 있는 비구니 스님들은 이런 경전을 보거나 혹은 다른 사람
이 이런 법술을 여러분에게 전수하려고 하면 깊이 생각하셔야 합니다. 이
것은 정통 불법이 아니기 때문입니다. 그런데 쓸모가 아주 없는 것도 아닙
니다. 만약 좋은 일에 쓰려고 하면 쓸모가 있습니다. 그러나 백 일 동안 수
련하는 것은 보통 어려운 일이 아니지요.

귀신의 형상이 보이고 꿈에도 느끼게 된다.

鬼物見形象, 夢寐感慨之.

"귀물견형상(鬼物見形象)", 귀신의 형태가 눈에 보이는 것인데, 이렇게 되면 꿈을 꾸어도 영감(靈感)이 생길 수 있습니다. 어떤 사람은 이보신(耳報神)을 수련하기도 하는데, 이 수련법은 양류신(楊柳神)이라고도 합니다. 벼락 맞은 버드나무를 구해 삼촌(三寸) 크기의 작은 인형을 만들어서 수련합니다. 수련에 성공하면 이 작은 인형이 어떤 일도 알려 준다고 하는데, 오늘날 인공위성에서 전해 주는 정보보다 더 정확하다고 하지요. 어쨌든 이런 수련 역시 방문좌도에 불과합니다.

또 다른 수련법으로 '묵조상제(默朝上帝)'가 있습니다. 묵묵히 상제를 배알한다는 의미이지요. 이 수련법은 고대 중국에 실재했던 것으로서 매우 중대합니다. 먼저 무릎을 꿇고 기도합니다. 기도하는 자세는 지금 천주교나 기독교에서 하는 것과도 같고, 밀종의 수인(手印)과도 흡사합니다. 그래서 제가 늘 인류의 문화는 매우 흥미롭다고 하는 것입니다. 천주교에서는 기도할 때 조홀(朝笏)과 비슷한 것을 손에 쥐고 합니다. 조홀이란 고대 중국에서 신하가 황제를 알현할 때 손에 쥐는 대나무로 만든 죽판[205] 같은 것으로 (손으로 크기를 표현하면서) 크기는 이 정도 됩니다.

옛날에는 왜 황제를 알현할 때 이런 조홀을 사용했을까요? 중국의 전통극인 창희(唱戲)를 보면 신하가 황제를 알현할 때 조홀을 들고 있는 것을 볼 수 있지요? 그 시대에는 따로 문서가 없어서 조홀 뒷면에 황제에게 고

---

[205] 신분이 높은 사람은 상아로 만든 홀을 사용했고, 신분이 낮은 경우는 나무나 대나무로 만든 홀을 썼다.

할 기사(記事)를 적어 두었습니다. 한편으로는 감히 황제의 눈을 마주 보지 못하고 홀만 보는 것입니다. 사실 황제에게 많은 일을 보고할 때는 절대 잊어서는 안 되기 때문에 조홀을 사용한 것이지요. 도가의 '묵조상제'처럼 옥황상제를 배알할 때에도 조홀을 사용합니다. 불가에서는 향두(香斗)[206]를 사용하는 것으로 바뀌었는데, 도가에서도 향두를 사용하기도 합니다.

애석하게도 오늘날 이런 것은 모두 실전되었습니다. 프랑스의 학자가 이것을 연구했는데 자료도 많이 모았고 프랑스어로 된 책도 출판했습니다. 이런 것도 중국 문화에 속하는 소중한 것인데 중국인은 모두 잘 알지 못합니다.

엊그제 어떤 분이 저에게 와서 물었습니다. 팔십 세가 넘은 노선배의 생신을 어떻게 축하하면 좋겠느냐는 것이었습니다. 저는 매우 중요한 일이기에 예의가 간단하지는 않다고 말해 주었지요. 여러분은 『타금지(打金枝)』라는 희곡을 본 적 있지요? 바로 당나라 시대 곽자의(郭子儀)의 생신에서 발생한 문제를 희곡화한 것입니다. 곽자의의 생신에 며느리가 와서 절을 하지 않은 것이 발단이었습니다. 왜냐하면 며느리가 공주였기 때문이지요. 생일날 곽자의는 황제를 알현할 때 입는 조복(朝服)을 입고 북쪽을 향해서 천자에게 절을 하고, 다시 조상들에게 절을 했습니다. 그 후 자기 자리에 앉아 자손들의 절을 받았습니다. 설사 구십이 넘게 장수한 사람이라고 해도 자기 생일에는 가족과 함께 먼저 천지와 조상님께 절을 해서 예의를 차린 후에야 자기 자리에 앉아 후손의 절을 받지요. 외부 손님이 와서 절을 하면 얼른 자리를 피하고 자손들로 하여금 접대하게 합니다. 그래서 손님은 단지 허공에 절을 하고 자손들이 답례를 하게 됩니다. 이런

---

206 향두는 향로와 같은 것이다.

예의가 바로 중국 문화입니다. 책을 많이 읽고 연구를 해야 고례(古禮)에 대해 알게 됩니다. 어떤 예절은 책에도 남아 있지 않습니다. 다행히 저는 어렸을 때 집안 어른들의 생신을 보고 배운 것이 조금 있지요.

정도에서 벗어난 수행

마음은 기쁘고 즐거워서 스스로 장생할 수 있다고 생각하지만 돌연히 요절하여 그 형해를 드러낼 뿐이다.

心歡意喜悅, 自謂必延期. 遽以夭命死, 腐露其形骸.

"심환의희열(心歡意喜悅), 자위필연기(自謂必延期), 거이요명사(遽以夭命死), 부로기형해(腐露其形骸)", 방문좌도를 닦는 사람들은 스스로 도를 닦는다고 생각하고 불로장생도 가능하다고 기뻐하지만 도리어 갑자기 요절할 수도 있다는 뜻입니다.

제가 아는 바로는 수십 년 이래 불가나 도가의 법문을 다양하게 수도하는 사람 중에 심장병이나 고혈압 혹은 뇌신경 분열로 인해 돌연사하는 사람들이 적지 않습니다. 선정(禪定) 공부를 깊이 한 사람이 아니라면 자신이 언제 어떻게 죽을지 예측할 수 있는 사람은 거의 없습니다. 그런데 일자무식인 시골 사람인데 염불만 하고도 자신의 죽음을 정확히 예측하는 사람들이 있습니다. 여러분도 진정으로 불가와 도가를 공부해서 성불하고 신선이 되려고 한다면 어느 하나의 법문에 깊이 몰입해서 정진해야 합니다.

행동에 어긋남이 있으니 추기를 거스르고 잃는다.

擧措有違, 悖逆失樞機.

"거조유위(擧措有違), 패역실추기(悖逆失樞機)", 『참동계』 저자인 위백양 진인은 방문좌도의 행동은 정도에 어긋난다고 했습니다. "추기(樞機)"란 중추(中樞), 중심이라는 뜻으로 정도를 가리키지요. 이어지는 원문입니다.

여러 법술이 너무도 많아 천 가지 만 가지가 있다. 황로의 도를 어기고 이리저리 구불구불 구도에 도달하니 지혜가 밝은 자는 그 뜻을 살펴 확연히 근원을 알 것이다.

諸術甚衆多, 千條有萬餘, 前卻違黃老, 曲折戾九都. 明者省厥旨, 曠然知所由.

"제술심중다(諸術甚衆多)", 방문좌도의 술법이 너무나 많습니다. 얼마나 많은지 "천조유만여(千條有萬餘)" 즉 천 가지 만 가지가 있습니다. 그래서 "전각위황로(前卻違黃老)" 즉 황로의 도를 어기고 정도를 벗어나, "곡절려구도(曲折戾九都)" 즉 곡절 끝에 구도에 도달하여 마침내 방문에 빠지게 됩니다. "구도(九都)"란 유명구도(幽冥九都) 즉 지옥으로 내려가는 길입니다. 가면 갈수록 어두워지지요. "명자성궐지(明者省厥旨)", 지혜로운 사람이라면 진정한 수도 공부의 뜻이 무엇인지 잘 살핍니다. 그래서 "광연지소유(曠然知所由)" 즉 도는 궁극적으로 어떻게 수련해야 하는지 잘 알아야 합니다. 먼저 무엇이 정도(正道)인지 잘 알아서 진정한 도를 찾아야 비로소 올바른 수도 공부를 알 수 있을 것이라는 뜻이지요.

이상으로 간단히 『참동계』 상편 제8장에 대한 설명을 마치겠습니다. 다음 한 장은 복식(伏食)에 관한 내용입니다. 복식이란 장생불로의 단약을 복용한다는 뜻인데, 단약은 바로 우리 자신 속에 있습니다. 다음은 어떻게 장생불로의 단약을 먹을 수 있는지 우리에게 알려 주니 이것이 바로 정도(正道)입니다.

제37강

복식이란 무엇인가

아래『참동계』상편 제9장부터 제15장까지는 모두 "복식(伏食)"에 대한 설명입니다. 후대에는 이 복(伏) 자를 복(服)으로 쓴 경우도 많은데 이것도 맞습니다. 본래 복(伏)이라는 글자는 항복(降伏)이라는 뜻이지요. 이미 어정(禦政) 편에서 하나의 원칙을 설명한 바 있습니다. 어떤 것이 참으로 정통 도가의 정도(正道)인가 하는 것입니다. 그다음이 양성(養性) 편이고 이제 복식 편이지요. 복식의 의미를 불학으로 비유하면 어떻게 명심견성해서 깨달음을 얻을 수 있는가 하는 것입니다. 도가에서는 이 문제를 복식 즉 단약을 복용하여 결단(結丹)하는 것이라고 합니다. 이른바 금단(金丹)이라는 것이지요. 금단은 절대 파괴되지 않는 단(丹)을 비유하는데 그것을 우리의 몸과 마음에서 실현하는 것입니다. 우리의 몸과 마음을 영원히 파괴되지 않도록 한다는 뜻을 드러냅니다.

문제는 어떻게 절대적인, 영원히 파괴되지 않는 단(丹)을 결성할 수 있는가에 있습니다. 이 복식 편을 연구하는 것은 앞에서 말한 어정, 양성보다 더 어렵습니다. 『역경』하나만 일생 동안 연구해도 다 못하는데, 『참동계』에는 거기에다 『노자』, 『장자』의 원리가 함께 들어 있습니다. 그래서 더 어렵다는 것이지요.

자, 『주역』에 대해서 다시 이야기해 볼까요? 앞에서 이미 『주역』에는 리(理), 상(象), 수(數) 세 부분이 있다고 말했습니다. 특히 상수(象數)가 많고 그 속에 음양가(陰陽家)의 학문이 들어 있습니다. 음양가는 여러분도 알다시피 제자백가 중에서도 독특한 학파로서 금목수화토(金木水火土) 오행의 학문을 전개했습니다. 오행은 보기에는 쉽지만 연구하면 매우 복잡합니다. 고대의 천문학, 지리학 등이 이 속에 들어 있기 때문이지요. 더욱 이 오행의 납갑법(納甲法)은 복잡하기 짝이 없습니다. 중국 문화에서 풍수(風水)와 명리(命理)는 모두 이 원리로 만들어졌습니다. 팔괘와 오행의 결합, 팔괘와 십천간(十天干), 십이지지(十二地支)의 결합을 종합적으로 판단하는 것을 납갑법이라고 합니다. 이것은 정말 전문가가 아니면 할 수 없습니다. 그런데 『참동계』의 원리는 이런 납갑법에 정통해야 알 수 있으니, 이 때문에 예부터 『참동계』를 알기 어렵다고 한 것입니다.

옛날에도 『참동계』에 대해 완전히 정통한 사람은 극히 드물었습니다. 물론 현대에는 더 적어졌지요. 그러니 오늘날 이 『참동계』를 연구하는 것은 참으로 쉽지 않습니다. 나오는 개념마다 기초부터 새로 소개하는데, 그렇게 한다고 해도 여러분이 제대로 이해하고 기억하는 것은 아닐 테니까요. 그러니 저도 아주 단순화해서 설명할 수밖에 없습니다. 자, 이렇다는 것을 알고 다시 시작해 봅시다. 먼저 주운양 조사의 『참동계』 주해를 읽어 볼까요?

"이 장은 전적으로 복식을 설명하는데, 어정과 양성이 이미 그 속에 들어 있다. 앞에 나온 어정 장에서는 단지 일음일양의 법상만을 진술하였고, 양성 장에서는 단지 일성일명의 본체만을 가리켰다."

(此章專言伏食, 而禦政養性, 已寓其中, 前面禦政諸章, 但陳一陰一陽法象,

養性諸章, 但指一性一命本體)

"차장전언복식(此章專言伏食), 이어정양성(而禦政養性), 이우기중(已寓
其中)", 『참동계』 제9장에서는 전적으로 복식만 설명하는데 그 속에 어정
과 양성도 들어 있다는 뜻입니다. 이 복식의 원리는 『오진편』에 나오는
"한 알의 금단을 복용한다〔一粒金丹吞入腹〕"는 유명한 구절과 같습니다.
"전면어정제장(前面禦政諸章), 단진일음일양법상(但陳一陰一陽法象)", 이
우주 천지는 일음일양의 법칙으로 운행되고, 우리 인간의 생명은 일성일
명(一性一命)으로 이루어져 있습니다. 인간의 생각과 정신적 측면은 성
(性)이고 육체적 측면은 명(命)입니다. 성과 명은 일체로 심물일원의 관계
이지요. "양성제장(養性諸章), 단지일성일명본체(但指一性一命本體)", 여기
에서 본체(本體)란 곧 본래의 것이라는 말입니다.

"그런데 음과 양이 배합하고 성과 명이 서로 합일하는 것은 별도의 오묘한 작
용이 존재한다. 이것이 바로 복식 공부를 하므로 금단이 되는 것이니 가장 중
요한 관건이다."

(至於陰陽之配合, 性命之交併, 別有妙用存焉, 此伏食之功, 所以爲金丹, 最
要關鍵也)

이른바 "음양지배합(陰陽之配合)"은 바로 성명쌍수를 가리킵니다. 예를
들어 우리가 지금 수련을 안 하고 있다면 성과 명이 분리된 상태라는 것입
니다. 왜 분리라고 할까요? 여러분의 생각은 하늘을 날 수 있는데 몸은 움
직이지 못하기 때문에 성과 명이 분리되어 있다는 것입니다. 몸과 마음은
본래 일체입니다. 마음은 몸을 다룰 수 있어야 합니다. 그러나 마음과 몸

이 일치하지 않는 것은 성과 명이 분리되어 있기 때문입니다. 사람이 살기도 쉽지 않지만 죽기는 더욱 어렵습니다. 이 세상에 살고 싶지 않을 때 이 몸을 떠나려고 해도 떠날 수 없지요. 이처럼 몸은 생각대로 되지 않습니다. 비록 몸이 마음대로 다루어지지 않더라도 본래 성과 명 즉 심신은 서로 다른 것이 아닙니다. 다만 몸이 좋지 않을 때는, 비록 마음은 병이 나기를 바라지 않지만 몸을 주재할 수 없을 뿐입니다.

도를 닦는다는 것은 바로 몸과 마음, 성과 명을 합일시켜서 본래 일체인 상태를 회복하는 것입니다. 그러므로 음양의 배합을 "성명지교병(性命之交倂)" 즉 성과 명이 일체가 되는 것이라고 합니다. "별유묘용존언(別有妙用存焉)"은 음과 양이 배합하는 가운데 매우 오묘한 작용이 있다는 말입니다. "차복식지공(此伏食之功), 소이위금단(所以爲金丹), 최요관건야(最要關鍵也)"라는 말은 그 오묘한 작용의 관건이 바로 복식이며, 그것은 선천의 성(性)을 우리의 후천적인 명(命)에 주입하는 것이라는 뜻입니다.

우리는 지금 성과 명이 하나로 합일되지 못한 상태입니다. 성은 성으로, 명은 명으로 서로 떨어져 있지요. 그래서 우리 육신이 병들어 쇠약해지면 죽게 되는 것입니다. 도가에서 말하는 금단(金丹)의 금이란 절대 무너지지 않는 근원의 자성을 의미하며, 그것은 하나의 실체로서 단련을 통해 이루어집니다. 허무하고 변화하는 우리의 육신을 어떤 불변의 실체로 변화시키는 것이 금단의 가장 중요한 관건입니다. 그렇다면 무엇을 복(伏)이라고 할까요?

"복이란 두 가지 것이 서로 제어하는 작용이다."

(伏者, 取兩物相制爲用)

"복자(伏者), 취양물상제위용(取兩物相制爲用)", 복(伏)이란 양물(兩物)

을 서로 제어하는 작용이라는 말로, 몸과 마음의 상호 영향과 같은 개념입니다. 예를 들어 우리 몸의 상태가 좋을 때 마음도 편해지는 것과 같습니다. 즉 여러분이 어제 심한 감기가 들었는데 마침 오늘 몹시 기분 좋은 일이 생겨 마음이 매우 유쾌하면 감기도 한결 좋아지는 것 같은 원리입니다. 이렇게 몸과 마음이 서로 영향을 미칠 수 있는 것을 "복(伏)"이라고 합니다.

금단과 몸을 닦는 명공

도를 닦는 데 있어서 금단의 제복(制伏) 즉 서로 제어하는 작용은 명공(命功)의 범위에 속합니다. 여러분은 주의해야 합니다! 몸을 닦는 것을 명공이라고 하는데, 몸이라는 것은 무엇인가요? 근육도 아니고 뼈도 아닙니다. 불학의 관점에서 보면 이 신체라는 것은 지수화풍(地水火風) 사대의 일시적 결합인 가합(假合)에 불과합니다. 단단한 뼈는 지(地)에 속하고, 침이나 혈액 등 신체의 체액은 수(水)에 속합니다. 몸에 있는 열(熱)은 화(火)에 속하고 호흡 같은 것은 풍(風)이라고 할 수 있지요.

그러나 이것이 명(命)의 작용의 전부는 아닙니다. 진정한 명(命)은 풍(風)과 관련 있습니다. 도가와 불가에서는 이것을 다 같이 식(息)이라고 합니다. 불학을 공부하는 사람들 중에 어떤 분은 천태종 방식의 정좌를 하고, 어떤 분은 수식관(數息觀)을 닦기도 합니다. 보통 사람들은 수식관을 코로 하는 호흡의 숫자를 세는 것이라고 하지만 이것은 근본적으로 식(息)의 의미를 잘 모르는 것입니다. 코의 호흡은 풍대(風大)에 속하지만 진정한 식(息, 호흡)은 사실 코와는 거의 관련이 없습니다. 식(息)은 생명의 근본입니다. 이 식을 다른 이름으로 바꾸면 기(炁)라고 할 수 있습니다. 단, 그것은 호흡하는 기(氣)도 아니고 공간의 풍(風)도 아닙니다.

그러므로 진정한 명(命)은 기(炁)이며, 기는 이 신체만으로 끝나는 것이 아닙니다. 이것이 바로 명공(命功)입니다. 여러분이 호흡을 하면서 한 번 들이쉬면 한 번 내쉬는, 즉 한 번 음의 운동을 하면 한 번은 양의 운동을 하는 것은 생멸 현상일 뿐입니다. 도가에서 말하는 이른바 태식(胎息)을 회복한다는 것은 코로 하는 후천적 호흡에서 벗어나 태아가 어머니의 배 속에서 하는 그런 호흡을 회복하는 것이며, 그렇게 되어야 명공에 접근하는 것입니다. 성공(性功)과 명공(命功)을 배합하는 것이 바로 복식의 복(伏)입니다. 그래서 주운양 조사는 다음과 같이 설명합니다.

"식이란 두 가지 것이 서로 합해서 하나가 되는 것이다."

(食者, 取兩物相倂爲一)

"식자(食者), 취양물상병위일(取兩物相倂爲一)", 여기에서 "물(物)"은 물질의 물이 아닙니다. 고문에서 말하는 물(物)은 대부분 물질을 말하는 것이 아니라 어떤 "것"을 가리킵니다. 두 가지 어떤 것이 합해서 하나가 되는 것이지요. 비유하자면 밀가루와 물을 섞어서 만두가 되는 것과 같습니다.

이렇게 두 가지 어떤 것이 합해서 하나가 되는 것을 『참동계』에서는 수은과 납으로 비유하는데, 이어지는 주운양 조사가 그에 대해 설명합니다.

'납과 수은 같은 평범한 약을 빌려서 성과 명의 진실한 종자를 교묘히 비유하였다."

(蓋假鉛汞凡藥, 巧喩性命眞種)

"개가연홍범약(蓋假鉛汞凡藥), 교유성명진종(巧喩性命眞種)", 여기에서 가(假)는 빌린다(借)는 뜻으로, 납과 수은을 차용한다는 말입니다. 수은

〔汞〕은 흩어지고 움직이는 성질입니다. 그런데 납〔鉛〕을 만나면 그 성질이 사라지고 모여서 움직이지 않게 되지요. 이것은 물질 작용입니다. 이 홍(汞, 수은)은 어떤 때는 용(龍)이라고도 불리는데 용이든 홍이든 모두 대명사로서 일종의 비유입니다. 용은 변화무쌍합니다. 사라졌다가 나타나는 것이 신묘해서 짐작조차 할 수 없지요. 이것은 우리의 정신, 사유 작용을 비유합니다. 연(鉛, 납)은 호랑이로 상징됩니다. 불법을 공부하는 사람들은 모두 마음을 청정하게 해야 한다고 생각하지만 잘 되지 않는 것이 문제이지요. 오로지 여러분의 기(炁)를 제복(制伏)해서 후천적 호흡의 기(氣)가 없어지고 선천의 태식(胎息)으로 돌아가야 합니다. 이때 마음이 움직이지 않아 마치 수은이 납을 만난 것처럼 됩니다. 그래서 도가에서는 납과 수은의 물질적 성질을 차용해서 성(性)과 명(命)을 비유했습니다. 또 성과 명을 어떻게 배합해야 금단을 결성하는가 하는 수행 공부법을 성명쌍수라고 합니다.

"솥과 화로의 겉모습을 빌려서 몸과 마음의 변화의 기틀을 방통한다."

(借鼎爐外象, 旁通身心化機)

"차정로외상(借鼎爐外象), 방통신심화기(旁通身心化機)", 도가에서는 늘 솥과 화로를 말하는데, 이는 화학의 가열 도구(보일러) 같은 것입니다. 도가는 솥과 화로의 모습을 차용해서 성과 명의 원리를 설명합니다. 우리 몸과 마음이 곧 솥과 화로 같다는 것이지요. 이런 비유는 매우 좋습니다. 도가에서는 우리 몸에서 진행되는 생리 작용이 일종의 화학적 보일러와 같다고 합니다. 소고기든 채소든 해물이든 어떤 음식물도 먹으면 흡수가 되어 생명을 유지합니다. 그래서 솥과 화로와 같다고 비유하는 것이지요. 우주도 거대한 화학적 보일러라고 할 수 있습니다. 우리의 생명은 우주에 비

하면 아주 작은 화학적 보일러일 뿐입니다.

"유형으로써 무형을 나타내니 이것이 곧 복식의 핵심적 종지이다."
(以有形顯無形, 乃是伏食宗旨)

"이유형현무형(以有形顯無形)", 유형의 현상을 통해 무형의 작용을 표현한다는 말입니다. 형이상의 것은 무형이라서 보려고 해도 보이지 않습니다. 다만 유형의 사물 현상으로 비유해서 그 무형의 작용을 나타낼 뿐이지요. 주운양 조사는 이것이 바로 복식의 핵심적 종지 즉 "내시복식종지(乃是伏食宗旨)"라고 말합니다.

"궁극적으로 띠풀을 태우고 불을 다루는 것은 일체 방문이 가차할 수 있는 것이 아니다."
(究非燒茅弄火, 一切旁門, 可得而假借也)

"구비소모롱화(究非燒茅弄火), 일체방문(一切旁門), 가득이가차야(可得而假借也)", 전적으로 외단 단련만을 가리키는 것은 아니라는 말입니다. 도가의 외단은 곧 약물 화학으로서, 그것을 "띠풀을 태우고 불을 다루는(燒茅弄火)" 것이라고 합니다. 주운양 조사는 이 복식 편의 진정한 핵심은 결코 화학 작용을 설명하는 데 있지 않다고 주장합니다. 정통 도가에서는 화학 약물의 단련은 도가의 한 분파로 인정합니다. 그리고 이런 약물 단련은 방문(旁門)들이 함부로 빌려 쓸 수 있는 것은 아니라고 생각합니다. 지금 말하고자 하는 것은 도가의 정도(正道)인 정문(正門)이지 방문(旁門)이 아닙니다. 우리는 도가의 가장 핵심적인 구절을 늘 언급하는데 바로 다음 구절입니다.

> "최상의 약물 세 가지는 바로 신과 기와 정이다."
>
> (上藥三品, 神與氣精)

"상약삼품(上藥三品), 신여기정(神與氣精)", 진정한 장생불로의 약물은 단 세 가지로, 그것은 외약(外藥)도 아니고 식물도 아니고 광물도 아닙니다. 바로 자기 자신의 본래 생명인 정기신(精氣神)입니다. 그런데 이 세 가지 약물은 각각 흩어져서 존재할 뿐 하나로 합쳐지지 못했습니다. 만약 진정으로 이 약물을 단련해서 하나로 결합할 수 있다면 질병을 치료할 수 있지요. 어떤 질병을 치료할 수 있을까요? 바로 죽음의 질병을 치료합니다. 여러분이 이 약을 복용한다면 죽지 않게 됩니다. 이 약물은 어디에 있을까요? 바로 우리의 생명, 몸과 마음속에 내재합니다. 그러니 우리는 이것을 어떻게 단련할 것인가만 생각하면 됩니다. 그것을 주운양 조사는 이렇게 설명합니다.

> "약물은 화로 속에 있으니 반드시 진화를 써서 단련해야 한다."
>
> (藥在爐中, 須用眞火煉)

"약재로중(藥在爐中), 수용진화련(須用眞火煉)", 단약은 평범한 불로 단련해서는 안 됩니다. 오직 진정한 불인 진화(眞火)로만 단련할 수 있습니다. 그렇다면 진화란 무엇일까요?

> "그래서 말편[207]에서 다시 화로와 불의 일을 말하였다."

---

207 말편(末篇)이란 『참동계』 하편의 제32 정로묘용장(鼎爐妙用章)과 제33 화후전공장(火候全功章)을 가리킨다.

"고말편우운(故末篇又云), 노화지사(爐火之事)", 이 장이 화로와 불 그리고 단련 방법을 설명했다는 말입니다.

제9 "양현합체장(兩弦合體章)"은 『참동계』 상편 중에서 복식을 설명하는 하권의 시작입니다.

제9[208] 兩弦合體章양현합체장

火記不虛作화기불허작, 演易以明之연역이명지. 偃月法爐鼎언월법로정, 白虎爲熬樞백호위오추. 汞日爲流珠홍일위류주, 靑龍與之俱청룡여지구. 擧東以合西거동이합서, 魂魄自相拘혼백자상구.

上弦兌數八상현태수팔, 下弦艮亦八하현간역팔. 兩弦合其精양현합기정, 乾坤體乃成건곤체내성. 二八應一斤이팔응일근, 易道正不傾역도정불경.

화기는 헛되게 지어진 것이 아니라 역의 원리를 발전시켜 설명한 것이다. 언월은 화로와 솥을 본받았고 백호는 볶고 끓이는 중추가 된다. 홍일은 유주이다. 청룡이 함께하여 동쪽을 들어 서쪽과 합함으로써 혼과 백은 스스로 서로 구속한다.

상현의 태괘는 수가 팔이고 하현의 간괘도 수가 팔이니 양 현이 그 정을 합하면 건괘와 곤괘의 체상이 이루어진다. 팔 들을 더하면 한 근의 수가 되니 역의 도가 바르게 되어 기울지 않는다.

---

208 주운양 조사는 『참동계』를 상편, 중편, 하편으로 구분하고 상편을 다시 상권 중권 하권으로 나누었다. 상편에는 모두 열다섯 장이 있는데, 제9장부터가 하권에 속한다. 이 제9장부터 제 15장까지를 복식에 대한 설명이라고 보는 것이다.

주운양 조사는 제9장을 "양현합체장(兩弦合體章)"이라고 했습니다. 양현(兩弦)이란 상현과 하현으로서 한 달 중에서 전반 십오 일과 후반 십오 일을 가리킵니다. 달과 태양의 운행과 변화로써 우주를 설명하는 것이지요. 우주란 무엇인가요? 바로 시간과 공간의 명칭입니다. 우주 만유의 본체는 허공입니다. 이 허공이 드러내는 현상에서 가장 거대한 것이 태양과 달입니다. 『삼국지연의』에 나오는 관운장의 기다란 칼의 칼날이 반달처럼 되어 있어서 "청룡언월도(靑龍偃月刀)"라고 부릅니다.

『역경』과 음양오행으로 하는 설명은 복잡합니다. 주운양 조사는 제9장의 내용을 다음과 같이 말합니다.

"이 장은 바로 금과 수 양현의 기를 가리킨다. 앞에서는 나뉘어 있다가 뒤에서는 합쳐지는 (달의 변화 현상이) 진정한 약물이라는 것을 사람들에게 보여준다."

(此章, 直指金水兩弦之炁, 先分後合, 示人以眞藥物也)

"차장(此章), 직지금수양현지기(直指金水兩弦之炁)", 이 장은 금(金)과 수(水) 양현의 기를 말하는데, 여기서 "양현지기(兩弦之炁)"라는 것은 무엇일까요? 어째서 달을 말하는 것일까요? 또 금과 수는 무엇을 나타내는 것일까요? 주운양 조사는 "선분후합(先分後合), 시인이진약물야(示人以眞藥物也)" 즉 앞에서는 나뉘어 있다가 뒤에서는 합쳐지는 달의 변화 원리를 안다면 수도 공부의 이치를 깨달을 수 있다고 말합니다. 따로 어지럽게 찾아다닐 것도 없습니다. 도(道)는 자신의 생명 속에 존재하기 때문입니다. 장생불로의 약물은 우리 생명에 내재해 있습니다. 이것이 주운양 조사의 말입니다. 이제 『참동계』 본문으로 돌아가겠습니다.

화기는 헛되게 지어진 것이 아니라 역의 원리를 발전시켜 설명한 것이다.

火記不虛作, 演易以明之.

『화기(火記)』라는 책은 사고전서(四庫全書)를 다 뒤져도 찾을 수 없습니다. 바로『참동계』를 말하기 때문입니다. 화(火)는 생명의 불빛으로 신광(神光)입니다. 그래서『화기』라고 부릅니다. 주운양 조사는 주해에서 "화기육백편(火記六百篇)"이라고 하지만 사실 육백 편이나 되지는 않습니다. 이 말에는 숨은 뜻이 있는데 나중에 다시 연구해 보겠습니다.

『참동계』의 저자 위백양 진인을 화룡진인(火龍眞人)이라고 부르는 이유도 여기에 있습니다. 저자의 이 책이야말로 오랜 세월 동안 단경(丹經)의 비조로 후대의 모든 신선의 도는 다 여기에 근거하고 있지요. "화기불허작(火記不虛作)"이라는 말에는 이 책이 공허한 이론이 아니라는 뜻이 담겨 있습니다. 이 법칙은 "연역이명지(演易以明之)" 즉 역의 원리를 발전시켜 설명한 것입니다. 『역경』의 이(理) 상(象) 수(數) 원리를 제대로 알고 난 후에야 이것이 우주의 대법칙임을 깨닫게 됩니다.

방위를 나타내는 청룡 백호 현무 주작

언월은 화로와 솥을 본받았다.

偃月法爐鼎.

"언월(偃月)"은 앞에서도 소개했지요? 십이벽괘 도표는 제가 수시로 사용하는 것입니다. 앞에서 말했던 오 일을 일 후라고 한다든가 이십사절기

등이 그것이지요. 초사흘에 뜨는 달을 초승달이라고 하는데 이것이 언월입니다. "법로정(法爐鼎)"은 화로에서 어떻게 불이 처음으로 피어나는지를 말합니다. 화로 위에는 솥이 걸려 있는데 단약을 단련하는 데 쓰이지요. 따라서 초승달은 단약을 단련할 불기운이 화로에서 처음 일어나는 것을 나타냅니다. 몸에서 양기가 회복하는 것을 상징적으로 표현한 것입니다.

백호는 볶고 끓이는 증추가 된다.

白虎爲熬樞.

어째서 또 백호니 청룡이니 하는 것이 등장할까요? 중국 음양가와 도가의 이런 수단은 함부로 아무렇게나 말한 것이 아니라 이치에 맞는 것입니다. 그러므로 음양오행과 팔괘의 원리를 전부 잘 알아야 도가를 이해할 수 있습니다.

도가의 그림을 보면 늘 현무(玄武)는 북방입니다. 현무는 때로 오귀(烏龜) 즉 검은 거북이로 대체할 때도 있습니다. 주작(朱雀)은 한 마리 새로 그려집니다. 그런데 왜 검은 거북이, 나는 새, 흰 호랑이, 푸른 용일까요? 이것은 모두 고대 천문학에서 나온 개념입니다. 현대적으로 말하면 종교적 신화가 천문학에 배합되어 있다고 할까요? 이런 것은 중국뿐 아니라 서양도 마찬가지입니다. 서양 천문학에서 보면 사자좌니 천칭좌니 하는 것이 바로 이와 같은 원리입니다.

서양 천문학의 관점에서 보면 한두 해 후에는 서양 천문학의 신비주의에서 말하는 보병궁(寶瓶宮) 즉 물병자리에 진입합니다. 보병궁 시대는 인류의 사상이 수도 공부와 신비주의를 좋아하게 되어 정좌나 부직, 주문 등을 하는 사람이 많아지고 특히 밀종을 닦는 것에 관심을 갖는다고 합니다. 그러므로 우리 세대 특히 청년들은 모두 보병성(寶瓶星)으로서 월광보합

(月光寶盒)에서 방출하는 성물(聖物)과도 같은 것이 이 시대의 기운이요 운세입니다. 백호는 서방에 있습니다. "백호위오추(白虎爲熬樞)"는 백호가 볶고 끓이는 중추가 된다는 의미입니다.

홍일은 유주이다.

汞日爲流珠.

"홍일(汞日)"은 바로 태양입니다. 태양 빛이 방사하는 것은 마치 수은 [汞]이 "유주(流珠)" 즉 구슬이 흩어지듯 움직이는 것과 같다는 비유이지요. 태양은 우리의 본성이 본래 청정한 광명과 같다는 상징입니다. 불경에서는 항상 본성을 둥글고 밝고 청정하다는 뜻에서 원명청정(圓明淸淨)으로 표현합니다. 도가에서는 이렇게 쓰지는 않지만 태양으로 본성을 비유한다는 점에서는 같습니다. 밀종과 도가도 별로 차이가 없습니다. 밀종의 대일여래(大日如來)인 비로자나불(毗盧遮那佛)이 바로 홍일(汞日)과 같은 뜻이지요. 그런데 이 태양의 광명은 마치 수은처럼 사방으로 흩어지기 때문에 한 곳으로 모으고 집중하기가 어렵습니다.

청룡이 함께하여 동쪽을 들어 서쪽과 합한다.

青龍與之俱, 擧東以合西.

"청룡여지구(靑龍與之俱), 거동이합서(擧東以合西)", 청룡은 동방에 있습니다. 동방이 있다면 서방도 있게 마련이지요. 달은 어떻게 빛날까요? 태양이 달과 반대쪽에 있고 지구는 그 사이에 있기 때문에 태양이 달에 비추는 빛을 막기도 하고 열기도 합니다. 지구가 태양에서 달로 비추는 빛을 막지 않으면 달이 그 빛을 받아 지구로 반사함으로써 지구에서 달빛을 볼

수 있습니다. 하지만 매월 말과 초에는 태양이 달에 비추는 빛을 지구가 차단하므로 달이 태양 빛을 흡수할 수 없습니다. 그래서 지구에서 볼 때 달이 캄캄해서 보이지 않는 것입니다. 초사흘이 지난 후에야 지구가 조금 비켜주어서 달의 일부분이 태양 빛을 반사하게 됩니다. 이것이 바로 초승달이지요.

혼과 백은 스스로 서로 구속한다.

魂魄自相拘.

예로부터 태양 빛을 반사하는 달빛을 '재생백(再生魄)'이라고 합니다. 재생한 백(魄)이라는 말이지요. 재생했다는 것은 태양 빛이 달에 비쳐 다시 반사되었다는 뜻입니다. 그래서 태양 빛은 혼(魂)이고 달빛은 백(魄)으로 나타냅니다. 이것은 우리 생명에 혼과 백이 있음을 비유합니다. 혼은 정신을 의미하고 백은 신체 활동을 가리킵니다. 이 혼과 백이 어떻게 응집할 수 있을까요? "자상구(自相拘)", 스스로 합쳐 일체로 변합니다. 문자로는 그런 뜻이지만 이것이 수도 공부를 하는 사람들과는 어떤 관계인지는 알 수 없습니다. 그렇습니까?

『참동계』를 연구하는 데 주운양 조사의 주해는 매우 중요하므로 반드시 공부해야 합니다. 제가 보기에 여러분의 학문은 송대의 주희를 넘어서지 못합니다. 그런데 주희도 십 수 년 동안 『참동계』를 연구한 끝에 "막법도(莫法度)"라고 했습니다. 어떻게 할 방법이 없다는 말이지요. 그는 스스로 이 학문에 항복할 수밖에 없음을 인정했습니다. 주희는 자신의 학생에게 편지를 써서 말하기를, 신선의 도를 닦고 싶은데 방법이 없다고 했습니다. 물론 그는 겸손하지도 않았고 스승을 찾고자 하지 않은 탓도 있습니다. 사실 주희가 살았던 복건성의 무이산(武夷山)에는 신선인 백옥섬도 살고 있었지요. 그는 도가 남종의 제5대 조사였습니다.

이 고사는 앞에서 이미 여러분에게 말했지요. 후세에 백옥섬은 조사(祖師)로 받들어졌습니다. 그가 신선도를 성취했다는 뜻이지요. 백옥섬이 생존했던 당시에는 그가 신선이 되었다는 사실을 사람들이 믿지 못했습니다. 그래서 주희도 백옥섬에게 가서 가르침을 청하지 못했지요. 주희 스스로 『주역참동계』를 연구하고는 자신의 이름을 감추고 공동도인(空同道人) 추흔(鄒訢)이라고 하여 주해를 지었습니다. 주해를 짓기는 했지만 자신은 『참동계』를 잘 이해할 수 없었다고 인정한 셈입니다. 그러나 우리가 지금 읽고 있는 『참동계천유』를 보면 주운양 조사는 『참동계』에 정통했음을 알 수 있습니다.

반 근 여덟 냥이 상징하는 것

자, 『참동계』 제9장 두 번째 단락을 보겠습니다.

상현의 태괘는 수가 팔이고 하현의 간괘도 수가 팔이니 양현이 그 정을 합하면 건괘와 곤괘의 체상이 이루어진다. 팔 둘을 더하면 한 근의 수가 되니 역의 도가 바르게 되어 기울지 않는다.

上弦兌數八, 下弦艮亦八. 兩弦合其精, 乾坤體乃成. 二八應一斤, 易道正不傾.

여러분, 이 글이 무슨 뜻인지 아시겠습니까? 여기에 계신 분들은 매일 중국 문화를 말하고 있는데, 이것이 바로 중국 문화입니다. 한 근의 무게는 열여섯 냥이니 반 근은 여덟 냥입니다. 여덟 냥에 다시 여덟 냥을 더하면 한 근이 됩니다. 중국인의 욕 중에서 반근팔냥(半斤八兩)이라는 말이 있지요?

물통에 물이 가득차면 소리가 나지 않습니다. 그런데 반만 차면 출렁출렁 밖으로 소리가 나지요. 이런 사람을 비난할 때 쓰는 욕입니다. 이것을 수도 공부의 원리로 말하면 이렇습니다. "이팔(二八)"은 반 근 둘을 합한 것입니다. 정신을 상징하는 성(性)이 반 근이고 육체를 상징하는 명(命)이 반 근이니 성과 명을 합치면 한 근이 됩니다. "역도정불경(易道正不傾)", 역(易)의 도는 기울지 않고 바르게 하는 것으로, 이렇게 반 근과 반 근을 합쳐 한 근이 되면 역(易)의 도가 바르게 됩니다.

원문을 보면 "상현태수팔(上弦兌數八)" 즉 상현(上弦)은 수가 팔입니다. 초사흘 달이 언월이라는 것은 여러분도 다 알지요? 초사흘 저녁에 서쪽 하늘을 보면 초승달이 떠 있습니다. 그런데 여기에 닷새를 더하면 초팔일이 됩니다. 초팔일 저녁에는 달이 남쪽 하늘에서 떠오릅니다. 이 달을 상현달이라고 합니다. 마치 둥그런 떡을 반 잘라놓은 것 같은 형상이지요. "현(弦)"이란 평평한 활 모양이기도 합니다. 이 형상을 역의 괘상으로 보면 태괘(兌卦 ☱)에 해당합니다. 태괘를 보면 초효와 이효가 양효이고 삼효는 음효입니다. 양효는 달빛이 빛나는 모습이고 음효는 달의 검은 그림자이지요. 태괘의 형상이 절반은 빛나고 절반은 그림자가 드리운 상현달의 형상과 같습니다.

문왕의 후천팔괘 그림을 보면 건괘(乾卦)는 서북방, 감괘(坎卦)는 북방, 간괘(艮卦)는 동북방, 진괘(震卦)는 동방, 손괘(巽卦)는 동남방, 리괘(離卦)는 남방, 곤괘(坤卦)는 서남방, 태괘(兌卦)는 서방에 위치해 있습니다. 이 후천팔괘의 그림은 상현달을 말합니다. 이 상현달이 태괘에 해당하며 초팔일의 달입니다. 앞으로 며칠을 더해서 십오 일, 십육 일이 되면 둥근 보름달이 되지요. 보통 십오 일이 보름달이라고 알지만 참으로 둥근달이 되려면 십육 일이 되어야 합니다. 여러분도 자세히 관찰하면 알 수 있습니다. 여기에서 다시 팔 일이 지나 음력 이십이 일이 되면 달이 동북방에서 나타납니다. 이때 달은 상반이 빛나고 하반은 검은 형상입니다. 바로 『역경』의 간괘(艮卦 ☶)와 같은 형상이지요. 간괘는 삼효가 양효이고 초효와 이효는 음효입니다. 바로 하현달을 형상한 것입니다.

"양현합기정(兩弦合其精)"은 어떤 뜻일까요? 상현은 양기(陽氣)에 속하고 하현은 음기(陰氣)에 속합니다. 상현은 음 중의 양이며, 하현은 양 중의 음으로서 상현의 수 팔과 하현의 수 팔을 합하면 한 근이 됩니다. 상현과 하현의 정화(精華)를 합쳐서 건곤과 음양이 몸을 합해 성명쌍수가 이루어집니다. 한 근이 되면 원만합니다. 그렇게 해서 "건곤체내성(乾坤體乃成)"이 됩니다. 건괘와 곤괘의 몸이 이루어지는 것이지요. 불가에서 말하는 것도 마찬가지입니다. 부처님은 크기가 장륙(丈六)의 금신(金身)이라고 하지 장팔(丈八)의 금신이라고는 하지 않습니다. 바로 이팔이 십육이기 때문입니다. "이팔응일근(二八應一斤), 역도정부경(易道正不傾)"의 원리입니다. 즉 이팔이 한 근에 응하면 역도가 기울지 않고 바르게 된다는 뜻입니다.

그렇다면 상현과 하현은 무엇을 상징할까요? 정신이 또렷한 대낮은 상현달과 양기를 상징하고, 졸음이 오는 한밤중은 하현달과 음기를 상징합니다. 이것은 생리 현상입니다. 심리도 마찬가지이지요. 정서가 불안정하면 영원히 원명청정한 무념의 경지에 도달할 수 없습니다. 도달할 수 있다면 그 사람은 금단과 합일이 이루어진 사람입니다. 비유하면 우리가 젊어서는 정신이 왕성한데 이것은 상현달입니다. 정신이 가장 왕성한 것은 십오 일 혹은 십육 일의 보름달로서 중년의 나이에 해당합니다. 옛사람의 시에 이런 것이 있습니다. "달은 십오 일이 지나면 빛을 잃고, 사람은 중년 이후에는 만사가 그만이다〔月到十五光明少, 人到中年萬事休〕." 오늘날 어떤 사람은 인생은 칠십부터라고 하는데, 제가 보기에 몇 년 지나면 인생은 팔십부터라고 큰소리칠 것 같습니다. 그러나 사실 중년에 이르면 내리막길입니다.

자신의 생명을 내리막길에서 되돌릴 수 있을까요? 도가의 설법에 따르면 자신의 성명(性命)은 스스로 제어할 수 있습니다. 여러분도 그 방법을 안다면 자신의 생명을 되돌려 장생불로할 수 있습니다. 장사해서 돈도 많이 벌고, 무슨 국회의원도 하고 싶고, 또 신선이 되어 장생불로할 수 있으면 좋겠지요. 그러나 그것은 불가능합니다. 인생은 욕심대로 다 이룰 수 있는 것이 아닙니다.

제38강

상현 반 근 하현 여덟 냥

제가 이렇게 강의하는 것은 일반 청년들이 좀 더 쉽게 이해할 수 있도록 하기 위해서입니다. 여러분도 강의 듣기가 쉽지 않겠지만 저도 강의하기가 어렵기는 합니다. 여러분 중에 중국 전통 문화에 대한 기초가 없는 분이 많기 때문이지요. 우리가 원문을 잘 이해하려면 주운양 조사의 주해를 읽고 해석할 필요가 있습니다. 자, 주운양 조사의 주해는 다음과 같습니다.

"이 절은 양현의 기를 합하여 단을 이루는 것을 말한다."

(此節言, 兩弦之炁, 合而成丹也)

한 달의 앞 절반은 상현이고 뒤 절반은 하현으로 이를 양현이라고 합니다. 이렇게 달의 변화 현상을 빌려 우리의 생명이 몸과 마음 각각 절반을 합해 온전한 하나가 됨으로써 도(道)를 이루는 것을 비유하고 있습니다. 우리처럼 도를 닦고 불학을 연구하는 사람들은 몸과 마음이 균형 잡혀야

하는데, 이는 일반적으로 말하는 균형은 아닙니다. 몸의 균형이 이루어지면 호흡의 기(氣)가 완전히 정지하는데, 불가에서는 이를 기주맥정(氣住脈停)이라고 합니다. 기의 흐름이 멈추고 맥이 정지하는 선정에 도달하는 공부입니다. 선정이 반드시 득도(得道)인 것은 아닙니다. 선정은 도가의 명공(命功)에 속하는데, 앞서 말한 것처럼 기주맥정의 경지에 이르면 심장과 맥박마저 정지하게 됩니다. 이것이 바로 명공의 성취이지요. 이는 선정 공부에서도 마찬가지입니다. 비단 불가에만 있는 것이 아니라 도가에도 있고 다른 종교에도 있습니다.

성공(性功)은 다릅니다. 성공이란 일념도 일어나지 않는 청정하고 원명(圓明)한 경지로 이것이 성공의 성취입니다. 이렇게 명공을 성취하는 것은 절반의 성취이고, 또한 성공을 성취하는 것도 절반의 성취입니다. 이 양자가 합쳐져 하나가 되어야 비로소 단(丹)을 이룰 수 있습니다. 쉽게 말하면 생리적 측면 절반과 심리적 측면 절반입니다. 그래서 정통 도가에서는 불교를 평가해서 단지 심성(心性)에 대한 측면, 즉 절반만 존재한다고 했습니다. 또 도가 역시 생리적 측면 즉 절반에만 치우쳤다고 비판했습니다. 각각 절반에 치우쳐 온전하지 않다고 본 것이지요.

"진경으로부터 한 점의 초승달이 나아가 일양이 된다."

(自震庚一點偃月, 進至一陽)

"진(震)"은 『역경』의 진괘(震卦 ☳)로서 우레를 상징합니다. 이 괘는 아래 초효에서 일양(一陽)이 막 발생한 형상이지요. 이것은 음력 초사흘날 저녁에 떠오른 달의 모습입니다. 이 괘를 도안으로 그려 보면 밑에는 가로로 밝고 굵게 그리고 그 위는 어둡게 그려서 달이 막 나타나는 모습을 표현하는데 이것이 진괘의 형상입니다. 그러면 왜 "경(庚)"이라고 할까요?

이것은 납갑(納甲)을 말하는데 예전에는 음양 납갑을 배우면 외웠습니다. 음양을 배우는 것은 매우 힘들었는데 왜 진납경(震納庚)일까요. 납(納)은 귀납이라는 뜻이고 경(庚)은 서방(西方)을 나타냅니다. 오행으로는 금이지요. 이 말은 매달 초사흗날, 달이 막 일양을 회복하고〔震〕, 초승달〔偃月〕이 저녁에 서방에서 나타나고, 경(庚)이 서방에 속하니 "진경(震庚)"이라고 한 것입니다.

"곧 상현달이 태괘에 속하며 그 괘기는 납정이다."

(便屬上弦之兌, 其卦氣納丁)

이것은 초사흘 진괘에서 나아가 태괘(兌卦 ☱)에 이르면 초팔일이 됩니다. 달의 아래 절반이 빛나고, 반달이 정남(正南)에서 나타납니다. 남쪽은 병정(丙丁) 화(火)에 속하고, 납갑은 정(丁)이며 괘기(卦氣)는 "납정(納丁)"입니다. 매달 음력 초팔일 저녁에 남쪽에서 반달이 떠오르는 것을 상징적으로 표현한 것이지요. 사람이 지상에서 천문 기구를 사용하지 않고 눈으로 볼 수 있는 태양과 달의 현상을 말합니다. 『역경』에 대상(大象)이라는 명칭이 있는데 아주 큰 하나의 현상이 천문에 걸려 있어서 사람이 보도록 합니다.

여러분이 이 현상을 이해하면 우주의 법칙, 태양계의 법칙을 이해할 수 있습니다. 또 우리 생명에서 생리와 심리의 법칙도 이해할 수 있지요. 아무 의미 없이 괘기(卦氣) 납갑(納甲)의 기호를 사용하는 것이 아닙니다. 서방은 경신(庚辛), 남방은 병정(丙丁)이라고 하는 것은 모두 그에 합당한 이유와 원리가 있습니다. 이것을 다 말하자면 천간과 지지에 대해 반년은 얘기해야 합니다. 너무 번잡하니 여기서는 단지 소개하는 정도에서 그칩니다.

"이때 수 가운데 금을 잉태하니 백 가운데 혼이 절반이다. 소위 상현에 금이
반 근이라는 것이다."

(此時水中胎金, 魄中魂半, 所謂上弦金半斤也)

또 문제가 생겼습니다. "수중태금(水中胎金)"은 무슨 뜻일까요? 금(金)
은 서방의 경신금(庚辛金)입니다. 도가에서 말하는 금의 특성은 불가에서
말하는 명심견성을 나타내는데, 성(性)은 본성을 뜻합니다. 왜 "수중태금"
이라고 할까요? 매월 말 음력 이십팔 일부터 닷새 동안은 달빛이 사라집
니다. 그믐달로 캄캄해지지요. 이때 달은 북방에 있습니다. 북방은 오행에
서 수(水)에 속하는데 이 수는 다양한 영향을 미칩니다. 『하락이수(河洛理
數)』라는 책에는 "천일생수(天一生水)"가 나오지요. 수(水)는 방위로는 북
방이고, 오행의 상생 원리에 의하면 금이 수를 낳는 금생수(金生水)입니
다. 이 책은 현대의 과학 철학적 관점에서도 해석이 가능한데, 천(天)은 추
상적 개념인 동시에 우주 만유의 본래부터 있는 생명의 근원이기도 합니
다. 천은 만유의 본체로서 만물을 형성하는 작용을 합니다. 그 첫 번째 작
용이 액체가 나오는 것이어서 천일생수입니다. 천(天)이 첫 번째로 수(水)
를 낳는다는 말이지요. 수(水)는 어디에서 올까요? 금생수입니다. 금은 본
성을 상징합니다. 즉 정신세계로부터 물질세계로 변화하는 작용 과정에서
액체가 먼저 나오게 되는 것을 금생수라고 합니다.

혼과 백, 심장과 신장

인간의 생명은 "백중혼반(魄中魂半)" 즉 백(魄) 가운데 혼(魂)이 반입니

다. 중국의 전통 의학서에 따르면 백(魄)은 폐 속에 있습니다. 폐는 호흡 기관으로 잠을 잘 때도 폐의 호흡 작용이 계속되기 때문에 우리는 죽지 않지요. 잠을 잘 때는 꿈도 꾸게 되는데, 왜 꿈을 꾸는 것일까요? 혼과 백이 하나로 결합되어 있지 않아서 영혼이 출규(出竅)할 때 백과 결합되지 않는 것입니다. 그렇다면 꿈을 꾸지 않을 때 혼은 어디에 있을까요? 신장은 수(水)와 관련되어 있습니다. 신장은 단지 허리 양쪽에 있는 신장뿐 아니라 온몸의 호르몬 계통이 모두 신장에 포함되지요. 심장은 화(火)에 속하고 신장은 수(水)에 속하므로 수와 화가 서로 화합하고 심장과 신장이 서로 교섭하면 혼이 몸 안에 머물기 때문에 꿈도 꾸지 않고 깊은 잠을 잘 수 있습니다. 수와 화가 서로 교섭하지 않을 때 혼은 신체를 떠나게 됩니다. 그래서 중국 신화에서는 꿈을 꾸는 것을 영혼이 정수리 위로 나와 밖에서 돌아다니는 것으로 묘사합니다.

일반적으로 도가에서는 이런 현상을 '출음신(出陰神)'이라고 합니다. 음신이 나오는 것이라고 합니다만 실제로는 영혼이 출규하는 것이지요. 병리학적으로 말하면 적어도 몽유병에 해당하거나 심하면 이혼증(離魂症)이 될 수 있습니다. 이혼증은 매우 희귀한 경우인데 현대 의학으로 말하면 정신분열증과 유사합니다. 이런 증세가 나타나면 "소위상현금반근(所謂上弦金半斤)" 즉 상현에 금(金)이 반 근이라고 해서 백(魄) 가운데 혼(魂) 절반이 몸을 떠나는 현상이 발생합니다.

여러분, 불가를 공부하든 도가를 공부하든 정좌 수련을 해서 선정의 경지에 도달하면 호흡이 고요해지면서 기주맥정에 접어듭니다. 신체의 기경팔맥이나 임독 이맥이 모두 통하는 것은 더 말할 것도 없지요. 기맥이 모두 통하기 때문에 기가 운행을 멈출 수 있습니다. 기맥이 막혀서 통하지 않는다면 기주맥정의 경지는 말할 수 없습니다. 그런데 수도 공부가 일정한 경지에 이르지 않았는데도 스스로 기주맥정인 것처럼 느낀다면 틀림없이 호흡 계통에 문제가 생긴 것입니다. 코가 막혀서 숨이 통하지 않는 것을 득도했다고 말할 수는 없지요. 진정으로 기맥이 통하면 매우 편안하고 고요하며 눈을 뜨거나 감거나 광명이 환하게 비추는 현상이 나타납니다. 보름달처럼 둥근 빛이 훤히 비치는 것이지요. 사람들은 이것을 득도(得道), 오도(悟道)의 경지라고 오인합니다. 선종의 조사들이 다음과 같이 말한 경지라고 착각하는 것이지요. "마음의 달이 홀로 걸렸으니 그 빛이 만상을 삼키네[心月孤懸, 光呑萬象]." 그러나 이것은 도를 깨달은 경지도 아니고 선종의 조사가 말한 경지도 아닙니다.

이 "백중혼반"은 생명의 사대인 지수화풍이 안정되어 생리적으로 기주맥정이 이루어지면서 보름달처럼 둥근 광명이 발광하는 현상이 생기는 것입니다. 도가에서는 이것을 명공(命功)이라고 하지요. 아직 진정한 도의 깨달음이나 성취는 아닙니다. 이 경지에서 발광하는 둥근 광명 역시 진정한 단(丹)은 아닙니다. 이 경지는 괜찮기는 하지만 여전히 도는 아닙니다. 성공(性功)이 아직 이루어지지 않았기 때문이지요. 마음은 청명하고 몸도 어떤 걸림이 없으며 달이 떠오른 것 같은 경지이기는 하지만 여기에서 진일보하면 달이 태양으로 변할 수 있습니다. 청량한 음(陰)의 경지의 달이 태양의 따뜻한 경지로 변할 수 있다는 말입니다. 이것이 명공에 속하는 사대(四大)의 변화입니다.

그런데 청명한 달의 경지와 태양의 따뜻한 경지를 알 수 있는 본성이 바로 성공(性功)에 속합니다. 불가에서는 명공(命功)에는 지혜가 있지 않다고 말합니다. 이렇게 명공과 성공을 하나로 하는 것이 바로 성명쌍수의 원리입니다. 아! 저는 힘들게 여기까지 이야기를 해 왔고 여러분은 더 힘들게 듣고 있습니다만, 진행하면 할수록 뭔가 분명하지 않다고 느낄 수도 있습니다. 그래도 이런 원리와 지식이 있다는 것만 알면 됩니다. "백중혼반"에 대해서는 여기까지만 얘기하지요. 정말 설명하기가 쉽지 않습니다. "소위상현금반근야"라는 말에서 금(金)은 성(性)을 상징하고, 상현을 금의 무게로 계산하면 반 근에 해당한다는 뜻입니다. 다음 설명으로 넘어가겠습니다.

"만약 거꾸로 해서 얻는다면 수가 반 근이라고 해도 좋다. 그러므로 (참동계에서) '상현의 태괘는 수가 팔'이라고 하였는데, 손신으로부터 한 점의 유주이다."

(如顚倒取之, 亦可云水半斤, 故曰, 上弦兌數八, 自巽辛一點流珠)

"여전도취지(如顚倒取之), 역가운수반근(亦可云水半斤)", 만약 다른 기호 즉 음양오행으로 바꿔서 표시한다면 금반근(金半斤)은 수반근(水半斤)이라고 해도 좋다는 뜻입니다. 앞에서 『하락이수』라는 책에 "천일생수"라는 말이 나온다고 했지요? 우리의 본성에서 첫 번째로 생산되어 나오는 것이 바로 수기(水氣)라는 뜻입니다.

"고왈상현태수팔(故曰上弦兌數八)", 앞에서 태괘(兌卦 ☱)는 이미 설명한 바가 있습니다. 팔이라는 숫자는 반 근을 뜻한다는 것도 설명했습니다. 태괘는 그믐에서 보름까지 상반월(15일간)을 가리킵니다. 손괘(巽卦 ☴)는 검은색을 대표하고 십육 일부터 그믐까지 하반월(15일간)을 가리킵니다. 그런데 뒤의 보름은 왜 "손신(巽辛)"에 해당할까요? 신(辛)은 방위로 서방에 속합니다. 상현달은 저녁 무렵에 서쪽에서 보이고, 하현달은 해가 뜰 무렵에 서쪽에서 보입니다. 손신의 한 점 유주라는 뜻의 "손신일점류주(巽辛一點流珠)"는 광명이 유동하는 것을 말합니다.

"물러나서 이음에 이르면 하현의 간괘에 속하며 괘기로는 납병인데, 이때는 금 가운데 수가 잉태되고 혼 가운데 백이 절반이니 소위 하현달로서 수가 반 근이다."

(退到二陰, 便屬下弦之艮, 其卦氣納丙, 此時金中胎水, 魂中魄半, 所謂下弦

水牛斤也)

"퇴도이음(退到二陰)", 물러나서 음이 두 개에 이른다는 뜻으로 하반월을 가리킵니다. "변속하현지간(便屬下弦之艮), 기괘기납병(其卦氣納丙)", 하현달의 간괘에 속하며 괘기로는 납병(納丙)이라는 말로, 그때의 괘기는 정남쪽이며 천간으로는 병(丙)에 속합니다. 이때가 되면 앞에서 음력 초사흘 초승달이 진괘(震卦)였던 때에 "수 가운데 금을 잉태하니 백 가운데 혼이 절반이어서 소위 상현에 금이 반 근"인 것과는 반대로 "금 가운데 수를 잉태하니 혼 가운데 백이 절반이어서 소위 하현에 수가 반 근〔此時金中胎水, 魂中魄半, 所謂下弦水斤〕"이 됩니다. 여기까지 강의하고 잠시 쉬겠습니다. 사실 납갑(納甲)의 의미는 잘 이해하기 어렵습니다. 그런데도 여러분이 여기에 앉아 있자면 사실 이만저만 고역이 아니겠지요.

제10 金返歸性章금반귀성장[209]

金入於猛火금입어맹화, 色不奪精光색불탈정광. 自開闢以來자개벽이래, 日月不虧明일월불휴명. 金不失其重금부실기중, 日月形如常일월형여상. 金本從月生금본종월생, 朔旦受日符삭단수일부. 金返歸其母금반귀기모, 月晦日相包월회일상포. 隱藏其匡廓은장기광곽, 沈淪于洞虛침륜우동허. 金復其故性금복기고성, 威光鼎乃熺위광정내희.

금을 맹렬한 불 속에 넣어도 빛나는 금빛은 뺏을 수 없다. 우주가 개벽해서 생겨난 이래 태양과 달의 광명은 영원히 빛나고 있다. 금은 그 무게를 잃지 않으며 해와 달은 항상 그 모습이다. 금은 본래 달에서 생겨나니 초하루 새벽에 태양빛을 받아서 금이 그 어미에게 돌아간다. 그믐날에는 달이 해를 끌어안아

해의 테두리를 감추니 깊은 동굴에 빠진 듯하다. 금이 다시 본성을 회복하니 금이 화로에서 단련된 듯 더욱 빛난다.

정통 도가 이론의 중점

앞에서 여러분에게 설명한 것처럼 중요한 것은 성(性)과 명(命)의 두 경지입니다. 그 의미는 이미 제8장과 제9장에서 설명했는데 이제 제10장을 주운양 조사는 "금반귀성장(金返歸性章)"이라고 명명했습니다. 금(金)이 본성으로 돌아간다는 뜻이지요. 여기에서 여러분에게 하고 싶은 말은 불학을 공부하든 도가를 수련하든 저는 절대 학파를 구분하지 않는다는 것입니다. 저는 불학을 공부한 것도 아니고 도가를 수련한 것도 아닙니다만 제가 경험한 것을 여러분과 공유하자면, 여러분이 불학을 공부하든 도를 닦든 밀종을 배우든 현교를 공부하든 간에 정통 도가 이론에 진정으로 통하지 못하면 결국 헛공부를 하게 될 것이라는 점입니다. 수련을 하는 모든 과정에서 그 법칙을 모를 것이기 때문이지요.

정통 도가의 장점은, 여러분이 그 법칙을 통하기만 하면 공부가 어떤 경지에 도달하든 그때의 몸과 마음에 어떤 현상이 일어날지 알아서 절대 주화입마에 빠지지 않는다는 것입니다. 무협 소설에 등장하는 주화입마는 그 법칙과 원리를 몰라서 발생합니다. 만약 잘 통하고 있다면 설령 나쁜 현상이 일어나더라도 바로 알아차리고 좋은 쪽으로 변화시킬 수 있지요. 또 좋은 현상이 나타나면 더 좋은 쪽으로 이끌어 갈 수 있습니다. 이것이

---

209 제10 금반귀성장은 『참동계천유』 105면부터 112면까지이다.

제가 여러분과 공유하고 싶은 것이지요. 자, 『참동계』 제10장 원문을 보겠습니다. 첫 구절은 다음과 같습니다.

금을 맹렬한 불 속에 넣어도 빛나는 금빛은 뺏을 수 없다.

金入於猛火, 色不奪精光.

황금을 맹렬히 타오르는 불 속에 넣으면 본래 고체인 황금이 고온을 거쳐 액체로 변합니다. 액체로 변한다고 해도 다시 응결하면 여전히 황금이고 금빛도 그대로이지요. 그래서 "금입어맹화(金入於猛火), 색불탈정광(色不奪精光)"입니다. 금을 맹렬한 불 속에 넣어도 금빛은 변하지 않고 금의 본성도 불변한다는 뜻입니다. 이는 우리의 본성이 생명 과정에서, 나아가 불가에서 말하는 육도윤회를 하는 가운데서도 본성은 변하지 않음을 형용합니다.

우주가 개벽해서 생겨난 이래 태양과 달의 광명은 영원히 빛나고 있다.

自開闢以來, 日月不虧明.

"자개벽이래(自開闢以來), 일월불휴명(日月不虧明)", 이 우주의 법칙이 이렇다는 것입니다. 천지가 존재한 이래 태양과 달은 영원히 조금도 변하지 않고 저렇게 빛나고 있습니다. 우리가 어렸을 때는 천문학을 몰라서 미신을 믿었지요. 일식이나 월식이 들면 하늘의 개가 태양과 달을 먹어 버렸다고 생각했습니다. 하늘의 개가 태양을 먹었든 태양이 달에 가로막혔든, 또는 달이 지구에 막혔든 태양계가 생겨난 이래 태양과 달의 광명은 늘 이지러짐 없이 빛나고 있습니다. 방금 황금으로 우리의 본성을 상징한 것처럼, 해와 달의 광명 역시 우리 생명의 본유한 현상을 나타내지요. 태양과

달이 어떻게 변하든지 그 본성은 영원불변한다는 것입니다.

금은 그 무게를 잃지 않으며 해와 달은 항상 그 모습이다. 금은 본래 달에서 생겨나니 초하루 새벽에 태양 빛을 받는다.

金不失其重. 日月形如常. 金本從月生, 朔旦受日符.

여러 번 강조했지만 "금(金)"은 물질인 황금을 가리키는 것이 아니라 우리의 불변하는 본성을 달의 발광으로 상징합니다. 음력 초사흘에 서쪽에서 떠오르는 초승달의 빛을 금(金)으로 대표한 것이지요. 다시 말하면 "삭단(朔旦)" 즉 음력 초하루에 달은 태양의 빛을 받아서 초사흘에 출현하게 되는 것입니다. 그래서 위의 원문에서 "금본종월생(金本從月生), 삭단수일부(朔旦受日符)"라고 했습니다.

금이 그 어미에게 돌아간다.

金返歸其母.

"금반귀기모(金返歸其母)", 진심(眞心)이 모체로 돌아갑니다. 여러분이 밀종을 공부했다면 "자광과 모광이 만나서 하나가 된다[子母光明會合]"는 말을 들어보았을 것입니다. 광명에는 자광(子光)이 있고 모광(母光)도 있습니다. 태양과 달의 관계로 말하면, 달빛은 태양 빛을 반사하므로 당연히 달빛이 자광이고 태양 빛이 모광입니다. 태양이 어떻게 영원히 빛날 수 있는지는 또 다른 차원에서 말하기로 합시다. 그것은 정말 큰 문제니까요.

태양을 빛나게 하는 배후의 근원이 무엇인지는 도가는 물론 불경에서도 말하지 않았습니다. 왜 그럴까요? 그것은 불보살의 경지요 신선의 경지이기 때문입니다. 여러분이 불보살이 되거나 신선이 된 후의 경지는 또 다른 세계의 학문입니다. 그 경지에 도달한 후에야 비로소 알게 되지요. 자, 다시 한 번 보겠습니다. "금반귀기모" 즉 금이 그 어미에게 돌아간다는 것은 바로 금성(金性)이 모성(母性)인 광명으로 돌아간다는 뜻입니다.

무상정, 혼침, 결단의 현상을 인식하다

그믐날에는 달이 해를 끌어안아 해의 테두리를 감추니 깊은 동굴에 빠진 듯하다. 금이 다시 본성을 회복하니 금이 화로에서 단련된 듯 더욱 빛난다.

月晦日相包. 隱藏其匡廓, 沈淪于洞虛. 金復其故性, 威光鼎乃熺.

먼저 "월회일상포(月晦日相包)"는 무슨 뜻일까요? 앞에서 "삭단(朔旦)"이라는 말이 나왔는데, "삭(朔)"은 음력 초하루를 말하고 "회(晦)"는 그믐으로 월말을 뜻합니다. 음력 그믐에는 달빛이 없어서 캄캄한데 그것을 "일상포(日相包)"라고 했습니다. 달이 태양을 안고 있다는 뜻이지요. 달이 태양을 안고 있으니 태양 빛이 달에 가려 캄캄해진다는 말입니다. "은장기광곽(隱藏其匡廓), 침륜우동허(沈淪于洞虛)"는 그 상황을 구체적으로 표현한 말입니다. "광곽(匡廓)"은 테두리라는 뜻이므로, "은장기광곽"은 태양의 테두리를 감춘다는 말이 됩니다. "침륜우동허"는 태양의 테두리를 감추어서 "깊은 동굴 속에 빠진다"는 말입니다. 달이 태양을 감싸서 태양 빛이 감추어지는 상태를 상징적으로 표현한 것이지요. 여기에서 "동허(洞虛)"는 오행에서 북방의 수(水)를 상징합니다. 음력 그믐에는 달이 북방에 깊이 잠겨 그 빛이 완전히 매몰되어 캄캄해진다는 뜻입니다.

"금복기고성(金復其故性), 위광정내희(威光鼎乃熺)", 음력 월말에 감추어졌던 달빛이 일주일 즉 칠 일 후에 다시 광명을 회복합니다. 서양의 기독교에서는 칠 일을 안식일이라고 해서 쉬는 날인데, 동양은 돌아와서 회복한 날이라고 합니다. 그래서 "금이 그 본래의 성을 회복한〔金復其故性〕" 후의 위력은, 그 광명이 마치 금이 화로에서 단련된 후에는 더욱 빛나는 것처럼 빛이 더욱 커지게 됩니다.

더 상세히 말하면 『역경』과 오행의 원리에 대해 깊이 말해야 하므로 여기서는 이만 줄이기로 합니다. 그 대신 여러분의 정좌 공부에 대해서 말하겠습니다. 여러분이 정좌를 할 때 아무것도 인식하지 않는 경지에 도달하려고 한다면 올바른 정좌라고 할 수 없습니다. 아무것도 인식하지 않는 경지에는 세 가지 현상이 있습니다. 첫 번째는 '무상정(無想定)'입니다. 일반인은 이런 경지에 도달할 수 없습니다만 불가에서는 무상정을 추구하는 수행자들을 외도(外道)라고 하지요. 그러나 이 외도의 경지는 매우 높습니다.

다른 하나는 '혼침(昏沈)'이라는 현상입니다. 우리가 잠을 자는 것은 무상(無想)이 아닙니다. 잠은 일종의 현상으로서 대혼침(大昏沈)입니다. 예를 들어 몹시 더운 날에는 잠을 자도 전혀 편하지가 않습니다. 기력도 없고 몸도 피곤해지지요. 왜 그럴까요? 날씨가 너무 덥기 때문에 잠을 자더라도 실제로는 잠을 이루지 못하고 멍한 상태가 되기 때문입니다. 한마디로 잠들지 못하는 것이지요. 뇌가 온전히 쉬지 못하고 갖가지 환상이나 꿈에 시달립니다. 이런 현상을 혼침이라고 합니다. 우리가 정좌할 때 가장 두려워할 것이 혼침이라는 현상인데, 어떤 때는 미세한 혼침이 생기는 경우도 있습니다. 앞에서 무상정을 도라고 생각하는 것은 잘못되었다고 했는데, 미세한 혼침을 정좌라고 판단하거나 도라고 생각하는 것 역시 잘못입니다. 이것은 모두 크게 잘못된 판단이지요. 어떤 때는 혼침이 아닌데도 혼침이라고 판단할 때도 있는데, 이것도 잘못입니다.

혼침이 아닌 것은 어떤 것일까요? 바로 "금복기고성"입니다. 금이 그 본성으로 돌아가는 것으로, 이것이 바로 세 번째 현상입니다. 이 세 번째 현상은 다음과 같은 상태를 말합니다. 어떤 때는 마음이 비교적 청정해지면서 정좌하는 도중에 어떤 것도 인식하지 않는 상태가 되는데, 이 상태는 잠도 아니고 혼침도 아닌 것이 특징입니다. 이에 대해서는 불가나 밀종보다 도가가 더 분명히 알려 줍니다. 바로 "금복기고성"이라는 말이지요. 이 경지는 우리의 후천적 생각이나 망상이 멈추고 본성의 상태로 마음이 되돌아가는 것입니다. 마치 음력 월말에 달이 북방에 깊이 잠겨 있다는 비유와 같지요. 이 상태에 들어가면 "깊은 동굴에 빠진다〔沈淪于洞虛〕"는 말이 상징하는 것처럼, 그믐에 달빛이 사라져 캄캄해지듯이 어떤 것도 인식하지 못하는 상태가 됩니다. 이 경지를 혼침과 혼동해서는 안 됩니다. 이때는 그냥 이 경지를 계속해서 이끌어 가야 합니다. 설혹 일주일 낮밤이라도 관계없습니다. "금복기고성"의 경지가 오래 지속되면 광명이 혁혁하게 빛나는 상태인 "위광정내회(威光鼎乃熺)"가 됩니다. 이 경지야말로 성명쌍수의 진정한 첫걸음으로서 단이 맺어지는 결단(結丹)의 현상입니다.

자, 이제 원문은 잠시 접고 세 면을 건너뛰어 주운양 조사의 주해를 보겠습니다.[210] 주운양 조사는 제10장에 대해 다음과 같이 설명했습니다.

"이 장은 바로 금성을 가리켜 조화의 뿌리요 몸을 낳는 근본이라고 한다."
(此章直指金性, 爲造化之根, 生身之本)

금은 대명사로 우리의 본성인 "조화의 뿌리요 몸을 낳는 근본〔爲造化之根, 生身之本〕"인 생명의 본성입니다. 모든 생명을 위한 근본, 우리의 부모가 결합하여 낳은 육체 즉 생명의 근본을 상징합니다.

---

210 세 면은 건너뛴다는 것은 『참동계천유』 제10 금반귀성장에서 107, 108, 109면을 보지 않고 넘어가서 110면의 내용을 본다는 뜻이다.

인간의 오행의 기

금은 만물의 조화의 근본이라고 했는데, 주운양 조사는 조화에 대해 다음과 같이 설명합니다.

"우주 조화의 비밀은 전부 하도에 있다. 수는 오행의 첫머리이므로 천일생수라고 한다. 더 나아가면 수는 목을 낳고, 목은 화를 낳고, 화는 토를 낳고, 토는 다시 금을 낳는다. 금이 가장 마지막에 있어서 오행의 기를 온전하게 하니 우주의 조화는 금으로 마친다."

(造化之奧, 全在河圖, 水爲五行開先, 故天一卽生水, 沿而下之, 水生木, 木生火, 火生土, 到纔土方生金, 金獨處其最後, 而全五行之氣, 是造化以金爲要終也)

"조화지오(造化之奧), 전재하도(全在河圖)", 우주 조화의 비밀은 전부 하도에 있습니다. "수위오행개선(水爲五行開先)", 오행으로 말하면 먼저 북방의 천일생수를 논한다는 것입니다. 그러므로 "천일즉생수(天一卽生水), 연이하지(沿而下之), 수생목(水生木), 목생화(木生火), 화생토(火生土)"함으로써 지구 만유를 형성했습니다. "도토방재생금(到土方纔生金), 금독처기최후(金獨處其最後)", 오행은 수목화토금으로 금이 마지막입니다. "이전오행지기(而全五行之氣)", 이 오행의 기를 온전하게 하므로 끊임없이 계속 일어나고 영원히 발전합니다. 생명의 발전은 "시조화이금위요종야(是造化以金爲要終也)" 즉 금이 가장 끝입니다. 그러므로 금(金)은 우리 생명의 본성이자 결과입니다.

"토는 오행의 뒤에 있으므로 천오가 토를 낳는다. 거꾸로 거슬러 올라가면 토

를 낳은 것은 화, 화를 낳은 것은 목, 목을 낳은 것은 수이고, 금은 가장 처음에 있는 것이 된다. 이것이 '마침이 곧 시작인' 오묘함이다. 금은 우리 몸에서 선천의 조성에 속한다."

(土爲五行殿後, 故天五纔生土, 遡而上之, 生土者火, 生火者木, 生木者水, 金復處其最先, 而闢五行之源, 是造化又以金爲原始也, 此終則有始之妙也, 金在吾身, 卽屬先天祖性)

"토위오행전후(土爲五行殿後), 고천오재생토(故天五纔生土), 이상지(而上之), 생토자화(生土者火)", 토는 오행의 순서에서 가장 뒤에 있기 때문에 천오(天五)가 토를 낳습니다. 그렇다면 토는 어디에서 온 것일까요? 바로 화가 토를 낳습니다. 즉 화생토(火生土)입니다. "생화자목(生火者木), 생목자수(生木者水)", 화를 낳는 것은 목이고 목을 낳는 것은 수입니다. 목생화(木生火), 수생목(水生木)입니다. 그렇다면 수는 어디에서 오는 것일까요? "수각종금이생(水卻從金而生)"입니다. 금으로부터 생긴다는 말이지요. "금부처기최선(金復處其最先), 이벽오행지원(而闢五行之源), 시조화우이금위원시야(是造化又以金爲原始也)", 금은 또한 오행의 시작이 되었습니다. 그래서 도가는 이 오행에서 한 번 가고 한 번 오는 일래일왕(一來一往), 한 번 생하고 한 번 극하는 일생일극(一生一剋)의 변화를, 금을 인간의 본성으로 삼는 대명사로 시작하는 것입니다. "차종즉유시지묘야(此終則有始之妙也), 금재오신(金在吾身), 즉속선천조성(卽屬先天祖性)", 금으로 그친 후에는 바로 금이 다시 수를 낳아서 끊임없이 우주 변화가 진행됩니다. 따라서 금은 오행 중 하나에서 그치지 않고 근원이며 본성의 의미를 갖습니다. "선천조성(先天祖性)"의 선천이란 현상을 초월한 형이상의 근원이고, 조성이란 바로 근원이 되는 본성입니다.

자, 이제 다시 우리의 생명으로 돌아가서 말해 볼까요? 다시 말하지만

금(金)은 우리가 명심견성한다고 할 때의 성(性) 즉 조성(祖性)입니다. 주운양 조사는 이렇게 설명합니다.

"부모가 우리를 낳기 전에 이 본성은 태허와 같이 존재한다. 구정한 후에 지수화풍의 사대가 합쳐져서 몸을 이루면 태허 중에서 한 점 진성이 그 가운데 떨어져 명을 수립하게 되니 이것이 내 몸이 금으로부터 시작된다는 것이다."
(父母未生以前, 此性圓同太虛, 迨媾精以後, 地水火風, 四大假合, 而成幻軀, 太虛中一點眞性, 落于其中, 方能立命, 是吾身以金爲原始也)

"부모미생이전(父母未生以前), 차성원동태허(此性圓同太虛)", 부모가 우리를 낳기 전에는 이 본성이 본래 원명청정(圓明淸淨)하여 불가에서는 이를 법신(法身)이라고 불렀습니다. "태구정이후(迨媾精以後)", 이러한 신령스러운 광명인 본성은 욕념이 한 번 발동하고 정충과 난자가 결합해 모친의 태중에 들어가서 인간의 몸으로 태어납니다. "지수화풍(地水火風), 사대가합(四大假合), 이성환구(而成幻軀)", 불가에서 육신이 탄생하는 과정을 지수화풍 사대의 가합(假合)이라고 한다는 말은 앞에서도 했지요. 사대가 변화해서 우리의 현재 신체를 이루는 것입니다. 그렇다면 우리의 본성은 어디에 있을까요? 주운양 조사는 그것을 "태허중일점진성(太虛中一點眞性), 낙우기중(落于其中), 방능입명(方能立命)"이라고 표현합니다. 바로 이 신체 안에 있다는 것입니다. 여기에서 말하는 진성(眞性)이 바로 오행 중의 금이라는 것은 앞에서 여러 번 강조했지요. "시오신이금위원시야(是吾身以金爲原始也)" 즉 이 금은 우리의 본성을 나타냅니다.

"사대가 일시적으로 합쳐진 인간의 육체는 결국 변하여 소멸한다. 금으로 상징되는 진성은 사대가 가합해서 이루어진 신체가 변화해서 소멸한 후에도 홀로 영원히 존재한다. 나의 이 신체는 또 금성으로 요종을 삼는다. 이것이 끝도 없고 시작도 없는 오묘함이다."

(及乎四大假合之軀, 終歸變滅, 而此金性, 獨不與之俱變, 萬劫長存, 是吾身 又以金爲要終也, 此無終無始之妙也)

"급호사대가합지구(及乎四大假合之軀), 종귀변멸(終歸變滅)", 사대의 가 합으로 이루어진 이 신체는 마지막에는 사망합니다. "이차금성(而此金性), 독불여지구변(獨不與之俱變), 만겁장존(萬劫長存)", 하지만 금으로 상징되 는 이 본성은 영원히 존재합니다. 그러나 도를 이루지 못하면 본성으로 돌 아가지 못하기 때문에 영혼이라고 부릅니다. 영혼은 우리가 죽은 후에 다 른 곳에 투태(投胎)를 하게 되지요. 다른 사람의 몸에 들어가 다시 사람으 로 환생할 수도 있고, 짐승이나 동물의 몸에 들어가 축생으로 태어날 수도 있습니다. 그리고 사대가 합쳐진 육신은 관 속에 들어가 땅에 묻히고 마침 내 물질로 돌아갑니다. 육신은 결국 물질로 변화하지만 영혼은 다른 생명 으로 태어나 영원히 지속됩니다. 그러므로 우리 생명에서 본성인 금성(金 性)이 중요합니다. 주운양 조사는 이를 "차무종무시지묘야(此無終無始之妙 也)"라고 설명합니다. 그러므로 금으로 상징되는 본성은 불생불멸하고 무 시무종합니다. 시작도 끝도 없이 영원히 존재한다는 말이지요.

본성은 우리에게 있지만 여러분은 찾을 수 없습니다. 인간에게 몹시 가엾 은 점이 바로 이 문제입니다. 그런데도 선종의 조사는 이런 문제를 거론조 차 하지 않았습니다. 이 점을 분명히 밝힌 몇 분의 조사를 제외하고는 말이 지요. 운문(雲門) 조사는 이렇게 말했습니다. "나에게 보물이 하나 있으니 형산에 감추어 놓았다[我有一寶, 秘在形山]." 보물이 형산(形山) 즉 내 몸 안 에 감추어져 있지만 애석하게도 여러분은 찾을 수 없습니다. 임제(臨濟) 조사 역시 이렇게 말했습니다. "내 몸에 한 분의 무위진인이 있어 항상 자네들 눈앞에 출입한다〔赤肉團上, 有一無位眞人, 常從汝等面門出入〕."

　누구나 무위진인(無位眞人)이 자리 잡고 있어서 매일 얼굴 앞으로 출입하지만 우리는 붙잡지 못합니다. 이 무위진인을 붙잡아서 몸속의 화로에서 다시 단련할 수 있다면 몸이 무위진인과 결합해 장생불사의 약으로 변할 것입니다. 이런 수도 공부에 성공할 수 있다면 영원히 불사불생(不死不生)의 신선이 될 수 있지요. 그러나 여러분은 이 무위진인을 보지 못합니다. 그것은 흩어지면 기(氣)가 되고 모이면 형체를 이루니, 불가에서는 법신(法身) 보신(報身)이라고 하고, 천변만화하는 화신(化身)을 이룬다고도 합니다. 실제로 법신은 도가에서는 '신(神)'에 해당합니다. 그리고 보신은 '기(氣)', 화신은 '정(精)'에 해당한다고 할 수 있지요.

　정기신(精氣神)이 합해서 하나가 되고, 삼보(三寶)가 합해서 하나가 되면 단을 이루고 도를 성취합니다. 이 "금반귀성장(金返歸性章)"을 제가 다 해석하지는 않았지만 두 분 조사님의 입을 빌려 이 소식을 누설합니다. 여러분이 자세히 살펴보시기 바랍니다.

제39강

시작과 끝이 모두 금이다

앞의 강의에서 우리의 육신은 지수화풍 사대가 일시적으로 합해서 이루어진 것이라는 주운양 진인의 주해를 언급했는데, 그것이 바로 도가의 관념입니다. 도가와 불가는 우리의 육신을 환구(幻軀, 환각적인 몸), 구각(軀殼, 껍데기)에 불과하다는 것이지요. 우리의 육신이란 우연히 임시로 사용하는 것이라는 뜻입니다. 본성(本性)이라는 말은 불가의 용어이고, 도가는 "태허 가운데 한 점 진성[太虛中一點眞性]"이라고 하여 우리의 진정한 본성을 표현했습니다. 이 본성은 음양오행에서는 금(金)에 속하기 때문에 "금성(金性)"이라고 부릅니다.

"낙어기중(落於其中), 방능립명(方能立命)", 우리의 육체인 구각(軀殼) 안으로 진성(眞性)이 들어가야 명을 세울 수 있습니다. 선천의 금성이 변해서 후천의 성명이 되었다는 것입니다. 명(命)이란 생명에 내재하는 일종의 동력입니다. 그래서 "우리 몸은 금을 시원으로 삼는다[是吾身以金爲原始也]"고 한 것입니다. 이것은 우리 몸에서 금성(金性)이 가장 원시적 특성임을 말해 줍니다. 후천의 오행에서는 우리 몸의 폐, 호흡 계통은 모두 금에 속합니다.

우리가 죽으면 사대가 일시적으로 결합한 육신은 흩어지고 자성(自性＝金性) 또한 신체를 떠납니다. 이때 이 금성은 만고불멸하여 영원히 존재하기 때문에 절대 육신과 함께 없어지지 않습니다. 그렇다면 이 영혼은 과연 무엇으로 변할까요? 이렇게 생명이 돌고 도는 것을 불가에서는 윤회라고 하는데, 그것은 육도(六道)로 구분됩니다. 즉 육도윤회라는 것이지요. 개인의 생각과 행위로 인해 발생하는 인과보응에 따라 새로운 몸으로 들어가서 동물이 되기도 다시 인간으로 태어나기도 하는 등 일정하지 않습니다.

이것을 주운양 조사는 육도윤회라고 말하지 않고, 단지 죽은 후에는 이 자성이 몸을 떠나 불생불멸하여 "만겁장존(萬劫長存)" 즉 영원히 존재한다고 했습니다. 우리의 생명으로 말하자면, 금성이 육신에 깃들게 되면 생명이 시작하여 성(性)과 명(命)이 있게 되고 생명이 끝나서 죽게 되면 금성은 다시 육신을 떠나게 된다는 것입니다. 이것이 바로 "또 금성으로 요종을 삼는다[又以金爲要終也]"는 말의 뜻이지요. 다시 말하면 우리의 생명은 금성으로 시작하고 금성으로 끝난다는 것입니다. 이것이 "무종무시지묘야(無終無始之妙也)" 즉 끝도 없고 시작도 없는 오묘함입니다. 이것은 불교의 "불생불멸(不生不滅), 불구부정(不垢不淨), 부증불감(不增不減)"[211]의 진여(眞如)의 자성, 성불(成佛)의 자성, 영원히 존재하는 도리입니다. 즉 진여 자성은 생성도 없고 소멸도 없고, 더럽지도 않고 깨끗하지도 않으며, 늘어나지도 않고 줄어들지도 않는 영원한 존재라는 뜻이지요. 거듭 말하지만 이것은 우리의 육체가 아니라 자성을 말하는 것입니다.

---

211 『반야심경』에 나오는 구절로 모든 사물의 본래 모습이 공상(空相)이라는 "제법공상(諸法空相)"의 뜻으로, 공상이란 바로 "불생불멸, 불구부정, 부증불감"이라는 말이다.

공자와 역경

"상고 시대 복희씨가 역을 지어 태극을 나누고 천심을 열어, 최초에 떨어진 한 점이 건괘를 이루었다. 건은 천이니 공자가 십익에서 '만물이 건괘에 의지해서 시작된다'고 하였고, 건은 금이니 공자가 십익에서 '순수한 정'이라고 하였다. 이것이 만세에 본성을 다하고 명을 아는 준칙이다."

(昔義皇作易, 剖開太極, 劈破天心, 最初落下一點, 便成乾卦. 乾爲天, 而孔子翼之曰, 萬物資始. 乾爲金, 而孔子翼之曰, 純粹以精, 此萬世盡性至命之準則也)

중국의 상고 시대부터 춘추 전국 시대 이전에는 유가, 도가, 제자백가가 나뉘지 않았습니다. 이 전통 문화는 공자로부터 정리되어 육경(六經)으로 보존되고 후대에 전해졌는데, 그 중에서 『악경(樂經)』이 실전되고 오경(五經)만 남았습니다. 오경 중에서 첫 번째 경이 『역경』입니다. 중국 문자는 본래 그림에서 시작되었는데 중국 문화의 조종(祖宗)인 복희씨는 이 단계에서 처음으로 팔괘를 그림으로써 도안(圖案)으로 문화 정신을 표현했습니다. 이것이 인문의 시작으로 곧 『역경』입니다. 그래서 『역경』은 중국 문화에서 경전 중의 경전이며 철학, 과학 등 일체 학문의 근원이 되었습니다.

중국의 한자는 복희씨의 팔괘에서 비롯되었습니다. 팔괘라는 도안은 우주 원리에 근거하여 우주의 시원과 생명 전개의 근원을 표현한 것입니다. 공자는 수십 년간 『역경』을 연구해서 이른바 십익(十翼)[212]을 지었다고 합

---

212 『주역』의 경(經)을 설명한 십 종의 문장을 말한다. 지금 우리가 읽는 『주역』은 경(經)과 전(傳)으로 구성되어 있다. 이 전(傳)을 일명 십익이라고 하는데, 경을 도와주는 날개라는 뜻이다. 『주역』의 경(經)은 괘상(卦象) 괘사(卦辭) 효사(爻辭)이고, 이것을 설명하는 전(傳) 즉 십익은 『주역』 상권의 단전(彖傳)과 하권의 단전, 상권의 상전(象傳)과 하권의 상전, 계사전(繫辭傳) 상하(上下), 문언전(文言傳), 설괘전(說卦傳), 서괘전(序卦傳), 잡괘전(雜卦傳)이다.

니다. 공자는 오십 세부터 역학을 연구하기 시작했는데, 그 시대에는 종이로 만든 책은 없었기 때문에 한 자 한 자를 칼로 대나무 조각에 새겼습니다. 그래서 죽간(竹簡)이라고 하지요. 대나무 조각마다 구멍을 뚫고 소가죽으로 실을 만들어 꿰어서 책을 만들었는데, 이 소가죽 끈을 위(韋)라고 합니다. 『논어』에 나오는 "위편삼절(韋編三絶)"이라는 말은 대나무로 만든 책을 수없이 펼치고 접으며 읽는 과정에서 "세 번이나 가죽 끈이 끊어졌다"는 것입니다. 아래에 인용한 내용은 공자가 『역경』을 연구해서 우주 생명의 원리에 대해 이해한 내용입니다.

방금 상고 시대에는 글자를 대나무 조각 즉 죽편(竹片)에 칼로 새겨 넣었다고 했는데, 죽편은 대나무 줄기를 반으로 잘라 두 조각을 내고 그 외피인 푸른 껍질을 벗겨내고 글자를 새깁니다. 그 후에 다시 죽편을 불에 구워서 말려야 비로소 장기간 보존할 수 있지요. 죽편을 불에 구울 때 대나무에서 물이 떨어지는데, 이 물을 '한청(汗青)' 즉 푸른 땀이라고 합니다. 이 한청이라는 명사는 역사 또는 역사의 기록을 상징적으로 의미합니다. 여러분, 중국 송나라 때의 문천상(文天祥)[213]이 지은 다음과 같은 시를 읽어 보셨지요? "예로부터 죽지 않는 사람이 누가 있으리. 다만 일편단심을 청사에 길이 남길 뿐〔人生自古誰無死, 留取丹心照汗青〕." 몸은 비록 죽어도

---

213 십삼 세기 중국 남송의 정치가, 시인이다. 송나라(남송)가 원나라에 항복하자 저항하다가 체포되었고 쿠빌라이 칸이 그의 재능을 아껴 전향하라고 했지만 거절하고 죽음을 택했다. 그가 지은 정기가(正氣歌)는 문천상이 포로가 되어 연경(燕京)으로 압송당해 감옥에 갇힌 지 이 년이 넘었을 때 쓴 시이다. 문천상은 원(元)이 송을 정벌한 후 귀화시키고 싶어 했던 남송의 가장 명망 있는 저항가 중 한 사람이었다. 문천상을 체포해서 연경으로 압송한 후 온갖 방법을 동원해서 설득했지만, "가마솥에 삶겨 죽는 벌도 엿처럼 달게 받겠다"고 정기가에서 표현한 바와 같이, 원의 어떠한 제의도 수락하지 않아 이 시를 쓰고 일 년 후 끝내 처형되었다. 자신이 이 년 넘게 목숨을 부지하는 것은 바른 기운인 정기(正氣)를 지니고 있기 때문이며, 정기를 지니고 지켜나가면 천하의 모든 악기(惡氣)를 물리칠 수 있음을 깨달아 이 시를 짓는다고 서문에 밝혔다. 사후 문천상은 충신의 상징이 되어 조선에서도 매월당 김시습 등이 문천상을 높이 보았다.

자신의 충성스러운 마음은 역사에 길이 남을 것이라는 말입니다. 말이 나온 김에 이것까지 얘기했습니다.

자, 다시 주해로 돌아가겠습니다. "석희황작역(昔羲皇作易)"은 중국의 선조인 복희 황제가 역(易)을 지어 팔괘를 긋고 태극(太極)을 열었다는 말입니다. 태극은 공자가 「계사전」에서 말한 개념입니다. 이 태극이라는 명칭은 우주가 원래 둥근 원과 같다는 것을 가정하는데, 이 생명의 원권(圓圈)을 무극(無極)이라고 합니다. 나중에 우리가 그린 태극의 그림은 가운데에 두 마리 물고기 같은 문양을 그렸는데, 하나는 검은색이고 하나는 흰색으로 일음일양(一陰一陽)을 상징합니다. 이것은 후대에 덧붙인 것이고, 무극은 중간에 흑백이 없고 분리된 것도 없는 둥근 원 전체를 말합니다.

불가에서는 득도한 후 생명의 청정한 면을 "청정원명(淸淨圓明)"이라는 네 글자로 표현합니다. 우리 같은 중생은 아직 본래의 생명으로 돌아가지 못하고 도를 깨닫기 전이므로 이 원을 청정원명이라고 부르지 못하고 윤회라고 부를 뿐입니다. 이 둥근 원은 계속 돌고 있어서 우리의 생명은 이곳에서 벗어날 수 없습니다. 영원히 윤회 속에 있는 것이지요. 죽은 후에도 벗어나지 못하는 것은 벗어날 수 있는 능력이 없기 때문입니다. 만약 윤회로부터 벗어날 능력이 있다면 태극으로 되돌아 갈 수 있습니다. 그것을 성선(成仙), 성불(成佛)이라고 하지요. 생명의 본래 모습으로 환원된다는 뜻입니다. 주운양 조사의 주해는 바로 이 원리를 설명하고 있습니다.

복희씨가 한 획을 그어 천지를 나누다

이어지는 설명은 "부개태극(剖開太極)" 즉 태극을 나누어 연다는 것입니다. 우리가 어려서 책을 읽을 때는 여기서부터 읽었습니다. 복희 황제는 한 획을 옆으로 그어 천지를 나누었습니다. 여러분이 고대 한자를 공부해 보면 한자의 부수는 '일(一)' 자로 시작한다는 것을 알 수 있습니다. 복희씨가 한 획을 옆으로 그어 천지를 나누고, 그 한 획 위에 한 획을 더 긋고 그 아래는 사람 인(人) 자를 붙여 하늘 천(天) 자를 만들었지요. 그래서 복희씨가 한 획으로 "천심을 열었다〔劈破天心〕"고 하는 것입니다. 다시 말하지만 "복희 황제가 역을 지어 태극을 나누었다〔羲皇作易, 剖開太極〕"는 것은 우주의 원리를 말합니다. 이 우주의 원리는 사람의 생명 원리와 같지요.

우주의 생명은 마음과 물질이 일원적[214]입니다. 물질과 정신은 하나요 같은 범주에 속하지요. 후천에 이르면 두 개로 나누어집니다. 하나는 정신 작용이고 또 하나는 물질 작용이 됩니다. 이 중간의 작용은 공(空)입니다. 공은 정신과 물질의 양면을 포함합니다. 공은 불가의 용어로서 진여(眞如), 열반(涅槃)이라고 부르는데, 이것을 중국 문화의 관점에서 말하면 "천심(天心)"이라고 합니다. 바로 심물일원의 천심입니다.

말하는 김에 여러분에게 유가의 인(仁)도 소개하겠습니다. 인이라는 글자는 사람 인(人) 옆에 두 이(二) 자가 붙어 있지요. 첫 번째 해석은 인간과 인간의 관계, 즉 사람을 사랑하는 것으로 애인(愛人)입니다. 소위 "박애를 인이라고 한다〔博愛之謂仁〕"는 뜻이지요. 그런데 이 해석은 본래 인(仁) 자의 뜻이 아닙니다. 당대의 학자 한유(韓愈)가 『원도(原道)』라는 책에서 말한 것이지요. 한유의 진짜 전공은 묵자(墨子) 연구입니다. 그는 묵자의 겸

---

214 마음과 물질을 일원적으로 보는 세계관은 서양 철학에서 데카르트의 심물 이원론(二元論)과 대비된다. 데카르트는 마음은 물질과 근본적으로 다른 실체로서, 세계는 마음이라는 실체와 물질이라는 실체로 이루어졌다고 하였다. 마음은 물질과 독립해서 존재할 수 있다는 것이다. 이와 달리 일원론은 마음과 물질이 근본적으로 하나이다. 물질과 마음은 일체의 양면과 같다. 또 마음은 물질과 떨어져 존재할 수 없고, 물질 역시 마음과 독립해서 존재할 수 없다는 뜻을 포함한다. 따라서 우리는 마음과 물질의 일원론을 마음과 물질의 상호 소통성의 관점에서 이해해야 한다.

애(兼愛)로 유가의 인(仁)을 해석해서 박애라는 개념으로 설명했던 것입니다. 공자와 그의 제자인 증자(曾子)나 자사(子思)가 해석한 인의 개념은 다릅니다. 한유의 해석은 중국 문화 전체의 정신을 대표하기에는 부족하지요.

자, 인(仁)이라는 글자의 또 다른 해석은 씨앗이라는 뜻의 인입니다. 옛날 중국인들은 인(仁)을 '씨앗 인(仁)' 자로 보았습니다. 도인(桃仁)이라든가 행인(杏仁)이라고 하는 것이 그것이지요. 모든 식물에는 핵인(核仁) 즉 씨앗이 있게 마련입니다. 바로 중심에 있는 것이지요. 여러분이 씨앗을 잘라보면 모두 양쪽이 합해져 있고 중간은 텅 비어 있습니다. 이것은 음양이 합해서 하나라면 그 중간은 공(空)인 것과 같습니다. 이것을 천심(天心)이라고 했습니다.

불가에서는 공(空)이라고 했는데, 공은 본성(本性)이요 진성(眞性)을 가리킵니다. 이것은 식물의 핵심에 들어 있는 씨〔仁〕와 같습니다. 또 현대 과학자들이 말하는 전자, 원자 등으로 분석하다 보면 마침내 공(空)에 이르는 것과 같지요. 그렇다면 공(空)이라는 개념에서 우리는 중국의 고대 문화가 물리학의 노선으로 발전하지 않고 인문학으로 발전했음을 알 수 있습니다. 이 공은 천심과 같은 뜻입니다. 앞에서 주운양 조사가 말한 것을 다시 볼까요. "복희씨가 역을 지어 태극을 나누고 천심을 열어 최초에 떨어진 한 점이 건괘를 이루었다〔羲皇作易, 剖開太極, 劈破天心, 最初落下一點, 便成乾卦〕." 『역경』의 건괘는 바로 옆으로 그은 횡선(—) 일효를 양효(陽爻 —)라고 합니다. 그것을 반으로 잘라 둘로 만들면 음효(陰爻 --)가 됩니다. 음효는 물질적인 것을 나타내고 양효는 정신적인 것을 상징합니다. 실제로 음효의 가운데 비어 있는 곳을 천심이라고 합니다. 그래서 음 속에 양이 있고 양 속에 음이 있다고 하는 것입니다. 모든 사물에는 음양이 함께 존재하기 때문에 모든 것은 상대적입니다.

우리가 현재 보는 괘는 이렇게 양효와 음효로 이루어져 있습니다. 그런데 사실 이것이 원형은 아닙니다. 후대에 와서 만들어진 것이지요. 몇 십년 전 갑골학자요 고고학자인 동작빈(董作賓)[215] 선생은 『역경』의 괘상이 갑골문에는 발견되지 않는다고 했습니다. 그래서 『역경』의 괘는 근거가 없고 문제가 많다고 했지요. 제가 말했습니다. 옛사람이 그린 괘는 절대 근거 없이 이루어진 것이 아니라고요. 옛사람들이 괘를 그을 때는 반드시 우리처럼 그리지는 않았을 것입니다. 양효는 점 하나를 찍으면 족하고, 음효는 점 두 개를 찍으면 충분했지요.

상고 시대 사람들이 때로는 가로로 직선을 그려서 양을 표시하고, 이 직선을 둘로 나누어서 음을 나타낸 것이 갑골문에 있습니다. '역경'의 역(易) 자도 있는데, 역 자의 위쪽은 해〔日〕를 아래쪽은 달〔月〕을 상징합니다. 이런 것은 중국 문화가 날조된 것이 아님을 알려 줍니다.

주운양 진인이 말한 "최초에 떨어진 한 점〔最初落下一點〕"이라는 구절은 참으로 고명합니다. 복희씨가 팔괘를 그렸다는 말에 이어서 또한 이른바 "천심정운(天心正運)" 즉 천심이 바르게 운행한다는 말을 나타내고 있는 것입니다. 태극 또는 천심 그 자체는 불생불멸의 경지인데, 홀연히 한 생각이 움직인다는 것입니다. 이 한 생각이 움직이면 곧 성인의 경지에서 범부의 경지로 떨어져 성(性)에서 명(命)으로 변하게 됩니다. 이렇게 떨어진 한 점이야말로 묘용(妙用)이 무궁합니다. 옛사람들은 글자를 쓸 때도 매우 신중했습니다. 예를 들면 남녀는 어떻게 생명을 낳을 수 있을까요? 바로 떨어진 한 점에 그 비밀이 있습니다. 이 한 점 속에 생명이 존재하여 또 다른 생명을 시작하게 하지요. 그러므로 주운양 조사가 말한 "한 점〔一點〕"에는 무궁한 의미가 내포되어 있습니다. 괘를 그리는 것으로 말하면 "최초에 떨어진

---

215 1889-1963. 중국의 고고학자로 특히 갑골문 발굴과 독해에 권위자였다. 대만 대북에 위치한 중앙연구원(中央研究院) 역사어언연구소(歷史語言研究所)에 속한 역사문물진열관(歷史文物陳列館)에서 동작빈이 발굴한 은허(殷墟) 유적을 직접 볼 수 있다.

한 점이 건괘를 이룬다"는 것입니다. 이 한 점 양효가 바로 육십사괘의 출발이기도 합니다. 육십사괘는 바로 건괘 한 점에서 시작됩니다.

역경을 만든 세 성인

『역경』의 모든 문자는 역경삼성(易更三聖) 즉 문왕 주공 공자라는 세 성인을 거쳐서 이루어졌습니다. 처음으로 역경을 연구한 것은 문왕이었습니다. 문왕은 옥에 갇혀 있었는데, 옥중의 사람은 비록 번뇌는 있으나 한 생각에 응정(凝定)하고 전념하여 정(定)에 들어 수도 공부의 경지를 체험할 수 있습니다. 문왕이 그렇게 했습니다. 그는 감옥에서 초보적으로 『역경』을 연구했습니다. 후에 그의 아들인 주공이 해석하고, 이어서 공자의 해석을 거쳐 『역경』이 완성되었지요. 이것을 『역경』이 세 성인을 거쳐 정리되었다고 합니다.

『역경』의 저작은 사실 단지 세 분의 성인만 거친 것은 아닙니다. 말하자면 매우 많습니다. 역(易)은 모두 세 가지가 있기 때문입니다. 앞에서도 말했지만 황제 때의 역은 귀장역이라 하고, 신농씨 때의 역은 연산역이라고 합니다. 우리가 지금 보고 있는 역은 『주역(周易)』으로, 이것이 바로 주나라 문왕이 정리한 것이지요. 귀장역과 연산역은 항우가 불살라 버린 것이 아닐까 추측합니다. 저는 진시황이 그랬다고는 말하지 않습니다. 진시황은 폭정이 지나쳐서 전국에 있는 도서(圖書)를 중앙 정부의 도서관에 모아 놓고 나머지는 불살라 버렸지요. 그런데 항우가 진나라 수도인 함양에 진격해서 진시황의 궁궐인 아방궁에 불을 질렀을 때 그 도서관도 불타서 없어진 것입니다. 결과적으로는 항우가 마지막 남은 책을 다 불태워 버린 셈이지요. 항우가 지른 불은 석 달 동안 탔다고 합니다. 그 규모가 얼마였는지 가히 짐작할 수 있겠지요. 그러니 그 죄는 진시황에게만 물을 수는 없습니다.

사실 제 관점에서 보면 삼역 중에서 귀장역과 연산역도 없어지지는 않았습니다. 모두 도가 경전 속에 들어 있습니다. 예를 들어 우리가 『주역』 책 속에 있는 그림들을 보면 태극도(太極圖)가 있고 육십사괘 원도(圓圖)도 있는데, 이런 그림은 원래 『주역』에는 존재하지 않던 것입니다. 이 그림은 송대 이후에야 출현했는데, 바로 도가에서 전해 오던 것이 송대에 비로소 『주역』 속에 편입되었습니다. 그래서 저는 그 삼역의 문화가 사라지지 않았다고 주장합니다. 세대를 따라 전해 왔는데, 때로는 승려에게도 전해졌고 도사에게도 전해졌으며 방외(方外)에도 전수되어 왔지요. 그러다가 송대의 도가 조사인 진희이(陳希夷)에게 전해진 후 그것이 소강절에게 전수되었습니다.

『주역』에는 십익이 있는데, 익(翼)이란 보조한다는 뜻입니다. 조류가 하늘을 날아다니려면 반드시 날개가 있어야 하듯이 『주역』도 십익이 있어야 잘 이해할 수 있습니다. 십익은 전통적으로 공자가 지었다고 알려져 있습니다. 제가 늘 말하는 「계사전」 상하편과 「설괘전」 등도 십익에 속하는 글이지요. 『주역』 문화가 번창한 것은 십익을 지은 공자의 공이라고 할 수 있습니다.

"건위천(乾爲天)"이라는 말은 괘사로서 문왕이 지은 것입니다. 건괘는 하늘을 상징한다는 뜻이지요. 이 천(天)은 유형의 천일 수도 있고, 또 형이상의 본체나 생명의 본체를 상징할 수도 있습니다. 우리의 원래 청정한 광명인 본성이 형이상의 것과 형이하의 것에 모두 내재한다는 말입니다. 다시 주운양 조사의 말을 살펴볼까요.

"공자익지왈(孔子翼之曰), 만물자시(萬物資始)"는 "공자가 주역에 십익을 지어 말하기를, '만물이 건괘에 의지해서 시작된다'고 하였다"는 뜻입니다. 『주역』 건괘 단전의 원문은 "대재건원(大哉乾元), 만물자시내통천(萬

物資始乃統天)"입니다. "위대하도다, 건원이여! 만물이 건원에 의지해서 시작되니 하늘을 통틀어 주재하도다"라는 뜻이지요. 공자가 보기에 건괘는 우주 만유의 근원으로서 전 우주를 포함하고 통섭한다는 말입니다. 괘는 일종의 기호입니다. 우주 전체를 건괘의 형상을 통해 상징적으로 표현한 것입니다.

공자가 괘를 가지고 놀다

공자는 매우 진지하게 독서를 했지만 오직 『역경』을 연구하는 데 대해서는 '가지고 논다[弄]'고 했습니다. 공자는 또 『역경』을 읽는다고 하지 않고 "완색이유득(玩索而有得)"이라고 하여 가지고 놀 듯이 탐구해서 얻은 바가 있다고 했습니다. '색(索)'은 탐구한다는 뜻입니다. 저도 이전에 『역경』을 연구할 때 마작패 한 벌을 찾다가 팔괘를 마작패에 써 붙이고는 이리 뒤집고 저리 뒤집으면서 괘를 만들어 보고 놀았는데, 그렇게 하는 것에도 도리가 있었고 변화가 중중무진(重重無盡) 끝이 없었습니다. 그래서 공자도 "가지고 놀 듯이 탐구한다"고 말했던 것 같습니다. 아마 『역경』을 지나치게 진지하고 필사적으로 읽는다면 그 무게에 눌려 읽다가 죽을지도 모릅니다.

도가 문화를 연구하다 보면 늘 아리송해서 약간 횡설수설하는 듯합니다. 그래서 사마천은 『사기』에서 도가 연구자들은 언어 문자가 지나치게 편벽하고 문화 수준이 낮아서 지식인들이 깔본다고 비평했습니다. 왜 이렇게 되었을까 생각해 보면 도가인들 자신이 이런 문제에는 별 관심을 기울이지 않고 수련에만 정신을 집중하여, 몸으로 단련해 신선이 되기만 하면 된다고 여기기 때문입니다. 그러나 사실 수도는 일종의 과학입니다. 원리와 공식을 분명히 이해해야 비로소 실험실에 가서 실험을 할 수 있습니다. 그렇게만 하면 십중팔구는 성공할 수 있습니다. 어떤 수도자는 이론은 필요 없고 매일 열심히 수련만 하면 저절로 알게 된다고 합니다. 아이고! 여러분이 화학 이론은 전혀 배우지도 않고 어떤 약품이나 기름 같은 물질을 이리저리 섞다 보면 어떤 새로운 것을 발명할지도 모릅니다. 그러나 얼마나 고생을 해야 그렇게 될까요? 옛사람들에게는 무려 오천여 년의 경험이 있습니다. 우리가 그 경험을 배우지 않고 굳이 자기만 믿고 일을 아무렇게나 해야 할까요?

공자는 건괘를 연구하고서 "만물이 건에 의지해서 시작되었다〔萬物資始〕"고 했습니다. 건괘가 바로 우주 만물의 근원이라는 것입니다. 종교인은 상제(上帝), 주재자(主宰者), 신(神)이라고 부르겠지요. 그러나 『역경』의 문화나 도가는 원래 종교적 면모가 없었습니다. 여러분도 다 알다시피 종교로서의 도교는 그 후에 발생했습니다.

중국의 고대 문화에는 종교적 정서도 있고 철학적 정신도 있고 과학적 방법도 있습니다. 다만 우주 만유의 주재자에 대해서는 종교적 우상으로 보지 않고 모두 인문주의로 말해 왔습니다. 그래서 공자도 『역경』에서 우주 만유가 어떤 종교적 주재에 의해서 존재한다고 하지 않고, 다만 건(乾)에 의해서 우주 만유의 시작이 이루어진다고 했을 뿐입니다. 건에 의해서 만유의 생명이 출발하므로 건이 곧 만유의 본성이며 시작입니다. 따라서 "건위천(乾爲天)" 즉 건이 곧 하늘이라고 했던 것입니다.

공자는 또 「설괘전」에서 "건위금(乾爲金)" 즉 건은 금이라고 했습니다. 무엇을 설괘(說卦)라고 할까요? 괘를 가져와서 사용하는 것, 또는 점복(占卜)에 쓰는 것을 말합니다. 만약 점을 쳐서 건괘가 나왔다면 건괘는 물질로는 황금을 상징한다는 말입니다. 또 인간에서는 남성을 대표하지요. 여러분이 보통 운세를 점치러 가면 점술가는 이렇게 묻습니다. 건명(乾命)입니까, 곤명(坤命)입니까? 곤명은 여성이고 건명은 남성입니다. 그런데 「설괘전」에서는 건을 금(金)이라고 했습니다. 금성(金性)이라고도 하지요. 그래서 후대에 정통 도가에서 성명지학(性命之學)을 말할 때 금이 곧 본성이라고 합니다.

"건위금(乾爲金), 이공자익지왈(而孔子翼之曰), 순수이정(純粹以精)"이라고 했습니다. "건위금(乾爲金)", 건괘가 금이라고 했는데 공자가 여기에서 말한 것은 황금이 아닙니다. 그것은 물질로서 황금이 아니라 철학적 의미에서 '자성(自性)'입니다. "순수이정(純粹以精)"은 어떻게 해석해야 할까요. "순(純)"은 불가에서 말하는 명심견성 같은 것입니다. 순수의 극점이지요. "만리무운만리천(萬里無雲萬里天)"이라는 시가 있습니다. 만 리 하늘에 구름 한 점 없이 깨끗하다는 뜻입니다. 구름 한 점 없이 맑은 하늘처럼 순수하고 청명하다는 말이지요. "수(粹)"는 극히 정치(精緻)하다는 뜻입니다. 마지막으로 "정(精)"이 가장 어렵습니다. 글자의 형성으로 보자면 쌀미(米) 자 옆에 푸를 청(靑) 자가 있는 형상이지요. 벼의 껍질을 잘 도정해서 가장 순수한 쌀알로 만든다는 뜻입니다. 비유하자면 보통 "노화순청(爐火純靑)"이라고 말할 때의 청(靑)도 같은 뜻입니다. 불이 가장 셀 때의 빛깔은 붉은색이나 황색이 아니라 청색입니다. 그러므로 금성(金性)은 불교에서 말한 원명청정(圓明淸淨)이 극에 달한 것입니다.

방금 저는 건괘에 대한 공자의 주해를 말했습니다. 주운양 조사의 설명은 공자의 해석을 인용하고 『역경』의 원리에 따라 "이것이 만세에 본성을 다하고 명을 아는 준칙이다〔此萬世盡性至命之準則也〕"라고 했습니다. 여러분이 성명쌍수를 수련하려고 한다면 반드시 이 『역경』의 원리에 통해야 합니다. 여기에는 두 가지 뜻이 있지요. 첫 번째 해석은 "건이 하늘이며 만물이 여기에서 시작한다"는 것입니다. 형이상의 원리를 말한 것이지요. 두번째 해석은 "건은 금"이라는 것입니다. 광석을 제련하는 과정에서 순수한 금을 만드는 것으로, 우리의 후천 생명을 수련해서 선천의 순수한 생명으로 돌아가는 수련 공부를 상징합니다. 그래서 주운양 조사는 문왕과 공자가 말한『역경』의 원리를 연구해서 우리의 본성을 찾고 회복하는 것이 "진성지명지준칙야(盡性至命之準則也)"임을 알려 줍니다.

삼교 삼신 삼청

다시 주운양 조사의 주해를 보겠습니다.

"석가모니도 이것을 깨닫고 장륙의 부처님이 되었으니 그를 존칭하여 금선이라고 부르는 것이다."

(釋迦得此, 以證丈六之身, 故尊之曰金仙)

석가모니 부처님이 중생의 몸으로 태어나서 수행 공부를 통해 부처님이 되어 이를 증명하셨다는 말입니다. 부처님은 장육금신(丈六金身) 즉 크기가 일 장(丈) 육 척(尺)이고 몸이 금으로 이루어져 있습니다. 열여섯 냥이 한 근[216]이므로 장육금신은 우리 보통 사람 신장의 두 배 정도이지요. 이것은 무슨 원리일까요? 여러분이 보시는 바와 같이 어떤 종교든 성인의 그림에는 광배(光背)가 있습니다. 기독교도 예수님 머리 위에는 빛이 있지요. 인체에는 일곱 가지 빛이 있는데 오늘날 과학도 이미 증명한 것입니다. 사진으로도 보이지요.

우리가 양팔을 활짝 벌리면 그 길이를 일심(一尋)이라고 합니다. 불경에

---

216 도가에서는 도를 이루는 것을 금 반 근(여덟 냥)과 반 근이 합쳐져 한 근(열여섯 냥)이 되는 것으로 비유한다. 남회근 선생은 부처님의 키가 일 장(丈) 육 척(尺)의 금신(金身)이라는 것이 곧 그것을 상징한다고 보고 표현한 듯하다.

는 후광(後光)이 일심(一尋)이라고 했습니다. 이 일심의 후광 속에 우리의 생명 기능이 있습니다. 그러므로 정좌 수행이 일정한 선정의 경지에 이른 사람은 몸에서 칠팔 척(尺) 떨어진 곳까지 감각이 느껴집니다. 바로 이 생명 기능이 작용하기 때문입니다.

우리의 생명은 실제로는 외면에 한 층의 보호막이 있습니다. 지구 바깥에 우주로부터 오는 광선을 막아주는 자기장이 있는 것과 같지요. 그래서 로켓도 추진력이 강해야 뚫고 나갈 수 있습니다. 우리 몸의 바깥에도 이 같은 기능을 하는 것이 있어서 어떤 사람은 수행 공부를 통해 이것이 작용하도록 할 수 있습니다. 석가모니 부처님도 그것을 얻어서 명심견성할 수 있었습니다. "그래서 그를 존칭하여 금선이라고 부르는[故尊之曰金仙]" 것입니다.

어떤 불교도는 부처님을 금선이라고 부르는 것은 잘못이라고 주장합니다. 그런데 불교의 중요 경전인 『화엄경(華嚴經)』에서도 부처님을 금선이라고 했습니다. 그러니 금선이라고 존칭하는 것에는 확실한 근거가 있습니다. 수행하는 사람들은 자신이 불교를 믿으면 도교를 욕하고, 도교를 믿으면 불교를 욕합니다. 이렇게 서로 비난하는 것은 지식인의 입장에서 보면 가소로울 뿐입니다.

청나라 때 정판교(鄭板橋)라는 수재가 있었는데 원자재(袁子才)와 함께 나란히 이름을 떨쳤습니다. 그는 사람들이 서로 싸우는 것을 이렇게 풍자했습니다. "스님은 석가모니 부처님의 죄인이고, 도사는 노자의 죄인이고, 학자는 공자의 죄인이다[和尙, 釋迦之罪人. 道士, 老子之罪人. 秀才, 孔子之罪人也]." 사실 석가모니 부처님이나 노자, 공자 같은 교주에게는 잘못이 없습니다. 모두 그 제자나 문도가 잘못하고 있지요.

정판교의 말은 매우 통쾌합니다. 제가 여러분에게 늘 말하듯이 수행하는 사람은 종교 관념에 지나치게 매몰되지 말고 학문적으로 명백한 태도를 지켜야 합니다. 이 우주에 진리는 하나입니다. 단, 지역과 시대에 따라 표현 방법이 다를 뿐이지요. 물론 사람마다 이해하는 정도 역시 차이가 있습니다.

"원시천존도 이것을 얻음으로써 한 알의 구슬을 맺었으니 귀중한 보물처럼 금단이라고 부르는 것이다."

(元始得此, 以結一黍之珠, 故寶之曰金丹)

도가의 "원시천존(元始天尊)"은 바로 『역경』 건괘의 "만물자시(萬物資始)"를 종교화, 인격화한 것입니다. 서양의 천주교나 기독교처럼 주재자를 인격화한 것이지요. 이 원시천존은 누구일까요? 바로 노자를 인격화한 것입니다. 원시천존은 일화삼청(一化三淸) 즉 하나가 변해서 삼청이 되었다는 말입니다. 하나가 변해서 삼청이 되었다는 일화삼청은 무엇일까요? 여러분, 대륙의 불교 사원을 보면 대웅전에 모신 삼존불(三尊佛)은 법신, 보신, 화신을 의미합니다. 수행 공부에 성취가 있다면 반드시 이 삼신을 구비하게 됩니다. 법신은 청정하고 무위한 법신입니다. 보신은 장엄하고 원만한 모습이 내면으로부터 체현되어 나온 것입니다. 화신은 백 천 만 억의 화신이 있습니다. 석가모니 부처님이 역사적 인물로 존재하는 것도 화신의 일종이지요.

불가에는 삼신이 있는데 도가는 어떨까요? 도가에서는 본래 도가 철학이 종교화해서 도교가 된 후 노자를 원시천존이라고 하고, 일화삼청이라고 하여 불가의 삼신과 유사한 논리를 펼쳤습니다. 삼청은 상청(上淸), 태청(太淸), 옥청(玉淸)으로서 불가의 법신, 보신, 화신과 같습니다. 여러분이 도교 사원인 도관에 가서 보면 법당 안에 세 사람의 노인이 있는데 모두 노자입니다. 하얀 수염과 눈썹, 하얀 머리카락이 똑같습니다. 손에는 모두 여의(如意)라는 보물을 들고 있고, 푸른빛의 소를 타고 있습니다. 이 것은 도가 경전에 나와 있는 모습입니다. 불가의 삼신 아래에는 연꽃이 있 지요. 저는 항상 이렇게 농담을 합니다. 만약 삼신과 노자가 만났을 때 그 소가 연꽃을 먹어 버리면 어떻게 될까요?

자, 주해의 말씀으로 돌아갑시다. "원시천존이 이것을 얻어 한 알의 구 슬을 맺었다[元始得此, 以結一黍之珠]"고 했지요. 주운양 조사는 신(神)이나 주재자 또는 하느님과 같은 뜻인 원시천존이 쌀알 같은 한 점의 신령스러 운 빛이 머리로부터 몸속으로 들어와서 단(丹)을 이루었다고 합니다. "그 래서 귀중한 보물처럼 금단이라고 한다[故寶之曰金丹]"는 것입니다. 이것 이 도가 식의 비유적 표현입니다. 도가에서는 이 한 점의 빛을 "금단(金 丹)"이라고 합니다. 다음에 이어지는 설명에서 훨씬 더 분명히 이야기할 텐데, 금단은 결코 유형의 물질이 아닙니다.

"삼교의 근원은 같은 금성이니 이 밖에는 모두 곁가지나 굽은 길로 떨어지는 것이다. 도를 배우는 자들은 이것을 상세히 알아야 할 것이다."

(三教根源, 同一金性, 外此 卽墮旁蹊曲徑矣. 此學道者, 所當細參也)

우리의 본성을 찾고 실현하는 공부 외에는 모두 방문좌도라는 것이며, 도를 공부하는 학자들은 이 점을 잘 알아야 한다는 말입니다. 이것은 제가 하는 말이 아니라 주운양 조사의 말씀입니다. 저는 그저 주운양 조사의 말 씀을 그대로 인용할 뿐이지요.

이 점이 정말 중요합니다! 수도 공부를 하는 사람은 참으로 자세히 연구 해야 하므로 시간이 좀 더 걸립니다. 하지만 다음 내용도 시간이 걸리는 것들이니 주해를 많이 참고해 주시면 좋겠습니다.

찾아보기

- 찾아보기는 다음 기준을 따랐다.
1 수도의 이론과 실제에서 핵심적으로 쓰이는 개념
2 선정된 개념의 정의나 쓰임새가 해당 페이지에서 분명하게 드러날 경우
3 서명과 인명은 불가와 도가의 전통에 비추어서 선택